OS CUSTOS DA JUSTIÇA

– ACTAS DO COLÓQUIO INTERNACIONAL –

COIMBRA, 25-27 DE SETEMBRO DE 2002

OS CUSTOS DA JUSTIÇA

– ACTAS DO COLÓQUIO INTERNACIONAL –

COIMBRA, 25-27 DE SETEMBRO DE 2002

Coordenador
JOÃO ÁLVARO DIAS
Professor da Faculdade de Direito de Coimbra

REIMPRESSÃO DA EDIÇÃO DE JULHO DE 2003

ALMEDINA

OS CURSOS DA JUSTIÇA
– ACTAS DO COLÓQUIO INTERNACIONAL –

AUTOR
JOÃO ÁLVARO DIAS

EDITOR
EDIÇÕES ALMEDINA, SA
Rua da Estrela, n.º 6
3000-161 Coimbra
Tel.: 239 851 904
Fax: 239 851 901
www.almedina.net
editora@almedina.net

EXECUÇÃO GRÁFICA
G.C. – GRÁFICA DE COIMBRA, LDA.
Palheira – Assafarge
3001-453 Coimbra
producao@graficadecoimbra.pt

Maio, 2005

DEPÓSITO LEGAL
197779/03

Toda a reprodução desta obra, por fotocópia ou outro qualquer processo, sem prévia autorização escrita do Editor, é ilícita e passível de procedimento judicial contra o infractor.

NOTA JUSTIFICATIVA

A reimpressão dos "Custos da Justiça" justifica uma brevíssima explicação.

O pressuposto é, naturalmente, o de que o livro se esgotou mais cedo do que o previsto pelos editores. Significa isso que algumas centenas de leitores se deixaram seduzir, ou no mínimo interpelar, por um conjunto de problemas tradicionalmente não falados nem discutidos, por incómodos. É bom sinal!

Significa, por outro lado, que a Editora Almedina, com a sua aguda percepção, tem presente que tais problemas não são moda passageira, antes estão para durar.

Não sendo bom sinal o carácter duradouro de tais problemas, melhor será encará-los de frente, conhecê-los e discuti-los. Só depois poderão ser satisfatoriamente solucionados.

Algumas das soluções por nós propostas em Setembro de 2002 foram, entretanto, transformadas em soluções legais. Sirvam de exemplo a simplificação do regime das custas, quer no tocante ao cálculo quer no que diz respeito ao momento do seu pagamento (pontos 18 e 46 das Conclusões, pp. 560 e 566) e a atenção redobrada à função notarial e registral (pontos 42 e 43 das Conclusões, p. 565).

Outras só não terão sido transformadas em lei por falta de rapidez na acção que algumas actuações impõem. Referimo-nos, designadamente, à alteração da lei da arbitragem cuja proposta foi por nós entregue no Ministério da Justiça, em Dezembro de 2003, e que merecia, tanto quanto é possível perscrutar os desígnios dos decisores políticos, a anuência dos então responsáveis pela condução da pasta da Justiça.

Perdeu-se, assim, uma oportunidade susceptível de dar um contributo relevante para ajudar a inverter o perturbador estado das coisas em que se transformou a administração da justiça (pontos 11 a 17 e 31 das Conclusões, pp. 558-560 e p. 5 62).

Algumas das soluções propostas [v.g. simplificações das leis processuais (ponto 45 das Conclusões, p. 566) e o aumento significativo do valor das alçadas (ponto 36 das Conclusões, p. 563)] passaram, entretanto, a integrar programas de governo de partidos políticos com vocação de poder. Ainda bem que assim é!

Desejável seria que todas as sugestões pudessem transformar-se, a breve trecho, em vontade colectiva, a bem da Justiça. Então, justificaria-se-ia não apenas uma reimpressão das Actas do Colóquio mas antes a "reedição" ou realização de um novo colóquio na busca de soluções para os múltiplos problemas que as propostas já consagradas, ou a adoptar no futuro, não deixarão de induzir. É essa, se bem ajuizamos, a essência do Direito. Um constante e insaciável devir, ao serviço de ideias, desejavelmente perenes, que a "praxis" revela como sobremaneira inconstantes...

Coimbra, 31 de Janeiro de 2005.

NOTA DE APRESENTAÇÃO

As coisas que se fazem só valem realmente a pena se forem fruto de uma profunda convicção. Só essas podem ser razão de profundo contentamento quando conseguidas ou de um enorme desencanto, ainda que provisório, quando gorados os intentos da sua realização.

Os "Custos da Justiça" – ideia, organização, colóquio, – teve os seus "custos" e não foi tarefa fácil. Talvez por isso a satisfação pessoal e profissional de todos quantos nele acreditaram incondicionalmente seja maior. O que em 2001 – data em que o Colóquio foi pensado – parecia ser uma heresia e que em 2002 – data da respectiva realização – tinha um intenso aroma de "incomodidade", revela-se hoje de uma incontornável premência. De ora em diante, ninguém, de boa fé, poderá discutir os múltiplos problemas da administração da Justiça sem ter presente, do princípio ao fim, a magna questão dos "Custos da Justiça". Com efeito, nem os edifícios e equipamentos nascem de geração espontânea nem os custos dos diversos operadores judiciários, financiados pelo Estado, podem ser subestimados. A ideia de que "a Justiça não tem preço" só é aceitável enquanto expressão de uma dádiva ou voluntariado desinteressado por parte de quem a professa; não assim quando oculte ideias corporativas, de liames sócio-políticos nem sempre confessados. Todos somos chamados a dar o nosso contributo em prol da justiça. Todos necessários quando movidos por sadios critérios em que não sejamos "juiz em causa própria"! Todos dispensáveis quando "encadernamos" os nossos caprichos, pretensões ou interesses instalados com o manto do interesse colectivo, ou a defesa da Constituição e da lei.

Depois dos "Custos da Justiça", a comunidade passou a ter uma certeza – a de que em matéria de administração de justiça tudo tem um custo não subestimável.

Ao tornar públicos os depoimentos de intervenientes especialmente qualificados, o *Projuris*, Centro de Estudos Processuais Civis e Jurisdição, cumpre o seu dever.

A interrogação legítima é a de saber que sistema de justiça queremos e qual o "preço" – não exclusivamente económico-financeiro – que estamos disponíveis a pagar por ele. É por aí que passa o futuro!

Coimbra, 15 de Julho de 2003

JOÃO ÁLVARO DIAS
Professor da Faculdade de Direito da Universidade de Coimbra
*Sócio fundador e Vice-Presidente do **Projuris**,*
Centro de Estudos Processuais Civis e Jurisdição

Parte I

– Os Custos da Justiça –
– Novo Enfoque sobre uma Velha Questão –

Alfredo José de Sousa
Benjamim Rodrigues
Mário Tavares Mendes
A. Cluny
José Tavares
Paula Teixeira da Cruz
Arménia Coimbra
Pereira Monteiro
Ferreira Girão
Santana Vidigal
Leones Dantas
João Ataíde
João Figueiredo
Francisco Corte-Real Gonçalves
Teresa Magalhães
Fernando Fernandes
Marta João Dias
João Tiago Silveira

"OS CUSTOS FINANCEIROS DA JUSTIÇA"

ALFREDO JOSÉ DE SOUSA
Presidente do Tribunal de Contas

É com muito gosto e satisfação que felicito a Projuris e a Associação Internacional de Direito Processual, pela realização deste Colóquio Internacional que versa um tema da maior importância e pertinência, nos dias que correm, tanto em Portugal como no estrangeiro.

O tema do Colóquio "Custos da Justiça" convoca desde logo a perspectiva financeira desta função incontornável do Estado democrático.

Acedendo honrosamente ao convite para estar presente nesta sessão de abertura o Presidente do Tribunal de Contas não poderia deixar de responder positivamente à interpelação do Prof. Álvaro Dias, organizador deste evento, para fazer uma abordagem financeira deste tema.

Obviamente que o faz, dados os condicionantes do tempo, duma forma telegráfica e factual mas com pistas significativas para ulteriores reflexões.

Num registo financeiro, os Custos da Justiça são as despesas realizadas pelo Ministério da Justiça em cada ano com a prestação dos serviços de justiça no sentido mais amplo do termo.

Escolhemos como amostra, para o efeito, os anos de 1993 a 1995 e os de 1999 a 2001, com a condicionante, que desde já se aponta, de os números de 2001 ainda serem previsões orçamentais.

A este critério não foi alheio o contexto político de cada um destes triénios.

1. Custos Financeiros da Justiça: sua evolução

Os valores da despesa total do Ministério da Justiça e o seu peso face à despesa total da CGE são os seguintes:

Milhões de contos

	1993	1994	1995	1999	2000	2001
I – Serviços Integrados e FSA	111,0	118,0	136,4	189,8	217,1	231,4
II – FSA e Serv. Int. todos Ministérios	6.625,1	7.636,6	8.852,0	12.187,3	12.585,6	15.752,1
Percentagem	1,7%	1,5%	1,5%	1,6%	1,7%	1,5%

Fonte: CGE, excepto 2001/OE

Analisados os recursos financeiros totais geridos pelo Ministério da Justiça e o respectivo peso na despesa do Estado, pode concluir--se que este é na verdade diminuto, oscilando entre 1,5% (anos de 1994, 1995 e 2001) e 1,7% (anos de 1993 e 2000).

Desagregando-se a despesa nas áreas consideradas com maior relevância, vejamos as respeitantes ao pessoal e às aquisições de bens e serviços correntes e de capital:

Milhões de contos

	1993	1994	1995
Despesas com o pessoal	76,532	80,450	89,455
Outras despesas correntes	26,464	26,115	35,883
Despesas de capital	8,030	11,475	11,062
TOTAIS	111,027	118,041	136,402

	1999	2000	2001
Despesas com o pessoal	119,401	134,982	139,402
Outras despesas correntes	48,016	60,194	59,612
Despesas de capital	22,405	21,882	32,398
TOTAIS	189,823	217,059	231,413

Fonte: Conta Geral do Estado, excepto 2001/OE

Pode constatar-se que as despesas com o pessoal (que ascendem a cerca de 70% da despesa total) cresceram ligeiramente, registando--se um acréscimo de 17% em cada um dos triénios.

No final do 1º triénio da amostra, o número total de funcionários e agentes situava-se em cerca de 22.000, e, no final do 2º triénio, em cerca de 29.000, o que corresponde a um aumento percentual de 32%.

Quanto às despesas com a aquisição de bens e serviços correntes, verificou-se um menor crescimento no segundo triénio (24%) relativamente ao primeiro (36%).

Por sua vez, as despesas de capital (bens inventariáveis de longa duração) aumentaram cerca de 38% no primeiro triénio e 45% no segundo.

No que diz respeito ao Investimento, verificou-se que o peso do Ministério da Justiça no total do PIDDAC, foi o seguinte:

Anos	Ministério da Justiça no Total do PIDDAC (%)
1994	2.3
1995	1.9
1999	2.5
2000	2.9
2001(*)	2.6

Fonte: DPP
(*) Valores provisórios

Conclui-se, portanto, que o valor mais baixo se registou em 1995 (1,9%) e o mais elevado em 2000 (2,9%).

Quanto à repartição do Investimento no Ministério da Justiça, os valores são os seguintes:

Milhões de Contos

Anos	Total do Piddac	Despesa realizada				
		Reg. Notariados	Tribunais	Est. Prisionais	Outros	Total
1994	497,448	1,143	4,900	2,731	2,725	11,500
1995	592,630	759	4,923	1,857	3,702	11,241
1999	851,310	1,362	7,520	9,053	3,671	21,608
2000	761,510	1,226	7,372	8,512	4,689	21,800
2001 (*)	942,576	2,219	6,572	8,365	7,405	24,563

Fonte: DPP
(*) Valores provisórios

Face aos números apontados, verifica-se que os Tribunais e os Estabelecimentos Prisionais são as áreas que absorvem maiores recursos financeiros, sendo que no primeiro triénio o maior peso é dos Tribunais, enquanto que no segundo é dos Estabelecimentos Prisionais.

Por último, importa referir que se considerarmos um período de 8 anos (1993-2000), a despesa total do Ministério da Justiça aumentou 106 milhões de contos (de 111 para 217,1 milhões de contos) correspondentes a um crescimento de 96%.

No que diz respeito ao PIDDAC, verificou-se um crescimento em patamares:
– 1994 a 1996 – despesas de investimento da ordem dos 11.5 milhões de contos;
– 1997 a 1998 – despesas de investimento da ordem dos 18.2 milhões de contos;
– 1999 a 2000 – despesas de investimento da ordem dos e 21.6 milhões de contos.

Quanto à despesa com o pessoal este acompanhou, com ligeiras oscilações o crescimento da despesa total do Ministério.

2. Controlo da Gestão Financeira da Justiça

No que respeita ao Controlo da Gestão Financeira do Ministério da Justiça, importa fazer uma sumária abordagem do sistema de controlo interno do Governo e do controlo externo desenvolvido pelo Tribunal de Contas.

Os recursos financeiros geridos no âmbito do Ministério da Justiça provêm, em parte, do Orçamento do Estado e, em parte, dos Cofres.

O Cofre dos Conservadores, Notários e Funcionários de Justiça (CCNFJ), criado em 1938, arrecada as receitas cobradas pelos serviços do registo e notariado e as receitas previstas no Código das Custas Judiciais.

O Cofre Geral dos Tribunais (CGT), criado em 1946, arrecada as receitas das delegações nas Comarcas e as previstas no Código das Custas Judiciais.

Os pagamentos efectuados com verbas oriundas dos dois Cofres oscilaram entre um mínimo de 48% (em 1994) e um máximo de 53% (em 1993) das despesas totais (com 51% em 2000) – (Fonte: Dossier Justiça).

Desde 1946 que ambos os Cofres eram geridos por um Conselho Administrativo.

Em 1983 a responsabilidade pela gestão das receitas e despesas dos Cofres passou a ser atribuída ao Gabinete de Gestão Financeira (GGF), então criado.

A legislação que regulamentou o funcionamento dos Cofres era omissa quanto ao seu grau de autonomia, em especial do Cofre Geral dos Tribunais. Por essa razão, o Tribunal de Contas, em Abril de 1949, deliberou que apenas o Cofre dos Conservadores, Notários e Funcionários de Justiça, e não também o Cofre Geral dos Tribunais, passava a ter de lhe apresentar as suas contas para julgamento.

Desde 1982, o diploma que aprovou o regime de "Contas de ordem"[1] (aplicável aos fundos e organismos que apresentassem orçamentos privativos com um total de receitas próprias igual ou superior a 10 000 contos) isentava ambos os Cofres da sua aplicação.

Em 1987, a Lei do Orçamento do Estado veio estabelecer que a gestão das receitas e despesas dos dois Cofres, administradas pelo Gabinete de Gestão Financeira, ficava sujeita ao regime geral aplicável aos fundos e serviços autónomos e que o Tribunal de Contas apreciaria a legalidade de todas as despesas autorizadas e pagas pelo Gabinete de Gestão Financeira, bem como a eficiência da respectiva gestão económica, financeira e patrimonial.

Mas logo em 1988 a Lei do Orçamento do Estado veio reconhecer um regime transitório e prever a adopção de medidas necessárias à adaptação dos departamentos do Ministério da Justiça às regras gerais da contabilidade pública.

Daí que, desde então, os Cofres não tenham aplicado o regime de "Contas de Ordem", apesar de legalmente não estarem isentos da sua aplicação, continuando a arrecadar receitas e a realizar despesas sem expressão nem em orçamento privativo nem no Orçamento do Estado.

---

[1] DL n.º 459/82, de 26 de Novembro.

Estas situações anómalas foram sublinhadas numa auditoria realizada pela Inspecção-Geral de Finanças, em cujo relatório, de Janeiro de 2001, se afirma:

– Em 31 de Dezembro de 1999, os Cofres da Justiça apresentavam saldos de gerência depositados à ordem da Caixa Geral de Depósitos, no montante de 50 milhões de contos, questionando-se a opção pelo não depósito nos cofres do Tesouro por forma a rentabilizar tais aplicações a favor do Estado;

– O regime orçamental implantado a nível do Cofre dos Conservadores, Notários e Funcionários da Justiça não leva em conta, designadamente, a regra da plenitude orçamental e o princípio do orçamento bruto, tendo, em 1999, ficado por orçamentar, quer na receita quer na despesa, cerca de 36,7 milhões de contos;

Recentemente, foram tomadas algumas medidas que poderão permitir que as situações anómalas verificadas venham a ser ultrapassadas.

Com efeito, em 2000, foi extinto o Gabinete de Gestão Financeira e criado o Instituto de Gestão Financeira e Patrimonial da Justiça (IGFPJ)[2], organismo que passou a ser responsável pela gestão dos recursos financeiros provenientes do Cofre Geral dos Tribunais e do Cofre dos Conservadores, Notários e Funcionários de Justiça e dos bens afectos ao Ministério.

Nos termos da sua lei orgânica, compete-lhe:
* Arrecadar e administrar as receitas do Cofre Geral dos Tribunais e do Cofre dos Conservadores, Notários e Funcionários de Justiça;
* Elaborar os orçamentos dos Cofres e respectivas alterações e assegurar a sua execução;
* Assegurar o controlo financeiro da utilização das verbas;
* Elaborar a respectiva conta de gerência;
* Apreciar e submeter a aprovação superior as dotações globais a atribuir aos serviços suportados pelos Cofres, bem como as respectivas alterações.

---
[2] Esta situação verificou-se com a aprovação da nova lei orgânica do Ministério da Justiça. A lei orgânica do IGFPJ veio a ser aprovada através do Decreto-Lei nº 156/2001, de 11 de Maio.

Importa ainda sublinhar, no âmbito da citada reforma do Ministério da Justiça, a criação da Inspecção-Geral dos Serviços da Justiça à qual compete efectuar auditorias, sindicâncias, inquéritos e inspecções com o objectivo de apreciar a legalidade dos actos e avaliar o desempenho e a gestão administrativa e financeira dos serviços e organismos do Ministério da Justiça.

Também assume importância, embora noutro contexto, a criação do Gabinete de Auditoria e Modernização, serviço do Ministério da Justiça responsável por efectuar uma permanente auditoria do sistema e qualidade aos tribunais e aos demais serviços da administração da justiça.

É ainda prematura, atenta a sua recente criação, qualquer avaliação do trabalho desenvolvido pelo Instituto de Gestão Financeira e Patrimonial da Justiça, designadamente no sentido de se apurarem as situações anómalas indiciadas nas diversas auditorias e inspecções realizadas ao longo dos últimos anos.

Estão, pois, criadas condições para uma gestão financeira mais eficaz do Ministério da Justiça, bem como do respectivo controlo interno.

O que se por um lado facilita a acção do órgão de controlo externo que é o Tribunal de Contas, postula que logo que oportuna seja programada uma auditoria ao sistema de justiça numa óptica da boa gestão financeira.

Aliás, à semelhança do que se vem passando noutros Estados da União Europeia.

Com efeito, em França, na Assembleia Nacional, foi constituída, em Dezembro de 2000, no âmbito da Comissão de Finanças, de Economia e do Plano, uma Missão de Avaliação e de Controlo dos Meios dos Serviços Judiciários.

Do relatório final da sua actividade, publicado em 26 de Setembro de 2001, sublinham-se as seguintes conclusões:
— As dotações financeiras para a Justiça não poderão aumentar infinitamente, devendo, por isso, optimizar-se a sua utilização, havendo que tornar mais eficaz e racional a utilização dos meios humanos e materiais que lhes estão afectos;
— O aumento de efectivos pode não ser acompanhado por um efectivo melhoramento quotidiano dos serviços da Justiça;

– Deverá também ser implementado o trabalho dos serviços de inspecção no sentido de procederem a uma avaliação da gestão administrativa e financeira dos serviços da Justiça.

Por sua vez, em Espanha, foi realizada uma auditoria, pelo Tribunal de Contas espanhol, sobre diversos aspectos da gestão dos Tribunais Económico-Administrativos, relativa aos exercícios de 1989 a 1992, com o objectivo de apreciar a eficácia e eficiência da sua organização.

Foram analisados a utilização dos instrumentos inerentes ao Orçamento por Programas, a gestão dos recursos humanos e materiais respectivos.

No relatório final, destacam-se as seguintes conclusões:
– Não são definidos correctamente os objectivos e indicadores que deveriam conduzir a actividade dos Tribunais, na medida em que a política de actuação se centrou, exclusivamente, em resolver o maior número possível de recursos;
– Consequentemente, verificou-se um certo esquecimento tanto da finalidade última que deve ser prosseguida pelos Tribunais (satisfazer os pedidos de justiça dos administrados e contribuir para o melhoramento da Administração Tributária) como dos princípios que devem enformar a sua actuação (justiça, objectividade, legalidade, igualdade, para citar apenas os mais importantes).
– Tanto o aumento do número de pessoal como dos custos financeiros afectos não teve como resultado directo uma maior eficácia e eficiência no seu funcionamento;
– A insuficiência da atenção prestada pelos Tribunais à gestão orçamental, conjuntamente com a excessiva fragmentação das competências estabelecidas em matéria de gastos e reconhecimento de obrigações, tem como consequência uma gestão pouco eficaz, sendo frequentes os erros cometidos.

Em face disso, o Tribunal recomendou a tomada de duas medidas essenciais:
– por um lado, a elaboração de um plano conjuntural que abordasse os aspectos que necessitassem de atenção com maior

urgência (*v.g.* estabelecimento de objectivos concretos do número de recursos a resolver por cada Tribunal e a obrigação de os resolver por ordem de antiguidade na respectiva entrada e o exercício efectivo de um controlo interno administrativo);
– por outro, a realização de um estudo aprofundado para uma reforma estrutural que, a médio prazo, pudesse adequar os Tribunais a um modelo mais idóneo para o cumprimento dos requisitos e finalidades que a lei estabelece (*v.g.* estabelecimento de procedimentos simplificados para recursos de valores menores).

Justifica-se, pois, concluir que amplos debates sobre "Os Custos da Justiça", entendida como os custos do sistema judiciário e de todos os subsistemas que, a montante e a jusante, garantem a cidadania, são da máxima importância não só para os respectivos gestores como para os órgãos de controlo da boa aplicação dos recursos públicos nele envolvidos.

Finalmente permitam-me uma incursão sobre o fundo do tema deste encontro.

Se se quiser optimizar os custos, a reforma da Justiça em curso nos últimos anos em Portugal deve passar necessariamente por algumas linhas de força, entre as quais:
– **Celeridade**, através da desburocratização dos procedimentos judiciais, para-judiciais e *post*-judiciais, sem prejuízo das indispensáveis garantias dos cidadãos e da certeza e segurança do direito;
– **Racionalidade** dos custos dos sistemas, cujas unidades orgânicas devem ser distribuídas geograficamente por critérios de economia, eficácia e eficiência, designadamente da rede de comarcas do interior, aproveitando as sinergias das novas tecnologias informáticas, e a celeridade da rede de transportes inter e intra-urbanas, e não por critérios regionais e locais de agrado eleitoralista, como vem sucedendo nas últimas décadas;
– **Racionalidade** que exige a integração da jurisdição administrativa nos tribunais tributários existentes na 1.ª instância, admitindo-se a separação apenas em Lisboa, Porto e Coimbra, pre-

cedido da integração no Código do Procedimento Administrativo e na Lei de Processo dos Tribunais Administrativos, do procedimento e contencioso tributário, respectivamente;
- **Celeridade e racionalidade** que exige a unificação do regime procedimental, simplificado e administrativizado, da execução cível e fiscal, sem prejuízo, naturalmente, das garantias contenciosas dos executados;
- **Celeridade e racionalidade** que exige a reforma do recurso para o Tribunal Constitucional de molde a impedir que constitua uma 4.ª instância de recurso das decisões judiciais.

NECESSIDADES E CUSTOS DE FORMAÇÃO DOS OPERADORES JUDICIÁRIOS

BENJAMIM SILVA RODRIGUES
Vice-Presidente do Supremo Tribunal Administrativo

1. Apesar do muito pouco tempo que posso retirar ao exercício das minhas funções dado o enorme empenho que ponho nelas, aceitei, de bom grado, dar a minha humilde contribuição para a discussão de um tema que sempre me afligiu e que, dado o especial momento de afirmação do contencioso administrativo e fiscal, derivada da recente publicação do novo ETAF e do Código de Processo nos Tribunais Administrativos, ganha hoje uma importância enorme. Atrevo-me a afirmar que o prestígio da futura administração da justiça administrativa e tributária está hoje a ser jogada e que o resultado desse jogo bem poderá ser a falência do jogador e do sistema. Adiante voltarei ao tema. Por agora, resta-me dar conta da minha grande angústia e ansiedade.

2. Cabe-me falar do tema "É necessária a contenção dos custos da Justiça? Necessidades e Custos de formação dos operadores judiciários".

3. Procurei, com o rigor que ponho nos meus actos, indagar junto dos Serviços Estatais, que no momento actual têm a seu cargo a formação dos operadores judiciais – o Centro de Estudos Judiciários e o Centro de Formação dos Oficiais de Justiça – quais os montantes reais dos custos de realização das atribuições que legalmente lhes estão atribuídas.

4. O CEJ informou-me telefonicamente que *"enquanto órgão de formação dispõe de orçamento próprio"* – já o sabíamos, dado ter

a natureza de instituto/estabelecimento público de formação, de acordo com a lei que o rege – a Lei n.º 16/98, de 8/4, alterada pelas Leis n.º 60/98, de 27/8 e 2/2000, de 20/3) e estarmos atentos ao Orçamento Geral do Estado de cujos mapas consta a dotação respectiva – e que, *"praticamente, toda a verba se destina à formação, nomeadamente, para vencimentos, material de apoio entre outros, pelo que não é possível fazer uma contabilidade dos custos de formação"*. Mais informou *que existem anualmente três cursos de formação, com uma média de 120 auditores – e isso é assim porque cada curso dura legalmente cerca de três anos – e que a escolha da vertente judicial ou do ministério público só ocorre no 3.º ano, sendo a vertente de formação conjunta nos dois primeiros anos"*.

5. Relativamente ao Centro de Formação dos Oficiais de Justiça, fomos informados por escrito, tendo-nos sido dito, *"não ser possível a esta Direcção-Geral fornecer os elementos solicitados sobre as despesas efectuadas com a formação dos Oficiais de Justiça, relativamente aos últimos 10 anos (que tal foi o âmbito temporal da nossa consulta) em virtude do Centro de Formação dos Oficiais de Justiça não dispor de orçamento próprio, sendo as respectivas despesas objecto de processamento com os demais encargos destes Serviços, e estes, não disporem, ao nível contabilístico, de um centro de imputação de custos que permita individualizar os encargos finais de determinado evento"*.

6. Num breve parêntesis sobre o objecto destas consultas, não podemos passar sem deixar uma nota de que, uma vez mais, se confirma a regra de que os portugueses são um pouco avessos à mudança e ao rigor da gestão financeira. Na verdade, os nossos serviços públicos poderiam já estar habilitados a apresentarem os resultados dos custos por funções, como se lhes pediu, se porventura tivessem tido a iniciativa de terem começado a testar voluntariamente a aplicação do Plano Oficial de Contabilidade Pública, que foi aprovado pelo D.L. n.º 232/97, de 3 de Setembro. É que já lá vão uns anitos!....Era tudo uma questão de rigor da gestão económico-financeira pública e da transparência financeira das instituições!.....

7. É claro que, respondendo à pergunta do nosso tema, poderemos adiantar, desde já, que ela, em termos abstractos, merece sempre

uma resposta afirmativa: – é sempre necessária uma contenção de custos. Tão importante é o sacrifício do pagamento dos impostos que é pedido à comunidade social – "que são o dinheiro arrecadado com que se compram os melões" – como a obrigação da administração de os gastar bem e só os está a gastar bem quando, pelo menor gasto económica e financeiramente possível, consegue pacificar as necessidades públicas cuja satisfação a lei põe a seu cargo, que são identificadas pelas atribuições legais a que incumbe dar realização. Dinheiro que é mal gasto representa o aviltamento do sacrifício económico que é pedido ao contribuinte, à privação que lhe é pedida dos prazeres que o mesmo lhe poderia propiciar, mesmo que altruísticos.

8. Ora, nesta perspectiva do bom gasto dos dinheiros públicos – dimensão comportamental que corresponde a uma forma de contenção de custos na formação dos operadores judiciários – não poderemos deixar de considerar estranho não ter havido, no passado, relativamente ao âmbito de formação dos magistrados judiciais, – e ao que nos é dado saber – qualquer atitude de colaboração institucional entre os dois Conselhos que governam a magistratura judicial e a administrativa e fiscal – o Conselho Superior da Magistratura e o Conselho Superior dos Tribunais Administrativos e Fiscais. Muito embora o ETAF (versão do D.L. n.º 129/84, de 27/4) contivesse algumas disposições específicas sobre o ingresso e os testes de aptidão no Centro de Estudos Judiciários para os magistrados destinados aos tribunais administrativos e fiscais (art.ºs 86.º a 89.º), nada impedia uma conciliação entre os dois órgãos de governo das magistraturas, o CEJ e o Ministério da Justiça, na organização dos cursos de formação destinados a ambas as magistraturas, de modo que a formação teórica e prática andasse a par até ao momento tido por adequado para se ministrar, então, alguma especialização aos que seguissem para os tribunais administrativos e fiscais. Pois bem, nada se fez. Absolutamente nada. Não foi organizado no CEJ *nenhum* curso de formação de magistrados destinado aos tribunais administrativos e fiscais. E mais grave que isso. Ao que se vê das previsões de necessidades dos magistrados que foram efectuadas, sempre com défice ou sem a mínima margem de segurança, como a experiência demonstra, o que não deixa de ser grave, nem sequer o CEJ entrou em linha de conta com as necessidades de aprovisionamento de magistrados por

parte dos tribunais administrativos e fiscais a partir do tronco da magistratura afecta à gestão do Conselho Superior da Magistratura, com base na possibilidade de recrutamento constante do art.º 85.º n.º 1 al. a) do ETAF (versão inicial) (juízes com mais de cinco anos nos tribunais judiciais e classificação não inferior a bom).

Teria sido efectuada uma correcta e necessária contenção dos gastos públicos, do ponto de vista abstracto.

9. Mas o argumento continua a valer ainda para o futuro, mesmo tendo em conta o disposto sobre a matéria do provimento nos lugares de juiz dos tribunais administrativos e fiscais na versão do ETAF, saído da Lei n.º 13/2002, de 19 de Fevereiro e ainda não entrado em vigor (art.ºs 61.º, 70.º e 72.º). Esperemos que a crítica, feita com intenção construtiva, valha a pena!

10. Ainda na mesma óptica de uma correcta previsão de um sistema de recrutamento e de formação que propicie uma economia de custos – uma concreta contenção de custos – será de questionar a bondade da instituição de um duplo sistema de recrutamento e formação dos magistrados judiciais destinados aos tribunais judiciais e aos tribunais administrativos e fiscais. Nunca se ouviu até agora uma voz que defendesse esse esquema relativamente à magistratura paralela do Ministério Público.

Uma formação única – teórica e prática – até ao momento tido por conveniente para a especialização na matéria dos tribunais administrativos e fiscais, em paralelismo com o que se passa na preparação no CEJ para a magistratura judicial e do Ministério Público, em que a mesma ocorre quase no fim do 2.º ano de formação, afigura-se como perfeitamente adequada.

E diz-se perfeitamente adequada porque, para além da especialidade própria do contencioso de anulação dos actos, o juiz administrativo carece de dominar completamente, também, os institutos de direito privado e os correspondentes de direito administrativo e fiscal, mormente, exemplificando, no que tange ao domínio dos contratos, da responsabilidade civil contratual e extracontratual, do processo de execução, da posse e seus meios de defesa, do direito contraordenacional, do direito criminal, etc.

Depois ainda, porque, num sistema de justiça administrativa e fiscal enquadrada nos órgãos de soberania Tribunais, como é o nosso sistema constitucional – e não num sistema de justiça "déléguée" – não tem o mínimo sentido prosseguir qualquer formação de magistrados que não respeite o princípio da unidade, pelo menos, até ao momento tido por adequado para se ministrar, então, a matéria da especialização. Um tal sistema além de propiciar a aquisição interior dos mesmos valores de imparcialidade, independência e isenção, relativamente à administração e às partes, possibilitará a mobilidade de juizes entre as duas ordens de tribunais, com as vantagens de assim se poder acudir às necessidades de aprovisionamento de magistrados numa dessas ordens e dessa forma se poder realizar, também por esta via, uma contenção de custos.

A existência de uma magistratura preparada unicamente para os tribunais administrativos e fiscais só é compreensível num sistema de justiça administrativa constituída no seio da própria administração. Mas o nosso sistema constitucional anda muito longe desse figurino – e ainda bem. Em alguma coisa havemos de estar na frente.

11. É também neste âmbito da necessidade de contenção de custos que se poderá suscitar a viabilidade da instituição de cursos de pré-formação, perspectivada para o exercício profissional das magistraturas, notariado, registos e advocacia, com uma fase teórica comum, que seja ministrada essencialmente pelas universidades, em colaboração com o CEJ, ao abrigo de contratos ou protocolos administrativos, em que a participação dos concorrentes fosse sujeita a propinas que cobrissem quase os seus gastos, finda a qual poderiam ocorrer os exames de pré-selecção para cada carreira, incluindo psicológicos, seguindo-se, depois, uma outra fase de preparação profissional mais específica, feita ao nível do CEJ e da Ordem dos Advogados ou até das universidades, onde poderiam caber umas espécies de *escolas de jurisprudência*, deixando-se, exclusivamente, para o CEJ quer o ensino das específicas *leges artis* do exercício das magistraturas, quer o acompanhamento de uma fase de estágio. A participação das universidades no desempenho de tal formação teórica e nos exames de selecção não deixava de corresponder à realização de uma das suas vocações estatutárias. Por seu lado, a limitação do CEJ aos aspectos específicos da formação prática era a que seria conatural e própria de uma escola profissional. A abertura à sociedade e à comunidade jurídica que um processo de selecção destes propiciaria afastaria os riscos e as acusações

de uma corporativização da escola de formação dos magistrados e traria para a função um universo mais vasto de pessoas, sensibilidades e de saberes. A falta de meios humanos das universidades, ao nível dos doutorados, cuja intervenção a dignidade de tal processo demandaria, poderá ser, a meu ver, a maior dificuldade.

Esta é, de resto, uma posição que se pode casar com algumas das ideias que vimos, também, defendidas no designado *Anteprojecto de um Pacto para a Justiça e para a Cidadania* que foi apresentado recentemente pela Ordem dos Advogados.

12. Outra das questões que numa perspectiva do bom gasto dos dinheiros públicos importa aqui abordar é a da garantia da obtenção de juizes completamente aptos para o exercício das suas funções. Ora, nesta sede, somos dos que defendem uma solução mais radical. Na nossa óptica, se bem que isso ponha questões de constitucionalidade que só uma alteração constitucional poderia arredar, entendemos que se imporia a consagração de um período probatório de exercício de funções judiciais durante três a cinco anos. Seria um tempo suficientemente largo que daria para verificar se o profissional deteria todas as qualidades exigidas pela exigente e nobre função de julgar, mormente a nível de equilíbrio psicológico e emocional, da capacidade de decidir e competência técnica. O tempo de provação permitiria detectar os casos de anomalia comportamental esforçadamente ocultados durante o período de formação. A não adoptar-se uma tal solução, seria de defender um sistema de sujeição dos novos juizes a uma observação inspectiva mais atenta, nos primeiros tempos de exercício, até aos 3-5 anos, de forma a que os mesmos se vissem obrigados a fazer um esforço redobrado no sentido de irem formando a sua personalidade profissional para julgarem as questões com equilíbrio, bom senso, isenção, imparcialidade, as *leges artis* da experiência e senso comuns e outras e com competência técnica.

13. E é ainda neste âmbito abstracto dos custos de formação que nos propomos falar dos cursos de formação para juízes dos tribunais administrativos e fiscais cujos trâmites de selecção estão em curso e que são regulados pelo art.º 7.º da Lei n.º 13/2002, de 19 de Fevereiro.

Como é sabido, o ETAF aprovado por esta lei alterou profundamente o sistema de repartição de competências dos três graus hierárquicos dos tribunais da ordem administrativa e fiscal.

A regra, para conhecer dos processos do âmbito da jurisdição administrativa em 1.º grau de jurisdição, passará a ser a da competência dos tribunais administrativos de círculo (art.º 44.º). A situação não é diversa nos tribunais tributários, se confrontarmos o disposto nos art.ᵒˢ 38.º e 49.º do mesmo ETAF, se bem que aqui não tivesse havido alterações de fundo, dado o tipo de acto nuclear do contencioso – o acto tributário, seja em sentido estrito, seja em sentido lato (aqui desde que autonomamente sindicável) – ser um acto considerado lesivo e que é praticado originariamente sempre fora do âmbito da competência administrativa dos membros do Governo.

A competência dos tribunais administrativos e fiscais para conhecer das questões em 1.º grau de jurisdição fora do patamar dos tribunais de base constitui uma autêntica excepção, mormente no que diz respeito à frequência desse tipo de contencioso (cfr. art.ºs 24.º, 26.º, 37.º, 38.º, 44.º e 49.º). A grandessíssima maioria dos processos será julgada em 1.º grau de jurisdição nos tribunais administrativos de círculo e nos tribunais tributários.

Por outro lado, o novo contencioso administrativo assumiu a regra do apenas duplo grau de jurisdição, afora o caso excepcional do recurso de revista a que se refere o art.º 150.º do Código de Processo nos Tribunais Administrativos. Neste aspecto, o contencioso tributário tinha-se adiantado, pois o princípio do duplo grau de jurisdição já vigora desde a alteração ao ETAF feita pelo DL. n.º 229/96, de 29 de Novembro e a entrada em funcionamento do Tribunal Central Administrativo (15/09/1997) (art.º 120.º do ETAF e Portaria n.º 398/97, de 18/6).

Mas para além das profundas alterações em matéria da repartição das competências dos tribunais administrativos, o contencioso administrativo apresta-se para viver uma autêntica revolução no domínio processual, com a entrada em vigor do Código de Processo nos Tribunais Administrativos, aprovado pela Lei n.º 15/2002, de 22 de Fevereiro. Qualificámos de uma autêntica revolução a alteração processual feita. E em boa verdade ela o é, pois, ao deslocar o eixo axiológico de referência da construção do sistema do acto administrativo para o da relação jurídica administrativa, o novo código veio, como consequência disso, a possibilitar a constituição pelo juiz administrativo de tantos e variados efeitos jurídico-administrativos novos, mesmo a título cautelar, quer dentro dos dois tipos de acção administrativa admitidos – a comum e a especial – quer dentro dos processos cautelares, que todo o edifício do contencioso aparece como que refundado.

A aplicação de um tal sistema vai exigir um aturado estudo dos aplicadores do direito, mormente dos juízes, e esse estudo será tanto mais difícil quando se não conheça profundamente os seus antecedentes históricos, consubstanciados principalmente no sistema actualmente vigente.

A implementação desta reforma vai exigir um alargamento enorme do número dos tribunais de base, quando comparado com os que existem actualmente. As necessidades imediatas foram computadas em cerca de 100 novos juízes.

Ora, o legislador daquele art.º 7.º da Lei n.º 13/2002, de 19 de Fevereiro entendeu "fabricar" – é o termo que temos por mais correcto ontologicamente falando – esse número de juízes com base ao curso aí definido. E assim bastou-se, *simpliciter*, com uma licenciatura em direito, uma experiência profissional na área do direito público de 5 anos, um curso de formação teórica de três meses e um estágio de seis meses. A admissão da estruturação de um curso de formação de juizes nestes termos – e ainda por cima para a aplicação de um direito praticamente novo, de um direito a que falta ainda a avaliação do seu confronto com a realidade apenas hipotizada nele – é, a nosso ver uma autêntica estultícia e corresponderia a passar um atestado de completa incompetência ou de inutilidade ao actual sistema de formação de magistrados para os tribunais judiciais, tanto mais justificado quanto é certo que o edifício legislativo que os seus formandos terão de visitar é muito mais antigo, melhor estudado nas universidades em virtude de contemplado em mais disciplinas académicas e por isso de mais fácil conhecimento.

Ora, o que se vem reclamando é ainda um maior rigor na formação de magistrados, conquanto arrancando de uma base social e profissional mais alargada, em termos do conhecimento da via real entrar definitivamente na arte do julgar.

É absoluta e humanamente impossível que um curso assim pensado e executado possa dar bons frutos – uma formação adequada para a construção da base do novo edifício do contencioso administrativo, uma formação que dê a oportunidade da aquisição não só do nível de conhecimentos científicos necessários ao desempenho da função judicial, como da conformação da personalidade profissional segundo os atributos da isenção, imparcialidade e independência. Os novos juízes tenderão, em tal sistema de formação, a continuar a olhar para a realidade decidenda pelo prisma ou com os olhos com que a viam anteriormente. Embora admitindo algum radicalismo, sempre mau por natureza, passaremos a ter pessoas da administração pura e simplesmente transmutados em juizes administrativos e fiscais.

A opção é demasiado grave para se deixar passar sem uma crítica frontal. Basta ter em conta apenas quatro circunstâncias: a primeira, é a de que serão esses novos juízes quem irão aplicar mais extensiva e intensivamente a nova reforma do contencioso administrativo, porque as questões serão conhecidas por regra em 1.º grau de jurisdição nos tribunais administrativos de círculo e nos tribunais tributários onde serão providos; a segunda, é a de que esse julgamento marcará, em grande parte, a sorte do processo, mesmo que em recurso, pela tendencial fixidez do julgamento da matéria de facto, e será primordialmente pelo trabalho da 1.ª instância que a justiça administrativa será publicamente avaliada; a terceira, é a de que essa base pessoal dos juizes tenderá a permanecer durante muito tempo na primeira instância e a reflectir consequentemente os vícios de que a sua selecção foi inquinada e a última, é a de que, não obstante os actuais juizes da 1.ª instância administrativa e fiscal terem obtido muito melhor formação, ela, mesmo assim, deixa insatisfeitos os utilizadores do sistema e os órgãos da sua gestão.

Sem querermos ser um velho do Restelo, estamos em crer que um tal critério de formação ditará ainda mais, pela via simplesmente orgânica, o clamor contra os atrasos da justiça e os seus eventuais erros e as suspeitas sobre a sua isenção e imparcialidade.

14. Passemos adiante. Do que se disse podemos concluir, sem mais, que importa fazer uma contenção de custos na área da formação. Mas uma contenção apenas funcional. Ou seja uma contenção que corresponda a uma economia de meios. Nunca uma contenção quan-

titativa que inviabilize a satisfação das necessidades públicas que cumpre à Administração da Justiça satisfazer. Os tribunais são órgãos de soberania, cujo escopo constitucional é, num Estado de Direito Democrático, o de proceder à pacificação social, mediante a aplicação do direito legitimamente criado pelo poder legislativo democrático. A pacificação social, entre as pessoas e entidades, constitui um bem de primeira necessidade, seja do ponto de vista pessoal seja do ponto de vista social. Incorre num grave erro a política de gestão administrativa que não proceda a uma correcta planificação das necessidades de aprovisionamento de magistrados judiciais, administrativos e fiscais, feita a longo prazo, pois não se tratam de quadros cuja obtenção possa ser feita a curto prazo, a jeito de bombeiros recrutados entre as pessoas disponíveis para apagar o fogo.

Essa planificação compete, em primeiro lugar, aos Conselhos Superiores (art.[os] 34.º da Lei n.º 16/98, respeitante ao CEJ, e 149.º al. m) da Lei n.º 28/85, de 30/7, sucessivamente alterada, Est. Mag. Jud., e 98.º, n.ºs 1 e 2 al. g) do ETAF). Mas o Ministério da Justiça também não se pode demitir dessa tarefa. E não pode, porque na idealização da sua política de governo, deverá entrar *sempre* em linha de conta com os recursos humanos disponíveis desta especialidade.

15. Estamos prestes a terminar. Já cansámos suficientemente o auditório que nada fez para ter de sofrer a pena de ter de me ouvir. Mas não o podemos fazer sem encarar a questão acima proposta, numa perspectiva do concreto ou, dito de outro modo, da perspectiva da relação entre os custos suportados e os resultados obtidos. Será razoável exigir-se uma contenção dos custos de formação dos operadores judiciários que têm sido suportados?

Por muito que nos custe dizê-lo, temos que confessar que não sabemos a resposta a dar quanto aos custos de formação dos oficiais de justiça, dado não dispormos, pela razão já referida, de quaisquer indicadores das despesas efectivamente suportadas e a razoabilidade da relação entre eles e os níveis de formação dada e o número de agentes formados. A única resposta que, nessa sede, poderemos dar é uma resposta em abstracto e, nesse âmbito, pode dizer-se que uma correcta planificação do número de magistrados que são necessários para o cabal desempenho da função de administração da Justiça, num Estado de Direito, anda de par com uma condizente planificação do pessoal administrativo coadjuvante na tarefa de dizer o direito. Sem oficiais de justiça, os tribunais não funcionam. Sem a disposição de um número satisfatório de assessores dos juízes, as decisões dos tribunais não podem deixar de ser menos céleres e atempadas.

16. Mas poderemos dizer algo de mais concreto relativamente ao CEJ, socorrendo-nos apenas do valor global da dotação orçamental constantes dos diferentes Orçamentos Gerais do Estado.

Ora, face a eles, e restringindo-nos aos últimos anos, é possível verificar que foram atribuídos ao CEJ os seguintes recursos financeiros: 2 099 100 contos em 1998; 2 174 000 contos em 1999, 2 247 720 contos em 2000, 2 286 100 contos em 2001 e 11 544 476 euros em 2002.

Não dispondo o CEJ, como se disse, de uma contabilidade de custos por funções realizadas, não poderemos ajuizar da razoabilidade dos custos suportados relativamente a cada um dos cursos concluídos e cuja duração atinge três anos judiciais. Por essa razão teremos de quedar-nos por uma avaliação global, pelo apuramento da relação entre o montante dos custos globais e o número de magistrados judiciais formados, desprezando nela os recursos eventualmente destinados à formação complementar e outras actividades conexas, mas cuja necessidade não deixa, também, de buscar a sua razão de ser naquela formação de magistrados. Segundo consta dos indicadores de actividade, o CEJ deu formação entre 2000 a 2001 a 105 auditores do XIX Curso Normal de 2000; 122 auditores do XVIII Curso Normal, 114 auditores do XVII Curso Normal, 115 auditores do XVI Curso Normal e 140 auditores do XX Curso Normal.

Ora, entrando em linha de conta com a soma das verbas disponibilizadas relativas aos últimos três anos, que corresponde ao seu tempo de formação (art.ºs 58.º a 69.º da Lei n.º 16/98, de 8/4), e com o número de magistrados formados nesse período, poderemos concluir, se bem que sem precisão contabilística, que a formação profissional iniciária de cada magistrado custou ao erário público qualquer coisa que anda, porventura de forma imprecisa, à roda de 18 500 contos (6 842 615 contos: 369 – anos de 2000, 2001 e 2002). Não obstante a existência de algum erro, pelo menos marginal, desta quantificação, pelas razões já referidas, pois ele reflecte também alguns dos custos conexos ou paralelos, parece-nos ser uma margem relativamente alta. É claro que o elemento que mais deve ter contribuído para esta ponderação terão sido as bolsas de estudo atribuídas pelo art.º 54.º da Lei n.º 16/98, de 8 de Abril (diploma que regula o CEJ) aos auditores. Num país de parcos recursos e em que o direito a uma formação profissional gratuita não constitui um direito universal dos trabalhadores e numa situação em que os auditores não prestam ainda nenhum trabalho ao Estado, mas são apenas utilizadores dos seus serviços de formação, afigura-se-me que o valor da bolsa deveria corresponder apenas a uma parte das despesas pessoais do agente com a sua formação profissional. E mais, ser-lhe atribuída, apenas, depois de decorrido já algum tempo de formação, o tempo indicador da ideia da irreversibilidade da formação. Nesta perspectiva o seu valor deveria ser fixado abaixo do valor de 50% do índice 100 da escala indiciária das magistraturas. O valor fixado é a nosso ver exagerado quando confrontado com aquele que é atribuído ao juiz em início de funções e às responsabilidades que sobre ele passam a pesar. Por isso, a meu ver, o subsídio deveria ser reduzido para 30 a 40% do valor agora considerado.

    Temos dito. Muito obrigado pela magnanimidade de me terem ouvido.

OS CUSTOS DA JUSTIÇA
NECESSIDADES E CUSTOS DE FORMAÇÃO DOS OPERADORES JUDICIÁRIOS – A FORMAÇÃO PROFISSIONALIZANTE DOS MAGISTRADOS PORTUGUESES

MÁRIO TAVARES MENDES
Director do Centro de Estudos Judiciários

Uma correcta abordagem do tema proposto – necessidades e custos de formação dos operadores judiciários – pressupõe, necessariamente, como ponto de partida, uma breve caracterização da actual situação do sistema judiciário português, particularmente na perspectiva dos problemas que o afectam e dos desafios que se lhe colocam a curto prazo.

Se numa fácil e, por isso, tentadora, análise de natureza quantitativa chegamos ao resultado evidente *de uma capitação processual por magistrado* de tal modo elevada que impede uma desejável resposta em tempo útil, em absoluta contradição com a concretização prática do *princípio constitucional da tutela jurisdicional efectiva* (visto apenas na perspectiva do direito a uma resposta do judiciário em tempo útil), numa outra análise, bem mais difícil, encontramos as consequências de um mundo em transição onde constantemente nascem novas e complexas relações jurídicas que, inevitavelmente, impõem o aprofundamento da formação e a sua constante actualização como imperativo de um dever de responsabilidade intelectual que tem que estar subjacente ao exercício das funções de magistrado [1]. Não podemos deixar de ter presente que a concretização do princípio

---

[1] O Código ético da magistratura italiana (1994) integra o dever de actualização profissional como um dos deveres dos magistrados.

constitucional da tutela jurisdicional efectiva tem uma outra vertente, que não só a do tempo útil, e que se manifesta na qualidade da resposta do judiciário, na sua adequação às expectativas dos cidadãos e da sociedade. É fundamental interiorizar a absoluta necessidade de uma resposta coerente do sistema judiciário às exigências de um mundo novo em constante transformação.

Por outro lado, há que ter em conta a realidade de vivermos num espaço comum europeu, que se pretende de "liberdade, segurança e justiça", no qual grandes princípios com o da livre circulação de decisões, consubstanciado, por exemplo, na ideia de um título executivo europeu, fundado no princípio do reconhecimento mutuo, passa pela confiança comum na eficácia dos sistemas judiciários e na independência e preparação dos respectivos operadores judiciários, reforçando as obrigações do Estado na disponibilização de meios tendentes à adequada formação dos magistrados.

Esta realidade conduz à recusa, no que toca à formação de magistrados, de uma resposta simplista dirigida a situações conjunturais, resultantes de leituras meramente estatísticas, impondo-se o rigor e a qualidade da formação perspectivada no sentido da adaptação às novas realidades e necessidades sociais.

E esta realidade é tão válida no que respeita à formação inicial como no que respeita à formação permanente, exigindo a interiorização de tal necessidade que se vença a arrogância, quantas vezes auto-defensiva, que se forma sobre sentimentos de auto-suficiência. A formação permanente, sendo simultaneamente um direito e um dever dos magistrados, exige meios para a sua concretização que tem que ser efectuada dentro de padrões de qualidade adequados à "qualidade" dos destinatários.

Toda a situação descrita desagua na óbvia conclusão de uma imperiosa necessidade de disponibilização de meios financeiros que atenda realisticamente aos custos de formação decorrentes.

Resistindo à tentação de vos enumerar os quantitativos inscritos no Orçamento do Centro de Estudos Judiciários (poderei fazê-lo se estiverem interessados) limitar-me-ei a referir que, nos últimos cinco anos a percentagem desse orçamento destinado a funcionamento, nomeadamente acções de formação permanente, se tem situado entre cerca de 6 a 7%, sendo 93 a 94% destinados a despesas fixas de pessoal e manutenção. Lembro, por significativo, que o peso destas despesas nas congéneres estrangeiras (particularmente no modelo francês que nos está mais próximo) é de cerca de 80% dedicando-se, aproximadamente, 20% a gastos específicos com acções de formação.

Independentemente dos quantitativos inscritos e dos juízos sobre a sua suficiência é, hoje, necessário termos em atenção que a formação inicial e permanente dos magistrados é elemento fundamental e indissociável da eficiência do sistema judiciário que tem inegáveis efeitos na actividade económica. Os custos de formação, tendo como objectivo um sistema judiciário célere e capaz de uma resposta adequada no conteúdo e no tempo, têm reflexos – negativos ou positivos – nas expectativas dos operadores económicos que não devem ser menosprezados.

Tive oportunidade de ter acesso, por ocasião da redacção desta breve comunicação, a um estudo da Prof. Dr.ª Margarida Proença (Professora Catedrática de Economia da Universidade do Minho), onde se demonstra, cito "que o ambiente legal (compreendendo a eficácia da justiça) contribui de forma activa e significativa para a actividade económica agregada, ou seja, que é possível aumentar o nível de bem estar numa economia melhorando e aumentando o nível de eficácia nos Tribunais. Sistemas judiciários ineficientes permitem a distorção de decisões individuais e empresariais, e nessa medida são uma chave para assimetrias de crescimento e desenvolvimento económico". Não podemos, por esta razão, esquecer que os custos de formação devem ser entendidos como custos de investimento dos quais é possível e desejável extrair consequências positivas ao nível do desenvolvimento económico e social.

Perante tudo isto, ao tema deste colóquio – "é necessária a contenção de custos da justiça?" – respondo, na perspectiva da "formação", que, claramente, o que é necessário é racionalizar esses custos no sentido da sua optimização, na finalidade objectiva de criação de um sistema judiciário capaz da resposta que a sociedade pretende.

FORMAÇÃO DE MAGISTRADOS E ADVOGADOS: CUSTOS FINANCEIROS BAIXOS, CUSTOS ECONÓMICOS ELEVADOS

A.CLUNY
Procurador Geral Adjunto do Tribunal de Contas

1. Para abordar a questão dos custos da justiça e da formação dos profissionais do foro, é necessário, antes do mais, saber a que se destina e qual a extensão efectiva dessa formação, pois só assim se pode, ajustadamente, avaliar a importância dos seus custos e a razoabilidade da afectação dos meios que lhe são necessários. Isto, trate-se de custos económicos e financeiros, trate-se, ainda, do sentido do esforço organizativo, técnico e profissional que é necessário desenvolver para fornecer e manter uma formação eficiente e actual aos juristas.

Abordar os custos da justiça a partir do problema da formação das profissões judiciárias implica, por isso, previamente, esclarecer o que se pretende da Justiça. Isso pressupõe, ainda e de facto, saber o papel que se reserva para o Estado.

Importa, por fim, em concreto, estabelecer qual o grau de envolvimento dos tribunais na resolução dos conflitos sociais que se considera ser legítimo e socialmente útil.[1]

---

[1] A propósito da corrente norte americana conhecida por Law & Economics, inspirada na escola de Chicago, que preconiza uma missão apenas marginal do papel do juiz e da Justiça cuja utilidade seria avaliada apenas em função do seu custo económico, ver o livro de Benoît, FRYDMAN, Les Transformations du Droit Moderne, (Chapitre 3. Alternatives Pour un Droit Post-Moderne, A. L'hipotèse économiste) Kluver Éditions Juridiques Belgiques et E. Story – Scientia, 1999.

Só assim parece possível optar por uma específica metodologia juridico-judiciária e, enfim, por um determinado tipo de formação.

Só assim parece possível avaliar e ajuizar politicamente da razoabilidade dos seus custos e da necessidade do seu eventual reforço ou limitação.

Esta questão não é por isso meramente técnica ou simplesmente pragmática. Trata-se, antes do mais, de uma opção política de fundo.

Por outro lado, encarar o problema da formação pressupõe, também, coragem para, correlativamente, pensar duas outras questões.

A primeira – relacionada com os pressupostos antes sugeridos – diz respeito ao paradigma de magistrado que se pretende manter ou transformar.

A segunda, que se liga directamente com a anterior, refere-se muito claramente ao tipo de carreira que se pretende conceber para as magistraturas e, de certo modo, também, para a advocacia.

Uma e outra estão, como demonstraremos, inexoravelmente ligadas.

Se, no que se refere ao papel estratégico da Justiça no âmbito dos poderes de intervenção do Estado, poderá bastar um esboço das linhas de rumo a seguir, quanto às duas últimas questões, por mais concretas, não nos parece, contudo, que seja possível continuar a tratá-las, mesmo de um ponto de vista estritamente pragmático, como se fossem autónomas e meramente técnicas.

Isto é, o desenho do magistrado e do advogado que esboçarmos, resultará da formação que, para tanto, lhe for proporcionada e do tipo de carreira que, em consequência, eles hão-de percorrer.

2. Não obstante, qualquer que seja a filosofia e o curso que se queira seguir, no que concerne à organização político-económica do Estado e ao correlativo modelo de Justiça que melhor se lhe adeque, algumas realidades impõem-se por si e desvendam, sem mais, as preocupações que subsistem quanto ao actual estado de coisas.

Elas situam-se na pouca capacidade que os juristas e mormente os magistrados têm para se situar perante a realidade dos problemas sociais e económicos actuais.

Com efeito, a natureza, a importância e a complexidade económica e social das questões hoje submetidas a tribunal é já muito diferente daquelas que, antes, correntemente, lhes eram submetidas.

A cada vez mais rápida e sempre crescente interacção das relações sociais e económicas, o aparecimento de novos sujeitos e intervenientes políticos e sociais, o consequente desenvolvimento de novas categorias de direitos, a inevitável atomização e proliferação das leis e dos ramos do direito, a extensão espacial e internacional das contendas e do crime, tudo, em geral, alterou e influiu na capacidade e clareza de leitura e resolução de conflitos que os tribunais são chamados a resolver.

Mas, estas são a realidade e as dificuldades actuais que não podemos iludir.

Todavia, no essencial, o tipo de preparação jurídica e juridico-profissional que os magistrados e advogados recebem, primeiro na Universidade, e depois no CEJ ou na OA e nos tribunais, mantém-se, no essencial, quase inalterada. Não falo das metodologias didácticas, nem sequer do mais alargado núcleo de matérias jurídicas ministradas. Não, falo da própria concepção do jurista de que se necessita e que se pretende formar. Falo, em concreto, da aproximação à realidade que aos magistrados e advogados deve ser exigida, para que possam, depois, fazer uma judiciosa e aceitável aplicação do direito. [2]

Note-se, porém, que, mesmo que não explicitamente assumida, o tipo de preparação actual corresponde já, ela mesma, a uma opção ideológica quanto ao padrão de intervenção que se julga destinada ao Direito, ao Estado e aos tribunais.

Uma perspectiva que procede, em última análise e como diria o sociólogo do Direito José Eduardo Faria, de uma concepção do direito como «... *"tecnologia de controle, organização e direcção social", o que implica uma formação meramente adestradora ou dogmática, estruturada em torno de um sistema jurídico tido como autárquico, auto-suficiente, completo, lógico e formalmente coerente.*» [3]

Porém, até numa tal perspectiva, haveremos de reconhecer que a actual preparação é insuficiente e corresponde a uma visão do mundo judiciário que, nesse sentido, nem sequer é eficaz.

---

[2] Atente-se que, por exemplo, em Espanha inúmeras Universidades prevêem já nos seus currículos licenciaturas mistas de direito e gestão e direito e economia. A própria Universidade Católica portuguesa anunciou já, também, essa intenção.

[3] V. coordenação a cargo de José Renato, NALINI, «A cultura e as profissões jurídicas numa sociedade em transformação» in *Formação Jurídica*, Ed. Revista dos Tribunais, S. Paulo, Brasil, 1999.

No fundo, mesmo que dos juízes, do Ministério Público e dos advogados se pretenda apenas uma dose de *bom senso* e capacidade técnica formal no julgamento e na selecção dos casos que hão-de ser levados a tribunal, a verdade é que esse *"bom senso"* implica um relativo conhecimento da vida tal como ela é. Ora, a vida que os magistrados e advogados devem conhecer e em que têm de intervir é já uma outra vida bem diferente daquela que a Universidade e os estágios profissionais revelam e que a maioria dos candidatos às profissões judiciárias tiveram, antes, ocasião de viver.

Nesse sentido, tanto faz que se opte por uma percepção do direito e dos tribunais como a que antes enunciámos, ou que se prefira uma visão mais condicente com uma ideia do direito e da acção judiciária como uma «... *"actividade verdadeiramente científica", eminentemente crítica e especulativa – o que exige uma formação normativa, não dogmática e multidisciplinar, organizada a partir de uma interrogação sobre a dimensão política, as implicações socioeconómicas e a natureza ideológica da ordem jurídica.*» [4]

De um modo ou de outro, mesmo que em graus diferentes, a preparação actual da maioria dos nossos operadores judiciários parece insuficiente.

Antes do 25 de Abril e durante muitos anos foi possível insistir num recrutamento dos magistrados que se centrou, essencialmente, entre os estratos rurais e economicamente mais débeis da pequena burguesia. Além disso, através de uma política de baixos vencimentos, foi formado e estabilizado um corpo de magistrados económica, cultural e socialmente submetido e, geralmente, de limitado perfil técnico-jurídico, sem que isso implicasse uma diminuição significativa da eficácia do sistema. Isto, porque o circunscrito espaço judiciário nacional e o cenário sócio-económico em que se desenvolvia o tipo de relações que os tribunais analisavam, podiam, facilmente, ser apreendidos pela experiência existencial de uma tal figura de magistrado. Uma magistratura de razoável preparação generalista, e – usando uma expressão militar – de *"contingente geral,"* era suficientemente eficiente para o que dela o Estado e a sociedade de então pretendiam. [5]

---

[4] José Eduardo, FARIA, op. cit. p.15.

[5] Ver de Susan, ROSE-ACKERMAN, a propósito da importância que as decisões judiciais e a preparação dos magistrados podem ter na economia dos países o Livro Corrupção e

Só que uma tal magistratura e advocacia, mesmo que ligeiramente modernizadas nos seus hábitos sócio-culturais e na sua linguagem técnico-jurídica, como são as que resultam hoje da formação que o CEJ e a OA proporcionam, não são já capazes de penetrar na essência de muitos dos problemas e dos conflitos que são submetidos à sua apreciação.

A magistratura, apesar de bem apetrechada, como geralmente está, do ponto de vista da dogmática jurídica e processual, não consegue já abarcar, através da normal vivência dos seus elementos, uma substancial parte da realidade sobre a qual deve agir. Por isso, em muitos casos, privilegia-se a decisão formal e evita-se, quase inconscientemente, tomar conhecimento do fundo das causas, que se não conhece com suficiente à vontade.

Diferentemente, a advocacia, ou pelo menos parte dela, porque mais directamente relacionada e agindo profissional e directamente sobre as actividades económicas, comerciais, bancárias, de seguros e até bolsistas, mesmo quando não dotada de uma tão boa bagagem jurídico-formal, está em muito melhores condições para conceber a substância de muitos dos problemas que os Tribunais são chamados a resolver. Em contrapartida, falece-lhe, muitas vezes, a preparação técnica e processual para conseguir defender com eficiência os interesses ou os direitos dos seus clientes.

E, não basta, como por vezes se defendeu, a mera aproximação a conceitos de sociologia, de psicologia ou simplesmente de deontologia, para ressituar os magistrados (ou alguns advogados) no terreno que há-de vir a ser o seu local de intervenção.

Se esses conhecimentos ajudam, sem dúvida, para uma autocompreensão da posição relativa do magistrado (ou do advogado) enquanto homem e cidadão perante os outros homens que ele terá de acusar, defender ou julgar, eles de pouco adiantarão para o entendimento do funcionamento real da complexa realidade da vida económica e social actual.

Governo, Ed. Prefácio, Lisboa. 2002. No capítulo dedicado ao Controle do Poder Político e às Instituições Judiciais diz-se, a dado passo: "...os juizes podem ter pouca experiência ou treino na resolução dos problemas legais que resultam de negócios privados e da aplicação das novas leis reguladoras e fiscais... A lei que está nos livros pode não significar muito e algumas vezes pode até ser difícil de encontrar o que diz a lei"...

E, não me refiro aqui apenas aos intrincados problemas relacionados com a moderna criminalidade económica e transnacional, ou com as questões mais complexas dos especializadíssimos contratos nas áreas das novas tecnologias, refiro-me ainda e também à compreensão que é necessário ter de todas as condicionantes da vida moderna nas áreas dos problemas da família, dos menores e das relações laborais.

Nesta perspectiva, parece ainda errado pensar que a simples dotação das magistraturas de assessores e de peritos de formação diversa poderá colmatar aquela inicial deficiência vivencial. É que, até para se poder obter uma boa utilização dos assessores e dos conhecimentos especializados dos peritos é preciso ter alcançado antes uma aproximação aprofundada aos problemas que se querem resolver. Os peritos respondem, em regra, a perguntas e, para deles retirar o necessário rendimento, é necessário saber formular a questão adequada. Quem nada sabe não tem dúvidas; pelo menos dúvidas concretas e suficientemente dirigidas.[6]

Por outro lado, ainda, a opção por uma visão meramente normativa e dogmática do direito e da intervenção judiciária tem, também, impedido a aceitação e compreensão do papel dos juízes, Ministério Público e advogados numa defesa mais activa e compreensiva dos valores constitucionais mais directamente relacionados com a defesa dos direitos do homem, mormente daqueles que se relacionam com as novas gerações de direitos.

Os problemas que hoje se colocam à eficiência e efectividade da Justiça não podem, assim, como alguns pretendem, reduzir-se a um problema de massificação de processos e do *ratio* de magistrados adequado ao seu despacho tempestivo. Sendo esse um problema real, os problemas da Justiça residem, também, no desadequado paradigma de magistrado que teimamos em reproduzir.

Ora, a alteração desse paradigma, implica repensar todo o tipo de formação, designadamente a que não se reporta apenas à aquisi-

---

[6] Seria por conseguinte desejável, como ocorre por exemplo na Holanda, que a formação de magistrados e advogados passasse por um período de estágio junto de alguns dos diversos sectores económicos e sociais mais activos. Isto, fossem eles as empresas ligadas ao sector produtivo, à banca, aos seguros, à bolsa, bem como os sectores fundamentais da administração, como a segurança social, as autarquias ou, ainda, instituições da sociedade civil, como os sindicatos, associações de defesa de direitos ou as próprias IPSS.

ção passiva de conhecimentos jurídicos. Falo, aqui, da necessidade de se encarar a possibilidade de um período preliminar de estágios junto dos sectores produtivos, da administração e das organizações da sociedade civil.[7]

Só que esse é já um outro modelo de estágios, modelo que pode implicar o aumento da sua duração e, portanto, também, um aumento de custos da formação.

3. Além disso, para se falar hoje dos custos da Justiça e da formação dos seus profissionais não se pode, ainda, restringir o discurso à ideia de uma obrigatória formação inicial. Para falar de formação e dos seus custos, importa, ainda, assumir a necessidade de uma aprendizagem permanente. Uma formação que não só sirva a vontade e especial e apetência individual do magistrado (ou do advogado) para o aprofundamento ou a aquisição de novos conhecimentos, mas que, também, seja condicionante essencial da sua carreira tanto ao nível da possibilidade do desempenho de funções especializadas, como, ainda, ao nível dos requisitos específicos para exercer cargos de direcção ou hierarquia.

Uma formação dirigida a áreas cada vez mais complexas e especializadas da economia, do direito e intervenção processual e uma aprendizagem também especializada para o desempenho de concretas funções de gestão de processos, das estruturas funcionais dos tribunais ou de direcção e hierarquia, conforme se fale de juízes ou Ministério Público.[8]

---

[7] Convém referir que se não defende uma proliferação de visitas a instituições várias, que se traduz muitas vezes em mero turismo judiciário, mas de verdadeiros estágios, em sectores e actividades específicas a escolher pelos candidatos, conforme as suas preferências e de acordo como seu projecto futuro de carreira.

[8] Ver, de Elvio, Fassone, o brilhante estudo "La Formazione Professionale: Un Programa Possible (E Necessario)" inserido no livro «L'oraniz-zacione Della Giustizia: Servicio O Disservizio?» «Quaderni di Questione Giustizia» Ed. Franco Angeli, Milano, 1994.

Aí se defende muito desenvolvidamente uma orientação de trabalho no sentido proposto que veio, aliás, a ser aprovado como Relatório, pelo CSM italiano.

No que concerne às carreiras da advocacia interessaria estudar o modelo alemão que limita a possibilidade de pleitear nos tribunais supremos a um colégio de advogados escolhido por concurso público realizado regularmente. Talvez estivesse aí, e não numa diminuição das possibilidades abstractas de recurso, o remédio para o excesso de processos nos tribunais superiores.

Só que, um tal projecto, como antes disse, intersecta, directamente, o actual tipo de carreira das magistraturas e os seus actuais mecanismos de progressão. Além disso, desta forma, questionar-se--iam os cada vez mais ininteligíveis critérios usados pelos governos das magistraturas para a selecção e escolha dos magistrados que hão--de ocupar lugares em áreas ou jurisdições especializadas ou em lugares de direcção, hierarquia ou promoção.

É, ainda, natural que um tal modelo de formação possa, não só, vir a ter directa incidência nas carreiras dos magistrados, como, até, na dos próprios advogados que queiram exibir e atestar a sua qualidade específica em determinadas especialidades jurídicas.

Pensar as carreiras dos profissionais do foro a partir destes pressupostos novos significa pois pôr em causa toda uma prática imbuída de resquícios de proteccionismo, paternalismo e autoritarismo e todos os mecanismos burocráticos e prepotentes que a actual leitura do nosso sistema de gestão das magistraturas ou de licenciamento da profissão de advogado têm por definitivamente adquiridos.

Com efeito, e neste particular refiro-me exclusivamente aos vários órgãos de governo das magistraturas, creio não haver hoje nenhum modelo de gestão de recursos humanos no âmbito da administração pública onde os critérios e as garantias administrativas ou os ensinamentos de boa gestão de quadros estejam mais arredados.

E note-se que, para que não restem dúvidas nem equívocos, tive o cuidado de falar na actual prática e leitura de modelo, porque entendo que a filosofia básica que enforma o nosso sistema estatutário de profissões forenses permitiria outro registo, outra objectividade e outra transparência de procedimentos e rotinas que fossem mais condicentes até com os valores de independência e promoção do mérito e efectividade da Justiça que ele pretende, acima de tudo, defender.

4. Por tudo isto e na falta, há já muitos anos, de um discurso político explícito sobre o modelo de Justiça e formação escolhidos, uma análise das últimas contas de gerência do CEJ pode ajudar a revelar, um pouco mais claramente, o verdadeiro sentido da formação porque se tem optado e, até, o nível de desaceleração do investimento nesta área.

Com efeito, as contas dos anos 1995 a 2001 apontam para um aumento gradual de despesas globais entre 1 726. 414 463$50 e 1. 838 489. 607$00. Todavia, esta variação corresponde, grosso modo, apenas, à necessidade de compensar os aumentos anuais dos vencimentos de docentes, formadores, funcionários e auditores.

Se soubermos que, destas verbas, cerca de 91% correspondem a despesas com vencimentos e, 1%, a despesas relacionadas coma cooperação, perceberemos, sem necessidade de mais explicações, qual o tipo de formação porque se tem optado.

Acresce que os 8% restantes incluem todas as despesas daquela estrutura e se repartem tanto pela formação inicial, como pela formação permanente.

Donde, se depreende com alguma facilidade que uma tal distribuição de verbas só pode proporcionar uma formação essencialmente retórica, virada para o adestramento processual e onde quase nada sobra para uma formação que se dirija a um conhecimento directo das realidades do mundo actual, com as quais os futuros magistrados ou aqueles que já o são têm de trabalhar.

No que diz respeito à formação da advocacia e, fundamentalmente, para compensar os *"patronos formadores"*, que são nomeados "oficiosamente" aos candidatos que, por si, não conseguiram encontrar um patrono que lhes orientasse o estágio, o Estado, no último ano, despendeu 120.000 contos. [9]

Num mundo em que, como dizia Mireille Delmas Marty em 1994, *"...os serviços jurídicos representam, como nos Estados Unidos, um peso económico superior ao da siderurgia, e as City law*

---

[9] Tenha-se em atenção que, embora não se podendo facilmente fazer um cálculo do custo da formação por auditor ou estagiário da magistratura, dado, durante o mesmo ano financeiro, as verbas despendidas serem repartidas por candidatos de vários cursos e ser difícil diferenciar ainda a parte da despesa correspondente à formação permanente e à formação inicial, sempre se poderá dizer que os últimos cinco cursos de magistrados foram frequentados por uma média de 116 candidatos para ambas as magistraturas.

Desta forma os custos para o Estado da formação dos advogados parecem ser, em proporção, infinitamente menores. É certo que se trata de uma profissão liberal. No entanto, se se vier a concretizar a criação de um novo modelo de apoio judiciário, sempre se poderia pensar numa forma de compensação de um necessário reforço de verbas que viessem ser gastas na formação da advocacia, através de uma colaboração necessária nesse serviço.

firms podem gabar-se de contribuir para a balança de pagamentos britânica com mais de 350 milhões de libras...", as verbas despendidas pelo Estado português com a formação dos magistrados parece, assim, apenas simbólicas.[10]

Em todo o caso e para se ter uma visão mais aproximada à realidade nacional, bastará referir, que só o contencioso do Estado a cargo do Ministério Público na área cível de Lisboa atingia já, há cerca de um ano, cerca de trinta e oito milhões de contos.

No entanto, apesar da complexidade e da novidade das relações interdisciplinares que resultam de muitos desses processos, muito pouco ou quase nada tem sido fornecido, exigido, ou fomentado no que concerne a estágios de formação especializada aos magistrados que deles estão encarregados.

Por outro lado, quase só os magistrados que, por qualquer motivo, foram já antes escolhidos para trabalhar em sectores relacionados com a criminalidade organizada e transnacional acabam por ter algum acesso a cursos proporcionados pelas diversas instâncias e organismos internacionais [11].

E, todavia, basta passar a vista pelo número de anúncios das diversas Universidades e Faculdades de Direito e Economia públicas e privadas relacionados com a formação especializada contidos, por exemplo, nos últimos números do jornal Expresso, para nos podermos aperceber da importância da formação permanente dos juristas na sociedade portuguesa actual. Porém, que se saiba, o Ministério da Justiça não investe um euro que seja, pagando a formação dos magistrados que os queiram frequentar.

A própria estrutura de governo das magistraturas não conseguiu ainda digerir, totalmente, sequer, a vontade de os magistrados, a expensas suas, pretenderem completar ou melhorar a sua formação académica. No Ministério Público, por exemplo, existe ainda quem

---

[10] Pour Un Droit Commun, Ed. Seuil – La Librairie du XXe Siècle, 1994, p.210. Citação de Y. Desalay, Marchands de Droit, Fayard, 1992, p. 224.

[11] Desta forma, a formação especializada torna-se num apanágio dos que já antes foram previamente escolhidos por uma qualquer indigitação do poder político ou corporativo para a receber e não num direito de todos os que pretendem progredir na carreira, aperfeiçoando-se para tanto.

encare todas essas aspirações como meras e inúteis veleidades que podem ser geridas, não atendendo a regras gerais, mas casuística e condescendentemente e como se de uma benesse pessoal se tratasse.

Finalmente, a limitada formação permanente que, mesmo assim, o CEJ consegue proporcionar não funciona ainda como instrumento curricular privilegiado nas carreiras dos magistrados.

No entanto, parece hoje fundamental para a boa governabilidade de qualquer país que os quadros dos seus serviços públicos e, designadamente, os seus quadros superiores se actualizem e melhorem constantemente os seus conhecimentos científicos.

Além disso, qualquer das organizações internacionais de controlo e gestão da economia mundial, como são o FMI e o Banco Mundial insistem cada vez mais na relação entre a eficiência da Justiça e a prosperidade da economia e a riqueza das nações.

Nesta perspectiva, sempre se poderá dizer que, no nosso País, se os custos financeiros da formação dos profissionais do foro não têm sido elevados, os custos desse desinvestimento, para a nossa economia, têm sido desastrosos.

5. Em conclusão, analisar os custos da formação dos profissionais do foro, de um modo compreensível e razoável, implica, também, repensar todo o seu modelo actual. Neste sentido se propõem algumas ideias base:

– A criação de fases de estágio inicial junto de diversos sectores de actividade que permitam a ultrapassagem das naturais dificuldades dos recém licenciados e candidatos a profissionais do foro se relacionarem directamente com a realidade da actual vida económica e social;

– A recriação de uma cultura judiciária comum, que passe pela frequência dos candidatos a profissionais do foro de uma fase inicial de estágio conjunto, que lhes permita, depois, fazer uma opção profissional descomplexada e compreender os valores e códigos de intervenção de cada profissão forense [12];

---

[12] Também aqui interessava estudar o modelo alemão em que o estágio forense é comum a todas as profissões e actualizá-lo, depois, em função das outras necessidades antes invocadas.

– Projectar a formação permanente e especializada como instrumento indispensável de progressão na carreira e de colocação em áreas e jurisdições especializadas, no que diz respeito aos magistrados ou de atestação de especialização na advocacia;
– Incentivar a formação permanente comum, nela fazendo participar as Universidades e os vários saberes.

É NECESSÁRIA A CONTENÇÃO DOS CUSTOS DA JUSTIÇA?
– NECESSIDADES E CUSTOS DE FORMAÇÃO DOS OPERADORES JUDICIÁRIOS –

José Tavares
Director-Geral do Tribunal de Contas

1. Introdução

Em primeiro lugar, cumpre-me agradecer o convite para estar presente neste evento e felicitar os seus Ilustres Organizadores por tão excelente iniciativa, a qual surge com grande oportunidade.

Em segundo lugar, como Director-Geral do Tribunal de Contas – que, como é sabido, é um Tribunal financeiro, com uma organização e competência muito diferentes das dos demais Tribunais – gostaria de dar a conhecer, essencialmente, a experiência do TC no domínio que nos ocupa: *necessidades e custos de formação no âmbito da Justiça* (não esquecendo a questão de fundo desta sessão: *é necessária a contenção dos custos da justiça?*).

Com efeito, nos últimos *20 anos*, a formação profissional no TC desempenhou um papel fundamental no processo de reforma desta Instituição, com resultados extraordinariamente positivos.

Naturalmente, teve e tem os seus custos.

Mas também, neste particular, podemos levar a cabo uma gestão adequada aos objectivos a atingir.

Antes, porém, de dar conta da nossa experiência, gostaria de fazer algumas referências ao enquadramento da formação, em especial, no sector da Justiça.

2. Enquadramento da formação, em especial, no sector da Justiça

Como muito bem escreveu CABRAL DE MONCADA, «*O Direito acompanha a vida, tal como o pensamento acompanha a evolução social*».

E assim é!

Também os Tribunais e toda a máquina da Justiça, pela sua própria natureza, têm de acompanhar a vida, a evolução social e o Direito, sob pena de não cumprirem a sua missão correctamente, porque alheados do mundo em que estão inseridos!

Isto significa que num Mundo em tão profunda mutação, *a formação permanente*, contínua, é um imperativo, desde que feita racionalmente, em ordem à obtenção de certos resultados.

E tal formação deve começar pela própria noção do Direito e de Justiça e, portanto com reflexos ao nível da *Universidade* em que se ensina o Direito.

Hoje, por exemplo, o conteúdo do *princípio da legalidade* tem um conteúdo diferente e mais amplo do que o que lhe era dado há 20 anos.

Por outro lado, a distinção entre o *público* e o *privado* também tem contornos diferentes, a todos os níveis, *v.g.* ao nível do *direito público e direito privado, da gestão pública e da gestão privava*, da própria *Administração Pública*...

Mas muitos outros sinais existem, reveladores da *exigência da formação*, a saber, nomeadamente:
- A abundante legislação produzida com todas as dificuldades resultantes na sua aplicação, tornando, por vezes difícil saber em que lei vivemos;
- A evolução verificada no passado recente nas *áreas económica e financeira* trouxe consigo novos e complexos processos, sobre os quais há que decidir;
- A *integração europeia* com todas as profundas competências daí resultantes para a nossa Ordem Jurídica;
- A *mundialização* (conhecida, também, por globalização) com todos os seus reflexos;
- As novas *tecnologias da informação* e a "revolução" que tem

provocado ao nível, *v.g.* dos métodos de trabalho, da celeridade (e também dos custos);
etc, etc, etc.

Neste quadro, meramente exemplificativo, é, pois, necessário ter muita atenção à *formação*, a fim de que haja a efectiva realização da *Justiça* que, como refere RAWLS, é a primeira virtude das instituições sociais, tal como a verdade é a primeira virtude do pensamento.

A formação *motiva, credibiliza* e *responsabiliza*!

A formação pode visar o *saber*, o *saber-fazer*, o *saber-ser* e até o *saber-pensar e questionar*!

No entanto, um sistema de formação deve dispor de uma *estrutura organizativa* própria, com definição de quem é responsável pela mesma.

Estas afirmações – que me parecem certas – serão muito úteis para responder à questão-chave desta sessão:
– É necessária a contenção dos custos da Justiça neste domínio?
Veremos que resposta dar.

Permitam, agora, que apresente o sistema de formação do Tribunal de Contas, na esperança de que possa trazer alguma utilidade.

3. O sistema de formação no Tribunal de Contas

Como é sabido, o Tribunal de Contas é um Tribunal muito diferente dos demais Tribunais, quanto à sua competência, à sua organização, ao seu funcionamento e à sua actividade.

Dispõe de cerca de 600 funcionários, das mais diversas formações (direito, economia, organização e gestão de empresas, auditoria, contabilidade e administração, sociologia, engenharia e outras).

Todavia, há 20 anos, o Tribunal de Contas tinha a apoiá-lo apenas 11-12 licenciados. Hoje tem mais de 300 licenciados!

E, como é do conhecimento público, o Tribunal sofreu nos últimos anos uma reforma profundíssima, em que a *formação profissional desempenhou um papel fundamental*, permitindo fazer a adaptação possível de funcionários às novas exigências, dando também uma vertente humana à vida profissional. Tudo isto combinado ou temperado, sendo caso disso, com a mudança de tarefas.

Ainda hoje, continua a ter importância, mas num contexto diferente em que as necessidades são diversas, em face dos objectivos a prosseguir.

Quais são as características do nosso sistema de formação (sempre num quadro da melhor gestão financeira possível)?

Em linhas gerais, são as seguintes:

- Em primeiro lugar, a mesma assenta num *diagnóstico* tão rigoroso quanto possível das necessidades, através de um processo participado, podendo também abranger-se acções que incidem sobre o *comportamento*...
Este diagnóstico é sempre feito anualmente, coincidindo com a elaboração do plano anual de actividades do Tribunal, tendo também um enquadramento plurianual/trienal; no entanto, tal plano é flexível, devendo ser adaptado em função de eventuais novas necessidades ou de outras alterações.
- Por outro lado, os programas das acções de formação devem ser ajustados às necessidades concretamente diagnosticadas (rejeitando-se, assim, o que poderíamos designar por *"formação empacotada»*);
- A formação pode ser *inicial*, de desenvolvimento de funções básicas ou de especialização, *direccionada* à resolução concreta de questões novas ou complexas, por exemplo, as parcerias público-privadas, os chamados *project finance*, as concessões, as novas tecnologias etc..
- Tanto privilegiamos a formação interna como a formação externa, dando-se também grande abertura a formadores externos à Instituição pelos efeitos positivos que consideramos daí advirem, bem como a frequência de *estágios* noutras instituições;
- No mesmo sentido, cooperação estreita com entidades externas, *maxime* com Universidades e com os órgãos de controlo interno da Administração financeira do Estado;
- No diagnóstico das necessidades de formação, temos procurado combater o "coleccionismo" de cursos de formação por parte de funcionários...;
- Realização de acções de formação (inicial e de desenvolvimento das funções básicas) com *avaliação*, pois, como sabemos, também têm reflexos na evolução da carreira dos funcionários;

– Obrigatoriedade de elaboração de relatórios de frequência das acções de formação, sobretudo das realizadas externamente;
– Apresentação de tais relatórios a outros formandos, assim se multiplicando os ensinamentos recebidos, com redução de custos; e, no mesmo sentido,
– Difusão máxima da documentação recebida, nomeadamente através da *intranet*, também com efeitos positivos ao nível dos custos;
– Ponderação dos resultados das acções de formação no *processo de avaliação do desempenho* e aproveitar este processo de avaliação do desempenho para diagnosticar necessidades de formação, com o respectivo seguimento.

Os resultados da aplicação de todo este sistema são, a nosso ver, excelentes, tendo a formação constituído um pilar fundamental no processo de reforma do Tribunal de Contas nos últimos anos.

Mas, perguntarão: e os custos?

4. Custos de formação no Tribunal de Contas. Comparação com Instituições Congéneres e organizações internacionais

O *planeamento* e *orçamentação* correctos, também nesta área da formação profissional, bem como, a jusante, a *avaliação* e *elaboração das contas* respectivas são instrumentos fundamentais da gestão, sem prejuízo de se dispor também de indicadores de gestão permanentes.

No que ao Tribunal de Contas diz respeito, nos *últimos cinco anos*, são os seguintes os indicadores de formação são os constantes dos **quadros em anexo**.

Da análise destes quadros resulta, por um lado, a importância da formação no Tribunal de Contas, mas, por outro lado, que os custos respectivos são relativamente proporcionados com referência aos custos do pessoal e aos benefícios obtidos.

Em termos comparativos, a situação do Tribunal de Contas de Portugal é muito semelhante à da maioria das Instituições congéneres da União Europeia, bem como da América Latina, as quais se agrupam em organizações internacionais próprias – a *EUROSAI* e a *OLACEFS*, que por sua vez pertencem à organização mundial *INTOSAI*.

Aliás, estas organizações internacionais têm sob a sua órbita *centros de formação específicos*, que muito têm contribuído para troca de ideias e de experiências ao nível mundial e a custos muito aceitáveis.

5. É necessária a contenção dos custos em matéria de formação no sector da Justiça?

A problemática da contenção de custos no sector público tem sempre sentido, pois, infelizmente, os recursos disponíveis são escassos.

Todavia, tal contenção tem, a nosso ver, de ser devidamente enquadrada nas *prioridades* estabelecidas.

Ora, o sector da formação é, seguramente, daqueles a que se deve dar *carácter prioritário*, podendo considerar-se uma *despesa de investimento*, com frutos relevantes, ainda que não *no curto prazo*.

Em todo o caso, quer se viva ou não em período de abundância, sempre haverá que agir, neste domínio como em todos os outros, com *critérios de boa gestão*, agindo com *economia, eficiência* e *eficácia* e ainda com todos os instrumentos de gestão referidos.

Deve, aliás, referir-se que ao nível das instituições públicas também não tem havido suficiente *interacção* no domínio da formação, com a redução de custos que daí resultaria.

Também com reflexos ao nível da redução de custos, há que explorar mais a formação ministrada através das novas tecnologias da informação.

Se toda a gestão pública se pautasse por estes princípios, certamente que toda esta problemática teria contornos bem diferentes.

Dito isto, diria que *o domínio da formação não é o prioritário em matéria de contenção dos custos da justiça*, tendo presente o quadro que traçámos com os sinais reveladores das exigências de formação.

6. Nota final

Concluímos, assim, no sentido de que, no futuro, a *qualidade* aí está como exigência de todos nós, em todos os sectores, incluindo o da justiça, pelo que a formação profissional será um instrumento fundamental para a garantir, mas desenvolvida com rigorosos critérios de gestão, com os benefícios daí decorrentes, quer em termos de *resultados*, quer em termos de *redução de custos*.

Formação 1997-2002

1997

FORMAÇÃO	ACÇÕES	HORAS DE CURSO	HORAS DE FORMAÇÃO	CUSTOS PTE	
INTERNA	63	1.033	18.379	11.912,28	59.418,20
NO EXTERIOR	63	1.916	3.571	8.488,36	42.339,76
RELAÇÕES C/ EXTERIOR	40	727	-	630,00	3.142,43
TOTAL	166	3.676	21.950	21.030,64	104.900,39

1998

ACÇÕES	HORAS DE CURSO	HORAS DE FORMAÇÃO	CUSTOS PTE	
62	1.026	15.577	15.090,10	75.269,08
81	1.476	3.442	10.052,64	50.142,34
44	732	-	1.139,00	5.681,31
187	3.234	19.019	26.281,73	131.092,73

1999

ACÇÕES	HORAS DE CURSO	HORAS DE FORMAÇÃO	CUSTOS PTE	
76	1.023,30	15.474,20	17.871,79	89.144,11
101	1.837,60	3.860,60	20.312,12	101.316,44
39	573,3		459,00	2.289,48
216	3.434,20	19.334,80	38.642,91	192.750,03

2000

ACÇÕES	HORAS DE CURSO	HORAS DE FORMAÇÃO	CUSTOS PTE	
67	1.058,00	18.973,00	20.752,71	103.514,06
140	2.704,30	6.008,30	29.427,92	146.785,83
78	892,25		780,00	3.890,62
285	4.654,55	24.981,30	50.960,62	254.190,51

2001

ACÇÕES	HORAS DE CURSO	HORAS DE FORMAÇÃO	CUSTOS PTE	
67	1.043,00	13.531,00	19.756,46	98.544,81
79	1.564,50	3.809,00	16.522,47	82.413,74
51	731		0,00	-
197	3.338,50	17.340,00	36.278,93	180.958,55

2002 - 1º Semestre

ACÇÕES	HORAS DE CURSO	HORAS DE FORMAÇÃO	CUSTOS PTE	
37	518,3	7.130,00	9.521,00	47.493,01
49	873	1.959,00	12.277,00	61.239,00
13			0,00	-
99	1.391,30	9.089,00	21.798,00	108.732,01

Indicadores de Formação

	1997	1998	1999	2000	2001
CUSTO DE FORMAÇÃO / CUSTO COM PESSOAL (%)	0,98	1,14	1,55	1,72	1,12
CUSTO MÉDIO GLOBAL/HORA DE FORMAÇÃO, POR PARTICIPANTE	958$	1 382$	1 999$	2 039$	2 092$

a) O primeiro indicador traduz o peso da formação[1] no total das despesas com pessoal.
b) O segundo indicador resulta do quociente dos custos dispendidos pelo total de horas de formação interna, no exterior e total de formação.

[1] Foram incluídos os custos de monitoragem e os custos de inscrições em acções de formação no exterior;

OS CUSTOS DA JUSTIÇA
OS CUSTOS DO SISTEMA JUDICIAL

PAULA TEIXEIRA DA CRUZ
Advogada
Membro do Conselho Superior de Magistratura

Bem avisado se nos afigura, ao ensaiar percorrer a problemática dos custos do Sistema Judicial, no contexto dos custos da Justiça, ter presente a certeira observação do Senhor Professor Doutor Nuno Garoupa, nas Jornadas Empresariais Portuguesas, comemorativas dos 150 anos da Associação Industrial Portuguesa: "Eficiência económica significa máximo benefício ao menor custo e não mínimo benefício ao custo zero...comparar custos não é uma boa medida de eficiência podendo mesmo induzir em erro."

Na Justiça, como no Sistema Judicial, não pode deixar de se pretender o máximo benefício – que não o mínimo benefício – por uma razão assaz simples: o Sistema Judicial é o guardião dos Direitos, Liberdades e Garantias ou, numa linguagem que reconhecerão, sem embargo da sua fraca modernidade em época de ventos liberais, do Contrato Social, sistema repressor do Homem lobo do Homem.

Supostamente.

O máximo benefício é o que se quer na realização da Justiça a se, ao menor custo possível, é certo, independentemente porém, da sua quantificação. O menor custo quantificado, com a inerente e inevitável redução do benefício é a aceitação da menorização do Direito, numa recondução economicista estricta, que olvida que a Justiça não é um mercado como qualquer outro mercado. Reconduzir o Sistema de Justiça a um mercado é postergar a sua génese social, a sua função de Soberania, é um retrocesso e um apelo a um sistema falível, onde os litígios serão certamente resolvidos em prol do mais forte.

A desgraduação/desclassificação do Sistema de Justiça apelará a outros meios de realização da justiça. Com esta questão, não se confunda a desejável institucionalização e desenvolvimento de meios alternativos de composição de litígios, no quadro de um Sistema de Justiça, como caminho adequado a corrigir disfunções sistémicas.

A questão do custo da Justiça e do custo de um dos seus elementos – o Sistema Judicial – só se coloca, em nosso entender como sucede hoje quando o benefício é, ele próprio, comummente questionado, diminuto.

Sem perder de vista que o benefício no caso em apreço é o da realização da Justiça e que nenhum custo é demasiado elevado quando ela é concretizada, já obviamente se coloca quando as disfunções – da concepção ao funcionamento – formais ou materiais do Sistema transformam a referida concretização em excepção, fragilizando-a e expondo-a, em tempos de intensa mediatização.

Destarte, qualquer que seja o custo público e privado de um sistema disfuncional, este será sempre considerado excessivo.

Logo, em função dessa disfunção, qualquer lógica de reforço de meios destinado exclusivamente a perpetuar o mesmo Sistema disfuncional, é inútil: só perpetuará, reforçando-as, as disfunções, mesmo na medida em que tornará mais fortes as resistências à respectiva eliminação, sabendo-se como se sabe que muitos dos agentes do sistema passam a viver delas e por causa delas.

Já o reforço de meios se impõe – se exige – face a medidas de eliminação de disfunções, porque diminuir disfunções é diminuir custos e racionalizar o Sistema.

Da obscuridade e inexequibilidade à autofagia legislativa e regulamentar, à insegurança e incerteza, aliada à demora da concretização do Direito e sua tutela garantística – quando não na sua denegação com fundamento arbitrário ou meramente formal – é toda uma aquisição que se vai comunitariamente adquirindo. Tudo isto, obviamente, num contexto que nos permitimos apodar, por mera contenção verbal, de responsabilidade imperfeita.

Assim, valorar custos não pressupõe exclusivamente uma abordagem económica do Direito, mas passa inequivocamente por ela, sobretudo numa Era de Globalização e portanto de competição, mesmo no que respeita aos sistemas judiciais entre si.

Clarifiquemos porém, que a par da abordagem económica, existe uma abordagem social, cultural, e jurídica, uma visão de conjunto do sistema global de Justiça, ou seja, um custo do Direito que importa efectuar, mais numa óptica de benefício e optimização, que não numa óptica de restrição que se impõe rechaçar, por configurar um retrocesso inaceitável.

Dir-se-á, que não pode efectuar-se qualquer abordagem sobre os custos do Sistema Judicial – isto é, os custos da função jurisdicional, nele se incluindo o dos operadores judiciários – ignorando as causas desses mesmos custos, que se encontram a montante do exercício desta função do Estado. Em suma: das actividades legiferante e administrativa.

E aqui chegados, não há como ignorar que o Direito em função da imposição da realidade económica, tecnológica e globalizadora adquiriu especificidades que importa encarar, numa lógica de adequação, de adaptação constante. A montante do Sistema, a resposta às novas características do Direito dada pelas Universidades vem sendo espantosamente rápida, numa multiplicação de iniciativas de sólida formação complementar.

Todavia, o Direito pressupõe estabilidade e certeza, incompatíveis com a proliferação legislativa independente de qualquer avaliação ou de leis-medida, ou mesmo leis de pouco apuro jurídico, para referir ainda as inexequíveis que são, por isso, desaplicadas.

É elucidativo, a este propósito, o relatório da Comissão para a Simplificação Legislativa: «No nosso país de acordo com os dados apurados pela Comissão e no que toca apenas às leis e decretos-leis, temos, por exemplo, só na década de 90, mais de 5.000 leis e decretos-leis, o que corresponde a uma média de 500 diplomas por ano. Na década de 80, o total foi de 5860, o que corresponde a uma média de 586 destes diplomas por ano. Assim, só em 20 anos temos um total superior a 10.000 diplomas, os quais seguramente na sua maioria continuam a vigorar, acumulando-se aos milhares de diplomas que já se encontravam a vigorar anteriormente.»

O mesmo sucede, obviamente, na actividade regulamentar, como também acentua aquele Relatório, não só proveniente do Governo e das Regiões Autónomas, como das Autarquias e dos Institutos Públicos em geral, com particular relevância para a actividade das Entidades Reguladoras, que se vem revelando de difícil conhecimento pelos seus destinatários e até, no nosso entender, certamente questionável, no mínimo, de duvidosa compatibilidade com o Tabstand constitucional a carecer, no mínimo de adequada publicitação e compilação regular.

Esta proliferação e prolixidade são causa directa da incerteza e insegurança geradas nos cidadãos, de flutuações jurisprudenciais, quando não da impossibilidade de acatamento.

Afigura-se assim, urgente, a introdução efectiva – que não meramente legislativa ou administrativa – do método da análise prévia, no nosso ordenamento e a criação de uma comissão de redacção final de diplomas, constituída por juristas especializados, funcionando em articulação com comissões congéneres no Parlamento e na Presidência do Conselho de Ministros. Tal como proposto pela Comissão para a Simplificação Legislativa – cujo trabalho notável, em tão curto espaço de tempo nos permitimos sublinhar, cumprimentar e erigir como exemplo, na pessoa do Senhor Dr. Robin de Andrade, seu Presidente – definir o organismo a quem cabe a responsabilidade de coordenar e monitorizar os processos de simplificação e de qualidade legislativa. Permitimo-nos de igual modo, sugerir a avaliação periódica deste organismo.

Destarte, sendo a Lei – fundamento e baliza do sistema da Justiça – ela própria elemento disfuncional, provoca enquanto tal, subsequentemente, uma cadeia de disfunções que se repercutem na Comunidade (cidadãos e empresas) e nas actividades administrativa e jurisdicional.

Os custos do Sistema Judicial, enquanto custos induzidos por outras actividades, devem pois, ser avaliados, numa das suas causas primeiras: a Lei. O referido custo passará sempre pela primeira análise social, cultural, jurídica e económica da Lei. Efectuada esta análise integral é possível avaliar o seu custo repercutido nos destinatários e aplicadores.

A Lei quer-se justa e por isso aceite, clara, tecnicamente perfeita e duradoura, isto é, estável. As irracionalidades legislativas têm custos sociais e económicos e são profundamente perturbadoras das actividades administrativa e jurisdicional. Da irracionalidade legislativa vive ainda muita da perversão administrativa, como dele vive parte da demora que se sente na actividade jurisdicional e de alguma predilecção por decisões formais, predilecção essa referida pelo Senhor Procurador-Geral Adjunto Dr. António Cluny, em "Uma Justiça

dúctil para um país normal" in Justiça em crise? Crises da Justiça?".
As disfunções administrativas também se repercutem no sistema judicial e geram custos destituídos de qualquer benefício, advenientes da arbitrariedade, demora e irresponsabilidade que caracteriza a actuação de muitos funcionários e agentes da Administração Pública, aliada a uma falta de preparação amiúde gritante. Esta disfunção sai reforçada por uma Justiça administrativa amiúde morosa e formalista deixando impunes os respectivos agentes, destituídos de garantia os cidadãos e as empresas que se espera vir a sofrer alteração com a anunciada – e aparentemente já adiada – Reforma do Contencioso Administrativo que todavia perdeu a oportunidade para uma maior aproximação ao processo civil, adoptando assim uma perspectiva minimalista da reforma.

Quanto aos custos intrínsecos do Sistema Judicial, há que referir que se impõe suportar custos estruturais relativos à preparação e dotação de condições de actuação dos operadores judiciários, sem prejuízo de uma responsabilização dos intervenientes na administração da Justiça e os inerentes ao acesso ao Direito.

Quanto a esta última questão, é maior o custo da restrição/impossibilidade do exercício do Direito do que aquele que resulta da possibilidade ampla do seu exercício.

Ainda em sede de aumento de custos no imediato, mas numa perspectiva de também imediata redução se impõe o recurso à coadjuvação pericial para responder à tecnicização do Direito, fugindo à tentação de requerer para os operadores judiciários o papel omnisciente que não podem e não devem ter.

No Sistema Judicial requerem-se leis justas e claras, operadores preparados e especializados, com recurso aos meios tecnológicos que forem necessários, decisões de fundo em tempo razoável, proferidas em processo formalmente simplificado, com predominância da verdade material e responsabilização dos intervenientes na administração da Justiça.

Tudo isto exige, no contexto actual e no imediato um aumento de custos a bem de um máximo benefício e posterior redução de custos públicos e privados.

Será porventura o momento de todos os intervenientes buscarem, em reflexão e contributo comum, não a Resposta, mas as respostas, em ordem a proporcionar ao cidadão o serviço da Justiça.

E se for necessário, em comum, também reivindicar.

OS CUSTOS DA JUSTIÇA.
QUEM OS SUPORTA OU DEVE SUPORTAR?

ARMÉNIA COIMBRA
Vice-Presidente da Ordem dos Advogados

1. Na 1ª versão da proposta da Ordem dos Advogados para o Pacto da Justiça (apresentada aos partidos políticos) afirmou-se: *A justiça é das poucas funções do Estado que se mantém genuinamente portuguesa* no processo de integração da União Europeia. Tentando interpretar esta afirmação alguns *de nós questi*onaram se o orgulho subjacente a esta de*claração sig*nificaria que temos a mais elevada média de penas de prisão (mesm*o superior às mé*dias dos países em que vigora a pena de prisão perpétua), as maiores pendências, os maiores atrasos processuais, o maior número de prescrições e o maior número de presos preventivos, proporcionalmente.

Outros de nós rejeitaram tal interpretação dizendo que este orgulho significa que temos um património histórico humanista que fez com que fossemos pioneiros na abolição da pena de morte e na recusa da prisão perpétua, que esta afirmação é o orgulho no carácter progressista da nossa doutrina criminalista, desde o Séc. XVIII até hoje.

2. E o que será uma justiça genuinamente portuguesa num espaço internacional de globalização? Os Advogados Portugueses, através da voz do seu Bastonário, Dr. José Miguel Júdice, e em inúmeras ocasiões, têm expressado ideias muito realistas e muito acertadas sobre a nossa justiça.

Como o tem afirmado o Bastonário, esta justiça, genuinamente portuguesa, funciona mal; e funciona mal no que se refere à organização funcional, ao sistema de gestão, aos métodos de trabalho, aos meios financeiros disponíveis, apesar do esforço reconhecido, por vezes sobre-humano, de muitos magistrados, e dos processos de reforma em curso ou em implementação.

3. Na cerimónia de abertura do ano judicial (2002) o Bastonário da Ordem dos Advogados chamou a atenção do poder político para a infuncionalidade do Estado da Justiça e disse: "A Justiça é uma das principais funções do Estado ... talvez a principal função do Estado (...) Neste tempo de liberalização, de privatização e de desregulamentação, em que o Estado – bem ou mal – entende serem os privados quem melhor pode desempenhar certas funções tradicionalmente da sua competência (...) a justiça deve ser uma prioridade entre as prioridades. (...) É falso que os titulares do Poder Político – os que estiveram ontem, os que estão hoje, sejam lá quais forem os que vão estar amanhã – não gostem dos tribunais, não gostem dos Magistrados, não gostem dos Advogados. É falso que não tolerem a sua independência, não gostem dos Advogados. (...)

É preciso, é essencial, é urgente, pôr o sistema judicial a funcionar."

4. Quando o sistema de justiça funciona mal, a corrupção, o abuso de autoridade, a falta de respeito pelas normas legais, a utilização de meios de acção directa para resolver problemas, na cultura de aceitação da impunidade, são inevitáveis.

Um país com melhor justiça será não só um país mais justo, mas também mais livre, mais forte, menos arcaico, economicamente mais desenvolvido.

E, para tanto, não basta melhorar as leis, simplificar os códigos adjectivos, será preciso desenvolver uma nova cultura judiciária.

Têm sido estes os lemas da Ordem dos Advogados, expressos publicamente no programa de candidatura dos seus actuais órgãos dirigentes.

5. Apesar de tudo, para o Poder Político, a justiça, quando comparada com outros sectores do desenvolvimento económico e com sectores onde os investimentos são mais visíveis, é uma prioridade secundária. Por isso deve o Estado definir prioridades.

Deve o Estado contabilizar o que se perde, em termos de PN, com os milhares de pessoas que diariamente esperam nos tribunais perdendo horas de trabalho produtivo; deve o Estado reponderar as tarefas e as funções dos Juízes (deixando a estes apenas a nobre função de julgar) e a falta de secretárias e de assessores que apoiem os juízes (qualquer gabinete do poder político, seja ele autárquico, regional ou central, tem dois ou três assessores!).

6. Sabemos que uma grande fatia dos Orçamentos do Estado está reservada para as despesas com o pessoal. Sabemos que o pessoal ao serviço dos tribunais nos últimos 26 anos cresceu: em 1974 – eram 441 Juízes, 292 Procuradores e 2695 Funcionários Judiciais; em 2000 – eram 1368 Juízes, 1068 Procuradores e 9040 Funcionários Judiciais.

O total dos efectivos do MJ (pessoal) é de 22000 Pessoas.

A despesa do MJ em 1999 (orçamento) foi de 160 milhões de contos.

O MJ gastou em 1999 em despesa de pessoal 118 milhões contos.

E a população não aumentou.

E os utentes pagam ou queixam-se que pagam muito pelos custos da justiça – sobretudo quando têm que recorrer a serviços externos ao tribunal.

7. Os tribunais funcionam, do ponto de vista de organização e da gestão, da mesma forma que funcionavam há 26/30 anos, quando eu me iniciei nesta profissão.

E nestes 26 anos mudaram as mentalidades, as distâncias, as tecnologias, os meios de comunicação, as estruturas sociais e familiares.

Os escrivães e os secretários judiciais com quem iniciei a minha vida profissional há 26 anos e que hoje estão aposentados, trabalhavam exactamente como os de hoje; utilizavam os mesmos métodos, tinham os mesmos hábitos e os mesmos vícios, os de hoje só substituíram a máquina de escrever pelo computador; mas, mesmo este (o computador) só veio substituir os impressos das gráficas.

8. Se por um lado entendemos que é encargo do Estado suportar os custos da justiça, somos defensores (a OA) do princípio do "utilizador/pagador": os grandes utilizadores do sistema judicial devem pagar o custo efectivo do serviço; devem evitar o recurso ao sistema judicial, reformulando os seus contratos com recursos a meios alternativos de resolução dos conflitos.

9. A questão dos custos da justiça anda ligada, indissociavelmente, à questão da lentidão da justiça, falar numa é falar na outra.

O aumento da litigiosidade, do recurso ao tribunal, tende a crescer e não a diminuir. Falar dos custos da justiça é falar de medidas alternativas à resolução dos conflitos.

10. Propostas que formulamos
- Incentivo às medidas de resolução amigável dos litígios ou através de outros meios alternativos (mediação, conciliação, arbitragem).
- Diminuição das tarefas não jurisdicionais confiadas aos juízes.
- Criação de órgãos exteriores à ordem jurídica para os processos de menor relevância.
- Instituição do juiz singular em primeira instância (em todas as matérias).

11. Conclusões:

1. Adopção de métodos e procedimentos que permitam utilizar de forma adequada e eficaz os recursos financeiros disponíveis (melhor gestão financeira).

2. Adopção de métodos de gestão de recursos humanos (implementar equipas de gestão responsáveis por um melhor controlo do volume de trabalho; no País de Gales há 2000 Juízes profissionais e 30000 magistrados não profissionais).

Por exemplo: se as estatísticas revelarem atrasos significativos e reiterados num determinado tribunal, aumente-se o número de juízes ou de funcionários com base em recrutamentos permanentes ou temporários. Haverá redução de custos.

3. Quanto às taxas de justiça: as taxas por prestação de um serviço ou pela utilização de uma actividade, no seu conjunto, não poderão nunca exceder o custo real ou previsível do serviço ou actividade, ou seja, o valor da prestação recebida.

As taxas de justiça representam uma fracção importante do custo global do sistema de justiça; são uma fonte preciosa de receitas para os tribunais.

Sabemos que a exigência do pagamento de taxas de justiça elevadas, num ponto-chave do processo (ex. peritagens) pode constituir um meio suplementar para incitar as partes a resolver rapidamente o litígio.

4. Medidas para uma boa relação custo-eficácia:
   – aumentar a responsabilidade e a disciplina das partes:
   – aplicar coimas por atrasos;
   – adoptar regras relativas aos falsos testemunhos;
   – adoptar regras para a boa utilização de peritos (sempre que possível um só);
   – adoptar medidas para evitar que uma das partes (a mais poderosa) não obtenha uma vantagem financeira injustificada, prolongando, sem necessidade, o processo.

• Dar aos Advogados a possibilidade de convidarem os Juízes a iniciarem, atempadamente, a análise dos processos.

(Exemplifica-se: as acções de despejo por falta de pagamento de rendas estão processualmente como há 26 anos; avizinha-se de novo uma crise económica, o arrendatário muda de seis em seis meses de casa).

12. Mas, como sabemos nós, advogados, os que vivemos para a justiça, não podemos frustar as nossas expectativas relativamente à protecção jurídica pelo sistema judiciário, pelo modo como os tribunais funcionam. Teremos que ter um grau comparável de protecção dos nossos direitos que garanta a equivalência das situações, favoreça a circulação de pessoas e permita às empresas trabalhar em condições de igualdade e segurança jurídica.

Por isso, nos nossos conteúdos programáticos, afirmamos que um nível diferente de protecção jurídica e de eficácia de administração da justiça constituirá um factor de distorção na escolha das empresas, o que se traduzirá num prejuízo para o Estado nos quais a justiça é menos eficaz.

OS CUSTOS DA JUSTIÇA

Pereira Monteiro
Advogado

Na impossibilidade do meu Exm° Colega Dr. Manuel Rebanda estar presente, foi com grande prazer e reconhecimento que recebi o amável convite efectuado pelo Exm° Senhor Prof. Doutor Álvaro Dias para tentar transmitir algumas impressões acerca da realidade que se me depara, quase todos os dias, no exercício da minha actividade profissional de Advogado.

Na verdade, este convite constitui uma oportunidade soberana para deitar um olhar crítico sobre a realidade do funcionamento do sistema judicial – ou, utilizando uma fórmula menos redutora –, sobre o sistema de justiça, no interior do qual nos movimentamos interagindo, porventura, em demasia e, quiçá, reflectindo muito pouco.

Tendo a clássica vantagem de ser o último orador desta manhã, usufruindo, por isso, do privilégio de ter já escutado as brilhantes alocuções dos restantes intervenientes sobre o tema em causa, corro o risco do mesmo ter sido já exaustiva e profundamente tratado.

Ainda assim, pretendo transmitir a esta ilustre assembleia a m/sensibilidade acerca daquilo que me é dado apreender na vida prática.

A problemática dos custos da justiça é uma das faces da tão falada crise da justiça, que tem suscitado as opiniões e propostas de solução mais díspares e que tanta tinta tem feito correr.

Esta problemática dos custos da justiça está, em minha opinião, intimamente ligada a uma outra que é a da morosidade da justiça ou, talvez mais correctamente, a da chamada morosidade processual.

Com efeito, uma justiça célere, parece indiciar a necessidade de afectação de uma grande quantidade e qualidade de meios, acarretando, por isso um acréscimo dos custos da justiça.

No entanto, por outro lado, uma justiça lenta é, seguramente, uma justiça que consome ao longo da sua tramitação, uma enorme quantidade de recursos, sendo, em consequência, uma justiça com elevados custos.

É óbvio que a situação ideal seria aquela em que o sistema da justiça pudesse utilizar, em cada momento, todos os meios considerados necessários para o cabal cumprimento da sua função. Ou seja, um sistema em que consoante as necessidades da sociedade, pudesse criar e utilizar um número infinito de Tribunais, Magistrados, Funcionários, Advogados, etc.

Estamos a falar de um sistema sem contenção de custos.

É porém igualmente óbvio que tal situação é totalmente utópica.

Como é sabido, os recursos dos Estados – por mais ricos que sejam – são e serão sempre limitados, o que não poderá deixar de implicar sempre uma contenção nos recursos afectos ao sistema de justiça, ou seja, uma contenção dos custos da justiça.

Sem cuidar de me pronunciar sobre se os meios humanos e materiais que o Estado afecta ao funcionamento do aparelho judicial são ou não adequados ou suficientes a esse funcionamento – matéria sobre a qual muitos dos restantes oradores aqui presentes se encontram especialmente posicionados para o fazer – e partindo daquela realidade insofismável de que os recursos dos Estados são sempre limitados, chegaremos à inelutável conclusão de que existirá sempre uma necessidade de contenção dos custos de funcionamento do sistema de justiça.

No entanto, é minha convicção de que esta contenção pode e deve ser efectuada através da racionalização e aumento da eficiência dos recursos que estão afectos àquele mesmo sistema.

Com efeito – é preciso afirmá-lo sem o receio de ferir susceptibilidades – o actual sistema de justiça continua a desperdiçar recursos.

Devo confessar, talvez por ser optimista por natureza, que não comungo da visão catastrófica que do sistema têm alguns operadores ou muitos dos "media", que não se cansam de afirmar que os Tribunais não funcionam, que os Magistrados e os Funcionários não trabalham e que os Advogados atrasam o andamento dos processos.

Sem prejuízo de, infelizmente, existirem ainda muitas situações deste tipo, existem muitíssimos Tribunais em que os processos são instruídos e julgados em tempo mais do que razoável, bem como milhares de questões e processos relativamente aos quais os Advogados conseguem obter uma composição dos interesses das partes sem se chegar sequer a julgamento, com uma notável optimização dos recursos disponíveis e, portanto, com aquilo a que eu apelidaria de um baixo custo da justiça.

Afigura-se-me que esta questão da contenção dos custos da justiça – na vertente apontada de racionalização do gasto dos recursos disponíveis –, deve ser analisada a dois níveis distintos:

– a um nível que se poderia chamar de custos directos do funcionamento do sistema de justiça (recursos que o Estado afecta ao funcionamento do aparelho judicial, Magistrados, Funcionários, equipamentos, edifícios, etc.) e

– a um nível que se poderia chamar de custos indirectos de funcionamento desse mesmo sistema (todos os outros custos que reflectem os recursos dos restantes intervenientes no sistema, Advogados, Partes, Testemunhas, etc.).

Deixando de parte o primeiro daqueles dois níveis, permitam que lhes transmita, de forma brevíssima, algumas impressões sobre o segundo.

Em primeiro lugar, afigura-se ser essencial a criação (como de resto está já a ser feito e posto em prática), de trâmites processuais distintos para as acções de cobrança de dívida da esmagadora maioria dos restantes tipos de acções.

Com efeito, na esmagadora maioria dos casos que têm passado pelo meu escritório, as acções de cobrança não são sequer contestadas.

Torna-se assim necessário criar fórmulas processuais mais expeditas que, sem perda das garantias das Partes, permitam libertar o Julgador para os casos em que a sua intervenção é, efectivamente, necessária.

Neste particular, permitam-me que refira que os procedimentos de injunção e as acções especiais para cumprimento de obrigações pecuniárias emergentes de contratos têm tido um papel e uma aceitação verdadeiramente notável.

Um outro aspecto relativamente ao qual não posso deixar de proferir algumas palavras, é o do regime do Apoio Judiciário.

Na verdade e salvo melhor opinião, da experiência que tenho colhido, afigura-se que o sistema não funciona, sendo o mencionado

Apoio concedido a indivíduos que têm mais do que bens e condições que lhes permitam custear os respectivos processos.

É, claramente, uma situação em que se gastam inadequadamente recursos do sistema.

Embora muitos outros aspectos pudessem ser trazidos à liça, o tempo previsto para esta alocução não permite que o faça.

Assim, terminaria por transmitir duas breves ideias relacionadas com duas questões, talvez nada pacíficas.

A Primeira trata-se de equacionar a possibilidade de alargar à livre disponibilidade das partes o objecto penal, nos casos em que estamos perante alguns crimes de "menor gravidade".

Embora reconhecendo que esta ideia venha ao arrepio da nossa concepção do Direito Penal, do ponto de vista de prático, ela poderia concorrer para minorar os custos de funcionamento do sistema, naqueles casos – mais frequentes do que à primeira vista possa parecer –, em que as Partes, no decorrer do processo estão dispostas a desistir, só não o fazendo por que tal não é admissível.

A outra questão prende-se com a eventualidade da inclusão na noção de Procuradoria do pagamento dos honorários (ou de parte deles) do mandatário da parte vencedora.

Na verdade, tal inclusão poderia ter um efeito dissuasor relativamente àqueles processos em que a Parte, não obstante, estar segura da não procedência da sua posição, insiste em ir a Juízo.

À laia de conclusão, penso que, face aos desafios e exigências que actualmente se colocam ao sistema de justiça, se torna imperioso pensar e criar medidas processuais inovadoras que, sem prejuízo das garantias das partes, permitam uma tramitação processual mais célere, reduzindo, dessa forma os custos da justiça.

OS CUSTOS DA JUSTIÇA

António Nunes Ferreira Girão
Presidente da Direcção Nacional da Associação Sindical dos Juízes Portugueses

Em meu próprio nome e no da Associação Sindical dos Juizes Portugueses cumprimento, nas pessoas dos Exm.ºs moderadores, os restantes Ilustres elementos da mesa bem como o Excelentíssimo auditório e agradeço às entidades promotoras do Colóquio Internacional sobre os Custos da Justiça o honroso convite para intervir neste debate, pleno de oportunidade, sobre os Custos da Justiça.

A resposta à pergunta que consubstancia o tema proposto para o debate de hoje – «É necessária a contenção dos custos da Justiça?» – parece-me ter de ser intuitivamente afirmativa.

Contudo, mais do que de cortes orçamentais no financiamento destinado aos serviços de Justiça em geral e aos Tribunais em especial, creio que a contenção dos respectivos custos há-de resultar da optimização dos meios logísticos e da gestão racional dos recursos humanos postos à disposição da administração da justiça e indispensáveis à sua eficácia, considerada como uma das condições principais do Estado de direito.

Segundo o n.º 1 do artigo 6.º da Convenção Europeia dos Direitos do Homem *qualquer pessoa tem direito a que a sua causa seja examinada equitativa e publicamente, num prazo razoável, por um tribunal independente e imparcial, estabelecido pela lei, o qual decidirá quer sobre a determinação dos seus direitos e obrigações de carácter civil, quer sobre o fundamento de qualquer acusação em matéria penal dirigida contra ela.*

E conforme salienta o Parecer n.º 2 (2001) do Conselho Consultivo dos Juizes Europeus ao Conselho de Ministros da Europa, existe uma relação evidente entre, por um lado, o financiamento dos tribunais e, por outro lado, os princípios da Convenção Europeia dos Direitos do Homem no sentido de que o acesso à justiça e o direito a um processo equitativo não serão assegurados se uma questão não puder ser examinada num prazo razoável por um tribunal que disponha da autoridade e meios apropriados para agir eficazmente.

Depois de advertir que esse financiamento não deve estar dependente das flutuações políticas e de que as decisões sobre a afectação de fundos para os tribunais deverão ser sempre tomadas no respeito rigoroso pela *independência dos juízes*, sublinha esse mesmo Parecer, na respectiva conclusão, **a necessidade de cada Estado conceder os recursos suficientes aos tribunais de maneira a poderem funcionar dentro do respeito pelas normas enunciadas no artigo 6.º da Convenção Europeia dos Direitos do Homem.**

Mas, se é certo que o Estado deve elaborar o seu orçamento por forma a disponibilizar os meios financeiros que permitam responder às necessidades do sistema judicial, não menos certo é que a gestão desses meios deve ser realizada *competentemente*, de maneira a que os custos da Justiça se *contenham* no financiamento orçamentado.

Está dito e redito que a chamada *crise da Justiça* reside na sua morosidade, decorrente do aumento exponencial, nos últimos tempos, dos processos judiciais a correr termos nos tribunais.

O acentuado desenvolvimento social e económico, por um lado, e uma maior consciencialização dos direitos da cidadania, pelo outro, constituem os dois grandes factores do recrudescimento da procura dos serviços judiciais.

O aparelho judiciário tradicional tem-se mostrado insuficiente na resposta eficaz desta procura.

Porém, não será o exclusivo recurso ao alargamento desse aparelho, com o consequente aumento dos correspondentes custos, que fará frente ao problema.

É certo que as taxas de justiça constituem uma fracção importante do custo global do sistema da justiça cível e que a sua cobrança poderá servir de incitamento a que as partes resolvam rapidamente os seus litígios.

Só que, como é óbvio, tem que haver alguma prudência na cobrança destas taxas por forma a salvaguardar-se o direito de acesso aos tribunais, constitucionalmente garantido a todos os cidadãos, em especial aos de insuficientes recursos económicos (artigo 20, n.º 1 da Constituição da República Portuguesa).

Assim, conforme tem a Associação Sindical dos Juizes Portugueses insistentemente vindo a defender, há que lançar mão, o mais rapidamente possível, das reformas estruturais tendentes a que apenas dê entrada e se mantenha nos tribunais o que assume verdadeira dignidade jurisdicional.

Efectivamente, decorrido quase um ano após o último (o VI) Congresso dos Juizes Portugueses, que teve lugar em Aveiro, continuamos firmemente e cada vez mais convencidos do que aí afirmámos no sentido de que a tão propalada *crise da Justiça* – caracterizada essencialmente pela morosidade na prolação das decisões, morosidade esta decorrente de uma asfixiante sobrecarga processual – passa em primeira linha pela adopção de medidas alternativas de resolução de litígios, as quais, para além de extirparem os tribunais das questões sem a exigível dignidade jurisdicional, tornam a Justiça mais próxima do cidadão.

Nunca perdendo de vista, como é óbvio, o princípio constitucional da *reserva do juiz* há que *desjurisdicionalizar*, ou, ao menos, *desjudicializar* o mais possível a conflitualidade social.

Os elevados custos de formação de um juiz não se compadecem com o seu desaproveitamento em actividades estiolantemente burocráticas, com inadmissível prejuízo da actividade de julgar e decidir – para que foi especificamente preparado.

Resulta num enorme custo para a Justiça a situação que se vive em alguns tribunais do nosso País, como por exemplo nos Tribunais Cíveis de Lisboa, onde cada juiz tem a seu cargo uma média de 2.500/3.000 processos, mas destes apenas cerca de 200 é que têm natureza declarativa.

Esta situação é, por seu turno, manifestamente desestimulante em termos profissionais para o próprio juiz, esmagado com pilhas de acções executivas nas quais se limita a proferir rotineiros despachos de mera regulação do processo.

Daí que se torne de toda a urgência a aprovação da reforma da acção executiva, em função da qual já se encontra publicada a Lei (Lei n.º 23/2002, de 21 de Agosto) que autoriza o Governo, no prazo de 180 dias, a alterar nesse âmbito o Código de Processo Civil.

Quanto mais tempo demorar a decisão final a proferir num processo mais elevados serão os seus custos.

É necessário que os intervenientes processuais se consciencializem disso, abjurando absentismos e práticas dilatórias ou de litigação meramente compulsiva (designadamente no âmbito dos recursos) e cultivando, em contrapartida, uma prática de utilização dos *procedimentos simplificados* – os já existentes e os que necessariamente virão a ser criados com o fito de as questões a dirimir sejam clarificadas –, encurtando-se com isso o tempo de vida do processo.

Daí que a *formação profissional* dos chamados operadores judiciários seja um pressuposto indispensável para uma maior eficácia da Justiça.

No que concerne aos juízes, a sua formação – nas três fases legalmente previstas: *inicial, complementar* e *permanente* – deve manter-se numa escola única, muito embora se justifiquem imediatas alterações na Lei vigente de recrutamento e formação dos juízes portugueses (Lei 16/98, de 8 de Abril, que regula a estrutura e o funcionamento do Centro de Estudos Judiciários) no sentido:

– da **eliminação do período de espera de dois anos** entre a conclusão da licenciatura e o ingresso no Centro de Estudos Judiciários, pois que, como a experiência tem demonstrado, tal período de espera quebra a qualidade do universo de candidatos;

– da **antecipação da opção de magistratura** e do **encurtamento do período curricular de formação conjunta**, uma vez que a excessiva valorização desta, virada apenas para o enriquecimento da motivação da opção do auditor, afecta sobremaneira a sua preparação e poderá determinar-lhe desempenhos negativos, quer na produtividade, quer na qualidade, mais tarde no exercício da efectividade da função.

Em termos curriculares deverá ser uma formação não circunscrita às áreas jurídicas, mas antes abrangendo outras disciplinas, incluindo a de preparar o juiz para lidar, na qualidade de presidente do tribunal, com as novas realidades de cariz *administrativo* e *gestionário*.

O *acto de julgar*, além de dever incidir exclusivamente, como se disse, sobre os casos com real dignidade jurisdicional, deve ser reservado aos juízes com essa específica formação, o que posterga, de todo e em definitivo, o recurso aos intitulados «juízes de nomeação temporária».

Coorroborando o que a ASJP já antevira na oposição que desde sempre fez a esta figura, pode ler-se no Relatório Anual do Conselho Superior da Magistratura referente ao ano de 2001, aprovado na sessão plenária de 21 de Maio de 2002:

«...considera-se inadequado e indesejável suprir a carência de juízes para preencherem lugares de quadro com o recurso à figura excepcional dos «juízes de nomeação temporária». Este instrumento de gestão, criado pela Lei n.º 3/2000, de 20 de Março, não permite que tais juízes assumam a plenitude das funções jurisdicionais nem garante a estabilidade necessária à produtividade pretendida e ao preenchimento de lugares de quadro.».

Temos consciência de que, enquanto não forem implementadas as necessárias reformas estruturais, é preciso enfrentar o problema da imparável sobrependência processual com o aumento urgente do quadro de juízes – deficitário, segundo os últimos dados, em cerca de 160 elementos —, o que só se conseguirá com o *encurtamento do período normal de formação* nos cursos já iniciados e com a criação de *cursos acelerados de formação*.

Temos consciência da imperatividade destas medidas de excepção no sistema normal da formação dos juízes, mas não deixaremos de alertar para o facto de que o saldo entre, por um lado, a eventual diminuição imediata da pendência processual, decorrente do assim conseguido rápido preenchimento do quadro de juízes e, por outro lado, as consequência nefastas, em termos de qualidade profissional, que para esses mesmos juízes poderão advir no futuro de uma incompleta e insuficiente formação, poderá ser altamente negativo.

O que redundará, sempre e naturalmente, num agravamento dos custos da justiça.

Além disso e conforme também tive ocasião de afirmar na abertura do referido Congresso de Juízes, não é adequado nem justo que se pretenda resolver em curto prazo uma situação de subjacente concausalidade múltipla, que se arrasta e agrava desde há muito tempo, à custa do *prestígio funcional dos juízes*, indispensável à sua tão badalada legitimação.

O incremento quantitativo e qualitativo do desempenho dos juízes passa também – como é reconhecido no já citado Relatório do Conselho Superior da Magistratura – pela implementação generalizada de um sistema de *assessoria técnica* e de *secretariado*, pelo que urge regulamentar o Decreto-Lei n.º 330/3001, de 20 de Dezembro, que prevê a figura do *assistente judicial*, destinada a apoiar e coadjuvar os juizes de primeira instância nos tribunais com entradas ou pendências elevadas ou em situação excepcional de funcionamento anómalo.

Urge igualmente e tendo em vista a optimização da actividade dos juizes dentro do que lhes é humanamente exigível, concretizar de uma vez por todas a tão almejada *contigentação* processual de forma a que se acabe com a inadmissível situação de os juizes continuarem a suportar, em muitos tribunais da primeira instância, uma *ratio* de 3000 processos por juiz.

«Não é, na realidade independente um magistrado que vive sufocado com uma situação que o escraviza. Ninguém pode ser feliz apenas por ser titular de um orgão de soberania; só o pode se tiver alguma soberania em relação ao orgão em que se integra...

Por outras palavras, nos tempos actuais os litígios ou contenciosos de massa tendem a retirar a independência real a quem tem de os decidir, não no sentido de qualquer tipo de subordinação institucional, mas sim no sentido mais lato de uma escravatura funcional.».

Este incisivo testemunho não é da minha lavra, nem da de qualquer outro juiz.

Pertence ao Sr. Dr. Guilherme da Palma Carlos, Ilustre Advogado e Vogal do Conselho Superior da Magistratura e consta da sua intervenção no 1.º Encontro Internacional de Conselhos Superiores da Magistratura, ocorrido em Março de 1999.

Claro que tudo isto que se acaba de expor terá que se complementado com uma *criteriosa gestão* de meios e de recursos humanos pelas entidades competentes, *maxime* pelo Conselho Superior da Magistratura e com a indispensável *actualização do mapa judiciário* e da *orgânica dos tribunais judiciais*.

Há tribunais cuja existência já não se justifica – alguns deles nem sequer a sua criação se justificava, por ter obedecido unicamente a razões de mero e circunstancial compromisso político –, enquanto, em contrapartida, outros revelam insuficiências várias para o volume processual que os invade.

O Conselho Superior da Magistratura, por seu turno, não pode continuar a reger-se por uma estrutura orgânica artesanal, devendo ser, no mais breve prazo, apetrechado com os mecanismos informáticos e integrado com as assessorias técnicas indispensáveis a uma rápida e eficaz resposta às variadas e complexas solicitações que lhe são constantemente feitas no âmbito das suas competências legais, designadamente na gestão de quase 1.600 juizes, distribuídos por mais de 300 tribunais, onde pendem cerca de 1.500.000 de processos.

É esta, em necessariamente breve síntese, a visão que a Associação Sindical dos Juizes Portugueses tem da Justiça do nosso País, em especial, como é óbvio, na vertente específica das **necessidades e dos custos de formação dos juizes**, perspectiva esta que temos vindo a publicitar e a compartilhar, sempre que há oportunidade para tal, com todos os responsáveis e interessados na busca dos caminhos mais directos e mais rápidos para uma Justiça eficaz.

Muito obrigado pela atenção de Vossas Excelências.

OS CUSTOS DA JUSTIÇA

CARLOS SANTANA VIDIGAL
Director Geral dos Registos e Notariado

1. INTRODUÇÃO

Em primeiro lugar, quero agradecer o gentil convite que me foi dirigido pela Projuris – Centro de Estudos Processuais Civis e Jurisdição na pessoa dos seus Presidente, Prof. Dr. Leite Campos e Vice-Presidente Prof. Dr. João Álvaro Dias, felicitar a Faculdade de Direito da Universidade de Coimbra bem como o Gabinete de Política Legislativa e Planeamento do Ministério da Justiça pela realização deste colóquio internacional.

Em segundo lugar, quero felicitar os responsáveis pela escolha do tema porquanto se me afigura plenamente justificado e oportuno um debate aprofundado sobre a economia e as finanças da Justiça. Nesta área, como noutras áreas de actividade que realizam direitos fundamentais, não se devem ter – não se podem ter – posturas fundamentalistas que, menosprezando a existência de recursos financeiros limitados, exijam mais do que o razoável, nem posturas desinteressadas que, por comodidade oportunista, apostam que a justiça se pague a si própria e ignoram displicentemente o estado actual da saúde judiciária portuguesa.

Em terceiro lugar, gostaria ainda que soubessem que me sinto constrangido por estar entre tão ilustres convidados e participantes e recear que esta breve e imperfeita exposição nada acrescente ao vosso saber. De facto, para além de me defrontar com esta minha incapacidade, (que é só minha e é irrelevante), confronto-me enquanto responsável pela área dos registos e do notariado, com uma realidade perfeita no mundo dos princípios e da dogmática jurídica, mas descaracterizada pela mão imperfeita do legislador ordinário, incompreendida na sua estruturação administrativa e criticada no seu relacionamento com os cidadãos. Mesmo assim, sinto grande satisfação em ver os registos e o notariado representados neste colóquio porquanto me permitirá pensar no reconhecimento da importância dos registos de pessoas e bens enquanto sistema de segurança jurídica cautelar ou preventiva.

Com efeito, habituámos os nossos cidadãos a olhar a " Justiça" pelo prisma dos tribunais e da segurança jurídica "ex post". Recentemente iniciámos um novo caminho na procura de soluções alternativas ao modelo tradicional e estamos a construir o que apelidamos de "Sistema Extrajudicial de Resolução de Conflitos". Não obstante, ouso pedir-vos que relembrem os princípios básicos da forma dos negócios jurídicos bem como os da publicidade registral, a importância social e económica da segurança jurídica preventiva, e a sua contribuição para a diminuição da litigiosidade. Importante é, como não pode deixar de ser, que em qualquer dos sistemas se adopte uma adequada política de gestão dos recursos financeiros gerados no desenvolvimento da actividade e dos recursos financeiros disponíveis para investimento. Como em tudo na vida, "uma boa ideia" pode degenerar em completo desaire se a acção concretizadora não respeitar os objectivos que a determinam, se o desenvolvimento dos projectos não respeitar elementares regras de gestão ou se os escassos meios que são postos à disposição impedirem a obtenção de resultados, impelirem à ineficiência ou à ineficácia do serviço. Mais adiante, se o tempo o permitir e se o Senhor Presidente da Mesa for tolerante para comigo, procurarei demonstrar que esta questão assume contornos e efeitos particulares nos registos e no notariado.

Entro sem demoras no tema que me foi proposto: necessidades e custos de formação dos operadores judiciários.

1. Recursos Humanos

Nos registos e no notariado, quando se fala em formação profissional tem-se em vista a qualificação, a dignificação, a motivação e a profissionalização dos senhores conservadores, notários e oficiais. Com efeito, esta nova realidade social e económica em evolução contínua, globalizada, assente em novas tecnologias de comunicação e em massificação de relações económicas exige de cada um de nós e de todos um esforço de contínua adaptação e de permanente valorização profissional e pessoal.

Os potenciais destinatários desta formação dividem-se pelas seguintes carreiras:

    Conservadores 395
    Notários 306
    Conservadores/notários 50
    Conservadores-auxiliares 33
            TOTAL **784**

    Ajudante-principal 350
    Primeiro-ajudante 723
    Segundo-ajudante 1631
            TOTAL **2704**

    Escriturários **2639**

    Potenciais formandos: **6127**

Tenho-me referido a potenciais formandos porque, em boa verdade, não tem sido possível dar formação a todos estes destinatários. Em regra, tem sido dirigida a conservadores e notários bem como aos ajudantes substitutos dos primeiros.

Para além destes destinatários existe ainda um outro grupo a quem a DGRN dedica grande parte dos seus recursos financeiros: refiro-me aos auditores dos registos e do notariado cujo processo de recrutamento e selecção se compõe de quatro fases eliminatórias. As duas fases intermédias integram um curso de extensão universitária, com a duração de seis meses – curso que até agora tem sido ministrado sempre com a colaboração desta Universidade – e um estágio com a duração de um ano, repartido em partes iguais pelo registo civil, pelo registo predial e pelo notariado.

2. Recursos Financeiros

No que se refere aos recursos financeiros a situação tem sido a seguinte:

No ano de 2000
Orçamento da DGRN .... € 27 427 285,24
Despesas com a formação .... € 142 107,97

Percentagem 0,5%

No ano 2001
Orçamento da DGRN .... € 32 844 564,60
Despesas com a formação .... € 310 444,42

Percentagem 0,9%

No ano de 2002
Orçamento da DGRN (que já sofreu várias
vezes os efeitos da contenção orçamental).... € 42 783 591,00
Despesas com a formação .... € 3 584 504,14

Percentagem.. 8,3%

3. Conteúdo e Natureza da Formação

No que se refere ao conteúdo das acções de formação distinguimos:
– a formação comportamental (para quem habitualmente atende público);
– a formação informática (que abrange os cursos básicos e a utilização das aplicações específicas dos registos e do notariado); e
– a formação técnico-jurídica.

No que se refere à natureza da formação distinguimos:
– a formação presencial ou em sala; e
– a formação à distância (com recurso às novas tecnologias).

4. Síntese

Conjugando os dados que até agora vos transmiti com as acções que tem sido concretizadas ao longo destes três últimos anos resulta evidente que a DGRN não tem sido exemplar enquanto instituição responsável pela formação do pessoal dos registos e do notariado.

Em primeiro lugar porque as verbas que têm sido possível destinar à formação são muito diminutas. Faço notar que os valores percentuais foram calculados em face do Orçamento da DGRN – que é muito reduzido – e não em face da receita global dos serviços como deveria ser. Segundo informações que tenho colhido junto de algumas entidades públicas e privadas considera-se ideal a afectação de 3% das receitas a despesas de formação. Se tomássemos por base esta receita global, a permilagem que vos daria seria incompreensível, talvez mesmo ridícula.

Em segundo lugar noto grande desequilíbrio na distribuição dos recursos financeiros entre pessoal do quadro e candidatos a conservadores e notários (auditores, como atrás lhes chamei). Apenas 1/8 das despesas de formação respeitam ao pessoal do quadro, sendo 7/8 para os futuros dirigentes.

Em terceiro lugar verifico que não tem sido possível universalizar a formação. E integro nesta crítica, porventura a que mais me incomoda, a circunstância de não ter sido possível até hoje dar uma formação elementar a quem entra pela primeira vez ao serviço numa conservatória ou num cartório notarial. Nem mesmo uma "cartilha" de noções básicas.

Em quarto lugar realço que a formação tem sido essencialmente técnico-jurídica. A formação em informática tem sido marginal, pese embora ter sido já ministrada a mais de 60% da totalidade dos funcionários quanto aos cursos básicos. Ainda assim nunca houve até ao momento formação comportamental, especialmente para quem tem por missão o atendimento dos cidadãos.

Em quinto lugar dou conta que a formação é ocasional, isto é, sem planos, sem sistematização, sem calendários. E, todavia, os relatórios de inspecção e de auditoria indicam-nos claramente as necessidades no que se refere aos conteúdos e que no que se refere aos destinatários.

Em sexto lugar – e finalmente, para ser brando comigo próprio – verifico ainda que a formação tem sido essencialmente em sala. Na verdade, este tipo de formação é mais eficaz mas é também muito mais dispendiosa.

5. O Futuro Próximo

Não se pense, porém, que perante este quadro pessimista que tracei a postura é de apatia ou de incapacidade perante a dificuldade dos problemas. Certamente repararam que a dotação orçamental para o corrente ano já contempla um montante financeiro substancial. A justificação deve-se ao facto de termos em formação o número excepcional de 250 auditores. Está ainda prevista e contratualizada uma outra importância, igualmente substancial, que tem por objectivo a formação de todos os funcionários nas aplicações informáticas específicas – registo civil, registo predial, registo comercial e notariado – que irão ser distribuídas por todos os serviços no princípio do próximo ano e que irão revolucionar os procedimentos e métodos de trabalho destas repartições. E será também a rede de comunicações do Ministério da Justiça, cuja conclusão nos registos e no notariado se anuncia para o final do ano, que irá permitir alterar o modelo de formação que até agora tem sido seguido.

Não gostaria de terminar esta parte da exposição sem vos dar conta que o número de conservatórias e cartórios notariais ultrapassa já as oito centenas distribuídos por todo o país. Por graça tenho dito que não são serviços desconcentrados mas serviços pulverizados, e onde, em regra, por repartição trabalha um reduzido número de funcionários. Não raras vezes sou mesmo confrontado com o encerramento forçado, ainda que momentâneo, de alguns serviços porque fulano teve um acidente ou sicrana está em licença de parto. Ora, isto significa que as ajudas de custo e despesas de transporte devidas pela deslocação de tais funcionários aos locais de formação, oscilam entre os 90 e os 95% da totalidade dos custos

da acção de formação e que as ausências de funcionários dos locais habituais de trabalho frequentemente causam graves perturbações no funcionamento dos serviços. Em face destes dados creio que estão agora em melhores condições para perceber que as críticas que atrás efectuei resultam, afinal, de dificuldades logísticas e financeiras compreensíveis e que a formação à distância, designadamente a que designamos por "e lerning" – desculpem o estrangeirismo – é, será, para nós de importância fundamental.

6. A Questão Fundamental

No intróito desta exposição disse-vos que nos registos e no notariado a problemática dos custos da "Justiça" assume, a meu ver, contornos e efeitos particulares. Com isto quero dizer que a minha realidade me parece atingir uma intensidade económica maior do que a que se atinge na realidade dos tribunais, dos serviços prisionais, ou dos problemas da reinserção social. Nestes casos trata-se essencialmente de realizar os valores fundamentais do nosso Estado de Direito, de respeitar os direitos fundamentais e de proporcionar a toda a sociedade (até à prisional) uma elevação do seu "bem-estar" colectivo e individual.

Ora, a segurança jurídica preventiva de que vos venho falando também realiza esses valores ainda que de forma diferente. Mas faz algo mais notório: a forma e a publicidade realizadas por instituições eficazes que garantam a segurança das transacções entre particulares são reconhecidas como requisitos básicos para melhorar o funcionamento da vida económica. E, na medida em que o consigam, contribuem para a eficiência e, consequentemente, para o crescimento económico. A forma e a publicidade não impedem o fluir do comércio jurídico, antes pelo contrário, potenciam a celeridade do comércio jurídico. Não gostaria que entendessem as minhas palavras como um hino à forma e à publicidade pois que subjacente a esta consideração está implícita a utilidade e a racionalidade de cada acto, de cada processo e de cada exigência. Dou mesmo um exemplo para exprimir melhor o que vos quero transmitir: perguntai no mercado financeiro qual é a taxa de juro remuneratório para um empréstimo sem garantia real e a taxa de juro para empréstimo de igual quantia com hipoteca. Perguntai mesmo se concedem empréstimos sem garantia real a quem não demonstre possuir apreciáveis meios de fortuna. A resposta parece evidente e a conclusão também: a segurança jurídica incorpora a segurança económica. A vida económica funciona melhor.

Ora, para que assim aconteça, é essencial que os sistemas en causa funcionem com eficiência e eficácia. É essencial que respeitem um conjunto de princípios técnicos no desenvolvimento da sua actividade e que sejam correctamente geridos, mormente no que se refere ás receitas que produzem e aos custos que implicam. Nesta área os investimentos retornam imediatamente ao Ministério da Justiça, retornam mediatamente ao Estado. Os desvios aos princípios ou finalidades ou uma gestão incorrecta das receitas e despesas reflectem-se necessariamente na economia, aumentam a ineficiência e a ineficácia e fazem inflaccionar custos de funcionamento. Um empresário não pode esperar meses por um registo, para a seguir esperar meses por uma escritura pública. É anti-económico que isso aconteça e, como bem sabem, acontece mais vezes do que as desejáveis.

Em síntese, a ideia básica que vos quero transmitir é a seguinte: o bom funcionamento de um sistema que realize a segurança jurídica preventiva como o dos registos e do notariado, potencia de tal forma o desenvolvimento qualitativo e quantitativo da economia que os custos necessários ao bom funcionamento do sistema não podem ser objecto de séria ponderação sem que simultâneamente se considerem as receitas financeiras geradas imediatamente e os ganhos mediatos que produzem na vida económica.

Creio que esta conclusão também vale, ainda que em medida diversa, também para o sistema judicial. A vida económica passa, algumas vezes, pelos tribunais; passa quase sempre pelos balcões das conservatórias e cartórios.

Muito obrigado pela paciência que tiveram em me escutar.

OS CUSTOS DA INVESTIGAÇÃO CRIMINAL

A. Leones Dantas
Procurador-geral adjunto

1. Ao contrário do que se passa em outros países, onde são as próprias escolas de direito a promover o seu estudo e a divulgação dos procedimentos e técnicas que a integram, entre nós, a investigação criminal, como ciência auxiliar do direito penal, tem sido uma área abandonada pelos profissionais do direito, constituindo durante muito tempo um feudo dos serviços de formação da Polícia Judiciária.

Não admira, por isso, que não haja entre aqueles profissionais uma noção clara e segura do que cabe no âmbito da actividade de investigação, do que a caracteriza propriamente, e das relações que se estabelecem entre aquela e o processo penal.

Esta situação dificulta a reflexão sobre a realidade existente e as suas insuficiências, além de provocar danos manifestos na eficácia do combate à criminalidade e na realização da justiça penal.

A realização dos objectivos últimos desta passa, também, pela celeridade das investigações e pela capacidade de dissuasão que essa rapidez acarreta, facto que se tornaria notório se se deixasse de focalizar a realização da justiça penal apenas na audiência de julgamento e se olhasse mais para o processo como um todo.

Por outro lado, o desconhecimento do que é a investigação criminal reflecte-se na prática dos profissionais do foro, nomeadamente magistrados e advogados, que perdem, por esse motivo, o domínio de instrumentos fundamentais na apreciação da prova.

2. Diz-se frequentemente que a investigação criminal é o inquérito, equívoco que se reflectiu até na preocupação de positivar uma

noção de investigação criminal[1], conforme resulta da Lei da Organização da Investigação Criminal – Lei n.º 21/2000, de 10 de Agosto.

Tal confusão louva-se da noção abrangente de inquérito que resulta do artigo 262.º do Código de Processo Penal[2] e insere-se na mesma linha de pensamento daqueles que, noutros tempos, afirmavam que a investigação criminal se esgotava na instrução preparatória e no inquérito preliminar.[3]

Verifica-se assim uma confusão entre o inquérito enquanto fase do processo e o complexo de procedimentos que integram a investigação criminal, o que tem levado muitos a afirmar que incumbe ao Ministério Público a direcção daquela, sem mais, olvidando as componentes técnicas que a integram.[4]

Também aqui falta rigor na delimitação entre o que é a direcção do inquérito, enquanto fase processual, e aquilo que é a investigação criminal propriamente dita.

Tal equívoco tem contribuído para dificultar a relação entre o Ministério Público e as polícias no processo, com reflexos manifestos na eficácia da intervenção de todos e muitas vezes com prejuízo efectivo da intervenção policial.

---

[1] Artigo 1º da Lei n.º 21/2000, de 10 de Agosto – " A investigação criminal compreende o conjunto de diligências que, nos termos da lei processual penal, visam averiguar a existência de um crime, determinar os seus agentes e recolher as provas no âmbito do processo".

[2] Artigo 262.º do C.P.P. "O inquérito compreende o conjunto de diligências que visam investigar a existência de um crime, determinar os seus agentes e a responsabilidade deles e descobrir e recolher as provas, em ordem à decisão sobre a acusação".

[3] "Quer-nos parecer que, encaradas as coisas a nível jurídico e não técnico, não será absurdo considerar que a forma jurídica pela qual a *investigação criminal* se pode traduzir é em alternativa, o *inquérito preliminar* ou a *instrução preparatória* e que fora destes dois conceitos jurídicos, não se podem conceber figuras jurídicas de apuramento da verdade material dotadas de autonomia" – J. António Barreiros, "Processo Penal", Almedina, 354.

[4] Nas palavras de M.A. Ferreira Antunes, in *"Banditismo Criminalidade Violenta Terrorismo"*, BMJ n.º 322, Janeiro de 1983, 79 e ss. Nota 1 "se se abandonar a perspectiva técnica, pode dizer-se que a forma jurídica pela qual a *investigação criminal* se pode traduzir, é, em alternativa, o *inquérito preliminar*, ou a *instrução preparatória*. Porém, sempre se poderá dizer que a investigação criminal é a pesquisa sistemática e sequente do respectivo objecto com recurso a meios e apoios técnicos e científicos."

3. A autonomia de conceitos deve manter-se, uma vez que correspondem a realidades diversas, insusceptíveis de confusão, embora se trate de realidades profundamente interpenetradas e interdependentes.

Dir-se-á que a investigação engloba os procedimentos e técnicas que visam o esclarecimento das circunstâncias que rodearam a prática do crime e quem são os seus agentes, em ordem à identificação de provas que sirvam de suporte à responsabilização criminal dos mesmos.[5]

O espaço das provas é o processo, devendo sempre destacar-se que só relevam para a realização dos seus objectivos as que forem recolhidas de acordo com os procedimentos legalmente previstos.

A investigação criminal tem assim uma função instrumental em relação ao processo, não se esgota nele e engloba mesmo procedimentos que lhe são alheios.

Para o processo serão também encaminhados os procedimentos investigatórios que contendem com direitos individuais e que, por tal motivo, estão sujeitos a uma disciplina de controle. As buscas ou a intercepção de telecomunicações são o exemplo paradigmático de procedimentos investigatórios sujeitos a uma disciplina processual por colidirem com direitos fundamentais.

Mas a investigação criminal engloba, como se disse, procedimentos que escapam à disciplina do processo e que desempenham um papel fundamental na realização dos seus objectivos.

Pense-se, por exemplo, na análise da informação criminal que é uma actividade extra processual e cuja importância em termos de investigação criminal é evidente.

4. As componentes estruturantes da investigação criminal encontram-se na informação criminal, nos procedimentos de reacção à prática dos crimes – as medidas cautelares e de polícia, que entre nós

---

[5] "Definimos Policía Científica como una ciencia teleológica, cuyos principios y fundamentos son aplicados tecnicamente por la Policía para los siguientes fines:
    a) Investigar el delito.
    b) Identificar los autores desse delito.
    c) Conocer de las circunstancias que determinam el hecho punible.
    d) Aportación de elementos probatorios." F. Antón Barberá e J. V. Luis y Turegano, *"Policía Científica"*, I, 25.

foram assumidas, por razões válidas, pelo Código de Processo Penal – e nas perícias, que se prendem intimamente com esta intervenção.

As perícias fazem intervir os laboratórios, sejam de polícia ou não, a desempenhar todos eles uma componente fundamental na interpretação dos vestígios – as testemunhas do crime de que falava Zbinden[6].

Só num segundo plano é que deve falar-se no processo, para onde são encaminhados os elementos recolhidos e onde se formalizam as diligências investigatórias sujeitas a uma disciplina legal e sem o qual a investigação não se pode tornar eficaz.

O espaço judiciário, materializado no processo, que é o que normalmente as pessoas vêem e que para muitos é o único que conhecem, não pode, pois, confundir-se com o mundo mais vasto da investigação que o ultrapassa.

5. A investigação criminal surge como um todo, numa clara interacção de múltiplos elementos, cuja racionalidade deve ser discutida, sem o que jamais se poderá questionar a maior ou menor eficácia da sua intervenção e a dimensão dos respectivos custos.

A assunção da pluralidade de elementos que enquadram a investigação criminal implica o repúdio de alguns preconceitos que a têm rodeado e que têm perturbado a actividade dos profissionais. Têm papel destacado entre esses preconceitos o mito de que só se faz investigação no processo e sobretudo as barreiras entre a prevenção e investigação propriamente ditas.

Teremos assim de aceitar a existência da informação criminal, sem a qual as polícias jamais compreenderão a criminalidade que visam combater e poderão encontrar os elementos que a permitam conexionar com os vestígios do crime ocorrido, tornando a investigação possível.

Impõe-se também o cruzamento de toda a informação criminal existente, esteja ela onde estiver, o que passa pela implementação de sistemas integrados, felizmente em curso.

---

[6] "Os vestígios físicos de um crime – as testemunhas mudas do acto – são o cartão de visita do criminoso." Karl Zbinden, *"Criminalística"*, 70.

Um sistema integrado de informação terá de resolver o problema da informação criminal derivada dos processos no sistema judiciário, que hoje não é tratada, com reflexos manifestos em várias áreas.

6. Na abordagem da informação criminal não se pode esquecer a existência da informação de segurança que poderá ter um papel cada vez mais importante no combate à criminalidade.

De facto, a criminalidade organizada há muito deixou de ser um mero problema criminal para se tornar num problema de ordem pública e recentemente, entre nós, até redundou num problema de defesa nacional.

Os limites entre informação criminal e informação de segurança são meramente formais e prendem-se apenas com questões de natureza histórica, o que tem dado origem a alguns equívocos e à sobreposição de intervenções, que se traduzem num manifesto dispêndio de meios.

O relevo da informação chamada de segurança numa política efectiva de investigação criminal é algo que não pode ser menosprezado, importando, contudo, que se definam as formas de articulação entre os serviços nela envolvidos e os meios de recolha desta informação legalmente admissíveis.

O fantasma da utilização pelos serviços de segurança de formas de recolha de informação que colidem com direitos individuais é algo que só se resolve com a clarificação dos meios e, sobretudo, com o realismo e a responsabilidade com que estas matérias devem ser tratadas num estado de direito.

7. A ponderação dos custos da investigação deverá responder à seguinte questão: quem faz efectivamente investigação criminal em Portugal?

Na resposta a esta questão haverá que incluir, em primeira linha, os operacionais da investigação criminal que são as polícias, nas quais tem lugar à parte a Polícia Judiciária.

Num segundo momento, surge a intervenção do sistema judiciário – mais concretamente do M.P. – que tem aqui um papel de relevo, já que por ele passa o processo.

Tal como acima se disse, os resultados de uma concreta investigação encaminham-se para o processo sem o qual não realizarão o seu objectivo último – servir de suporte à responsabilização dos autores do crime.

8. A Polícia Judiciária é a principal estrutura com funções de investigação criminal.

Herdeira de um modelo de organização nascido em 1945[7] que lhe atribuía as tarefas processuais do Ministério Público nos grandes centros urbanos e de que progressivamente se foi libertando, esta polícia caminha presentemente para se concentrar na investigação da criminalidade mais grave, relegando a restante criminalidade para as outras polícias[8].

A Lei da Organização da Investigação Criminal – Lei n.º 21/2000, de 10 de Agosto, é a expressão mais acabada deste novo modelo organizativo.

A atribuição de tarefas de investigação criminal às policias de ordem pública – PSP e GNR – cria novos problemas, dando origem nomeadamente à necessidade de criação interna de estruturas que assumam estas funções, o que vem acontecendo.

Mas a retirada da Polícia Judiciária dessas áreas pode também ter efeitos perversos sobre a capacidade operacional desta polícia, privando-a de informação que é necessária à investigação dos crimes cuja competência mantém.

Em vez de manter a competência da Polícia Judiciária com reforço dos meios, o poder político optou pela expansão da competência das polícias de ordem pública e pelo emagrecimento do espaço de intervenção daquela polícia.

A especialização da Polícia Judiciária pode levá-la para áreas ainda recentemente atribuídas a outros serviços – cfr. caso das infracções fiscais, ou mesmo do combate à emigração ilegal, conexas hoje com a criminalidade organizada e que se inseriam tradicionalmente na competência de outros serviços.

9. Ao lado do sistema policial, temos o sistema judiciário praticamente concentrado na intervenção do Ministério Público.

---

[7] Decreto-Lei n.º 35042, de 22 de Outubro de 1945.

[8] Sobre a evolução da relação entre o Ministério Público e a Polícia Judiciária, na situação emergente do C.P.P. cfr. As Polícias no Sistema Processual Penal, Droga – A Prevenção e Investigação Criminal do Tráfico e do Consumo, 28 e ss.

O Código de Processo Penal atribuiu a esta magistratura a competência para a direcção do inquérito, o que implica também competências de investigação criminal e, acima de tudo, um papel estruturante da intervenção policial.

Trata-se, contudo, de uma intervenção derivada do processo e cuja autonomia em relação ao mesmo não tem sido assumida.

Não tem o M.P. meios nem estruturas que lhe permitam sair dos parâmetros do processo. Acresce que, nem os magistrados, nem as estruturas de apoio que lhe estão afectas, se encontram técnica ou culturalmente preparados para sair desta situação.

Falta a este nível informação sobre a intervenção na investigação criminal propriamente dita que aprofunde um relacionamento são entre magistrados e polícias, onde o conhecimento da especificidade das tarefas de cada um é fundamental.

Decidir da instauração do processo, definir-lhe o respectivo objecto e dar-lhe destino, serão sempre os momentos mais relevantes da intervenção do Ministério Público e aqueles que permanecerão como reserva estratégica do conceito de direcção do inquérito derivado do Código de Processo Penal.

No mais, o Ministério Público acompanha e fiscaliza a investigação levada a cabo pelas polícias e potencia as intervenções processuais necessárias à mesma.

Quando assume a direcção efectiva da investigação, impõe-se--lhe que defina uma estratégia de investigação a levar a cabo, que concretize as intervenções que vai solicitar às polícias e que realize as diligências que entenda pertinentes, no momento e no espaço processual certos.

10. Contudo, o cenário evidenciado pelo mundo judiciário não é uniforme. A intervenção do Ministério Público nos grandes centros não assume a mesma forma de concretização que se verifica em muitas outras zonas do país.

Encontram-se formas de assunção da direcção do inquérito de intensidade variável, onde o menor ou maior empenho profissional dos magistrados explica formas de estar e de intervir diversas.

Uma mudança de cenário passará por um novo modelo de formação dos magistrados com intervenção na investigação criminal, em que se lhes dê um cultura de investigação que os leve para um empenho no processo.

Tal formação resolverá naturalmente muitos dos problemas de articulação entre Ministério Público e as polícias, com reflexos manifestos na capacidade de intervenção e na eficácia de cada um.

Além disso, torna-se evidente que não é com o actual perfil dos magistrados do Ministério Público que será possível mudar o cenário na forma como os processos de inquérito são dirigidos.

Importa ter presente que quanto mais se investir nas fases preliminares do processo, menos julgamentos não justificados ocorrerão, concentrando-se os meios existentes naquilo que efectivamente deve passar pela audiência de julgamento.

Desta forma, talvez os instrumentos consagrados no Código de Processo Penal como formas de resposta à pequena e média criminalidade assumam definitivamente a função processual para que foram criados.

Não pode deixar de se destacar também a necessidade de um novo investimento na formação dos funcionários do Ministério Público, o implicará a busca de soluções que estabilizem estes funcionários nestes serviços, eventualmente pela atribuição de um estatuto diferenciado que os compense do agravamento das condições de trabalho que o novo investimento produzirá.

11. A mudança de cenário passará ainda pelos modelos de organização do Ministério Público nesta área da sua intervenção.

Na sequência da entrada em vigor do Código de Processo Penal foram criados os chamados Serviços do Ministério Público – que são constituídos por estruturas de natureza administrativa, integradas nas secretarias judiciais, que se destinavam a dar suporte administrativo à assunção das novas competências atribuídas àquela magistratura.[i]

Não houve a preocupação da criar estruturas que tivessem uma capacidade de intervenção autónoma na investigação, reproduzindo-se o modelo das secretarias judiciais.

O Ministério Público foi, assim, dotado de serviços administrativos que fazem a gestão dos novos processos de inquérito, numa lógica de continuidade com a experiência anterior, mas nunca foi dotado de meios materiais e humanos que permitissem uma investigação no terreno.

Mesmo ao nível da mera gestão dos processos, a formação que foi dada aos novos funcionários nunca equacionou as especificidades dos processos de inquérito.

Embora se tenha dado a esses funcionários a possibilidade legal de assumirem as funções dos OPC (órgãos de polícia criminal) no processo, a verdade é que nunca se lhes deu formação e um estatuto que permitisse a concretização dessas competências.

12. Desde cedo se verificou que o modelo inicialmente implementado não se adequava à estrutura das grandes comarcas, onde rapidamente se tentaram formas organizativas diversas.

Os DIAP (Departamento de Investigação e Acção Penal) acabaram por nascer da busca de soluções que permitissem uma gestão integrada dos meios afectos à realização das tarefas do inquérito.

Inicialmente sem existência legal, limitavam-se à concentração dos meios materiais enquadrados naquilo que a Lei continuava a chamar Serviços do Ministério Público.

Com o Estatuto do Ministério Público de 1998[9] alguns destes DIAP passaram a ter suporte legal, mantendo-se a figura dos DIAP informais em inúmeras comarcas sede de Círculo Judicial.

Aquele Estatuto criou igualmente o DCIAP (Departamento Central de Investigação e Acção Penal) como estrutura centralizada virada para a resposta à criminalidade organizada e de expressão nacional.

Estas novas formas organizativas do Ministério Público para responder ao aumento das suas responsabilidades, quase desde o início foram envolvidas em debates de natureza política e até corporativos, onde os fantasmas de um poder incontrolado de que alegadamente aquela magistratura poderia ser portadora, condicionaram as soluções.

Quer uma quer outra das estruturas são propostas adiadas em muitas das suas componentes fundamentais.

De facto, nem os DIAP com existência legal, nem o DCIAP, foram dotados de meios que lhes permitissem ser uma estrutura efectiva de investigação criminal, assumindo-se apenas como estruturas de apoio à gestão burocrática dos processos.

Acresce que, não incumbe ao Ministério Público, nem aos tribunais em geral, a gestão administrativa dos serviços, mas apenas a gestão funcional dos mesmos.

---

[9] Lei n.º 60/98, de 27 de Agosto.

Trata-se de um modelo organizativo do sistema de justiça português que deixa na alçada da administração da justiça a implementação das infra-estruturas, relegando a acção dos magistrados para a mera gestão processual.

13. Depois desta já longa viagem, é seguramente a altura de nos concentrarmos na questão dos custos do sistema de investigação criminal.

O modelo vigente assenta, como vimos, numa dispersão de competências por vários serviços na vertente policial, com as inerentes dificuldades de articulação entre todos. Ao lado das polícias de ordem pública coexiste no sistema uma polícia especializada – a Polícia Judiciária.

A atribuição de funções de investigação criminal alargada às polícias de ordem pública, a coberto de uma pretensa especialização da Polícia Judiciária, fenómeno que se vem intensificando, é susceptível de provocar duplicação de meios, com as inerentes concorrências e redução da capacidade interventiva.

Esta dispersão de competências exige cruzamentos de informação que têm custos consideráveis, mas que são fundamentais para que a pretendida especialização daquela polícia se possa efectivar.

Na vertente policial há ainda que tomar em consideração outros serviços especializados, com segmentos importantes de actividade, com especial destaque para o Serviço de Estrangeiros e Fronteiras e os serviços da administração fiscal.

14. Quando se coloca a questão dos custos, em termos de encargos do sistema de investigação criminal, haverá que ponderar todas estas componentes, sempre na certeza de que estes serviços desempenham também outras funções de natureza administrativa, com autonomia das de investigação criminal, o que é patente no serviço de manutenção da ordem pública levado a cabo pelas polícias.

Mas o próprio serviço de manutenção de ordem pública gera importantes caudais de informação que tem um relevo considerável na investigação criminal.

Torna-se assim extremamente difícil computar os custos autónomos desta componente do sistema.

Por outro lado, pode perguntar-se se é razoável criar serviços de investigação criminal nas polícias de manutenção da ordem pública, quando essas tarefas poderiam ser assumidas pelos serviços da Polícia Judiciária que já era a entidade competente para o efeito.

É verdade que estas polícias têm uma longa tradição de intervenção na investigação criminal que se alargou às formas processuais, desde a criação do inquérito preliminar, já nos longínquos anos de 1975/77.

Esses novos serviços surgem no desenvolvimento de estruturas que assumiram essas tarefas já na vigência do Código de Processo Penal em vigor.

É obvio que os custos em termos de meios humanos e materiais dos novos serviços criados nestas polícias se vão reflectir na melhoria da qualidade do serviço levado a cabo e não é imaginável a subsistência do sistema processual penal em vigor sem essa intervenção.

15. Aos custos da manutenção de toda esta infra estrutura haverá que associar outros que têm um peso relevante e que se situam na área laboratorial.

A investigação criminal não prescinde das perícias e estas, quando não sejam levadas a cabo por laboratórios específicos, como é o caso da Polícia Judiciária, têm de ser solicitadas a outros serviços.

Quando se fala em perícias importa que se tenha em consideração que hoje as mesmas não se limitam às medico legais – um encargo também do Ministério da Justiça –, mas que ocorrem em inúmeras áreas.

As perícias têm um peso crescente nos custos da investigação criminal, o que se prende com o alargamento do seu espaço, derivado do desenvolvimento científico, que potencia cada vez mais e melhores instrumentos, o que permite uma maior e melhor capacidade de resposta.

16. Na componente judiciária a racionalização do sistema exige que urgentemente se defina o que se pretende com os serviços afectos ao Ministério Público e se dotem estes de estruturas e de meios materiais e humanos que, sem substituir as polícias, permitam àquela magistratura uma capacidade autónoma de intervenção, fundamental à concretização do objectivo visado com a intervenção de uma magistratura nesta área.

Se se pretende que a actividade policial, que se projecta sobre o processo penal, não caia na discricionariedade das forças policiais, então o Ministério Público não pode ser um mero gestor do papel produzido por aquelas forças, mas tem de ser capaz de acompanhar o seu trabalho e intervir nele quando necessário, o que se constitui como a única forma de poder ser responsabilizado pelo resultado final.

Esta capacidade autónoma de intervenção exige estruturas de apoio que vão para além da mera gestão burocrática de papel que presentemente muitos desses serviços asseguram.

1 – A estrutura dos serviços de apoio do Ministério Público assenta, por um lado, nos parâmetros legais, nomeadamente na legislação relativa à organização das secretarias judiciais e na legislação orgânica da própria magistratura, e, por outro lado, nas directivas internas desta magistratura relativas à sua organização.

Ao nível das directivas internas continuam em vigor velhos instrumentos, nomeadamente a Circular n.º 11/79, de 11 de Maio, da Procuradoria-Geral, cujo desajustamento face à evolução da organização judiciária e do sistema jurídico é evidente.

De facto, aquela circular foi proferida no âmbito do artigo 68.º do Decreto--Lei n.º 450/78, de 30 de Dezembro – Lei Orgânica das Secretarias Judiciais – na sequência da reforma da organização judiciária derivada da entrada em vigor da Constituição da República de 1976, em que se insere a 1ª Lei Orgânica do Ministério Público – Lei n.º 39/78, de 5 de Julho.

Embora aparentemente se refira apenas a registos e arquivos, aquela normativa tem importantes consequências em termos de configuração das estruturas internas dos serviços de apoio a acção desta magistratura.

A solução ali consagrada deriva do modelo orgânico resultante da Lei n.º 39/78, de 5 de Julho, acima referida, no qual se enquadram como órgãos as estruturas do M.P. nos tribunais de 1ª instância: – as Procuradorias da República nos círculos judiciais e as Delegações da Procuradoria da República, nos tribunais de comarca.

2 – As secretarias judiciais sofreram, desde 1978, uma profunda alteração que passou, nos aspectos mais importantes, pelas Leis Orgânicas derivadas do Decreto-Lei n.º 385/82, de 16 de Setembro e do Decreto-Lei n.º 376/87, de 11 de Dezembro.

Deste último diploma já muito poucas disposições se mantêm em vigor, uma vez que a estrutura orgânica das secretarias passou para a Lei Orgânica dos Tribunais e respectivo Regulamento – Lei n.º 3/99, de 13 de Janeiro e Decreto Lei n.º 186 A/89, de 31 de Maio –, e a parte relativa ao estatuto dos funcionários de justiça é, hoje, objecto de um diploma autónomo – O Estatuto dos Funcionários de Justiça – Decreto Lei n.º 343/99, de 26 de Agosto.

3 – A entrada em vigor do Código de Processo Penal, em 1 de Janeiro de 1988, impôs a criação das carreiras de funcionários afectos ao serviço do Ministério Público – os técnicos de justiça – e a criação de estruturas administrativas de suporte à actividade processual desta magistratura que mantiveram a denominação anterior – Serviços do Ministério Público –, mas com uma geometria variável, da mera "unidade de apoio" às "secretarias privativas".

Tratou-se de um alteração radical que começou com o Decreto-Lei n.º 376/87, de 11 de Dezembro, e que se estabilizou no modelo orgânico presentemente em vigor – o emergente do Decreto-Lei n.º 186 –A/99, de 31 de Maio.

4 – Por outro lado, a Lei Orgânica do Ministério Público em vigor – Lei n.º 47/86, de 27 de Agosto, agora denominada Estatuto do Ministério Público – foi objecto de profundas alterações, nomeadamente as decorrentes da Lei n.º 60/98, de 27 de Agosto.

Entre os aspectos organizativos mais relevantes, destacam-se a assunção das Procuradorias da República como unidade orgânica de base e o desaparecimento das delegações da Procuradoria da República, a criação dos DIAP (Departamento de Investigação e Acção Penal) e do DCIAP (Departamento Central de Investigação e Acção Penal) e o regresso das Procuradorias Gerais Distritais ao estatuto de órgão do M.P.

Destaca-se também a criação da figura do Procurador Coordenador, o que se reflecte consideravelmente sobre a orgânica dos serviços.

A organização dos serviços do M.P. tem de respeitar o carácter unitário da Magistratura e a coordenação e direcção interna da mesma, tendo como ponto de referência a abordagem das formas através das quais a hierarquia se assume e se exerce.

5 – O modelo orgânico dos Serviços do Ministério Público em vigor – unidades de apoio, secções centrais e de processos, integradas nas secretarias judiciais –, ou secretarias privativas do M.P. com secções centrais e de processos, foi construído sem qualquer relação com as Procuradorias da República, como órgão de base do M.P. e à revelia do modelo de organização da magistratura derivado do respectivo estatuto.

Na verdade, embora o Estatuto do M.P., no seu artigo 60.º, preveja que as Procuradorias da República "dispõem de apoio administrativo próprio", a solução encontrada no Decreto-Lei n.º 186 A/99, de 31 de Maio, foi atribuir tal apoio à "secção central das secretarias do Ministério Público" – artigo 22.º

Acresce que, apesar da criação dos DIAP, na sequência da revisão da Lei Orgânica do M.P., os quadros de funcionários, decorrentes da Portaria n.º 721 – A/2000, de 5 de Setembro, nunca são assumidos autonomamente como quadros dos DIAP.

6 – Como se referiu, os Serviços do Ministério Público nos tribunais judiciais de 1ª instância, de acordo com o disposto no artigo 16.º do Decreto-Lei n.º 186 A/99, de 31 de Maio, podem ter uma configuração tripartida constituída por **unidades de apoio,** ou por **secções centrais e de processos,** ou por **secretarias** autónomas.

As unidades de apoio e as secções centrais e de processos surgem **integradas** nas secretarias ou em secretarias gerais, onde elas existam.

As secretarias dos serviços do M.P. surgem também integradas em secretarias gerais.

O modelo de base em que assenta a organização desses serviços é o seguinte:

a) Serviços **integrados** nas secretarias (simples ou gerais) dos tribunais de 1ª instância:

– secção central dos serviços do M.P.;
– secção de processos dos serviços do M.P.; ou,
– Unidades de apoio;

b) **Secretarias (autónomas)** dos Serviços do Ministério Público:

– secção central dos serviços do M.P.;
– secção ou secções de processos dos serviços do M.P.

Trata-se de um modelo organizativo moldado a partir das estruturas das secretarias judiciais, vocacionado para a gestão dos processos, alheio a quaisquer preocupações inerentes a uma actividade de natureza investigativa que justificou a sua criação.

OS CUSTOS DA INVESTIGAÇÃO CRIMINAL

João Ataíde
Director Nacional Adjunto da Polícia Judiciária

Antes de abordarmos genericamente a problemática dos custos da investigação, tendo como único objectivo da nossa intervenção a Polícia Judiciária, convém definir os conteúdos orgânicos e funcionais desta instituição por forma a compreender quais as sua necessidades.

A Polícia Judiciária é um corpo superior de polícia criminal auxiliar da administração da justiça, organizado hierarquicamente na dependência do Ministro da Justiça e fiscalizado nos termos da lei.

Compete à Polícia Judiciária:
a) Coadjuvar as autoridades judiciárias na investigação;
b) Desenvolver e promover as acções de prevenção e investigação da sua competência ou que lhe sejam cometidas pelas autoridades judiciárias competentes.

As profundas alterações sociais e económicas verificadas nas últimas décadas determinaram mudanças significativas das características da criminalidade. A supressão das barreiras fronteiriças no quadro europeu, a evolução tecnológica bem como a intensificação dos fenómenos mediáticos têm vindo a contribuir para a aceleração da globalização dos comportamentos individuais a todos os níveis, donde resulta o aparecimento e a generalização de novas formas de criminalidade, cada vez mais sofisticadas, opacas e imunes aos métodos tradicionais de investigação.

É, assim, crescente a convicção de que, perante os desafios que a evolução apontada coloca, a sociedade portuguesa não pode prescindir de uma polícia criminal especialmente preparada, científica e tecnicamente apetrechada e dotada de uma estrutura orgânica que lhe permita, com elevado grau de eficácia, prosseguir a sua função decisiva no âmbito da prevenção da criminalidade, da investigação criminal e da coadjuvação das autoridades judiciárias.

Razões fortes para justificar a revisão da lei orgânica no passado recente e no presente.

Em matéria de prevenção criminal, compete à Polícia Judiciária efectuar a detecção e dissuasão de situações propícias à prática de crimes, em matéria de investigação criminal constitui competência específica da Polícia Judiciária:

a) A investigação dos crimes cuja competência reservada lhe é conferida pela lei orgânica e dos crimes cuja investigação lhe seja cometida pela autoridade judiciária competente para a direcção do processo;

b) Assegurar a ligação dos órgãos e autoridades de polícia criminal portugueses e de outros serviços públicos nacionais com as organizações internacionais de cooperação de polícia criminal, designadamente a INTERPOL e a EUROPOL;

c) Assegurar os recursos nos domínios da centralização, tratamento, análise e difusão, a nível nacional, da informação relativa à criminalidade participada e conhecida, da perícia técnico-científica e da formação específica adequada às atribuições de prevenção e investigação criminais, necessários à sua actividade e que apoiem a acção dos demais órgãos de polícia criminal.

É da competência reservada da Polícia Judiciária a investigação dos crimes que pela sua natureza abalam os alicerces fundamentais do Estado de Direito.

No âmbito dos instrumentos de cooperação policial internacional em vigor, a Polícia Judiciária pode estabelecer relações de cooperação nos diferentes domínios da sua actividade

Estrutura-se verticalmente e compreende:

a) A Directoria Nacional;
b) As directorias;
c) Os departamentos de investigação criminal.

Na dependência da Directoria Nacional funciona o Instituto Superior de Polícia Judiciária e Ciências Criminais.

A Directoria Nacional compreende os seguintes órgãos e serviços:
a) O director nacional;
b) A Direcção Central de Combate ao Banditismo;
c) A Direcção Central de Investigação de Tráfico de Estupefacientes;
d) A Direcção Central de Investigação da Corrupção e Criminalidade Económica e Financeira;
e) O Departamento Central de Informação Criminal e Polícia Técnica;
f) O Departamento Central de Cooperação Internacional;
g) O Laboratório de Polícia Científica;
h) O Departamento Disciplinar e de Inspecção;
i) O Departamento de Perícia Financeira e Contabilística;
j) O Departamento de Telecomunicações e Informática;
l) O Departamento de Relações Públicas e Documentação;
m) O Departamento de Recursos Humanos;
n) O Departamento de Administração Financeira e Patrimonial;
o) O Departamento de Planeamento e Assessoria Técnica;
p) O Departamento de Armamento e Segurança;
q) O conselho administrativo.

Ao director nacional compete, em geral, orientar e coordenar superiormente a Polícia Judiciária e dirigir a Directoria Nacional.

Compete aos directores nacionais-adjuntos:
a) Quando colocados na Directoria Nacional, coadjuvar directamente o director nacional no exercício das suas funções ou dirigir as direcções centrais;
b) Quando colocados nas directorias, dirigir as mesmas.

Compete, em especial, aos directores nacionais-adjuntos nas direcções centrais:
a) Representar o órgão que dirijam;
b) Orientar e coordenar, a nível nacional, as acções de prevenção, de investigação e coadjuvação das autoridades judiciárias relativamente a crimes da sua competência e das unidades orgânicas e funcionais que dela dependem.

A Gestão financeira e controlo orçamental é tarefa do Departamento de Administração Financeira e Patrimonial a quem compete, entre outras tarefas, preparar e propor, em articulação com as direcções centrais, directorias e departamentos de investigação criminal, o orçamento e o plano de investimento.

O conselho administrativo é o órgão deliberativo em matéria de gestão financeira e patrimonial da Polícia Judiciária e tem a seguinte composição:
   a) O director nacional, que preside;
   b) Um dos directores nacionais-adjuntos;
   c) O director do Departamento de Administração Financeira e Patrimonial.

Compete ao conselho administrativo, designadamente, a aprovação do orçamento, a administração das dotações orçamentais e a aprovação do relatório e da conta de gerência a submeter a julgamento, nos termos legais.

O Instituto Superior de Polícia Judiciária e Ciências Criminais é o organismo especializado na formação profissional, investigação, promoção e divulgação de conhecimentos no domínio das ciências criminais e judiciárias, funcionando na dependência do director nacional.

O modelo de Polícia Judiciária assenta nos seguintes princípios:
   a) Investigação da criminalidade que requer específicos conhecimentos, amplos meios técnicos e mobilidade de actuação, em razão da especial complexidade, organização, alargamento espacio-temporal (*v.g.* internacional) da actividade delituosa bem como da multiplicidade de vítimas ou de suspeitos arguidos;
   b) Interface de comunicação entre os órgãos e autoridades de policia criminal, outras instituições e serviços públicos nacionais, com as organizações internacionais que asseguram a cooperação no domínio da policia de investigação criminal;
   c) Interface de saberes e técnicas de polícia de investigação criminal que impõem ampla formação em ciências criminais, precisa informação de policia e de policia cientifica.

II. Para implementação deste modelo, a Lei Orgânica da Policia Judiciaria previu nomeadamente:
   a) Meios humanos altamente qualificados e com formação universitária de base;
   b) Formação nas técnicas e ciências forenses auxiliares num estabelecimento de ensino superior próprio, especializado

em investigação criminal e criminologia – O Instituto Superior de Policia Judiciaria e Ciências Criminais (I.S.P.J.C.C.);
c) Exclusividade de meios e técnicas de investigação adaptados à exclusividade de competências;
d) Gestão de um sistema integrado de informação criminal partilhado par todos os demais órgãos de policia criminal;
e) Um Laboratório de Polícia Cientifica (L.P.C.) – competente para a realização de perícias forenses, altamente especializadas nos domínios da Biologia, Toxicologia, Físico-Química, Balística, Documentoscopia e Criminallstica;
f) Um Departamento de Perícias Financeiras e Contabilísticas (D.P.F.C.) competente para perícias relativas e provenientes da criminalidade económica e financeira;
g) Um Departamento Central de Cooperação Internacional (D.C.C.I.) para centralização do intercâmbio de contactos entre polícias e organizações de polícia, nacionais e internacionais (v.g. lnterpol, Europol, Schengen, Conselho da União Europeia, Banco Central Europeu/Euro, Conselho da Europa, Rede Europeia de Institutos Forenses entre muitas outras), todos eles com múltiplos grupos e subgrupos de trabalho especializado).

A prevenção e a investigação criminal que competem a Polícia Judiciaria, muito embora se insiram na coadjuvação da Administração da Justiça, também se repercutem na Segurança Interna, contribuindo decisivamente para a solidificação do Estado de Direito Democrático.

E para demonstrar a idoneidade desta asserção atente-se nos seguintes factores:
a) O notável desenvolvimento de novas formas de criminalidade associada ao desenvolvimento cultural, técnico e científico ao dispor da generalidade dos cidadãos e, por consequência, daqueles que, por razões diversas, optam pela delinquência e pela criminalidade;
b) A crescente mobilidade das pessoas; a facilidade de circulação quer das pessoas, quer das mercadorias; as novas formas e modalidades das actividades comerciais e industriais; a acelerada inexistência ao mitigado controle das fronteiras;
c) A evidente expansão do crime transnacional, do crime organizado, do banditismo e das respectivas conexões com a terrorismo.

Ora, para continuar a defender os valores da nossa colectividade organizada em Estado de Direito Democrático e prosseguir os objectivos que lhe foram constitucionalmente atribuídos, impõe-se concluir que a Polícia Judiciaria necessita de uma urgentíssima adaptação e reforço de estruturas, o que exige um conjunto de meios financeiros que, sendo pouco significativos em termos globais, são de incomensurável relevância para que o cidadão comum possa sentir um notável acréscimo de Justiça e Segurança.

Sem capacidade financeira para as despesas de funcionamento, a Policia Judiciaria terá muitas dificuldades para cumprir as fundamentais obrigações perante os cidadãos e satisfazer os compromissos internacionalmente assumidos pelo nosso pais.

Com referência à execução do orçamento de 2002 verificamos que o valor de despesas com pessoal, representa cerca de 78,9%, com consequente constrangimento da aquisição de bens e serviços. Ora é precisamente neste capítulo que as necessidades são mais prementes, a permanente sofisticação da actividade criminosa obriga o Estado a dotar-se de meios de investigação, também eles complexos e sofisticados. Na sua falta ou exiguidade à que proceder a uma gestão racionalizada e prudente.

Com efeito a Polícia Judiciária não é uma policia de proximidade, de acção social ou gestão de conflitos urbanos, onde o factor humano constitui a principal carência, contudo necessita de pessoal de investigação bem preparado, versátil na sua formação e nesta dotação está carenciada, com os quadros preenchidos a 56,3%. Segue-se um trabalho de preparação exigente e necessariamente dispendioso.

As novas competências de investigação criminal, apontam para uma intervenção cuidada, de grande complexidade, de permanente análise na delicada questão de valoração dos meios probatórios, remetendo os custos da investigação para níveis muito diferenciados do passado. Gasta-se mais para investigar menos, mas o que se investiga exige grandes meios humanos no acompanhamento e elaborados processos técnicos de estudo para demonstração de resultados.

E nesta área complexa de investigação, atentos os interesses que se pretende preservar é muito difícil não evitar custos por vezes excessivos. Basta pensar que com os meios técnicos disponíveis, a informação existente, a possibilidade do seu cruzamento, dificilmente se pode abandonar uma investigação por se ter esbarrado na impossibilidade de ir mais além. Hoje praticamente não há barreiras para a investigação de um crime, como não as há para a sua prática.

Acresce que no nosso Estado de direito, com a primazia da preservação dos direitos, liberdades e garantias do cidadão, a investigação debate-se com sérios obstáculos na investigação. Não basta o conhecimento do facto, é necessário que essa informação tenha sido obtida por meio constitucionalmente idóneo, tomando sempre como referência a preservação da integridade física ou moral do visado e o seu núcleo restrito de privacidade. Tratando-se de uma confrontação desigual o Estado sempre que evolui no apuramento das garantias, não pode descurar os investimentos na prevenção e luta contra o crime.

Também aqui se faz sentir a alteração de mentalidades, afastando o processo burocrático de gestão, com perspectivas atomizadas de actuação, criando um corpo de policia único e coeso, onde a actuação de cada um contribua para o prestígio acumulado da instituição que servem.

E para agilizar os meios temos que reforçar o acesso à informação disponível e usufruir globalmente dos meios técnicos existentes, afastando os critérios da investigação exegética por demonstração exuberante de dados. Há que fixar os objectivos essenciais da investigação arredando as excrescências probatórias que com algum valor acrescido implicam grandes investimentos humanos e técnicos.

Em jeito de conclusão podemos dizer que a investigação criminal é uma actividade dispendiosa, em permanente mutação, a exigir dos seus gestores e operadores constante e permanente actualização, tendo sempre presente que não podendo perder os objectivos pretendidos se deve actuar com a consciência de que os meios são escassos e não necessariamente elásticos.

OS CUSTOS DA JUSTIÇA
– RECLUSÃO E INSERÇÃO –

JOÃO FIGUEIREDO
Director Geral dos Serviços Prisionais

I. Introdução

1. Reflectir sobre "Reclusão e Reinserção", neste Colóquio Internacional sobre os Custos da Justiça, exige uma abordagem das seguintes vertentes da situação actual do sistema prisional:
 – uma caracterização da população reclusa;
 – uma caracterização da situação prisional;
 – uma breve abordagem das dificuldades no presente;
 – alguns dados sobre os "custos do sistema";
 – uma explicitação dos programas que, na Administração Prisional, se devem seguir para a resolução dos problemas existentes.

II. Caracterização da população reclusa

2. Uma breve caracterização da população reclusa determina a explicitação de alguns dados quantitativos. Assim:
 – neste momento, estão no sistema 13.813 reclusos;
 – dos quais 4.247 são preventivos (isto é: cerca de 30,7%) e 9.566 são condenados (cerca de 69,3%);
 – 91,8% são homens e 8,2% mulheres;
 – 11,4% são estrangeiros.

3. Contudo, poderemos aprofundar a caracterização da população reclusa. Assim:

a) A média de idades situa-se nos 33 anos. Cerca de 35% dos reclusos encontram-se nas classes dos 30 aos 39 anos. Comparando-se com dados de anos anteriores pode afirmar-se que se assiste a um ligeiro envelhecimento da população reclusa;
   b) A população apresenta um nível baixo de escolaridade:
   – 5,6% não sabe ler ou escrever;
   – 6,5% sabe ler e escrever sem nível de escolaridade;
   – 40% tem o 1° ciclo do ensino básico;
   c) Os tipos de crimes mais cometidos são os relacionados com estupefacientes (43%), seguindo-se-lhes os crimes contra o património (34,5%);
   d) Na generalidade, a população prisional apresenta um estado de saúde físico e psíquico degradado, especialmente relacionado com a toxicodependência e as doenças infecciosas virais graves (hepatites e SIDA). São reveladores de tal situação os seguintes dados:
   – 65,4% dos reclusos afirma ter consumido drogas, durante a sua vida;
   – antes da prisão, 27% dos reclusos consumiam droga por via endovenosa;
   – antes da prisão, 30% dos reclusos seguiram programas de tratamento;
   – 11% dos reclusos estão infectados pelo VIH;
   – 9% com o vírus da hepatite B;
   – 30% com o vírus da hepatite C;
   – 5% dos reclusos referem já ter tido tuberculose pulmonar;
   – 73% dos reclusos afirma estar preso por crimes relacionados, directa ou indirectamente, com droga;
   A par das questões mais directamente relacionadas com toxicodependência e doenças infecciosas virais graves, a degradação da saúde apresenta níveis preocupantes em dois outros domínios: a saúde mental e a saúde oral;
   e) Para além da degradação das condições de saúde, assiste-se à entrada significativa de reclusos com características psico-sociais muito problemáticas, com percursos de vida e enquadramento sócio--familiares fortemente desestruturantes e evidenciando mais elevados padrões de agressividade e de violência;
   f) Finalmente a história mais recente do sistema é assinalada pela entrada de reclusos, com padrões de comportamento criminal de

elevada perigosidade, ligados a grupos e associações criminosas, a actuar sobretudo no tráfico de droga ou envolvidos em movimentos internacionais de migração clandestina ou oriundos de meios marginais suburbanos, evidenciando comportamentos violentos e/ou capacidade de organização estruturada de práticas criminais com, por vezes, grande suporte financeiro.

III. Caracterização da situação prisional

4. A situação prisional pode ser sucintamente caracterizada a partir dos seguintes indicadores:

a) **Sobrelotação**: com capacidade para 11.465 reclusos e acolhendo actualmente 13.813, o sistema apresenta uma taxa de **120,5%** de sobrelotação (n.º de reclusos por 100 lugares), sendo segundo os dados disponíveis, uma das mais elevadas da Europa Ocidental. Vejam-se, por exemplo, os seguintes dados de administração comparada (ano 2000):
 – a Bélgica com 117
 – a Espanha com 106
 – a Alemanha com 105
 – a França com 100
 – a Dinamarca com 90;

Nos últimos anos a população prisional e a sobrelotação cresceram. Assim, em 31 de Dezembro de 2000 existiam 12.771, em 2001 13.327 e, em Setembro de 2002, como disse, existem 13.813 (mais quinhentos que no início deste ano).

b) **Taxa de detenção elevada**: Portugal apresenta a mais elevada taxa de detenção (número de reclusos por 100 mil habitantes) da Europa Ocidental: **138,1**.

Veja-se, a título exemplar, a taxa noutros países da Europa:
Espanha 114
Alemanha 97
Bélgica 85
França 80
Dinamarca 62;

b) **Taxa de preventivos elevada**: Portugal apresenta uma elevada taxa de presos preventivos: **30,7**. Igualmente veja-se que;

– a França tem uma taxa de 30,6
– a Bélgica e a Alemanha de 22,3
– a Dinamarca de 21,8
– a Espanha de 20,1;

c) **Taxa de encarceramento elevada**: Portugal apresenta a mais elevada taxa de encarceramento da Europa Ocidental: **26 meses** de permanência média na prisão. Refira-se que:
– na Espanha a permanência média é de 13 meses
– na França de.. 8,6 meses
– na Bélgica de.. 7,1 meses
– na Finlândia de....................................... 5,6 meses;

e) **Redução da mobilidade populacional**: tem-se vindo a verificar uma diminuição da mobilidade populacional: entram menos reclusos e saem menos reclusos, comparativamente a períodos temporais anteriores, permanecendo os reclusos mais tempo na prisão;

f) **Aumento da tensão interna**: não sendo possível medir tal facto com rigor, há uma constatação, empiricamente feita, de que a tensão interna tem vindo a aumentar no interior dos estabelecimentos prisionais, de que são sintomas as ocorrências registadas e participadas (tentativas de suicídio, suicídios, agressões, alterações de ordem, apreensões de droga, de telemóveis...). Tal aumento resulta, nomeadamente, da confluência da sobrelotação, do aumento dos tempos de permanência na prisão, do agravamento das situações de saúde, da organização de práticas criminais no interior ou no exterior, com reflexo no interior dos EP's, do desgaste dos sistemas relacionados com a manutenção da ordem e disciplina e da manutenção de situações ainda existentes de mau alojamento.

IV. Principais dificuldades enfrentadas no presente

5. Na sequência desta breve caracterização da população e da: situação prisional importa referir algumas dificuldades, de outra natureza, que o sistema prisional enfrenta e para as quais se estão a encontrar respostas.

6. Assim, podemos referir que existe um certo desajustamento do **regime legal de execução das medidas privativas de liberdade**

face à realidade actual. O actual regime de execução das medidas privativas de liberdade consta de um diploma de 1979 que desde então foi unicamente objecto de pequenas alterações. Tendo revelado ao longo de duas décadas grande capacidade de enquadramento da realidade prisional, começou a revelar algum desajustamento com a emergência de novos e mais violentos tipos de criminalidade, com o surgimento de novas realidades sociais, com as necessidades de reforço do controlo jurisdicional do sistema e de conformação constitucional dos meios de garantia dos direitos dos reclusos. Tal desajustamento têm sido contrabalançado com a produção normativa interna, pela qual se tem feito um esforço de adaptação do regime jurídico legal à realidade prisional concreta.

Desta constatação resultou a elaboração por uma comissão dirigida pela Professora Anabela Rodrigues, de um anteprojecto de nova lei.

Já no anterior Governo, a Direcção-Geral dos Serviços Prisionais recebeu orientações no sentido de aprontar um novo projecto diploma. Tais orientações, na sequência do programa do actual Governo, foram mantidas pela actual Ministra da Justiça, pelo que foi já entregue um projecto de proposta de lei de execução de medidas privativas de liberdade.

7. Parcialmente explicada pelo desajustamento do regime jurídico das medidas privativas de liberdade, é feita a constatação de que há **práticas penitenciárias muito diferenciadas**, de estabelecimento para estabelecimento prisional, designadamente nos domínios das visitas, encomendas, objectos e valores pessoais permitidos, telefonemas, tabaco, criando-se disfunções no funcionamento global do sistema. Por isso, já se produziram relatórios que têm como objectivo a normalização de algumas dessas práticas penitenciárias.

8. Refira-se ainda que a **sobrelotação e as características físicas** dos edifícios colocam grandes dificuldades à separação dos reclusos, em função dos critérios legais – preventivos e condenados, primários e reincidentes, tempo de duração das penas... – e das suas características criminológicas. O aparecimento ou reforço da delinquência grupal provoca grandes dificuldades na afectação/reafectação de reclusos, pelas incompatibilidades existentes entre si e por razões de ordem e segurança. Estas dificuldades só serão superáveis com a diminuição da sobrelotação. As características físicas dos edifícios são também,

em muitos estabelecimentos prisionais, sobretudo os de pequena dimensão, fortemente condicionadoras, do desenvolvimento de actividades de tratamento penitenciário e de reinserção social. Muitos deles foram concebidos e construídos em épocas, muito recuadas no tempo, em que não se impunham estas necessidades, e portanto não se consagravam espaços para essas finalidades, e destinavam-se a situações de prisão preventiva ou de prisão de curta duração. Deve ser referido – até pelo impacto que tem nos elevados custos de funcionamento – que fisicamente estamos perante um **sistema prisional pulverizado**, com inúmeros estabelecimentos prisionais de pequena dimensão, o que conduz a situações de desperdício e de mau aproveitamento de recursos.

9. Existem igualmente algumas dificuldades relacionadas com a **manutenção da ordem e da segurança e o aumento da perigosidade**. Os episódios de violência que tiveram forte repercussão social no 2º semestre de 2001 são sintoma de aumento de perigosidade patenteada por alguns segmentos da população prisional e, sem que sobre isso se possa fazer uma afirmação definitiva, apresentam relação com práticas criminais (sobretudo tráfico de droga). Tal situação, aliada à pressão da sobrelotação e a ambivalência das expectativas da sociedade face ao sistema prisional, tem deparado com oscilações e deficiências dos sistemas internos relacionados com a manutenção da ordem e segurança. O sistema prisional apresenta algumas fragilidades em matéria de segurança sobretudo relacionadas com o controlo de visitas, encomendas e contactos telefónicos.

10. Nos domínios do tratamento prisional e da preparação da reinserção social há que referir **a prestação de cuidados de saúde**. A DGSP assegura o primeiro nível de resposta às necessidades de saúde da população reclusa. Contudo, não estão clarificadas as responsabilidades do Serviço Nacional de Saúde na prestação de cuidados de saúde aos reclusos, nem há uma orientação uniforme sobre esta matéria em todo o país.

Em algumas situações, por exemplo, os reclusos perdem, com a prisão, os seus direitos de assistência. Deve referir-se igualmente que uma parte significativa dos profissionais de saúde da DGSP prestam serviço em regime de avença e a tempo parcial e há sistemáticas dificuldades em proceder ao recrutamento de novos profissionais.

11. O **ensino prestado nos estabelecimentos prisionais** – assegurado pelo Ministério de Educação – tem um nível muito satisfatório, embora se tenha de encontrar soluções que contrariem a desistência dos reclusos na frequência das aulas. Contudo, deve ser feito um esforço no sentido de o conjunto das actividades que constituem parte substancial do tratamento penitenciário – a educação, ensino, a formação profissional, o trabalho, o desporto, as actividades sócio--culturais – estarem mais vocacionadas para a prevenção da reincidência e mais relacionadas com os diferentes tipos de delinquência.

12. Tem igualmente sido feito um esforço no domínio **da formação profissional e do trabalho prisional** por forma a aumentar a qualificação profissional e os níveis de ocupação laboral. Mas, nestes domínios ainda estamos longe de uma situação ideal. Colocam-se desafios no sentido de aumentar a oferta de respostas mais qualificadas, uma mais forte relação com as necessidades do mercado de trabalho e soluções ágeis no estabelecimento da relação entre formação profissional – trabalho prisional – colocação em posto de trabalho na sociedade. Tal relação é essencial para uma estratégia de reinserção social e de combate à reincidência.

V. Alguns dados sobre os custos do sistema

13. Estando num colóquio sobre "Os Custos da Justiça" importa registar alguns dados sobre os custos do sistema prisional.

14. Assim, no corrente ano:
    – o orçamento de funcionamento totaliza 203 milhões de euros
    – o orçamento de investimento totaliza 55 milhões de euros

15. No orçamento de funcionamento são relevantes as seguintes despesas:
    – as de pessoal que significam 60%;
    – as relativas à alimentação de reclusos, que corresponde a 12,3% do total da despesa;
    – as despesas de saúde que correspondem a 12% do total.

16. O orçamento de funcionamento tem vindo a observar crescimento. Assim em:
- 1999 – 142 milhões de euros
- 2000 – 162 milhões de euros
- 2001 – 177,5 milhões de euros
- 2002 – 203,3 milhões de euros

17. Esse crescimento resulta sobretudo do aumento com despesas de pessoal e com despesas de saúde, com ligeiros acréscimos no domínio da alimentação.

18. Seria positivo observar-se nos próximos anos algum crescimento no domínio do pessoal – que suporte a abertura de novos espaços prisionais – na saúde e nas actividades relacionadas com a preparação da reinserção social.

19. Contudo, a resposta para os problemas vividos no sistema prisional não pode consubstanciar-se em aumento sistemático dos meios financeiros que lhe são afectos. O sistema cresceu demasiado em termos de população, equipamentos, recursos humanos e financeiros e, como já se referiu, em complexidade, no quadro de um modelo estrutural, de funcionamento e de gestão que, concebido no essencial segundo matrizes das décadas de 60 e 70, está ultrapassado. Assim, é fundamental ser consagrado um novo modelo de organização e gestão que rentabilize os recursos afectos e corresponda às necessidades que já se sentem há tempo bastante, visando a criação progressiva de um sistema prisional moderno que enfrente as primeiras décadas do século XXI.

VI. Reforma do sistema prisional

20. O enfrentar dos problemas vividos pelo sistema prisional, exige a definição de objectivos estratégicos de mudança. Foram definidos cinco objectivos:

1° **A dignificação das condições de reclusão**: confrontado com uma taxa de ocupação elevada, o sistema prisional deve evoluir no sentido de melhorar a sua lotação, permitindo respeitar princípios de separação dos reclusos, ultrapassando situações materiais não dignificantes e criando condições para o exercício de direitos fundamentais, designadamente no domínio da saúde, especialmente no que respeita à toxicodependência e saúde mental, com a definição das "responsabilidades" do Serviço Nacional de Saúde;

2° **A diferenciação de regimes**: é essencial caminhar para um sistema prisional que tenha em conta, designadamente, os vários tipos de medidas e a evolução na sua execução, os vários tipos de criminalidade, retirando de tal diferenciação consequências aos mais diferentes níveis, mas particularmente nos do tratamento penitenciário e dos regimes de segurança, ordem e disciplina. A diferenciação de regimes deve ir a par da normalização de práticas penitenciárias;

3° **O desenvolvimento do tratamento penitenciário**: com objectivos de prevenção da reincidência e de promoção da reinserção social, é necessário reforçar as actividades de ensino, de aquisição de competência pessoais e sociais básicas, de formação profissional mais estreitamente relacionada com uma estratégia de colocação em trabalho e em emprego, e desenvolvimento de programas específicos de prevenção criminal, de acordo com as diferentes tipologias comportamentais;

4° **O reforço da ordem e segurança**, que promova a prisão como um local onde se viva em segurança;

5° **A construção de um novo modelo de organização e gestão dos recursos e a sua implantação progressiva** que permita uma maior eficiência na utilização dos recursos existentes.

21. Estes objectivos estratégicos pretendem concretizar as seguintes opções fundamentais:
– prisão como local mais saudável;
– prisão como local mais seguro;
– prisão como instituição que contribui mais activamente para a segurança da sociedade, para a preparação da reinserção social e prevenção da reincidência;
– prisão mais eficientemente gerida.

22. Estes objectivos estratégicos e opções fundamentais devem ser prosseguidos simultaneamente em dois planos:
– o **plano da reforma estratégica** que permita a refundação do sistema, oriente a sua evolução num horizonte de longo prazo (12 a 16 anos), sustentado inclusivamente por um

planeamento financeiro que esteja adequado às disponibilidades do Estado e permita afectar recursos com intencionalidade;
- o **plano da gestão corrente** que enfrente os problemas do presente e os de curto-médio prazo, no quadro do plano da reforma estratégica.

23. O **Plano de Reforma Estratégica** deve assentar em **quatro pilares** fundamentais:
- a nova Lei de Execução de Medidas Privativas de Liberdade, já acima referida;
- a nova Lei Orgânica dos Serviços Prisionais;
- o Programa de Construções Prisionais;
- o Programa de Qualificação dos Recursos Humanos do Sistema Prisional.

24. A nova **Lei de Execução das Medidas Privativas de Liberdade**, cujo projecto já foi entregue, como se disse, precisará de ser desenvolvida através de regulamentação, em especial:
- o regulamento geral dos estabelecimentos prisionais que uniformize as práticas penitenciárias;
- o regulamento do trabalho prisional, sua relação com a formação profissional e incentivos às empresas para se instalarem nos estabelecimentos prisionais;
- o regulamento da prestação de cuidados de saúde que discipline a relação entre os Serviços Prisionais e o Serviço Nacional de Saúde.

25. A nova **Lei Orgânica dos Serviços Prisionais** deverá:
- fixar uma nova organização estrutural dos serviços;
- reforçar a autonomia de gestão dos estabelecimentos, com reforço dos centros de controlo global, mas criando mecanismos de gestão conjunta de recursos para sua optimização e combate ao desperdício, designadamente através da criação de complexos de gestão prisional, agregando vários estabelecimentos prisionais;
- estabelecer as responsabilidades de órgãos e dirigentes;
- reforçar os mecanismos de auditoria e inspecção, sobretudo para as questões do respeito dos Direitos Humanos, confor-

midade legal das práticas penitenciárias e legalidade e eficiência da gestão.

26. O **Programa de Construções Prisionais**, de médio e longo prazo (12 a 16 anos), deverá prosseguir objectivos de:
- diminuição do número de estabelecimentos prisionais de pequena dimensão, actualmente pulverizados e com elevados custos de manutenção, substituindo-os por unidades de média dimensão que respondam às necessidades previsíveis nas várias regiões do país, diminuam os custos e tenham melhores condições de vida, tratamento e segurança;
- enquadramento das parcerias público-privadas na construção e gestão de estabelecimentos prisionais. As parcerias devem ser concebidas como meio de atracção de novos recursos, mas também como via de criação de uma lógica de competitividade, visando o aumento da eficiência global do sistema no país;
- enquadramento dos planos de investimentos anuais e das obras mais significativas, designadamente do estabelecimento prisional de segurança e de requalificação das secções de segurança para os reclusos de maior perigosidade.

27. O **Programa de Qualificação de Recursos Humanos do Sistema Prisional** deverá incluir:
- um novo Estatuto do Corpo da Guarda Prisional, elevando o nível habilitacional de ingresso, criando o nível de Oficial da Guarda Prisional, extinguindo o actual quadro nacional, criando em sua substituição quadros regionais que permitam a aproximação dos efectivos à sua zona de residência e estabilizando os sistemas remuneratórios;
- o reforço de meios técnicos (psicólogos, sociólogos e técnicos de serviço social), que permitam o desenvolvimento do tratamento penitenciário, visando a prevenção da reincidência (nomeadamente nos casos de ofensas sexuais, em adultos e menores, de dependência de drogas, de delinquência estradal, nos crimes contra as pessoas) e de meios que reforcem uma gestão profissionalizada;

– a consagração de um novo corpo profissional, de nível médio, para enquadramento das actividades de vida diária dos reclusos e das de animação cultural e desportivas;
– a criação de um programa de formação de directores dos estabelecimentos prisionais, reforçando a sua especialização;
– o reforço do Centro de Formação Penitenciária, e com ele de toda a problemática da formação dos meios humanos envolvidos na execução das penas.

28. No plano da gestão corrente, os planos de actividades anuais, no quadro estratégico traçado, devem traçar os objectivos a prosseguir no curto prazo e as actividades necessárias a tal prossecução.

VII. Conclusão

29. Há algumas constatações fundamentais a fazer, face ao tema do colóquio. Vimos que, comparativamente a outros países da Europa, temos;
– mais presos;
– mais presos preventivos;
– maiores tempos de permanência na prisão.

O sistema prisional é um serviço público necessariamente caro e cuja reforma, numa perspectiva racionalizadora, exige uma abordagem estratégica a concretizar a longo prazo, com apoios políticos alargados. É um serviço público imprescindível, que assume uma missão fundamental do Estado. Mas sendo um serviço imprescindível e caro deve ser colocada uma interrogação fundamental: também numa perspectiva de racionalização da despesa e numa ponderação de custos e benefícios, não deveremos procurar e desenvolver respostas, no sistema penal, que permitam de facto utilizar a prisão como *"ultima ratio"*?

OS CUSTOS DA JUSTIÇA
ACTIVIDADE PERICIAL E JUSTIÇA

Francisco Corte-Real Gonçalves
Vice-Presidente do Instituto Nacional de Medicina Legal
Professor da Faculdade de Medicina de Coimbra

Gostaria de começar por felicitar a Associação Internacional de Direito Processual Civil e a Comissão Organizadora deste encontro, na pessoa do Senhor Professor Doutor Álvaro Dias, pela pertinência do tema escolhido, dada a relevância que a problemática da questão financeira importa na eficácia da resposta do sistema de justiça, agradecendo a oportunidade de poder apresentar uma visão que, apesar de necessariamente parcial, assenta na vivência diária da gestão da actividade pericial inserida no contexto da justiça. Foi-me assim solicitado que, em breves momentos, abordasse algumas das principais questões de índole financeira que afectam a actividade pericial no âmbito da Justiça.

A vertente financeira representa, nas sociedades com recursos limitados, um factor determinante dos resultados e que se revela fundamental quando a actividade em análise se suporta e depende de meios humanos ou materiais especializados, como ocorre no caso da actividade pericial médico-legal. Os pressupostos financeiros poderão constituir um factor limitador importante da sobrevivência básica ou do desenvolvimento regular de um serviço, como poderão também estimular e incentivar uma produtividade reguladora do processo de resposta:

– um factor limitador se, numa fase inicial, os recursos financeiros não possibilitarem o estabelecimento de um conjunto mínimo de estruturas que permitam o exercício autónomo da actividade solicitada e a produção com qualidade do resultado pretendido;

– a obtenção de proventos financeiros como contrapartida do resultado produzido constitui um estímulo e um incentivo a um exercício produtivo célere e eficaz.

Não podendo o objectivo financeiro ser o factor determinante numa área que trata um dos principais direitos fundamentais das pessoas, o direito à justiça, constitui uma obrigação moral do gestor público o controlo rigoroso dos recursos financeiros que, sendo de todos, lhe estão confiados.

Na prática do exercício da actividade pericial médico-legal tornou-se prioridade inicial do Instituto Nacional de Medicina Legal a afectação de recursos financeiros ao estabelecimento do referido conjunto mínimo de estruturas que permitisse, com dignidade, fiabilidade e celeridade, uma resposta capaz dos serviços. Assim, além dos projectos relativos às novas Delegações do Instituto, procedeu-se à instalação e início de funcionamento de treze Gabinetes Médico-Legais que, já em 1918 (preâmbulo do Decreto 5023), se dizia há muito reclamados, deixando para o passado, em muitas regiões do País, o tradicional exame necrópsico realizado no cemitério sem condições minimamente condignas.

A limitação de recursos financeiros motivou negociações com as Administrações Hospitalares com vista à partilha de meios e rentabilização de equipamento existente. Por outro lado, procurou-se aproveitar meios disponibilizados por comarcas em que os serviços médico-legais deixaram de ser localmente exercidos, libertando recursos para outras prioridades. Assumindo as despesas necessárias ao cumprimento dos objectivos, mas nunca descurando a preocupação pelos gastos, foi possível, com custos relativamente reduzidos, alterar radicalmente (embora ainda não totalmente) o panorama nacional nesta área. Tal facto exemplifica claramente que, muitas vezes, o problema não reside somente na falta de recursos mas antes na capacidade de gastar bem e onde é necessário.

Dizia, por outro lado, que a questão financeira pode constituir um estímulo à produtividade, mesmo das instituições públicas. Têm que coexistir, no entanto, três pressupostos necessários sem os quais não se atinge de forma completa esse fim:

I – Em primeiro lugar, a possibilidade da obtenção para a instituição de proventos financeiros em função dos serviços produzidos,

o que origina orientações no sentido da célere resposta aos serviços requisitados;
   a) com benefício da entidade requisitante – que recebe mais rapidamente os relatórios periciais (no caso dos serviços médico-legais);
   b) benefício da instituição requisitada – que é recompensada financeiramente pelo seu esforço (quando os serviços facturados são efectivamente pagos)
   c) e benefício de todo o sistema de justiça – que se torna mais eficaz.

Numa área que depende de meios tecnológicos muito dispendiosos e em constante evolução (em que a hipótese da diminuição qualitativa e da fiabilidade dos resultados obtidos não pode ser colocada), este retorno financeiro representa a sobrevivência de um sistema que consegue responder com segurança às questões que lhe são colocadas e cuja resposta (que não é possível ser obtida através de mecanismos alternativos) é muitas vezes determinante na orientação do processo judicial;

II – Em segundo lugar, a previsão legal do recurso a uma gestão por objectivos, que permita ao dirigente premiar ou punir em função do trabalho realizado – refira-se a título de exemplo que uma norma interna estabelecida pelo Instituto Nacional de Medicina Legal, para o funcionamento dos Gabinetes Médico-Legais, que prevê que o pagamento ao perito do acto pericial realizado é apenas efectuado quando é emitido pelo próprio o respectivo relatório, originou a inexistência praticamente generalizada de relatórios em atraso sob responsabilidade desses Gabinetes, motivando inclusivamente uma queixa insólita de um tribunal do nosso País, que referia que os relatórios médico-legais enviados com muita celeridade causavam dificuldades processuais significativas;

III – Em terceiro lugar, é necessária a nomeação de dirigentes a quem se estabeleçam objectivos específicos, se atribuam responsabilidades e autonomia e se exijam resultados – e se os resultados não corresponderem aos objectivos traçados, que de imediato seja ordenada a substituição dos responsáveis.

A gestão por objectivos deverá constituir a pedra basilar da organização da actividade de prestação de serviços de muitas instituições. A impossibilidade de tratamento diferencial daqueles que realmente se dedicam e produzem constitui o maior obstáculo a quem dirige uma instituição pública com intenção de produzir mais e melhor. E quando falamos em produção, falamos em custos. A instituição judicial e nomeadamente a sua vertente pericial é onerosa. Se produz pouco e os encargos fixos se mantém, os custos relativos aumentam, no âmbito de um sistema de justiça que pode correr o risco de se afundar acumulando pendências. Não acreditando no altruísmo e dedicação ao serviço público da totalidade dos seus funcionários, não é fácil promover um incremento da produtividade quando a remuneração mensal se mantém inalterável. Além disso, não deve existir, em minha opinião, qualquer constrangimento à previsão de benefícios pessoais para aqueles que mais contribuem para a prossecução dos objectivos da instituição e consequentemente para a prestação de um serviço quantitativa e qualitativamente superior. Esses benefícios financeiros pessoais dependentes do trabalho que se realiza constituem um estímulo importante, que, quando bem orientado, está principalmente a beneficiar a instituição: como exemplo refira-se terem já ocorrido conflitos em Gabinetes Médico-Legais (onde a remuneração depende do número de actos periciais efectuados), decorrentes do confronto entre peritos para a realização do maior número de autópsias possível. Não é frequente no funcionalismo público esta vontade exacerbada de produzir mais retirando serviço ao colega de trabalho para não o sobrecarregar. Naturalmente que não estou com este exemplo a afirmar que não existem muitos e bons peritos desinteressados no nosso País, com gosto e dedicação pela Medicina Legal e pela causa pública, que vêm exercendo actividade pericial desde a época em que cada acto pericial era remunerado segundo valores irrisoriamente diminutos. Mas esses peritos não constituem nossa preocupação. O que se revela necessário é encontrar fórmulas que estimulem os menos dedicados a produzir melhor, para que todo o sistema funcione com celeridade.

No quadro da gestão orgânica das instituições públicas, a figura do Director de Serviço assume um papel primordial na capacidade produtiva do serviço e consequentemente da instituição, função que se reveste de maior relevância quanto mais específicas as actividades realizadas por tal serviço e maior a dimensão dessa mesma instituição, pois nessas circunstâncias diminui a capacidade operativa directa do órgão dirigente máximo da instituição. Nessa medida os Directores de Serviço deverão exercer um controlo rigoroso sobre todas as actividades do seu serviço e responsabilizados pelos sucessos ou insucessos dos resultados. Esse controlo pressupõe a observação de um conjunto de premissas que passam, obrigatoriamente, por um conhecimento pormenorizado de todo o processo, uma definição adequada dos objectivos, o estabelecimento de uma estratégia concertada, a exigência no cumprimento da estratégia estabelecida e a gestão rigorosa dos meios colocados ao serviço dessa estratégia. A gestão dos custos de produção passa, em grande medida, pelo papel regulador do Director de Serviço. Não sendo quem normalmente define as principais linhas de actuação, é na prática o responsável pela sua aplicação, cujo sucesso depende da sua capacidade (e vontade) de proceder de acordo com os objectivos estabelecidos.

A rentabilização dos custos não se coaduna, contudo, com uma autonomização completa dos serviços: é necessário que, a par dessa autonomização, seja exercida uma coordenação global que identifique as reais necessidades do País para, por exemplo no que se refere à aquisição de meios tecnológicos de custos mais elevados, ser possível a rentabilização do equipamento. Salvaguardando sempre a exigência científica de acompanhar a evolução dos tempos na vertente tecnológica (sempre que se mostre vantajosa para o aumento da qualidade pericial), há contudo que ponderar se o número de solicitações justifica a aquisição de mais do que um aparelho com custo na ordem das dezenas ou centenas de milhares de euros, ou se, em alternativa, e face à existência de um único Instituto Nacional na área da actividade pericial médico-legal, é preferível a realização desses exames periciais mais específicos num único local do País. Tais funções de coordenação geral, sob responsabilidade dos órgãos máximos das instituições, têm que estar sempre subjacentes ao estabelecimento das orientações gerais a cumprir.

Relativamente ainda aos custos da justiça relacionados com a actividade pericial, e salientando o benefício para o sistema do efeito regulador que resulta da cobrança pelos serviços prestados (libertando as dotações orçamentais provenientes directamente do Estado desses elevados encargos), importará estabelecer um mecanismo expedito de direccionar tais custos para quem tem a obrigação de os suportar, por via de eventuais prémios que tenha cobrado para esse efeito. Não deverão ser as instituições públicas da Justiça a suportar muitos desses encargos. Importa assegurar que nunca se atinja o extremo de dispensar exames periciais relevantes para a aplicação da Justiça por falta de recursos financeiros imediatos, mas importa também prever o seu pagamento, sem o qual poderia ruir um sistema pericial que a todos beneficia.

A problemática relativa aos custos da Justiça deve merecer a nossa mais profunda atenção, pois poderá influenciar decisivamente um sistema cuja complexidade e magnitude exige que se afastem as dificuldades financeiras eventualmente nefastas à obtenção de resultados.

Desta forma muito breve e superficial levantei apenas algumas das questões financeiras que considero relevantes no âmbito da actividade pericial médico-legal e que gostaria de aprofundar no debate que se segue, muito agradecendo a atenção dispensada.

BREVÍSSIMAS NOTAS SOBRE OS CUSTOS DAS PERÍCIAS MÉDICO-LEGAIS

TERESA MAGALHÃES
Directora da Delegação do Porto do Instituto Nacional de Medicina Legal,
Professora da Faculdade de Medicina da Universidade do Porto

O Instituto Nacional de Medicina Legal (INML) é um instituto público dotado de autonomia administrativa e financeira, tutelado pelo Ministro da Justiça, e a sua principal atribuição é cooperar com os tribunais e demais serviços e entidades que intervêm no sistema de administração da justiça, realizando os exames e perícias de medicina legal que lhe forem solicitados, bem como prestar-lhes apoio laboratorial especializado [cfr. art.ºs 1º, n.º 1 e 2º, n.º 1, b), ambos dos Estatutos do INML, aprovados pelo Decreto-Lei n.º 96/2001, de 26 de Março].

– Considerando a organização dos serviços médico-legais constante dos Estatutos do INML e tendo ainda em conta o disposto no Código de Processo Penal (art. 159) e no Código do Processo Civil (art. 586, n.º 3) sobre a realização de perícias médico-legais, podemos elencar dois grupos de perícias:
 a) As perícias médico-legais que são realizadas pelas Delegações de Lisboa, Porto e Coimbra, bem como as que são realizadas pelos Gabinetes Médico-Legais[1], na dependência, funcional e orgânica, das respectivas Delegações;

---

[1] Dos Estatutos do INML constam as áreas de actuação das Delegações e a localização dos Gabinetes Médico-Legais; estes funcionam na dependência directa das Delegações, em função da sua localização geográfica (cfr. Mapa n.º 2 anexo aos Estatutos).

b) As perícias médico-legais realizadas fora do âmbito de competência dos Gabinetes e das Delegações por médicos contratados para o exercício de funções periciais, ou, na sua falta ou impedimento, por quaisquer médicos especialistas ou de reconhecida competência para a actividade médico-legal, nomeados como peritos pela autoridade judiciária ou judicial competente.

A realização de tais exames e perícias comporta custos que o INML não tem capacidade para suportar, ou para suportar sozinho, daí se justificando que a realização de tais actos seja objecto de remuneração.

Efectivamente, os custos com o pessoal técnico e administrativo afectos à realização do exame pericial (salários, formação profissional), e com as instalações (arrendamento, manutenção dos edifícios existentes e construção de novos espaços para realização de exames), os gastos com o material necessário para a realização do exame e os consumos de água e electricidade, a aquisição de equipamentos e sua manutenção, são, entre outros, factores que têm de ser remunerados, sob pena de se poder verificar o colapso financeiro das Delegações (que têm de gerir os seus serviços próprios e os Gabinetes Médico-Legais que delas são directamente dependentes).

É assim que constituem receita do INML, nos termos do art. 48, n.º 1 c), dos seus Estatutos, «...as quantias cobradas por serviços prestados em domínios que envolvam a aplicação de conhecimentos médico-legais, a entidades públicas e privadas, nacionais e estrangeiras, bem como a particulares.».

A esmagadora maioria da receita recebida pela realização de perícias é constituída pelas quantias cobradas a título de pagamento de actos periciais no âmbito do sistema de administração da justiça, a propósito de um processo judicial.

Os custos das perícias médico-legais encontram-se fixados em tabela própria, nos termos do art. 91, n.º 8, do CCJ. A actual «tabela de custos para perícias médico-legais» foi aprovada pela Portaria n.º 1178-C/2000, de 15 de Dezembro, e inclui dois tipos ou, preferindo-se, subtipos de tabelas: uma «tabela de custos dos peritos» e uma «tabela de custos das perícias».

A «tabela de custos dos peritos» fixa a «remuneração do perito por cada perícia médico-legal» de clínica médico-legal e de tanatologia, ou seja, aqui apenas se admite a remuneração do perito pelas perícias médico-legais admitidas no artigo 78º do Decreto-Lei n.º 11/98, de 24 de Janeiro. Temos pois que esta primeira tabela, ao fazer a rigorosa circunscrição do âmbito das perícias às quais corresponde remuneração, indica-nos claramente que as perícias aí previstas são as perícias realizadas pelos médicos contratados ou nomeados para o exercício de funções periciais fora do âmbito das Delegações e dos Gabinetes, aí se tratando, então, da «remuneração do perito» por cada uma das perícias especificadas.

Numa lógica diferente tem lugar a previsão da segunda tabela (ou conjunto de tabelas), respeitante já não à remuneração do perito, como atrás se viu, mas sim aos «custos das perícias», a saber: «... de genética e biologia forense», «...de psiquiatria e psicologia forenses», «... de anatomia patológica forense», «...de tanatologia forense», «... de clínica médico-legal», «...de toxicologia forense», e «... para outros exames periciais». Embora o texto da referida Portaria não permita inferir os objectivos e finalidades das segundas tabelas para as mesmas áreas processuais, a previsão legal dessas tabelas efectuada pelo legislador pressupõe obviamente a existência de razões de fundo para a diferenciação que elas encerram, e que são identificáveis através do pensamento do legislador e das circunstâncias de elaboração da Portaria, objectivados nos seus trabalhos preparatórios. Apesar de desconhecermos o exacto teor dos documentos em que tais trabalhos se terão plasmado, conhecemos as razões da aludida diferenciação, as quais, entendemos, são, pelo menos, indiciadas pelos termos em que as tabelas se encontram elaboradas, nomeadamente: a designação diferenciada de «custos dos peritos» e «custos das perícias»; o facto de a "primeira" tabela prever exclusivamente as perícias médico--legais cuja realização é legalmente deferida a peritos médicos que intervêm fora do âmbito das Delegações e dos Gabinetes Médico--Legais, enquanto que a "segunda" tabela segue o elenco das perícias para cuja realização, nos termos dos Estatutos do INML, têm competência – e capacidade técnica – as Delegações (e os Gabinetes Médico--Legais).

Ou seja, às razões da referida diferenciação, subjaz uma diferenciação substantiva quanto à proveniência da realização das perícias: considera-se, assim, que a "segunda" tabela diz respeito às perícias realizadas por serviços médico-legais (pelas Delegações e pelos Gabinetes). A fundamental justificação para a previsão de montantes mais elevados para o pagamento das perícias (autópsias médico-legais e perícias de clínica médico-legal) quando estas são realizadas pelas Delegações e pelos Gabinetes é a de que as perícias realizadas nesses serviços assumem custos acrescidos para estes, já que tal realização, integrada no funcionamento operativo dos serviços, implica a remuneração de uma série de factores que para ela são essenciais, e que não existem ou existem em diminuta medida, quando as perícias são realizadas por um perito, a título individual, e sem suporte organizacional.

O mesmo é dizer que a diferenciação dos montantes a pagar pela realização das perícias (diferenciação existente apenas quanto às perícias de clínica médico-legal e às autópsias médico-legais) traduz a diferenciação dos custos inerentes à sua realização, consoante esta seja deferida a um serviço médico-legal ou a um médico agindo como perito, fora do âmbito de actuação de um desses serviços.

– Caberá aqui ainda aflorar o problema das perícias que intitularemos de incobráveis. Com efeito, as perícias realizadas no âmbito de processos do foro cível e do trabalho, são, por princípio, sempre pagas, já que de acordo com a lei processual respectiva, as partes (ou uma das partes) acabam sempre por suportar os custos da realização da perícia médico-legal.

Contrariamente, há um considerável número de perícias no âmbito do direito penal que nunca chegam a ser pagas: trata-se dos exames que são realizados em pessoas vítimas de crimes semi-públicos – crimes cujo procedimento criminal depende de queixa do ofendido –, sobretudo ofensas corporais simples e alguns crimes sexuais, sendo esses cidadãos encaminhados pelos órgãos de polícia criminal para as Delegações do INML, no âmbito de participações lavradas nesses órgãos de polícia a propósito de factos que, apesar de inicialmente identificados como crimes, não são objecto do respectivo procedimento criminal – não dão entrada nos Serviços do Ministério Público por serem arquivados nas secções de investigação daqueles órgãos policiais.

O que sucede em tais casos é que a participação policial só é enviada ao Ministério Público quando o ofendido exerceu o seu direito de queixa dentro do prazo que a lei estabelece, o que, não acontecendo, faz com que a participação não chegue a ser registada como inquérito.

Ora, inexistindo processo judicial a propósito desses casos, não existe fundamento para considerar os custos dos actos periciais como custos do processo, pois, ... não há processo!

Sem prejuízo de um debate mais aprofundado sobre as questões de índole jurídica que rodeiam esta problemática, poder-se-ia eventualmente, nos casos atrás referidos, adoptar-se a solução de as participações policiais serem sempre remetidas ao Ministério Público, por forma a viabilizar-se a possibilidade da perícia efectuada ser efectivamente paga.

– Por último, deixa-se uma brevíssima referência a um tema que recorrentemente é chamado à colação quando se discutem os custos do funcionamento de um qualquer sistema público: a privatização[2] desse sistema. Por mais críticas que possam ser as vozes contra a existência de um serviço público de medicina legal, julgamos que os valores sociais e constitucionais em que assenta a organização médico--legal portuguesa, bem como a longa experiência dela recolhida, aconselham a maior prudência na ponderação de uma alteração de fundo ao sistema actual, ainda que alterações pontuais possam eventualmente ser admissíveis.

De facto, não podemos prescindir das garantias constitucionais e estatutárias de isenção e de independência que caracterizam o conjunto dos serviços médico-legais enquanto serviço público integrante do sistema de justiça, não sujeito a quaisquer eventuais interesses particulares que naturalmente se podem suscitar em empresas privadas, em cujos títulos constitutivos não figuram com certeza o exclusivo e fundamental interesse público da realização da justiça, que os cidadãos cada vez mais reclamam seja obtida de forma perfeitamente transparente e imparcial.

---

[2] Coisa diferente, e diferentemente discutível, é a gestão privada desse sistema.

OS CUSTOS DA JUSTIÇA

Fernando Jorge A. Fernandes
Presidente do Sindicato dos Funcionários Judiciais

Antes de tudo pretendo expressar os meus parabéns pela realização deste oportuno Colóquio, saudando particularmente o seu principal impulsionador.

Quero ainda, em nome dos cerca de 8000 oficiais de justiça, manifestar os nossos agradecimentos por se terem lembrado de nós, concedendo-nos esta oportunidade de nos expressarmos neste importante evento.

Confesso que o tema que nos propuseram debater neste painel, para além de particularmente atraente e importante, não deixa de ser complexo.

É justo confessar que intervir neste momento não deixa de ser mais fácil para mim, pois considerando as brilhantes intervenções que me antecederam, praticamente está tudo dito. Restar-me-ia apenas subscrever os ilustres oradores.

Por outro lado trata-se de matéria cuja análise e implicações são tão vastas, que humildemente reconheço que dificilmente conseguirei contribuir para as desejadas conclusões ou soluções que um Colóquio com o brilhantismo e riqueza de participantes, como este, justifica e todos esperamos.

Resta-me, pois, com o maior empenho e boa vontade corresponder ao honroso convite que me foi feito e transmitir-vos a visão daqueles que trabalham empenhadamente e com prazer, contribuindo para a administração da justiça.

Enfrentando, desde logo a questão que é posta para debate, responderia directamente, dizendo que, contenção nos custos da justiça é, afinal, o que temos verificado ao longo dos anos.

De facto, se exceptuarmos o recente investimento na informatização dos tribunais, que vem atrasado mais de 15 anos, praticamente não temos visto investimentos na área da justiça que vise objectivamente, sua modernização e melhoria da qualidade.

Por isso, permito-me, reformular a questão inicial:

É necessário continuar com a contenção de custos da justiça?

A nosso ver, achamos que não. Pelo contrário, se se pretende uma efectiva melhoria na prestação do serviço dos tribunais, é fundamental que se assuma uma efectiva politica de investimento.

Investimento nos meios, nas condições de serviço e, principalmente, na qualidade da prestação dos serviços da Justiça aos cidadãos.

Assim, consideramos fundamental uma aposta séria na formação.

Pela nossa parte, essa tem sido uma das principais, senão mesmo a principal, reivindicação profissional.

Nas sociedades modernas e nas empresas de sucesso, a formação e consequente qualificação profissional têm um papel preponderante e é certamente um motor imprescindível para um serviço de qualidade, justificando por isso uma aposta incondicional dos respectivos responsáveis, nomeadamente a nível governamental.

A Justiça é hoje um dos bens de maior procura na sociedade portuguesa. Sociedade essa que, na última década, subiu exponencialmente os seus níveis de exigência e, consequentemente, de conflitual idade.

A justiça que a sociedade exige é célere, eficaz e de qualidade.

As novas tecnologias operaram mudanças nas sociedades contemporâneas, de um modo transversal. A Justiça, ou melhor, a administração da justiça, parte integrante das sociedades, não lhe ficou imune.

Todavia, ao contrário de outros sectores da sociedade, nesta área particular houve uma relutância em relação às mudanças.

Estagnou mesmo, durante um certo período, não aderindo às novas tecnologias nem aos novos procedimentos, cristalizando, ao mesmo tempo que não percebia as alterações sociológicas que se operavam na sociedade, quer nas relações interpessoais quer nas relações económicas.

Estagnou, ainda, porque manteve durante tempo de mais as mesmas estruturas para uma realidade diferente e com um nível de procura maior.

Quando se constatou não ser possível manter tal situação por muito mais tempo, já o sistema se encontrava sujeito a muita erosão, acumulando pendências inacreditáveis.

Houve por isso a tentação de resolver rapidamente a questão, operando mudanças, na maior parte das vezes avulsas, e de mero aumento quantitativo, não cuidando de saber se essa era a resposta mais eficaz.

Não era, como se veio a provar.

A resposta estava, como está, na alteração dos métodos, na alteração conceptual da organização da administração da justiça.

Assim, mantendo-se uma arquitectura organizacional ancilosada, introduziram-se novos procedimentos e ferramentas de trabalho, sem dúvida úteis e adequados aos novos tempos e ás novas exigências, mas esquecendo que a sua utilidade e eficácia só se lograria se fazendo parte de uma visão estratégica para a resolução dos problemas que afectam o sector.

Assim, a formação assume papel primordial e essencial no sucesso das novas práticas e metodologias.

Não apostar na formação, de forma adequada, pensado o ciclo da formação como tendo inicio na definição das opções estratégicas a longo prazo, significará a cristalização da Organização num estádio de crescimento.

Não se conseguindo, desta forma, obter os benefícios pensados com a estratégia definida.

Mas a falta de formação não se faz sentir apenas ao nível das novas tecnologias.

Quem conhece a realidade dos Tribunais Portugueses não ignorará, certamente as exigências de desempenho e o vasto conteúdo funcional dos oficiais de justiça.

São vários os códigos com que trabalhamos, a necessidade de permanente actualização legislativa, os devidos conhecimentos informáticos e de outros meios audiovisuais, para já não falar da necessidade de relacionamento com as devidas exigências de conhecimentos técnico-científicas, com os demais operadores judiciários com que nos relacionamos no dia a dia.

Dificilmente se encontrará na administração pública, classe profissional com tamanhas exigências e tão vasto leque de conteúdo funcional.

Assim, pressupunha-se que, desde logo, para se ingressar nesta exigente e importante carreira de oficial de justiça a respectiva formação de ingresso fosse adequada.

Mas, infelizmente não é.

A preparação que é proporcionada antes do ingresso não é, nem pouco mais ou menos, compatível com tamanhas exigências o que, necessariamente, cria dificuldades no desempenho, e tem óbvios reflexos nos serviços prestados.

Actualmente ingressa-se na carreira de oficial de justiça, apenas com um estágio(?!) de 2/3 meses, feito sem qualquer valor pedagógico e que por isso não proporciona aos "futuros" oficiais de justiça a mínima preparação para o desempenho das funções.

Neste momento ainda é utilizada como base de recrutamento uma prova realizada há mais de oito anos!!

Esta ligeireza e deficiências no recrutamento prejudica todos:
- *Os funcionários que já estão ao serviço* e que tem de ocupar grande parte do tempo a ensinar e corrigir os novos colegas, com óbvio prejuízo do serviço;
- *Os novos funcionários,* que vão ser sujeitos a pressões e exigências imediatas para as quais não estão preparados o que tem provocado um elevado número de demissões e exonerações;
- *Os próprios serviços* cuja qualidade diminui, com naturais reflexos para os utentes.

Impõe-se pois repensar e alterar as regras de recrutamento e de ingresso dos oficiais de justiça nos tribunais.

Nesse sentido apresentámos já uma proposta concreta ao ministério da justiça

Mas esta importante questão da formação não se coloca obviamente apenas a nível de ingresso.

É necessário "robustecê-la" permanentemente.

A valorização profissional tem de ser uma preocupação constante de todos.

Quem não se empenhar, quem não for competente ou quem não usar convenientemente as competências que lhes estão atribuídas, *e sobretudo não se actualizar com novas técnicas e métodos de desempenho e trabalho e novos conhecimentos*, jamais atingirá os desejados objectivos e será irremediavelmente ultrapassado.

Por isso, os oficiais de justiça necessitam, a todo o momento, de se actualizarem e esclarecerem sobre novos procedimentos ditados por uma legislação que é alterada com indesejável frequência.

E tem-no feito com esforço, dedicação, mas de forma autodidacta.

Por isso também há muito que pugnamos e ansiamos pela criação de condições que permitam uma desejada e necessária formação permanente que proporcionará um melhor desempenho mas, também uma maior dignidade, reconhecimento e competência que aproveitará em primeiro lugar à administração da justiça.

Como dissemos, anteriormente, o processo de formação inicia-se com a definição das opções estratégicas a longo prazo, para a Administração da Justiça.

Definidas aquelas, há que elaborar um diagnóstico das necessidades, utilizando primeiro as competências residentes (por exemplo através da reafectação de efectivos), delineando um mapa compreensivo das necessidades de formação.

Determinar objectivos, metodologias, calendários, *formas de avaliação.*

É pois nesta vertente importantíssima da formação, que consideramos imprescindível um significativo investimento na Justiça.

Até porque não é justo, nem possível exigirem-se níveis de desempenho elevados e nada se fazer, como até aqui, para uma adequada e necessária formação.

É evidente que a adopção de uma consistente politica de formação, nas suas duas vertentes principais – o ingresso e a actualização permanente – implica custos.

Mas é também evidente que estes custos para além de necessários devem e têm de ser considerados como investimentos.

Investir na formação é contribuir para uma melhor qualidade do serviço prestado aos cidadãos, utentes da justiça, e também para uma maior celeridade no desempenho e administração da justiça.

Compreendida a natureza fulcral da formação, sabe-se que ela é o veículo estratégico para o sucesso da organização, para a sua eficácia, sabendo-se também que os ritmos de obtenção de resultados não são imediatos.

Há também que identificar e evitar as situações em que os novos conceitos apreendidos na formação, definida, convém lembrar, como meio de alcançar os objectivos estratégicos da Administração da Justiça, são barrados pelas chefias ou, no caso muito peculiar da justiça, por diferentes concepções de outros operador judiciários.

Noutra vertente quero ainda referir, embora de forma breve, as condições e meios que são postos à disposição dos operadores judiciários, para o desempenho das suas funções e, consequentemente, a necessidade de também nesta área se aumentar o respectivo investimento.

A começar pelas condições degradantes de alguns tribunais em que só a boa vontade e espírito de sacrifício de todos os profissionais permitem trabalhar.

Outras questões funcionais poderiam aqui ser elencadas, como por exemplo, a urgente necessidade da criação de gabinetes de apoio aos Srs. Magistrados.

Não se compreende que um Juiz ou um Procurador da República não tenha sequer um funcionário administrativo adstrito ao seu gabinete, para lhe prestar o necessário apoio – fotocópias, trabalhos informáticos, procura de legislação etc..

E o Assessor, licenciado em direito, aliás já consagrado na lei, mas que praticamente apenas existe em meia dúzia de tribunais.

E não falamos nesta questão apenas por simpatia ou qualquer cumplicidade. È porque se estas medidas estivessem implementadas, também as secretarias judiciais seriam beneficiadas, desde logo com maior disponibilidade.

Mas também como exemplo da falta de investimento ou da falta de coragem do Estado em investir na justiça, podemos referir a reforma da acção executiva.

Se em devido tempo os responsáveis governamentais tivessem adoptado uma politica de planeamento e investimento na justiça, sustentada numa visão global do sistema, a reforma agora preconizada não se justificava.

Por isso, embora indo contra a opinião dominante nesta questão, nós temo-nos manifestado contra a solução preconizada.

Não concordamos com a retirada dos tribunais das execuções.

Será que a retirada da Acção Executiva dos tribunais vai torná-la mais eficaz e sobretudo mais barata para o utente?

Com algum investimento em meios, aproveitando alguns recursos já existentes, simplificando e desformalizado a respectiva tramitação processual, e criando Secretarias exclusivas para as execuções, as mesmas podiam e deviam ser resolvidas no âmbito dos tribunais.

Afinal é apenas necessário adoptar as soluções já aplicadas à Injunções e ao Serviço Externo. Com o êxito que é reconhecido.

E, a nosso ver, trata-se também de um investimento na boa imagem, na credibilidade e na dignidade dos tribunais.

O Estado, como qualquer empresa, tem de ser capaz de encontrar soluções, dentro da organização, quando determinada área não corresponde às necessidades e exigências.

E neste caso concreto o que é que o Estado fez?

Temos acções executivas e não conseguimos resolvê-las? Então vamos mandá-las para fora dos tribunais, entregá-las a outros e está o problema resolvido?

Faz-me lembrar a recente ideia de um importante governante de um grande País que para acabar com os incêndios manda cortar as árvores.

Quando o Estado não é capaz de executar as suas próprias decisões, é a confiança que os cidadãos devem ter no Estado que é posta em causa.

Estamos conscientes das nossas responsabilidades, acrescidas nos tempos que correm, face à mediatização a que a Justiça e os tribunais estão sujeitos.

Aliás é interessante verificar a quantidade de análises, diagnósticos e terapias que dos mais diversos quadrantes se fazem, tendo como tema a justiça e os tribunais, particularmente os atrasos e as prescrições.

Mas e os milhares de processos que todos os dias se resolvem nas centenas de tribunais do País, das inúmeras decisões que todos os dias são proferidas nos tribunais resolvendo muitos problemas dos cidadãos?

Esses não são noticia.

Afinal serão os tribunais muito diferentes das outras instituições e organismos e até mesmo empresas privadas da nossa sociedade.

Quantos Empresas fecham todos os anos por má gestão?

E, jserá que os advogados não tem também intervenções deficientes nos tribunais com prejuízos directos para os cidadãos?

E não têm também responsabilidades directas na morosidade da justiça?

E quanto aos custos da justiça, na sua globalidade, julgo que era importante analisar também a intervenção dos advogados nos processos, na vertente dos respectivos custos.

E é bom não esquecer que nos tribunais não se podem recusar processos. Por isso há magistrados e secretarias judiciais com pendências superiores a 5000/6000 processos!!?

É claro que é preciso alterar este estado da situação.

Para isso é preciso investimento.

Consideramos, por tudo o exposto, que é fundamental e imprescindível uma aposta séria na formação, nos meios postos à disposição dos oficiais de justiça, e outros operadores judiciais, e nas devidas alterações ao actual sistema organizacional, ultrapassado, dos tribunais, e claro, a necessária coragem politica para alterar a legislação adequando-a a uma celeridade e eficiência processual que se deseja.

Estamos conscientes de que o principal objectivo dos tribunais é servir a justiça e os cidadãos.

E também sabemos que os oficiais de justiça são o primeiro rosto dos tribunais, e muitas vezes o único, que o cidadão encara, quando se dirige aos tribunais.

Costumamos dizer que nós somos afinal A FACE VISIVEL DA JUSTIÇA.

E se a face visível da justiça não for ela própria capaz de transmitir uma imagem de competência e capacidade, sustentadas na qualidade e eficácia com que responde às diferentes exigências, então é a própria justiça que está em causa.

Nós sabemos que quem se desloca a um tribunal tem um problema. Seja vítima ou culpado. E que acredita nos tribunais e nas pessoas que aí trabalham, para resolver o seu problema.

Temos, pois, de ser capazes de corresponder a essa expectativa.

Estamos conscientes de que a formação não é uma via de solução imediata, mas é a única capaz de garantir o sucesso e a eficácia, dizemos mesmo, a única capaz de garantir a sobrevivência de uma serviço público imprescindível, hoje como ontem, ao normal e regular funcionamento das instituições e das sociedades, e tanto mais quanto maior for o nível de desenvolvimento que se pretende para a nossa sociedade.

Em conclusão, os custos da opção pela formação são, qualquer que seja a perspectiva que se adopte para a avaliar, infinitamente inferiores aos custos acrescidos que advêm da não formação.

Esse investimento constitui também para nós um contributo, decisivo para continuarmos a sentir enorme orgulho em servir uma causa tão nobre como é indubitavelmente a justiça.

OS CUSTOS DA JUSTIÇA SUPORTADOS PELAS PARTES
– O ACESSO À JUSTIÇA E O "CUSTO DA VERDADE" –

MARTA JOÃO DIAS
Monitora da Faculdade de Direito de Coimbra

1. Prever na lei fundamental (art. 20.º da CRP) **o direito de aceder à justiça** será insuficiente se, na prática, não se revelar efectivo, mediante a garantia das condições (de ordem organizatória, logística, económica, processual,...) necessárias a que todos possam fazer valer os seus direitos e interesses accionando os mecanismos processuais adequados. A garantia das referidas condições implica custos para o Estado, mas que não resumem todos os "custos da justiça". Também as partes, enquanto utentes, suportam custos, quer de natureza económica quer de natureza não económica.

Aos primeiros – **custos económicos** – pertencem as custas judiciais e os honorários dos mandatários judiciais, mas não menos as despesas com deslocações, as faltas ao trabalho, etc.

Já os custos de natureza **não económica** traduzem-se no desgaste psicológico dos litigantes provocado pela situação de conflitualidade, pela necessidade de se apresentar em tribunal, pela exposição da sua pessoa e da sua vida à investigação e apreciação de terceiros, pela necessidade de expor (admitir) e se expor à verdade – e, porque não, de assumir o risco da mentira –,... e tudo isto agravado pela sobejamente criticada morosidade da justiça.

2. Contudo, os referidos custos não deverão ter como efeito a preclusão do próprio direito (o direito de acesso à justiça).

2.1 No que toca aos **custos de carácter não económicos**, tendo em vista o princípio da igualdade, impõe-se que quem tenha falta de recursos sócio-económicos beneficie do apoio judiciário (que muitos julgam ainda insuficiente) mas que se destina precisamente a tornar efectivo aquele direito.

Por outro lado, e em ordem a conferir efectividade ao acesso à justiça, esses custos deverão ser, tanto quanto possível, pré-fixados no seu montante e proporcionais aos benefícios que a parte venha a obter – assim acontece com as custas judicias e, tendencialmente, com os honorários dos mandatários judiciais. Só assim as partes poderão, com fundamento, fazer juízo de ponderação sobre a oportunidade (conveniência) de aceder à justiça – de se abster de litigar ou ainda de optar por um qualquer meio extrajudicial de resolução alternativa de conflitos (obviamente nos casos em que o possam fazer).

Por outras palavras: os custos da justiça são sobretudo ajuizados pelas partes em dois momentos – **antes** de ceder ao impulso processual (o autor) ou de responder a ele (o réu) e **a final**, com o julgamento. Naquele momento inicial, as partes ponderam os custos previsíveis e os eventuais benefícios, avaliando a oportunidade (conveniência) de litigar; a final, fazem um balanço dos custos efectivos e dos benefícios alcançados e/ou prejuízos sofridos. Sem com isto excluir constantes balanços provisórios, no decurso do processo, nomeadamente para avaliar da oportunidade de desistir, confessar, transigir, recorrer...

Ora, não sendo aqueles custos pré-fixados e proporcionais aos benefícios a obter, as partes poderiam ser surpreendidas a final com custos excessivos, e, ainda que obtendo ganho de causa, saldar negativamente o acesso à justiça. Esta seria uma forma colateral de precludir aquele direito.

2.2 Tudo o que dissemos vale para os custos económicos; mas também em relação aos **não económicos**, o seu "preço" não deverá precludir o acesso à justiça. Como?

Estes custos não podem ser "partilhados" (isto é, não deixarão de ser suportados **exclusivamente** pelas partes), pelo que as únicas medidas que visualizamos plausíveis serão as que contribuam para os não "encarecer"... Serão, por exemplo, as medidas que tornem menos morosa a justiça ou que excluam a publicidade quando esta possa causar dano à dignidade das pessoas (art. 168.º do CPC)...

3. Centremos a nossa reflexão num dos custos de carácter não económico que deu título a esta intervenção: o **"custo da verdade"** –

enquanto custo de expor e se expor à verdade –, analisado do ponto de vista do autor.

3.1 O processo civil é amplamente perpassado pelo **princípio do dispositivo**, que mais não é do que o reflexo da autonomia da vontade: estando em causa direitos e interesses privados, justifica-se que sobre os seus titulares recaia não só a iniciativa processual, como também a alegação dos factos, a instrução,... e a própria disposição do processo.

Assim, para aceder à justiça, o autor tem de, na petição inicial, expor a sua tese (art. 467, n.º1, al.d) do CPC), impondo-se que o faça com verdade em cumprimento do dever de litigar de boa fé (art. 266.º-A e 456.º do CPC). Nesta medida, o autor custeia a verdade porque tem o dever de a expor, mas, mais do que isso, porque se expõe a ela, submetendo-se ao contraditório, à instrução, à publicidade...

Porque assim é, o **pedido** formulado, em correlação com a causa de pedir enunciada, constitui – ou deverá constituir – **uma garantia** para o autor (arts. 661.º, n.º 1, e 668, n.º 1, al.e), do CPC), na medida em que assim delimita ("recorta") o *thema decidendum* (com a ressalva das hipóteses de alteração e ampliação previstas nos arts. 272.º e 273.º do CPC e da possibilidade de o réu reconvir – art.274.º do CPC), no fundo, o "quanto de verdade" que se dispõe a "pagar" para obter judicialmente determinado benefício.

A não ser assim, a verdade, mais do que um custo, constituiria um travão: todos a sentiriam como um sacrifício excessivo se no acesso à justiça fosse implícito o consentimento à livre "dilaceração" da pessoa e da vida do autor.

3.2 E o problema reside precisamente aqui: o dispositivo é hoje atravessado pelo **princípio do inquisitório**.

Ultrapassados certos mitos de uma concepção de processo inspirada nos princípios liberais – da total autonomia da vontade, da estrita igualdade... – e tendo-se evoluído para uma concepção social de processo, onde se visualizava uma relação linear entre as partes, passou-se a entender existir uma relação triangular, em cujo vértice superior se encontra o juiz, já não no papel de mero árbitro, antes com uma função verdadeiramente assistencial.

Entende-se hoje que o processo deve se orientado para **a obtenção da justa composição do litígio**: para além dos interesses individuais dos litigantes, o processo deve responder ao interesse colectivo da boa administração da justiça.

Esta mudança implicou, simultaneamente, a inversão de uma certa e criticada tendência em fazer prevalecer o formalismo sobre a verdade material. O combate a esta propensão vem já de 1926, teve eco na redacção inicial do Código de 1938 e tornou-se mais nítido nas reformas de 61 e, mais recentemente, de 95.

Nesta justa medida o princípio do dispositivo sofreu um abalo. Em que sentido e de que forma se reflectiu no "custo da verdade"?

a. Ao nível dos poderes de cognição do tribunal

As partes deixaram de ter o monopólio da alegação dos factos, não obstante terem a prerrogativa de o fazer (art. 264.º, n.º 1, do CPC). Hoje, o tribunal tem amplos poderes de cognição: para além dos factos notórios (art.514.º, n.º 1, do CPC), dos factos de que tenha conhecimento devido ao exercício das suas funções (art. 514.º, n.º 2, do CPC), e dos casos em que conclua por um uso anormal do processo (art. 665.º do CPC), o tribunal pode ter ainda em consideração **factos instrumentais** que, mesmo oficiosamente, resultem da instrução e discussão da causa (art. 264.º, n.º 2, do CPC) e **factos essenciais que complementem ou concretizem** outros factos alegados pelas partes e resultem da instrução e discussão da causa, desde que a parte interessada manifeste vontade de deles se aproveitar, sem prejuízo do contraditório (art. 264.º, n.º 3, do CPC).

Esta posição activa do juiz (que não já de mero árbitro) é ainda patente no poder de, em qualquer momento do processo, pedir esclarecimentos às partes sobre a matéria de facto pertinente (art. 266.º, n.º 2, do CPC).

b. Ao nível dos poderes de investigação do tribunal

Sobre as partes recai o ónus da prova (art. 342.º do CC), mas reconhecem-se hoje amplos poderes de investigação ao tribunal, que são, de facto, verdadeiros **deveres**: o juiz deve ordenar a inquirição de testemunha, ainda que não arrolada por qualquer das partes, que se presuma ter conhecimento de factos relevantes (art. 645.°, n.° 1, do CPC); incumbe-lhe, ainda que nenhuma das partes o tenha feito, "requisitar informações, pareceres técnicos, plantas, fotografias, desenhos, objectos ou outros documentos necessários ao esclarecimento da verdade" (art. 535.°, n.° 1, do CPC); "determinar a comparência pessoal das partes para a prestação de depoimento sobre os factos que interessam à decisão da causa" (art. 552.°, n.° 1, do CPC) e ordenar determinada perícia ou a realização de segunda perícia (art. 579.° e 589.°, n.° 2, do CPC)...

3.3 Mas o alargamento dos poderes de cognição e de investigação do tribunal, **desejáveis** embora em nome da boa administração da justiça e da prevalência da verdade material sobre o formalismo, têm uma não despicienda influência no "custo da verdade": na medida em que refreiam o dispositivo, aqueles poderes ampliam a exposição dos litigantes à verdade e com isso contribuem para o agravamento do seu custo, no decurso da lide, para além do "montante" que o autor, inicialmente, propôs sacrificar. Ou seja, o inquisitório "encarece" a verdade enquanto custo da justiça.

Ora, sabendo que o aumento do preço de um bem ou serviço faz baixar a sua procura, e conscientes de que não estamos a falar de um qualquer serviço mas de um direito constitucionalmente consagrado, toda a dificuldade estará em encontrar o ponto de equilíbrio entre dois interesses: por um lado, não agravar os custos, para que seja efectivo o acesso à justiça; por outro, conduzir o processo para a obtenção de uma justa composição do litígio, respondendo ao interesse da boa administração da justiça.

Parece-nos que o inquisitório deve ser "temperado" tendo em vista a natureza dos interesses em causa: ressalvados os direitos indisponíveis, os interesses supra-individuais ou colectivos e o manifesto uso anormal do processo, não obstante aqueles deveres de conhecer e investigar, o juiz não deve desenterrar "verdades" à revelia dos interesses das partes, ainda que em seu juízo relevantes, se, manifestamente, foi desejo **do autor e do réu** não as fazerem valer e, muito menos, quando não surjam **espontaneamente** na discussão da causa.

4. **Em suma:** os custos suportados pelas partes não devem ter como efeito a preclusão do direito de aceder à justiça. Estes custos

são de natureza económica e de natureza não económica. Destes destacámos o "custo da verdade", tendo-nos referido ao dispositivo, enquanto garantia do autor, e ao inquisitório, enquanto consequência da concepção social de processo e do interesse na justa composição do litígio.

Concluímos que o "preço" da verdade está dependente do justo equilíbrio entre o dispositivo, que o limita, e o inquisitório, que o "encarece".

O PLANEAMENTO E OS CUSTOS DA JUSTIÇA

João Tiago V.A. da Silveira
*Director do Gabinete de Política Legislativa e Planeamento e
Docente da Faculdade de Direito da Universidade de Lisboa.*

A escolha do tema desta intervenção – o planeamento e os custos da Justiça – está associada às funções que tenho vindo a desempenhar no Gabinete de Política Legislativa (GPLP) e ao papel que este tem a nível do controlo de custos no sistema da Justiça Portuguesa como serviço responsável pelo planeamento no Ministério da Justiça.

Esta exposição vai, portanto, centrar-se na actividade de planeamento e no contributo que esta pode ter no domínio do controlo dos custos da Justiça. Dividi assim a intervenção nas seguintes quatro partes:

    I. O planeamento na nova orgânica do Ministério da Justiça;
    II. O Planeamento como forma de controlo de custos; e,
    III. A experiência do GPLP em exercício de planeamento.

I. O planeamento na nova orgânica do Ministério da Justiça

A nova orgânica do Ministério da Justiça, aprovada pelo Decreto-Lei n.º 146/2000, de 18 de Julho (LOMJ) previu a criação do GPLP enquanto serviço central desse Ministério incumbindo-lhe, designadamente, a concepção e apoio técnico na elaboração de iniciativas legislativas no âmbito do Ministério da Justiça, o planeamento estratégico das necessidades da rede judiciária e dos diversos serviços da administração da justiça, e o acompanhamento do impacte das alterações sociais, económicas e normativas na caracterização, localização e actividade dos órgãos, serviços e organismos da administração da justiça (artigo 11.º da LOMJ).

A criação efectiva desta entidade estava dependente do diploma que viesse estabelecer a sua orgânica, o que ocorreu com a publicação e posterior entrada em vigor da lei orgânica do GPLP, aprovada pelo Decreto-Lei n.º 89/2002, de 23 de Março (LOGPLP).

Qual foi o espírito subjacente à criação deste serviço e à agregação, no mesmo organismo, das competências relativas à produção legislativa, planeamento e produção estatística?

Houve várias (e boas) razões para o fazer.[1]

Em primeiro lugar, é preciso ter consciência que a elaboração de diplomas legislativos não se compadece hoje com exercícios meramente jurídicos, tornando-se essencial o recurso a outras ciências do saber.

De facto, deve ter-se presente que, frequentemente, o legislador tem de compreender a realidade que pretende regular porque nem sempre é suficiente um bom conhecimento da ciência jurídica. Isto é sobretudo assim quando se trate de elaborar diplomas que versem sobre questões de elevada tecnicidade extra-jurídica, o que é cada vez mais frequente. Nestes casos, o legislador tem de procurar o auxílio de quem possua um conhecimento aprofundado sobre as matérias em causa, sob pena de adoptar soluções inconvenientes ou desajustadas.

Portanto, é aconselhável que um organismo com competência no domínio da preparação de diplomas esteja preparado para fornecer contributos de quem possa auxiliar o jurista nesta tarefa. Isto é, de especialistas noutras áreas de conhecimento.

Em segundo lugar, os padrões de exigência dos dias que correm e as imposições de uma actividade social e económica cada vez mais rápida e com pouca compreensão para exercícios desnecessários, impõem que se legisle buscando soluções efectivas que verdadeiramente resolvam problemas. Ou seja, tanto as soluções irrealistas ou não exequíveis, como a circunstância de uma determinada solução legal não poder ser aplicada ou não ser suficiente para atingir os seus propósitos, devem ser afastadas.

---

[1] Sobre o assunto veja-se ainda Silveira, João Tiago V.A. – Gabinete de Política Legislativa e Planeamento, Legislação n.º 28 (Abril-Junho 2000), INA, págs. 33 e segs.

Sucede que muitas vezes só é possível verificar a exequibilidade ou eficácia de uma determinada solução legislativa com o auxílio de quem saiba fazer exercícios de probabilidade, de especialistas em avaliação de fluxos económicos ou do comportamento dos respectivos agentes, ou com o contributo de estudiosos do comportamento social dos destinatários das normas.

Portanto, também a necessidade de a actividade legislativa ser cada vez mais eficaz e efectiva exige que o legislador seja polivalente, agregando quem possa ou saiba realizar estes exercícios.

Em terceiro lugar, pretendeu-se criar um serviço capaz de conceber, de forma planeada, os novos sistemas jurídicos que venham a ser criados ou modificados na sequência da actividade legislativa.

Um estudo de impacto da adopção de uma determinada solução legislativa destina-se, sobretudo, a permitir a aquisição do conhecimento, por parte do decisor, das necessidades inerentes à alteração que se pretende introduzir. Trata-se, fundamentalmente, de prever o que se revela necessário para implementar um novo sistema em todas as suas componentes: infraestrutura física, infraestrutura informática, recursos humanos, recursos financeiros, etc.

Portanto, pretendeu-se encarar a actividade legislativa como uma actividade completa, assumindo que esta não se esgota na produção do diploma, antes carecendo de estudos destinados a fornecer ao decisor político todas as implicações que uma determinada solução importa – o que é necessário para que esta seja eficaz e efectiva e quanto custa.

Em quarto lugar, pretendeu-se criar um serviço apto a realizar estudos de planeamento a todos os níveis, e não apenas a propósito da actividade legislativa. Pense-se, por exemplo, na utilidade das actividades de planeamento não legislativo como forma de prever, a médio e longo prazo, como desenvolver as redes de cartórios notariais ou de conservatórias. A verificação da existência de uma tendência para o decréscimo da densidade populacional numa área do país pode ter uma consequência, provocando, a partir de dado momento temporal, uma menor necessidade de cobertura territorial de conservatórias de registo civil, ou de outro tipo, nessa zona.

Ora, para realizar uma actividade de produção legislativa e de planeamento que tenha em conta estes objectivos, havia que conjugar num serviço – no GPLP – a produção legislativa, o planeamento e a produção estatística.

É que, por um lado, e como se viu, não deve haver produção legislativa sem planeamento, pois aquela deve ser realizada de forma programada e estudando o impacto das alterações que se pretendem introduzir. E, por outro lado, não há planeamento sem estatística, uma vez que aquele só será credível se tiver por base a informação estatística relevante para a realidade que se pretende estudar.

II. O planeamento como forma de controlo de custos

Vista a razão de ser do GPLP e a utilidade do planeamento no contexto da actividade legislativa, há agora que verificar que vantagens pode acarretar o planeamento, especificamente em matéria de controlo de custos na Justiça.

E podemos identificar duas grandes vantagens.

Em primeiro lugar, o facto de uma intervenção planeada minimizar os riscos de duplicação de custos.

Suponha-se que, para a concretização de uma determinada medida, se torna necessário adquirir material informático para tribunais. Como é sabido, trata-se de um tipo de equipamento em constante evolução, carecendo de substituição frequente devido à sua rápida desactualização. Portanto, uma aquisição desta natureza num momento prematuro poderá exigir uma nova aquisição de equipamento semelhante, sem que o primeiro chegue a ser utilizado. Tudo isto, naturalmente, com custos desnecessariamente acrescidos, o que poderia ser evitado com um adequado planeamento acerca do momento certo para a aquisição do material.

Em segundo lugar, a circunstância de o planeamento de uma determinada actividade permitir a realização de uma despesa no momento certo, sem acréscimo desnecessários de custos.

Veja-se o exemplo da recente Reforma do Contencioso Administrativo, que exige a criação física de um relevante número de novos tribunais administrativos.

Adoptou-se como solução a privilegiar a realização de arrendamento de espaços para estes tribunais, uma vez que o período de *vacatio legis* dos diplomas que procedem à Reforma (um ano), não se compadece com a construção de novos edifícios.

Uma vez adoptada a solução dos arrendamentos, há vantagens em planear e determinar os seguintes passos desta acção:

a) Qual o lapso temporal necessário para encontrar um bom espaço;
b) Qual o lapso temporal necessário para negociar o valor do contrato;
c) Qual o lapso temporal necessário para desenvolver o procedimento administrativo necessário à obtenção de uma autorização para o arrendamento;
d) Qual o valor das obras a realizar no imóvel a arrendar;
e) Qual o lapso temporal necessário para realizar o procedimento administrativo subjacente à escolha de quem possa fazer essas obras (que, como se sabe, pode depender do valor das obras a realizar); e, finalmente,
f) Qual o lapso temporal necessário para a realização dessas obras.

É que, uma vez realizado este exercício de planeamento, poderá ter-se uma percepção real de qual o momento certo para desencadear esta actividade de criação de espaços físicos, sem que se corra o risco de arrendar o imóvel excessivamente cedo face ao momento da entrada em vigor da Reforma, com a inerente necessidade de pagamento dos valores das rendas sem que o edifício tenha um aproveitamento útil.

III. A experiência do GPLP em exercício de planeamento

O GPLP já tem realizado alguns estudos de planeamento dignos de referência, constituindo exemplos de como esta actividade pode auxiliar a nível do controlo de custos na Justiça.

Trata-se, essencialmente, de estudos de dimensionamento no âmbito da Reforma do Contencioso Administrativo, da Reforma da Acção Executiva e de exercícios de planeamento das redes de infra-estruturas do Ministério da Justiça.

1. A Reforma do Contencioso Administrativo

O processo de Reforma do Contencioso Administrativo foi lançado em 2 de Fevereiro de 2000, constituindo um bom exemplo de como o planeamento pode auxiliar o decisor político nas opções que tome durante esse processo.

a) O processo da reforma

Pode dizer-se que o processo de Reforma do Contencioso Administrativo foi exaustivo e completo, o que é bem demonstrado pelas várias fases que o caracterizam.

1.ª fase – (entre 2 de Fevereiro e 16 de Novembro de 2000) – Fase de discussão pública.

Em 2 de Fevereiro de 2000 foi aberto um período de debate público sobre a Reforma do Contencioso Administrativo em geral, tendo por base os anteprojectos de Código de Processo dos Tribunais Administrativos, Estatuto dos Tribunais Administrativos e Tributários e um diploma sobre Comissões de Conciliação Administrativa que uma comissão de magistrados do Supremo Tribunal Administrativo e de outros tribunais administrativos realizou.

Tratou-se de uma fase que se prolongou até 16 de Novembro de 2000 e que incluiu:

a) Debates em várias Faculdades de Direito, tendo sido possível contar com a participação de eminentes especialistas estrangeiros;

b) A elaboração e apresentação de um estudo de caracterização da Justiça Administrativa, realizado pelo Observatório Permanente da Justiça Portuguesa[2];

c) A elaboração e apresentação de um estudo de organização e funcionamento dos Tribunais Administrativos elaborado pela Accenture, SA (anteriormente Andersen Consulting, SA;[3]

d) A publicação dos anteprojectos em debate público, dos estudos e das intervenções dos debates acima referidos;[4]

---

[2] Disponível em www.mj.gov.pt/ca.

[3] Estudo de Organização e Funcionamento dos Tribunais Administrativos – Trabalhos preparatórios, Ministério da Justiça, 2000. Também disponível em www.mj.gov.pt/ca.

[4] Anteprojecto de Código de Processo nos Tribunais Administrativos, anteprojecto de

e) A disponibilização *on-line* de todo o material sobre a reforma em página *web*.[5]

2.ª fase – (entre 16 de novembro de 2000 e 15 de Janeiro de 2001) – Fase de definição das orientações políticas para a Reforma.

Nesta segunda fase, o Ministro da Justiça adoptou certas orientações políticas para a elaboração de anteprojectos de propostas de Lei de Código do Processo nos Tribunais Administrativos e Estatuto dos Tribunais Administrativos e Fiscais. Foram igualmente definidas as tarefas infraestruturais necessárias à aplicação do novo regime, bem como a estrutura de coordenação para o desenvolvimento dessas medidas. Tudo através do Despacho n.º 1602/2001, do Ministro da Justiça, de 15 de Janeiro de 2001, publicado no Diário da República, II série, de 26 de Janeiro de 2001, alterado pelo Despacho do Ministro da Justiça de 30 de Janeiro de 2001, publicado no Diário da República, II série, de 13 de Fevereiro de 2001.

Tratou-se de um momento essencial de definição de uma posição política na sequência de um vasto processo de discussão pública que, a não existir, deixaria o Cidadão e os restantes interessados no desconhecimento acerca das conclusões que o decisor político retirou de um debate de meses.

3.ª fase – (entre 15 de Janeiro e 26 de Março de 2001) – Fase de adaptação e elaboração de projectos de Código de Processo nos Tribunais Administrativos e Estatuto de Tribunais Administrativos e Fiscais.

Neste terceiro momento procedeu-se à redacção, pelo Gabinete de Política Legislativa e Planeamento do Ministério da Justiça, de uma nova versão, ainda preliminar, de anteprojectos de propostas de Lei, tendo em conta as orientações políticas anteriormente definidas.

4.ª fase – (entre Março e Junho de 2001) – Adopção de nova versão de projectos de Código de Processo nos Tribunais Administrativos e Estatuto de Tribunais Administrativos e Fiscais.

Estatuto dos Tribunais Administrativos e Tributário e anteprojecto de diploma sobre Comissões de Conciliação Administrativa, Ministério da Justiça, 2000; O debate universitário, vol. I – Trabalhos preparatórios da Reforma do Contencioso Administrativo, Ministério da Justiça, 2000; Estudo de Organização e Funcionamento dos Tribunais Administrativos – Trabalhos preparatórios, Ministério da Justiça, 2000.

[5] www.mj.gov.pt/ca.

A versão dos anteprojectos resultante da terceira fase foi ainda sujeita a uma ronda de audições pelos especialistas que participaram na discussão pública e por outros interessados, tendo posteriormente sido elaborada uma nova versão dos mesmos, pelo Gabinete de Política Legislativa e Planeamento do Ministério da Justiça, que foi apresentada publicamente.

5.ª fase – (Junho de 2001) – Aprovação de propostas de Lei pelo Conselho de Ministros.

Em Junho de 2001, o Conselho de Ministros aprovou as propostas de Lei relativas ao Código de Processo nos Tribunais Administrativos e Estatuto dos Tribunais Administrativos e Fiscais.[6]

6.ª fase – (entre Julho de 2001 e Janeiro de 2002) – Aprovação pela Assembleia da República e promulgação pelo Presidente da República.

7.ª fase – Publicação do novo Estatuto dos Tribunais Administrativos e Fiscais (Lei n.º 13/2002, de 19 de Fevereiro (ETAF)) e Código de Processo nos Tribunais Administrativos (Lei n.º 15/2002, de 22 de Fevereiro (CPTA)).[7]

b) **O Estudo de Organização e Funcionamento dos Tribunais Administrativos da Accenture (Novembro de 2000)**

Durante a primeira fase do processo, num momento de discussão pública, foi realizado um Estudo de Organização e Funcionamento dos Tribunais Administrativos, que constitui um exemplo importante do papel do planeamento na actividade legislativa.

O Estudo de Organização e Funcionamento dos Tribunais Administrativo consistiu um exercício inovador, solicitado a uma empresa de consultoria de renome, através do qual se permitiu a aplicação dos conhecimentos da gestão e consultadoria de sistemas à melhoria dos processos contenciosos e da organização nos tribunais administrativos. Tratou-se de um trabalho fundamental, demonstrativo da necessidade

---

[6] Propostas de Lei n.º 92/VIII (Código de Processo nos Tribunais Administrativos) e 93/VIII (Estatuto dos Tribunais Administrativos e Fiscais), publicadas na II série do Diário da Assembleia da República, de 18 de Julho de 2001. Disponíveis em www.mj.gov.pt/ca.

[7] Disponíveis em www.mj.gov.pt/ca.

de realizar reformas legislativas com o auxílio de outras ciências além da jurídica, e que justificou a adopção de numerosas soluções nas propostas de Lei e na Reforma do Contencioso Administrativo em geral.

Este estudo, que implicou um relevante trabalho de campo, incluía, abreviadamente, as seguintes componentes:

a) Uma análise da tramitação dos diversos tipos de tramitação processual no Contencioso Administrativo e uma proposta de novas tramitações;

b) Uma estimativa acerca do comportamento dos tribunais administrativos e evolução da pendência processual, tendo em conta as propostas avançadas, através de uma simulação realizada por uma aplicação informática;

c) Uma proposta de distribuição de competências e de distribuição geográfica e localização dos tribunais administrativos;

d) Propostas várias quanto aos vários elementos e componentes infraestruturais necessários à concretização da Reforma (características da aplicação informática, número de magistrados necessários, número de oficiais de justiça, etc.);

e) Estimativa de custos, tendo em conta as propostas avançadas.

Da análise das componentes do estudo resulta que se tratou, efectivamente, de um exercício de planeamento prévio, que permitiu ao decisor político, na segunda fase do processo de Reforma, adoptar as soluções que considerou mais adequadas, com perfeito conhecimento das implicações das mesmas. Conhecia-se, nesse momento, e pelo menos quanto às propostas de alteração legislativa constantes deste estudo, o que implicava a realização desta Reforma e quanto custaria.

c) As actualizações do Estudo de Organização e Funcionamento dos Tribunais Administrativos

As opções tomadas para a Reforma do Contencioso Administrativo adoptaram uma boa parte das propostas constantes do Estudo de Organização e Funcionamento dos Tribunais Administrativo, mas não a sua totalidade. Por essa razão, optou-se por solicitar a realização de um novo estudo de dimensionamento, que permitisse a aquisição de um conhecimento perfeito das implicações dessas opções. Foi essa a razão de ser do estudo de dimensionamento de Junho de

2001, realizado com base no Despacho do Ministro da Justiça de 26 de Janeiro de 2001.[8]

Num momento posterior, e tendo em conta a passagem para o Ministério da Justiça das competências administrativas sobre os Tribunais Tributários através da Lei n.º 15/2001, de 5 de Junho, solicitou-se uma nova versão do estudo de dimensionamento que actualizasse o anterior, agora incluindo o impacto da absorção daqueles tribunais pelo sistema. Tratou-se do estudo de dimensionamento dos tribunais tributários, datado de Outubro de 2001.[9]

Este estudo permitiu também que a Assembleia da República, a quem caberia a aprovação das propostas de Lei que procediam à Reforma do Contencioso Administrativo, fosse munida de um estudo que lhe permitisse conhecer as consequências infraestruturais dos diplomas que lhe haviam sido submetidos pelo Governo. O decisor político sabia, por isso, quantos tribunais seriam necessários e qual a respectiva distribuição geográfica, quantos magistrados seriam necessários, quantos oficiais de justiça, etc. Estava, portanto, habilitado a tomar uma decisão na posse de todos os elementos relevantes.

Finalmente, após a aprovação pela Assembleia da República destas propostas de Lei, o que originou a Lei n.º 13/2002, de 19 de Fevereiro (ETAF) e a Lei n.º 15/2002, de 22 de Fevereiro (CPTA), foi solicitado um último estudo de dimensionamento, que permitiu ter a final e definitiva percepção acerca das necessidades infraestruturais da Reforma. É este estudo que nos permite, hoje, ter a noção do número de tribunais, de magistrados judiciais e do Ministério Público, de oficiais de justiça e das restantes condições necessárias para aplicar eficazmente o novo ETAF e CPTA e, consequentemente, ter uma clara consciência do custo desta Reforma.[10]

Os dados deste relatório de dimensionamento de Março de 2002 revelam bem a importância do planeamento na actividade legislativa e de como pequenas modificações, aparentemente sem grandes consequências práticas, podem, na verdade, ter enorme relevância.

De facto, uma alteração, aparentemente de pormenor, introduzida pela Assembleia da República às propostas de Lei de ETAF e CPTA,

---

[8] Disponível em www.mj.gov.pt/ca.
[9] Disponível em www.mj.gov.pt/ca.
[10] Disponível em www.mj.gov.pt/ca.

provocou a necessidade de recrutamento de mais 41 magistrados judiciais que o previsto no estudo de dimensionamento elaborado a propósito dessas propostas (estudo de dimensionamento dos tribunais tributários), com um óbvio acréscimo de custos.

As propostas de Lei n.º 92/VIII e 93/VIII previam que o julgamento da matéria de facto nas acções administrativas comuns ordinárias se faria em tribunal colectivo, ou seja, em formação de três juízes e não apenas por um, se ambas as partes o tivessem requerido (artigo 40.º-2 da proposta de Lei n.º 93/VIII). Entendeu a Assembleia da República que o julgamento de facto pelo colectivo deveria, nestes casos, poder ser desencadeado pela manifestação de vontade de apenas uma das partes (artigo 40.º-2 do CPTA). Esta solução, que de um ponto de vista meramente jurídico parece irrepreensível, teve como consequência a necessidade de recrutamento de mais 41 magistrados judiciais, tendo em conta o número previsível de acções administrativas comuns sob a forma ordinária que correrão nos tribunais administrativos e a muito maior probabilidade de intervenção de um mais elevado número de juízes por julgamento, devido a esta alteração.

É um bom exemplo de como se torna necessário legislar com o auxílio de outras ciências, tendo em conta o impacto das soluções que se pretendem adoptar.

2. A Reforma da Acção Executiva

Após um longo período de discussão pública sobre a Reforma da Acção Executiva, foi apresentado à Assembleia da República uma proposta de Lei de autorização legislativa que veio a ser aprovada (Lei n.º 2/2002, de 2 de Janeiro).

Esta Reforma assenta essencialmente nas seguintes componentes:
  a) Criação de um corpo de profissionais incumbidos da promoção e efectivação das acções executivas – os solicitadores de execução;
  b) Criação de um corpo de juízes especialmente afectos à acção executiva – os juízes de execução;
  c) Criação de secretarias judiciais especialmente afectas à acção executiva – as secretarias de execução;
  d) Simplificação da tramitação processual da acção executiva;

e) Criação de mecanismos tendentes a facilitar e auxiliar a realização da acção executiva.

Com base nessa proposta de Lei e no Decreto-Lei de execução que se previa poder vir a ser adoptado com fundamento na Lei, o GPLP realizou um estudo de impacto e dimensionamento da Reforma da Acção Executiva, no qual foram estimados os recursos humanos para a sua concretização (juízes de execução, oficiais de justiça e solicitadores de execução) e qual o número de secretarias de execução e sua distribuição territorial, sendo assim possível determinar os custos das medidas em causa.

Tratou-se de um estudo que implicou, naturalmente, uma previsão acerca da evolução do movimento processual futuro, ponderando a evolução da movimentação no passado e o impacto das alterações que se previam poder vir a ser adoptadas. De referir que neste dimensionamento foi realizado um vasto trabalho de campo, destinado a certificar a assunção de determinados pressupostos e a confirmação de alguns dados estatísticos essenciais para a realização do estudo, o que implicou, por sua vez, uma criteriosa e científica escolha dos tribunais portugueses onde foi efectuado, tendo em conta as características da sua movimentação processual.

Por último, note-se que o novo Governo que entretanto assumiu funções optou por aproveitar o trabalho já realizado em matéria de acção executiva, mantendo as opções fundamentais da proposta de Lei aprovada na Assembleia da República. Assim, e porque a proposta anterior havia caducado devido à demissão do anterior Governo, apresentou uma nova proposta de Lei, que veio também a ser aprovada pela Assembleia da República (Lei n.º 23/2002, de 21 de Agosto e Decreto-lei n.º 38/2003, de 8 de Março) e que carecerá, naturalmente, de um estudo que reflicta as implicações infraestruturais desse diploma. Por outras palavras, uma actualização do estudo de dimensionamento já realizado.

3. Novos projectos

Prevê-se que no âmbito do GPLP sejam realizados durante os anos de 2002 e 2003 alguns outros projectos de planeamento dignos de nota, destacando-se o referente à realização da Carta Judiciária e planeamento das redes da Justiça.

a) A Carta Judiciária

O GPLP incluiu no seu plano de actividades a elaboração de uma "Carta Judiciária", cuja feitura se encontra actualmente em curso e se prevê estar concluída até ao final do segundo semestre de 2002. Trata-se de um vasto trabalho de cartografia judiciária, através do qual será possível conhecer e caracterizar o "País Judicial", recorrendo a uma análise geo-referenciada dos dados das Estatísticas da Justiça, enquadrada, por um lado, pelas principais tendências de evolução demográfica, social e económica de Portugal e, por outro lado, pela caracterização da política legislativa e organizacional da Justiça ao longo dos últimos anos. Note-se que os dados dos Censos, em especial de 2001, em muito enriquecerão esta "Carta", dotando-a de uma actualidade extrema, dada a proximidade temporal deste inquérito nacional.

A "Carta Judiciária" disporá de indicadores acerca da evolução da procura, oferta e desempenho dos tribunais de primeira instância das jurisdições cível, penal e laboral, permitindo assinalar pontos de ruptura e de continuidade, diferenças de produtividade e eficiência entre diversos tipos de jurisdição e nos diferentes círculos judiciais.

Além disso, esses indicadores serão enriquecidos com uma análise detalhada sobre a evolução dos principais indicadores económicos, sociais e demográficos e sobre a política legislativa e organizacional que marcou a década de 90 no plano da Justiça. O estudo terá em particular consideração o conjunto de medidas implementadas no plano da organização judiciária ao longo da década, desde a criação, e subsequente extinção, dos tribunais de círculo, a instalação dos tribunais de pequena instância, e subsequente reestruturação, passando pela crescente especialização judicial e pela introdução do processo de injunção, não esquecendo o movimento de desjudicialização que tem vindo a evoluir ao longo dos últimos anos.

b) O planeamento das redes da Justiça

Quando a "Carta Judiciária" se encontrar finalizada estarão lançadas as bases para a elaboração de estudos de planeamento a médio e longo prazo sobre as redes do Ministério da Justiça, pois estará disponível e identificada a forma como têm evoluído os indicadores relevantes para esse planeamento nos últimos tempos. Prevê-se, pois, que até ao final do primeiro semestre de 2003 sejam elaborados por este Gabinete os primeiros estudos de planeamento a longo prazo das redes do Ministério da Justiça, particularmente de tribunais e estabelecimentos prisionais, com base nos pressupostos da "Carta Judiciária".

Será assim possível planear investimentos com uma base suficientemente sólida e científica, com economias assinaláveis através da minimização de custos desnecessários e realizando a despesa certa no momento certo.

Parte II

– Os Custos da Justiça –
– Novos Problemas, Novas Soluções –

Diogo Leite Campos
Diogo Lacerda Machado
Aroso Linhares
Cardona Ferreira
Lucinda Dias da Silva
Isabel Mendes Cabeçadas
Conceição Oliveira

O REGRESSO DA SOCIEDADE CIVIL: A ARBITRAGEM

Diogo Leite de Campos
Professor Catedrático da Faculdade de Direito da Universidade de Coimbra

1. A concentração das funções de justiça, de cunhar moeda e de guerra na pessoa do rei, nos fins da Idade Média e nos começos da Idade Moderna, reflectiram uma expropriação do poder da sociedade civil, nomeadamente o de julgar os casos que surgiam no seu seio.

2. O monopólio da administração da justiça pelo rei – depois pelo Estado – foi mais completo no âmbito criminal ou administrativo do que no âmbito privado.

3. A sociedade civil sempre continuou a entender que os problemas que ela própria suscitava podiam ser resolvidos por si mesma.
Nas pequenas localidades os vizinhos tentavam, antes de mais, prevenir os problemas que podiam surgir, através de um apertado controlo social. Depois, punir o infractor por meios sociais diversos: censura pública; rejeição da comunidade; não relacionamento económico; punição dos filhos e filhas, recusando-lhes um adequado casamento; censura espiritual pela Igreja; etc.

4. Também havia mecanismos mais ou menos organizados de composição de conflitos no âmbito privado: decisões tomadas por um superior ou por um mais velho; pelos homens bons da aldeia; etc. Por vezes era o médico, o funcionário público aposentado, o notário, o grande proprietário que desempenhavam, de facto, funções de juiz de paz. Não se podendo esquecer também, no âmbito criminal, o uso da força por grupos mais ou menos espontâneos da população contra aqueles que tinham cometido crimes ou que ameaçavam cometê-los.

5. O juiz-de-fora, juiz-de-direito, juiz-do-Estado membro do poder judicial, foi até não há muito um (mero) homem-bom, particularmente conhecedor do Direito, que se podia dedicar a compor os conflitos sociais. Personalidade de relevo social na terra, ponto de referência, que decidia com virtude e sabedoria. Titular de uma particular autoridade, derivada do Estado seguramente, mas também das suas qualidades, do tempo e empenho que dedicava a resolver cada conflito.

6. Tratava-se, aliás, de uma sociedade pouco conflituante, com mecanismos sociais, já o vimos, a impedirem os conflitos ou a saná-los. Em que os conflitos existentes eram individualizados, controláveis, largamente diferentes uns dos outros, em pequeno número.

7. A sociedade de massas introduziu profundas alterações nesta matéria.
Os juízes ficaram submersos numa massa de casos idênticos, normalmente de pequena importância. Não sentidos socialmente como problema. Pequeníssimas cobranças (telecomunicações, seguros, água, energia), acidentes automóveis, multas de trênsito, arrendamentos, divórcios em série, etc.

8. O Juiz tem-se vindo a transformar num "mero" técnico, aplicador de Direito a fenómenos de massa, numa espécie de cadeia sem fim. Enquanto a sua função social é desvalorizada e o seu prestígio pessoal se desvanece.

9. Por outro lado, o juiz membro da sociedade civil (homem-bom), descobriu-se, e foi descoberto, como membro de um poder político – o poder judicial. Nesta medida, e associado à desconfiança – e à contestação – que os poderes do Estado, e os seus membros vêm sofrendo. E que se tem traduzido pelo desgaste do carácter "sagrado" da função judicial. De que um dos aspectos é a crítica "política" das decisões dos juízes e a mais frequente "mediatização" da função do juiz.

10. Quando surge um caso importante – e todos consideram que os seus casos são importantes – ou um caso particularmente urgente – e a justiça tem de ser urgente – verifica-se que o modelo tradicional é incapaz de responder às necessidades actuais. E pergunta-se, mais, se haverá algum modelo de administração de justiça, por parte do Estado, que seja capaz de responder às necessidades actuais. Numa altura, sobretudo, em que o desencanto perante o Estado é evidente e se vai pedindo a redução das funções do Estado e a privatização de algumas.

11. A sociedade civil pretende retomar a sua função tradicional de composição dos interesses privados. Considerando que quem contrata, quem estabelece uma teia de relações jurídicas, se foi capaz de criar essas relações, se deve ser capaz de as gerir, também deve resolver os conflitos que daí surgem. Daí, a arbitragem voluntária ser chamada cada vez mais a resolver os conflitos privados.

12. Volta-se ao modelo tradicional de juiz: técnico de Direito, sim; mas, seguramente, personalidade de relevo social; decidindo rapidamente os casos; resolvendo caso por caso; objecto da confiança pessoal dos interessados.

13. O que começou por ser um fenómeno de resolução dos conflitos privados, é apontado como solução para os conflitos de carácter "público" entre o Estado, e os particulares; nomeadamente para os conflitos em matéria tributária, em que só estão em causa os interesses patrimoniais de ambas as partes (Estado e sujeito passivo).

14. Ao mesmo tempo, diminuem-se os encargos financeiros do Estado com uma máquina administrativa da justiça extremamente pesada e que cada vez mais se sente como incapaz, seja qual for a sua dimensão, de resolver os problemas que se põem (mais meios e mais juízes não significam, necessariamente, resolução de mais conflitos e de maneira mais adequada). Em benefício da assunção pelos particulares da responsabilidade pela resolução dos seus conflitos. Do que derivará, naturalmente, uma melhor resolução destes conflitos, acrescida responsabilidade dos interessados na solução dos seus conflitos, e uma diminuição destes. A certeza de que o particular terá de se empenhar na solução do seu próprio conflito, em vez de o despejar na "fábrica" da administração da justiça levará a uma diminuição da litigiosidade.

15. Os juízes estatais dirigidos preferencialmente ao direito criminal, a alguns ramos do direito administrativo e ao Direito constitucional, realizar-se-ão melhor como juristas e cidadãos e verão o seu prestígio social aumentado.

A justiça será melhor administrada. E a sociedade civil retoma o seu papel social.

UM NOVO PARADIGMA DA JUSTIÇA

Diogo Lacerda Machado
ex-Secretário de Estado da Justiça
Advogado

    Honrado pelo muito estimável convite com que os organizadores deste congresso me quiseram distinguir, devo começar por registar o imenso e muito especial apreço cívico que a iniciativa me suscita.

    Bem para além da circunstancial saudação por simpatia pessoal pelos promotores, que aliás é muita, manda a minha consciência que lhes diga a eles e que a todos vós dê testemunho da profunda empatia que sinto com este seu gesto de genuína abertura de espírito e com o notável propósito de alinhamento de novos horizontes para tratar os assuntos da Justiça. Conceber o evento e, assim, oferecer e pedir a auditório que imagino essencialmente preenchido por juristas que se encontre (ou se confronte) com alguns inabituais olhares e diferentes perspectivas sobre tais questões, constitui muito saudável desafio e ainda mais estimulante contribuição para a fundamental descoberta da existência útil de outros modos, não menos inteligentes e porventura até mais hábeis que o nosso, de estudar, compreender e actuar sobre elas.

    Confessando o pecado e vício da compulsão para a demora reflexiva e para a detenção explicativa, peço tolerância para uma inevitável ampliação do percurso discursivo. É que a minha figuração da ora aqui convocada ideia de alternativa envolve consideração mais vasta que uma resposta directa, acompanhada da fundamentação mais imediata, à pergunta que nos está dirigida. Sendo categoricamente positiva – sim, são necessárias, úteis e desejáveis soluções alternativas, promovidas pelo Estado, estabelecidas pela comunidade e suportadas pelas partes –, essa resposta tem razões bem profundas e permite vislumbrar muito maior alcance.

Assim;

Tendo deixado de acreditar na ilusão redentora das mudanças puramente legislativas e sabendo de ciência certa que é impossível mudar o Mundo por edição do Diário da República, na minha condição de jurista cada vez menos jovem e sobre as minhas experiências como Advogado, Vogal do Conselho Superior de Magistratura e Secretário de Estado da Justiça venho, desde há muito, percorrendo o caminho que me aponta o encontro com a muito humilde constatação de que para melhorar a Justiça e transformar o sistema judicial é imperioso dirigir um sincero pedido de ajuda a outras pessoas e é inadiável a convocação de um escrutínio crítico e construtivo feito por outras disciplinas do saber. Outras pessoas e seus diferenciados conhecimentos que, para nosso decisivo descomprometimento, nos auxiliem a nós, juristas preocupados, a avançar para além da insistente, doentia e inutilmente dilacerante fixação em diagnósticos absolutamente óbvios sobre o pretérito mau estado da coisa, pontualmente só acrescentados com a profundamente desoladora exigência única de mais dos mesmos consabidamente ineficientes recursos. Outras pessoas e seus diferenciados saberes que, portanto, venham em nosso socorro para que, finalmente e sem mais demora, se continue a viabilizar o progresso para o prognóstico e para a aplicação da(s) inerente(s) terapêutica(s).

Daí que, se acaso mo pedissem, o primeiro conselho com carácter alternativo que hoje destinaria a um jurista incumbido do governo da Justiça seria o de se afastar da inevitável tentação de ensaiar desafortunados improvisos em matérias sobre que saiba pouco, ou saiba nada, por nem sequer ter experiência alguma. Pedindo-lhe que preferisse ser apenas bom gestor na escolha e reunião de outras competências, explicar-lhe-ia que as sensatas razões que nos fazem reprimir a procuradoria ilícita e que impedem legalmente a atribuição do patrocínio judiciário a arquitectos, engenheiros e psiquiatras são as mesmas boas e sensatas razões que tornam prudente o emprego na Justiça de técnicos especialistas em outras áreas do saber, para neles se obter mais depressa e muito melhor o que nenhuma (mal) presumida omnisciência verdadeiramente nunca nos poderá dar.

Descrendo, por isso, de pactos vocacionados para a pior eugenia das agremiações do foro, ironicamente tocados por mimetismos que, bem ponderados e melhor percebidos, até lhes evidenciam o carácter de ponto de chegada a armistícios e não de genuíno patamar de partida para uma reconstrução, prefiro alternativamente acreditar na boa capacidade, conhecimento e altas responsabilidades profissionais de especialistas em organização e métodos, economistas, gestores, sociólogos, engenheiros de planeamento e de sistemas, entre outros, para uma colaboração a título principal com quem tenha o encargo de dirigir e de protagonizar a mais exigente das competências que aqui confluem, que é a da responsabilidade política.

Justificando com uma dolorosa ilustração da realidade, tomo para exemplo o que sucedeu com o conjunto dos debates públicos abertos pelo anterior Governo sobre os hipotéticos novos modelos de formação de magistrados. Por síntese atenta do sucedido, permiti-me concluir amargamente sobre o seu interessantíssimo alcance para podermos começar a determinar o perfil ideal dos magistrados que necessitaremos de ver chegar ao sistema por volta do ano 1985. Digo bem, 1985, pois que o tema polarizador desses formidáveis debates travados entre juristas foi, naturalmente, a exaltante controvérsia sobre a formação conjunta, disjunta ou até sucessiva das magistraturas judicial e do Ministério Público. Contaram-se, aliás, vários adeptos da rápida recuperação daquela muito moderna solução de tornar uma das magistraturas o quadro vestibular da outra.

Por impulsiva e natural concentração nos aspectos do seu estatuto relativo na arquitectura do sistema judicial, pelo olhar da gente do foro até parecem só existir poderes e prerrogativas onde, em primeiríssimo lugar, deveriam antes estar deveres funcionais, aptidões pessoais, habilitações académicas e formação profissional para, adequada e organizadamente, melhor se poder prestar um serviço concebido para a satisfação de primordial necessidade colectiva.

Uma preocupante tragédia, digo eu, em que, desde logo, a personagem principal, razão de ser e da existência do sistema e da nossa representação, que é o cidadão, mais que dispensado, é ignorado. Uma tragédia absoluta, também, por, já assim distraídos connosco mesmos e bem embrenhados na sorte de alegoria platónica com que, amiúde, passamos a figurar a realidade, não conseguimos mais romper com atavismos e dogmas que sempre habitam e limitam as nossas introspecções, para, desse passo, entender que o domínio vulgar da técnica jurídica já não é nem sacerdócio, nem mais o raro e sofisticado saber que, luzindo distintamente num mundo de analfabetos, felizmente desaparecido, dava proeminência social e significava poder. Por mais ou menos insuportável que possa ser tal ideia, hoje, o crescentemente proliferado domínio da técnica jurídica, que se adquire com o (meu) cada vez mais modesto grau e habilitação de licenciatura em direito, já só pode e deve ser visto tão simplesmente como um de entre vários outros factores de qualificação para a vida activa do jurista, de pouco ou nada valendo se não estiver suficientemente combinado com outras capacidades bem vulgares, como a experiência em informática na óptica do utilizador.

Ensaiar olhar e avaliar o sistema pelo lado de fora, procurando o relativo distanciamento de uma perspectiva cartesiana, pode conduzir, como metodologia alternativa, a descobertas surpreendentes e, melhor ainda, ao encontro de interessantes pistas regeneradoras.

Daí que perceber assim, com compensadora modéstia, que aqueles outros saberes alternativos emergiram, ganharam espaço e se desenvolveram imensamente no decurso das últimas décadas, podendo hoje ensinar-nos proveitosamente muito do que outrora era absolutamente ignorado é, além do mais, pressentir e prevenir com oportunidade o que, nada acontecendo entretanto, me atrevo até ao exagero de prefigurar como um potencialmente novo e radicalmente perigoso questionamento da legitimação representativa do poder judicial. É que suspeito que nenhuma simbologia palaciana e nenhuma iconografia togada será adiante ornamento suficiente para, na era do conhecimento multiplicado e especializado e da penetrante informação instantânea, resistir ao que, em solidão reflexiva, venho designando por defenestração popular de uma firme e hirta ensimesmada ideia de natural superioridade intelectual, empedernidamente arreigada e cultivada nos nossos lugares, processos e ofícios, onde sobrevive ainda uma matriz reformadora de meados do século XIX, historicamente anterior a qualquer novidade industrial.

Sem aí vislumbrar qualquer drama, mas apenas boa e democrática evolução natural, encaro tranquilamente o futuro e ofereço mesmo a minha correspondente e responsável contrição, renovando sempre o desejo de que chegue mais depressa o tempo alternativo em que esse meu grau de licenciatura corresponda na sociedade portuguesa à escolaridade mínima usual. Esse será o tempo em que a educação não será só uma magnífica paixão, mas razão económica do investimento no melhor dos recursos nacionais, que são as pessoas.

Enquanto ainda acrescento que, para bom uso das extraordinárias contribuições que de todos aqueles outros saberes se podem obter, me continua a parecer tão profícuo, quão inadiável, começar desde já a pensar e planear a configuração do que possa ser o novo conjunto de sistemas judiciários e parajudiciários, principais e alternativos, que haverão de estar a funcionar aí pelo ano 2015 – missão e incumbência para que, entre outros, foram concebidos e feitos nascer na nova orgânica do Ministério da Justiça o Gabinete de Auditoria e Modernização e o Gabinete de Política Legislativa e de Planeamento – sinto obrigação de registar que continuo a ter satisfação e orgulho na profissão que escolhi. Mas, coincidentemente, sinto que esta satisfação e orgulho vão ser reforçados quando, superado o horror da desactualização e obsolescência, a Justiça tiver abandonado o mundo epistolar em que ainda vive, para se reimplantar alternativamente no mundo audio-visual que a rodeia. Devolvida por inteiro ao serviço da cidadania e da colectividade, servindo o desenvolvimento económico e a equidade social, a Justiça haverá então de caracterizar-se pela acessibilidade, proximidade, economia, celeridade, diversidade, multiplicidade, proporcionalidade e adequação, oportunidade, oralidade, informalidade, visibilidade, comunicabilidade, inteligibilidade, responsabilização, avaliação, compensação e participação cívica.

Esboçando ideias com um exemplo de elementar economia e, assim, aproveitando para prestar tributo ao tema geral deste Congresso sobre os Custos da Justiça, antevejo mesmo, sem receio algum, que nesta feição visionária do multifacetado sistema judiciário, já então coexistindo com outros sistemas alternativos que ajudem a estruturar a multiplicidade, diversidade e proporcionalidade de uma oferta global, estará ultrapassado o paradigma das construções do género mítico do *forum* romano local, conhecido como "Palácio de Justiça", edifícios outrora realizados com absurdos investimentos de um milhão de contos na moeda antiga, sem outro alcance prático que o de mudar a rotina diária de dois magistrados, cinco funcionários e dois ou três advogados e solicitadores, à razão da absoluta loucura económica de um dispêndio de cem mil contos por cada posto de trabalho.

E deixarão de se desperdiçar vultuosos recursos em tais activos do passado designadamente porque da modernidade tecnológica, com a dádiva de inteligência artificial e de memória artificial, resultarão a desmaterialização dos processos, a inutilização absoluta e relativa de milhões de horas em tarefas artesanais, a dispensa de outros tantos milhões de horas de deslocações físicas a tribunais e a redução substancial da dimensão dos espaços físicos necessários. Mas, quero igualmente crer que, então já por emulação dos investimentos privados em serviços de Justiça, os próprios investimentos públicos serão bem diferentes dos de hoje, apresentando a idiossincrasia alternativa ditada pelas novas considerações, exigências e critérios que interceptam, intercedem, condicionam e vão determinar o afastamento de motivações avulsamente marcadas pelo subjectivismo reivindicativo e por alegações de circunstância política, estribadas sobre gritantes insuficiências econométricas, com inaceitável derrogação de estatísticas ilegitimamente vilipendiadas por um empirismo muito grosseiro, apoiado por fragmentos de um planeamento feito ás avessas, não raro acudindo a necessidades pretéritas, entretanto modificadas e que não resistiriam a uma análise prospectiva de movimentos demográficos e tendências económicas.

Acredito, pois, que vai chegar o tempo alternativo em que já não por proclamadas revoluções nos textos legislativos, mas por reformas normativas que sejam peça coerente de um empreendimento global de transformação, pela reorganização de métodos, adopção de novos meios, mudança de procedimentos e introdução de novos modelos de gestão, a Justiça mostre aspecto radicalmente diferente e os cidadãos tenham dela uma percepção bem distinta. Tempo em que homicídios essencialmente investigados e esclarecidos uma hora depois de ocorridos, com o autor a entregar-se na esquadra com a arma ainda fumegante, estejam julgados em semanas; tempo em que acções declarativas que agora duram largos anos possam virtualmente começar a tramitar-se por sucinto despacho saneador, ditado para registo de voz e imagem, e, assim, ser concluídas também em semanas; tempo em que cerimoniosas execuções, muitas vezes servindo a redundância de tornar a dizer o direito já dito e que agora nem nunca acabam se mostrem terminadas em dias; tempo em que num par de meses se arrumem os processos de falência que hoje passam de geração e que criam aquela horrorosa impressão geral de que, por impensável contradição com a natureza, em que nada se perde e tudo se transforma, aqui tudo se perde e nada se transforma.

Esse será também o tempo, que, insisto, tem de ser próximo (talvez 2015), em que a Justiça se libertou da trágica divergência filosófica entre a cadência do seu próprio tempo e a cadência do tempo real. Porque esse será o tempo em que o sistema judicial, secundado por oferta alternativa, já deverá ter ganho tal nova proficiência que, tendo sido recuperada a nitidez das ideias de autoridade e coercibilidade que o devem caracterizar, será já muito menor o número de processos que nele entram. É que esse será o tempo de um cenário em que na maioria das ocasiões em que se perfilar um conflito entre cidadãos ou empresas se dirá do funcionamento do sistema judicial que nem sequer será preciso senti-lo, por simplesmente bastar pressenti-lo.

Esse será ainda o tempo em que o direito substantivo se reconciliará com o direito adjectivo, libertando-se o extraordinário património que aquele é da sorte de sequestro funcional em que este o mantém, numa inversão lógica em que o que nasceu para ser instrumental se logrou impôr como fim.

Protesto-mo, portanto, pessoa com muita esperança; e com esperança fundada sobre a minha condição de jurista, Advogado, antigo Vogal do Conselho Superior de Magistratura e anterior Secretário de Estado da Justiça. O que, se me permitem certa imodéstia e mais um instante de abuso no que é o incomodado atrevimento de me referir a mim mesmo, talvez possa conceder-me, mais do que a visão do terreno no próprio terreno, um razoável traquejo em todo o terreno.

Esperança ainda por, sobre a minha experiência e pelo privilégio de ter podido ajudar ao começo de várias importantes mudanças, estar agora absolutamente seguro que entre este nosso mês de Setembro de 2002 e esse tempo estará completamente respondida a primeira das interrogações que este congresso tem o notável mérito de suscitar: deve, ou não, a administração e adjudicação da Justiça – e quanto seja seu aparelho funcional – estar sistematicamente sujeita, ou ao menos mais sujeita, ao crivo de critérios económicos?

Diria que mais que uma óbvia resposta afirmativa, a indagação que a pergunta sugere deve logo prosseguir para a formulação de um elementar e óbvio princípio rector de bom senso económico, mandando que se gaste melhor, como pressuposto para funcionar melhor. Isto é, que a administração dos recursos disponíveis se oriente no sentido de se obterem os mesmos ou mais resultados (fins), não menos bem (qualidade), em menos tempo (concentração) e com menor dispêndio (quantidade). É, afinal, onde sempre começa a ciência económica, mas – *ut .supra* – nem sempre arranca ou sequer se detém a Política Económica da Justiça.

Sublinho, saber gastar melhor e cuidar de sugerir utilmente como gastar melhor, antes de cegamente gastar mais e de cegamente reivindicar que se gaste ainda mais. Sobretudo porque esta ideia de gastar mais – de que confessadamente, mas apenas em termos relativos, sou adepto em certas circunstâncias e para dadas finalidades – vem, por monolitismo da perspectiva política, sempre associada em exclusivo e sem alternativa a dinheiro do Estado

Ora, quer-me parecer que nestes nossos dias em que, independentemente de convicções ideológicas, todos vivemos em marcha inexorável para haver menos Estado e mais sociedade civil a actuar na vida colectiva, também já vai chegando o tempo de revisitar e, em minha opinião, desfazer resolutamente o que para muitos (*vide* por todos, Aníbal Cavaco Silva, "Enciclopédia Polis da Sociedade e do Estado", Vol. 2, págs 822 e segs.) será ainda hoje o dogma do carácter exclusivamente público da Justiça como bem que, por ter de ser indistintamente dispensado a todos, só ao Estado deve competir prover, e que se encontra totalmente subtraído de conformação por qualquer regra de mercado, só podendo por isso interessar cientificamente à chamada Economia Pública e ser tecnicamente apropriado pelas Finanças Públicas.

Por respeito e pensada discordância, este é, desde logo, um dogma deformado desde remota origem, pela adopção *in ilo tempore* do, marcadamente liberal e espantosamente avançado, moderníssimo princípio do utilizador-pagador, sempre subjacente à muito antiga existência das custas judiciais (que alguém, não iniciado, noutro dia me perguntava se, afinal, não seriam custos onomàsticamente travestidos pelo mesmo antiquado pudor descritivo que dá à remuneração dos advogados o obséquio denotativo de honorários e ao preço dos actos notariais a pompa conotativa de emolumentos).

A este propósito, tem de ficar aliás bem claro que já nem sequer nos devemos deter nas muito retrógradas e imensamente ultrapassadas afirmações que nos últimos meses venho ouvindo a bastos dirigentes institucionais sobre a pretendida neutralidade e mesmo ostensiva indiferença para com critérios económico-financeiros no pagamento pela utilização da Justiça.. Creio, de resto, que o assunto já não é, nem pode mais ser, o de saber se o utente paga ou não, mas, bem distintamente, num segundo grau de concretização, quanto é que razoavelmente deve pagar. E aqui, por ora, a única certeza que pode ser registada é a que – tal qual sucedia até há um ano atrás com os emolumentos dos registos e do notariado – o que hoje está fixado como critério e o que hoje se cobra de custas é um perfeito arbítrio, uma desfiguração tributária despojada de qualquer racionalidade económica. Outrossim, quando o utente paga, nem ele, nem ninguém consegue descobrir, e muito menos perceber verdadeiramente, o que é e qual é a equivalência económica do seu dispêndio. É que importa que fique claro que o tabelamento pelo valor processual (e sublinho apenas valor processual) tem muito pouco ou mesmo rigorosamente nada que ver com custos económicos e financeiros de produção e prestação de um serviço. De resto, por coerência e semelhança com o que foi feito para os registos e notariado, deveria estar agora a ser feito um estudo de *pricing* para as custas judiciais, que certamente conduziria a uma revisão integral da respectiva tabela, assim se fazendo a reforma material profunda que as louváveis intervenções legislativas feitas sucessivamente durante décadas, como trabalho exclusivamente executado por juristas, não ousaram enfrentar.

Para além de uma estrutura alternativa de preços explicável, compreensível e seguramente mais justa, um tal estudo, enquanto exercício de completa auditoria económico-financeira do funcionamento global do sistema judiciário e de quanto lhe está conexo, permitiria coincidentemente dispôr da informação cabal, dos pressupostos de gestão e dos modelos apropriados para sustentar e demonstrar adequadamente os critérios, sentido e alcance das escolhas de Política Económica na Justiça. Sem menor importância, a informação objectiva assim recolhida e obrigatoriamente divulgada pode garantir a certeza na efectiva verificação superveniente dos resultados das escolhas feitas, tornando a prestação pública de contas num completo e verdadeiro balanço de responsabilização política perante os concidadãos. Simultaneamente, com a consequente acentuada elevação da correspectiva exigência cívica, daí em diante quedar-se-ão desqualificados e inibidos subjectivismos caprichosos, putativas representações populares sem mandato e declamados protestos retóricos, que hoje são insindicáveis e amanhã arriscam conversão em atoardas sem crédito.

É pois, por um lado, tomando nomeadamente estas considerações, que descaracterizam e infirmam relativamente a aludida concepção da Justiça como bem (necessidade) e função (satisfação) exclusivamente públicos e, por definição, radicalmente imunes a uma intercepção por quaisquer leis de uma economia de mercado livre, ainda que regulado (como, realmente, são todos); e, por outro lado, mantendo e renovando o desejo e a expectativa de que mais cedo que mais tarde (até 2015, pelo menos) todos saibamos até ao rigor do cêntimo quanto custa – e já agora quanto pode valer directa e indirectamente – cada gesto de um magistrado, que entendo que deve ser estimulada, ajudada a melhor aparecer e ganhar aceitação uma verdadeira oferta alternativa para a superação de conflitos, assim surgindo uma nova área de mercado livre de serviços de resolução de litígios. Obviamente regulado como sucede com todos os outros mercados e ao mesmo tempo convergente e concorrente com os serviços públicos de Justiça, os serviços oferecidos nesse mercado haverão de merecer a adesão que resulte de uma escolha livre, assente no esclarecimento de um confronto comparativo entre todos os aspectos pertinentes e particularmente numa avaliação relativa de custos (ou custas) e benefícios.

Não sendo nem invenção, nem inédita descoberta da equipa governamental em que tive a honra de servir, creio ter ficado perfeitamente patente na anterior legislatura a viragem para uma nova e muito empenhada aposta política nesses meios alternativos de resolução de litígios. Buscando plúrimas e diferentes vias para reequilibrar o profundo desajustamento entre a procura e a oferta de Justiça, partiu-se da observação do monolitismo e rigidez desta para começar a forjar a sua ampliação e diversificação. Passaram assim os meios alternativos, como a mediação e a arbitragem, a merecer do Estado a atenção e consideração também apropriadas à sua notável relevância potencial para saltar adiante para um novo tempo, servido pela convocação de uma nova forma de participação cívica e de responsabilização individual na obtenção de Justiça e na salvaguarda da paz social.

Tempo esse em que já quase não haverá súbditos e já será menos de sujeitos, mas mais de cidadãos mais informados, mais esclarecidos, mais livres e simultaneamente mais exigentes, sobretudo consigo mesmo, assim também tornados reflexamente mais responsáveis.

Encarados esses meios alternativos como diferentes modalidades de superação de diferendos e assim nascida uma nova oferta, torno novamente ao meu olhar prospectivo sobre aquele tempo alternativo, que quero imaginar próximo, e redescubro então o sistema tradicional, legado de anteriores assinaláveis conquistas, vantajosamente liberto da pressão de parte expressiva da actual procura de serviços de Justiça e melhor habilitado para uma inalienável, indelegável, privilegiada e prudente reserva de intervenção no âmbito do que tendencialmente se perfile como circunstância para a necessária salvaguarda da segurança colectiva, para a afirmação da autoridade democrática do Estado e dos princípios e regras estruturantes da ordem pública vigente.

Rejeitando eu, por indiscutível imperativo de coerência, qualquer objecção vinda de quem admite e até propõe vagas privatizadoras socialmente tanto ou ainda mais cavadas (como a dos serviços públicos de saúde, que asseguram a satisfação de necessidades genericamente ainda mais básicas e primárias que a da Justiça), direi que com o traçar desses limites estará então essencialmente respondida a outra pergunta fundamental, muito pouco ou nada feita, que o excelente tema deste encontro conimbricense igualmente suscita e permite formular. Trata-se de, partindo desses limites e reserva, prosseguir para desafiadora e interessante indagação sobre qual ou quais possam e devam no futuro ser os modelos e graus de intervenção repartida entre o Estado e a sociedade civil na administração e adjudicação da Justiça. Por ora direi apenas que, para além de uma radicalmente diferente liberdade de iniciativa privada que é gémea da multiplicação alternativa, com a ajuda de métodos analíticos de outras disciplinas do saber, pode e deve ser feita uma detida ponderação relativa sobre a mais racional repartição de competências e meios jurisdicionais e parajurisdicionais entre entidades públicas, semi-públicas e não-públicas ou privadas. Entidades que, paralela ou simetricamente, podem ser supra-nacionais, nacionais, regionais, municipais e locais.

Quando falo de entidades públicas ou privadas supra-nacionais, penso, evidentemente, no caso da União Europeia e nas implicações da edificação do espaço europeu de liberdade, segurança e justiça, que, aliás, começa a contemplar seriamente os chamados *ADR's*. Quando me refiro a entidades regionais – enquanto esperamos pela cada vez mais atrasadíssima e economicamente indispensável reorganização político-administrativa de todo o País – estou designadamente a pensar nas actuais Regiões Autónomas (ocorrendo-me mesmo recordar as cinco ou seis sessões negociais que tive com membros do Governo Regional da Madeira durante a legislatura anterior, em que a regionalização dos serviços de registos e notariado e da medicina legal eram empenho do Ministério da Justiça e prioridade, que espero agora não tolhida, das autoridades insulares). Quando considero entidades municipais, penso naturalmente na pensadamente provocada sugestão de municipalização da Justiça, com o desenho experimental dos Julgados de Paz, que ou singram pela diferença, como câmaras genuinamente parajudiciárias, desejadas e financiadas pelo modesto investimento requerido e que nelas queiram fazer as autarquias que consigam ser persuadidas a bem perceber esta singular oportunidade na promoção qualitativa das suas atribuições realizadoras, ou se afogam no monumental erro de miopia – a que muito desgostosamente temo estar a assistir – de os ver desviados para serem um simulacro de tribunais dos pequeninos, que jamais se multiplicarão ou sequer sobreviverão a uma (inicialmente logo antevista) congénita inviabilidade orçamental do Ministério da Justiça. Sem perda de respeito, não resisto a dizer que enquanto persistirem membros do Governo, implicitamente empurrando para o lado a melhor legitimação da origem e envolvimento parlamentares, a apregoar decisões próprias sobre a criação arbitrária de novos Julgados de Paz, em lugar de incentivar autarcas a tomar a iniciativa responsável de avançar com os recursos locais (não peça, não reclame, nem espere, faça você mesmo), não é possível esperar mais que a desgraçada ladaínha petitória de mais investimento pela Administração Central. Desejando profundamente que assim não suceda, sinto incomodadamente uma perigosa aproximação ao lastimável fracasso do projecto, cada vez mais prisioneiro da desequilibrada diferença entre a impulsiva reivindicação por mais poderes e fundos públicos e o raro desejo alternativo da responsabilização por maiores deveres funcionais, que neste caso se quis que fossem conquistados por quem comece por oferecer vontade, disponibilidade, capacidade e os recursos locais existentes para sustentar o alargamento das suas obrigações de serviço à comunidade.

Quando finalmente falo em entidades não-públicas ou privadas, estou a considerar todo o conjunto de expressões organizativas e representativas da sociedade civil, como esta prestigiadíssima casa onde estamos – e sob cuja distinguida égide foi criado um Tribunal Arbitral que tem todas as condições para se impôr como referência. Estou, pois, a pensar nas universidades e outras escolas, associações empresariais, fundações, associações sindicais, instituições de solidariedade social, a Igreja na apreciável dimensão da sua vasta obra social e muitos outros movimentos congregadores da participação cívica a favor da colectividade.

E quando falo da actuação neste âmbito de entidades semi-públicas, não-públicas e privadas, falo necessariamente da prestação onerosa de serviços de resolução de conflitos, significando que muitas dessas entidades, mais que uma actividade geradora de receitas para auto-sustentação, devem mesmo procurar alcançar o lucro.

Donde, certamente também em razão do esforço feito entre 1999 e o princípio de 2002, que espero e sinceramente desejo ver prosseguir, começam finalmente a aparecer o que posso figurativamente chamar de primeiros contornos das parcerias público-privadas na Justiça. Auspiciosos primeiros sinais do tal tempo alternativo, que sendo futuro não tem de ser muito distante, em que se vão combinar investimentos públicos com investimentos privados, se vão associar despesas públicas com despesas privadas e até é possível imaginar uma serena, gradual e efectiva diminuição das contribuições do Orçamento do Estado para a Justiça

De facto, sobre o aparecimento de uma oferta multiplicada, servindo novas modalidades de regulação e composição que supõem a escolha e a participação activa das pessoas que protagonizam o diferendo e que são ajudadas por um terceiro a buscarem responsavelmente a solução pacificadora, vai ser natural e perfeitamente normal que o Estado, de par com a manutenção das acima apontadas prerrogativas essenciais, evolua, neste âmbito, para um papel de agente regulador e fiscalizador do funcionamento dos meios alternativos.

Donde, em discordância com o mestre, mas em consoladora sintonia com o discípulo, valho-me agora da mesma "Enciclopédia Polis da Sociedade e do Estado", Vol. 4, pags 162 e segs. para vos trazer o trecho das eloquentes palavras de José Manuel Durão Barroso sobre mediação em que se pode ler "que as partes envolvidas procuram assim aproveitar a superior flexibilidade que este processo oferece relativamente a práticas de tipo mais ou menos administrativo ou burocrático e muitas vezes conseguem deste modo contornar a dificuldade representada pela existência de legislação demasiado limitativa".

Depois da consulta pública realizada no início de 2000, pensada como despertador da curiosidade geral sobre tema quase totalmente desconhecido; depois da criação da Direcção-Geral da Administração Extrajudicial no contexto da reforma orgânica do Ministério da Justiça, dotada com uma milésima parte do orçamento deste para se criar um centro de reunião e irradiação de conhecimento sobre o tema; depois da visibilidade dos encontros públicos anuais, em Lisboa no ano 2000, com trezentas pessoas, no Porto no ano 2001, já em estimulante organização conjunta com a Associação Comercial e com mais de setecentas pessoas a assistir; depois da edição e distribuição nas livrarias da compilação das comunicações apresentadas no primeiro encontro; depois da adesão e do investimento privado feito por várias instituições na deslocação conjunta para contacto com experiências mais consolidadas, começando a reunir e acrescentar "massa crítica" sobre a matéria; depois da consagração legal da mediação na Lei dos Julgados de Paz e do investimento na formação de seis dezenas de mediadores, de entre o milhar e meio de pessoas que se candidataram para frequentar o curso; depois de com muita satisfação ver diferentes universidades a realizar e oferecer no mercado formação post-graduada em mediação e resolução de conflitos; depois de em dois anos ver triplicar o número dos centros de arbitragem institucionalizados estabelecidos nos catorze anos anteriores; depois da muito ambiciosa Resolução do Conselho de Ministros com que se anunciou até a predisposição do Estado para a sistemática submissão a meios alternativos de litígios em que seja parte e do acolhimento privilegiado desta possibilidade na reforma do contencioso administrativo, ter-se-ia seguido a apresentação do já preparado anteprojecto de Lei Quadro dos Meios Alternativos.

Bem mais que uma só por si sempre incompleta iniciativa legislativa, tinha sido delineado o propósito de transformar as várias etapas dos debates públicos e parlamentares em momentos para maior projecção política da matéria e, ao mesmo tempo, para ensaio preambular de um confronto com o que poderá ser o modelo futuro de funcionamento da Justiça. Quem sabe se, como então imaginado, não se lograria consenso para, usando atrasos como vantagens históricas, encurtar distâncias e, escapando à fatídica espera nacional para fazer cópia atrasada do que outros tenham entretanto feito (aliás, nem sempre bem), ver criadas condições para saltar directamente para a vanguarda.

Pressinto que ao chegarmos a esse tempo alternativo de que venho falando, em que haverá múltiplas vias principais e alternativas para resolver os conflitos, não teremos sido indignos do Estado Social de Direito que os nossos Pais souberam construir e legar-nos como alternativa à guerra e a falsos armistícios, porque já gastando então muito menos em ilusões igualitárias e gastando mesmo nada em egoísmos exacerbados, gastaremos muito melhor os menores recursos públicos necessários a realizar um Estado de Equidade.

Esse será com toda a certeza também o tempo radicalmente alternativo em que, em lugar do desprezo da atribuição de um quase insultuoso estatuto processual de assistente, por vezes agravado com o investimento público na lotaria do destacamento de um aprendiz balbuciante nas deixas, o Estado passou a administrar uma parte desses recursos para uma outra justiça verdadeiramente económica, capaz de acudir seriamente ás vítimas de crimes, deixando assim de as ignorar em momento dramático, enquanto se ocupa do arguido, dos polícias, dos magistrados, dos advogados, dos oficiais de justiça e dos guardas prisionais. É que por apelo à minha experiência como jurista e servidor público, também passei a saber que no dia seguinte ao homicídio de um Pai ou de uma Mãe trabalhadores, os restantes membros da família e desta dependentes podem ter para nós juristas uma estranha importância como intervenientes processuais e, ao memo tempo, uma muito mais estranha inexistência como pessoas, que sentem e que têm de continuar a vida.

Tenho pois como certo que, nesse tempo alternativo e de soluções alternativas, o Estado conseguirá ser mais democrático e útil e, para nossa emenda e desculpa, tornar a Justiça mais cristã, por dela saber oferecer a outra face, que ajuda, mais que castiga.

Obrigado pela vossa paciente atenção.

A UNIDADE DOS PROBLEMAS DA JURISDIÇÃO OU AS EXIGÊNCIAS E LIMITES DE UMA PRAGMÁTICA CUSTO/BENEFÍCIO[*]

José Manuel Aroso Linhares
*Professor da Faculdade de Direito
da Universidade de Coimbra*

1. Comecemos por invocar o testemunho de Lewis Kornhauser. E este testemunho enquanto assume o cruzamento temático que aqui e agora nos é proposto. Quer dizer, enquanto exige que os problemas da «organização e da administração da justiça» – projectados numa institucionalização pragmática contingente da decisão-*julgamento* (se não comprometidos com os critérios e especificações funcionais que «vinculam» o discurso racional correspondente) – sejam reconstituídos e *tratados* (mas também *solucionados*) na perspectiva das suas «consequências». Ou mais rigorosamente, na perspectiva («sob o desafio») de um certo equilíbrio-*balancing* dessas consequências. Que é aquele que as objectiva (e delimita) como **custos** e ***benefícios*** *socialmente relevantes*[1].

---

[*] O texto que se segue foi escrito propositadamente para este encontro e como uma tentativa de corresponder aos desafios temáticos de uma das suas "etapas" *(A equação custo-benefício na administração da justiça: o sistema judicial)*. Se os constrangimentos da exposição oral nos impuseram uma mobilização parcial (quando não uma brevíssima síntese) do seu percurso, entedemos dever agora propô-lo na íntegra e com os *excursos* e as notas que julgamos indispensáveis.

[1] Lewis A. Kornhauser, «Judicial Organization & Administration» e «Appeal & Supreme Courts», in Bouckaert/ Boudewijn/ de Geest/Gerrit (eds.), *Encyclopedia of Law and Economics*, http://encyclo.findlaw.com, volume V (*The Economics of Crime and Litigation*), parte VII (*Civil and criminal procedure*), Cheltenham, 2000, 27 e ss., 45 e ss.

Invocar este testemunho é desde logo fixar um território (o da *Law and Economics Scholarship)...* e circunscrever as reflexões presentes aos interlocutores que o povoam.

Antes porventura de – em nome do mesmo equilíbrio temático e das exigências de unidade que o singularizam (num processo de concentração que o próprio percurso-*ordinans* se encarregará de justificar) – ter que reconhecer no *pragmatic* turn de POSNER – nas ambições e limites da *cost/benefit analysis* que este mobiliza – se não *o* interlocutor, pelo menos *o* núcleo de interpelação *privilegiado*[2].

---

[2] *Pragmatic turn* explicitamente associado à «trilogia» *The Problems of Jurisprudence* (1990)/ *Overcoming Law* (1995)/ *The Problematics of Moral and Legal Theory* (1999) [«...a trilogy on the major normative issues that beset the modern judge, moralist, and policymaker...» (*The Problematics of Moral and Legal Theory*, Harvard 1999, VII)]... e que, como veremos, constitui uma das mais ambiciosas tentativas de adaptação-correcção (e neste sentido também de preservação) da *Chicago tremd*. Como se à possibilidade de superar o «individualismo *libertário*» dos *right wing scholars* – confirmada pela assunção (*hierarquicamente*) prioritária de um «bem» de (*aggregate societal) wealth maximization* (já em *The Economics of Justice,* Harvard 1981) [no sentido desta descodificação «ideológica» ver *infra*, 5.1.e nota 141] –, se acrescentasse agora a reavaliação drástica das pretensões de cientificidade e de objectividade que dominaram a primeira etapa do movimento. Uma reavaliação que renuncia à possibilidade de um sistema pré-determinado (de «conceitos e de princípios *económicos* básicos») – e com ela à exigência de conceber a prática e o pensamento jurídicos como uma *desimplicação* lograda deste sistema *(as the possibility of deducing the basic formal characteristics of law itself from economic theory)* –... na mesma medida em que se desvincula da *law as social science claim* – que a «primeira geração» dos *Chicago Scholars* tinha herdado (mais ou menos inconfessadamente) tanto da *Sociological Jurisprudence* quanto dos *Progressive Realists* [Para uma reconstituição exemplar deste percurso (nas suas implicações epistemológicas) ver Gary MINDA, *Postmodern Legal Movements. Law and Jurisprudence at Century's End*, New York, 1995, 29-33, 101 e ss. («Post-Chicago Law and Economics»), 204 e ss. («Paradigm Shifts»), 234-239 (« The Nature of Theory»)]. Uma reavalição, no entanto, que não põe em causa (que antes reafirma) a possibilidade de mobilizar a análise *custo/benefício* (e o *rational actor model* que a sustenta mas também a *welfarist proposition* qua a torna possível)... para com eles construir uma verdadeira *teoria da decisão-julgamento (a certain theory of adjudication)*: decerto como uma *perspectiva* entre outras possíveis – aquela que o *economic analyst of law (as external theorist)* está em condições de recomendar e de promover (quando se dirige aos operadores do direito); mas decerto também... como uma perspectiva cuja mobilização não garante nem determina «respostas únicas» (porque se trata antes de reconhecer a impossibilidade destas ou de qualquer reflexão metodológica lograda!). Preocupações a que voltaremos recorrentemente e com os desenvolvimentos indispensáveis (num diálogo que privilegia as três grandes monografias citadas, mas também a reflexão-síntese que as mobiliza, *Frontiers of Legal Theory,* Harvard 2001) [um diálogo assim que descura deliberadamente

Mas é também descobrir as ambições de uma interrogação possível e autonomizar as duas componentes que a integram (a ***jurisdictio*** enquanto organização ou estrutura e a ***análise custo/benefício***). Menos porventura para a explorar como desafio – ao nível das soluções-*policies* que este abre (e especifica e isola) como alternativas (mais ou menos contingentes) – do que para compreender o modo inconfundível como a interrelação assim convencionada estimula a complexidade (e até certo ponto também a indeterminabilidade) das suas componentes – e agora num plano assumidamente metaprescritivo (se quisermos mesmo metanormativo ou metadogmático)[3]. Como se o respeito pelo cruzamento temático sugerido nos obrigasse antes de mais a interpelar as suas margens e a exemplaridade do problema ou dos problemas que estas contêm ou procuram conter. E assim a enfrentar a relação complexa que vincula a *jurisdictio* enquanto ***estrutura*** à *jurisdictio* enquanto ***intenção (material) de realização***... e ambas (ainda que porventura em planos distintos) às expectativas (e exigências) de uma ***juridicidade autónoma***[4]. Sendo certo que perceber esta relação é hoje antes de mais descobrir os riscos de indiferenciação que a ameaçam (e os processos de simplificação-redução que

---

as especificidades e diferenças da etapa anterior ou das etapas anteriores do pensamento de POPPER... na mesma medida em que renuncia a investigar as projecções da «viragem pragmática» no percurso complexo de *Economic Analysis of Law*, cuja 6ª edição se anuncia (Aspen Law & Business 2003)]: ver *infra*, 4. e 5.3.

[3] O que mais do que abrir um parêntesis (impondo planos de relevância distintos daqueles que o nosso presente encontro tem privilegiado), significa já certamente cumpri-lo (dever cumpri-lo) em nome das exigências de uma determinada *teoria do direito*: uma *teoria do direito* no entanto que [como o brevíssimo esboço final não deixará de confirmar (ver *infra*, 6.2.)] está longe de poder assumir o *external point of view* celebrado por POSNER.

[4] Com o alcance que CASTANHEIRA NEVES nos ensina a reconhecer: ver «Entre o "legislador", a "sociedade" e o "juiz" ou entre "sistema", "função" e "problema" – os modelos actualmente alternativos da realização jurisdicional do direito», *Revista de Legislação e Jurisprudência*, ano 130º, 1997-98, nº 3883, 290 e ss (muito especialmente 1.b)) [também na Revista da Faculdade de Direito, vol. LXXIV, 1998, 1 e ss]; sem esquecer a caracterização do «juízo jurídico da jurisdição» e a problematização do sentido da função jurisdicional como «elemento institucional da comunidade política» (e de uma comunidade política organizada num Estado que se quer *legislativo-jurisdicional*) propostas em *O instituto dos «assentos» e a função jurídica dos Supremos Tribunais*, Coimbra 1983, 418 e ss, 429-475, 596-611.

querem dominá-la)... e assim penetrar (ter que penetrar) no terreno perigoso da «colisão dos discursos»[5].

2. Trata-se então de, ao querer reflectir sobre as condições estruturantes da função jurisdicional, mobilizar *por um lado* um esquema plausível de distribuição dos efeitos (e a lição de equilíbrio que o legitima), sem deixar *por outro lado* de explorar uma conexão problemática privilegiada – dirigida às intenções-*motivos* da decisão-*adjudication* e através destas (ou em confronto com estas) às promessas ou exigências de sentido da juridicidade. Que esquema de distribuição? E que conexão problemática? Eis as primeiras dificuldades a ter em conta.

Porque se é certo que isolar-reconhecer o problema da «organização e administração da Justiça» (que sustenta esta conexão e os seus limites) significa mergulhar num *continuum* problemático e pragmático sem soluções reconhecíveis... – e ter assim que as procurar (-construir!)... –, não é menos certo que a determinação daquele esquema nos obriga por sua vez a enfrentar uma perspectiva-*visée* com muitas máscaras (e extensões, se não intensões distintas). Falar de uma equação *custo/benefício* sem revelar o modelo de representação que a especifica e sem pré-determinar as possibilidades do seu *uso* – sem esclarecer, por exemplo, se a equação em causa importa como um mero recurso analítico plausível, como um processo de tratamento «racional» dos materiais disponíveis, ou como uma autêntica regra de decisão (e em que condições de exclusividade)[6] –, é, com efeito, muito simples-mente admitir a. relevância normativa do discurso económico ou se quisermos (e agora já circunscrevendo as matrizes teoreticamente relevantes deste discurso) convocar as lições (nem por isso menos plurais) de uma *normative law and Economics*[7]...

---

[5] E estamos evidentemente a dizê-lo com TEUBNER: «*Altera pars audiatur*: Le droit dans la collision des discours», *Droit et Societé* 35, 1997, 99 e ss, «The Two Faces of Janus: Rethinking Legal Pluralism», in TUORI / /BANKOWSKI / UUSITALO (ed.), *Law and Power*, Liverpool 1997, 119 e ss.

[6] Neste sentido, dando-nos conta da indeterminação *pragmática* da equação em causa – à luz dos contributos heterogeneamente exemplares propostos numa *Conference on cost-benefit analysis* (publicados no vol. 29 do *Journal of Legal Studies*) –, veja-se POSNER, *Frontiers of Legal Theory*, cit., 121-141

[7] Uma relevância *normativa* (*reformadora ou regulativa*) decerto que assimila ou projecta o *princípio da eficiência* (independentemente do domínio-*Bereich* que lhe é atribuído)

Pelo que se trata então de *determinar* (experimentar) as soluções de continuidade do problema ou dos problemas relevantes, *determinando* (especificando) em simultâneo os critérios dessa relevância... Sem esquecer que este percurso exige menos dois processos ou exercícios de composição auto-subsistentes do que uma procura integrada, cujos estímulos e etapas acabem por se interpenetrar e confundir. Ora é precisamente esta procura – e sempre apenas como *uma* das procuras possíveis! – que queremos aqui e agora acompanhar.

2.1. Com um primeiro passo que se cumpre invocando as lições concertadas da *new political economy* e da *new institutional economics* (se não também já a da *behavioural law and economics*): ou estas enquanto desafiam o núcleo duro da *Chicago Scholarship*... mas também e ainda enquanto se confrontam com a assimilação-correcção deste núcleo legitimada (preservada) pela *theory of pra-*

---

com a intenção de avaliar os critérios jurídicos vigentes (ou o processo de realização destes) e de «recomendar» soluções *alternativas*... e que assim mesmo – numa sistematização de planos de relevância insistentemente invocada pela *Law and Economics Analysis* – importará distinguir do pólo constituído pelas intenções *positiva* e *descritiva*. Intenções *positiva* e *descritiva* estas por sua vez complementares e justificadas como degraus: a primeira enquanto afirma a possibilidade de *uma* representação-«tradução» teoreticamente lograda dos fenómenos jurídicos *(as explicit and implicit market activities)* – encontrando nas especificações do marginalismo neo-clássico o «reservatório categorial» correspondente –, a segunda enquanto confirma-*experimenta* uma tal possibilidade mas sobretudo enquanto lhe confere a inteligibilidade e a transparência *metódica* de uma reconstrução empírico-explicativa (uma reconstrução capaz de iluminar os pressupostos e os efeitos de cada sistema jurídico *as they really are)*. Para uma consideração das diferenças em causa e das fronteiras, mais ou menos indeterminadas, que a heterogeneidade dos projectos da *Law and Economics* lhes impõe) – num diálogo explícito com a sistematização-exemplificação de COLEMAN –, ver por todos Jesus González AMUCHÁSTEGUI, «El análisis económico del Derecho: algunas questiones sobre su justificacion», *Doxa*, n°s 15-16, 1994, 929 e ss., 934-937. Sem esquecer que a especificação de degraus analíticos *positive/descriptive* (plenamente justificada pelas intenções metódicas da primeira geração de *Chicago Scholars* e pela preocupação em pré-determinar uma «rede categorial» de *economical principles*) perde importância quando nos confrontamos com os percursos posteriores. Veremos de resto que POSNER fala indiferentemente de hipóteses positivas e descritivas... ainda que prefira o primeiro núcleo de designações (mas já a identificar uma opção *estritamente* explicativa!)... sempre que se trata de o contrapor às intenções *normativas* ou ao plano de relevância pragmática que estas traduzem *(positive analysis versus normative implications, positive theory versus normative theory)*.

gmatic adjudication de POSNER... Quer dizer, enquanto nos ensinam a interpelar uma certa *economic analysis of litigation* e as expectativas de tratamento racional que a distinguem (quando não a hierarquização-organização que assim se nos impõe)...

Tratando-se assim de abrir o espectro dos interlocutores possíveis: menos no entanto para o assumir enquanto tal – o que implicaria desde logo fazer justiça às diferenças de perspectiva e de relevância que importam a uma autêntica *teoria da legislação* (ou a esta enquanto *political economy*) – do que para compreender-situar este núcleo *duro* ou a sua tradução *pragmática* (e a *welfarist policy analysis* que ilumina o eixo reflexivo correspondente)[8]... agora sob o fogo das interpelações e das exigências de especificação que *internamente* o(s) ameaça(m). Importando-nos desde já entender que é o confronto com esta última análise e com os processos de generalização que ela admite – construídos a partir da célula geradora do

---

[8] Para uma consideração do contraponto *political economy/ (welfarist) policy analysis* (*as two strands of thought within economic analysis of law*), a primeira a concentrar-se numa teoria (empírico-explicativa mas também normativa) da decisão legislativa – eventualmente no projecto normativo de um *constitutional instrumentalism* –, a segunda a impor-se-nos como uma avaliação-problematização dos comportamentos individuais e então e assim como uma especificação (explicativa e normativa) dos efeitos determinados pela pressuposição dos critérios e instituições do direito (*as a rule instrumentalism*), ver ainda KORNHAUSER, «Economic Analysis of Law», in Edward N. ZALTA (ed.), *The Stanford Encyclopedia of Philosophy* (Fall 1999 Edition), http://plato.stanford.edu/entries/legal-econanalysis, n°s 1, 4 e 5. [«The political economist (...) generally denies that any purpose can be attributed to the promulgator of a legal rule largely because legal rules are not promulgated by a single individual with power to control unilaterally the content of the rule. Certainly, from the perspective of political economy, legislators have no common purpose and one should not assume or expect that any statute maximizes social welfare. (...) The policy analyst (...) , by contrast (...), imputes a purpose (usually, but not necessarily, of maximization of social welfare) to the promulgator of the legal rule. The analyst then assumes that the policymaker has chosen the legal rule that best promotes her (imputed) objective. Legal rules are then instrumental to the achievement of the posited goal; call this approach *rule instrumentalism*...» (Ibidem, 1.).]. Sem esquecer decerto que as duas perspectivas convergem e que é precisamente a acentuação nuclear (hipertrofiada porque constituída como pólo de organização) de cada uma delas que nos autoriza a distinguir os dois caminhos em causa. O que não deixaremos de comprovar quando nos confrontarmos com a concepção do poder judicial defendida por POSNER (as a justification for the independence of the judiciary that is often understood as a normative theory of adjudication within the tradition of constitutional political economy).

sujeito racional (e da pressuposição de *jogo cooperativo* que a torna possível) – que nos autoriza por um lado a qualificar-justificar o «dissídio» da *new political economy*[9] como um (puro) processo de desenvolvimento (provocado por uma especificação problemática)[10]

---

[9] Um «dissídio» que, ao assumir a insuficiência das expectativas e dos resultados da *análise económica* do *direito político* – tal como esta é reconhecida (e experimentada) pela perspectiva tradicional da Escola de Chicago (e pela *welfarist translation* que a caracteriza) –, acaba por «concertar» *Scholars* (e *interest-group theories*) do *Chicago branch* e da *Virginia School* – com contributos tão distintos como os de George STIGLER, Gary BECKER, Gordon TULLOCK, Franck EASTERBROOK e Robert D. TOLLISON – ... impondo (ou autonomizando) assim uma das frentes reconhecíveis da chamada *public choice theory*. Para uma reconstituição deste percurso (e da sua complexa «geografia intelectual») ver por todos Ludwig Van DEN HAUWE «Public Choice, Constitutional Political Economy, and Law & Economics», in BOUCKAERT/ BOUDEWIJN/ DE GEEST/GERRIT (eds.), *Encyclopedia of Law and Economics*, cit., volume I *(The History and Methodology of Law and Economics)*, 603-659 (e ainda Andrés ROEMER, *Introducción al análisis económico del derecho*, Ciudad Del México, 19 ,54-72).

[10] Que especificação problemática? A da decisão do(s) legislador(es) *(as collective decision making)* e (ou) a do *political market* que a assimila. Uma decisão que esta perspectiva quer inscrever num exercício de procura e de oferta de *bens públicos* e que não obstante descobre determinada como um acervo de *self interested behaviours* [«Political economy assumes that public officials have the same motivation as private individuals; they are self-interested...» (KORNHAUSER, «Economic Analysis of Law», in Edward N. ZALTA (ed.), cit., nº 1)]... e então e assim (positiva e normativamente) absorvida por um processo de *rent seeking*... ou por este como uma interacção-teia de operadores individuais e de grupos de interesses, de expectativas e de estímulos [«...[as] an interaction between the individuals and firms that seek (...) economic privileges (...) and the government officials who are hired by the collective and who have the power to allocate those privileges» (J. Patrick GUNNING, «Public Choice and the Entrepreneur View of Public Goods», http://www.fortunecity.com/meltingpot/barclay/212/demo/workpape) /

Para uma especificação dos modelos da *rent seeking* (entre uma assimilação microeconómica ortodoxa e a autonomização progressiva de uma *agency theory*), ver Charles ROWLEY/TOLLISON/ TULLOCK (eds.), *The Political Economy of Rent-Seeking*, Boston, 1988]. Com um desenvolvimento que, ao querer corresponder à especificidade e à autonomia do problema, acaba por mobilizar ou inventar recursos metódicos inconfundíveis: como se uma reconstrução assumida do contratualismo individualista (e de outras tantas *teorias do consenso*) – projectada numa representação «subjectiva» e «procedimental» do juízo de eficiência – admitisse afinal conciliar-se com as possibilidades de determinação empírica de uma *close behavioural system analysis* – e com estas enquanto e na medida em que confirmam a explicabilidade «economicamente endógena» do *mercado da política* [«...the shift from viewing the political market as not susceptible to economic analysis, as one in which disinterested politicians and bureaucrats pursue the "public interest", to viewing it as one in which the participants are seeking, as in the economic market, to pursue their own interest,

... e por outro a reconhecer nas pretensões da *new institutional economics*[11] e da *behavioural law and economics*[12] (cumpridas embora

---

and hence subject to analysis with the usual tools of economics...» (Milton FRIEDMAN «George Joseph Stigler. Biographical Memoirs», http://www.nap.edu/html/biomems/gstigler.html)].

Bastando-nos este esboço para perceber quais são as razões que levam POSNER – não obstante uma assimilação lograda da *rent-seeking theory* (projectada, como veremos, numa concepção da *statutory interpretation*) – a discordar do sentido global deste «dissídio». Levar a sério uma *new political economy* implica, com efeito, reduzir o desempenho do juiz a um *self-interested behaviour* e então e assim renunciar (dever renunciar) à «possibilidade» racional de uma *pragmatic adjudication* (sem poupar o critério de *maximização da riqueza* e as presunções de vigência que lhe correspondem)... [«[The] political economist interprets self-interested judicial behaviour as [an *ensemble* of] decisions that promote the policy preferences of the judge. (...) Political economic accounts of adjudication will also reject a purposive account of adjudication. Even if a judge pursues a specific purpose, no judge has complete control over the development of the law. Consequently, the legal rules that evolve are unlikely to be efficient or to further the aims of a specific individual. Nor can a particular aim be attributed to the courts as a whole...» (KORNHAUSER, «Economic Analysis of Law», cit., n° 1, nota 5)].

[11] Assumindo as heranças seminais dos dois mais invocandos estudos de COASE, «The Nature of the Firm» (1937) e «The Problems of Social Cost» (1961) – e então e assim discordando do modo como a *Chicago School* em geral e POSNER em particular assimilam (-transformam) as exigências do segundo *(as laying the foundation for a new instrumental form of normative jurisprudence – a jurisprudence of wealth maximization)* [Gary MINDA, *Postmodern Legal Movements,* cit., 70-72] –, a perspectiva da *new institutional economics* (reivindicada pelo mesmo COASE mas também por Oliver WILLIAMSON, Harold DEMSETZ, Louis de ALESSI e Douglass NORTH) começa de facto por impor uma abordagem (problemática e analiticamente) *complementar (interested in the social, economic and political institutions that govern everyday life)...* que se converte numa verdadeira «revolução» antropológica.

Por um lado enquanto se distingue da *"old" institutional school* (a de Throstein VEBLEN, John COMMONS e Williard WHITE... se não também já a de GALBRAITH), quer dizer, enquanto contrapõe à *assistematicidade teorética* e ao *holismo evolucionário* que caracterizam esta última *(as a focus on collective rather than individual action)* um modelo positivo-explicativo (e normativo) centralizado nos comportamentos individuais e nas ordens de fins e alternativas de decisão que lhes correspondem *(a strict methodological individualism, always couching its explanations in terms of the goals, plans and actions of individuals)*[«Of course *new institutional economics* (NIE) appreciates social phenomena likecorporate culture, organizational memory, and so on. Still, NIE takes these as *explananda*, not the *explans*...» (Peter G. KLEIN, «New Institutional Economics», in BOUCKAERT/ BOUDEWIJN/ DE GEEST/GERRIT (eds.), *Encyclopedia of Law and Economics,* cit., volume I, 457)].

Por outro lado enquanto se demarca das exigências de «reconstrução *comparativa*» *que* caracterizam a *mainstream neoclassical economics* – do contraponto tipificado que a «cifra hipotética» de uma representação geral de equilíbrio *(as a perfectly competitive general equilibrium)* impõe aos resultados reais *(real-world outcomes)* – mas também enquanto duvida da possibilidade e da «utilidade analítica» do modelo de racionalidade que um tal processo de comparação especifica *(as an welfarist utility or wealth maximization)*.

De tal modo que (agora já no terreno circunscrito da *Law and economics*) possamos duvidar também da plausibilidade de uma representação global da prática–*mercado* (e da prática jurídica como *mercado implícito*) para enfrentar a tarefa capital de uma reconstituição explicativa (positiva mas também normativamente consequente) dos comportamentos e dos conflitos (controvérsias?) *juridicamente relevantes (as an intensive scrutinty of particular institutions (...) based on histories and ethnographies, judicial opinions and other court records, newspaper and magazine accounts, and even interviews (...) with a greater emphasis on the case study)*. Mas então uma reconstituição destes comportamentos que, enquanto *explananda*, os inscreva numa teia de constrangimentos institucionais-*explanans*: constrangimentos por um lado que correspondem a uma pré-determinação básica das regras do jogo e autonomizam uma espécie de *institutional environment* [«the *formal* explicit rules (constitutions, laws, property rights) and the *informal* often implicit rules(social conventions, norms) that guide individual's behavoir...» (Peter G. KLEIN, «New Institutional Economics», 458 e ss.)] mas que por outro lado identificam já os acordos e outros processosos de auto-regulação assumidos pelos sujeitos individuais envolvidos *(contracts, organizations and in particular, the business firm as a management structure)* ou estes «justificados» como *institutional arrangements* (WILLIAMSON) ou *institutions of governance* (NORTH) – sendo precisamente nesta identificação que a chamada *transation costs economy* aparece a desempenhar um papel decisivo [Para uma especificação exemplar de um *strategic behaviour* (que se increve numa reconstrução crítica do *teorema de Coase*), ver Harold DEMSETZ, «When Does the Rule of Liability Matter?» (1972), texto publicado no *Journal of Legal Studies* e agora incluídos em POSNER/PARISI (ed.) *Law and Economics*, Cheltenham 1997, volume I, 433 e ss.]. .

Com projecções *antropológicas* determinantes? Certamente. Aquelas que se nos impõem como correlato dos conceitos de *bounded rationality, strategic behaviour, information impactedness, dimensionalising, opportunism, asset specificity, restricted efficiency*. Enquanto e na medida em que atribuem uma relevância teórica insuspeitada à representação de um sujeito decidente *racionalmente* limitado – submetido a assimetrias e constrangimentos intransponíveis mas também capaz de se «aproveitar» de uma situação específica de poder *(taking advantadge of a temporary monopoly, or a superior information)* [ver por todos Andrés ROEMER, *Introducción al análisis económico del derecho*, cit., 41-54].

Sem querer antecipar especificações que teremos que enfrentar *ex professo* [*infra*, 4. e 5.2.2.], limitemo-nos por fim a reconhecer – «assinalar» a posição de POSNER: que não deixa de assimilar elementos de determinação autonomizados pela exploração neo-institucional da *racionalidade limitada* e que no entanto discorda veementemente do salto (do *paradigm shift*) que uma tal autonomização reivindica. Em nome precisamente de um *rational maximizing model* e das promessas analíticas que este impõe [cfr. POSNER, «The New Institutional Economics Meets Law and Economics», *Overcoming Law*, Harvard 1995., 426 e ss.].

[12] Com o alcance programático justificado por Christine JOLLS, Cass SUNSTEIN e Richard THALER em «A Behavioural Approach to Law and Economics» (1998): enquanto e na medida em que se propõem considerar-*corrigir* as lições da análise económica do direito *na perspectiva* (e segundo as informações e os limites de relevância) de uma *behavioural cognitive psychology*... e então e assim libertar as abordagens (ditas) tradicionais do *rational model of human behaviour* que – com maior ou menor distância (entenda-se, com maior ou menor fidelidade à representação antropológica de um *satisfactions rational maximizer*) – estas assimilam e preservam. Ora isto sem poupar os percursos heterodoxos da *new institutional economics* e de COASE em particular (não obstante a rejeição explícita da representação em causa que ilumina esses percursos). Tratando-se neste sentido de exigir uma reinvenção radical do conceito de *bounded rationality:* uma reinvenção por um lado que tematize os diversos tipos de equívocos e de obstáculos «epistemológicos» *(cognitive quirks)* a ter em conta – sem deixar de «experimentar» os processos de *irrational bevaviour* que estes determinam e de comprovar/falsificar a condição de inevitabilidade (se não insuperabilidade) dos seus efeitos ou a afirmação de *explicabilidade* que a traduz *(people are 'boundedly' rational, in the sense that they(...) are frequently over-optimistic (...) and have limited information-processing powers, and frequently rely on mental short-cuts and rules of thumb)*; uma reinvenção por outro lado que articule um tal conceito (e o seu «território de experimentação») com as possibilidades heurísticas de outros dois conceitos (ou com as hipóteses construtivas que estes impõem). Para reconhecer o desempenho funcionalmente autónomo de um *bounded willpower* – determinado pela experiência de múltiplos *eus,* com ou sem ordens de preferências estabilizadas *(people have limited willpower and limited self-control)* – mas decerto também e muito especialmente para admitir a apreciação irredutível de um *bounded self-interest (people are frequently unselfish)*– justificado pela interiorização de exigências ou de compromissos práticos (comunitariamente plausíveis) de justeza-*fairness* ou pela determinação *psicologicamente relevante* dos motivos e «preocupações» correspondentes, iluminados ou não pelo fundamento da *golden-rule (be kind to the unkind,und unkind to the unkind)*.

Para uma reconstituição criticamente atenta deste modelo da *behavioural law and economics* e das «contradições internas» (se não *misinterpretations*) que o vulnerabilizam – sem esquecer o diálogo redutor como desenvolvimento *neo-institucionalista* de COASE –, ver POSNER, *Frontiers of Legal Theory,* cit., 12, 252-287. Trata-se por um lado de mostrar que o modelo em causa (assumido na sua relevância *analiticamente positiva*) se contenta com uma explicação de «fenómenos residuais» (mobilizando para tal domínios de inteligibilidade exteriores, que deixam intocada a relevância da *análise económica* e as suas possibilidades de assimilação): «JST [JOLLS/ SUNSTEIN/ THALER]'s lumping *fairness* in with *cognitive quirks* and *weakness of will* [–*bounded willpower* is just a relabeling of *weakness of will*–] suggests that behavioural economics is merely the negative of rational-choice economics

em degraus distintos e com instrumentos de reflexão inconfundíveis) esforços assumidos de *reconstrução* (capazes de determinar uma *mudança de paradigma*).

Sendo certo que interpelar aqui e agora tal *economic analysis* é muito simplesmente duvidar do êxito de uma contabilização dos efeitos (positivos e negativos, imediatos e sistémicos, presentes e diferidos no tempo[13]) que considere e que trate-especifique a «prestação pública de serviços jurisdicionais» (ou a opção pelo sistema que a assegura) como uma alternativa ou feixe de alternativas *macroscopicamente inteligíveis* (cujos limites e condições estruturantes possam ser integralmente definidos por soluções-*policies* e pelo confronto de programas e planos estratégicos que lhes corresponde).

Entenda-se, duvidar do êxito desta tentativa (e da sua hipotética *escolha racional*)... ainda que – pré-determinando e protegendo as outras dimensões relevantes – quiséssemos e pudéssemos simplificar o problema e a «base de informação» que o cristaliza. O que seria por exemplo admitir que um tal problema se nos impõe com a transparência e o rigor de um confronto (quantitativamente formulável): como se tratasse apenas de comparar o «número das controvérsias» levadas institucionalmente a sério (como juridicamente relevantes)

– the residuum of social phenomena unexplained by it. (...) The cognitive quirks belong to cognitive psychology, weakness of will to the psychology of neurosis and other abnormalities, and fairness to moral philosophy or moral psychology...» (*Ibidem*, 262-263, itálicos nossos). Trata-se por outro lado de reconstituir o «significado *normativo*» do modelo e da sua representação antropológica (*the behavioural man*), surpreendendo um homem de «preferências instáveis» (dominado por motivações fragmentadas e a assumir comportamentos irracionais) mas então também reconhecendo que a condição deste sujeito (destinatário vulnerável de todas as «manipulações») determina a solução ameaçadora de uma «peritocracia»: «It seems then that the politically insulated corps of experts that JST favor would be charged with determining the populace's authentic preferences, which sounds totalitarian. On the other hand, nothing in JST's analysis exempts "experts" from the cognitive quirks, from weakness of will, or from concerns with fairness. The expert, too, is a behavioural man. Behavioural man behaves in unpredictable ways. (...) JST treat the irrationalities that form the subject matter of behavioural economics as unalterable constituents of human personality. All their suggestions for legal reform are of devices for getting around, rather than dispelling, our irrational tendencies... » (*Ibidem*, 287).

[13] Especificação que nos importará mais tarde, quando considerarmos o problema das *"rule of law" virtues*: *infra*,5.3. e 6.1.

com a «quantidade de recursos» que a organização judicial está disposta a consumir no seu tratamento[14].

Insista-se, duvidar do êxito desta tentativa (e da sua hipotética *escolha racional*)... ainda que – levando até ao limite uma tal pré-determinação – admitíssemos e conseguíssemos antecipar o tratamento e fixar o sentido deste ou das expectativas queo condicionam. O que implicaria agora defender que a solução (a que temos que chegar) passa *em última instância* por uma mobilização lograda do *princípio da marginalidade*[15]. A saber, por uma representação analítico-funcional do processo de investimento (ou de acrescento de unidades de produção) que a organização em causa desenvolve. Mas então também pela possibilidade de (com sinais-critérios objectivamente reconhecíveis) iluminar (-circunscrever) um (o) ponto de equilíbrio irrepetível (que o é também e indissociavelmente de *não retorno*). Aquele em que os custos e os benefícios marginais se intersectam e compensam (para além do qual as procuras e as ofertas se tornam economicamente *ineficientes*)[16].

Numa palavra, duvidar do êxito desta tentativa reconhecendo ou diagnosti-cando as dificuldades e resistências que a afectam. O que

---

[14] Uma formulação explicitamente mobilizada por POSNER em *Frontiers of Legal Theory*, cit., 249-251: a propósito da opção *acordo/julgamento (settlement/litigation)* – ou da relevância *psicológica* da decisão *racional*correspondente (discutida no quadro institucional do sistema jurídico-norte-americano) –... mas então também em função das expectativas de desempenho do *mediador de acordos* – um *neutral third party* privado de poderes de decisão... e que não obstante se mostra capaz de superar os efeitos negativos do comportamento das partes (entenda--se, de atenuar o peso dos factores de ordem cognitiva, emocional e estratégica que condicionam um tal comportamento... para eliminar-corrigir outros tantos *custos de transacção* ou os *estímulos negativos* correspondentes).

[15] Para uma compreensão deste princípio, reconstituída a partir de uma experimentação exemplar do *teorema de Coase,* ver A. MITCHELL POLINSKY, *An Introduction to Law and Economics*, Stanford 1989, 3 e ss., 11–14.

[16] Para entender como POSNER projecta esta hipótese de *ponto de equilíbrio* no território «inconfundível» da decisão de comprovação *(as resolution of factual disputes in litigation)* – num processo de experimentação de resto exemplar, que apresenta a «investigação de factos» a ter em conta como um problema de «procura de materiais-*recursos*» –, ver «An Economic Approach of Law of Evidence», *Stanford Law Review*, 51, 1999, págs. 1477 e ss. e muito especialmente a «versão» deste texto proposta no cap. 11 de *Frontiers of Legal Theory*, cit., 336 e ss. *Infra* (4.3.) voltaremos a este tratamento exemplar do problema da comprovação.

não é senão confirmar o *continuum* de dimensões e de expectativas que começámos por invocar.

α) Trata-se *por um lado* com efeito de reconhecer que a discussão da alternativa ou do feixe de alternativas que nos preocupa se desenrola sob o fogo de outras opções estratégicas (e das representações que as fragmentam... mas também dos níveis de experimentação que estas representações seleccionam). Como determinar (isolar) os custos e benefícios relevantes para esta alternativa – e os riscos e disposições em correr riscos que a sua prescrição estratégica (se não estratégico-táctica) deve ou pode assimilar (e ainda as diversas especificações interiores que o seu *contrôle* intersubjectivo convenciona) – se ignorarmos as interpelações paralelas (e a interferência recíproca com que estas se nos impõem)?[17] Porque não se trata apenas de compreender a importância do benefício da celeridade ou o modo como as expectativas dos «consumidores de Justiça» o condicionam na sua relação com os outros benefícios socialmente relevantes[18]. Trata-se também de corresponder ao desafio de uma compreensão da *societas*... para transformar a *conclusion-claim* de «prevenção geral» que a ilumina[19] numa sequência de *efeitos de dissuasão* (ou no *conti-*

---

[17] O que não é senão invocar alguns dos principais núcleos temáticos do nosso encontro...

[18] Convoque-se a análise económica da *demora dos tribunais* proposta por William LANDES em «An Economic Analysis of the Courts» (1971), in POSNER/PARISI (ed.) *Law and Economics*, Cheltenham 1997, volume I, 61 e ss., 74-77, 98 e ss. Para um confronto explícito dos *judge trials* e *jury trials* na perspectiva (entre outras) da exigência de celeridade (e desta contabilizada como um benefício) – com um resultado que favorece os segundos! – ver ainda POSNER, *Frontiers of Legal Theory*, cit., 352 e ss.

[19] Com um alcance que parte da experiência «fundadora» do direito penal para se generalizar a todos os domínios do direito e a todos os procedimentos jurídicos (mas sempre nos limites de determinação de um *economically translated* princípio do mínimo). Cfr. neste sentido a síntese de Isaac EHRLICH, «Crime and Punishment» (1987) – cit. na tradução port. «Crime e punição», *Sub Judice: justiça e sociedade,* n° 2, 1992, Jan.-Abril (*Justiça e Economia. A análise econó-mica do direito e da Justiça*), 39 e ss. –, com o desenvolvimento proposto pelo mesmo EHRLICH e ainda por POSNER em «An Economic Analysis of Legal Rulemaking» (1974), in POSNER/PARISI (ed.) *Law and Economics*, cit., volume I, 122 e ss. Sem esquecer o enquadramento global reconstituído por POLINSKY e Steven SHAVELL em «Public Enforcement of Law», in BOUCKAERT/ BOUDEWIJN/ DE GEEST/ GERRIT (eds.), *Encyclopedia of Law and Economics*, volume V (*The Economics of Crime and Litigation*), parte VII (*Civil and criminal procedure*), 308 e ss.

nuum de *regras* e modelos de *contrôle* que os asseguram)[20]. Mas trata-se ainda de (num contraponto indispensável) discriminar as modalidades e os incentivos de um *tratamento não jurisdicional da controvérsia*: num percurso-provação (analiticamente previsível...) que há-de querer formalizar o jogo das negociações que sustentam o acordo pré-judicial *(as a pretrial settlement bargaining economy)*[21] antes de se preocupar com os pressupostos institucionais da arbitragem e com os «custos de transacção» correlativos[22] – mas antes

---

[20] Para uma especificação desta sequência de efeitos, mais uma vez (*et pour cause!*) concentrada na «análise económica do problema da prova», cfr. POSNER, *Frontiers of Legal Theory*, cit., 340 e ss, 370-374. O desafio é agora o de articular-compossibilitar a exigência de exactidão ou de justeza da narrativa *jurídico*-probatória *(the concern with accuracy that is so central to the evidentiary process)* com uma assumida concepção económica do direito *(as a system for creating incentives for efficient conduct)* – e com o efeito de dissuasão--prevenção que esta determina –... e de tal modo que se trate precisamente de descobrir naquela «determinação adequada dos factos» (ou na pretensão-exigência que a traduz) um «valor simultaneamente económico, moral e político» (mas não jurídico...) [341]. Desafio que só é vencido com um sacrifício manifesto do *accuracy concern* ou da especificidade (ou pelo menos da autonomia) que o distingue: na medida precisamente em que a preocupação em causa ou a representação *probabilística* que a reduz – numa linha que (como ainda veremos) nos aproxima inequivocamente da *New Evidence scholarship* – admite ser integrada num (e absorvida por um) processo de contabilização (macroscópica) dos custos e dos benefícios sociais [372]. «More accurate factfinding increases the deterrence of wrongful conduct, which in turn reduces the number of cases and hence the aggregate costs of the legal process... » (*Ibidem*, 340).Ver *infra*, 4.3.

[21] Para uma reconstituição do problema da *pretial settlement bargaining* conduzida pelas exigências de formalização da *teoria dos jogos* (com uma consideração atenta dos diversos contributos e opções da *law and economics scholarship*), ver Andrew F. DAUGHETY, «Settlement», in BOUCKAERT/ BOUDEWIJN/ DE GEEST/GERRIT (eds.), *Encyclopedia of Law and Economics*, volumeV (*The Economics of Crime and Litigation*), parte VII (*Civil and criminal procedure*), 95-158. É já a relação *litigated disputes/disputes settled (before or during litigation)* aquela que – no seu tecido complexo de condições institucionais (mas à luz de um processo de *individual maximizing decisions*) – aquela que George PRIEST e Benjamin KLEIN enfrentam em «The Selection of Disputes for Litigation» (1984), in POSNER/ PARISI (ed.) *Law and Economics*, cit., volume I, 183 e ss.

[22] Para uma reconstituição dos pressupostos da arbitragem comercial – inscrita no problema da oferta e da procura de serviços jurisdicionais e em confronto com outros *private nonjudicial substitutes* (mas também num horizonte dominado pelo contraponto *public judicial system/private market solutions)* – importa decerto voltar a LANDES/POSNER, «Adjudication as a Private Good» (1979), *ibidem*, 345 e ss. Sem esquecer Bruce BENSON, «Arbitration», in BOUCKAERT/ BOUDEWIJN/ DE GEEST/GERRIT (eds.), *Encyclopedia of Law and Economics*, cit., volumeV (*The Economics of Crime and Litigation*), parte VII (*Civil and criminal procedure*), 159-193.

também de (sob o enquadramento analítico partilhado de uma *bounded rationality*) se ocupar com a possibilidade de soluções intermédias e com as máscaras de «empresarialização» que as identificam[23]. Sem esquecer por fim os problemas da especialização e da independência dos tribunais e as opções de autogoverno que estes mobilizam: num processo de exercícios de contabilização de custos e benefícios em que vão estando sucessivamente em causa a composição *colegial* dos tribunais, a dimensão destes *(as size, in terms both of the population served and number of judgeships*[24]*)*, a distribuição *tribunais comuns/tribunais especiais* mas também os modelos de recrutamento dos juízes (e a sua legitimidade democrática)... e, no limite, o próprio equilíbrio-*balancing* dos *pouvoirs séparés*[25]...

β) Isto *por um lado*. Porque *por outro lado* se trata ainda de compreender que a simples associação destes problemas (com a intersecção inevitável das prescrições que os assimilam) nos precipita num tecido pragmático de uma enorme complexidade: num contraponto infinito de jogadores e de jogadas, de situações de incerteza e de decisões de interacção, de efeitos aleatórios e de justificações racionais... contraponto este que – pelas informações e expectativas que assimila e pelos grupos semióticos que responsabiliza – nos coloca decerto nos antípodas de um modelo competitivo dito *de soma zero (as a game in which one's player's winnings equal the*

---

[23] Neste sentido, insistindo na projecção crescente da *cost-benefit analysis* e no efeito de assimilação ideologicamente justificado que a impõe (*at all levels of government*), cfr. POSNER, *Frontiers of Legal Theory*, cit., 124-125. «The theoretical objections to cost-benefit analysis have crumbled at practical level and retreated to the academy. (...) Cost-benefit analysis is an effort to introduce market principles into government, or to induce government to simulate market outcomes, or in short to make government more like business. There is an ideology of free markets; it has some influence on specific governmental decisions; and the growing popularity of cost-benefit analysis is both an effect, and to a small degree a cause of this ideology...» (*Ibidem*,125).

[24] POSNER, *Frontiers of Legal Theory*, cit., 412 e ss. (a propósito da dimensão do U. S. Court of Appeals for the Ninth Circuit).

[25] Para além do contributo de POSNER, a que aludiremos *infra* [4., (notas 61 e 102), 5.3, 6.1.], convoquem-se agora os estudos-síntese de KORNHAUSER, «Judicial Organization & Administration» e «Appeal & Supreme Courts», cits., 29-36 («The General Organisation of Courts»), 47-58 («Political Models of Review», «Modeling Doctrine», «Collegiality», «Discretionary Review»).

other player's losses); na mesma medida em que se fragmenta numa multiplicidade de sequências ou de faces possíveis... ou nos resultados incompatíveis que estas favorecem.

Acentuando a perspectiva dos sujeitos e dos lances em que estes estão envolvidos, poder-se-á perguntar por exemplo se e até que ponto é que a determinação dos custos e benefícios da «administração da justiça» deve assimilar as expectativas das partes e generalizar-tipificar as situações correspondentes: surpreendendo o desempenho destas enquanto enfrentam a decisão acordo/julgamento (mas também enquanto se submetem às possibilidades assimétricas de um *plea bargaining system)*[26]... enquanto optam por um modelo «público ou privado» de resolução dos conflitos... enquanto ponderam os «custos de transacção» provocados pela mediação do advogado... mas sobretudo enquanto vencem as fases do processo — como se acrescentassem unidades marginais... e submetessem estas últimas à estimativa de um valor líquido *(net expected value)*[27]. Uma reconstituição de

---

[26] Confronte-se neste sentido o *optimism model* defendido por PRIEST e KLEIN em «The Selection of Disputes for Litigation», cit,183 e ss., com a tentativa de síntese (sensível às lições de um *external effects model* mas sobretudo à exigência de mobilizar-promover uma *bargaining theory)* assumida por Robert COOTER e Daniel RUBINFELD em «Economic Analysis of Legal Disputes and Their Resolution», também em POSNER/PARISI (ed.), *Law and Economics*, cit., volume I, 238 e ss. Sem esquecer os estudos-*síntese* propostos por Bruce H. KOBAYASHI e Jeffrey S. PARKER, «Civil Procedure: General», e por Peter LEWISCH, «Criminal Procedure», ambos em BOUCKAERT/ BOUDEWIJN/ DE GEEST/GERRIT (eds.), *Encyclopedia of Law and Economics*, cit., volumeV, parte VII, respectivamente 1 e ss. [6-13 («The Trial/Settlement Decision»)] e 241 e ss. [243-251(«The Law and Economics of the Plea Bargaining System»)]. Para uma consideração do contraponto *casos assimétricos (certos) / casos simétricos (incertos, duvidosos)* e deste justificado como um dos parâmetros da decisão *trial/settlement*, ver POSNER, *Frontiers of Legal Theory,*cit., 369-370. «One-sided cases are more likely to be settled before trial, usually with little publicity, than toss-ups are, and so the latter are overrepresented on the trial docket, which is highly visible...» *(Ibidem,*369). «Few civil cases are actually tried; the vast majority are settled. But the terms of settlement are shaped by expectations concerning the length, the cost and, above all, the outcome if the case were tried...» *(Ibidem,*346 nota 19).

[27] «The basic economic model of litigation has two parties, a plaintiff (p) that has a potential claim against the defendant (d). The plaintiff's estimate of the net expected value of the claim equals his estimate of the probability (P) that he or she will prevail (Pp) multiplied by the expected award (Dp), net of the marginal costs to the plaintiff of proceeding to the next stage of litigation (Cp). The defendant's objective function for estimating expected loss is developed in parallel function, as equaling the defendant's estimate of the probability the

resto que se pode estender a todo um acervo de *presumíveis operadores racionais*... e agora para perguntar (e enquanto se pergunta) se os custos e benefícios calculados pelos cidadãos («que pagam as contas das instituições públicas»), pelos peritos... e até pelos juízes ... – os dois últimos em função das resistências e dos incentivos que lhe são impostos (e de uma gestão lograda das respectivas carreiras)[28] – podem e até que ponto ser generalizados e integrados numa contabilização socialmente relevante.

Sem termos que ficar por aqui... Para além das expectativas e dos cálculos *motivacionalmente* interiorizados (que até agora considerámos) impõe-se-nos com efeito o território infinito das prestações-comportamentos e das possibilidades institucionais (formalizadas ou não) que estas mobilizam: prestações-comportamentos decerto *explicáveis* que, na sua diversidade (se não contingência), haverá que determinar nos *processos de descoberta* do juiz e no percurso plural e fragmentado da oferta de materiais (e nesta tal como é conduzida pelas partes e respectivos advogados e pelo jogo competitivo que

---

plaintiff will prevail (*Pd*) times the expected award (*Dd*) plus the defendant's marginal costs of proceeding to the next stage of litigation (*Cd*)...» (Bruce H. KOBAYASHI /Jeffrey S. PARKER, «Civil Procedure: General», cit., 3-4). Para uma especificação deste modelo, ver ainda Avery WIENER KATZ, «Indemnity of Legal Fees», *ibidem*, 67-70.

[28] POSNER invoca recorrentemente este processo de contabilização protagonizado pelos juízes (a ponto de o assumir como uma das dimensões irredutíveis do problema da *independência* do poder judicial)... mas para no-lo mostrar compossível com a *positive hypothesis* e com o processo explicativo que esta ilumina (*the hypothesis that common law judges are preeminently concerned with efficiency and that common law judges select efficient rules*). Exigências que procuraremos esclarecer *infra* (4.), bastando-nos para já invocar as lições concertadas de *The Problems of Jurisprudence*, Harvard 1990, 362-374, «What Do Judges Maximize?», *Overcoming Law*, cit., 109 e ss. e *Law and Legal Theory in the UK and USA*, Oxford 1996, 22 e ss., 30-36., 106 e ss [Ver ainda – a propósito do mercado e das possibilidades alternativas de «emprego» mas também da *salary depression* que afecta os vencimentos dos magistrados judiciais *(salaries are depressed by monopsony)* – *Frontiers of Legal Theory*, cit., 355 nota 38].

Para uma consideração do problema dos peritos (sem esquecer o dos «custos sociais» específicos suscitados pela intervenção dos *academic researchers*), cfr. ainda *Frontiers*, cit., 401-408. [«If academic salaries were equal to the social marginal product of academics, the deflection of academics from doing research to giving testimony would not reduce social welfare. But if academic research produces social gains not captured by the researcher, and if that surplus is less than the surplus created by academics' testifying, then the practice of hiring academics to testify does impose social costs...» (406)].

estes entretecem)... sem esquecer evidentemente – como que *a montante*[29] – os procedimentos efectivos da mediação e da arbitragem (na sua eficiência selectiva) e – já em pleno *fluxo*... – as decisões de relevância dos jurados (mais atentas às especificidades do caso narrado e à singularidade dos materiais oferecidos, porque livres dos prejuízos que condicionam a heurística do julgador[30])... ou ainda uma sequência (analiticamente multiplicável) de situações *forenses* de interacção (juízes/jurados, jurados/teste-munhas, juízes/peritos, peritos *em contraditório*, etc).

2.2. Não estamos no entanto apenas perante dificuldades, que uma assimilação programática esclarecida – iluminada por uma sequência de antecipações tácticas – possa por sua vez dominar *positiva ou negativamente*. Reduzir a ideia-imagem da *societas* (enquanto celebra a morte irreversível da *comunidade*) ao estrito correlato funcional de um processo de determinação de benefícios... – e das estratégias (*globais*) que o especificam (se não das regras que o orientam) –... e mais do que isso, permitir que um tal processo de determinação seja iluminado por uma intenção de *prevenção geral* –cuja *deterrence hypothesis* se experimenta-comprova numa redução lograda do «**número** de casos» e dos custos *agregados* da **jurisdictio** –... é com efeito já garantir um salto (não menos irreversível).

---

[29] *A montante* da assimilação e construção *forenses* da controvérsia... e oferecendo por isso mesmo modelos de eficiência exemplares. «Private arbitration appears to be an attractive substitute for litigation, in part because arbitrators can be selected on the basis of their expertise in matters pertinent to specific disputes (...). Arbitration reduces the uncertainty associated with judicial error and/or bias (...), can be accomplished faster, less formally, and often with less expense than litigation, because the parties do not have to provide as much information to the arbitrator as they would to the judge; (...) arbitration is generally less "adversarial" than litigation, so it is more likely to allow continuation of mutually-beneficial repeated-dealing relationships ...» (BENSON, «Arbitration», cit.,164). «The use of the mediator in settlement negociations (...) addresses (...) the informational, strategic, and emotional issues that discourage settlement. Arbitration (...), as a privately created and financed method of adjudication, provides a valuable though not infallible benchmark for evaluating the efficiency of public systems of adjudication...» (POSNER, *Frontiers*, cit., 250-251, 359-360).

[30] Ou dos estímulos que alimentam estes prejuízos: neste sentido ver expressamente POSNER, *Frontiers*, cit., 350-354.

Um salto que se torna transparente (não obstante os desafios opostos que o cruzam) quando passamos a contabilizar como custos sociais os erros provocados pela procura e determinação «incorrecta» ou «inadequada» dos materiais probatórios (*what we may say (...) an inaccurate fact finding*[31]) – se não mesmo os erros produzidos por um «consumo» desajustado dos «bens de crédito ou de *crença*» (*credence goods*) e pela reconstituição narrativa que estes alimentam[32]... Ou quando registamos como benefícios... a «justeza» da decisão concreta... e a estabilização de expectativas que a sua formalização definitiva consagra... mas também (*et pour cause!*) a «previsibilidade» do seu resultado... – com a correspondente redução dos *casos difíceis*... e a substituição-superação dos *casos fáceis (one-sided cases)* por processos de acordo (com graus, também eles antecipados, de plausibilidade e de eficácia)[33]... Ou quando – à luz de um objectivo--*goal* de maximização do número de decisões correctas (ou de minimização dos erros) – contabilizamos os custos e benefícios da *presunção de justeza*[34] e do *stare decisis* «vertical e horizontal»[35]...

---

[31] Para uma especificação destes erros sensível à diversidade dos seus efeitos nos domínios dos processos civil e criminal, cfr.desde já POSNER, *Frontiers of Legal Theory,* cit., 366 e ss. «Let me turn to the burden of persuasion. In the typical civil trial there is no basis for supposing that type I errors (false *positives*, such as convicting an innocent person) on average impose higher costs than type II errors (false *negatives*, such as an erroneous acquittal). So it is enough to justify a verdict for the plaintiff that the probability that his claim is meritorious exceeds, however slightly, the probability that it is not. But because the cost to an innocent defendant of criminal punishment may well exceed the social benefit of one more conviction of a guilty person in maintaining deterrence and preventing the person from committing crimes for a period of time –namely, while he is imprisoned pursuant to his conviction – type I errors are more serious than type II errors in criminal cases and therefore are weighted more heavily in the former by the imposition of a heavy burden of persuasion on the prosecution....» (*Ibidem,* 366).

[32] *Ibidem,* 347 e ss. «The economics of consumer search again provides a helpful analogy. Some consumer goods are what are called in economics "credence goods". A good is a credence good if the consumer cannot readily determine its quality by inspection or even use, so that he has to take its quality "on faith"...» [348].

[33] Cfr. *supra* nota 26.

[34] Para uma representação dos *pré-juízos jurisdiconais* [a)] *vinculantes* [b)] capaz de assumir uma tradução puramente consequencialista das *presunções* de que estes beneficiam – a da justeza-adequação da *ratio decidendi*[a)] e a da autoridade institucionalizada do seu vínculo *(as binding authority)* [b)] – ou da articulação-concertação que estas presunções estabelecem – representação de resto integrada no problema das citações (e do relevo quanti-

associando-os (sem os distinguir... e portanto também sem distinguir as suas diversas relevâncias, constitutivo-institucionais e metodológicas) a um problema de organização hierárquica (e à interiorização dos pressupostos desta pelos diversos operadores-agentes... mas também pelos «consumidores da justiça»)... Ou ainda quando exigimos que as *rationes* dos critérios processuais vigentes mas também (de resto sem soluções de continuidade) a dos princípios-*policies* que institucionalmente os condicionam – e daqueles em particular que sustentam a procura e a oferta *socialmente óptimas* dos materiais probatórios (experimentados nos pólos dos sistemas *dispositivo-acusatório* e *inquisitório*)[36] – se nos imponham numa drástica simplificação *motivacional* (capaz não só de abstrair dos motivos e das representações de objectivos que efectivamente os condicionaram como de pôr entre parêntesis a sua inteligibilidade normativa): uma simplificação que passa evidentemente pela possibilidade de os reconstituir *a posteriori* (mobilizando o centro heurístico da *teoria dos preços* e a tradução regulativa da *welfare economics*[37])... e então e assim pela

---

tativo das citações) –, ver POSNER, *Frontiers,* cit., 423-424. Sem esquecer a «legitimação» puramente económica do equilíbrio dos precedentes – e da *chain novel* (*normativamente* determinada) que estes engendram – justificada em *The Problems of Jurisprudence*, cit., 86 e ss, 259-261, 358-359, *Overcoming Law,* cit., 121 e ss., 491 e ss., e *The Problematics of Moral and Legal Theory*, cit., 206 e ss.[e finalmente repetida em «Law's Dependence on the Past», *Frontiers,* cit., 145 e ss., 157-158, 163-164].Ver *infra,* notas 53 e 80.

[35] «Because the court faces a resource constraint, the question of *optimal organization* arises. (...) In appropriate circonstances, a *hierarchy* will emerge in which there is (a) division of labor between trial judges who find facts and appellate judges who determine the law; and (b) *strict vertical stare decisis* so that lower court judges will always adhere to the decisions of higher court judges. (...) *Stare decisis* refers to a set of practices peculiar to Anglo-american courts in which one court adheres to its own prioir decisions (*horizontal*) or to the decisions of a higher court (*vertical*). *Vertical stare decisis* arises because of the *benefits* presented by *specialization of labor between fact finding and law making* and for *error-correction reasons*...» (KORNHAUSER, «Appeal & Supreme Courts», cit., 46, 58-59, itálicos nossos). Ver *infra,* 3.1., nota 45.

[36] «The benefits and costs of searching for evidence, and so the optimal kind and amount of such search, vary with the type of searcher and it is the difference in who searches for evidence that mainly distinguishes the adversarial system, which prevails in most of the English-speaking world, from the inquisitorial system, which prevails in most other countries, notably those of the European continent and Japan (...). I shall treat tendencies as if they were their extremes...» (*Frontiers*, cit., 345).

[37] Tenhamos presente a sistematização das funções (tarefas) da «análise económica do direito» proposta por David FRIEDMAN: *(a)* o uso da *teoria dos preços* para prever os efeitos

oportunidade de os apresentar-experimentar como tentativas de solução de um problema de mobilização e de distribuição de recursos[38] (que como tal há que inscrever no horizonte *racional* de um mercado, *real* ou *hipotético, explícito* ou *implícito*[39]).

3. Façamos uma experiência. A de levar a sério e até ás últimas conse-quências este salto e a *fuga para a frente* que o torna possível. O objectivo, já o sabemos, é o de pensar **unitariamente** o desempenho da jurisdição. O de permitir que uma interrogação comum e que o filtro de decomposição-recomposição que a alimenta – sustentado numa *cost-benefit analysis* – surpreenda este desempenho como estrutura e como função, como prescrição estatutária de garantias e como núcleo de autocomposição de interesses, como poder (*não democrático*... entre os poderes *democráticos*[40]) e como destinatário de expecta-

---

dos critérios jurídicos alternativos (constituídos ou a constituir); *(b)* a «mobilização» da *welfare economics* («investigação das regras da máxima satisfação dos indivíduos»), para determinar quais são os programas e critérios jurídicos eficientes («qual o direito que deve existir»); *(c)* a mobilização da *public choice* (enquanto *teoria económica da política*) para prever «como será a lei» (ou quais vão ser as opções do legislador) [FRIEDMAN, «Law and Economics» (1987), cit. na tradução port. «Direito e ciência económica», *Sub Judice: justiça e sociedade,* nº 2, 1992, Jan.-Abril, 39 e ss].

[38] Desigualdade de recursos por exemplo que – num sistema jurídico-criminal de tipo dispositivo-acusatório (e neste assumido-purificado como um modelo de *competitive evidence search*) – «legitima» os efeitos do princípio *beyond a reasonable doubt* ou das expectativas de compensação correlativas («The government has enormous prosecutorial resources...»): *ibidem*, 366-367.

[39] Ver *infra*, 4., nota 87.

[40] Uma «especificidade» institucional que POSNER mobiliza enquanto se confronta com o problema-limite (insusceptível de *overlapping consensus*) do suicídio assistido – de resto apenas para confirmar a inutilidade das *moral theories* que pretendam constituir-se como «resposta para os *legal hard cases*» [*The Problematics of Moral and Legal Theory*, cit.,130- -132] –... mas que já expressamente reconhece como «dificuldade» quando considera o problema da «superioridade democrática da legislação» na perspectiva das vantagens e desvantagens (se não já dos custos e benefícios) de um *contrôle* jurisdicional da constitucionalidade *(as a judicial review exercised by the Supreme Court to invalidate federal and state legislation, and other governmental action)* e (ou) de um *contrôle* que (invocando o «uso de *novos* princípios constitucionais») pode superar por caducidade *long-existing laws* [*Frontiers of Legal Theory*, cit., 15-27]. Importa compreender no entanto que POSNER enfrenta este último problema (ou acervo de problemas) menos para apresentar soluções acabadas do que para invocar exemplos incontornáveis de núcleos temáticos e de

tivas e de incentivos sociais, como sistema remuneratório e como carreira (se não como organização burocrática e como trama de privilégios e de resistências)... mas então também, *last but not least*, como *voluntas* e como *judicium* (ou pelo menos como exercício de justificação racional[41]).

Trata-se desde logo de uniformizar planos de relevância inconfundíveis: de ignorar a especificidade das abordagens (político-constitucional, estatutária, dogmático-processual, metodológica, psicossociológica, semiótica e crítica) que se responsabilizam por estas diversas emergências problemáticas (ou pelos pressupostos que as autonomizam)... e de reduzir os contributos que lhes correspondem a uma heurística estanque de detecção e identificação de problemas (os quais, uma vez isolados, possam merecer um tratamento «científico» alternativo).

Mas trata-se também já de expulsar um interlocutor, ou mais rigorosamente – sem deixar de transferir para *outras* máscaras alguns dos seus contributos (entretanto sufragados como «bens» do domínio público) –, de reconhecer que este perdeu definitivamente a sua identidade. Que outro interlocutor senão o direito? Ora o direito ameaçado pelo «declínio irreversível da(s) sua(s) disciplina(s)»... mas também incapaz de se autonomizar como perspectiva e como dimensão prática... e então e assim ausente da reconstituição que nos ocupa.

Sem ficarmos por aqui. Porque se trata ainda de introduzir (antecipar) uma opção manifesta quanto aos **custos** (e de distribuir estes por núcleos e periferias de desigual importância). Uma opção que reconhece a complexidade do ponto de partida – a descontinuidade aparente das faces aglutinadas e a diversidade dos bens e serviços que assim se equiparam – para insistir no *topos* da «vulnerabilidade dos juízes». Ou mais rigorosamente, numa representação da *voluntas* (como arbítrio) que contabiliza como **custos** todas as interferências

---

perguntas *(as fundamental questions about the legal system)* com as quais a *teoria do direito* (na medida em que mobiliza exclusivamente o «potencial» de outras disciplinas, *não jurídicas*) se deve ocupar (ou para cujo esclarecimento deve contribuir).

[41] Decerto porque o processo de *funcionalização* que estamos a considerar exclui intencional e discursivamente a possibilidade de assumir um autêntico juízo-*julgamento* ou o pensamento prático que o integra (como dimensão irredutível): invoque-se, neste sentido, CASTANHEIRA NEVES, *Metodologia Jurídica. Problemas fundamentais,* Coimbra 1993, 30-49.

logradas do «sistema político» – mesmo quando diluídas e fragmentadas nas intenções polares da *rent seeking* e da *convicção ideológica* (e nos processos de interiorização correspondentes). Não importando tanto descrever (*-explicar*) esta vulnerabilidade – e explorar a «racionalidade vinculada» que a caracteriza[42] – quanto admitir a «possibilidade **regulativa**» de a contrariar. O que não é senão assumir as possibilidades de um discurso racional *intersubjectivamente controlável*. Ora um discurso que, partindo da experiência-limite da decisão concreta, possa afinal estender-se a todo o espectro problemático (ainda que apenas como uma das opções possíveis!⁴³)... e atenuar as diferenças (ou tornar– nos insensíveis às diferenças) que o fragmentam.

Um discurso racional assim que já não se basta com a *afirmação de explicabilidade* da *cost-benefit-analysis* ou com o reconhecimento de que o desafio da *balancing of competing interests* impõe hoje uma *pragmática de comparação* estratégico-tacticamente convencionada[44]. Porque exige já que uma tal afirmação de explicabilidade se especifique num «modelo» racionalmente plausível de jurisdição.

3.1. Preocupação que ilumina a proposta de KORNHAUSER. Enquanto assume uma representação pragmático-económica de um «modelo de equipa» ou de «correcção de erros», que pretende compossível com a pressuposição (*motivacionalmente* assimilada) do

---

[42] Num processo como sabemos que pode corresponder a uma assimilação parcial (nos limites de um *rational choice model*) ou traduzir já significativas mudanças de paradigma: ver supra, notas 11 e 12.

[43] Como veremos, uma das pedras de toque do *pragmatic turn* de POSNER. Que neste plano –mas apenas neste (já que as concepções do modelo de eficiência permanecem inconfundíveis!)...– o aproxima decerto de CALABRESI: ver *infra*, 4. e 5.2.

[44] Uma estratégia global, insista-se, capaz assim mesmo de se projectar numa especificação táctica racionalmente sustentada (iluminada pela *ordem de fins* «macroscopicamente inteligível» decidida pela primeira). Porque outro é certamente o problema dos comportamentos estratégicos individuais (dos juízes e dos operadores-agentes que com eles se interrelacionam) ou o dos obstáculos que estes impõem à prossecução da referida *ordem de fins*. Só estaremos em condições de reconstituir a prática judicial como uma pragmática determinada (entre outros objectivos-*goals*) pela finalidade da *wealth maximization* se pudermos autonomizar um plano de relevância que permaneça imune aos comportamentos estratégicos dos operadores envolvidos – e se não capaz de superar-*neutralizar* os limites e constrangimentos que estes impõem, pelo menos de autonomizar o sentido e a especificidade reflexiva do processo de superação. Ver *infra*, 5.3.

direito vigente e com os vínculos que este estabiliza – na mesma medida em que capaz de superar *racionalmente* a sua indeterminação *(judges share the goal of minimizing the number of errors)*. Mas então sobretudo enquanto exige que este *judicial behaviour model*, que no fundo silencia as pretensões de uma autêntica reflexão metodológica *(it's always and only a problem of judicial motivation)*, se constitua como núcleo de uma *pragmática da administração judicial*. Um núcleo-resposta capaz de enfrentar (e de conferir uma analogia surpreendente) a problemas tão distintos como o dos limites dos serviços jurisdicionais públicos (e das escolhas correlativas), o da repartição de tarefas *juiz/júri*, o da organização dos recursos (agora com a distribuição *trial judges/appelate judges*), o da pressuposição do *stare decisis*... sem esquecer o da organização hierárquica e o do contraponto tribunais comuns/tribunais especiais[45].

3.2. Preocupação que ilumina a proposta de KORNHAUSER, dizíamos, mas que só o modelo de POSNER – ao converter a pragmática de comparação pressuposta num método de *escolha racional* – parece afinal em condições de cumprir. Um método como se sabe sustentado na especificação de um critério único – que se diz de *maximização da riqueza* – e neste enquanto possibilidade de submeter a determinação dos custos e benefícios (e a *payoff calculation* que esta envolve mas também, e até certo ponto, a representação-distribuição das probabilidades de verificação correspondentes) ao filtro racionalmente

---

[45] Trata-se de pensar a motivação das decisões judiciais, contrapondo um *modelo de equipa (all judges in the system, following the law, share a common objective function)* a um *modelo político* ou às diversas imagens que este último admite *(every judge has separable , spatial preferences over the the policy space (...) and seeks to implement (...) its (...) own policies preferences, subject to constraints such as review by other judges (...) or reversal (...) by legislatures (...) but also to other political agents decisions ,including administrative agencies (...) and executive)*, para encontrar a resposta numa tradução-correcção económica do primeiro... até certo ponto estimulada pela experiência do segundo... *(judges act self-interestedly but sharing the goal of minimizing the number of errors)* – tanto mais lograda esta última *(as an informal economic team model)* quanto capaz de enfrentar (e de resolver) os referidos problemas *estruturais*: KORNHAUSER, «Judicial Organization & Administration», cit., 29 e ss. («Judicial Motivation»), e muito especialmente «Appeal & Supreme Courts», cit., 45-51(«Explanations of hierarchy», «Team Models of Error Correction», «Political Models of Review»), 58 e ss. («Stare Decisis»).

objectivo do valor *(value)*. O que, mais do que pressupor *situações de incerteza* e de *incerteza competitiva* (no limite das *game and bargaining theories*) para as tratar *racionalmente* como *situações de risco* – com pressupostos e exigências que não tardaremos a recordar –, significa já garantir às condições estruturantes do poder e da função judiciais e aos momentos constitutivos da jurisdição – com o alcance e a diversidade em que temos insistido – uma representação e um tratamento unívocos (ainda que apenas como uma das perspectivas a ter em conta, aquela que o *legal economic analyst* pode e deve propor). Como se os problemas e recursos que assim se acumulam – separados das perspectivas de relevância que os produzem – admitissem afinal parificar-se (e tornar-se indissociáveis) como pressupostos e materiais – se não mesmo como «base de informação» – de uma decisão táctica-*modelo*. Ora uma decisão *táctica* que, como frente-*exemplum* de uma *free market jurisdiction*, encontra a sua estratégia global no processo de maximização da riqueza e na representação da *societas* que este autoriza *(the community defined as those who have money to back their desires*[46]*)* – ainda que os critérios vinculantes do direito vigente imponham uma outra estratégica ou uma outra especificação teleológica. Sem esquecer por fim que a gestão de um tal tratamento – e, como diria TEUBNER, do «monoteísmo»[47] que (pelo menos nas fronteiras interiores da sua abordagem) este engendra – há de competir sem surpresa a uma *teoria do direito «sem direito»*: uma teoria do direito que só hoje nos aparecerá em condições de descobrir o seu caminho e a sua importância imprescindível (enquanto disciplina que, segundo POSNER, veio «para ficar»[48]) ... e isto na medida em que se distingue da filosofia jurídica *(as analysis of high-level law-related abstractions)* e da doutrina – e desta associada a uma vertente de reflexão metodológica *(as legal reasoning, the core*

---

[46] *Frontiers of Legal Theory*, cit., 99.
[47] «*Rational choice* est le dernier des dieux auxquels le droit doit sacrifier. (...) Au nom de la "nature" tant qu'à celui de la raison, ce nouveeau monothéisme parle pathétiquement d'un droit naturel : le droit devrait correspondre aux lois internes du marché et de l'organisation, qui constitue la nature de la societé moderne ...» (TEUBNER, «*Altera pars audiatur*: Le droit dans la collision des discours», cit., 100).
[48] *Frontiers of Legal Theory*, cit., 14.

analytical component of adjudication and the practice of law)[49] – para assumir uma abordagem inequivocamente exterior[50], interdisciplinarmente constituída *(legal theory is concerned with the practical problems of law, but it approaches them from the outside, using the tools of other disciplines)*[51]. Uma interdisciplinaridade enfim que, para além do discurso económico e deste como núcleo (concentrado nas lições do marginalismo pós-coasiano)[52] mobiliza contributos decisivos da semiótica, da filosofia do pragmatismo, da epistemologia e da psicossociologia... mas ainda instrumentos preciosos da *behavioural economics,* da *normative theory of rational choice,* da *teoria das probabilidades* (e outras *quantitative scholarships)...* enfim do narrativismo genealógico *(as an effective method of sceptical analysis)*[53]!

---

[49] Mas então também da *Jurisprudence* anglo-saxónica (ou pelo menos da sua *british translation),* que POSNER, com alguma ambiguidade de resto, associa sempre à *legal* (se não à *moral) philosophy*: veja-se agora *Law and Legal Theory in the UK and USA,* cit., 69-70.

[50] Já assim claramente em *The Problematics of Moral and Legal Theory,* cit., 91 e ss. («Legal Theory, Moral Themes»), aí embora admitindo (ainda) que a *filosofia do direito* possa entender-se como uma das possibilidades-modalidades reflexivas *(exteriores)* abertas pela teoria. «Legal theory includes legal theory but is broader, because it also includes the use of nonlegal methods of inquiry to illuminate specific issues of law; it excludes only doctrinal analysis» *(The Problematics of Moral and Legal Theory,* cit., 242). «By "legal theory"I mean to exclude both philosophy of law (legal philosophy, or jurisprudence) (...) and the analysis of legal doctrine» *(Frontiers of Legal Theory* cit., 2).

[51] Para compreender o alcance desta *interdisciplinaridade* e do *pragmatic turn* que a alimenta é imprescindível considerar toda a «Introduction» das *Frontiers of Legal Theory,* cit., 1-27 «The particular areas I examine in this book (...) may seem little related to each other, but we shall see that they overlap and interpenetrate, enabling us to glimpse the possibility of legal theory as an unified field of social science...» *(Ibidem,* 14-15).

[52] «What Holmes lacked was a social theory to take the place of the kind of internal legal theory that he denigrated in the German theorists. We now have that theory; it is called economics...» *(Ibidem,* 207). Cfr. também *ibidem,* 219-221.

[53] Não podendo considerar aqui o alcance da «influência» de NIETZSCHE (recorrentemente invocada para iluminar o *pragmatic turn* de POSNER) [confrontem-se apenas alguns dos passos decisivos da «trilogia»: *The Problems of Jurisprudence,* cit., 239-244 («Holmes, Nietzsche and Pragmatism»), *Overcoming Law,* cit., 445 e ss.(«What Are Philosophers Good For?»), *The Problematics of Moral and Legal Theory,* 17 e ss. («Realism versus Relativism»), 53 e ss. («Moral casuistry»)], detenhamo-nos um pouco em «Law's Dependence on the Past» *(Frontiers of Legal Theory,* cit., 145 e ss.). Trata-se com efeito de mobilizar NIETZSCHE («that founding document of pragmatism (...) which is *On the Uses and Disavantages of History for Life*») – sem deixar de o distinguir do «seu epígono Foucault» (e da atitude conservadoramente cínica que este assume)... mas também das

4. Exploremos um pouco este espectro e as suas exigências de unidade. Ou a imagem do juiz *(as rational maximizer)* que lhe corresponde.

Privilegiando a auto-subsistência **regulativa** desta imagem *(law should be made to conform as closely as possible to the dictates of wealth maximization)*? Certamente. Por um lado para não termos que nos preocupar com as exigências de comprovação empírica da hipótese **positivo-descritiva** *(law can best be understood in wealth-maximizing and rent-seeking terms, the former being the domain of common law, the latter of statute law)*[54].

Preocupação decerto que nos levaria a discutir separadamente duas pretensões-*teses* – e a pluralidade de respostas (se não a teia de interlocutores) que lhes correspondem: precisamente aquelas que KORNHAUSER nos ensina a reconhecer, quando distingue a pretensão

---

assimilações *pós-modernas* do seu veio crítico [«Nietzsche is not a postmodernist crazy...»(146)] – como um estímulo reflexivo indispensável para considerar a presença do passado nos argumentos jurídicos: entenda-se, de confrontar o «uso retórico da história praticado pelo pensamento jurídico tradicional» com o «uso que a ciência económica faz do conceito de *past dependence* (Paul DAVID)»... para encontrar neste último um modelo racionalmente inexcedível – que nos leva a um diálogo crítico com o pensamento de DWORKIN e à justificação puramente económica das exigências da analogia *(likeness)* e da institucionalização dos precedentes mas também a uma representação do(s) modo(s) e dos limites de vinculação que devem corresponder a estes últimos [«We can thus expect to observe *path dependence* when transition costs are high relative to the benefits of change (...) Even if there are large positive benefits to a change, they may be swamped by the costs of altering the status quo if the alteration requires a large number of people or institutions to change their behaviour more or less at once...(...) The law's obeisance to the past at the expense of the present and the future thus need not be attributed to a mystical, perhaps quasi-religious, veneration of ancient ways. It could just reflect transition costs...» *(Ibidem,* 219-221)]. Reflexão que nos importa ainda enquanto e na medida em que, com uma transparência exemplar, questiona o problema da autonomia do direito (e este vinculado a uma experimentação histórico-cultural) [«Path dependence in law resembles another important concept, that of law's autonomy. To the extent that a practice or field, whether it be music, mathematics, or law, is autonomous, developing in accordance with its internal laws, its "program", its "DNA", its current state will bear an organic relation to its previous states. Many legal thinkers have aspired to make law an autonomous discipline in this sense. It is a questionable aspiration and my own view is that law is better regarded as a servant of social need, a conception that severs the law from any inherent dependence on its past...» *(Ibidem,* 159)].

[54] As fórmulas propostas (entre muitas outras possíveis) são aquelas que correspondem à lição (ao *pragmatic turn*) de *The Problems of Jurisprudence,* cit., 362.

positiva ou **factual** e a pretensão **genética**, limitando-se a primeira a descobrir nos *common law processes* um «esforço real para *produzir* resultados eficientes» *(the factual or positive claim, which argues that the common law is **in fact** efficient*[55], *the hypothesis that common law judges are preeminently concerned with efficiency*[56]), procurando a segunda já inscrever este (re)conhecimento num «modelo *explicativo de evolução*» *(the claim that the common law process generates efficient rules*[57], *the hypothesis that common law judges select efficient rules*[58]).[59]

---

[55] KORNHAUSER, «L'analyse économique du droit» (1985), cit. na trad. portuguesa «A análise económica do direito», *Sub Judice: justiça e sociedade*, n° 2, 1992, cit., 43 e ss., 48-50 [texto no entanto que importa não confundir com«Economic Analysis of Law», in Edward N. ZALTA (ed.), *The Stanford Encyclopedia of Philosophy*, cit. *supra*, nota 8]

[56] Consideremos o percurso de POSNER a partir das sínteses exemplares de «The Law and Economics Movement» (1987) [*American Economic Review*, n° 77-2, 1 e ss., incluído em POSNER/PARISI (ed.) *Law and Economics*, cit., vol. I, 3 e ss] e de *The Problems of Jurisprudence*, cit., 353 e ss., 362-374 [«Common law (i.e., judge-made) rules are often best explained as efforts, whether or not conscious, to bring about either Pareto or Kaldor--Hicks efficient outcomes...» («The Law and Economics Movement», 7) /«Common law facilitates wealth-maximizating transactions in a variety of ways» (*The Problems of Jurisprudence*, 357), «Common law rules have (...) wealth-maximizing properties...» (*Ibidem*, 358)]. Sem esquecer decerto uma diferenciação funcional importante [«The judges (...) in the Anglo-American legal system (...) thus have a dual role: to interpret the interest--group deals embodied in legislation and to provide the basic public service of authoritative dispute resolution. They perform the latter function not only by deciding cases in accordance with preexisting norms, but also (..) by elaborating those norms» (*Ibidem*, 355)]; ou não tanto esta diferenciação (e os problemas de institucionalização político-jurídica que ela abre) quanto a especificação (ou pelo menos a gradação) de procedimentos judicativo-decisórios que POSNER lhe atribui – esta polarizada pelo contraponto *statute law decisions/common law decisions* stricto sensu (distinção à qual vamos aludir já a seguir no texto).

[57] Os desenvolvimentos seminais («estimulados» por *afirmações de explicabilidade* já esboçadas por COASE e POSNER) devem-se a Paul H. RUBIN e George L. PRIEST, respectivamente em «Why Is the Common Law Efficient?» (1977) e «The Common Law Process and The Selection Of Efficient Rules» (1977) [textos publicados no *Journal of Legal Studies* e agora também incluídos em POSNER/PARISI (ed.) *Law and Economics*, Cheltenham 1997, 152 e ss., 165 e ss.]: o primeiro a assumir um *evolutionary model* vinculado ao processo de descoberta e racionalização das decisões das partes *(as utility maximizing decisions of litigants (...) in a world of no ignorance)* e ao interesse na consagração de um precedente que *racionalmente* as condiciona *(an interest in future similar cases (...), which means a desire to create precedents)* [«The evolutionary pressure comes from behaviour of potential litigants, rather than judges (...). In this paper I desired to show how rational behaviour of litigants would lead to efficiency of legal decisions. I succeeded in this...» (162-164)]; o

segundo a converter aquele modelo numa hipótese objectiva de selecção de critérios eficientes, hipótese esta por sua vez que, ao pressupor um «mundo real de custos de transacção positivos», possa impor-se-nos (e ser confirmada ou falsificada) por um lado independentemente das variáveis introduzidas pelo «comportamento individual dos juízes» (como Rubin já acentua), por outro também independentemente do «interesse dos litigantes nos efeitos das regras» *(litigation driven by the costs of inefficient rules, rather than the desire for precedent)* [«It will be shown that efficient rules will be more likely to endure as controlling precedents regardless of the attitudes of the individual judges towards efficiency, the ability of judges to distinguish efficient from inefficient outcomes, or the interest or uninterest of the litigants in the allocative effects of rules...» (165) «Even if judges prefer inefficiency or prefer efficiency but are unable to achieve it, the common law process will restrain and channel judicial discretion so that the legal rules in force will consist of alarger proportion of efficirent rules than the bias or the incapacity of judges might otherwise permit» (166)]. Reparemos de resto que PRIEST alarga a sua hipótese evolutiva a todo o processo de realização jurisdicional do direito (mesmo para além das estritas *common law decisions*) [«It will be shown that this tendency toward efficiency is a characteristic of the common law process, so that the content not only of the common law itself, but also of the legal interpretation of statutes or of the Constitution, is subject to forces pressing toward efficiency...» (165)].

[58] Processo de «selecção» este que Posner assume também independentemente dos «comportamentos individuais», só que numa fronteira de relevância institucional em que a pressuposição do *common law conceptual system* e das *policies* que o sustentam (e estas precipitadas numa formação-*Bildung*, quando não interiorizadas como motivos) se tornam não obstante já determinantes (e ao ponto de condicionarem-constrangerem empiricamente aqueles comportamentos). «Thus we should not be surprised to see the common law tending to become efficient, although since the incentives of judges to perform well along any dimension are weak (...), we cannot expect the law ever to achieve perfect efficiency...» (*The Problems of Jurisprudence*, cit., 360). Para uma afirmação de explicabilidade que alarga esta hipótese à reflexão doutrinária desenvolvida pelo juiz – com maior ou menor autonomia mas sempre nas fronteiras de relevância de um procedimento decisório (*common law doctrine(...) as doctrine forged in the process of deciding cases, whether or not they are "common law" cases in the technical legal sense*) –, ver *Frontiers of Legal Theory*, cit., 158-159 [«Much of the doctrinal luxuriance of common law is seen to be superficial once the essentially economic nature of the common law is understood. A few principles, such as cost-benefit analysis, the prevention of free riding, decision under uncertainty, risk aversion, and the promotion of mutually beneficial exchanges, can explain most doctrines and decisions...» (*The Problems of Jurisprudence*, cit., 361)].

[59] Para uma reconstituição da «heurística» desta *evolutionary approach* – sustentada numa «reabilitação»-conversão da hipótese *organicista* de Blackstone... e então também assumida em confronto com a «ficção mecânica» de Bentham (e a exigência de superação da *common law practice* que esta determina) – importa voltar a *The Economics of Justice*,

Mas preocupação que nos obrigaria também a interrogar o procedimento de **comprovação** das diversas hipóteses explicativas e este no seu peculiar estatuto epistemológico: ainda que eventualmente para acompanhar POSNER... e a solução inconfundível que ele propõe *(the assumption (...) that the positive aspect of economic theory of law is not effectively falsiable but only confirmable*[60]*).*

Por outro lado para não termos que interpelar *exteriormente* (como que *meta-prescritivamente*) aquela assunção regulativa, investigando se (e até que ponto é que) esta assimila (hipertrofia) condições-determinações exclusivas da experiência do *common law american judge*[61] (quando não explicitamente da *common law decision*

Oxford 1982, 13-47 («Bentham and Blackstone») [«My angle of attack on utilitarianism is also novel in that I search for a clue to the basic character of Bentham's thought in his passionate dislike of William Blackstone...»(13)]. Veja-se também e por todos – dando-nos conta das representações da *Common Law* implicadas neste confronto –, Alain STROWEL, «Utilitarisme et approche économique dans la théorie du droit. Autour de Bentham et Posner», *Revue interdisciplinaire d'études juridiques,* n° 18, 1987, 25-35 *(La Common Law: de son caractère fictif à sa logique économique),* 42-45(C) [também nos *Archives de philosophie du droit,* vol. 37 *(Droit et économie),* 159-165, 170-171].

[60] Trata-se de assumir a lição do *racionalismo crítico* para reconhecer que o discurso económico mobilizável pela *law and economics* (sem prejuízo da objectividade e neutralidade teoréticas que garante) só excepcionalmente nos permite corresponder às exigências epistemológicas de uma teoria explicativa forte *(falsificável)* – devendo contentar-se em regra com hipóteses de regularidade *mais fracas (not effectively falsiable, but only confirmable).* Para um desenvolvimento desta temática cfr. *The Problems of Jurisprudence,* cit., 362 e ss. [«As no one believes either that *every* common law rule is wealth maximizing or that *every* statute merely redistributes wealth in favor of some interest group, the strongest form of the theory – that it accurately describes the total behaviour of the legal system, as Newtonian physics was once thought to describe the motion of every object in the universe – is totally untenable...» (371).] Sem esquecer que se trata assim também já de esboçar o projecto de uma teoria do direito dominada pela análise económica: «The economics of law may be a weak field, partaking of the general weakness of economics and of additional weakness specific to itself. But is the psychology of law strong? The sociology of law? Legal anthropology? Jurisprudence as a positive theory of law? These fields of interdisciplinary legal studies, and others that could be named, are older than economic analysis of law yet are weaker candidates for a leading role in fashioning a *positive* theory of law...» (367).

[61] O confronto comparativo dos sistemas judiciais inglês e norte-americano, num *continuum* deliberado de representações institucionais e empíricas mas também de especificações normativas – capaz de explorar os efeitos das *rationes* juízes/juristas e juízes/cidadãos e de (na especificação *funcional* do poder dos primeiros) enfrentar temas tão

making[62]). Mas também (e na mesma linha de desenvolvimento) para não termos que discutir a sua plausibilidade como modelo metódico – ou mais rigorosamente o modo como a selecção dos seus elementos confirma ou pretende confirmar a hipótese (pré-determinada) da impossibilidade de uma autêntica reflexão metodológica *(there is no such thing as "legal reasoning"*[63]).

Sem podermos esquecer de resto que enfrentar o problema da *adjudication as decision making* – assumindo a irredutibilidade desta a um processo objectivamente determinável de *resposta única* – é para POSNER sempre partir de um acervo de **critérios** (*rules* e *standards*) e de um tecido de **concepções-«conceitos»** (*concepts*[64]) – se não já

---

distintos como os da formação académica, processo de recrutamento, homogeneidade *(in values and preferences)*, expectativas de carreira, sistemas remuneratórios, núcleos de dependência e independência, capacidade de inovação e de intervenção política... mas ainda *(last but not least)* de comparar os critérios de «filtragem» dos litígios (com os efeitos-custos que estes impõem)... e a previsibilidade das decisões... e a certeza e determinabilidade (se não simplicidade) das ordens normativas correspondentes... e as pretensões filosófico-especulativas da *jurisprudence*... –, esse oferece-no-lo POSNER principalmente nas Oxford (Clarendon Law) Lectures reunidas em *Law and Legal Theory in the UK and USA*, Oxford 1996, 20-37, 69 e ss., 108-111: reconhecendo precisamente o *continental character of the english legal system*, e um *continental character* que aqui nos importa sobretudo numa das suas dimensões – precisamente aquela que traduz a resistência (se não hostilidade) à recepção das ciências sociais (muito particularmente ao discurso económico). «The important difference in terms of substance rather than mere form, so far as receptivity to theory is concerned, and it is a difference between United States and the rest of the world, concerns receptivity (...) to social science, to which the Germans, for example, are as hostile as the English. Other differences between the English and Continental Legal systems are, as we are about to see, artifacts of a confusion, common in legal thought, of the nominal with the functional...» (*Ibidem*, 21). Para uma discussão atenta de alguns destes aspectos, cfr. ainda «What Do Judges Maximize?» e «The Profession in Crisis: Germany and Britain», *Overcoming Law*, cit., 109 e ss., 145 e ss..

[62] Com o sentido autonomizado em *The Problems of Jurisprudence*... que nos vai ocupar já a seguir (*statutory or constitutional decisions* versus *common law decisions*).

[63] *The Problems of Jurisprudence*, cit., 459.

[64] Com um alcance no entanto que é irredutível à «conceitualização normativista» e à «cristalização formalista» e que de certo modo (sempre *et pour cause* sob as lentes correctivas de uma *realistic approach*) nos aproxima da pressuposição pragmático-institucional de uma tipologia (se não mesmo terminologia) de problemas e de soluções (mas também de objectivos) «socialmente» reconhecidos. Para uma síntese da opção *antiformalista* dos juristas norte-americanos (justificada como uma concertação de *casuísmo* e de *pragmatismo*) – síntese de resto exemplar pelos processos de redução que assume (enquanto e na medida em

explicitamente do modelo de equilíbrio que estes concertam[65]. Mas então distinguir (dever distinguir) – e agora em função dos (tipos de) critérios hipoteticamente seleccionados pelo julgador – dois universos *metodicamente* inconfundíveis (nos quais a articulação dos referidos corpos se faz precisamente à custa de «vinculações» distintas):

(a) o primeiro (o das ***statutory or constitutional decisions***) aberto pela procura e selecção lograda de um critério legislativo *(rule or standard created primarily by the framers of statutes and constitution)* – ou mais rigorosamente pela exigência de inscrever a resposta-solução no corpo normativo e (ou) domínio problemático correspondente *(statutory law)*;

(b) o segundo (o das ***common law decisions***) determinado por sua vez pela procura e selecção possíveis de um critério jurisprudencial vinculante *(judicial opinion)* – e então e assim pela exigência de integrar a resposta-solução encontrada no corpo de critérios (mas também de *standards*... ou de princípios redutivamente formulados como *standards)* do *direito dos juízes (a body of rules and standards created primarily by judges through their decisions).*

Só o primeiro destes universos discursivos (o de um *written law*) determina uma mediação interpretativa no sentido rigoroso do termo *(interpretation)*: uma mediação que embora pragmática *(interpretation is not a logic process*[66]*)* reconstrua as significações do critério

---

que confunde, sem remissão, a invocação dos princípios com um processo de desimplicação lógica e a opção casuística com uma determinação estratégico-táctica, vagamente alimentada por um discurso indutivo) – ver finalmente *Frontiers of Legal Theory,* cit., 197-198.

[65] É a lição proposta na parte III («Interpretation revisited») de *The Problems of Jurisprudence*, cit., 247 e ss. (de cujo desenvolvimento oferecemos a seguir uma síntese brevíssima). «A field of common law, such as tort law, and a field of statute law, such as labor law, will resemble each other in that each will consist of a body of rules and standards resting in turn on a body of concepts...» (247-248)

[66] Significa isto que, sem prejuízo do contraponto *interpretation/understanding* (e dos degraus de vinculação correspondentes), deixou de ser possível pensar uma textualidade constitutiva da juridicidade (ou das condições-exigências da juridicidade); a ponto de se poder dizer que não tem já um «sentido útil» celebrar a especificidade interpretativa da prática e do pensamento juridicamente relevantes. «There is no longer an useful sense in which law is interpretative. This is true of statutory and constitucional law as well as common law. Interpretation butters no parsnips; it is at best a reminder that there is a text in the picture (and there is not even there in common law fields). The essence of interpretive decision making is considering the consequences of alternative decisions. There

are no "logically" correct interpretations; interpretation is not a logical process...» (*The Problems of Jurisprudence*, cit., 460).

Uma concepção pragmático-consequencial do problema da interpretação esta que parece romper com a opção «subjectivista» defendida na primeira versão de *Law and Literature*: com o *sophisticated or modified legal intentionalism* que a sustenta (*Law and Literature.A Misunderstood Relation*, Harvard, 1988, 216-219, 226 e ss, 239 n 47, 246-247, 251)... mas então também com a oposição binominal que o torna possível (*intentionalist versus New Critic interpretation*), se não mesmo com a «dupla face» que lhe corresponde [«Thus I do not consider myself inconsistent in beeing *an intentionalist when it comes to reading statutes and the Constitution* but a *New Critic when it comes to reading works of literature*...» (218) / «New Criticism and deconstructionism are continuous, and both are opposed to what seems to me the right attitude toward the interpretation of statutory and constitutional texts...» (240) /«[It's] the german hermeneutic school, which culminates in Gadamer (...) [that] provides, together with Nietzsche, the main philosophical underpinnings for the reader-response school of literary criticism...» (236 n 42)]. Se tivermos presente no entanto que uma tal *intentionalist celebration* (longe de se reduzir a um subjectivismo tradicional) se distingue precisamente por pretender conciliar a reconstrução da intenção do «legislador» [«What you are trying to do in reading in a statute or the Constitution is to figure out from the words, the structure, the background, and other available information how the legislators whose votes were necessary for enactment would probably have answered your question of statutory interpretation if it had occured to them...» (*Ibidem*, 218)] – argumentativamente sustentada numa representação «legalista» do *princípio da separação dos poderes* (*Ibidem*, 228-229, 240, 242, 249, 314) – com uma concepção *estratégica* da norma-imperativo – capaz por sua vez de admitir que a «mensagem comunicada» se submeta a determinações alternativas (pragmatico-*tacticamente* justificadas) [«as a kind of (...) military analogy (...) which respects (...) the constitutional hierarchy...» (*Ibidem*, 240-242, 244 e ss, 252-253 e nota 65, 255, 257-258, 261 e nota 75)] –, estaremos enfim em condições de compreender que o problema é menos o de uma ruptura do que o de justificar uma transformação-correcção. Como se se tratasse de impor um novo equilíbrio e de (invertendo os pesos específicos ou os papéis dominantes) reassumir as dimensões ou os núcleos relacionais já presentes na *intentionalist celebration* – reconhecendo simultaneamente a perda de relevância (se não mesmo de autonomia) do problema da interpretação. Compreensão que o confronto com a *revised and enlarged version* de 1998 (já dominada pelo *pragmatic turn*) nos permite enfim confirmar: ver «Interpreting Contracts, Statutes, and Constitutions», *Law and Literature* (Revised and Enlarged Edition), Harvard, 211 e ss. «All this said, I do think a judge should pay more attention to legislators' conscious intentions than a literary critic should pay to the author's conscious intentions (...). But the judge should also pay attention to practical consequences in choosing between interpretations (...). I see no inconsistency between being a *pragmatist judge who emphasizes legislative intention and practical consequences* and a *formalist literary critic in the style of the New Criticism*...» (*Ibidem*, 245, itálicos nossos)

(judges have first to extract the concept from the statute, that is, interpret the statute⁶⁷) pressupondo e mobilizando um autêntico **sistema textual** *(textual system)*⁶⁸. Pressuposição por sua vez que vincula a representação dos significantes-significados às fórmulas filológico-gramaticais usadas pelos *statutory texts* e impõe ao julgador, para além (se não independentemente) da exigência de respeitar o «acordo de interesses» político-estrategicamente consagrado pela teleologia da *rule-standard (to interpret the interest-group deals embodied in legislation⁶⁹, to reconstruct the rent-seeking command⁷⁰)*, a exigência também, aqui e agora, de respeitar a auto-subsistência das fórmulas em que aquela vinculação (ou tecido de vinculações) se manifesta *(statutory concepts must be justified by demonstrating their provenance in statutory texts⁷¹)*.

Outras são as exigências assumidas pela *common law decision making*. Tratando-se decerto também de reconstruir concepções-«conceitos» e de pressupor-representar o corpo correlativo, as significações destes, inscritas no território de um *unwritten law (in its profound sense)*, impõem-se-nos no entanto desvinculadas de formulações verbais explícitas e como tal abertas a uma pluralidade de traduções jurisdicionais e doutrinais – constituindo aquilo que POSNER diz um **sistema de concepções** auto-subsistente *(a conceptual system)*⁷².

---

⁶⁷ *The Problems of Jurisprudence*, cit., 248.

⁶⁸ *Ibidem*, 247-249, 278-285 («Indeterminate statutory cases»), 286 e ss. («How to decide statutory and constitutional cases»).

⁶⁹ *Ibidem*, 355.

⁷⁰ *Ibidem*, 362. «A statute may reflect nothing more exalted than the political muscle of an interest group that was able to obtain a legislative redistribution of wealth from a less well organised group...» (272).

⁷¹ *Ibidem*, 248-249. «The statutory text (...) is in some important sense not to be revised by the judges, not to be put into their own words. They cannot treat the statute as a stab at formulating a concept...» (248)

⁷² «There are many equivalent ways to state the concept of negligence, or consideration, or reliance, [etc.] (...) and though some of these statements are more influential than others none is authoritative in the sense that it controls decisions applying the doctrine; the concept controls. Because of its conceptual character, common law is unwritten law in a profound sense. Indeed, a common law doctrine is no more textual than Newton's universal law of gravitation is. The doctrine is inferred from a judicial opinion, or more commonly from a series of judicial opinions, but the doctrine is not those opinions or the particular verbal formulas in them as Newton's law, although first learned from the

Com uma consequência importante: é que a tarefa passa a ser agora menos a de interpretar o sistema mobilizável do que a de o compreender – compreensão-*understanding* por sua vez que (enquanto *pragmatic policy analysis*) tem que resolver um problema de «proveniência» ou de vinculação inconfundível com o anterior. Trata-se com efeito de reconhecer-determinar os *principles* ou *policies* que informam (e sustentam) o domínio normativo em causa — estes decerto (*et pour cause!*) rigorosamente equiparados (reduzidos a uma *ordem de fins*). *Just as* **statutory concepts** *must be justified by demonstrating their provenance in* **statutory texts***, so* **common law concepts** *must be justified by demonstrating their provenance in* **sound public policy** *(it is proper to ask whether the concept is anchored in whatever principles, policies, or goals the particular area of common law is thought to serve)*[73].

Averiguada a proveniência das concepções-«conceitos»[74] – com um grau de flexibilidade e de abertura pragmática que beneficia significativamente as **common law decisions** (e as torna assim capazes de mobilizar com outra autonomia uma estratégia lograda de

---

words in which Newton published it, is not those words. (...) Translation may be imperfect and alter the meaning of the original doctrine; nevertheless many common law doctrines have a stable meaning, though expressed in a variety of different ways...» (*Ibidem*, 248)

[73] *Ibidem*, 249, 255 e ss.

[74] Bastará invocar o domínio-limite do direito criminal – no qual a realização do direito se cumpre com a mediação privilegiada de *statutes* (capazes de «delimitar» os pressupostos da incriminação e da punição)... e que não obstante pressupõe-mobiliza um assumido *common law conceptual system* – para perceber que se trata apenas de reconhecer uma diferença de grau, justificada pelo *continuum* de racionalidade que a institucionalização do *common law process* determina ou exige [*common law process* de resto com o sentido amplo que descobrimos na proposta *evolutiva* de George L. PRIEST (*supra,* nota 57)]. Ainda que reconhecer este *continuum* (e as fronteiras fluidas que separam os diversos degraus envolvidos mas também a dinâmica de absorção-assimilação que neles beneficia o direito jurisdicional) não signifique para POSNER – numa opção em que manifestamente se contrapõe a CALABRESI – dever (ou mesmo poder) tratar os critérios do *statute law* «como se fossem precedentes» – o que determinaria abstrair (ter que abstrair) das diferenças de formulação e dos *corpos de concepções* mas também das opções teleológicas (quando não das instâncias de vinculação) que separam os referidos critérios (torná-los por assim dizer sistemicamente equivalentes). Neste sentido cfr. *The Problems of Jurisprudence*, cit., 269 e ss., 299-302. «Guido Calabresi's approach of treating statutes like precedents is pragmatic too, but its implications are too radical for my taste...» (300).

maximização da riqueza) – a unidade de procedimentos restabelece-se: muito simplesmente porque POSNER entende que se trata aqui e agora (mas apenas aqui e agora![75]) de mobilizar o discurso lógico-dedutivo – de encontrar-*explicitar* a solução, «aplicando aos factos específicos» a concepção previamente reconhecida e justificada. *Once we are satisfied that the concept is properly derived, we can proceed to use logical reasoning,(...) the central formalist technique (...), to apply it to specific facts; so there is a domain for formalistic reasoning (in the neutral sense that equates it to logical reasoning) in both common law and statutory fields; and conceivably is the same size, which may not be a large size, in both*[76].

Privilegiemos então a auto-subsistência **regulativa** da imagem do juiz *as rational maximizer*. O que não é senão concentrarmo-nos na tarefa-*perspectiva* do *economic analyst of law*: na tarefa de um *external theorist* que se dirige ao criador de direito (legislador ou juiz[77]) pedindo-lhe que se liberte das pressões dos grupos de interesses (do confronto das *rent-seeking appetences* e da competição das pretensões ideológicas) para levar a sério um «interesse público» interpretado à luz da maximização da riqueza *(wealth maximization is not only a guide in fact to common law judging, but also a genuine*

---

[75] Assim com um domínio de implantação manifestamente circunscrito, que pressupõe a «obtenção das premissas»: por indução *(from observed regularity(...) of previous cases (...) to rule)* mas também por autónoma (ou antecipante) *policy analysis* no que diz respeito ao *common law reasoning*; por interpretação stricto sensu quando está em causa uma *statutory decision*. Neste sentido cfr. The Problems of Jurisprudence, cit., 250-254.

[76] *Ibidem*, 249. «Interpretation is not deductive, although once a concept is extracted from a statute by interpretation the judge may be able to proceed in deductive fashion (...). Once the premises are selected, the common law judge can use deduction to the same degree – which is not to say to a high degree – as can a statutory judge once interpretation yields a concept for him to apply...» (254).

[77] Com (de)graus de interpelação também distintos, que se dirigem (que se constroem dirigindo-se) sucessivamente à *potestas* constitucional *(as a body of law almost nakedly political)*, à *statute-legislation (as a fragmentary body of strategies and programs)*, à *statutary interpretation and decision* (com os seus espaços insuperáveis de discricionariedade), enfim (no seu nível de incidência mais forte) à *common law decision making (as judicial legislation)*. Cfr. The Problems of Jurisprudence, cit., 263 e ss., 286-305 («How to decide statutory and constitucional cases»), 354-362, 432-433. «In addiction, the analyst will urge – on any legislator sufficiently free of interest-group pressures to be able to legislate in the public interest – a program of enacting only legislation that conforms to the dictates of wealth maximization...» (361).

social value and the only one judges are in good position to promote[78]). De tal modo que a imagem do julgador a ter em conta seja precisamente a que este apelo (ou exortação, se não «constrangimento» racional) mobiliza *(If judges are failing to maximize wealth, the economic analyst of law will urge them to alter practice or doctrine accordingly*[79]).

Explorar o espectro de problemas que assim se justapõem – e o compromisso que os parifica *(as a clear path to reform)* – é com efeito começar por reconhecer a circularidade constitutiva de dois pólos (ou a clausura analítica que estes garantem): competindo ao primeiro destes pólos identificar a pressuposição da *societas* assimilada pelo segundo e a este (concentrado na especificação de uma táctica ou estratégia-táctica e no operador-agente que a assume) realizar aquela – ainda que não tanto para a concretizar-consumar no átomo microscópico da decisão concreta quanto para lhe oferecer condições de experimentação privilegiadas (que a tornem por assim dizer visível)

Sendo certo que os dois pólos se concertam na mobilização explícita de um esquema *final-racional*[80]. Com uma *ordem de fins* à

---

[78] *Ibidem*, 360. «The economic analysis of legislation implies that fields of law left to the judges to elaborate, such as the common law fields, must be the ones in which interest--group pressures are to weak to deflect the legislature from pursuing goals that are in the general interest. Prosperity (…), which wealth-maximization measures more sensitively than purely monetary measures (…), is one of these goals, and the one that judges are especially well equipped to promote…» (359).

[79] *Ibidem*, 361.

[80] «Let me make clear at the outset what I mean by the word (…) "rationality"(…): choosing the best available means to the chooser's ends…» (*Frontiers of Legal Theory*, cit., 252). «Economics – in which the idea of balancing costs and benefits plays a leading role – is in one sense applied utilitarianism and in another the science of instrumental reasoning… Usually the judge or lawyer, when speaking in utilitarian terms, actually means the corresponding economic (wealth-maximizing) terms… » (*The Problems of Jurisprudence*, 439) [Reparemos que esta última hipótese (com os desenvolvimentos que descobrimos em «The Economic Approach to Law», *ibidem*, 352 e ss., determina já uma especificação-correcção drástica da tradição utilitarista: exigência que nos preocupará já a seguir.] Para um desenvolvimento possível e um desenvolvimento que, sem pôr em causa (antes experimentando--confirmando) esta afirmações (ou as suas virtualidades explicativas), considera atentamente as diversas dimensões da *Zweckrationalität (as a pragmatic reasoning identified with cost-benefit analysis (…) and grouped with scientific observation)* e outros tantos desafios exteriores – *maxime* os de um pensamento prático (identificado sob as máscaras de um

qual as noções de **riqueza**, **maximização** e **valor** conferem uma transparência exemplar. Ora estas noções... inscritas num programa complexo (mas cada vez mais nítido) de ruptura, com o *utilitarismo* em geral e com a herança de BENTHAM em particular[81] (cuja «repulsive logic» haverá por assim dizer que superar... e não apenas que corrigir![82]).

---

prudentialism ou epistemological traditionalism) que se «divide» entre a invocação de um contexto dogmático *(as a reliance on authority)* e a experiência de um discurso constitutivamente problemático *(as a reasoning by analogy)*, ver *The Problems of Jurisprudence,* cit., 71 e ss. («Legal reasoning as practical reasoning»), 101 e ss. («Other illustrations of practical reasoning in law»), 423 e ss. («Neotradicionalism»). No «monoteísmo» discursivo que assumidamente professa (o de um discurso teorético-explicativo legitimado como condição de possibilidade de uma pragmática-*tekné*) – com as máscaras do *entimema* e do *exemplo* a assumirem a identidade dos seus correspondentes *maiores* (enquanto concedem às dimensões autónomas uma funcionalidade meramente heurística) –, a conclusão é de resto exemplar : «Unable to base decision in the difficult cases either on logic or science, judges are compelled to fall back on the grab bag of informal methods of reasoning that I call "practical reason" (...). These methods often succeed but sometimes fail; in any event they owe less than one might think to legal training and experience. In particular, reasoning by analogy has been oversold as a method of reasoning at once cogent and distinctively legal. It is neither. The power of an analogy is a stimulus to thinking. The law seeks a logic of justification rather than merely or primarily a logic of discovery. As a method of justification, reasoning by analogy is really either enthymematic (that is, deductive) or weakly inductive, rather than being its own kind of thing; and whatever it is, there is nothing distinctively *legal* about it...» (*Ibidem*, 455, itálico nosso).

[81] Sem esquecer a lição de «Justice and Efficiency», *The Economics of Justice,* cit., 13 e ss., 48-88 («Utilitarianism, Economics and Social Theory»), vamos concentrar-nos no mais recente (e exemplar) ajuste de contas com o utilitarismo de BENTHAM: «Normative Law and Economics: From Utilitarianism to Pragmatism», *Frontiers of Legal Theory,* cit., 95-141. Para uma abordagem do confronto BENTHAM/POSNER – e do processo de emancipação assumido pelo segundo (concentrado por sua vez na proposta de «Utilitarianism, Economics and Legal Theory», *The Journal of Legal Studies,* vol. VIII, n°1, 1987, 103 e ss.) – ver Alain STROWEL, «Utilitarisme et approche économique dans la théorie du droit. Autour de Bentham et Posner», *Revue interdisciplinaire d'études juridiques,* n° 18, 1987, 1 e ss., 13-25, 35 e ss [também nos *Archives de philosophie du droit,* vol. 37 (*Droit et économie*), 146 e ss., 151-158, 165 e ss] e ainda Andrés ROEMER, *Introducción al análisis económico del derecho,* cit., 26 e ss., e CASTANHEIRA NEVES, *Apontamentos complementares de Teoria do Direito...,*policop., Coimbra 1999, 31-39.

[82] *Frontiers of Legal Theory,* 97-98. «Since utility is more difficult to estimate than wealth, a system of wealth maximization may seem a proxy for utilitarian system, but it is more; its spirit is different. Wealth maximization is an ethic of productivity and social cooperation – to have a claim on society's goods and services you must be able to offer

Bastando-nos aqui e agora recordar[83] que a **riqueza** traduz a «soma de todos os objectos existentes na sociedade que podem ser medidos pelo **valor**» (*the summation of all the valued objects, both tangible and intangible, in society, weighted by the prices they would command if they were to be traded in [perfect] markets*[84]) e que o

---

something that other people value – while utilitarianism is a hedonistic, unsocial ethic...» (*The Problems of Jurisprudence*, cit., 391). Importa ter presente que o percurso de POSNER (a partir do «salto» assumido na edição de 1972 da *Economic Analysis of Law*) corresponde a uma exigência de superar o utilitarismo *hedonista* e *cardinal* de BENTHAM sustentada em duas frentes de argumentação distintas: á) a primeira a «demonstrar» as dificuldades objectivas de realização do *princípio da utilidade* (a impossibilidade de *maximizar a utilidade* «comparando e agregando satisfações e níveis de felicidade de sujeitos diferentes»);â) a segunda a denunciar os perigos do que (com NOZICK) diz o *monstro da utilidade*– perigos que resultam por um lado da impossibilidade de confrontar e hierarquizar «classes de prazer» e por outro lado (ponto que acentuaremos *infra*, 5.3.) da possibilidade-*licença* de sacrificar a *liberdade individual* (impondo-lhe soluções autoritárias baseadas na «definição» do *interesse comum*) [*The Economics of Justice*, cit., 64-65].

[83] Sem esquecer decerto que a descoberta do critério da *maximização da riqueza* nos é apresentada por POSNER como uma experiência lograda de especificação-superação do modelo de PARETO *(Pareto optimality/Pareto superiority)* [*The Economics of Justice*, cit., 54-55, 79, 88 e ss]. Ora uma experiência que se cumpre numa (e como uma) reinvenção transformadora do *princípio da compensação potencial* (dos perdedores) de KALDOR-HICKS («Verificando-se sempre perdedores e ganhadores, um estado de coisas é superior a outro se o resultado da transformação que os conexiona se traduzir numa compensação social dos perdedores pelos ganhadores») [*The Economics of Justice*, cit., 91-94].

[84] *Frontiers of Legal Theory*, 98. Ao dissociar a mobilização da riqueza *enquanto critério racional* das regras de procedimento que condicionam o «registo monetário» *efectivo* das suas valorações *("wealth" is to be understood not in strictly monetary terms)* [ver também «Pragmatism Versus Purposivism in First Amendment Analysis», *Stanford Law Review*, vol. 54, nº 4, 740 (« "Costs" and "benefits" must not be understood in exclusively or even (...), in certain legislative settings (...), primarily monetary terms»)], POSNER responde com êxito a um acervo de objecções *internas*. Limita-se não obstante a confirmar a condição *instrumental* dos mercados reais (implícita no contraponto preço-*real market/* valor-*ideal market*) : ou o que é o mesmo, a celebrar a pressuposição (nunca directamente tematizada) do *mercado perfeito* como núcleo teleológico inexcedível . Pressuposição de resto que (sob o fogo-*visée* de uma *lacanian feminist psychoanalysis*) Jeanne SCHROEDER já pudera reconstituir como um dos traços condutores (se não mesmo como a «condição originária») da *law and economics scholarship* [de resto sem poupar COASE e os *Neoinstitutionalists*]: menos porventura para reconhecer o fim-*goal* implicado naquela justificação instrumental do que para decifrar o fim-*ending* em que esta especificação *normativa* se consuma («The perfect market is the end of all actual markets – it is their ideal form. In normative economics, actual markets are the means of achieving the end or ideal of the perfect market. But this means that to achieve a perfect market would result in the end of all

valor – «monetariamente determinável»... e não obstante tão livre das *market failures* que condicionam a fixação do **preço**[85] quanto das dificuldades de determinação que afectam a representação-comparação da(s) **utilidade(s)**[86] –, esse mede-se **objectivamente** por aquilo que os sujeitos comprometidos numa relação intersubjectiva (**real** ou **hipotética, explícita** ou **implícita**[87]) estão **efectivamente** dispostos a (isto é, **querem** e **podem**) pagar por um determinado bem ou serviço... ou por aquilo que exigem ou exigiriam para renunciar a este(s)... – decerto porque (a contabilização do) **valor** implica necessariamente (uma representação da) **utilidade** *(the willingness to satisfy a need or preference(...) as a basis for the (...) willingness to pay)* mas (a representação da) **utilidade** não implica necessariamente (uma contabilização do) **valor** *(the possibility of paying)*. Com duas reservas pragmáticas decisivas[88], justificadas pela experiência da reciprocidade inter-rela-

---

the actual markets») [Jeanne SCHROEDER, «The End of the Market: a Psychoanalysis of Law and Economics», *Harvard Law Review*, vol. 112 nº 2, 1998, 484 e ss.].

[85] «Efficiency will be achieved if the ideal of the perfect market is implemented (...): a perfect market is one characterized by perfect knowledge on the part of the traders – in a perfect market no buyer ever pays more than any seller will accept, and no seller accepts less than any buyer will pay...» (George STIGLER, *apud* Jeanne SCHROEDER, «The End of the Market...», cit., 515, nota 107).

[86] *The Economics of Justice*, cit., 70.

[87] Trata-se evidentemente de cruzar duas classificações imprescindíveis, contrapondo aos *real explicit markets* (e à institucionalização normativa que os disciplina, em domínios específicos do direito fiscal e comercial, da propriedade e dos contratos), uma (como que) sistematização plausível dos *implicit markets* (e das instâncias de *apparent non market behaviour* que lhes correspondem). Sem esquecer que há aqui que invocar as noções de *mercado implícito* tout court (que cobre mercados como os da educação ou da família... ou o das opções e crimes sexuais... enquanto autorizam um confronto possível dos serviços ambicionados com outros tantos serviços de substituição «vendidos em *mercados explícitos*») e de *mercado implícito hipotético* (justificada por mercados como o dos acidentes... nos quais custos de transação muito elevados impedem uma solução eficiente prosseguida no *mercado real*, impondo assim um sistema regulatório de transações involuntárias). Para um desenvolvimento , cfr. *The Economics of Justice*, cit., 88 e ss. («The Consensual Basis of Efficiency»), 54-55, 61-63.

[88] O *pragmatic manifesto* proclamado em *The Problems of Jurisprudence* introduz também aqui uma mudança significativa. Como se à preocupação condutora de descobrir (e de autonomizar) no *wealth maximization criterion* (entenda-se, na «satisfação agregada de preferências» a que este critério confere uma relevância *positiva*) uma autêntica opção ética – suficientemente autónoma para poder desafiar (e assimilar «selectivamente») os contributos

cional e pela exigência de *autonomia-liberdade* que esta assimila[89]: a primeira a excluir do âmbito de relevância do critério da *maximização da riqueza* as situações hipotéticas em que o bem ou serviço a

---

inconfundíveis do *utilitarismo* e da *moralidade* kantiana e das éticas que invocam as tradições correspondentes (através precisamente de uma reivenção das exigências da *utilidade* e do *consentimento*)[«Law and Economics represents a fruitful synthesis of the best of utilitarianism and Kantianism»: *The Economics of Justice*, cit., 55-60, 60 e ss.(«Wealth Maximization as na Ethical Concept»), 88 e ss. («The Consensual Basis of Efficiency»), 107 e ss. («Dworkin's Critique of Wealth Maximization») / «Wealth maximization combines, as I have said, elements of utilitarianism and individualism, and in so doing comes closer to being a consensus political philosophy (I do not suggest it is one) in our contentiously pluralistic society than any other overarching political principle...» («Wealth Maximization Revisited», cit., 71)] – se contrapusesse agora explicitamente o processo de reconhecimento de uma opção-*aposta* (entre outras possíveis)... e este assumido na sua legitimação *estritamente* pragmática: «The justification for such a system, if there is one, is not ethical but pragmatic. And there *is* a pragmatic justification...» (*Frontiers of Legal Theory*, cit., 102). «The judicial pragmatist has different priorities. He wants to come up with the decision that will be best with regard to present and future needs...» (*The Problematics of Moral and Legal Theory*, cit., 242).

Mas então também como se para PoSNER se tratasse afinal de cumprir, e com toda a clareza – ainda que para corresponder a preocupações distintas (que só os desafios abertos pelos *post-Chicago neopragmatic scholars* poderão porventura justificar) [neste sentido, Gary MINDA, *Postmodern Legal Movements*, cit., 95 e ss.] –, o percurso de *stepping assumptions* que DWORKIN atribui (em bloco) à *economic interpretation* (*Law's Empire*, cit., 277 e ss., 286-295) – com uma primeira etapa dominada pela representação hipotética de um *moral duty (as ultimate and fundamental duty)* [«Do we have a *duty to maximize wealth?*», ibidem, 286-288] e uma segunda iluminada pela exigência de recusar-transformar uma tal representação... mas com um «resultado»-*outcome* que, em nome de um *utilitarian argument*, nos leva à pressuposição-reconstituição de um dever alternativo (*the duty to maximize happiness*) [«People should simulate markets and make the community richer in that way, not because a richer community is necessarily happier on average but because it generally *is*, and because no other practical code of responsibility could be expected to do better for average happiness. The utilitarian argument concedes that people have no ultimate or fundamental duty to maximize community wealth; it proposes that the best practical realization of the duty they do have, *the duty to maximize happiness*, is achieved by their acting *as if they did have a duty to maximize wealth*...» (288-289, itálicos nossos)].

[89] Se a mobilização (concertada) destas reservas parece responder ao exemplo-*limite* ensaiado por DWORKIN em *Law's Empire*, importa no entanto reconhecer que a estratégia de neutralização agora autonomizada por POSNER – muito especialmente enquanto (e na medida em que) invoca uma *outra* solução de equilíbrio (como que inversamente determinada) – se mostra (*et pour cause!*) significativamente mais lograda do que aquela que, na sua reconstituição, DWORKIN atribui à *law and economics interpretation* (ou à primeira das suas *stepping assumptions*). Trata-se, como é sabido, de considerar o problema de um doente,

ser afectado constitui parcela importante do património disponível de um dos sujeitos *(when a good is a large part of the wealth of an individual, the wealth maximizing allocation of the good may be indeterminate*[90]*)*; a segunda a autonomizar uma dimensão de consentimento e a legitimá-la como um momento constitutivo indispensável da representação-*contabilização* do **valor** – a exigir que a vontade (e de certo modo também a possibilidade) de **aceitar** de um dos sujeitos se imponha como condição de relevância da vontade e possibilidade de **pagar** do outro sujeito *(willingness to accept rather than willingness to pay as the measure of value when the policy whose costs and benefits of which are being measured takes away propriety rights*[91]*).* O que, como veremos, não é senão assumir a prevalência do *consenso* (consumado nas transações do mercado) sobre a *coacção* (perpetrada á margem deste ou da sua racionalidade)[92].

---

que embora sem recursos para comprar um remédio indispensável, possui um livro raro ao qual um seu vizinho atribui um valor significativamente superior... [«The community's aggregate wealth is increased if the book is taken from the poor man, even beyond what it would gain if the two struck a bargain, because a forced transfer saves the transaction costs of that negotiation...(...) [And yet] a statesman who thought people always have a *duty to maximize community wealth* would insist that the law refuses to allow forced transfers when negotiation is possible...» *(Ibidem,* 286-287).] Sem deixar de invocar a dimensão do *consentimento,* DWORKIN como que inverte o equilíbrio que a traduz – inversão tanto mais significativa de resto quanto capaz de sobreviver à hipótese académica do *duty to maximize community wealth.* que aqui e agora o preocupa (e de assim mesmo, *et pour cause,* contaminar toda a sua reconstituição da *economic scholarship)...*

[90] *Frontiers of Legal Theory,* cit., 100.

[91] *Frontiers of Legal Theory,* cit., 122. Trata-se aqui e agora de responder *recto itinere* a um problema-exemplo invocado por John BROOME («That of a forced uncompensated transfer of a table from a poor person to a rich person»).

[92] O que significa evidentemente reconhecer a legitimidade de um exercício de coacção que se proponha (e na medida em que se proponha) garantir a racionalidade do mercado: sob o *modus* e nos limites de uma simulação ou de um complexo de simulações regulatórias [«..."market mimicking" forms of regulation.(...) dealing (...) with monopoly, externalities, and other conditions that prevent the market from working well...» *(Frontiers of Legal Theory,* cit., 99)]. Uma exigência que nos restitui directamente ao núcleo de representação das funções do direito (na sua inteligibilidade normativa): «The most ambitious *theoretical* aspect of the economic approach to law has been the proposal of an unified economic theory of law in which law's function is understood to be facilitate the operation of free markets and, *in areas where the costs of market transations are prohibitive,* to "mimic the market" by decreeing the outcome that the market could be expected to produce if market transations were feasible...» *(Ibidem,* 5).

Mas voltemos ao **espectro** dos problemas em causa. Para enfim identificar os **pólos** (ou as máscaras que mais se aproximam destes).

• Por um lado, a representação **macroscópica** de um *paradise of optimality*: a hipótese-limite de uma institucionalização social orientada pelos requisitos da **maximização da riqueza** *(consisting (...) of free markets supplemented by market-mimicking governmental interventions)*[93].

•• Por outro lado, a representação **microscópica** de uma consideração-escolha (de *alternativas*) e das regras (e muito especialmente dos critérios de selecção das consequências) que a orientam. Uma representação que, levando a sério a inevitabilidade[94] de um «paradigma» de decisão-*voluntas*[95], possa não obstante assumir a possibi-

---

[93] *Frontiers of Legal Theory,* cit., 100.

[94] Diagnóstico por sua vez que assume por um lado o contraponto *lógica da descoberta/lógica da fundamentação* – e este postulado aproblematicamente na sua relevância analítica mas também cronológica – e por outro lado o confronto entre uma *autêntica justificação racional* e um *mero saber tácito* – aquela a cumprir-se à sombra (e segundo as modalidades) do discurso teorético-explicativo ou da estratégia-táctica que o mobiliza *(as a public and articulate justification)*, este a confundir-se com um processo de representação-experimentação intuitivo e desarticulado *(a kind of a (...) private and (...) tacit knowledge, often not verifiable or falsifiable)*. Tratando-se numa palavra de reconhecer que as opções juridicamente relevantes são quase sempre insusceptíveis de uma *assimilação* racional plena e indiscutível mas também de esclarecer que o processo de racionalização plausível – sem eliminar a *voluntas* enquanto tal (apenas podendo circunscrever, mais ou menos drasticamente, o seu domínio auto-subsistente de implantação) – passa inevitavelmente (mais uma vez *as a path to reform*) por uma especificação de alternativas (iluminadas por informações ou afirmações de explicabilidade *exteriores ao direito*). «Partly (...) because of law's (salutary) emphasis on stability (...) incompatible with a real (...) scientific attitude and the methodology of science (...), partly because many methods of practical reason are inarticulate (for example, tacit knowing), partly because "prejudgement" in the sense of resistance to rational arguments that contradict strong priors often is itself rational, partly because there is little feedback in the legal process (that is, the consequences of judicial decisions are largely unknown), the *justification* (akin to scientific verification) of legal decisions – the demonstration that a decision is correct – often is impossible...» *(Ibidem,* 459). «The power of legal reasoning to determinate case outcomes could perhaps be saved by turning law into something *else* – economics perhaps, or some ethical or political doctrine that might yield definite solutions to ethical or political problems. But no branch of the humanities or the social sciences, applied to such rebarbative materials as those thrown up in litigated disputes, is likely to achieve determinacy in the close case...» *(Ibidem,* 125).

[95] Com o sentido que CASTANHEIRA NEVES nos ensina a reconhecer, em contraponto--confronto com o *(normativista)* «paradigma da aplicação» e o *(jurisprudencialista)*

lidade-pretensão de um tratamento *razoável* («objectivo») dos *hard cases* (capaz de reduzir racionalmente a indeterminação dos critérios[96] e de responder ao problema da ausência destes[97]). Na mesma medida em que exija (ou possa exigir) que este tratamento se concentre numa **pragmática** de comparação de riscos e numa conversão de incertezas reais em riscos hipotéticos *(adjudication guided by a comparison of the consequences of alternative resolutions*[98]*)*[99]. Para afinal

---

«paradigma do juízo»: ver principalmente *Teoria do Direito*, lições proferidas no ano lectivo de 1998/1999, policop., Coimbra 1988, 103-110, 154 e ss., 185-191 e *Apontamentos complementares de Teoria do Direito...*,cit., 88 e ss.

[96] Para além das propostas e conclusões de *The Problems of Jurisprudence*, cit., 153-157 («Critical Legal Studies»), 254-261, 393 e ss., 457-460 [« Although formalism cannot make common law decision making determinate, the conclusion does not follow, as some members of the critical legal studies movement believe (...) that common law decision making is indeterminate, random – all "politics"...» (254-255)], importa ter presente a exemplar tentativa de demarcação *(pragmatism versus postmodernism)* desenvolvida em *The Problematics of Moral and Legal Theory*, cit., 265-280 (e os diálogos com KENNEDY e FISH que a constituem) [«But pragmatism must be distinguished from (...) extreme (...) postmodernism, a dead end for law...» (XI-XII) / «Like Kennedy, Fish is blind to the possibility that with the help of social science, professional experience, and common sense, judges and legislators create legal rules, practices, and institutions that have more to commend them than rhetorical hot air and partisan politics...» (279)]. Sem esquecer o diálogo com a *Critical Race Theory* proposto em «Nuance, Narrative, and Empathy in Critical Race Theory», *Overcoming Law,* cit., 368 e ss.

[97] Ora isto sob o *modus* de um *judgment of policy* (*The Problems of Jurisprudence*, cit., 454 e ss.) e num *continuum* de especificação-constituição que autoriza POSNER – ainda que decerto em nome (e nos limites) de uma *pragmatic attitude* (e da *consequentialist approach* que esta selecciona) – a desafiar os compartimentos estanques da *interpretação*, da aplicação-concretização e da *integração-criação*. Para além da renúncia ao «sentido» forte do termo *interpretação* (proposta nas conclusões de *The Problems of Jurisprudence*, cit., 454 e ss.) [«We might do best to discard the term "interpretation" and focus directly on the consequences of proposed applications of statutory and constitutional provisions to specific disputes» (457)] cfr. também o exemplar diálogo com HART desenvolvido em «*Bush v. Gore* as Pragmatic Adjudication», in DWORKIN (ed.), *A Badly Flawed Election. Debating* Bush v. Gore, *the Supreme Court, and American Democracy*, New York, 2002, 201-202 [«The pragmatic approach effaces this sharp boundary between the closed and open areas (...) and obscures any sharp line between applying and creating law. Judges don't say to themselves, "I've run out of law to apply, so now it's time for me to put the legislator's hat"...» (202)].

[98] POSNER, *Breaking the Deadlock: The 2000 election, the Constitution and the Courts*, Princeton 2001, 185-186, *apud* DWORKIN, «Introduction», in *A Badly Flawed Election,* cit., 32.

[99] «Law is not a sacred text (...) but a usually humdrum socialy practice vaguely

bounded by ethical and political convictions. The soundness of legal interpretations and other legal propositions is best gauged, therefore, by an examination of their consequences in the *world of fact...*» (*The Problems of Jurisprudence*, 467). Trata-se evidentemente de, ao assumir a herança do *legal realism*, optar por uma compreensão do direito como *actividade-tarefa (law is an activity rather than a concept or group of concepts)*[«What is law, and why ask?», *ibidem*, 220 e ss.] Mas então de partir da *activity hypothesis* pressuposta na *prediction theory* de HOLMES *(we can say that the judges, in acting,(...) in deciding cases, make law, and so the law is what judges do as well as predictions of what they will do)...* para não obstante a articular (e «completar») com a representação de um conjunto de exigências-*policies* socialmente reconhecíveis (aquelas, desde logo, que vimos associadas ao *common law conceptual system* e às ponderações «práticas» em que o correspondente juízo de *proveniência* se traduz... ainda que não só aquelas) [«No bounds can be fixed a priori on what shall be allowed to count as na argument in law...» (*Ibidem*, 459)/ «...Any consideration relevant to deciding the case, whether drawn from positive law or natural law sources, is a legitimate input in the manufactures of "law"(...); the judge's decision – though of course not immune to criticism – will have to be pretty crazy before it can fairly be called "lawless"... (*Ibidem*, 232)]. Sendo de resto para reconhecer a força integradora destas exigências (e dos argumentos que as assumem ou projectam, como outras tantas leituras, contingentes embora, do «interesse comum») que POSNER – sem admitir que se distingam *principles* e *policies* ou que se introduzam hierarquias arbitrárias no acervo dos *collective goals* (*Ibidem*, 239) – nos fala de uma espécie de «direito natural *em sentido fraco» (a weak sense of natural law)...* assim mesmo traduzido (e confirmado) na sua vigência (se não já eficiência) normativo-institucional (mas também, e sem soluções de continuidade, na sua relevância sociológica ou psicossociológica) [«We think of law not only as what judges do but also as the criterion for evaluating what they do. The activity theory is incomplete. Its critics are right that it is an impoverished theory of law. But it is only mildly impoverished. When slightly enriched with a weak sense of natural law, it becomes the best positive theory of law that we have...» (*Ibidem*, 228)]. Na mesma medida então em que, situando-nos em definitivo no contexto normativo-institucional do *american judge* – em nome da *parochial view* que condena toda e qualquer concepção plausível do direito a uma reflexão contingente [«On Not Asking "What Is Law"?», *Law and Legal Theory in the UK and USA*, cit., 1 e ss.] –, nos leva a reconhecer-decifrar na assunção positiva e regulativa de um *wealth maximization criterion* (e na *ordem de fins* que uma tal assunção selecciona), se não a manifestação por excelência deste *sentido fraco* (que competirá antes, indiscutivelmente, às expressões plurais, e como tal equivalentes, de uma *political morality*), pelo menos uma resposta particularmente lograda às interrogações e perplexidades que as suas expectativas determinam. Reconhecimento enfim que só a aposta numa *pragmatic attitude* (com um sentido que não deixaremos de considerar já a seguir) permitirá descobrir em toda a sua transparência – mostrando precisamente que a possibilidade de os juízes invocarem logradamente contributos-*argumentos* da *moral philosophy (as natural law inputs)* depende por inteiro de um reconhecimento dos efeitos empírico-sociais que estes circunstancial-

corresponder ao desafio de uma «correcção» *situada* das injustiças *(there are no overarching concepts of justice*[100]*)* – se não mesmo já às exigências do *princípio-policy*, «pragmaticamente construído e justificado», que se impõe como contexto ou correlato funcional de uma tal «correcção» *(wealth maximization as an instrumental guiding principle (...), the right principle (...) or at least the right default principle*[101]*)*.

Restando-nos escolher alguns exemplos (e apenas alguns exemplos) possíveis das experiências que ocupam as posições intermédias. É o que vamos tentar a seguir.

---

mente provocam (mas então também da perspectiva, radicalmente exterior àqueles argumentos, que deverá seleccionar-circunscrever tais efeitos). «There are no moral "reals" (at least none available to decide difficult legal cases) but neither is there a body of positive law that somehow preexists the judicial decisions. (...) The line between positive law and natural law is no longer interesting or important and the concepts themselves are jejune. (...) As a pragmatist (...) I have embraced or rejected, which comes to the same thing, both legal positivism and natural law. (...) The traditional – and neotraditional, and liberal, and radical pieties of jurisprudence – should be discarded, and the legal enterprise reconceived in pragmatic terms. Once this is done the dichotomy between legal positivism and natural law collapses, with no loss. (...) The pragmatist's real interest is not in truth at all but in belief justified by social need...» (*The Problems of Jurisprudence*, cit., 459-460, 462, 464). «[As] long as there are other places outside "law" in its narrow positive sense in which to look for answers to legal questions – and we shall see there are – the only reason to look for the answers in moral theory would be that it is a better place to look than the alternatives... There is no rule against bringing to (...) a legal case (...) a wide range of empirical data drown from historical, psychological, sociological, and economic research, as well as considerations of feasibility, prudence, and institutional capacity. Often when this is done the moral issue disappears(...). This is a reason to regard moral theory as useless for law even if it has some socially valuable uses in its original domain...» (*The Problematics of Moral and Legal Theory*, cit., 107-108, 129-130).

[100] *The Problems of Jurisprudence*, cit., 460. Para um desenvolvimento da «procura» em causa (que pretende precisamente «demonstrar» a incompatibilidade constitutiva das exigências da justiça distributiva com a especificidade pragmática da *legal adjudication*), ver «Corrective, Retributive, Procedural, and Distributive Justice», *ibidem*, 313 e ss.

[101] Trata-se de assumir o carácter pragmático-instrumental *(instrumental rather than foundational)* do «princípio» da *maximização* (e com um sentido decerto que nos afasta da celebração de «Wealth Maximization Revisited»): *The Problems of Jurisprudence*, cit., 356 e ss. «It may be the *right principle* for that purpose even though it is right only in virtue of ends that are not solely economic. At least it may be the *right default principle*, placing on the proponent of departures from *wealth maximization* the burden of demonstrating their desirability...» (*Ibidem*, 387)

4.1. Começando por aquela experiência que, no limite do contorno macros-cópico (ou em nome da mais imediata especificação que este merece), interpela *recto itinere* o contexto estrutural e funcional (mas também as condições empíricas do exercício) dos *pouvoirs séparés*... para compreender o território da jurisdição, ou mais rigorosamente, para discutir os factores (complexos) da sua **independência**[102].

Factores (mas também pressupostos de inteligibilidade) em cuja trama heterogénea se incluem: as opções internas de organização (e concentração) de cada um dos poderes; o reconhecimento da índole político-estratégica da legislação em geral e do *statute law* em particular; as representações normativas e empíricas da hierarquia (e o modo como a relação com o poder legislativo as condiciona); a maior

---

[102] Desde as propostas de «The Independent Judiciary...» [William M. LANDES/ Richard POSNER, «The Independent Judiciary in an Interest-Group Perspective», *Journal of Law and Economics* nº 18, 1975, 875-901] até à especificação pragmática de *Breaking the Deadlock: The 2000 Election and the Courts*, Princeton 2001 [prolongado (e sintetizado) em «*Bush v. Gore* as Pragmatic Adjudication», cit.] , este tema impõe-se-nos certamente como uma das preocupações recorrentes de POSNER. Sem podermos aqui e agora fazer-lhe justiça, limitemo-nos a insistir na complexidade das suas dimensões (menos a das informações que concerta do que a das perspectivas de relevância que cruza), invocando exemplarmente cinco abordagens inconfundíveis (cada uma delas com um núcleo de relevância diferente, desafiado embora pela *visée* comum da *aposta* microeconómica): a comparação «estrutural» («sistémico-funcional») da *Third Clarendon (Oxford) Lecture* («Functional, Systemic Comparisons of Legal Systems», *Law and Legal Theory in the UK and USA*, cit., 69-114); a reconstituição psicossociológica (do comportamento do juiz) esboçada em «What Do Judges Maximize?», *Overcoming Law,* cit., 109 e ss.; a relação independência/[profissionalismo]/ racionalidade (-objectividade)/ exercício do poder (*legitimidade*) interpelada em *The Problems of Jurisprudence*, cit., 4-9 («The Origins of Law and Jurisprudence»), 42 e ss («Rules, Standards and Discretion»), 124 e ss. («Legitimacy in Adjudication»), 130-148 («Policy versus Pedigree as Warrants for Judicial Action»), 186 e ss. («Behaviourism and the Judicial Perspective»); a relação entre a racionalidade (e profissionalismo) da *adjudication* e as propostas da *moral ("legal") theory* experimentada (falsificada!) em *The Problematics of Moral and Legal Theory*, cit., 91 e ss. («Legal Theory, Moral Themes»), 129-144 («Some Famous "Moral" Cases»), ; enfim o confronto normativo-institucional do juiz *(as trier of fact)* com os jurados e os peritos e outros *searchers of evidence* proposto em *Frontiers of Legal Theory,* cit., 336 e ss., 346-363 […dando-se conta dos benefícios da repartição de responsabilidades decisórias institucionalizada pelo *american jury system* – ou destes benefícios assumidos na perspectiva da independência do juiz e dos incentivos que a condicionam, sem esquecer a intenção de *rent seeking* denunciada pela *public choice* (355-356)…], 380 e ss., 401-408.

ou menor estratificação e mobilidade do tecido social; o prestígio (e as imagens do reconhecimento social) dos juízes (em contraponto com o sistema de remunerações); a homogeneidade da formação académica destes (associada ao momento da escolha, ao processo de recrutamento e à possibilidade de reconhecer no seu desempenho ou na progressão deste uma carreira autónoma); a *ratio* juízes/juristas; os instrumentos de *contrôle* das decisões e as diversas possibilidades (e instâncias) de responsabilização (disciplinar, civil, criminal, constitucional) a que estas se submetem; a relação juiz/jurados; as esferas de discricionariedade; os poderes efectivos de criação mas também de investigação-construção; o peso específico dos *circuitos de derivação*; e ainda, *last but not least*, a receptividade às ciências sociais em geral e à análise microeconómica em particular (estimulada pela assimilação da *teoria dos jogos*[103])... e os reversos desta – as «resistências» alimentadas por um lado pelo(s) exercício(s) de sobrevivência da «opção formalista»[104], por outro lado pelas tentativas (plurais e inconfundíveis) de reabilitação da retórica (e da retórica *as form of reasoning*, legitimada como uma alternativa ao discurso científico[105]).

---

[103] *Ibidem*, cit., 4-5. Ver ainda Andrew F. DAUGHETY, «Settlement», cit., 98 e ss.

[104] Com maiores possibilidades de afirmação na tradição jurídica europeia (herdeira do normativismo legalista e do veio político-cultural que o tornou possível) – mas então também (ainda que com uma diferença de grau...) na cultura jurídica inglesa (muito especialmente a partir de HART...) – do que no pensamento jurídico norte-americano (marcado pela explosão da *Age of Anxiety* ... e então e assim pelo contraponto-confronto *Sociological Jurisprudence/ Legal Realism*): sendo esta, como já sabemos, uma das lições (discutíveis) da *First Clarendon (Oxford) Lecture* («Hart versus Dworkin, Europe versus América», *Law and Legal Theory in the UK and USA*, cit., 1-36). Para um desenvolvimento das *jurisprudential theories* implicadas (e dos seus planos de interferência) cfr. também (no mesmo sentido) «Legal Theory, Moral Themes», *The Problematics of Moral and Legal Theory*, cit., 92 e ss. («Hart versus Dworkin»).

[105] «What unites the elements of the premodern (...) and also the postmodern (...) approach to reasoning is the effort to give rhetoric pride of place over science, reversing what has been the dominant trend in Western thinking since the eighteenth century...» (*Ibidem,* 123). Para um desenvolvimento do confronto *ciência/retórica*, que confirma (ou especifica) as conclusões ensaiadas por POSNER a propósito das pretensões do pensamento prático (em geral) [*supra,* 80] – reconhecendo assim a «improdutividade» da retórica e a falsa autonomia dos seus procedimentos (quando muito capazes de corresponder a projecções enfraquecidas da *episteme*) – ver «Rhetoric, Legal Advocacy, and Legal Reasoning», *Overcoming Law,* cit., 498 e ss, 517-530 («Rhetoric as Resoning») [«(...) Even if pragmatism has succeeded in dethroning science from its position as the successor to monotheism

Um factor este último de enorme importância... já que é precisamente a pergunta-resposta que ele leva implícita que confere unidade ao processo de selecção-articulação dos restantes... na mesma medida em que nos autoriza a reconhecer a transparência (e a controlabilidade) racional do *american common law judge* e do processo de criação do direito que o responsabiliza...

4.2. Seguindo-se um passo inevitável (em rigor uma especificação da *normative-positive-descriptive assumption* que acabámos de introduzir). Um passo que, se tivermos em atenção o espectro das experiências permitidas (e a representação da sua *unidade*), nos autoriza a avançar até ao *centro* (a reconhecê-lo *qua tale*... para interpelar os *pólos*)...

α) Por um lado porque nos impõe (e leva até às últimas consequências!) uma repartição *funcional* determinada *em bloco*: aquela que se traduz no confronto acumulação/distribuição, contabilização global dos custos e benefícios/ especificação-*capitação* individual do rendimento, *eficiência/equidade*. Sem esquecer que se trata assim de construir e de decifrar territórios com exigências e critérios rigorosamente estanques... mas também de assumir e de defender um «sentido» prefencialmente económico de *equidade* (um sentido inconfundível com aquele ou aqueles que os «juristas e os filósofos» mobilizam)[106].

---

in the role of deliverer of final truths, this does not mean that science has been shown to be on the same level of propaganda, censorship, picketing and casuistry and legal reasoning as methods of resolving disagreement. We should ask whether there isn't a *big* difference in degree between the rationality of economic and other scientific and social-scientific inquiry on the one hand, and on the other the rationality of the much more rhetorical methods of inquiry and argument that are commonly used in law...» (*Ibidem*, 527)]. Sem esquecer os diálogos com a pretensão de *comunidade retórica* de BOYD WHITE e com a reabilitação da *moral and legal casuistry* de Leo KATZ propostos respectiva-mente em *Law and Literature (revised and enlarged edition)*, 251-254, 295-302 e *The Problematics of Moral and Legal Theory*, cit.,115 e ss.(«Abstract Theory versus Casuistry»), 121-129.

[106] Sirva-nos a lição de POLINSKY, enquanto nos ensina que a *eficiência* tem a ver com «a relação entre custos e benefícios globais numa determinada situação» (com «o *tamanho do empadão*») e a *equidade* com «a distribuição do rendimento-*income* pelos sujeitos individuais» (com «o modo como o empadão é *cortado em* fatias»). «Economists traditionally concentrate on how to maximize the size of the pie, leaving to others – such as legislators – the decision how to divide it. (...) This is the standard sense in which

β) Por outro lado porque se concentra na concepção funcional do direito implícita nesta repartição. O que é certamente mais do que retomar a divisa de inspiração coasiana que já conhecemos e a especificação – justificada pela experiência dos *custos de transacção* – que esta determina (*facilitar a operatória dos mercados reais / simular mercados, prescrevendo coercitivamente os resultados que lhes corresponderiam se as suas transações fossem realizáveis*)[107]. Porque

---

economists use the term *equity*. However, lawyers and philosophers often use this term differently. For example, *equity* might refer to the process by which income or wealth is acquired (as opposed to its final distribution), or to the degree to which exogenously determined rights are protected...» (*An Introduction to Law and Economics*, cit., 7). Outra é certamente a abordagem de CALABRESI: ver *infra*, 5.2.

[107] «Sendo possível alterar *por transacções de mercado* a delimitação (-distribuição) inicial dos direitos relativos a bens (prescrita pelo direito-sistema regulatório), a alternativa a considerar é a seguinte: α) ou existem *custos de transacção* e esta delimitação prévia tem um *efeito negativo* na eficiência do sistema económico; β) ou não existem tais *custos de transacção* e aquela reconversão negociada (*rearrangement*) de direitos passa-se sempre como se conduzisse a um aumento no valor da produção». «Num mundo de custos de transacção igual a zero, qualquer determinação normativa inicial de *direitos subjectivos* levará a um resultado eficiente...» Limitemo-nos a invocar estas formulações plausíveis do *teorema de Coase*. E com elas uma noção elementar de *specific transaction costs* enquanto obstáculos às trocas livres «inscritos» nos processos de negociação (que transaccionam *legal entitlements*)...[Que obstáculos? Os que resultam das dificuldades de informação e do percurso para as obter, do comportamento estratégico das partes, do *oportunismo* justificado pelas situações de poder, da mediação dos advogados, do tempo e do esforço do regateio, das exigências de forma... (a tradução *neo-institucionalista*!)]. Sem podermos assim deixar de isolar o desafio assumido por «The Problem of Social Cost» (1960) [também em POSNER/PARISI (ed.) *Law and Economics*, cit., vol. I, 433 e ss.]. Que é o de exigir que a assimilação do problema dos *custos sociais* ou dos efeitos danosos – que a teoria económica tradicional (baseada num *paradigma dos custos*) diz *externalidades* (não absorvidas pelo processo ou pelas relações de produção) – se liberte da tradução imposta pela solução de PIGOU (construída à luz daquele *paradigma*) –... e de uma tal solução enquanto e na medida em que esta responsabiliza sempre *e em abstracto* o «sujeito que provoca a mudança» (para lhe impor uma prestação igual ao dano marginal causado). Mas então também o de reconhecer que a *pigovian tradition* – ao invocar a representação de um mal-*failure* (cuja reparação a «sociedade» tem que garantir coercitivamente) – adopta uma *implicit natural law view of costs and causation*. Tratando-se assim de exigir como alternativa que – à luz da experiência *jurídica* do caso, na sua irrepetibilidade... mas também e muito especialmente em nome de uma crença na robustez do mercado e na fragilidade e ineficiência das intervenções públicas (que é também a crença na *pressuposição* de que, com liberdade de trocas, os recursos «acabarão por ser afectados de modo a optimizarem a satisfação *global* que proporcionam») – se respeite (se leve a sério e até às últimas

é certamente já assumir *a* perspectiva «local» *(the local topic or concept*[108]*)* que vincula a «significação transparente» de uma tal repartição *(acumulação eficiente da riqueza / distribuição possível)* a determinadas expectativas (descritivo-positivas e normativas) de representação do poder judicial. Expectativas, como sabemos, que se pretendem confirmadas (ou pelo menos legitimadas) pela experiência do *american judge (as rational maximizer)*. Ora isto na medida em que reconhecem-constituem como núcleo pragmático da independência do poder judicial a sua «liberdade» perante as (se não mesmo a sua indiferença às) opções *distributivas* da política legislativa (e da *normal politics* em geral)[109], insista-se, a oportunidade (que é também uma exigência) «institucional» de mobilizar o referente *valor* – ou o processo de contabilização que o maximiza – como *modus operandi* de determinação-reconstituição dos critérios (se não do equilíbrio

---

consequências) a especificidade *interrelacional* da trama dos direitos e deveres (ou dos *entitlements* que as mascaram): o que aqui e agora significa experimentar a «*reciprocidade da actividade danosa*» ou a irrelevância *em abstracto* dos papéis do poluidor e da vítima *(costs are always reciprocal and both parties are always the but-for causes of all losses)*, ou mais claramente, concluir que não há soluções gerais para os «problemas das externalidades». De tal modo que se nos imponha sempre a solução «descentralizada» (forjada e cumprida pela negociação das partes interessadas) ... e numa especificação em que os custos *privados* e os custos *sociais* se confundem.

Para compreender a importância desta *revolução* (com os desenvolvimentos oponentes que a assimilam) – e descobrir assim uma representação plausível das *funções do direito* (um direito, como se sabe, com uma *tarefa residual*) [como se lhe competisse apenas «diminuir os "custos de transação" e oferecer as condições para a resolução convencional das "externali-dades"»] –, ver os estudos-*síntese* propostos por Steven G. MEDEMA/ Richard O. ZERBE Jr e Douglas W. ALLEN, respectivamente «The Coase Theorem» e «Transaction Costs», in BOUCKAERT/ BOUDEWIJN/ DE GEEST/GERRIT (eds.), *Encyclopedia of Law and Economics*, volume I, cit., 836 e ss., 893 e ss.; sem esquecer ainda J.SCHROEDER, «The End of the Market: a Psychoanalysis of Law and Economics», cit., 521-548 e a sequência de especificações-aplicações proposta por POLINSKY em *An Introduction to Law and Economics*, cit., 11 e ss.

[108] «Now we know why the concept of law is so elusive. Writers on jurisprudence treat it as a universal topic, they decontextualize it; yet actually it is local. Within the context of a specific legal system, with its own settled expectations concerning the judicial function, it is possible to pronounce a judicial decision "lawless" because it relies on considerations or materials that the local culture rules out of bounds for judges...» (POSNER, *Law and Legal Theory in the UK and USA*, cit., 37).

[109] *Frontiers of Legal Theory*, cit., 35 e ss.

que os sustenta[110]) – independentemente do *telos* ou da estratégia que estes mobilizem... mas também dos *motivos* que explicam a sua decisão-*voluntas* (quando não explicitamente *contra* estes motivos[111]). Sem esquecer que o exercício de contabilização em causa se constrói por sua vez numa (e como uma) especificação pragmática: que equipara *objectivamente* os sujeitos da controvérsia[112] enquanto e na medida em que se abstém de apreciar os processos de autodeterminação dos seus *arbítrios (no position is taken on what people want or should want, such as happiness*[113]) mas também enquanto e na medida em que – nos limites da experimentação de cada caso e da correspondente solução – ignora e supera as distinções ou discriminações político-sociais (sempre «arbitrárias», mesmo quando ideologicamente justificadas) que atingem tais sujeitos (e as suas mónadas).

Especificação (-recomendação) pragmática no entanto que – assumindo explicitamente a herança de «The Problem of Social Cost» (ou esta privada do salto do *new institutionalism*)[114] – só aparentemente corresponde a uma compreensão *autónoma* do problema-caso ou a uma determinação auto-subsistente (intencionalmente reconhecível) das dimensões que o constituem.

Por um lado porque reduz a situação-*controvérsia* a um esqueleto de vontades-possibilidades de pagar e de aceitar: enquanto e na medida em que assegura que o problema – no seu contexto problemático mas também (e sem soluções de continuidade) nas exigências do tratamento racional que admite... e na comunidade-*societas* que pressupõe *(the community of those who have money to back their desires)* – seja submetido a uma *tradução (-formalização)* exemplar, conduzida pela *welfarist categorial policy analysis* (quando não

---

[110] Assim, como sabemos, quanto à *chain novel* dos precedentes: ver *supra*, nota 34.

[111] Sendo precisamente esta uma das chaves da «resistência» ao *public choice paradigm shift*: ver *supra*, notas 9, 10 e 102.

[112] «Economic approach of law (...) offers a neutral standpoint on politically controversial legal topics. Conventional bankrupty scholars tend to be either pro-debtor or pro-creditor (...). The economics favors neither side, favors only efficiency...» (*Frontiers of Legal Theory*, cit., 36-37)

[113] *Ibidem*, 99. Especificação, como sabemos, que resulta directamente da superação de um critério de utilidade.

[114] Com um alcance que já conhecemos: *supra*, notas 11 e 107. Ver também *infra* notas 144 e 160.

lógico-*positivamente* dominada pelo «reservatório categorial» correspondente)[115].

Por outro lado porque, reconhecendo na «capacidade de universalização» (e no *pathos* motivacional que a responsabiliza) um dos critérios-*medida* – se não um (ou *o*) instrumento de defesa privilegiado – da *independência dos juízes*, acaba por confundir as exigências em causa com a tradução normativista do processo de *justificação* – mas então também (*et pour cause!*) com a «necessidade» de, preservando o confronto discursivo *questões de direito/questões de facto*, garantir que as primeiras sejam protegidas pela possibilidade pragmática[116] de uma formulação parificadora (*geral* e *abstracta*)[117].

Como se a opção pela *forma* de *freie Gebrauch* garantida pelo mercado permitisse (determinasse) enfim um juízo de relevância capaz

---

[115] Com as dificuldades que esta formalização-*empobrecimento* provoca: ver *infra*, 5.2.

[116] Ainda que com um uso *mínimo* ou apenas *implícito* de «palavras classificatórias gerais»... A lição de HART?

[117] Sirva-nos como exemplo inexcedível da convergência destas destas preocupações – e da *overlapping possibility* dos formalismos *económico* e *jurídico* que (inconfessadamente) as iluminam – o tratamento recorrente que Posner reserva ao(s) problema(s) da negligência (e das concepções-«conceitos» de negligência) [que vem já de «A Theory of Negligence», *Journal of Legal Studies, vol. 29*, 1972, 1 e ss..]– ou este tratamento sob o fogo (não menos convergente...) de duas opções-soluções: á) a que submete a concepção--critério em causa *(the negligence standard)* ao filtro inexcedível de uma formalização económica – assegurada pela inteligibilidade e pela transparência da fórmula do juiz HAND [«The accident will occur with probability *P* and impose a cost that I'll call *L*, for loss, while eliminating the possibility of such an accident would impose a cost on the potential injurer, a cost that I shall call *B* (for burden). The cost of avoiding the accident will be less than the expected accident cost (or benefit of avoiding the accident) if *B* is smaller than *L* discounted (multiplied) by *P*, or *B*<*PL*. In that event should he fail to take the precaution (perhaps because he does not reckon the cost to the accident victim a cost to him) and the accident occurs, he is properly regarded as being at fault...» (*Frontiers of Legal Theory*, 37-38)]; α) a que exige que as diversas especificações problemáticas possíveis preservem a inteligibilidade racional (e o enquadramento institucional) de autênticas *questões-de-facto* [«Negligence is a legal concept; but is the question thwhether the defendant was negligent a legal or a factual question? (...) I believe (...) that it is a pure question of fact. (...) I believe that most other questions (called by lawyers "mixed questions of fact and law" or 2ultimate questions of fact") concerning the correct application to the facts of the case of a legal standard, such as possession, voluntariness, and good faith, could similarly be decomposed into pure questions of fact. (...) No legal knowledge is required to make any of these determinations...» (*Ibidem*, 379)].

de se «dirigir» aos (ou de configurar como *objectos* os) elementos materialmente constitutivos dos *arbítrios* individuais para neles isolar (-privilegiar) aqueles e apenas aqueles que compõem e manifestam a *vontade-possibilidade de pagar* e a *vontade* (de certo modo também já *possibilidade*) *de aceitar*. Bastando a relação-tensão relacional que assim se esboça (ou a máscara insuperável de representação e de tratamento da controvérsia que esta impõe)[118] para reconhecer a solução e a especificação estratégico-táctica correspondente: precisamente aquela que atribui as possibilidades-*direitos* de mobilização de bens-recursos (e estes *direitos* dogmaticamente corrigidos como *legal entitlements*) ao utilizador potencial que, num mercado real ou num mercado simulado (se os *custos de transacção* forem proibitivos), lhes atribui «maior valor» *(the highest-value user)*. O que para além do mais significa libertar o julgador ou a pragmática da *adjudication* (e esta sempre assumida como correlato plausível do *legal economic analyst point of view*...) do compromisso prático com a exigência de *igualdade* – e com as representações da *equidade* ou da justeza *equitativa* que a traduzem (mesmo quando estas correspondem a um sentido-*uso* inequivocamente económico[119]): entenda-se, libertá-lo de outras exigências de *igualdade* que não aquela (ou aquelas?) que constitutiva e indissociavelmente lhe impõem *por um lado* a reconstituição objectiva das posições dos sujeitos (como titulares de *pretensões de valor*) e *por outro lado* a ficção racional de um consenso *por sobreposição* (sancionador de um modelo de *eficiência*, se não explicitamente de um critério de maximização da riqueza)[120]. Muito simplesmente porque se as pretensões de igualdade e os efeitos de correcção-igualitari-

---

[118] Capaz também de (em nome da preservação da *welfarist theory of adjudication*) vencer a antinomia dos interesses e mostrar-«comprovar» a complementaridade das situações correspondentes. «The economic approach frequently dissolves contentious antinomies, (...) [e.g.] by demonstrating the interrelation of debts' and creditors' interests...» (*Frontiers of Legal Theory*, cit., 37).

[119] Ver *supra*, nota 106.

[120] «The (...) outcome of a unanimous choice has considerable moral appeal. If common law shaped by wealth maximization has the attractive features that I think it does, it might command almost unanimous consent *ex ante* if there were a mechanism for eliciting that consent...» (*Frontiers of Legal Theory*, cit., 101). Na falta de um tal «mecanismo»... teremos certamente que nos contentar com a afirmação de POSNER. Ver *infra*, 5.3. (e nota 187).

zação *(issues of economic equality)* encontram noutros poderes as suas instâncias competentes de produção-determinação (mas também de realização) – sendo esta «competência» aferida por uma conexão privilegiada de *legitimidade* e de *eficiência* (e pela projecção-estruturação *macroscopicamente* relevante destas)[121] –, a riqueza *(as stock)* é o «bem social» (entre os bens *socialmente* relevantes) que os juízes estão em condições de garantir ou de «promover» *(wealth as (...) a genuine social value (...) is one that judges are in a good position to promote)*[122]. Como se tratasse afinal de homologar-*confirmar* a repartição estanque de competências que atribui as soluções de distribuição ao exercício de outras *vontades*... para independentemente das soluções a que essas *vontades* cheguem ou das opções programáticas que estrategicamente as orientam – estratégia esta e soluções aquelas que serão sempre arbitrárias quando assumidas na perspectiva da decisão judicial (porque sustentadas num processo de descoberta e num exercício de justificação distinto[123]) – encontrar o equilíbrio indispensável numa decisão-julgamento de *maximização* ou no modo como esta compara *objectivamente* (entenda-se, *quantitativamente*) as *pretensões de valor* dos sujeitos da controvérsia *(A system of*

---

[121] Exigir (como núcleo de uma *theory of adjudication*) que a independência do juiz seja guiada (e protegida) pelo critério da *maximização da riqueza* – reconhecendo simultaneamente a sua compossibilidade com qualquer opção (*democrática*) da política legislativa (sem excluir aquelas que assumem um modelo de *welfare interventionism*) [*infra*, 5.3., compreenderemos qual é o alcance da especificação «opção *democrática*»] – não significa no entanto impedir que a análise económica do direito (num plano já exterior ao dessa *theory of adjudication*) se pronuncie com toda a autonomia sobre a oportunidade e a eficiência das opções legislativas (e outras *social policies*). Compreende-se assim que POSNER (mais uma vez resistindo ao *public choice's paradigm shift*) não hesite por exemplo em submeter as condições da *política distributiva* (se não mesmo a estrutura institucional do *Welfare State*) à perspectiva da análise económica marginalista: nomeadamente para refutar a pretensão-conclusão de que um enorme grau de desigualdade económica gera necessariamente instabilidade política... e para defender-confirmar a hipótese alternativa («I hypotesize (...) a positive correlation between political stability and (...) wealth (...) or income level (...) but no correlation between political stability and (...) distribution (...) or equality of incomes...»): *Frontiers of Legal Theory*, cit., 101-121.
[122] *Frontiers of Legal Theory*, cit., 100.
[123] «The winners and losers will be different people but that is a purely distributional concern, which I exclude from my conception of a proper cost-benefit analysis (...) (which uses the criterium of *wealth maximization*)...» (*Frontiers of Legal Theory*, cit., 128, 121).

wealth maximization ratifies and perfects an essentially arbitrary distribution of wealth[124]).

4.3. É como um núcleo temático privilegiado da teoria do direito *encore à faire* – no seu cruzamento exemplar de componentes normativas e epistemológicas, estatutárias e empíricas, assimiladas por uma «abordagem económica» (*as an optimal system of dispute resolution*[125]) – que se oferece o último ponto do espectro a que queremos aludir. Precisamente aquele que enfrenta o problema da prova ou as condições de institucionalização que o tornam possível *(as a finding facts system in use)*[126]

α) Trata-se desde logo de consagrar (garantir) uma *ordem de fins*: ou esta como correlato (se não contexto) funcional de um universo discursivamente autónomo (inconfundível com os processos de *textual interpretative adjudication* e de *conceptual policy analysis* que até agora tivemos presente[127]). Uma ordem de fins que parte de um problema ou do isolamento deliberado de um problema e da heurística de perguntas-*decisões* que o especificam (assumidas como

---

[124] *Frontiers of Legal Theory*, cit., 102
[125] *Ibidem*, 336-338.
[126] Teremos sobretudo em atenção «The Principles of Evidence and the Critique of Adversarial Procedure» e «The Rules of Evidence», os capítulos 11 e 12 de *Frontiers of Legal Theory*, cit., 336 e ss. e 380 e ss. (explicitamente baseados em «An Economic Approach to the Law Of Evidence», *Stanford Law Review*, vol. 51, 1999, 1477 e ss.). Sem esquecer *the ontology of legal fact-finding* esboçada em «Are There Right Answers to Legal Questions?» [*The Problems of Jurisprudence*, cit., 197 e ss., 203-219 («Questions of Fact»)]: esta última de resto menos pelas conclusões normativo-institucionais que assume – das quais o próprio POSNER se reconhece parcialmente desvinculado [«I no longer agree with everything I said there, particularly (with) my criticisms of the jury system...» (*Frontiers of Legal Theory*, 337, nota 5)] – do que pela reflexão epistemológica (se não mesmo meta-epistemológica) que autonomiza.
[127] Inconfundibilidade de universos que de certo modo se atenua (sem se diluir) no preciso momento em que as exigências da comprovação empírica encontram na grelha económica o seu filtro de especificação privilegiado. O que não deve surpreender-nos. Se POSNER admite interpelar a demarcação dogmática tradicional é certamente apenas em nome de uma perspectiva *exterior* e do cognivismo empírico que a sustenta – perspectiva exterior que integra certamente a *economic legal analysis...* e com um lugar de destaque relativamente às outras especificações possíveis (um lugar de destaque garantido de resto pelas provas *dadas* de «explicabilidade» e de controle objectivo) [veja-se neste sentido a conclusão nº 7 do «Pragmatist Manifesto», *The Problems of Jurisprudence*, 460].

pure questions of fact)[128]... na mesma medida em que invoca uma expectativa de tratamento e o resultado exclusivo que este determina (o de um *judgement about probabilities* enquanto «conhecimento ou pretensão de conhecimento *possível* de factos singulares passados»)[129]. Mas então uma ordem de fins que se nos impõe aproblematicamente iluminada pelas exigências da determinação factual *(an use of legal process to make factual determinations)* ou pela tradução cognitivo--empírica destas exigências (se não já pelo discurso hipotético-explicativo que as institucionaliza)... e mais do que isso, submetida à especificação de um paradigma epistemológico... que não é senão o do *teorema* de BAYES...[130]

---

[128] *Frontiers of Legal Theory*, cit., 379. Tenhamos presente o contraponto juiz/jurados reconstituído em «The Principles of Evidence...», *ibidem*, 351 e ss. [mas já não decerto aquele (muito diferente!) esboçado em *The Problems of Jurisprudence*, cit., 208 e ss...], no qual POSNER acentua precisamente as vantagens de «frescura» (na reconstituição dos acontecimentos relevantes) que favorecem o júri. Trata-se precisamente de exigir que a invenção da narrativa probatória se liberte dos pré-juízos de uma formação jurídica... ou pelo menos de reconhecer que uma tal invenção não deverá ser condicionada pela inscrição do julgador na corrente da comunidade dos juristas-*juízes*... nem mesmo pela consideração dos exemplos das suas próprias decisões *de facto*: *ibidem*, 353-355 [«The judge may be case--hardened and therefore less likely to attend to the particulars of a new case...» (353)].

[129] *Ibidem*, 338 e ss., 343-375 e ss., 380 e ss.

[130] Sem esquecer que estamos assim a assumir um *external point of view* (e uma especificação possível deste). Condição (mas também limite) de inteligibilidade-*explicabilidade* que POSNER acentua exemplarmente em *The Problems of Jurisprudence*, cit., 212-218 (e que está apenas implícito no desenvolvimento de *Frontiers of Legal Theory*). Exortar o *economic legal analyst* a participar (com um contributo imprescindível) na comunidade dos *New Evidence Scholars* – e nas discussões de modelos teórico-explicativos que a iluminam (assim por exemplo na tematização do *bayesianismo* e dos «seus limites») [cfr. Peter TILLERS/Eric GREEN (ed.), *Probability and Inference in the Law of Evidence. TheUses and Limits of Bayesianism*, Dordrecht 1988 e muito especialmente o acervo de comunicações e comentários participantes na «Cardozo Conference on Decision and Inference in Litigation» (com interlocutores tão significativos como Peter TILLERS, Richard LEMPERT, Jonathan COHEN, David SHUM e Lothar PHILIPPS) publicado na *Cardozo Law Review*, vol. 13, Nov. 1991, nº 2 e 3, 253-1085] –, pedindo-lhe que opte justificadamente por uma *teoria da probabilidade*... quando se trata de reconstruir o problema da prova *(explicitly characterised as one of probabilistic determination)* – não significa evidentemente pretender que o modelo escolhido e que as hipóteses explicativas que o sustentam se nos imponham (ou devam impor-se-nos) como uma representação metódicamente unidimensional da *pragmática* dos juízes e jurados. [«Subjective probability unquestionably plays an important role in litigation (...) and litigants' behaviour (...). But does Bayesianism provide a good model of the decisional process of a judge or of a jury?» (*Ibidem*, 212)].

β) Trata-se depois de interpelar os *meios* normativo-processuais ou os *usos* que estes autorizam *(an use of legal process...)*: menos de resto para discutir a aptidão instrumental (aferida pela pressuposição dos fins) que os distingue e hierarquiza numa ordem de preferências *(...to make factual determinations)* do que para discutir-comparar a eficiência dos resultados permitidos e o contexto situacional (psicos-sociologicamente determinado) que estes assimilam e (ou) neutralizam *(the accuracy and legitimity of the law's methods for resolving factual disputes (...) and (...) the importance of such accuracy to an economically efficient system of law).*

Mas então de exigir que aquele mesmo paradigma epistemológico se nos ofereça concertado com a *teoria dos jogos* – experimentado numa situação de incerteza competitiva e na teia complexa de interlocutores e de interacções que esta provoca... – e muito especialmente iluminado pelo *princípio da marginalidade...* se não também já pelo *efeito dissuasor (deterrence effect)* ou pela sequência de efeitos dissuasores (macroscopicamente contabilizados) que a representação marginalista espera do direito *(the deterrence of wrongful conduct, which reduces the number of cases and hence the aggregate costs of the legal process)*[131]. Processo de racionalização este último, bem o sabemos, que converte os materiais probatórios em *recursos* (oferecidos, procurados e consumidos pelo *trier of fact* e pelas partes-*adversários*)...[132] Na mesma medida em que se permite interpelar os *usos*

---

[131] No sentido que já esclarecemos *supra* nota 20.

[132] Trata-se, numa palavra, de «equacionar» os custos e os benefícios (sociais mas também privados) do processo de «aquisição, filtragem, ordenação-hierarquização *(marshalling)*, apresentação e avaliação *(wheighing)*» que submete (-determina) os materiais probatórios *(evidence)...* admitindo que tanto os benefícios e os custos *totais* desta procura [*respectivamente*, pS e c] quanto os benefícios *líquidos* [B] –correspondentes à diferença que relaciona aqueles [B=pS-c] – se nos impõem como *funções positivas* da «quantidade» disponível de materiais-*evidence* [(x)]. De tal modo que sendo assim c função de x [c(x)] e pS também função de x [p(x)S] – representando S uma quantificação dos riscos-*paradas* que se assumem no processo judicial *(the stakes in the case)* e p a «probabilidade» de *aquele* caso (enquanto *factual dispute*) vir a ser «correctamente decidido» (se o decidente--*trier of fact* considerar *aquela* quantidade disponível de materiais) –, a formalização do benefício líquido possa corresponder à relação B(x) =p(x)S-c(x) – o que é de resto já reconhecer que o montante *óptimo* da procura há-de traduzir uma explícita maximização deste benefício («the amount that satisfies $p_x S = c_x$ ... where the *subscripts*[$_x$]denote derivatives...»). «In words, the search should be carried to the point at which marginal cost

normativo-processuais (que especificam as diversas alternativas) reconstituindo a *procura* e o tipo de *procura* (se não mesmo já *the type of searcher*) que tais usos institucionalizam... ou esta *procura* reconhecida a partir das opções-*limite (tendencies treated as if they were their extremes)* dos sistemas dispositivo-acusatório e inquisitório *(it is the difference in **who** searches for evidence that mainly distinguishes the adversarial system (...) from the inquisitorial system)*[133].

γ) Com um resultado exemplar. Que só reconhece (ou leva a sério) a «eficiência incomparavelmente superior» do sistema *dispositivo-acusatório* (ou das alternativas que o combinam como «componente dominante»[134]) enquanto e na medida em que submete a pretensão de exactidão ou de justeza narrativa *(the acuracy concern)* da decisão probatória (e o paradigma explicativo-probabilístico que a ilumina) a uma especificação pragmaticamente decisiva, justificada pela experiência do *free market*[135] – mas então também e indissocia-

---

and marginal benefit are equated. The amount of evidence at the optimum point will be greater the higher the stakes in the case, the lower the cost of obtaining evidence, and the greater the effect of evidence in increasing the likelihood of an accurate outcome...» (*Ibidem*, 339).

[133] Ver *supra*, nota 36.

[134] Neste sentido ver *Frontiers of Legal Theory*, cit., 357-358. Sem esquecer a condição ou limite de inteligibilidade-explicabilidade que invocámos *supra*, nota 130. Assumir *na perspectiva da abordagem económica* a conexão privilegiada *adversary system/competitive free market* (iluminada de resto pelo discurso epistemológico de POPPER e pela *theory of scientific progress* que este justifica), não significa certamente sustentar a representação unidimensional («an unrealistic assumption, especially in American legal system») de que o tribunal procura apenas a verdade... ou esta concertada com o objectivo económico de redução dos *custos de erro*. «I do not mean that the American system is uninterested in factual truth, but only that the goal of truth is in competition with other goals, such as economy, preserving certain confidences, fostering certain activities, protecting constitutional norms, (...) providing catharsis for people in grievances, real or imagined...»(*The Problems of Jurisprudence*, cit., 205-206).

[135] *Frontiers of Legal Theory*, cit., 347 e ss. «The competitive character of the adversary process gives the searchers (the lawyers) greater incentives to search hard than under a system in which the judge is the principal or only searcher. Competition always involves duplication of effort, yet more often than not yields more than offsetting benefits, and it may do so in a trial. To put it differently, the adversarial system relies on the market to a much greater extent than the inquisitorial system does, and the market is a more efficient producer of most goods than the government is...» [350-351] «One way of combating cognitive illusions (...) is the adversary process itself. If the lawyer for one party uses

velmente enquanto exige que um processo (estruturalmente indiferenciado) de contabilização dos custos e dos benefícios sociais passe a assimilar e a integrar (se não a confundir-se racionalmente com) a pretensão em causa.

Por um lado trata-se simplesmente de vincular a *decisão de facto* ao processo de *procura dos materiais* (e de confirmar a relação funcional que as articula): para encontrar na segunda (na tradução normativamente relevante do seu *optimum*) *um* dos (se não *o*) critério racional da primeira. *Conduz o processo da procura até ao ponto de equilíbrio em que a última porção ou unidade-**bit** dos materiais-**evidence** produza (determine) uma redução nos* **custos de erro** *igual ao seu próprio* **custo** *(de obtenção-produção)*. Como se a *ordem de fins* da «determinação factual» juridicamente relevante se reconhecesse por fim (encontrando uma especificação decisiva) no «objectivo social» de «minimizar a soma do *custo de erro* com o *custo de o evitar*»[136].

Por outro lado trata-se já de submeter o direito probatório em geral e as as *rules of exclusion* em particular (em cada uma das soluções que impõem mas também na teia que estas entretecem) a um processo de experimentação... que possa determinar a sua eficiência *(as alternative means)*. O que mais do que mobilizar a ordem de fins pressuposta significa já concentrá-la (simplificá-la) numa representação regulativa: numa *efficiency hypothesis* que, também aqui nos limites da experiência do *american trier of fact*, reduza a *law of evidence* (e a racionalidade estrategicamente plausível das suas intervenções) a um processo de institucionalização de garantias (de um sistema de *competitive evidence search*) ... mas então também (e sem soluções de continuidade) a um esforço de limitação-minimização dos **custos externos** (desencadeados por este sistema)[137]. Com resultados que no plano **descritivo** (não obstante o rigor implacável da

---

"framing" to influence a witness a witness's testimony, the other lawyer can on cross-examination reframe the question to offset the effect of his opponent's framing. This is another respect in which the adversarial system (with jury) may be better at dealing with cognitive illusions than the inquisitorial system...» [353].

[136] *Ibidem*, 342.
[137] *Ibidem*, 348-9.

análise) se mostram enfim favoráveis à preservação das referidas *rules* (ou à maior parte das soluções que estas determinam)[138].

5. Urge no entanto interromper este percurso. E distanciarmo-nos dele ou das exigências que permitem pensá-lo.

5.1. Um dos caminhos possíveis é aquele que denuncia o fracasso das **pretensões** de universalidade explicativa e de neutralidade pragmática — mas também de objectividade (na experimentação *inter-subjectiva*) e de coerência e rigor (na determinação dos resultados) — que alimentam (e mascaram) o discurso desta (muito específica) «engenharia social»[139]: e que denuncia este fracasso reconstituindo

---

[138] Ver «The Rules of Evidence», *ibidem*, 380 e ss. Sem esquecer «Excessive Sanctions for Governmental Misconduct in Criminal Cases» (1982), in TWINING/STEIN (ed.), *Evidence and Proof*, in TWINING/STEIN (ed.), *Evidence and Proof*, Aldershot 1992, 491 e ss, menos de resto pelo tratamento que reserva à *exclusionary rule of (the law of) search and seizure* do que pela hipótese que explora e que pretende confirmar («[the hypothesis that] the judges are preeminently concerned with economic efficiency, even though the underlying norms are not economic expressed»). Mas sem esquecer também, aqui e agora, o confronto (que sabemos assumido) com as hipóteses explicativas defendidas em *The Problems of Jurisprudence* (hipóteses estas vinculadas a uma denúncia crítica do sistema do júri, quando não já a um reconhecimento das «ansiedades formalistas» a que, na experiência jurídica norte-americana, este sistema corresponde).«In part we preserve the civil jury merely because we distrust judges (…)or in order to make the judicial role seem more objective than it is, by consigning difficult questions to laypersons and thereby reducing the number of cases in which judges have to decide indeterminate questions. (…) On this analysis, the survival of the civil jury is due not to the populist streak in american culture, as is generally believed, but to formalist anxieties…» (*The Problems of Jurisprudence*, cit., 208).

[139] «In place of the formalists' claim to have identified the natural language of the marketplace, some of the legal realists substituted an equally questionable claim to neutral expertise in social enginnering.(…)By appearing to be neutral to ends, or by merely offering means to reach pre-selected ends, the ideology of technocracy actually buttresses the status quo. Cost-benefit analysis in law and economics provides an excellent example.The post-Coasian revolution proved that anything can be factored in as a cost, including psychic upset or the wishes of future generations, and that the initial distribution of entitlements can generate efficient solutions, assuming the absense of transaction costs…» (James BOYLE, «The Politics of Reason: Critical Legal Theory and Local Social Thought», in BOYLE (ed.), *Critical Legal Studies*, Aldershot 1992, 517-518, 519). Mas sem esquecer também, aqui e agora o confronto (que sabemos assumido) com as hipóteses explicativas e as apreciações críticas defendidas em The Problems of Jurisprudence.

as tensões e contradições «ético-politicamente» significativas que vulnerabilizam a realização do *princípio da eficiência*... e os esforços repressivos (mais ou menos monolíticos) que se propõem eliminar estas tensões... mas também as representações da ordem-*societas* que sustentam a ambição formalista de uma *law/politics distinction* (e as narrativas de legitimação em que esta assenta)... quando não já a singularidade da «filosofia da presença» em que a celebração do *perfect market* se inscreve.

Argumentos estes que nos bastam para identificar (reconhecer) um caminho brilhantemente explorado (e de certo modo também conduzido) por Duncan KENNEDY, Mark KELMAN, Bill BRATTON, Roberto UNGER e outros *Critical Legal Scholars*[140] Um caminho que pretende reconstituir o comprometimento político do movimento da *Law and Economics*... sem deixar simultaneamente de se mostrar sensível à heterogeneidade (relativa) das propostas que nele convergem... e a estas como reinvenções inconfundíveis de uma narrativa *neoliberal...* – heterogeneidade desde logo que garante a POSNER e à sua aparente *mainstream* um significativo (porque «dialéctico») *middle path* (entre o *individualismo libertário* de uma certa Escola de Chicago e o *liberalismo reformista* dos *scholars* de Yale ou de New Haven)[141].

---

[140] Para uma reconstituição atenta deste caminho (e das suas diversas frentes) – que nos dá conta também de um cruzamento fecundo das duas perspectivas em confronto, entenda-se, da possibilidade (brilhantemente comprovada por Duncan KENNEDY) de *doing law and economics from a CLS perspective* [recordemos a muito heterogénea *cost-benefit analysis* proposta em *Sexy Dressing*, Harvard, 1994 («combining (...) Calabresian, Posnerian law and economics with Saussurian structuralism, postmodern pro-sex feminism, simultaneously self-critical and self-justifying "straight white male middle class radical" introspection, and close reading of many fashion magazines...»)] – ver por todos Wayne EASTMAN, «Critical Legal Studies», in BOUCKAERT/ BOUDEWIJN/ DE GEEST/GERRIT (eds.), *Encyclopedia of Law and Economics*, cit., volume I (*The History and Methodology of Law and Economics*), Cheltenham, 2000, 754-789.

[141] Para uma reconstrução desenvolvida destas diferenças ideológicas e dos compromissos que elas determinam, preocupada em iluminar os *hierarchical values* que autonomizam o pensamento de POSNER (e a corrente de *Chicago scholars* que com ele converge) [«aggregate societal wealth maximization as the highest good (...) and the primary goal», «market action as a second-order value», «rejection of a (...) natural or inherent rights (...) conception», «cost-benefit analysis as a basic analytical technique», «irrelevance (...) for the judicial process(...) of the distribution of wealth»]– em confronto por um lado com os *purely (right wing) individualistic values* assumidos pelos *Chicago scholars* da primeira geração [numa acentuação de pretensões-exigências que só o nozickiano *night watchman*

5.2. Outro caminho inevitável é aquele que interpela a *free market jurisprudence* para considerar as dificuldades da sua «revolução silenciosa» e estas já para além (se não independentemente) do compromisso ideológico que as ilumina (e dos esclarecimentos que este introduz).

5.2.1. Trata-se desde logo de desafiar a pretensão de racionalidade e a auto-sufi-ciência desta, reconhecendo os limites problemático-funcionais (particularmente apertados) que circuncrevem o seu domínio de relevância. Limites que passam decerto tanto por uma pressuposição aproblemática das *condições iniciais* (traduzidas-*dadas* num *setting of legal entitlements*) quanto por uma prescrição de indiferença aos (subsequentes) *processos de distribuição* (ou às ordens de fins que os especificam). Mas então por um equilíbrio de decisões (*initial entitlements setting/wealth maximization decision/ distribution goals programming and execution*)... cuja sucessão (analítica e cronologicamente estanque) importa manifestamente pôr em causa[142].

---

state poderá porventura legitimar («private property (...) natural right (...) occupying a paramount position in the scheme of social values», «free market in goods and services as (...) the preferred method for resource allocation», «Pareto efficiency (...) as the principal criterion of evaluation»] e por outro lado com a reinterpretação (liberal reformista, de centro esquerda) dos *hierarchical values* defendida por CALABRESI e pela chamada Escola de Yale [«preference for (...) more qualitative utility concepts of social welfare»,« global relevance of (...) the distribution of wealth pattern»]– ... preocupada também em se dar conta da complexa dialéctica interna que afecta (em maior ou menor grau) as diversas expressões destas correntes [«With (...) a mainstream discourse properly characterised more as a debate than as a collective enterprise refining a unitary social scientific model under the aegis of a monolhitic set of values...»], ver agora Denis J. BRION, «Norms and Values In Law & Economics», in BOUCKAERT/ BOUDEWIJN/ DE GEEST/GERRIT (eds.), *Encyclopedia of Law and Economics*, cit., volume I (*The History and Methodology of Law and Economics*), 1041 e ss. , 1044-1048 («Prescritive Discourse»). Sem esquecer a síntese (do contraponto de *gerações*) proposta por Gary MINDA, *ob. cit.*, 88 e ss. e ainda o confronto POSNER /HAYEK assumido por William E. SCHEUERMAN em «Free Market Anti-Formalism: the Case of Richard Posner», *Ratio Juris*, vol.12 nº 1, 1999, 80 e ss., 92-94 [«We surely have come a long way from Friedrich Hayek (...) influential synthesis of free market conservativism and legal formalism. Posner's theory shows that contemporary conservatives appreciate the potential political benefits of anti-formal trends in the law...» (*Ibidem*, 94)].

[142] Privilegiemos (em relação a todas as possíveis críticas *exteriores*) a exemplar abordagem de CALABRESI... e esta enquanto problematiza a cisão dos compartimentos-territórios em causa... mas também já enquanto reconhece a impossibilidade de pensar ò

volume da riqueza como um «fim em si mesmo», entenda-se, enquanto exige que se superem as pretensões «totalizantes» do binómio *eficiência /equidade* [«Wealth is merely instrumental and needs to be attached to some account of what it is instrumental to before it can be evaluated...Justice language is different from efficiency and, I think, welth distributional language. As a result it only confuses things to talk about trading justice for efficiency...» (Calabresi, «About Law and Economics: a Letter to Ronald Dworkin», *Hofstra Law Review*, 8 (3), 1980, 555-556, 558, incluído em Posner/Parisi (ed.) *Law and Economics*, 29-30, 32)]. Tendo presente que a «ideia de justiça» que assim se invoca (na sua auto-subsistência regulativa) se quer levada a sério como um autêntico «limite para a eficiência»: «inconfundível» por um lado com uma «mera distribuição *lograda* da riqueza obtida» mas não menos irredutível por outro lado ao compromisso eficiência/distribuição e aos processos de transacção nele implicados (ainda que não deixe de encontrar em tais processos uma mediação imprescindível) [«Sobre los límites de los análisis no económicos del Derecho», *Anuario de Filosofia del Derecho. Nueva Epoca*, vol. II, Madrid 1985, 219 e ss., 227-228 («Sobre la eficiencia y la justicia»)]. Tratando-se certamente de invocar um determinado compromisso entre *utilidade, igualdade* e *outras preferências* socialmente reconhecidas («where public institutions have a paramount role»)... e muito especialmente de o desenvolver em dois planos distintos (que desafiam as fronteiras de relevância com que Posner circunscreve a prática jurisdicional): o da *distributional theory* decerto (que agora se diz *moral-distributional theory*) mas também o dos *initial (sets of) entitlements* – e destes enquanto correlatos de uma atribuição de *direitos* (e outras pretensões juridicamente relevantes) [«Without starting points – whether termed rights, entitlements, bodily security, or what have you – it is hard to give any meaning to the term "an increase in wealth". (…) It is hard to know what to make of a statement that maximizing wealth is a good thing, unless one has accepted something, other than wealth maximization, as a ground for initial starting points. (…) Simple "desire for wealth" is not a meaningful starting point, because while one may be able to give meaning to a desire for happiness, say, apart from other characteristics, one cannot give meaning to "wealth" and hence to a desire for wealth in such an abstract state.» («About Law and Economics: a Letter to Ronald Dworkin», cit., 554-555, in Posner/Parisi, cit., 28-29)]. De tal modo que as «razões normativas» que justificam estes últimos se autonomizem em três núcleos inconfundíveis *(economic efficiency / wealth distributional preferences or goals / other justice reasons)*; mas de tal modo também que a constituição-protecção dos títulos neles atribuídos possa por sua vez cumprir-se (em todos e em cada um destes núcleos) mobilizando (ainda) três tipos de critérios ou instrumentos regulativos *(property rules, liability rules, rules of inalienability)*. Sendo precisamente da articulação complexa (mas não menos transparente) destas (seis) instâncias que resulta a possibilidade de construir uma grelha de leitura plausível, mobilizável (com gradações embora distintas) em todos os domínios do direito [O desenvolvimento desta proposta, exemplar pela sua flexibilidade, mas também pela flexibilidade com que Calabresi pensa o contributo da *Law & Economics*, esse encontramo-lo em Guido Calabresi/ A. D. Melamed, «Property Rules, Liability Rules, and Inability: one view of the Cathedral», *Harvard Law Review*, vol. 85 (6), 1089 e ss., também incluído em Posner/Parisi (ed.) *Law and*

5.2.2. Mas trata-se sobretudo de desafiar aquela (pretensão de) auto-subsistência no seu território – nas fronteiras interiores da *rational choice* que a realiza mas também da *teoria da decisão* que esta pressupõe, se não já da especificação funcional correspondente *(a cost-benefit analysis which is also a theory of adjudication)* –... e agora para reconhecer a(s) dificuldade(s) de determinação dos critérios... e muito especialmente daqueles que são mobilizados para seleccionar os efeitos relevantes[143]. Com núcleos problemáticos exem-

Economics, cit., 520 e ss. («*A* framework (...) which may be applied in many different areas of the law (...) but which (...) affords only one view of the Cathedral», *ibidem,* 559)].

Ficando deliberadamente por considerar o problema aberto pela invocação das «*other justice reasons*» e (ou) pelas pretensões de sentido (mas também pelas exigências de «abertura» *intensional* e *extensional*) que estas assimilam [«To the extent that one wishes to delve either into reasons which, though possibly originally linked to efficiency, have now a life of their own, or into reasons which, though distributional, cannot be described in terms of broad principles like equality, then a locution which allows for "other justice reasons" seems more useful...» («Property Rules...», cit., 536)] – problema que nos obrigaria a interpelar a *justeza* ou *aceitabilidade* da distribuição... e o equilíbrio desta com o processo de contabilização dos ganhadores e perdedores... sem esquecer decerto a articulação *equidade/justiça* e a «transação» *utilitarismo teleológico/utilitarismo igualitário*. Antes porventura de (dever) discutir a pretendida «superioridade» da análise económica (mesmo quando circunscrita a uma «perspectiva da catedral») [«I find it hard to explain judicial behaviour in America simply in terms of wealth maximization. But I find it equally hard to explain it only in terms of ultimates or principles... » («About Law and Economics: a Letter to Ronald Dworkin», cit, 561, in Posner/Parisi, cit., 35)]. Para uma reconstituição de alguns destes problemas, num confronto privilegiado com o pensamento de Dworkin, ver Liborio Hierro, «La pobreza como injusticia (Dworkin v. Calabresi)», *Doxa*, 15-16 (1994), 945 e ss.

[143] Dificuldades de determinação que Posner atribui a uma «deficiente formação académica» dos juristas-juízes (e como tal susceptíveis de serem superadas) [«Judges and lawyers do not have the leisure or the training to conduct systematic investigations of the causes and consequences of law. That is work for the academy. But the law schools conceive their function to be the training of legal professionals rather than legal scientists...» (*The problems of Jurisprudence*, cit., 468)]... mas que Kornhauser reconhece indissociáveis de uma *cost-benefit analysis* – sempre que (e na medida em que esta) se queira impor como uma autêntica *theory of adjudication* (pelo que será precisamente esta última que importa criticar) [Kornhauser, «Economic Analysis of Law», in Edward N. Zalta (ed.), *The Stanford Encyclopedia of Philosophy*, cit.]. Enquanto se assumir esta pretensão (com as implicações que lhe correspondem) – seja qual for o entendimento (pragmaticamente relevante) dos seus limites –, o problema será com efeito sempre o de exigir que o julgador opte pela alternativa de decisão (se não directamente pelo critério-*rule*) que maximiza(e) a «soma» das *vontades (de pagar)* individuais *(to choose the legal rule that maximizes the ratio of benefits to costs as measured by the sum of individual willingnesses to pay)*. Com dificuldades de determinação que passam pelo reconhecimento das preferências dos agen-

plares como o da explicação-*comprovação* das vontades empíricas (de *pagar* e de *aceitar*), o da relação preço/valor, o da comparação dos mercados implícitos (e hipotéticos) com os mercados explícitos (e reais)[144]... mas ainda e muito especialmente o de uma contabilização (objectivamente lograda[145]) dos custos e dos benefícios (e dos custos

---

tes-partes (*cost-benefit analysis assigns as numbers the agent's willingness to pay*) e muito especialmente pela necessidade de agregar as vontades envolvidas *(or (...) each ranking is ordinal and the numbers have no significance beyond the order...)* e ainda de as comparar (a partir de uma representação dos estados de *bem-estar* que delas resultam). Mas então e assim por um método de «comparação interpessoal» que, não obstante a sua pretensão superadora, se vê condenado a repetir as perplexidades (se não aporias) do utilitarismo benthamiano [«Cost-benefit analysis (...) adopts a method of interpersonal comparisons of well-being that is particularly unconvincing. Interpersonal comparison of well-being requires that one identify the appropriate representation of each individual's preference ordering and compare those representations. Cost-benefit analysis however does not identify representations on moral or political grounds; rather it chooses the representations that contingently arise from the actual distribution of wealth and income in the society. If Tom is poor while Bill is wealthy, it is unclear why the representations of the well-being of each that derives from willingness to pay provide interpersonally comparable measures. Equally, if Tom and Bill are equally wealthy but Tom is disabled and Bill is not, the willingness to pay of each may still not be interpersonally comparable...» *(ibidem)*]

[144] Problemas que a convocação da «*comparative institucional (policy) analysis*» de COASE nos permite só por si denunciar: enquanto e na medida em que duvida da inevitabilidade dos confrontos relacionais em causa – da necessidade de comparar alternativas (de decisão) *reais (real world outmarks)* com modelos de equilíbrio *ideais (an abstract of a market situation, the hypothetical benchmark of a perfectly competitive general equilibrium)* – mas então também e muito especialmente enquanto (em nome de uma *sceptical attitude toward rational utility maximization*) nos dá conta da «influência perniciosa» de uma *welfare analysis* (nuclearmente) preocupada com estes confrontos. «To say that people maximize utility tells us nothing about the purposes for which they engage in economic activity and leaves us without any insight into why people do what they do...» [COASE, «Economics and Contiguous Disciplines», *Journal of Legal Studies*, vol.7, 1978, 208, também incluído em POSNER/PARISI (ed.) *Law and Economics*, Cheltenham 1997, vol. I, 23]. Cfr. ainda o excerto de «The Regulated Industries: Discussion» (1966) proposto por Peter G. KLEIN em «New Institutional Economics», in BOUCKAERT/ BOUDEWIJN/ DE GEEST/ GERRIT (eds.), *Encyclopedia of Law and Economics*, cit., volume I, 457-458. Sem esquecer as respostas de POSNER incluídas em *Overcoming Law*: aquela como sabemos que enfrenta o *scepticism* da *new institutional economics* [«The New Institutional Economics Meets Law and Economics», cit., 426 e ss.] mas também aquela que discute a *suspition of (and hostility to) high theory* que caracteriza o pensamento de COASE (e a muito específica *Englishness* que determina uma tal atitude) [«Ronald Coase and Methodology», cit., 406 e ss.].

[145] Ainda que nem sempre susceptível de se traduzir *quantitativamente*: «Quantification is rarely feasable and even more rarely undertaken when courts consider the

marginais em particular) que se «leva a sério» como uma autêntica *theory of adjudication*[146].

5.2.3. Antes de enfrentar as dificuldades que resultam da escassez relativa e da distribuição desigual (se não do desiquilíbrio) dos dados empiricamente mobilizáveis. Bastando-nos aqui e agora (para nos circunscrevermos aos problemas que nos ocupam) invocar as conclusões de POSNER[147], de WIENER KATZ[148] e de PARKER/KOBAYASHI[149]...

---

consequences of free speech and of its regulation» («Pragmatism Versus Purposivism in First Amendment Analysis», cit., 740). Para uma integração desta especificação exemplar (e do problema-limite que lhe corresponde) ver *supra*, nota 64.

[146] Continuando a insistir numa crítica *interna*, a referência inevitável é agora a tentativa de correcção-superação da *cost-benefit analysis*, mas não menos de preservação de uma *individualistic welfare function* – contra a sedução dos *moral principles (as nonwelfarist options)* –, ensaiada por Louis KAPLOW e por Steven SHAVELL (*Fairness versus Welfare*, Harvard 2001). Trata-se decerto de preservar (-«salvar») um *argumento-critério de bem--estar* (individualisticamente traduzido) – de demonstrar que uma opção deontológica (sustentada em *fairness notions*, ou se quisermos, numa *non-individualistic social function*) pode pôr em causa as exigências do *princípio de Pareto»*, determinando soluções em que todos «fiquem pior» *(all principles that are not based exclusively on welfare will sometimes favor policies under which literally everyone would be worse off)* [«We have demonstrated that any social welfare function that differs from a purely individualistic social welfare function violates the Pareto principle» («Any non-individualistic social welfare function violates the Pareto Principle»,Working Paper 7051-1999, http://www.nber.org/papers/w7051, pág. 4)/ «To endorse a notion of fairness is to endorse the view that it can be desirable to adopt a legal rule that will reduce the well-being of every person in society» («Notions of Fairness Versus the Pareto Principle: On the Role of Logical Consistency», temporariamente disponível como Working Paper e agora publicado em *The Yale Law Journal*, Volume 110 nº 2, 2000)]. Só que se trata também (*et pour cause*!) de, ao reconstituir a *evaluative obligation* do julgador (determinada pela selecção-procura e «interpretação» das referidas *policies*), renunciar às pretensões condutoras (mesmo quando pragmaticamente circunscritas) de uma *normative theory of adjudication* em sentido forte – ou mais do que isso, de descobrir nesta renúncia uma das condições da preservação-reavaliação do *critério de bem-estar* [«Kaplow and Shavell chose *welfarism* generally rather than cost-benefit analysis in particular as the normative basis for adjudication (...) They do not argue primarily for a normative theory of adjudication. Rather they contend that evaluation of legal rules and institutions by scholars ought to be welfarist. They suggest however that judges by and large have the same evaluative obligation as the third party analyst» (KORNHAUSER, «Economic Analysis of Law», cit., pág.9)]

[147] «The problems of operationalizing the instrumental approach to free speech are formidable because of the indeterminacies that prevade the field. We just don't know a great deal about the social consequences of various degrees of freedom of speech...»/ «The amount of quantitative empirical research in law remains slight in proportion not only to the

mas também, e uma vez mais, a confissão significativa de KORNHAUSER (*Economic analysis of judicial organization and administration (...) is only in its infancy*[150]).

5.2.4. Sem esquecer finalmente as dificuldades que se nos impõem quando confrontamos os argumentos mobilizados e admitimos decompô-los (aceitando a lição de TOULMIN)... para comparar as suas texturas.

Para reconhecer a reversibilidade (e a fluidez) das *conclusions--claims* que se constroem com os materiais-*data* disponíveis (e com o processo selectivo, muitas vezes aleatório, da sua *recolha*)... mas sobretudo para nos darmos conta da fragilidade dos fundamentos-*warrants* – da ambiguidade dos modelos que as suas hipóteses mobilizam... e da arbitrariedade das convenções que sustentam os correlativos materiais-*backing*... e (ou) a tarefa de comprovação que estes cumprem...

A ponto de descobrirmos tramas argumentativas paralelas... que mobilizam os mesmos elementos (ou diversas acentuações destes) para chegar a resultados contrários... e muitas vezes contraditórios... Sem que nenhum destes resultados se nos imponha assim com a transparência e a inevitabilidade pretendidas... Atendendo exclusivamente aos problemas que nos ocupam, invoquem-se neste sentido os debates exemplares suscitados... pela apreciação dos *custos de transação* dos acordos pré-judiciais e dos processos de arbitragem, pela institucionalização dos *tribunais especiais*, pelo confronto juízes/jurados/peritos... e ainda, muito especialmente, pela preservação-correcção do princípio do dispositivo... e pela avaliação da *hearsay rule* (e outras *rules of exclusion*)[151].

---

amount of other legal research but also to the opportunities that a a quantitative approach offers for illuminating hitherto intractable issues» (*Frontiers of Legal Theory*, cit., 62, 412).

[148] «Aside from (...) [certain] generalisations, most of the other propositions commonly asserted about fee shifting can neither be verified nor rejected (...). In this regard, the relative lack of systematic empirical investigation of these questions is particulary lamentable...» (Avery WIENER KATZ, «Indemnity of Legal Fees», cit., 89-90).

[149] «The economic analysis of evidence law is relatively less developed than other areas of the law and economics literature...» (Jeffrey S. PARKER and Bruce H. KOBAYASHI, «Evidence», cit., 290).

[150] KORNHAUSER, «Judicial Organization & Administration», cit., 40.

[151] Para um diagnóstico-*mapping* destas controvérsias entre *law and economic scholars* (com exaustiva indicação bibliográfica) importa cetamente voltar aos importantes

5.3. Reconhecidos os vínculos político-ideológicos e as dificuldades de realização que afectam o universo (ele próprio plural, se não heterogéneo) da *Law and Economics*, importa-nos, no entanto, esboçar um outro *topos* crítico – menos univocamente reconhecido... mas também menos linear... e por isso mesmo mais difícil de reconstituir... – que, pressupondo os primeiros, nos restitui ao núcleo concentracionário da *cost-benefit analysis* e a este na sua incontornável especificação posneriana.

Trata-se, com efeito, de interpelar uma representação do *homo economicus* enquanto *maximizator agent* que, se *por um lado* promove uma *Zweckrationalität*[152] – e especifica uma textura que, na sua unidade e no seu equilíbrio *macroscópicos* (ainda que apenas no plano que estes assegurem[153]), admite uma autêntica decomposição estratégico-táctica[154]... –, não deixa também por outro lado de se querer comprometida com as «aquisições» irreversíveis da modernidade.

---

estudos-síntese propostos pela *Encyclopedia of Law and Economics*, volumeV, parte VII, 34-40, 53-57, 65 e ss., 174 e ss., 253 e ss., 291-302.

[152] «The basic assumption of economics, or at least of the brand of economics that I peddle, is instrumental rationality; the individual chooses the means that are most suitable, as a matter of both costs and benefits, to his ends, the latter usually being assumed to be given to him rather than freely chosen by him...» (*Overcoming law*, cit., 553)

[153] E então e assim abrindo a possibilidade de reconstituir comportamentos individuais *não estratégicos* – livres dos «custos de transacção» que tanto o recurso a ameaças quanto a *bluff bargaining* provocam... mas também (*et pour cause!*) conduzidos por uma intenção de «obter um acordo» e de proporcionar todas as informações disponíveis (sem as simular ou ocultar): possibilidade que é antes de mais a de encontrar na pressuposição destes comportamentos (na «ignorância» deliberada do *potential for strategic behaviour* que esta pressuposição manifesta) um instrumento analítico indispensável (comprido em nome de um *cooperative game framework*). Para um esclarecimento das diversas possibilidades analíticas implicadas (experimentadas em outras tantas leituras possíveis do teorema de COASE), ver Steven G. MEDEMA and Richard O. ZERBE Jr., «The Coase Theorem», cit., 840 ss.

[154] Na mesma medida de resto em que, legitimando uma «moralidade do desejo», conduzida pela regra perfeita da maximização (e pelas virtualidades de um «utilitarismo preferencial»), aceita uma pré-determinação selectiva das constantes da acção-decisão (reificadas como interesses, fins-efeitos, custos, benefícios, externalidades, riqueza, valor).

Decomposição *estratégia (global) /táctica (de execução-maximização)* no entanto que, não obstante a analogia militar assumida em *Law and Literature. A Misunderstood Relation*, cit., POSNER nunca convoca explicitamente.

α) Comprometida desde logo com a invenção do *artefactus societas*. Ou com uma invenção deste *artefactus* que, orientada pela experiência reflexiva do pragmatismo[155] e pelo modelo de intersubjectividade

---

[155] Uma experiência reflexiva que a trilogia *The Problems of Jurisprudence / Overcoming Law / The Problematics of Moral and Legal Theory* – ao assumir o círculo de afinidades MILL / HOLMES/ /(NIETZSCHE) / PEIRCE / DEWEY / JAMES / CARDOZO / POPPER / WITTGENSTEIN /... RORTY... (e ao dialogar com estas num processo, incessantemente prosseguido, de recuperação-selecção) – vai transformar, como sabemos, num autêntico «manifesto» [«I find pragmatism bracing...» (*The Problems of Jurisprudence*, cit., 466)]... «manifesto» por sua vez que se assume como condição-promessa de um «modelo» de *pragmatic adjudication*: um «modelo» capaz de «situar» o objectivo-*goal* da *maximização da riqueza* entre outros objectivos socialmente plausíveis e de assim mesmo o relativizar ... – assumindo-o (quase!) como uma *perspectiva da catedral...* –, sem duvidar no entanto da transparência e da objectividade racional (manifestamente superior) do processo que o realiza (e da adequação deste último à especificidade funcional da *jurisdictio*)[«I shall argue (...) for a modest (...) wealth maximization conception» (*The Problems of Jurisprudence*, cit., 26).]; mas então também um modelo capaz de nos libertar da «interferência perniciosa» da *moral philosophy* e de – com a cumplicidade indispensável do *pragmatismo filosófico* – denunciar (exibir) as «estruturas reflexivas» que sustentam as representações do pensamento jurídico tradicional – mostrando precisamente que estas *estruturas* (apenas mais ou menos logradamente encobertas) preservam uma «afinidade privilegiada» (se não mesmo um «comprometimento insuperável») com a metafísica grega e com a teologia cristã... [«More important is the fact that philosophy, theology, and law have paralell conceptual structures. Christian theology was heavily influenced by Greek and Roman Philosophy, and Western Law by Christianity, and the ortodox visions of the three systems of thought have similar views on scientific and moral realism, objectivity, free will, responsibility, intentionality, interpretation, authority, and mind-body dualism. A challenge to any of the systems is a challenge to all three...» (*The Problematics of Moral and Legal Theory*, cit., 228).]

Confrontem-se neste sentido os desenvolvimentos complementares indispensáveis de: *The Problems of Jurisprudence*, cit., 26 e ss., 61 e ss. («Scientific Observation»), 71 e ss («What Is Practical Reason?»), 148-153 («How Are Judges' Vision Changed?»), 239-244 («Holmes, Nietzsche and Pragmatism»), 302-309 («A Case Study of Politics and Pragmatism»), 454-469 («A Pragmatist Manifesto»), *Overcoming Law*, cit., 1 e ss («Pragmatism, Economics, Liberalism»), 287 e ss. («Pragmatic or Utopian?»), 387 e ss («So What Has Pragmatism to Offer Law?»), 447-463 («Rorty»), e *The Problematics of Moral and Legal Theory*, cit., 227 e ss (todo o capítulo IV, *Pragmatism*).

Sem esquecer a distinção *orthodox/recusant pragmatisms* proposta em «Bush v. Gore as Pragmatic Adjudication», cit., 195-202 (à qual voltaremos em breve). Mas sem esquecer também a denúncia crítica desta *opção pragmática* assumida por DWORKIN em: «Darwin's New Buldog», *Harvard Law Review*, vol 111, 1998, 1718 e ss. [num comentário das Holmes Lectures inseridas neste mesmo volume (as quais virão a constituir o núcleo duro de *The Problematics of Moral and Legal Theory*)]; «Philosophy & Monica Lewinsky», *The New York Review of Books*, 9 de Março de 2000 [numa recensão da monografia *The Problematics...* e ainda de *An Affair of State: The Investigation,*

da «comunidade dos cientistas» *(as a trial and error community)*[156] – e por estes enquanto concertam uma mutação irreversível da Ideia de *ciência*[157] (quando não identificam ou legitimam uma autêntica democracia *epistemológica*[158]) –, se alimenta por seu turno do contraponto liberalismo/democracia *deliberativa*[159] e das tensões e soluções que este contraponto engendra. Sem esquecer que estas últimas passam por uma assimilação privilegiada das exigências e garantias do *homo juridicus* e deste como um centro prtivilegiado de liberdades (que só a estrutura da *Rule of Law* estará em condições de garantir).

Impeachment, and Trial of President Clinton, Harvard 1999]; «Posner's Charges: What I Actually Said» [numa tentativa de clarificar outras tantas *misinterpretations*... suscitadas pelo conjunto dos textos cits. mas também por «Reply to critics of *The Problematics*...», *Harvard Law Review,* vol 111, 1804 e ss.]; enfim «Introduction» in Dworkin (ed.), *A Badly Flawed Election. Debating* Bush v. Gore, *the Supreme Court, and American Democracy,* cit., 31-43 [num comentário directo de «*Bush v. Gore* as Pragmatic Adjudication», cit.]. Para uma reconstituição do «diálogo» Posner/Dworkin travado no referido número da *Harvard Law Review,* ver ainda Fernando José Bronze, *Lições de Introdução ao Direito,* Coimbra 2002, 58-60 (nota 24).

[156] «Popper's falsificationist philosophy of science is close to Peirce's view of science, for in both philosophies doubt is the engine of progress and truth an ever-receding goal rather than an attainment...» (*The Problems of Jurisprudence*, cit., 26).

[157] Mutação que, como sabemos, envolve também um processo de afastamento (e uma superação lograda) da pretensão *Law as social science* – um afastamento que Posner consuma na assunção militante de um *neopragmatism* (se não mesmo de um *postmodern neopragmatism* próximo de RORTY): neste sentido cfr. as págs. de Gary Minda indicadas *supra*, nota 2.

[158] *The Problems of Jurisprudence*, cit., 462 e ss, *Overcoming Law*, cit., 450 e ss [«This "epistemological democracy" (PUTNAM) has nothing, or very little, to do with the popular will. It has everything to do with creating the conditions necessary for the intelligent discussion of every sort of question – personal, social, scientific, whatever (...). Fallibilists emphasize scientific procedures and values rather than scientific truth – the process rather than the goal. (...) The scientist's courage to be wrong provides a model for all enquirers...» (449-450)]

[159] *Overcoming Law*, 21-29 («Liberalism and Democracy») [«Liberalism is in tension with democracy. Liberalism implies the limited state, but democracy implies majority rule and majorities are often willing to coerce minorities. Yet democracy and liberaism support as wll as oppose each other (...). Liberalism (...) is the political philosophy best suited for societies in which people don't agree on the foundations of morality, and pragmatism is the philosophy of living without foundations (...). Liberalism and pragmatism fit well with each other and, as we saw earlier, with economics. The fusion can transform *legal theory*...» (25, 29)]..

β) Mas comprometida também e ainda com uma celebração pragmática do *acordo* e (ou) do homem do *consenso* e da *transação racional* que este postula. Numa assunção regulativa que se dirige *recto itinere* à «ordem dos fins» e ao processo de selecção correspondente... para submeter as situações originárias de incerteza à distribuição racional de um jogo de cooperação entre dois sujeitos (sustentado no limite de um *quasi-competitive framework*). O que aqui e agora significa assumir a «hipótese de *eficiência*» (se não também já de invariância estrutural) que relaciona a «informação plena e rigorosa» (e a ausência de «custos de transacção») com uma eliminação (virtualmente lograda) dos elementos estratégicos implicados nos comportamentos individuais[160].

γ) Comprometida com uma invenção do *artefactus* societas (este preservado na sua inteligibilidade demo-liberal)... e com uma assunção regulativa de uma *cooperative game analysis*? Certamente. Mas então também com **a** concertação que estes dois postulados autorizam... E não tanto agora porque se trate de contrapor ao utilitarismo de BENTHAM uma opção ética alternativa (se não já a pragmática que a traduz, com um sentido que bem conhecemos)... mas porque se trata de superar o pessimismo de HOBBES aderindo incondicionalmente ao optimismo de COASE (nas palavras de COOTER, de permitir que o «teorema de COASE» se sobreponha sempre e sem excepção ao «teorema (!) de HOBBES»...[161]).

Mas voltemos à pressuposição daquele *artefactus*. Insistindo em o explorar como projecção-correlato (se não como contexto cultural e funcional) de **uma** perspectiva *entre outras possíveis* (aquela que

---

[160] Como se sabe, uma das «feridas» mais exploradas na crítica ao (e na experimentação da «validade empírica» do) teorema de COASE: para uma especificação das pretensões deste teorema inscritas num *noncooperative bargaining context*, ver MEDEMA/ZERBE Jr., «The Coase Theorem», cit., 851-855.

[161] «Cooter (...) goes so far as to argue that an equally strong case can be made that parties will never agree on the distribution of the surplus, even when transaction costs are zero, a proposition that he labels the "Hobbes Theorem". However, he maintains that the ever-present strategic element is not as "insurmountable" as the Hobbes Theorem implies, nor as "inconsequential" as the Coase Theorem implies; in fact, he argues, "gains from trade in bargaining are realized more often than not...» (MEDEMA/ZERBE Jr., «The Coase Theorem», cit., 854).

os *post-Chicago Law & Economics scholars* estão afinal em condições de reconstituir e de recomendar). Só que insistindo também em esclarecer que esta é a **única** pespectiva que POSNER – pelo discurso racional «mais *forte*» (ou «menos *fraco*») com que a responsabiliza[162] e pela adequação funcional que (nos limites assumidos de um *parochial experiment*) lhe atribui[163]... — consegue ou admite afinal autonomizar (e isolar, como abordagem coerente e inconfundível)... sempre que (e na medida em que) invoca o acervo de possibilidades e de opções que constituem hoje o universo (ou o território-terreno) do *pragmatist judge*: entenda-se, sempre que considera as *ordens de fins* alternativas que condicionam a tarefa do julgador *(as a risponsible agent rather than as a conduit of decisions made elsewhere in the political system)* – e de um julgador que enfrenta os *casos difíceis* e procura um resultado razoável *(rather than a demonstrably right one)* – ... mas então também sempre que se preocupa em iluminar a *consequentialist theory of interpretation* que deve orientar esta tarefa... e em especificar o contributo das informações científicas que a tornam possível[164].

Tudo isto para compreender que em tal pressuposição-*view* se trata afinal de assumir uma representação do *homo economicus as wealth maximizator*... que embora descoberta (e experimentada) no (e para o) terreno da decisão-*voluntas* (que «se cumpre em concreto») — e com uma base normativa assegurada pela especificação do critério *custo/benefício (as a normative theory of adjudication)*[165] – não obstante encontra na compossibilidade constitutiva com as garantias (e a «retórica» argumentativa) da *Rule of Law* (e no processo de universalização racional que lhe corresponde)... se não uma autên-

---

[162] Ver *supra*, notas 2, 60, 77, 88, 99, 130, 134 e 155.
[163] Ver *supra*, notas 61, 99 e 104.
[164] Cfr. a síntese exemplar proposta na introdução de *The Problems of Jurisprudence*, cit., 26 (a que pertencem os excertos inseridos no texto).
[165] Ficam por explorar as implicações normativas (se não metodológicas) que a assunção de um *critério (global) de bem-estar* (no sentido exemplar defendido por KAPLOW e SHAVELL) – sempre que estiverem em causa processos de interpretação-realização de *legislative public policies* – impõe á comprensão da tarefa do julgador: confronto que só por si (mas também pela discussão dos limites de uma *normative theory of adjudication*) mereceria certamente um estudo autónomo...

tica condição estruturante, pelo menos um limite (ou um filtro) de relevância indispensável.

Ora um **limite** que actua (também ele) **consequencialmente**: que considera e controla critico-metodologicamente apenas resultados ou efeitos possíveis (benefícios, custos-*ofensas* ou custos-*danos* e correspondentes probabilidades de consumação, custos de criação e funcionamento de instituições coercitivas, relações de proporcionalidade... ou estas enquanto traduzem as previsíveis *taxas de desconto* dos custos e dos benefícios futuros[166]). E de tal modo que só através destes efeitos ou da perspectiva que eles asseguram se permite depois autonomizar (construir-especificar) **alternativas de decisão** e então e assim – nos limites de formalização de cada uma delas (e no *iter* de antecipação-generalização de circunstâncias que as justifica como opções *diferentes* e inconfundíveis) – dirigir-se (poder dirigir-se) ao universo dos **meios** disponíveis e à **ordem** (se não **hierarquia**) de **fins** que aqueles efeitos pressupõem: numa aposta de índole consequencial que alimenta uma trama circular – com exigências normativas e institucionais que se reflectem *retrospectivamente* no critério da maximização da riqueza, *maxime*, no modo exemplar como este **critério** (ao nível da sua composição pragmática) repele as hipóteses do *monstro utilitário* e das *purely mental externalities*, na mesma medida em que exclui o sacrifício totalitário das minorias e a mobilização *desproporcionada* da coacção[167]. Num exercício de detecção de con-

---

[166] Para uma especificação destes efeitos – concentrada no problema capital da *liberdade de expressão* – ver «The Speech Market», *Frontiers of Legal Theory*, cit., 62 e ss.

[167] Confrontem-se neste sentido os desenvolvimentos complementares de *Economics of Justice*, cit., 64-65, *Overcoming Law*, cit., 22-25, 552 e ss. («Economics and the Social Construction of Homosexuality»), *The Problematics of Moral and Legal Theory*, cit., 130-136 («Euthanasia and Abortion») e *Frontiers of Legal Theory,* cit., 97-99 [«Many people of conservative bent are distressed by the thought that some people are commiting homosexual acts, even adults, even in private. That distress could be thought an external cost of homosexuality – a cost that homosexuals impose on other people, akin to the cost of pollution – and hence a ground for limiting the freedom of homosexuals. But once purely mental externalities are brought into economic analysis, economics becomes a potential menace to basic liberties. Mental externalities could furnish economic justification for every manner of discrimination against despised minorities...» (*Overcoming Law*, cit., 23)].

POSNER reconhece de resto que não se trata apenas de superar o critério benthamiano da *utilidade* por um critério de *maximização da riqueza* mas de pré-determinar (e até de formalizar) as condições e os limites de que depende uma realização *socialmente aceitável*

do segundo (para excluir consequências que a sua mobilização exclusiva ou incondicionada poderia determinar). O que nos permite desde logo distinguir dois tipos de condições ou de limites e outros tantos núcleos problemáticos inconfundíveis – compreendendo em simultâneo que só o primeiro destes núcleos (enquanto e na medida em que se reflecte retrospectivamente no critério da *cost-benefit analysis* ou no reconhecimento em abstracto das suas dimensões) pode (e deve) aqui e agora (pre)ocupar-nos. Que condições e que limites? α) Por um lado aqueles que se nos impõem objectivados (ou pelo menos traduzíveis) em autênticas *regras de procedimento*... na mesma medida em que se imputam (ou em que são assimilados) pelo sistema-*ordinans* das *rules of law virtues* (e como tal pré-determinados, com um grau mais ou menos «visível» de *universalização racional*). β) Por outro lado aqueles que, na sua insuperável contingência material, só a decisão-voluntas de uma *legislative policy* – não obstante as pretensões de objectividade, irremediavelmente condenadas ao fracasso, dos *moral philosophers* – está (estará) por sua vez em condições de identificar ou de prescrever (passando assim mesmo a fazer parte integrante das referidas *policies*).

Tendo por fim presente que, se as soluções escolhidas pelo segundo núcleo [β)] podem (e devem) ser discutidas (pelo menos...) na perspectiva do *wealth maximization criterion* – acabando assim mesmo por ser *parcialmente* submetidas (pelo *economic legal analyst*... mas também pelo julgador, nas fronteiras da sua discricionaridade) a um confronto crítico com as regras (e exigências) *de procedimento* autonomizadas pelo primeiro [α)] –, não é menos certo que uma tal discussão deve ser conduzida sem pôr em causa a autonomia (e os territórios, se não as competências) em confronto. O que não significa apenas respeitar um horizonte de relevância específico (com um sentido puramente procedimental). Porque significa também já garantir a aproblematicidade de algumas das soluções β)... e daquelas precisamente que – justificadas-conduzidas por determinações alheias à *cost-benefit analysis* – se vêem distinguidas por uma função *delimitadora* – impondo fronteiras... no interior das quais a referida análise possa dizer-se auto-subsistente, mas também plena e exclusiva [«The costs of forcing a woman to bear an unwanted child are readily analysed within an economic framework, but what of the costs to the fetus of being aborted? Whether those costs (as distinct from the costs to persons who may value the fetus's life) shall be counted at all depends on whether fetuses are deemed part of the community whose welfare is to be maximized. That question (...) cannot be answered within economics. And it cannot also be elided replacing utility maximization with wealth maximization (...). For whether allowing abortion is wealth-maximizing depends on whether the right over the fetus's life is assigned to the fetus or to the mother; and that determination – the locating of the boundaries of the community whose wealth is to be maximized – cannot be made within economics...» (*Overcoming Law*, cit., 22) /«Crafting a legally admnistratrable right of physician-assisted suicide requires investing such vague concepts as "dying", and "unbearable pain" with precise, operational legal meanings and specifying tiers of review to protect the dying patient from impacient physicians and relatives. The judgments required are quintessentially legislative or administrative rather than judicial...» (*The Problematics of Moral and Legal Theory*, cit., 132)].

sequências ou de efeitos indesejáveis, os quais (enquanto plausíveis «sinais» de «alarme»[168]) nos obrigam a problematizar a (correcção da) decisão correspondente. Mas então também e através dela (percorrendo outras tantas etapas do círculo inextricável) a denunciar a **incompletude normativa** da *cost-benefit analysis*.

Denúncia que só reconhece o seu problema (e a brecha ou imperfeição que o provoca) enquanto e na medida em que admite solucioná-lo. Decerto porque a solução passa pela mobilização explícita de uma *praxis* de liberdades-direitos e pela representação (pragmaticamente consensual) da ordem que a estabiliza – ou que garante a sua funcionalidade (o seu contexto-correlato funcional). Mas decerto também porque uma tal mobilização deixa intocado o núcleo regulativo da exigência de maximização: na medida precisamente em que reconhecendo a sua incompletude (e a necessidade de a superar) confirma a sua superioridade racional e institucional[169] e neste sentido (ou com estes limites pragmáticos) também a sua inevitabilidade como método. O que só se compreende se insistirmos em explorar a inter-relação de elementos que os pólos da *Rule of Law* e da *wealth maximization theory of justice*[170] entretecem *(I shall argue for balancing rule-of-law virtues against equitable and discricionary case-specific considerations*[171]*)*.

Basta recordar que um dos núcleos dessa interrelação considera *recto itinere* o problema dos efeitos-resultados e o modo como estes se distribuem (ou admitem distribuir-se) em função (ou na perspectiva) da «comparação» (*balancing)* em que participam — entre um pro-

---

[168] Para usar a conhecida fórmula de LUHMANN proposta em *Rechtssysstem und Rechtsdogmatik*, 1974, 31 e ss.

[169] Ver *supra*, notas 57 e ss., 96 e 99.

[170] Para o dizermos com DWORKIN [*Sovereign Virtue. The Theory And Practice of Equality*, Cambridge (Mass.), 109 e ss. («Other Theories of Justice»)], numa formulação, no entanto, que por uma vez não desagradaria ao seu oponente POSNER [«"Wealth maximization" [as] (...) an overarching conception of justice (...) and [as] a normative system. (...) "Law and economics"(...) [as] the most ambitious and probably the most influential effort in recent years to elaborate an overarching concept of justice that will both explain judicial decision making and place it on an objective basis...» (POSNER, *The Problems of Jurisprudence*, cit., 26, 353 e ss.)].

[171] *The Problems of Jurisprudence*, cit., 26.

cesso radical de emergência e de auto-subsistência *casuísticas* e as possibilidades de uma antecipação-tipificação *em abstracto*:
- aquele processo a absorver e a esgotar as consequências em causa num *case-by-case balancing*... (mas então também a dizê-las **imediatas**);
- esta antecipação a assimilá-las como elementos plausíveis de uma regra *(as a cost-benefit analysis of a class of cases crystalised in a rule)* e então e assim a projectá-las nas suas manifestações macroscópicas (a de autênticas consequências **sistémicas**)[172].

Sem esquecer que a determinação de *efeitos-em-cadeia* que assim se gera culmina, mais uma vez sem soluções de continuidade, na pressuposição-reconhe-cimento de um acervo de **bens públicos** (histórico-culturalmente «sentidos» como «*aquisições* comuns»), aqueles **bens**-*aquisições* que tais consequências promovem-*realizam* ou ameaçam-*violam*... e que assim mesmo nos autorizam a classificá-las (respectivamente) como **positivas** ou **negativas**.

Que **bens públicos**? Os da certeza e previsibilidade da decisão *(with the salutary emphasis on stability*[173]), o da confiança na imparcialidade «fundamentada» do juízo (e no processo que o constrói, sustentado nas garantias da participação e do contraditório)[174], o do

---

[172] «Pragmatism Versus Purposivism in First Amendment Analysis», *Stanford Law Review*, vol. 54, nº 4, 737 e ss.

[173] *The Problems of Jurisprudence*, cit, 459. Acentuação-*emphasis* que, como sabemos, tem como correlato-*reverso* (epistemológico) a impossibilidade (insuperável) de assimilar um modelo empírico-explicativo *em sentido forte (as a fallibilist paradigm)* ou uma das dimensões (mais visíveis) desta impossibilidade: *ibidem*, 61 e ss. («Scientific Observation»), 203 e ss. («Question of Fact»), 362 ess («Criticisms of Positive Theory»).

[174] Para uma reconstituição *no terreno* destas exigências – sustentada de resto numa confluência «interdisciplinar» de perspectivas (que faz conviver elementos antropológicos e normativo-institucionais com uma explicação-*denúncia* psicológica e psicossociologicamente determinada) –, ter em atenção o desenvolvimento proposto em «What is Law and Why Ask?», *The The Problems of Jurisprudence*, cit., 228 e ss («Nuremberg and the Limits of Positivism») [«Convention requires of judges a written justification of their important rulings. This last requirement imparts a certain thoughtfulness to what they do, as do the other procedural constraints of judicial decision making as well as the conditions of judicial employment...» (233)].

respeito pelos limites da criatividade jurisdicional[175], ainda o da integração na comunidade dos juristas (com as exigências de coerência e de continuidade e de «justificação» das rupturas que o traduzem)[176]. Mas também os do *pluralismo* e *liberalismo* **políticos** (este último num sentido confessadamente rawlsiano[177])... e, abrindo uma frente de tensões irredutíveis *(majorities sometimes like to coerce minorities*[178]*)* o da *democracia sustentada na vontade da maioria*[179]. Sem que

---

[175] «The pragmatic judge is constrained by the settled features of the legal framework, whatever he thinks of them...» («Pragmatism Versus Purposivism in First Amendment Analysis», cit., 737). Ter presente também a lição complementar de «Rules, Standards, and Discretion», *The Problems of Jurisprudence*, cit., 42 e ss., e de «What is pragmatic Adjudication?», *The Problematics of Moral and Legal Theory*, cit., 240 e ss.

[176] «Pragmatism Versus Purposivism in First Amendment Analysis», cit., 739-340. [«The point is not that the judge has some kind of moral or even political duty to abide by constitutional r statutory text, or by precedent; that would be formalism. It is merely that continuity and restraint in the performance of the judicial function are important social goods, and any judge proposing to innovate must consider not only the benefits of the innovation but also the costs in injury to those goods...» (739)] Ver *supra*, notas 34 e 53.

[177] Para POSNER trata-se evidentemente apenas de convergir com RAWLS no repúdio explícito de um *liberalismo filosófico abrangente ou compreensivo* – de resto sem poupar MILL, o *"soft core"*(!) *utilitarian liberalist* que manifestamente mais o inspira... [«I am guided mainly by Mill.(...) And yet (...) *even* (...) Mill's moral or political philosophy cannot be shown to be correct any more than any other moral or political philosophy can be...» (*The Problematics of Moral and Legal Theory*, cit.,xii-xiii, 64-67)] – e (através deste repúdio) na consagração-institucionalização de um discurso rigorosamente procedimental [«The political system that places tolerance and diversity front and center is liberalism, because the liberal state is neutral *about substantive values*. It insists only on the *procedural values*, such as the protection of privacy and of freedom of belief and speech and of occupation, that are necessary to secure diversity of belief, expression, and ways of life...» (*Overcoming Law*, cit., 449)]. Sem poder já acompanhar RAWLS na pretensão imaculada de uma *deontological perspective* ou na resposta ou sucessão de respostas que, em nome de uma exigência de *(political) justice as fairness*, esta mesma perspectiva lhe impõe. Para uma reconstituição deste «diálogo» (pouco sensível de resto à auto-reflexão que suscitou *Political Liberalism*), ver *Overcoming Law*, cit., 188 e ss., 196-197 e *The Problematics of Moral and Legal Theory*, cit., 51 e ss.

[178] *Ibidem*, 102.

[179] Ainda que a representação deste *bem* (e dos modelos, «mais ou menos sofisticados» que o especificam) – sem poder furtar-se hoje aos desafios da *public choice* (ou pelo menos ao confronto *new political economy /public choice*) – tenha certamente que se distanciar do *idealistic concept of democracy* «reconstituído» por HABERMAS em *Faktizität und Geltung*... mas então também do problema de *legitimidade* e da solução de compossibilidade *direito/democracia* que esta concepção assume. Neste sentido cfr. *The Problematics*

desta contabilização heterogénea (deliberadamente insensível às suas diferenças) se excluam por fim a preservação dos mercados competitivos[180], a separação dos poderes (e os vínculos e excepções que lhe correspondem)[181] e as possibilidades institucionalmente pré-determinadas de revisão e de recurso que desafiam a estabilidade da decisão[182]. Num edifício que culmina na trindade exemplar da «estabilidade política», «prosperidade económica» e «felicidade individual»[183] – e na concertação-concretização de opções (se não de argumentos) *liberais*, *pragmáticos* e *económicos* que a tornam reflexivamente plausível[184].

Não ficamos, no entanto, pela tipificação-confirmação destas consequências «sistémicas» *(as procedural values)*. É noutras frentes (e em nome de uma pretensão de reciprocidade constitutiva) que a pretendida inter-relação prossegue... e agora na medida em que reivindica uma série de fusões ou de «pontos de *não retorno*» (definidos por *conclusões* paralelas). Reconheçamos **três** (decerto os mais significativos). Aquele desde logo em que a exigência de proteger a liberdade *individual* – e de a proteger de toda e qualquer imposição *arbitrária* ou restrição *sem objectivo* – se aproxima da (e confunde com a) recusa da (daquela) mobilização de meios coercitivos... «que exceda *manifestamente*» o *objectivo racional* de «imitar o mercado»[185].

---

of Moral and Legal Theory, cit., 98-108 («Habermas»).Sem esquecer que a Harvard University Press anuncia a publicação (ainda em 2003) de uma nova monografia intitulada precisamente *Law, Pragmatism, and Democracy*.

[180] *Overcoming Law*, cit., 24.

[181] Com um sentido a que já aludimos: ver *supra*, notas 25 e 102.

[182] *Law and Legal Theory in the UK and USA*, cit., 90 e ss.

[183] «The Speech Market», *Frontiers of Legal Theory*, cit., 62.

[184] *Overcoming Law*, cit., 1-29 («Pragmatism, Economics, Liberalism»), *The Problematics of Moral and Legal Theory*, cit., 265 e ss. («Postmodernism Distinguished»).

[185] Aproximação-*fusão* esta que domina o tratamento do problema da *liberdade de expressão* (e que assim mesmo se impõe como um dos temas recorrentes da polémica com Jed RUBENFELD) [POSNER, «The Speech Market», cit., «Pragmatism Versus Purposivism in First Amendment Analysis», cit., RUBENFELD, «A Reply to Posner», *Stanford Law Review*, vol. 54, nº 4, 737 e ss.]. Na medida precisamente em que para POSNER se trata de (repudiando uma *perspectiva moral* ou *intrínseca*) conceber e justificar *instrumental* ou *extrinsecamente* esta liberdade *(as freedom of speech, or of the press)* [ver *infra*, nota], tornando-a neste sentido indissociável do contraponto interrelacional *discurso (speech)/contra-discurso (counterspeech)* ou da «forma» de competição-concorrência que este institucionaliza

Aquele depois em que a reivindicação da *autonomia-participação* – indissociada da compreensão dos *direitos subjectivos* e da representação do consenso-*consentimento* que a tornam possível — se aproxima da (e confunde com a) experiência-*exemplum* inexcedível da *liberdade de transação* (legitimada pelo *mercado*)... e assim da representação de um *overlapping consensus* plausível — sendo certo que este último tende por sua vez a esgotar-se numa opção pelo *sistema de mercado* ou pela *liberdade económica* que o realiza — quando não na escolha pragmaticamente plausível (epistemológica e institu-

---

(a form of competition that protects the interests of the audience in much the same way that competition in ordinary markets protects consumers). Com um problema-limite (já esboçado por HOLMES) – ao qual a tragédia de 11 de Setembro veio de resto conferir uma urgência e uma actualidade inesperadas! –... que sendo suscitado pela indeterminação do texto do *First Amendment* («Congress shall make no law... abridging the freedom of speech, or of the press») – para além do seu (consensualmente consagrado e como tal *rarely litigated!*) *core of settled meanings...* – não deixa por isso mesmo de poder ser pensado (e racionalmente assimilado) como uma falha-falência daquela *hipótese de mercado*. Que problema? O dos discursos discordantes *(dissenting speeches)* que, inseridos num determinado contexto de significação e de desempenho (pragmático-circunstancialmente experimentado), se nos impõem enquanto tal *(as speeches)* a constituir um «perigo claro» e (ou) a desencadear-provocar um «dano iminente e grave» *(the magnitude of harm is also relevant, for it is the magnitude that is discounted to determine the expected harm)* [«When the danger posed by subversive speech passes, the judges become stricter in their scrutiny of legislation punishing such speech. But they are likely to change their tune when next the country feels endangered. (This sentence was written before the September 11,2001)...» («Pragmatism Versus Purposivism in First Amendment Analysis», cit., 741 (e nota 13) / «The speech should be allowed if but only if its benefits equal or exceed its costs discounted by their probability and by their futurity, and reduced by the costs of adminstering a ban. (...) I offer these formulas as a heuristic, a way of framing and thinking about the regulation of speech, rather than as a algorithm for use by judges...» *(Frontiers of Legal Theory,* cit., 67, 68)].

Mas aproximação-*fusão* (com os mesmos riscos de *confusão* e de perda de limites) que encontramos também exemplarmente na reconstituição epistemológica do *adversarial procedure* [*Frontiers of Legal Theory,* cit., 367-369]. Na medida agora em que estando em causa o objectivo (político-criminal) de preservar um determinado equilíbrio-*balancing* entre as «probabilidades de condenar um inocente e de absolver um culpado», se discutem – como soluções alternativas (à partida equivalentes) para o problema do crescimento desproporcionado das *crime rates* (relativamente aos *prosecutorial resources)* – por um lado o crescimento dos *prosecutorial budgets*, por outro... a redução das «vantagens processuais dos arguidos»! [«This point suggests a possible nonideological basis for the Supreme Court's swing against the rights of criminal defendants in the 1970s and 1980s...» *(Frontiers of Legal Theory,* cit., 368)].

cionalmente justificada[186]) de um critério de *wealth maximization*[187]. Aquele enfim em que a garantia dos pontos de partida ou das posições iniciais (protegidas pelos «critérios regra da propriedade e da responsabilidade») reconhece condições de possibilidade-determinação que a aproximam do (e confundem com) o quadro institucional de uma expectativa de compensação, se quisermos mesmo, com o processo de uma compensação *ex ante* capaz de beneficiar os eventuais perdedores... e de justificar assim uma preferência por custos imediatamente menores[188]...

Uma reivindicação de pontos de *não retorno* com estas características dificilmente se satisfaz, no entanto, com um encadeamento de elementos heterogéneos... Decerto porque exige uma estrutura *integrada* ou a oportunidade de a reconstituir: como se se tratasse de reconhecer e de decifrar «racionalmente» o plano em que a sociedade adquire consciência de si própria (como *artefacto* e como *unidade*, se não como «forma de ordenação»[189]) apenas enquanto (e na medida em que) se responde **com êxito** a uma situação de incerteza empírica *microscopicamente experimentada*. Mas então também como se aquela pressuposição do «universo social» ou a possibilidade de a compreender-isolar como uma alternativa *macroscopicamente* inteligível – num procedimento concertado de parificação das diferenças (que o é também de renúncia *analiticamente* relevante a outras tantas fracturas e soluções de continuidade) – só pudesse determinar-se (e justificar uma especificação normativa indispensável) nos limites de inteligibi-

---

[186] Com uma alcance que bem conhecemos: ver *supra,* 5.3. (e as remissões das notas 162 e 163).

[187] É ainda a lição de *The Economics of Justice* [cit., 88 e ss. («The Consensual Basis of Efficiency»)] preservada (e tornada presente como *heurística*) na especificação pragmática do *wealth maximization criterion* proposta em «Normative Law and Economics...», *Frontiers of Legal Theory,* cit., 95 e ss.

[188] Um «ponto de não retorno» este que não poderíamos porventura reconstituir (-*formular*) sem a mediação crítica de CALABRESI (ver supra, nota 142) mas que se nos impõe sempre que POSNER enfrenta o problema da *justiça distributiva*: recordem-se neste sentido os diálogos sustentados sucessivamente com Bruce ACKERMAN e Richard EPSTEIN em «Corrective, Retributive, Procedural, and Distributive Justice», *The Problems of Jurisprudence,* cit., 334-348 («Distributive Justice»).

[189] Um sentido exemplarmente acentuado por Peter SALJE, «Ökonomishe Analyse des Rechts aus deutscher Sicht», *Rechtstheorie* 15, 1984, 277 e ss.

lidade de uma *teoria da decisão*: seleccionando as condições de incerteza em causa e assumindo a escolha racional que as vence... mas então também tipificando o sujeito *desvinculado* que as experimenta (e a concertação de egoísmo positivo e de optimismo relacional que as perspectiva).

Como mobilizar no entanto uma tal estrutura... sem reconhecer a fragilidade das máscaras que a protegem, entenda-se, sem questionar a pretensão de reciprocidade e irredutibilidade com que os seus pólos nos são apresentados? Porque se o problema é decerto o de um assumido *rule consequentialism* – se não o do *recusant pragmatism*[190] que o justifica... – o processo de fundamentação-*selecção* (mas também de hierarquização) das consequências relevantes que circunscreve *racionalmente* esta opção-aposta (e a *adaptionist perspective* em que esta se louva)[191], esse cumpre-se à custa tanto daquela afirmação de

---

[190] Trata-se de – ao atenuar-corrigir o confronto *philosophical versus legal pragmatism* [desenvolvido em *The Problematics of Moral and Legal Theory*, cit., cit., 227-228 («I'm not interested in [philosophical] (...) issues. I am interested in pragmatism as a disposition to ground policy judgments on facts and consequences...», 227)] –, propor afinal um contraponto *orthodox philosophical pragmatism / recusant philosophical pragmatism* [« "Recusant" (...): a term originally applied to Roman Catholics who refused to attend Church of England services though required by statute to do so...» («*Bush v. Gore* as Pragmatic Adjudication», cit., 195, 313 nota 14)]. Para descobrir no último *(recusant philosophical pragmatism)* – reconhecível em alguns dos contributos de Dewey e de Rorty, quando não de Marx e do *segundo* Wittgenstein – um interlocutor privilegiado da *pragmatic legal adjudication*: uma modalidade de *philosophical pragmatism* que, ao afastar-se das (ou ao subalternizar as) grandes questões epistemológicas (mas também éticas) enfrentadas (-preservadas) pela sua vertente (mais) *ortodoxa* – reconhecível em *outros* contributos capitais de Dewey, Wittgenstein e Rorty, mas muito especialmente nos pensamentos de Peirce, James, Quine e Davidson (se não em Hegel, Nietzsche e... HAbermas) –, acaba por se aproximar do universo de significações do uso *comum (pragmatism as a kind of desdain (...) of theory and intellectual pretention)* e por identificar-iluminar assim as fronteiras de uma reflexão *exemplar* (justificada pelo *service of life*) [«*Bush v. Gore* as Pragmatic Adjudication», cit., 195-202]. «Orthodox pragmatism (...) might clear the decks. But it woldn't put anything on them; it would not give the judge an alternative conception of the judicial role to replace the discredited logical one. Recusant pragmatism has at most a mood or atmospheric effect. It is mainly about refusing to take canonical philosophy seriously, which judges generally refuse to do anyway. Yet the recusant pragmatists don't want to annul philosophy; they want to redirect it, put it in the service of life...» *(Ibidem*, 199).

[191] «What the good pragmatist judge tries to do, therefore, is to balance the *good* effects of steady aderence to the "rule of law" virtues, which tug in favor of standing pat,

reciprocidade quanto de um procedimento-resposta que paradoxalmente a vulnerabiliza. Em que termos? Já o sabemos. Recusando (considerando «indesejáveis») consequências que a mobilização exclusiva de um critério da *maximização da riqueza* assumiria como possíveis... e então e assim determinando (recriando) incessantemente o *domínio de implantação* deste critério... Em nome das «"rule of law" *virtues*» ou do equilíbrio pragmático preservação/inovação de que tais virtudes constituem dimensão irrecusável? Certamente. Só que assim também em nome das expectativas da autonomia-*liberdade*... – ou da recomposição-celebração destas como uma opção antropológica plausível (pragmaticamente justificada)[192]... Sem esquecer por fim que é numa das condições daquele critério de *maximização* (e da *free market jurisprudence* que lhe corresponde) — condição esta por sua vez teleológico-pragmaticamente concentrada numa antecipação plausível do *mercado perfeito* (e deste como fim-*goal* mas também como fim-*termo*... relativamente ao qual os «mercados *reais*» configuram inextricavelmente *meios* e *etapas* provisórias[193] – que a assunção de tais «virtudes» encontra finalmente o seu significado autónomo (capaz de exceder-iluminar as soluções institucionalizadas e as regras-texto que racionalmente as constituem): se não para constituir a partir dela uma grelha de leitura *unilateral*, pelo menos para consagrar-hipertrofiar a experiência-*exemplum* que ela torna possível ou esta traduzida num elenco de expectativas racionais. «To a pragmatist (...) the expression *rule of law* (...) connotes not legal formalism

---

against the *bad* consequences of failing to innovate when faced with disputes to which the canonical texts and precedents are not well adapted...» (*Ibidem*, 201).

[192] Reconhecimento que nos libertaria do perigo de pressupor uma qualquer ontologia de direitos fundamentais mas então também da exigência (aproblemática) de descobrir nesta autonomia-*liberdade* uma «categoria antropologicamente originária». A formulação, mobilizada para caracterizar o individualismo do século XIX, é de CASTANHEIRA NEVES: assim no *sumário desenvolvido* proposto na primeira sessão do II Programa de Doutoramento (Faculdade de Direito de Coimbra, ano lectivo de 2001/2002), *O actual problema da autonomia do direito,* I) *Introdução,* 1.d) «A autonomia do direito no pensamento moderno e moderno-iluminista», polic., pág. 4-6 [Ter presentes ainda os percursos reflexivos complementares assumidos em «A imagem do Homem no universo prático», *Digesta...*, Coimbra 1995, vol. 1º, 323 e ss, e em «Pessoa, direito e responsabilidade», *Revista Portuguesa de Ciência Criminal*, nº 6, 1996, 9 e ss.].

[193] Com o alcance acentuado pela «desconstrução» de Jeanne SCHROEDER: ver *supra*, nota 84.

in the sense of blind conformity to preexisting norms — *ruat caelum ut fiat iustitia* — but a due regard for the political and social value of reasonable certainty, continuity, and predictability of legal rights and duties and so for the circumscription of judicial discretion...»[194].

6. Esboçada a *fuga para a frente* [**3.** e **4.**] e inoculadas (asseguradas?) as resistências críticas indispensáveis [**5.**], concluamos voltando à lição de KORNHAUSER.

Para insistir numa articulação de três núcleos problemáticos distintos: o da *jurisdictio* como estrutura, o da *jurisdictio* como intenção de resolução de problemas (controvérsias?), o da *juridicidade* como dimensão (autónoma?) da *praxis*[195]. Ora nesta articulação, bem o sabemos, representada num (e de certo modo também assimilada por um) processo de selecção, comparação e hierarquização de consequências...: que podem ser explícitas ou implícitas, imediatas ou sistémicas, reais ou hipotéticas, a curto e a longo prazo... e que não obstante – graças a uma «solução pragmática» possível (e ao processo decisório que a sustenta) – se nos impõem sempre decifradas e contrapostas (e em última instância também contabilizadas e equilibradas) como custos e benefícios *socialmente* relevantes (*under a decision (...) [or] "pragmatic solution" calculated to produce the best consequences for the nation as a whole*[196]).

Última invocação do testemunho em causa (e deste como um motivo cíclico) que nos autoriza a surpreender estes três núcleos e a dinâmica que os inter-relaciona e compromete. Ou esta concentrada (simplificada) num processo de transição ou de passagem: entre a reconstituição empírico-explicativa das múltiplas situações de incer-

---

[194] POSNER, «*Bush v. Gore* as Pragmatic Adjudication», cit., 201.

[195] Preservando deliberadamente, por agora, as interrogações que sublinham os parêntesis. Decerto porque pensar a *jurisdictio* como resolução de controvérsias – e encontrar na especificação do sentido prático destas (e no tratamento racional que corresponde a este sentido) – o núcleo de experimentação de uma juridicidade autónoma é já com efeito assumir *uma* resposta e comprometermo-nos com o seu percurso. Compromisso este que as brevíssimas alusões deste número (ver *infra*, 6.2) não deixarão por sua vez de confirmar.

[196] Para o dizermos também (e ainda) com DWORKIN: «Introduction», in DWORKIN (ed.), *A Badly Flawed Election. Debating* Bush v. Gore, *the Supreme Court, and American Democracy*, cit., 31. Para uma reconstituição crítica da posição de POSNER ver *ibidem*, 31-41 («Did the Supreme Court Do Us a Favor?»).

teza que se nos entregam como desafios (*juridicamente* relevantes) e a representação estrutural da sociedade como um todo que os integra, passando (*et pour cause!*) pela estabilidade convencionada de uma *teoria normativa da decisão* (uma reflexão reconstrutiva que assimila as primeiras postulando o horizonte legitimado pela segunda... na mesma medida em que assume esta última como correlato funcional daquelas). Transição por sua vez que teríamos que interpelar como estrutura integrada (e que denunciar nas «improbabilidades» do seu círculo analítico) se quiséssemos explorar a *pragmática dos direitos do homem* assumida por POSNER (ou esta concentrada no problema decisivo do *discurso livre* ou da *liberdade de expressão*)[197]... e que no entanto importa ao nosso tema apenas como resultado ou ponto de chegada, entenda-se, como um acervo de recursos analíticos disponíveis. Recursos estes que (se abstrairmos das convenções heurísticas que os explicitam) podemos afinal mobilizar. Só que já não com uma intenção normativa. Antes com uma pretensão positiva e (ou) descritiva. O que, mais do que admitir o diagnóstico rigoroso de uma experiência possível, significa afinal reconhecer nesta **uma** das dimensões inescapáveis do nosso presente... do presente que nos interpela e responsabiliza.

Para perguntar se tem sentido – e se (e até que ponto) se pode dizer lograda – uma ambição de representação-tratamento apenas preocupada como as consequências e com a parificação dos seus critérios? Certamente. O que é mais do que reconstituir (na auto-suficiência, se não exclusividade da sua tradução) um encontro e desencontro de efeitos sociais que, seleccionados como correlatos dos princípios da *marginalidade* e da *maximização da riqueza*, admitam confrontar-se e inter-relacionar-se como critérios de si próprios. Porque é antes perguntar qual é o plano de homogeneização das diferenças e de suspensão (se não interrupção definitiva!) da dinâmica interrogada que nos permite conceber e sustentar uma tal representação... E de tal modo que o espectro de respostas plausíveis se veja (na formulação

---

[197] Ver *supra*, nota 185. Para uma consideração do problema da *liberdade de expressão* na perspectiva da *Law and Economics* (concentrado de resto no contributo de COASE), ver Jónatas MACHADO, *Liberdade de expressão. Dimensões constitucionais da esfera pública no sistema social*, Coimbra 2002, 202-220.

da pergunta que o antecipa) drasticamente simplificado numa alternativa e nas **duas** opções ou opções-*apostas* (se não *views of the cathedral*)[198] que esta admite.

Muito simplesmente porque se trata (aqui e agora) de enfrentar a oportunidade de uma reconstrução unitária: **para a *poder* assumir (e consagrar)** – admitindo sem concessões que os lances do jogo se cumpram (ou se nos tornem *racionalmente* inteligíveis) na perspectiva de uma contabilização *global* –... **mas também para a *poder* recusar**... – exigindo o confronto com outra ou outras abordagens... e sobretudo reconhecendo a irredutibilidade das dimensões envolvidas e a compossibilidade (ou a promessa de compossibilidade) dos registos (e das pretensões de *racionalidade*) que tais abordagens proporcionam.

---

[198] Ousando assim concertar a lição do pari de Pascal – uma lição de resto frequentemente invocada por Castanheira Neves (ver por exemplo *O direito hoje e com que sentido? O problema actual da autonomia do direito*, Lisboa 2002, 51-52) – com a celebrada formulação de Calabresi... e partindo destas (como que numa visée unitária) para assimilar (ou distribuir) os pressupostos e elementos de uma decision making theory. Decerto para circunscrever e controlar os riscos (se não incertezas)... entenda-se, para pré-determinar a impossibilidade de perder... reconhecendo em simultâneo que podemos não ganhar nada... ou tudo ganhar... «–Il y a un chaos infini qui nous sépare. Il se joue un jeu à l'extrémité de cette distance infinie, où il arrivera croix ou pile. Que gagerez-vous? Par raison, vous ne pouvez faire ni l'un ni l'autre; par raison, vous ne pouvez défendre nul des deux. – Ne blâmez donc pas de fausseté ceux qui ont pris un choix, car vous n'en savez rien. – Non, mais je les blâmerai d'avoir fait non ce choix, mais un choix, car encore que celui qui prend croix et l'autre soient en pareille faute, il sont tous deux en faute; le juste est de ne point parier.–Oui, mais il faut parier. Cela n'est point volontaire, vous êtes embarqué. Lequel prendrez-vous donc? (...) Votre raison n'est pas plus blessée, puisqu'il faut nécessairement choisir, en choisissant l'un que l'autre. Voilà un point vidé. (...) Estimons ces deux cas: si vous gagnez, vous gagnez tout, et si vous perdez, vous ne perdez rien...» (Pascal, Les pensées, ed. 1671, VII, «Qu'il est plus avantageux de croire que de ne pas croire ce qu'enseigne la Réligion Chrétienne»). «But this approach also affords only one view of the Cathedral...» (Calabresi/ Melamed, «Property Rules, Liability Rules, and Inability: one view of the Cathedral», cit., 559).«Hablando de Bentham, Mill dijo que se aproximaba a todas las ideas como si fueran estrañas, como si se tratase de conceptos raros, nuevos, como si no los conociera: *to approach all ideas stranger*. (…) Cuando creamos un modelo, como el del análisis económico del derecho, y nos comportamos como si más allá no hubiera nada, cometemos la equivocación de Bentham. Asi quizá seamos tan inteligentes como Bentham pero, ciertamente, no seremos tan sábios como Mill ...» (Calabresi, «Sobre los límites de los análisis no económicos del Derecho», *Anuario de Filosofia del Derecho.Nueva Epoca*, vol. II, Madrid 1985).

6.1. Se optarmos pelo compromisso de unidade e pela atitude de *recusant pragmatism* que o ilumina estaremos de certo a exigir que a especificação regulativa da *análise custo/benefício* privilegie o equilíbrio **consequências imediatas/ consequências sistémicas**... — o que significa desde logo admitir a prévia determinação destas últimas (e num plano de representação também ele diacronica ou geneticamente concebido, capaz de assimilar os *efeitos a longo prazo* e as previsões correspondentes).

Mas estaremos sobretudo a garantir que a distribuição-contabilização dos custos e dos benefícios (especificada no processo construtivo do critério da *maximização*) atinja a experiência jurisdicional — como estrutura *in action*, como decisão-*adjudication* e como manifestação nuclear de um sentido de juridicidade — reconstituindo um denominador ou uma *cifra* de relevância comum. Uma reconstituição cujo êxito se pode também ele dizer pré-determinado: assegurado pela mobilização *equidistante* de uma *perspectiva da sociedade* (como *totalidade* e como *artifício*) e pela heteronomia que esta representa *(Es erscheint als lohnend, das Rechtssystem einmal instrumental, sozusagen **von auâen her**, zu betrachten*[199]).

O que é decerto mais do que inscrever a experiência da *jurisdictio* na *ordem de poderes* que aquela *totalidade* constrói (e «legitima»): porque é também permitir que todos os seus problemas (independentemente do núcleo ou vector em que estes se inscrevem e das diferenças que separam estes núcleos) sejam *pragmática* e *racionalmente* parificados (contidos, como contornos exteriores, na superfície do *espelho*[200]). Tratando-se por um lado de reconduzir os problemas à transparência racional de um exercício de *decisão* e por outro lado de reconhecer os constrangimentos institucionais (normativo-institu-

---

[199] SALJE, «Ökonomishe Analyse des Rechts aus deutscher Sicht», cit., 277.

[200] O que tem a ver com o isolamento estrutural da *societas* de que falámos *supra*, ou desta aqui e agora integralmente reflectida e refractada na superfície de um espelho... porque capaz de se reconhecer como uma trama *hipertélica de sujeitos de interesses*... (se não de *wealth maximizators*). Como se – convocando um diagnóstico onde fizéssemos convergir as sombras simultâneas de FOUCAULT e de BAUDRILLARD – se tratasse enfim de «legitimar» uma representação (se não um projecto) de *societas* capaz de renunciar às diferenças relevantes e às fracturas e soluções de continuidade para permitir que todos os seus contornos caibam numa única superfície.

cionais) que condicionam e circunscrevem aquele exercício. Mas então também de permitir que estes constrangimentos (e o processo, mais ou menos tipificável, da *bounded rationality* em que eles se inscrevem) se descubram a partir (se não nos limites de inteligibilidade) de uma *pressuposição de vigência*. Entenda-se, a partir da pressuposição (sistemicamente estabilizada) de um acervo de critérios vinculantes...

Critérios que traduzem decerto pretensões de regulação distintas... e que se distribuem pelo espectro que estas determinam – opondo as intenções imediatamente prescritivas das *regras de acção* às exigências de *auto-observação* e *auto-reprodução* dos programas e modelos organizatórios, sem esquecer a condição funcionalmente heterogénea das *regras de juízo* (e de algumas *regras de procedimento*) –

... na mesma medida em que (enquanto decisões-*imperativos*) admitem pressupor a heteronomia organicamente plural de uma construção-*produção* legislativa ou integrar as possibilidades institucionais de um processo de autoconstituição (concentrado no *binding precedent*) – e então e assim corresponder a exercícios de *pouvoirs séparés* funcional e procedimentalmente inconfundíveis[201] ... Só que critérios também que a experiência jurisdicional, iluminada como *pragmatic adjudication*, há de estar em condições de acolher e de experimentar *para além (se não independentemente) destas diferenças*: assumindo-os invariavelmente como resultados de uma *rational choice* e da decisão que a objectiva... mas então também como resultados que – sem terem que pressupor o universo discursivo de um *written law* e o sistema textual correspondente (e as vinculações *constitutivas* que estes impõem)[202] – não deixam de se exprimir em textos... e em textos (se não sintáctico-semântica, pelo menos pragmaticamente) caracterizados pelo «uso» — não importa se mínimo (ou se apenas implícito) – de «palavras classificatórias gerais»[203]. Como se se tratasse enfim de reagir a uma compreensão diferenciada (e com diversos degraus de exigência) do significante critério *(rule)* – entre o programa-*standard*

---

[201] Um diagnstico da função secundária este que, como se vê, cumprimos principalmente à custa da «galáxia *auto*» (mobilizando os instrumentos analíticos da *tradução* de TEUBNER).

[202] Com o alcance que esclarecemos *supra*, 4., notas 64 e ss.

[203] Ver *supra*, 4.2.β) e notas 116-117.

e o pré-juízo jurisdicional, passando pela representação exemplar da norma-*lex* – ...sem deixar de respeitar o contraponto – ou os degraus de abertura pragmática que os distinguem –...propondo (e enquanto se propõe) uma reconstrução *pragmaticamente* unívoca da situação de *incerteza-risco* e dos parâmetros da decisão a constituir. Ora ainda aí como uma reformulação decisiva do *desafio* de inter-relação que já conhecemos e do círculo (aparentemente fechado) que o cumpre.

Para o *recusant judge* em causa trata-se com efeito de reconhecer uma *decision-making situation* cuja especificidade institucional resulta precisamente de uma assimilação (ou *interiorização*) motivacionalmente lograda de autênticos critérios-*textos* e de *textos* que exprimem critério-*policies*...(se não das *respectful attitudes* que esta especificidade pressupõe). Ou mais claramente, de se confrontar com *textos* (legais, jurisprudenciais e doutrinários) que, não obstante as suas indeterminações *intensionais* e *extensionais* (e os diversos planos de manifestação destas), lhe impõem vínculos (ou pelo menos limites) insuperáveis *(as a kind of an institutional environment)*[204]. Só que se trata também de responder a este desafio. E com os recursos que o seu próprio reconhecimento e (ou) a formulação deste disponibilizam.

Por um lado para exigir que os critérios em causa se integrem no processo de contabilização das consequências e no *continuum* sem soluções que este determina: uma integração que, atribuindo embora a estes critérios papéis distintos, com pesos específicos muito diversos – entre a mera rejeição de efeitos-resultados e a representação totalizante da ordem dos fins ou da estratégia global que a condiciona, passando pela delimitação performativa das competências e das esferas da acção-decisão –, não deixa precisamente de os assimilar como dimensões irredutíveis de um processo de realização táctica (dominado pela *cost-benefit analysys)*... e de então e assim (e só assim) vencer as indeterminações que uma representação em abstracto torna inevitáveis.

Por outro lado para exigir que tais critérios, em nome da presunção de vinculação de que beneficiam, se responsabilizem pela

---

[204] No sentido preciso recordado *supra*, nota 11, mas não (necessariamente) com as consequências que o salto da *new institutional economics* lhe impõe.

identificação socialmente «legítima» das consequências sistémicas... — uma identificação por sua vez *indeterminada*... e a impor a experimentação-assimilação decisiva de um processo de *decisão* (com as exigências de *maximização* pressupostas)...

Ainda as improbabilidades do círculo analítico? Certamente. Só que agora assumidas na concentração (se não urgência exemplar) do processo de decisão (ou na «explicação» psicológico-motivacional que reconstrói o *dever* correspondente): num processo reflexivo que, sem deixar de pressupor o equilíbrio pragmático *preservação/inovação* (e de assumir as «"rule of law" *virtues*» que permitem pensá-lo), se confronta agora com a impossibilidade *racional* de uma das distinções consagradas pelo formalismo normativista, a saber, com a impossibilidade de garantir (ou de tornar motivacionalmente inteligível) uma fronteira que transforme as «áreas abertas e fechadas» em compartimentos estanques[205].

Concentração no processo decisório esta, como sabemos, que não exclui – antes exige (e como componente indispensável)! – uma articulação *macroscópica*. Tratando-se sem surpresa de mobilizar o processo de experimentação dos critérios *normativamente vinculantes* – enquanto constrangem e orientam mas também enquanto determinam a (e são determinados pela) *opção racional* – para assim mesmo interpelar a dimensão **direito** ou esta como correlato de um acervo de processos de diferenciação (que a *sociedade como um todo* lhe reconhece). Não sem que a ambiguidade funcional insuperável atribuída aos primeiros se confirme. Só que agora para dissociar duas faces e os desempenhos que lhes correspondem. A de um **direito-instrumento** que se determina inscrevendo-se no *continuum* de contabilização dos efeitos. Mas também a de um **direito-estrutura ordenadora** que estabiliza aquela sem deixar de recusar algumas das suas consequências plausíveis... e agora decerto quando soam as campainhas de alarme dos direitos fundamentais. Numa última instância de diferenciação que (ao mobilizar o património discursivo do Iluminismo

---

[205] Impossibilidade então de garantir uma fronteira... que delimite rigorosamente os territórios (ditos) da aplicação e da integração-criação – este último sempre (*et pour cause*!) interpelado na perspectiva do *juiz-legislador*, quando não reconduzido às possibilidades da sua especificação tecnológica. «Judges don't say to themselves, "I've run out of law to apply, so now it's time for me to put on my legislator's hat"» («*Bush v. Gore*...», cit., 202).

ou uma assimilação privilegiadamente política deste) não obstante o preserva como *lex*. Na mesma medida em que reduz a juridicidade relevante à experiência democrática da constitucionalidade. Mas então sobretudo na medida em que repete a cifra que já pudemos reconhecer. A de uma ordem de poderes que produz critérios-textos indeterminados (agora decerto com um grau de indeterminação-*limite*)... que terão por sua vez que ser absorvidos pelo (e simultaneamente que resistir ao) processo de assimilação das consequências... Ainda o círculo... e a improbabilidade das suas pretensões...

6.2. Dissemos há pouco que se tratava de enfrentar a oportunidade de uma reconstrução **unitária**... para a *poder* assumir (e consagrar) mas também para a ***poder* recusar**... Concluamos invocando um dos sentidos possíveis desta recusa. E não qualquer um mas aquele que em todos os seus vértices se determina como um interlocutor negativo privilegiado da funcionalização pragmático-económica que nos preocupa.

Invocando um dos sentidos desta recusa... mas apenas como o brevíssimo esboço de um caminho possível. Um percurso que se revela menos em si mesmo do que na perspectiva (ou sob o fogo) das encruzilhadas (e caminhos paralelos) que o diálogo com a *Law and Economics* e com POSNER em particular nos permitiu considerar... e então e assim como uma justaposição de «sinais» (se não promessas!) de *racionalidade* (ou *racionalidades*).

Que sentido? O de uma aposta na *pluralidade* e na *heterogeneidade relativa* dos discursos e das «pontes racionais»...

...capaz de invocar diagnósticos tão distintos como os de RAWLS e de WELSCH, de TEUBNER e de BAUDRILLARD, de RORTY e de LADEUR, de ZIMMERLI e de Ulrich BECK, de Duncan KENNEDY e de DOUZINAS e WARRINGTON...

...que não obstante se afirma compossível com o «regresso da comunidade» e com o desafio de uma fundamentação *wertrational* (materialmente determinada)...

...e assim mesmo capaz de recusar as promessas de compreensão-assimilação que tais diagnósticos traduzem.

Compossível com o regresso da comunidade mas não menos comprometido com um processo-esforço de auto-transcendência ou de transcendentalidade prático-cultural *(als weltentwerfenden Überstieg des Seinden)*: que mobilize a experimentação hermenêutica da *finitude* (e a sua *capacidade* de compreender regulativamente o contexto e a transfinitude) – mas também a estrutura dialéctica da reflexão-*conversação* que esta institucionaliza – na mesma medida em que assume uma compreensão da historicidade (se não da *consciência histórica*) que se pode dizer *constitutiva* – e constitutiva ao nível do ontológico e das possibilidades *como possibilidades* que enquanto *Dasein (als freies Seinkönnen unter das Seiende geworfen)* temporalmente o «lançam» ou «projectam».

O que não é senão assumir a impossibilidade de considerar os fundamentos abstraindo da «mediação constitutiva da existência» e assim do esforço de realização histórico-cultural que os constitui e os realiza (e que os realiza sem os esgotar, antes impondo-lhes um *continuum* permanente de especificações ou aquisições problemáticas). Para renunciar à *hybris* meta-discursiva de uma reabilitação da *sophia* (e desta na sua conexão relacional *dianoia/ethos*)? Certamente. Mas então e assim... para poder resistir às seduções heterogéneas dos *narrativismos comunitaristas* e do(s) *essencialismos pós-modernos* (e com estes últimos... a outras tantas tentativas de reabilitação-correcção do *jusnaturalismo*).

Sem ficarmos por aqui. Não se trata com efeito apenas de apostar no regresso da comunidade e numa *philosophia practica* pela primeira vez capaz de assumir a autonomia constitutiva da *phronesis*... mas de compreender este sentido e as implicações de uma tal autonomia respeitando a especificidade do jurídico...

...evitando precisamente alguns dos caminhos mais luminosos do *Law-as-Literature Movement* (se não também já do universo paralelo da *Law-as-Performing-Art*) ...e com eles uma nova (e inconfundível) ameaça de indiferenciação *praxis/poiesis, phronesis/aisthesis/ (nous)*...

Respeitando a especificidade do jurídico? Antes assumindo a auto-afirmação e auto-realização do *sentido* ou *sentidos* que o têm histórico-culturalmente construído e experimentado... e que *civiliza-*

cionalmente nos interpelam — ou esta especificidade explorada como «possibilidade»...

... e para além do *institutional environment* do *Estado-de-direito* (ou da aquisição irrenunciável que a sua formalização manifesta)... mas também da mobilização auto-subsistente do património dos *direitos fundamentais* (e de tal modo que esta aquisição possa ser constitutivamente reiventada... como núcleo plausível de uma dialéctica... que encontra no *princípio da responsabilidade* o outro pólo originário).

Opção por fim que na perspectiva de uma *aquisição antropológica* (e na imanência de um pensamento *prático*) nos leva a interpelar o direito como *jus* mas também e indissociavelmente como experiência de realização (e na dimensão dogmático-sistémica que desonera e que estabiliza esta experiência)[206].

Ora invocando este sentido e o universo que ele abre independentemente das respostas que lhe correspondem (ou dos modelos, quando não das instâncias de reflexão que estas pressupõem)... Decerto porque, sem ter que procurar essas respostas, nos basta aqui e agora perguntar se um tal universo exige (e em que termos é que exige) uma mobilização racionalmente plausível da *cost-benefit analysis*. Pergunta que determina uma resposta transparente.

---

[206] Tratando-se, numa palavra, de reconhecer (e de assumir) o *itinerário* relexivo que, em nome de um explícito *pari* jurisprudencialista, CASTANHEIRA NEVES tem vindo sistematicamente a percorrer e a constituir. Bastando-nos aqui e agora – para nos concentrarmos nos problemas *de encruzilhada* esboçados no texto (e apenas nestes!) – convocar as lições--síntese de «A unidade de sistema jurídico: o seu problema e o seu sentido», *Digesta*, cit., vol. 2º, 155 e ss, 167-180, «O princípio da legalidade criminal», *ibidem*, vol. 1º, 408-419, «O direito como alternativa humana. Notas de reflexão sobre o problema actual do direito», *ibidem*, 287 e ss, *Metodologia jurídica*, cit., 231-234, *O problema actual do direito. Um curso de Filosofia do Direito*, Apêndice, Lisboa 1997/1998, 52-A e ss (52-E – 52-M), «Pessoa, direito e responsabilidade», cit, 32-43, *Apontamentos complementares de Teoria do Direito...*, cit., 71-94, «Entre o "legislador", a "sociedade" e o "juiz"...», cit., 32-35, «A crise actual da Filosofia do Direito no contexto da crise global da Filosofia – Tópicos para a possibilidade de uma reflexiva reabilitação», in *Estudos dedicados ao Prof.Doutor Mário Júlio de Almeida Costa*, Lisboa 2002, 173 e ss., 179-183, 238-252, 275-280, «Coordenadas de uma reflexão sobre o problema universal do direito – ou as condições da emergência do direito como direito», in *Estudos em homenagem à Professora Doutora Isabel de Magalhães Colaço*, vol. II, Coimbra 2002, 837 e ss., *O direito hoje e com que sentido? O problema actual da autonomia do direito*, Lisboa 2002, 53 e ss.

Podemos dizer com efeito que é renunciando à sua univocidade (como quadro regulativo) mas também às pretensões de uma representação macroscópica (e à pragmática que a prossegue) que a análise em causa corresponde às exigências desta aposta. Sem por isso mesmo deixar de se nos impor como um *instrumento* analítico indispensável... e de exigir neste sentido uma especificação rigorosa das suas regras e modelos de *contrôle*... tanto mais rigorosa de resto quanto compossível com desenvolvimentos distintos e outras tantas «necessidades contextuais».

α) Um instrumento analítico que o processo de reconstrução da controvérsia – enquanto determinação do sentido *material* que a situação concreta especifica – poderá eventualmente mobilizar: sempre que (e na medida em que) à compreensão de um tal sentido importe a detecção-experimentação de um desequilíbrio ou de uma assimetria *reais* (reconhecível no plano contingente dos interesses ou das ordens de preferência, se não como uma *soma* de *individual possibilities and willingnesses to pay*). Sendo certo que se tata assim de atribuir aos dados obtidos uma relevância puramente indiciária – que só a convocação dos fundamentos e critérios jurídicos vigentes, num confronto dialéctico com os restantes elementos de «especificação» do caso, deverá enfim assimilar (*positiva* ou *negativamente*).

β) Mas então um instrumento analítico que só se torna indispensável quando se trata de enfrentar a intervenção estratégica do legislador e a planificação (se não também já a programação) que a assimila (e estas como processos de uma *decisão racional*). Tendo presente que podem estar em causa (pelo menos) dois problemas distintos... – e uma especificação convergente dos dois – que não podemos deixar de esboçar.

β)' É que mobilizar uma tal *lex* (constituída ou a constituir) *como opção estratégica* pode ser *muito simplesmente* problematizar a *realizabilidade (realisiebarkeit)* do seu projecto – e esta no sentido *forte* reivindicado pelo princípio-*ponte* de Hans ALBERT (porventura já avaliado ou corrigido pelas especificações da *welfare theory*)[207].

---

[207] Invocação-«transposição, como sabemos, que está longe de ser arbitrária. Não podemos esquecer, com efeito, que o *racionalismo crítico* (e o núcleo epistemológico, se

Entenda-se, reconstituir o *Zweckprogramm* em causa no seu contexto histórico-situacional (recorrendo à antecipação-previsão discursivamente possível de uma série de especificações tácticas)... mas sem que os resultados obtidos ou a obter se constituam como pressuposto imediato (ou como parâmetro institucional, *formal* ou *informalmente* identificável) de uma outra decisão... ou das escolhas que esta assume.

Tratando-se assim muito simplesmente de reconhecer que a contabilização dos custos e dos benefícios e a solução de equilíbrio que nela se cumpre desempenham – ainda que porventura com um maior ou menor grau de adequação (dependente decerto das opções metódicas e dos critérios de avaliação que estas mobilizam ou especificam) – funções de antecipação regulativa mas também de explicação e (ou) de previsão **positiva** absolutamente imprescindíveis (com uma tradução crescente nos processos reflexivos da *teoria da legislação* e da *política do direito*).

Um reconhecimento de resto que por uma vez nos permite acompanhar a lição da *Law and Economics*. Sem podermos decerto já voltar a Posner – e à reconstituição do *mercado da legislação* (na sua relação complexa com a *hipótese genética* e com a *teoria da evolução* que a sustenta) –... e sem termos porventura que mergulhar no fluxo da *public choice jurisprudence* – submetendo a explicação dos *legislative facts* à representação condutora de uma *theory of competition (for political influence)*. Mas então invocando Calabresi e um modelo de articulação *igualdade/utilidade* preferencialmente

---

não meta-epistemológico, do pensamento de Popper) constitui um dos pólos reflexivos determinantes da *theory of pragmatic adjudication* (mas então também um interlocutor--mediador decisivo de processos como os da assimilação-correcção da herança dos *Progressive Legal Realists* ou da auto-superação, mais ou menos explícita, da *Chicago trend*). Com uma nota de reciprocidade que convém ter presente: enquanto e na medida em que (com o reconhecimento de Popper) nos permite descobrir na *marginal utility theory* a matriz de inteligibilidade do *zero method* e da *situational analysis* autonomizados em The *Poverty of Historicism* e *The Open society and Its Enemies* [«The main point here was na attempt *to generalize the method of economic theory (marginal utility thery) so as to become applicable to the other theoretical social sciences...*» (Popper, *Unended Quest. An Intellectual Autobiography*, London, 6ª ed., 1982, 117-118)]. Para uma especificação do princípio-ponte da *realizabilidade*, ver Albert, *Traktat über rationale Práxis*, Tübingen, 1978, 150 e ss. («Rationale Heuristik, Sozialtechnologie und Alternativanalyse: Zur politishe Methodologie»).

dirigido ao legislador e à determinação da «mudança legislativa desejável»: «...aquela mudança que tenha como consequência que os ganhadores ganhem mais (ou passem a ganhar mais) do que os perdedores perdem... na mesma medida em que assegure efeitos distributivos *aceitáveis* (pelo menos tão satisfatórios como os da lei que substitui)...»[208].

Sem esquecer que o processo de comparação-contabilização que nos importa se vê forçado a assumir desempenhos e planos de relevância inconfundíveis. Que dependem da especificação *criteriológica* – determinada pelos pressupostos e pelas categorias de inteligibilidade da *policy analysis* por que se opte[209] – mas que dependem sobretudo do *programa final* a reconstruir e do modo como este assimila (*extensional* e *intensionalmente*) a equação em causa[210].

Para este programa ou para a interpelação que o reconstrói[211], a equação dos custos e benefícios pode com efeito ...

(a) traduzir um simples elemento informativo ...
(b) justificar uma perspectiva auto-subsistente...
(c) ou determinar directa e exclusivamente a escolha racional do legislador.

Com a hipótese (c) a reconhecer uma especificação *unilateral* dos critérios de maximização escolhidos... e as duas primeiras a desvelarem um processo de assimilação *interrelacional* — capaz de

---

[208] CALABRESI, «The New Economic Analysis of Law: Scholarship, Sophistry, or Self-Indulgence?», *Maccabaean Lectures in Jurisprudence*, in *Proceedings of the British Academy*, volume 68, 1981, 85 e ss., 90, 96-97. Uma proposição que Liborio HIERRO nos ensina a reconhecer como *teorema de Calabresi*... [HIERRO, «La pobreza como injusticia (Dworkin v. Calabresi)», cit., 957 (3)].

[209] Se é que se opta por uma *policy analysis*. Pôr o problema nestes termos é com efeito abrir todas as portas possíveis, sem esquecer decerto que saltar para uma *political economy analysis* significa já «relativizar» o desempenho da pragmática *custo/benefício*... para o submeter a outras condições (e limites de inteligibilidade) justificados pelo desafio do *consenso*. Ver *supra* notas 8, 9 e 10.

[210] Planos que a lição de POSNER nos permitiu ter presentes desde o início (ver *supra*, 2., nota 6) ... mas que agora queremos submeter a uma organização-sistematização *alternativas*.

[211] E vamos prescindir das dificuldades que esta distinção introduz... para nelas reconhecer apenas um dos muitos desafios (prévios) que uma *teoria da legislação* terá que enfrentar.

mobilizar outras exigências (e as correspondentes *views of the cathedral*)... para assim mesmo (em nome de uma interferência recíproca) *relativizar* o contributo da equação proposta. Decerto apenas com uma diferença de grau, que os «compartimentos» da *situational analysis* (e do *zero method*) nos permitem iluminar: com o equilíbrio-*balancing* a impor-se apenas à «base de informação» (ou a ser por ela absorvido, com maior ou menor peso), enquanto e na medida em que se esgota nos (ou se constitui como correlato funcional dos) elementos-*inputs* que «comunica» [(a)]... ou com este equilíbrio a constituir-se já como um eixo de avaliação *irredutível*, que a *ordem de preferências* ou o processo de selecção correspondente (e estes sob a máscara de uma *base de valoração*) terão que considerar (ainda que porventura para o subalternizar ou lhe impor um papel de especificação secundário) [(b)].

β)" Só que mobilizar a *lex* em causa pode ser ainda responsabilizá-la como programa e (ou) experimentá-la como critério... e agora no terreno específico de uma outra escolha racional (que deverá ser cumprida em concreto).

Admitindo os mesmos planos de relevância que acabámos de distinguir e com eles uma espécie de *distributive mapping* das possibilidades da análise *custo/benefício* [(a), (b) e (c)]? Certamente. Mas agora para os submeter a expectativas de reconstrução diferentes. E expectativas que, se encontrarem uma resposta positiva, deverão afectar o último plano... e (ou) a *conclusion-claim* de auto-subsistência que o identifica. Pelo que não se trata tanto de abstrair das diferenças diagnosticadas quanto de nos concentrarmos na *hipótese* mais «forte» [(c)] reconhecendo nas outras duas *hipóteses* simples degraus. Muito simplesmente porque a solução ensaiada (ou a ensaiar) para esta hipótese se impõe (ou há-de poder impor-se) justificadamente a todas as outras.

Admitida esta simplificação – cujo alcance compreenderemos já seguir –, assumamos ainda uma segunda. Que vai restituir-nos ao nosso núcleo temático principal... na medida em que nos desonera de aqui e agora ter que discutir a possibilidade-exigência de «ferir» (se não de fragmentar) o universo da discricionariedade administrativa... ou de o «ferir» para reconhecer e isolar núcleos auto-subsistentes de *execução táctica* – que em função daquela hipótese mais «forte» [(c)] pudessem decifrar no *balancing* programado um autêntico núcleo gerador (de uma cadeia de contabilizações *circunstanciadas*). Mas que sobretudo nos desonera de ter que reconstituir os limites institucionais (externos e internos) de uma *rational choice* com estas características... Permitindo-nos então que nos concentremos na *jurisdictio* e numa exigência de *realização judicativo-decisória* que, em nome da aposta que começámos por invocar, exclui precisamente essa execução e a «orientação pelos efeitos» que ela legitima. Ora neste plano a resposta tem que ser inequívoca...

Porque se trata precisamente de acentuar que a convocação (ou especificação) do *modelo de distribuição das consequências* assimilado pela *norma* — seja qual for este modelo ou o estatuto (de exclusividade ou de compromisso com outros) que a base da valoração lhe garante — só se nos impõe como um *instrumento* imprescindível num «momento» ou em relação a um dos momentos da experimentação prática desta norma. Na medida precisamente em que se trate aí de reconstituir o seu *argument of policy*... ou de a explorar como *imperativo* ou decisão impositivo-dogmática (na auto-subsistência da sua *ratio legis*): sem esquecer que a experimentação em causa se cumpre depois ou confrontando aquele com um decisivo *argument of principle*... ou exigindo a «passagem» da especificante *ratio legis* para a fundamentante *ratio juris*[212].

β)"'Faltando-nos invocar um último problema — em rigor uma especificação *unitariamente determinada* dos que o precederam [β)' e β)'']. Um problema que fecha o nosso percurso enquanto nos permite voltar à *jurisdictio* como *estrutura*. Para interpelar-experimentar as *policies* correspondentes e os programas- -*standards* que as consagram... e os critérios de *organização* e de *procedimento* que

---

[212] Para o dizermos simultaneamente com DWORKIN e CASTANHEIRA NEVES e invocar apenas os núcleos de *Law's Empire* [cit., 206-258, 327-347, 410-413] e da *Metodologia jurídica* [cit., 78-81, 152-157, 188-196, 278-283 (ßß)]. Sem esquecer as diferenças que separam estas duas propostas, diferenças enfrentadas de resto por CASTANHEIRA NEVES em *O actual problema metodológico da interpretação jurídica*, vol. I, Coimbra 2003, 349 e ss. («*Excurso*:Dworkin e a interpretação jurídica – ou a interpretação jurídica, a hermenêutica e a narratividade») [excurso já previamente publicado na *Revista de Legislação e Jurisprudência* (como parte integrante do referido estudo) e nos *Estudos em Homenagem ao Prof.Doutor Rogério Soares,* Coimbra 2002, 263 e ss.].

as especificam... e todos eles (e as decisões que os determinaram), se não como condições-constrangimentos de uma *bounded rationality*, pelo menos como componentes formalmente reconhecidas de um *institutional environment* – e daquele precisamente que se descobre comprometido com a auto-constituição e a auto-reprodução funcional da *jurisdictio*.

Tratando-se no entanto de as experimentar (ou de as poder experimentar) *em bloco*. Reconstutindo-as – e reconstituindo as coordenadas do «território» que estas concedem à análise custo/benefício – sem atender já ás diferenças que justificaram o contraponto β)' /β)''... mas então também atingindo irremediavelmente a possibilidade de conceber a hipótese de determinação (c). Um resultado analítico que seria porventura paradoxal (nas tensões centrífugas que mobiliza) se não se nos impusesse precisamente em nome da experiência de fundamentação *wertrational* que acabámos de invocar e para corresponder às suas exigências.

Muito simplesmente porque, independentemente da *regra do jogo* em causa – quer se trate de enfrentar um programa de distribuição de competências tribunais comuns/tribunais especiais ou de compreender a norma que especifica os modos da participação forense dos jurados ou dos peritos, de reconstituir um plano de «incentivos» à resolução pré-judicial das controvérsias ou de mobilizar um critério estatutário de auto-responsabilização dos juízes, de assumir um projecto de simplicação das fases processuais ou de problematizar uma regra de exclusão ou de probição de prova(s) – mas também independentemente de saber em que termos ou em que em *situational analysis* nos propomos convocá-la – se para a tematizar na sua (relativa) auto-subsistência programática (num plano ainda dogmaticamente relevante ou já assimidamente meta-dogmático), se para a especificar-concretizar como critério (vinculante) de uma outra *rational choice* (que pode ser decerto uma autêntica decisão judicativa) – se trata afinal de levar a sério uma exigência fundamental: a de que a **jurisdictio como estrutura** – enquanto ordem-*ordinans* das opções organizatórias e procedimentais que institucionalizam o exercício de um certo *poder* – se determine sempre e sem excepção como um «correlato funcional» da **jurisdictio como intenção** e das pretensões de «representação comunitária» que esta autonomiza (e lhe dirige)[213]... excluindo então a possibilidade de responsabilizar a *cost/ benefit analysis* como um modelo de «justificação» *exclusivo*. E não apenas em geral. Também em relação a cada uma das soluções propostas (agora iluminadas pela especificidade da *função de representação* que constituem e condicionam). O que significa voltar ao núcleo relacional defendido por KORNHAUSER e ao desafio que o singulariza... só que impondo-lhe uma *inversão* radical, uma *inversão* que corrompe (que corrompeu...) irreversivelmente o seu equilíbrio...

---

[213] Para uma especificação desta exigência de «representação *comunitária*» – dominada pelo contraponto *político/política* (e então e assim pelos desafios da institucionalização de um poder que não sendo «apolítico» também não desempenha decerto «uma função de *intenção* e de *natureza* políticas») –, ver ainda CASTANHEIRA NEVES, *O instituto dos «assentos» e a função jurídica dos Supremos Tribunais,* cit., 429 e ss.

OS CUSTOS DA JUSTIÇA
– SISTEMA EXTRAJUDICIAL DE RESOLUÇÃO DE CONFLITOS –

J. O. Cardona Ferreira
Juiz Conselheiro Jubilado
Presidente do Conselho de Acompanhamento dos
Julgados de Paz

I

Não por razão circunstancial, mas sinceramente, felicito os responsáveis pela organização destas importantes jornadas de reflexão, designadamente na pessoa do Prof. Doutor João Álvaro Dias, e agradeço o convite que me foi formulado e que me permite ter, mais uma vez, a honra e o prazer de falar na egrégia e "saudosa" Universidade de Coimbra – tão "saudosa", vá lá entender-se, que sempre a desejei e nunca, dela, fiz parte...

Sei que deverei falar pouco tempo, e vou tentar cumprir esse desiderato, embora não seja possível concluir o que penso sem explicitar algumas bases em que as conclusões assentam. É certo que há pessoas muito ilustres que desejamos ouvir e, por outro lado, é de presumir – inilidivelmente – que muito do que eu pensaria dizer, já foi dito, nos dias precedentes e hoje, por conferencistas distintos, e muito melhor do que eu poderia dizer.

Portanto peço, antecipadamente, desculpa se repito algo já dito, para mais sem saber o que terá sido exposto, visto que não tive qualquer possibilidade de comparecer nas sessões anteriores.

II

Sou Magistrado Judicial de carreira. Trilhei todo o percurso de um Magistrado Judicial do meu tempo, desde Subdelegado do Procurador da República (ainda há quem se lembre do que isso era?) até Juiz Conselheiro Presidente do S.T.J. No discurso de transferência de poderes e de anúncio da minha Jubilação disse – e repito – que, como Juiz, o fui, longo e longo tempo, mais do que por vocação, por devoção.

Se digo isto, não é para contar a minha longa história. É para que se entenda que o Presidente do Conselho de Acompanhamento da Criação, Instalação **e Funcionamento** *dos Julgados de Paz não tem uma visão dos problemas da Justiça apenas decorrente das suas actuais funções.* Embora firme defensor dos Meios Alternativos, a minha visceral tendência para as questões da Justiça e da Cidadania nasceram-me quando, há muito tempo, sonhei ser Juiz – que fui, ou sou...

Entendo que *é um absurdo sequer poder haver algum vislumbre de contraposição entre Justiça dita tradicional e alternativa*, entre quaisquer instituições de Justiça. *Todas têm um único senhor e uma única razão de ser: o cidadão e o seu serviço.*

Quereis saber uma das razões – quiçá muito importante – para a minha atenção aos Meios Alternativos? É que eu vejo, neles, *não só uma necessidade do presente, como um caminho do que deve ser a Justiça não excessivamente regulamentarista do futuro,* tão breve quanto possível! Utopia? Que o seja! Sem utopia, o mundo não avança. *Utopia não é o impossível: é o que ainda não é possível*, já alguém o disse.

Estive numa reunião, em Portugal, sobre o Direito Processual Civil na Europa, sob a orientação do Prof. Doutor Marcel Storme, creio que no fim dos anos 80, e lembro-me das críticas que já então se teciam ao excessivo regulamentarismo emperrante da Justiça cível dita tradicional, não suficientemente aberto ao espírito e ao tempo do homem novo.

Esses trabalhos vieram a dar origem a vários estudos, designadamente, um livro da principal responsabilidade do Prof. Doutor Marcel Storme – Rapprochement du Droit Judiciaire de l'Union Européenne. E, significativamente, as suas palavras iniciais começavam por citar Piero Calamandrei:

"Lo studio del processo é sterile astrazione se non é anche lo studio dell' Uomo Vivo"

e acabavam com a expressão latina
"ubi incipit Justitia cessat bellum".

Que tem isto a ver com o tema destas jornadas e, em particular, com o que me coube?

Tudo.

É que os meios de realização da Justiça não podem ser meramente formais ou abstractos. Devem reflectir, como causa – final, concreta realização de valores e de interesses, que tenham em atenção uma balança, como na imagem da Justiça, mas imagem viva, *de olhos abertos.*

A velha ideia do "suum quique tribuere", de dar a cada um o que é seu, não pode ter em atenção, apenas, as partes que disputam ou divergem. Tem de equacionar também um *outro binómio*, o do *Estado*, com o seu Poder Judiciário, e o das *pessoas*, singulares ou colectivas, que necessitam da intervenção das instituições de Justiça e que são – as pessoas, os cidadãos – a razão de ser dessas instituições.

Depois de um tempo secular durante o qual, para além do autoritarismo dos "senhores" do "Ancien Régime", os Meios hoje ditos Alternativos eram, *sob roupagem daqueles tempos*, os procedimentos societários de Justiça, o Estado, mormente a partir da primeira metade do século XIX, veio a assumir o monopólio da Justiça.

Confundiu-se, a meu ver, Justiça com Poder Judiciário. Com efeito, o Poder Judiciário foi assumido, e bem, com um dos Poderes do Estado, conforme dissera Montesquieu,[1] desenvolvendo e actualizando, por outras palavras o que, designadamente, já reflectira Aristóteles ao referenciar os Tribunais entre os "três elementos políticos", isto é, *da Polis.*[2] Mas a inserção do Poder Judicial entre os Poderes de soberania deveria tender a autonomizá-lo em relação aos outros Poderes do Estado (o que foi feito), e não tanto a inviabilizar Meios de Solução de Diferendos mais societários, ao lado dos Meios directa-

---
[1] Na sua conhecida obra "L' Esprit des Lois".
[2] "A Política", edição do Circulo de Leitores, pág. 303.

mente estaduais, desde que respeitadores dos princípios fundamentais do Estado de Direito Democrático ou do almejado Estado de Justiça.

Embora toda esta problemática me atraia, não quero desviar-me do que tenho de abordar. Quero chegar aqui:

Posto que o Estado, ainda que possa alienar algo do monopólio Judiciário ("*lato sensu*"), falo-á sempre supervisionando, sem abdicar do acompanhamento, para que sejam garantidos os princípios fundamentais.[3] Diria, mesmo, que não pode abdicar deste acompanhamento, porque a *imparcialidade* que se presume nas instituições de Justiça (naturalmente reporto-me ao Estado Democrático) é essencial à segurança e às garantias essenciais dos Cidadãos. E tudo tem de ser pas-sível de uma organização tal que, mesmo os Tribunais do Estado, têm de ser independentes *do próprio Estado*, para poderem, quando seja caso disso, julgar questões em que o Estado seja parte.

E tudo isto tem um lado, como dizia, que coloca frente a frente, por um lado, o Estado e, por outro, o conjunto das pessoas, não Estado, que às instituições Judiciárias (*"lato sensu"*) se dirigem; ainda que o Estado não seja concebível sem os Cidadãos.

Aqui também há, na verdade, uma vertente de dar a cada um o que é seu. Se o Estado presta um serviço, aliás assumido e que, na raiz democrática, lhe é cometido pelos Cidadãos – os Tribunais julgam em nome do Povo[4] – os *custos devem respeitar uma base de proporcionalidade entre os serviços prestados e aqueles custos, aliás sem a preocupação de pagamento integral.*

III

Elementar, dir-se-ia.

E, embora "custos" seja uma noção bem mais abrangente do que "custas", não nos esqueçamos de que o velho "imposto de justiça" chama-se, actualmente, e melhor, *taxa de justiça*: ou seja, *contrapres-*

---

[3] *v.g.* art. 202.º da Constituição da República Portuguesa; art. 1.º do Cód. de Proc. Civil.

[4] Art. 202.º, n.º 2 da Constituição da República Portuguesa.

tação pela prática de algo concreto, como um serviço, uma e outro ligados por um *nexo sinalagmático*.[5]

E, hoje, como reage o cidadão comum quando lhe acontece algo que, normalmente, o levaria a Tribunal? Pergunta-se, designadamente (como é entendido por muitos pensadores):
– Quanto custará?
– Quanto tempo isso demorará?
– Que poderei recuperar ou que terei, eu próprio, de suportar?
E, de tanto equacionar, tantas vezes desiste.
Assim, demasiadas vezes, em benefício do infractor.

Por isso, quando oiço dizer que as causas que vão para os Julgados de Paz não são, todas, tiradas entre as muitas que enchem os Tribunais Judiciais porque, a estes, algumas nem iriam, eu respondo que *a principal razão de ser dos Julgados de Paz é darem paz*, é não deixarem que a infracção prevaleça e, só depois, (ainda que, *na prática, cumulativamente*) é, aliviarem a carga, efectivamente insuportável, dos Tribunais comuns. E, já agora, para se saber se os Julgados de Paz, se forem em número adequado, vão, ou não, aliviar os Tribunais comuns, pensemos que, em Portugal, *a competência dos Julgados de Paz é obrigatória e não optativa*, se bem vejo,[6] ou seja, *se* as acções que cabem na competência dos Julgados de Paz, forem – bem – propostas nestes; ou, *se* os Tribunais Judiciais, nessa medida, concordarem com esta perspectiva e entenderem que é caso de se declararem materialmente incompetentes nas hipóteses de acções inadequadamente propostas no foro comum; apesar da tal margem, sempre positiva em termos de Justiça, de questões cuja injustiça os cidadãos suportariam; *necessariamente, haverá alívio dos Tribunais comuns tendencialmente proporcional à dimensão e à competência do foro dito alternativo.*

Ou seja: é de elementar lógica que os Julgados de Paz, se forem abrangendo cada vez mais zonas do País, como se perspectiva; *se*

---
[5] A. Xavier, Manual de Direito Fiscal, pág. 43.
[6] Faço esta observação *a título pessoal*, baseado no sentido que creio ver no art. 9.º da lei 78/2001, de 13 de Julho; nas razões que são as dos Julgados de Paz; e em essencial harmonia com opiniões que tenho encontrado expressas, *v.g.*: Juiz de Direito Joel Pereira, Julgados de Paz, 56, Ana Maria Costa e Marta Lima, Julgados de Paz e Mediação Um Novo Conceito de Justiça, 159.

cada vez mais houver Municípios a manifestarem interesse por disporem de Julgados de Paz, neste sentido conjugando-se com os competentes Órgãos de Soberania do Estado, creio que os Julgados de Paz encontram-se em situação privilegiada de poderem ajudar a algum alívio na excessiva sobrecarga de processos dos Tribunais Comuns. Neste ponto importantíssimo, como em tudo o que concerne à Justiça, *a acção da advocacia é determinante.*

Tudo que vinha reflectindo tendia a dizer que *o problema dos custos da Justiça é, acima de tudo, uma questão de Justiça comutativa Estado-Cidadãos e, na sua raiz, o problema fundamental é o do acesso ao Direito e à tutela jurisdicional efectiva, segundo o art. 20.º de CRP*, no qual têm sido surpreendidos princípios de igualdade, justiça, proporcionalidade, confiança e moderação – todos, a meu ver, redutíveis a uma perspectiva abrangente de Justiça. E, embora a C R P não determine gratuitidade dos serviços de Justiça, o seu custo (e não só as suas custas) não pode ser, de facto, inviabilizador do acesso ao direito e à tutela Jurisdicional[7].

No que concerne à problemática directamente financeira, bem se sabe que há o instituto hoje dito de apoio judiciário. Mas, para além de alguma burocracia que ainda implica (p.e., gostaria que, *nos Julgados de Paz*, se regressasse ao sistema, porventura mais imediatista e concentrado, de serem os próprios Juízes de Paz a decidirem os respectivos pedidos); creio que o problema dos custos da Justiça não só ultrapassa o das despesas financeiras imediatas, mormente custas, como também se põe, em termos sinalagmáticos para pessoas que podem pagar. E, numa abrangência pessoal de *custos* da Justiça, e numa orientação, por um lado humanista e, por outro lado, empírica, diria que *os custos abrangem*:

– *Num plano directo*, o que se paga pela existência e pelo resultado de um processo, seja em custas, seja em despesas conexas no que concerne a tudo aquilo que a pendência de uma acção acarreta, como honorários, investigações, despesas próprias, etc;

– *Num plano indirecto e geral*, o impacto que o custo concreto de uma acção ou (e) a sua demora, podem ter no concernente à economia nos seus vários aspectos, sejam nacionais ou internacionais, conforme o âmbito do diferendo;

---

[7] *v.g.* Gomes Canotilho e Vital Moreira, C.R.P. (Anotada), 3.ª ed., págs. 164,165.

– E, a meu ver, muito mais importante do que tudo isto, os incómodos, as consequências negativas para a qualidade de vida que pode ter o arrastamento de uma causa; *este é o custo que mais custa*. E, nesta linha, o custo, **também, do incómodo de quem trabalha nos Tribunais, o que é, geralmente, esquecido.**

Penso, em verdade, que este último aspecto (custos pessoais) ainda é o mais importante. Nada paga o desconforto, a insegurança interior, o desgosto quando se vê arrastar uma causa por cujo desfecho se anseia, fora e *dentro* do Tribunal.

É um problema humanista, de raiz cultural que, inserido na problemática da chamada crise da Justiça, o Doutor Bacelar Gouveia coloca em termos tão importantes ao ponto de reflectir que pode contender com o próprio sentido da autoridade do poder público.[8]

IV

Ao que vem tudo isto?

Os tempos transformaram os Juízes e, portanto, os Tribunais ditos tradicionais, em verdadeiros guardadores de promessas, como lhes chamou Antoine Garapon[9] face à geral crise societária, mormente no século XX, que atingiu as instituições que serviam de anteparo aos Tribunais, como a Família, a Escola, a Religião, etc.

E os Tribunais tradicionais viram-se submersos por processos, quer em quantidade quer, mais gravemente, em inovadoras e difíceis qualidades.

Por mais que se trabalhe no foro comum – e trabalha-se – não foi possível garantir geral oportunidade decisória; para o que contribuiu um garantismo *civilístico* que considero exagerado, mormente no seu regulamentarismo. Hoje, há quase uma tendência para a vulgarização do que é fundamental.[10]

E, para além de um arrastamento de tantas causas, com os seus incidentes, os seus recursos, o seu regulamentarismo, a *inadequação do tempo judicial ao tempo real*, generaliza-se a convicção de que o

---

[8] "O Debate da Justiça", pág. 184.
[9] Na sua obra "O Guardador de Promessas".
[10] HAARCHER, Guy, "A Filosofia dos Direitos do Homem", pág. 50.

custo concreto, mesmo só o financeiro imediato, da média dos processos judiciais é cara. Penso que a situação poderia ter resultados mais justos e mais úteis se os Juízes tivessem *maiores possibilidades de maleabilidade legal na fixação da tributação casuística,* naturalmente dentro de certos limites.

Continuando a ponderar, como base de raciocínio, o que acontece com custos financeiros na Justiça dita tradicional, para se poder ter uma base de comparação com o que respeita aos Julgados de Paz, nos Tribunais comuns, uma acção no valor de 750.000$00 (aliás, o equivalente em euros – € 3.740,98) – limite da competência actual dos Julgados de Paz – a taxa de justiça *integral* normal será o correspondente a 36.000$00 = € 179,57 (embora haja casos em que possa ser de ½ ou ¼), sem esquecer que, a essa taxa, para efeitos de custas, acrescem os encargos;[11] quanto a custos financeiros conexos, convém não esquecer que as regras sobre custas de parte ressarcíveis são redutoras,[12] e mais ainda o são as verbas ditas de procuradoria, das quais 60% vão, não para o vencedor da causa mas, sim, para determinados Organismos.[13]

E, na linha do que é a minha referida perspectiva, acrescem, face ao tempo de pendência frequente, efeitos económicos gerais e, fundamentalmente, o que chamo custos personalizados incontabilizáveis, decorrentes de incómodos, consequentes insatisfações, inseguranças.

Tudo isto sem esquecer que, para além do sentido objectivamente redutor da normatividade sobre custas de parte e procuradoria, só haverá pagamento pelo vencido se este puder pagar pois que – naturalmente *bem* – não há prisão por dívidas e, aliás, se houvesse, isso nada adiantaria ao vencedor.

V

Isto sendo, face à clara desproporção entre a procura e a possibilidade de resposta dos Tribunais ditos tradicionais, *o que se repercute* no desfasamento entre os *custos* e a *rentabilidade* judiciária

---

[11] Arts. 1.º e 13.º e segs. do CCJ, tabela anexa e Salvador da Costa, CCJ, 2001, pág. 97.
[12] Arts. 32.º e 33.º do CCJ.
[13] Art. 42.º do CCJ.

(*enfatizo que não está em causa a capacidade de trabalho da Justiça tradicional mas, sim, o seu condicionalismo*), duas soluções têm sido defendidas, que subscrevo:

– Por um lado, uma reforma estrutural, a que chamo refundação, dos meios de Justiça dita tradicional, mormente no que concerne ao regulamentarismo processual, o que encontra múltiplos obstáculos e é demorado;

– Por outro lado, a criação – ou recriação – de Meios Alternativos à Justiça dita tradicional.

Diria que ambos os caminhos são indispensáveis e que, no segundo, até pode estar a luz que ilumine a necessária redução do formalismo comum.

Devo acrescentar algo acerca dos Meios Alternativos.

A meu ver, *os Meios Alternativos começam por terem a grande vantagem de não serem um "numerus clausus"*. Podem, sempre, surgir novas Alternativas e até podem funcionar separados ou juntos ou serem proporcionados aos cidadãos, em si próprios, como opções para um mesmo diferendo.

Curiosamente e referindo a problemática que, anteriormente, me trouxe a esta Universidade, creio que, já hoje, nos limites das suas competências, os Julgados de Paz devem resolver certos litígios emergentes de situações de consumo e, relativamente, ao foro comum, os Julgados de Paz têm, a meu ver, competência obrigatória,[14] *mas*, creio que nada obsta a que, conforme o princípio da autonomia da vontade no campo dos direitos disponíveis, os interessados optem por um Centro de Arbitragem.[15]

A mediação, a conciliação e a arbitragem (entenda-se: voluntária) são meios alternativos já com larga tradição.

Normalmente, a *mediação* procura que as próprias partes encontrem soluções; a *conciliação* tem uma intervenção mais activa nessa procura; a *arbitragem* voluntária implica que os interessados promovam a constituição do Tribunal Arbitral onde a respectiva questão será colocada, na base de um compromisso arbitral, ou recorram a uma instituição que já possua um Centro Arbitral que poderá realizar a arbitragem.

---

[14] Citado art. 9.º da lei 78/2001, de 13 de Julho e e autores referidos na nota 6.
[15] Art. 9.º da lei 78/2001 de 13 de Julho conjugado com o art. 14.º da lei 24/96 de 31 de Julho.

Em termos de custos pessoais há, no plano dos Meios Alternativos, um manifesto ganho na medida da oportunidade decisória e, até, de uma tendencial especialização.

Não existe, porém, uma regra absoluta em matéria de custos financeiros, embora se possa apontar para um claro benefício dos utentes, excepto no concernente a certos Tribunais Arbitrais Voluntários, especialmente no âmbito mercantil e internacional.

Por exemplo, o Gabinete de Mediação Familiar, que funciona na dependência do Ministério da Justiça, e que, a meu ver, conjuga mediação com conciliação, é de carácter gratuito, mas não emite decisões.[16] Num outro campo, quanto ao Centro de Arbitragem no Âmbito dos Litígios Laborais da Região Autónoma dos Açores,[17] os serviços prestados são gratuitos.

Por seu turno, nos Centros de Arbitragem que se destinem a dirimir conflitos de consumo, o n.º 3 do art. 14.º da citada lei 24/96, implica que os autores ficam isentos de custas em caso de simples procedência parcial da respectiva acção. Ainda neste campo e também com o objectivo de exemplificação, o exequente está isento de preparos e custas na execução para obter o cumprimento de sentenças condenatórias proferidas pelos Tribunais Arbitrais dos Centros de Arbitragem de Conflitos de Consumo.[18] Aliás, o princípio, nesse tipo de Centros, é, tendencialmente, o de inexistência de custas na medida de comparticipações financeiras oficiais de que esses Centros disponham.[19]

Porém, é geralmente sabido que, fora casos especiais como os que ficam citados e outros,[20] o funcionamento de Tribunais Arbitrais Voluntários, especialmente na já referida área mercantil, pode ser caro e algo indefinido.[21] Ou seja, nestes outros casos, ganha-se em eficiência, mas podem ser desembolsadas quantias significativamente superiores ao que aconteceria no foro judicial comum.

---

[16] Art. 13.º d) do Despacho n.º 12.368/97 (2ª série) de 9 de Dezembro.

[17] Art. 3.º d) do Decreto Legislativo Regional n.º 24/88/9, de 19 de Maio.

[18] Art. único do D.L. 103/91, de 08 de Março.

[19] Relatório do Centro de Arbitragem de Conflitos de Consumo da Cidade de Lisboa de 01.10.1999, pág. 10.

[20] Creio que será, também, designadamente, o caso do Centro de Arbitragem da Universidade de Coimbra.

VI

E é mais que tempo de falar um pouco mais dos Julgados de Paz.

Mas, não creio que fosse minimamente justificada uma comunicação que se limitasse a dizer qual é o valor da taxa de justiça nos Julgados de Paz.

Há um pano de fundo sem o qual não é entendível a razão de ser da existência e do modo de existência dos Julgados de Paz, mesmo quanto a custos.

Retenhamos esta dupla característica dos *Julgados de Paz, cuja recriação decorre, necessariamente, do direito fundamental do acesso ao Direito e à Justiça.*[22]

– em tudo o que é, *conteúdo*, essência, forma de actuação, simplicidade, proximidade, não regulamentarismo, busca de equidade e de harmonia, os Julgados de Paz são Meios Alternativos;

– enquanto *continente*, forma institucional, os Julgados de Paz são Tribunais oficiais, "*lato sensu*",[23] com competência material que considero não optativa, nos termos já reflectidos.[24]

Além disso, os Julgados de Paz inserem mediação voluntária e julgam, se necessário, através dos Juízes de Paz, com formação própria.

As causas estão a ter decisão, na fase inicial em que ainda nos encontramos, num *tempo médio de 30 dias*, às vezes menos, às vezes um pouco mais.

Está a ganhar-se a aposta em termos do que chamo custos pessoais.

E, daí, também, no que concerne ao efeito geral. O problema dos Julgados de Paz não está no que fazem: *está no que não podem fazer*, por serem poucos e com reduzidas competências objectiva, territorial, de valor e material.

E quanto a custas?

Questão fundamental: deveria haver isenção de custas?

---

[21] Na base do art. 5.º da lei 31/86, de 29 de Agosto, e regulamentos de arbitragem existentes.

[22] Art. 20.º da C.R.P.

[23] Art. 209.º, n.º 2 da C.R.P.

[24] Art. 9.º da lei 78/2001, de 13 de Julho e Autores citados na nota 6.

Claro que, havendo apoio judiciário, este, pode implicar isenção de custas. Mas o problema, agora, não é esse.

O problema é o de saber se, nos Julgados de Paz, pura e simplesmente, as custas deveriam ser eliminadas.

No Brasil, acerca de matéria cível, o art. 54.º da lei 9.099, de 26.09.1995 (referente aos Juizados Especiais estaduais e aplicável aos federais, subsidiariamente) diz:

Art. 54.º – "O acesso ao Juizado Especial independerá, em primeiro grau de jurisdição, do pagamento de custas, taxas ou despesas.

Parágrafo único. O preparo do recurso, na forma do § 1.º do art. 42 desta Lei, compreenderá todas as despesas processuais, inclusive aquelas dispensadas em primeiro grau de jurisdição, ressalvada a hipótese de assistência judiciária gratuita."

E acrescenta o art. 55 da mesma lei:

Art. 55.º – "A sentença de primeiro grau não condenará o vencido em custas e honorários de advogado, ressalvados os casos de litigância de má-fé. Em segundo grau, o recorrente, vencido, pagará as custas e honorários de advogado, que serão fixados entre dez por cento e vinte por cento do valor de condenação ou, não havendo condenação, do valor corrigido da causa.

Parágrafo único. Na execução não serão contadas custas, salvo quando:

1. reconhecida a litigância de má-fé;
2. improcedentes os embargos do devedor;
3. tratar-se de execução de sentença que tenha sido objeto de recurso improvido do devedor."

Sobre matéria penal, refere o art. 87.º da mesma lei:

Art. 87.º – "Nos casos de homologação do acordo civil e aplicação de pena restritiva de direitos ou multa (art.s 74 e 76, § 4.º), as despesas processuais serão reduzidas, conforme dispuser lei estadual".

Daqui decorre que, embora de um modo não absoluto, mas hábil e num português saboroso, a Justiça nos Juizados Especiais brasileiros, parte de um princípio, com excepções embora, de gratuitidade, em 1.º grau.

Não é assim em Portugal.

Gostaria que pudesse ser. Mas *não* o defendo. E, isto, não por razões directamente financeiras.

A Justiça tem de ser, sempre, um encargo para o Estado, porque releva da paz social, que compete ao Estado assegurar, e não só da paz individual.

Mas temos de ser realistas.

Diz-nos a experiência que há "litigantes profissionais". E há muitos Cidadãos que podem pagar o que for justo pelo serviço prestado pelo Estado. É justo que algo seja pago por quem o dever e puder fazer.[25]

Claro que, isto, com a ressalva do apoio judiciário sempre possível.[26]

Mas, dizia, o sistema tem lógica porque os Julgados de Paz são Tribunais ("*lato sensu*") e, portanto, é natural que o sistema se compagine com o disposto no art. 1.º, n.º 2 do C C J.

Outrossim, creio que, sendo, como penso, instituições de competência *vinculada, não seria razoável que, havendo Julgado de Paz* a que recorrer, nada se pagasse; e, não o havendo, a mesma causa pudesse ter de ir para o foro tradicional, com custas.

Só que, tratando-se de Meio Alternativo, *com tramitação muito simplificada*, também não teria sentido que o pagamento, no Julgado de Paz, não fosse relativamente baixo, diria, *do tipo "taxa moderadora"*.

O legislador optou por uma taxa de justiça *única* de € 70,00 *por cada processo* tramitado nos Julgados de Paz, com redução para € 50,00 se o processo terminar por acordo na fase de mediação[27].

É muito? É pouco?

Se pensarmos que, no Julgado de Paz, as causas não podem valer mais de 750.000$00 (aliás € 3.740,98)[28] e que, nos Tribunais Comuns, uma causa no valor de 750.000$00 pode ter uma taxa de

---

[25] É o que se explicita no art. 5.º da lei 78/2001, que a A.R. aprovou por unanimidade: art. 5.º – "*Custas*".

1 – *Nos Julgados de Paz há lugar a pagamento de custas.*

2 – *A tabela de custas é aprovada por portaria do Ministério da Justiça*".

[26] Art. 40.º da mesma lei.

[27] Portaria 1456/2001, de 28 de Dezembro.

[28] D.L. 323/2001, de 17 de Dezembro.

justiça integral de 36.000$00 (como já se disse), embora possa haver casos de redução a ½ ou a ¼, dir-se-ia que a taxa de € 70,00 *por processo* será razoável, tanto mais quanto é certo que poderá ficar em € 50,00, e será possível o apoio judiciário. Mas naturalmente é matéria sempre discutível. E, a meu ver, falta também aqui, uma regra explícita de *maleabilidade* que permita, ao Juiz de Paz, *adequar* o custo do caso concreto a uma certa perspectiva de equidade, naturalmente dentro de limites legais, porventura até com possibilidade de excepcional redução.

Por outro lado, há uma circunstância nos Julgados de Paz que deve ser aludida: a *mediação* pode intervir, nos casos da competência dos Julgados de Paz, se os interessados a pretenderem e, nesse caso, *o Estado paga*, ao pré-mediador, € 50,00 por processo; e € 100,00 ao mediador, se for alcançado acordo, e € 90,00, se o não for.[29]

Mas, a mediação pode intervir, apenas para procurar que os interessados eliminem o seu diferendo, mesmo em questões que ultrapassem a própria competência dos Julgados de Paz, desde que não versem sobre direitos indisponíveis[30] e, nestes casos, os interessados pagarão € 25,00 ao Julgado de Paz[31] e, aos mediadores, os honorários que os mediadores pratiquem e a regulamentação legal não estipula.[32]

Em síntese, no que concerne a custos financeiros dos serviços prestados pelo Julgados de Paz, a título pessoal diria o seguinte:

Sempre ressalvada a possibilidade de apoio judiciário, parece razoável a taxa de € 70,00, redutível, para já, a € 50,00; e penso que está certo que o Estado suporte o pagamento dos honorários dos mediadores; acabaria, porém, com a *autonomia* da fase dita de pré-mediação.

Por outro lado e parecendo, objectivamente, aceitável a taxa de € 25,00 por mediação além da competência dos Julgados de Paz, o que me parece inaceitável é que os interessados tenham de pagar, neste caso muito menos garantístico do que os que inserem na competência dos Julgados de Paz, honorários aos mediadores e, ainda,

---

[29] Despacho n.º 1966/2002, 2.ª série, D.R. de 25 de Janeiro de 2002.

[30] Art. 16.º da lei 78/2001

[31] Art. 13.º, n.º 2 da Portaria 436/2002, de 22 de Abril e Despacho 8386/2002, 2.ª série, D.R. de 24 de Abril de 2002.

[32] Art. 13.º, n.º 1 c) da citada Portaria 436/2002, de 22 de Abril.

regulamentarmente, indefinidos. Vou mais longe: Concordo que o Estado proporcione um serviço geral de mediação aos Cidadãos, como no caso do já referido Gabinete de Mediação Familiar mas, na medida em que isso ultrapasse a competência do Julgado de Paz, deveria ser desligado, totalmente, deste. E não nos podemos esquecer de que os serviços do Gabinete de Mediação Familiar são gratuitos, o que me parece correcto até porque mediação, só por si, nada decide. Ou seja: retiraria, dos Julgados de Paz, a chamada mediação extra-competência.

VII

Procurando reflectir uma síntese de tudo o que fui ponderando, diria que já em "Os Tribunais nas Sociedades Contemporâneas – O Caso Português",[33] se lê que há vários obstáculos ao acesso efectivo à Justiça, económicos, sociais e culturais e, entre os económicos: "preparos e custas judiciais; honorários de advogados e outros profissionais como, por exemplo, peritos; gastos de transporte e outros; uma série de custos de oportunidade com valor económico, para além de custos resultantes da morosidade".[34] E, entre o muito mais, acrescenta-se que "o juízo de adequação está intimamente relacionado com o juízo de acessibilidade, ou seja, com uma análise custo/benefício".[35] A eficácia (prefiro dizer eficiência) da Justiça tem sido estudada profundamente, designadamente ao nível da União Europeia e do Conselho da Europa.[36]

Por todo o lado, é patente a preocupação de serviço aos Cidadãos, da necessidade de correspectividade e da procura de soluções através dos Meios Alternativos.[37]

---

[33] Boaventura Sousa Santos, Maria M. L. Marques, João Pedroso e Pedro L. Ferreira.
[34] Obra citada, pág. 486.
[35] Última obra citada, pág. 695.
[36] Vejam-se, a já aludida obra "Raprochement du Droit Judiciaire de L' Union Eurpéenne, publicada sob a supervisão do Professor Marcel Storme, e "Medidas para uma boa relação custo-eficácia tomadas pelos Estados-Membros, para permitir uma melhor eficácia da Justiça" – 23.ª Conferência de Ministros da Justiça, Conselho da Europa, 2000.
[37] *v.g.* Recomendação n.º R (86) 12 do Comité de Ministros do Conselho da Europa de 16.09.1986.

Em Portugal, o mesmo caminho é propugnado pelos arts. 202.º, n.º 4 e 209.º, n.º 2 da CRP e, quanto a Julgados de Paz, designadamente, pela lei 78/2001, de 13.07.

O Relatório Breve do Observatório Permanente da Justiça Portuguesa da Universidade de Coimbra[38] faz apelo ao desenvolvimento e criação de estruturas de Justiça de proximidade. No mesmo sentido se encaminha um douto texto do Doutor João Pedroso,[39] referenciando, designadamente, que a remoção dos obstáculos ao acesso à Justiça e, portanto, ao exercício da cidadania e à efectivação da democracia tem passado por várias fases, a mais recente das quais situa-se na criação de Meios Alternativos de Resolução de Litígios, os ADR, desformalizando os processos tradicionais.

É nesta linha de pensamento que se vai desde formas não decisórias, como a mediação e a conciliação, se passa por Meios já decisórios mas que recolhem algo da mediação e da conciliação, de vários graus de custos (situações Arbitrais), e se perspectivam instituições criadas ou recriadas semelhantes, em tantos Países, mormente europeus e americanos, chamem-se, por exemplo, Julgados de Paz, Juizados Especiais, Giudici di Pace, etc. etc.

Este é um problema de sensibilidade mas, também, de cultura. Por isso, bem se compreende que muito depende da conquista da Universidade para o estudo dos Meios Alternativos de Resolução de Litígios, para o que, muito acertadamente chamou a atenção o Dr. Lopes dos Reis numa comunicação inserida na 1.ª Conferência sobre Meios Alternativos de Resolução de Litígios.[40]

Na linha do que comecei por dizer, do *meu ponto de vista, é errada, perigosa e criticável uma perspectiva que contraponha Meios Alternativos e Meios Tradicionais. Todos têm o seu lugar.* Todos têm de evoluir conforme as circunstâncias. Todos têm de se irmanar e de se respeitar mutuamente na sua *causa-final comum*: o serviço aos Cidadãos. Nenhum pode ser melhor ou pior. *Todos têm de ser bons.* Todos existem e actuam por causa e *em nome do Povo. Não em nome e no interesse próprio.*

---

[38] Citada obra, pág. 19.
[39] Revista Crítica de Ciências Sociais, n.º 60, pág. 33 – "A Construção de uma Justiça de Proximidade", mormente, pág. 40.
[40] Respectiva publicação do M.J., pág. 27.

Como já em longínqua época, dizia Cabral de Moncada o "direito carece de reformar-se permanentemente, acompanhando a evolução social";[41] e, a meu ver, isto é tanto verdade no Direito substantivo como, talvez ainda mais, no processual e no orgânico.

Se algo falta nos Julgados de Paz – e falta, mas *acredito* que irá deixando de faltar – é o seu redimensionamento, optimização, ampliação na existência e nas competências, desde logo a territorial.

Os Julgados de Paz, face à oportunidade com que estão a ultimar questões, são já um ganho de causa em relação a custos pessoais da Justiça.

Financeiramente e com um ou outro acerto, também parecem no bom caminho.

Relembrando palavras actuais do Doutor Barbas Homem, que se reporta à "...validade de uma noção mínima de injustiça, como limite absoluto da validade do direito – mesmo quando esta noção se apresenta expressa por outros vocábulos, como arbitrariedade, irrazoabilidade, irracionalidade, desproporcionalidade",[42] diria que, a meu ver, tudo isto tem que ver com os custos da Justiça, principalmente quando se pensa em proporcionalidade.

A Justiça não pode ser desvalorizada pelos seus custos.

A Justiça é uma questão de cidadania.

Obrigado pela vossa infinita paciência.

---

[41] "Filosofia do Direito e do Estado", I I, pág. 157.
[42] "Reflexões sobre o Justo e o Injusto: a Injustiça como limite do Direito", RFDUL, vol. XXXIX, n.º 2, pág. 650.

OS CUSTOS DA JUSTIÇA
à luz dos
PRINCÍPIOS PROCESSUAIS

LUCINDA DIAS DA SILVA
Assistente Estagiária da Faculdade de Direito de Coimbra

I – Constituindo a litigiosidade uma dimensão inapagável do contexto social e a sua contenção dentro de parâmetros de equilíbrio uma condição *sine qua non* da manutenção do tecido gregário humano, o problema do discernimento de meios adequados a tanto assume o relevo de ponto nodal no quadro de suporte da constelação relacional.

Os sistemas admissíveis percorrem o espaço teórico dos sistemas de resolução de conflitos que intercede entre o sistema de justiça privada e o designado sistema de justiça pública. O primeiro pólo corresponde à forma mais primária de resolução de litígios, assente no domínio da força e na realização de justiça (necessariamente formal) efectuada pelos próprios litigantes, a implicar a possibilidade de vencimento daquele que prevaleça no uso da violência, em medida não necessariamente proporcional à gravidade da ofensa sofrida, desproporcionalidade essa exponencialmente potenciada pela circunstância de não tomar por base um juízo imparcial, realizado por terceiro ao conflito e, portanto, dotado da objectividade que a imersão pessoal no conflito impossibilita.

Recolhida unanimidade relativamente à inaceitabilidade de tal sistema impõe-se a passagem a um nível distinto de resolução de litígios.

Neste outro contexto, frustrado o acordo espontâneo ou fomentado por terceiro, mediante intervenção mais ou menos activa, consoante estejam em causa as figuras da mediação ou da conciliação, resta a imposição heterónoma de uma solução. Todas as formas de extinção de litígios contidas neste outro nível partilham da circunstância de tomarem por base critérios não relacionados com o domínio fáctico privilegiado por uma das partes de um elemento de poder, de controlo coercivo e não associado a fundamentos racionais de hierarquização e prevalência de posições jurídicas da pessoa da contraparte. Adentro deste outro panorama distingue-se, portanto, a autocomposição, ainda que lograda mediante a intervenção lateral ou mediadora de terceiros, da heterocomposição. No que concerne esta última modalidade, caracterizada pela resolução de conflitos mediante prolação de decisão com carácter vinculativo por terceiro imparcial e, por isso, supra-partes, incumbe ainda distinguir a heterocomposição assegurada por órgãos de soberania especialmente vocacionados para o desempenho desta actividade enquanto exercício de uma função estadual, da heterocomposição realizada por entes não actuantes nesta qualidade e, portanto, não munidos do *ius imperium* enquanto prerrogativa associada à intervenção estadual *proprio sensu* – a arbitragem.

Apenas na primeira hipótese a realização de justiça assumirá um carácter público, embora o sistema, concebido como um todo, se possa dizer de justiça pública na medida em que aquele constitua a forma regra de extinção de conflitos. Nesta medida, um sistema de justiça pública, por oposição a sistema de justiça privada, poderá comportar a previsão de meios não públicos – no sentido de não exercidas pelo Estado, – auto ou heterocompositivos, de resolução de litígios, pelo que constituirão, face ao meio regra, de natureza pública, meios alternativos.

Importa, por isso, averiguar da medida em que os distintos registos de um sector deste sistema se articulam e interpenetram ou conservam natureza estanque. Constituindo a arbitragem e o exercício da função jurisdicional por entes actuantes na qualidade de representantes do poder estadual formas diversas de realização de justiça coexistentes no mesmo ambiente jurídico, qual o relevo, se algum existe, da circunstância de traduzirem formas de heterocomposição constitucional e legalmente previstas?

Traduzirá a comunhão do espaço de solução de conflitos por via heterónoma aos litigantes fonte de definição de um lastro de sentido partilhado por ambos os meios de resolução de conflitos ou as diferenças que os separam determinam a imposição de absolutamente autónomas directrizes rectoras?

Transparecerão inelutavelmente, no âmbito da arbitragem, os *princípios processuais* ordenadores do processo civil, constituindo a trave-mestra do edifício sistémico em que este se traduz, ou a distinta identidade das áreas denuncia o carácter necessariamente diverso do seu suporte?

Sob o conjunto de normas jurídicas reguladoras de um certo ramo de direito existe um sentido que informa o conteúdo das primeiras[1], orienta a sua interpretação e poderá constituir fonte de suprimento de lacunas.[2][3] A pluralidade de disposições constitui, nessa medida, pura expressão da informação subjacente e redutível a um feixe substancialmente menor de vectores que assegura a unidade das múltiplas normas[4].

É o aparentemente invisível que confere dimensão significativa à multiplicidade de artigos de um diploma legal.

Na verdade, a estrutura subjacente à projecção articulada de hipóteses e correspondentes estatuições constitui o veio impressor de

---

[1] Neste sentido Selma M. Ferreira LEMES quando afirma: "Com efeito, estudar os princípios da lei de arbitragem é partir do início para dar os fundamentos e origens dos preceitos nela estatuídos. É demonstrar o cimento e a argamassa com que foi construído este edifício legislativo – a lei da arbitragem.". *"Os princípios jurídicos da Lei de Arbitragem"*, in "Aspectos fundamentais da Lei de Arbitragem", Editora Forense, p. 73.

[2] Assim quando se recorra à *analogia iuris*.

[3] "O legislador, por conseguinte, é o primeiro a reconhecer que o sistema das leis não é susceptível de cobrir todo o campo da experiência humana, restando sempre grande número de situações imprevistas, algo que era impossível ser vislumbrado sequer pelo legislador no momento da feitura da lei. Para essas lacunas há a possibilidade de recurso aos princípios gerais do direito, mas é necessário advertir que a estes não cabe apenas essa tarefa de preencher ou suprir lacunas da legislação. *Na realidade, a função integradora dos princípios gerais é bem mais ampla, tendo razão Simonius quando afirma qie o Direito vigente está impregnado de princípios até às suas últimas ramificações.*", Miguel REALE, Lições Preliminares de Direito, Almedina, 1982, p. 300, itálico nosso.

[4] "Enfim, para entender e conhecer qualquer matéria jurídica, impende perquirir suas origens e princípios jurídicos, posto que, consoante acentuou Eduardo Couture, Seria ingénuo demais pressupor que a lei, ao desenvolver os mandamentos constitucionais, por exemplo, limita-se a escrever artigos. Seu trabalho prévio será determinar os princípios que regerão a lei a ser regida, os pensamentos diretores.", Selma Maria Ferreira LEMES, "Princípios e origens da Lei de Arbitragem", *Revista do Advogado*, n.º 51, Outubro, 1997, p.32.

solidez e estrutura vertebral e, nesta medida, possibilitador do seu caminhar independente[5].

A conformação interior e anteriormente realizada da imagem e natureza de um domínio do direito depende directamente, portanto, de um conjunto de princípios norteadores, de que cada uma das normas jurídicas constitui mera expressão. Respeitam estes, portanto, à essência da área de direito em causa. Denunciam o material sentido que a informa. Traduzem a opção de rumo que pressupõe.[6] Projectam todo um contexto civilizacional, histórico, social e jurídico. Concernem, em suma, o espírito profundo que orienta tal espaço, a razão de ser, o traço distintivo da natureza própria da área em causa, sendo que a eles se reconduz, por isso, a centelha de identidade última que a anima.

Poder-se-á, nesta medida, concluir pela possibilidade de sustentação da vigência, no domínio da arbitragem, de princípios norteadores do direito processual civil? Interseccionar-se-ão, a este nível, domínios diversos? Em que medida a um sistema dotados de caracte-

---

[5] Assimilando o legislador a um construtor Eduardo COUTURE sustenta que sobre o primeiro impende o dever de respeito dos princípios jurídicos tal como "...o construtor que executa uma obra não pode contrariar as linhas directiva fundamentais consignadas no plano do arquitecto e sem as quais é impossível iniciar a realização do edifício que lhe foi confiada.", Interpretação das leis processuais, Editora Forense, 1993, p. 39.

[6] Quando discerne o momento de validade da experiência jurídica constituinte A. Castanheira NEVES explicita: "Quanto ao conteúdo, diremos que o momento de validade se objectiva no que pode designar-se a *"consciência jurídica geral"* da comunidade relativamente à qual se põe o problema das fontes do direito – expressão aquela que não pretende significar senão a síntese de todos os valores e princípios normativos que nessa comunidade dão sentido fundamental ao direito ou que verdadeiramente lhe conferem o *sentido de direito*. Digamos, a sintérese axiológico-jurídica dessa comunidade. E podem distinguir-se nessa consciência jurídica geral três objectividades intencionais, que são outros tantos níveis, em que a sua normatividade fundamentante se manifesta. [...] Estes valores e princípios, na sua indeterminação regulativa umas vezes, no seu carácter formal outras vezes, vão obtendo uma histórica e objectiva determinação nos *princípios jurídicos fundamentais* de uma autêntica ou válida ordem de direito – princípios estes nos quais, poderá dizer-se, a ideia de direito se determina sistematicamente como o *constituens* de uma válida ordem jurídica. São exemplos, tanto os princípios do Estado-de-Direito e la legalidade em geral, os princípios da não retroactividade da lei penal e de culpa, os princípios da autonomia privada, da responsabilidade pelos danos, *pacta sunt servanda*, os princípios da independência jurisdicional, de defesa e do contraditório, etc..", *Fontes do Direito*, em "Curso de Introdução ao Estudo do Direito", Coimbra, 1976, pp. 96 e 97.

rísticas próprias, de tal modo que se concebe como alternativo, e, portanto, identificado por uma marca de autonomia de índole e perfil distintos, será legítimo impor a observância de princípios regedores de sistema independente, orientado por configurações e pressupostos diferentes, quando os princípios traduzem precisamente os pontos definidores da nuclear essência de um sistema?

Como, afinal, conciliar o diferente mediante a transposição de vectores que por natureza se associam ao espírito de um domínio jurídico e, portanto, suportam a sua identidade, o mesmo é dizer as razões da sua correlacional diferença?

Tanto pressupõe o delineamento da geografia situacional das duas esferas, ou seja, o conhecimento do grau e fontes de destrinça, dos factores de distanciamento e, portanto, das respectivas órbitras de percurso.

II – No que respeita à distinção entre justiça estadual e justiça arbitral avulta a circunstância de esta última assentar, por regra, na celebração de um contrato.

A resolução de um conflito que opõe dois sujeitos jurídicos assenta, portanto, num aparente paradoxo: o litígio que separa as partes extinguir-se-á por força de um acordo entre os litigantes celebrado. A derenção do conflito toma por base, assim, uma congregação de intenções e declarações das partes.

O recurso à arbitragem pressupõe, na verdade, na esmagadora maioria das hipóteses, a celebração de um contrato que toma a designação de convenção de arbitragem[7]. Trata-se, na verdade, de um negócio jurídico[8] bilateral na medida em que resulta da congregação de vontades de sentido oposto embora convergente com o intuito de produção de um resultado único (a subordinação da derenção do

---

[7] Sobre as diferentes tentativas de identificação deste contrato com um dos contratos legalmente tipificados no Código Civil, vide Aspectos fundamentais da Lei de Arbitragem. Parece-nos tratar-se, entre nós, de um contrato, de per si típico, embora previsto e regulado em lei de natureza adjectiva e não substantiva.

[8] "Os actos jurídicos, cujos efeitos são produzidos por força da manifestação de uma intenção e em coincidência com o teor declarado dessa intenção, designam-se por negócios jurídicos.", Carlos Alberto da Mota PINTO, *Teoria Geral do Direito Civil*, Coimbra Editora, 1994, p. 89.

litígio a tribunal arbitral), de carácter formal (a sua validade pressupõe a observância da forma escrita[9]) e, por regra, bilateral por comportar o surgimento de obrigações jurídicas para ambas as partes (cada um dos litigantes obriga-se a subordinar-se a esta forma de realização da justiça caso para tanto seja notificado pela contraparte).

A convenção em causa tomará a designação de *acordo compromissório* se tiver lugar em momento posterior ao surgimento do litígio (esteja ou não pendente acção judicial[10]) ou de *cláusula compromissória* se tiver lugar em momento anterior ao surgimento do litígio e reportando-se, portanto, a eventuais conflitos futuros surgidos no contexto de uma identificada relação jurídica de natureza contratual ou extracontratual.[11]

A determinação da forma de extinção do conflito tem, assim. por fonte, o exercício de poder de criação jurídica conferido aos particulares, poder que traduz o reconhecimento da autonomia privada, isto é, da capacidade jurisgénica[12] das partes, a demonstrar que o Direito se não circunscreve ao conjunto de normas estadualmente impostas.[13]

---

[9] De ressaltar, porém, que o respeito de forma escrita não impõe a redução a documento assinado pelas partes. Considera-se observado esse pressuposto formal ainda que o acordo em causa resulte da troca de cartas, telex, telegramas ou outros meios de comunicação. Mister é, contudo, que dele reste prova escrita. A validade do acordo é, também, independente da circunstância de os identificados documentos conterem directamente a convenção ou de remeterem para outro documento que a contenha. Vide os n.º 1 e 2 do art.º 2.º, bem como o art.º 3.º da Lei n.º 31/86, de 29 de Agosto (L.A.V.– Lei da Arbitragem Voluntária).

[10] A primeira das hipóteses determina a incompetência do tribunal judicial onde esteja pendente a acção.

[11] Vide art.º 1.º, n.º 2 da Lei n.º 31/86, de 29 de Agosto (L.A.V.– Lei da Arbitragem Voluntária).

[12] Antunes Varela

[13] Neste sentido, Fernando José BRONZE quando sustenta: "Acresce que o Estado e o direito são também extensivamente distintos: com efeito, nem todo o direito que existe é constituído pela *imediata mediação* do Estado. Muito (talvez a maior parte, já o admitimos) é-o de facto – mas não tem que sê-lo: basta pensar na circunstância de nem todos os sistemas jurídicos serem sistemas de legislação (o Commom Law, v. gr., é um sistema de precedentes estabelecidos por tribunais socialmente legitimados e não politicamente subordinados, a que faremos uma breve alusão no âmbito problemático das fontes do direito); e os sistemas de legislação constituiram-se e desenvolveram-se devido à actuação conjugada de várias razões (histórico-culturais, sociológicas, políticas...) puramente contingentes (e a

Diversamente do que acontece no dominío da justiça estadual, em que o exercício do direito de acção não pressupõe qualquer prévio encontro de vontades, o recurso à justiça arbitral assenta no antecedente acordo constituinte da possibilidade de tal acesso entre os litigantes celebrado. Constitui, portanto, manifestação de um princípio – princípio da liberdade contratual[14] – concretizador de princípio mais geral – princípio da autonomia da vontade.[15]

A natureza amigável da relação estabelecida e conducente a acordo juridicamente vinculante verifica-se ao nível do concreto

---

contraprova oferece-no-la a Inglaterra, onde essa influência se não operou e onde, portanto, se veio a afirmar um sistema jurídico de tipo diferente). E este nível (extensivo) da distinção Estado/direito manifesta-se ainda, relembremo-lo, na circunstância de nem todo o direito vigente, mesmo no âmbito de um sistema de legislação, ser criado pelo Estado. Na verdade, o direito consuetudinário resulta de uma prática social estabilizada; o direito da autonomia privada (pense-se no direito contratual ou no direito das associações privadas) é em grande medida moldado pelas partes; uma parcela do direito internacional (o direito da arbitragem internacional, v. gr., tanto na parte substantiva como adjectiva é, muitas vezes, criado por iniciativa das partes – nomeadamente empresas– que recorrem a essa jurisdição; e, como já vimos, o direito específico de certas comunidades marginais (lembre-se, de novo, o caso das favelas do Rio de Janeiro) é por elas próprias instituído.[...] Mas podemos dar ainda mais um passo, sublinhando que a distinção (que não devemos perder de vista) entre o Estado e o direito se manifesta logo na própria expressão "Estado-de-direito". Com efeito, esta fórmula integra duas dimensões: a da estadualidade e a da juridicidade. Ela significa que essas duas dimensões se relacionam – e só se estabelece uma relação entre duas realidades diferentes (pois se as duas dimensões fossem... iguais, confundir-se-iam, isto é, reduzir-se-iam reciprocamente: só se relaciona o que é diferente; a identidade anula a própria possibilidade de relação).", "Apontamentos sumários de Introdução ao Direito", Coimbra, 1997, pp. 138 a 140.

[14] "Liberdade de contratar é, por conseguinte, a faculdade de criar sem constrangimento um instrumento objectivo, um pacto que, uma vez concluído, nega a cada uma das partes a possibilidade de se afastar (unilateralmente) dele – pacta sunt servanda. A razão da vinculação está em que a promessa livremente aceite por cada uma das partes cria expectativas fundadas junto da outra e o acordo realiza fins dignos da tutela do direito.", João de Matos Antunes VARELA, *Das Obrigações em geral*, vol. I, p. 246, Almedina, 1996.

[15] "A liberdade contratual é um corolário da autonomia privada, concebida como o poder que os particulares têm de fixar, por si próprios(auto...), a disciplina (nomos) juridicamente vinculativa dos seus interesses. A autonomia privada, que não se confunde com o dogma da vontade, é mais ampla do que a liberdade contratual, que se limita ao poder de auto-regulamentação dos interesses concretos e contrapostos das partes, mediante acordos vinculativos.", João de Matos Antunes VARELA, *Das Obrigações em geral*, vol. I, pp. 243 e 244, Almedina, 1996.

modo de extinção do conflito e não ao nível dos termos da sua extinção, pelo que a composição *amiable*[16] não é endoprocessual, nem pré-processual no sentido de anterior ao início do processo judicial, sendo antes fonte de extinção da possibilidade de dar início a instância em tribunal judicial e de substituição dessa via por uma solução alternativa.

Também a este nível gozam as partes, portanto, da possibilidade de atribuir a configuração que consideram mais desejável à forma de derenção dos conflitos que as opõem, determinando, por via negocial, os termos e critérios de extinção do litígio (presente ou futuro).

Tratando-se, contudo, de uma conformação particular de uma matéria de natureza não substantiva, as especialidades do objecto assim moldado pelo poder criativo juridicamente relevante das partes reflectir-se-ão ao nível dos pressupostos e termos de exercício desse poder. Assim, e independentemente do exacto conteúdo da autonomia privada no domínio adjectivo, um dos requisitos fundamentais da validade da convenção estabelecida deverá sofrer as adaptações directamente resultantes da singular natureza do objecto da relação convencional. Referimo-nos ao pressuposto da personalidade jurídica. A capacidade negocial de gozo[17] que lhe está associada constitui, na verdade, uma condição liminar, cuja falta se revela insuprível e determinante de nulidade, da possibilidade de celebração válida de negócios jurídicos. Apenas quem tenha personalidade jurídica, o mesmo é dizer, apenas quem se revele apto para ser titular autónomo de relações jurídicas, poderá dispor validamente (embora, eventualmente,

---

[16] Sobre o conteúdo desta noção *vide* Jean-Pierre VIENNOIS, "L'amiable", *Revue Générale des Procédures,* n.º 4, Octobre/Décembre, 1999, pp. 471 e ss..

[17] "À personalidade jurídica é inerente a capacidade jurídica ou capacidade de gozo de direitos. O artigo 67.º, traduzindo esta inerência, estabelece que "as pessoas podem ser sujeitos de quaisquer relações jurídicas, salvo disposição legal em contrário: nisto consiste a sua capacidade jurídica." Fala-se, pois, de personalidade para referir a qualidade ou condição jurídica do ente em causa – ente que pode ter ou não ter personalidade ("tertium non datur"). Fala-se de capacidade jurídica para referir a aptidão para ser titular de um círculo, maior ou menor, de relações jurídicas – pode ter-se uma medida maior ou meor de capacidade, segundo certas circunstâncias ou situações, sendo-se sempre pesoa, seja qual for a medida da capacidade. Ou há uma pessoa jurídica ou não há.", Carlos Alberto da Mota PINTO, "Teoria Geral do Direito Civil", Coimbra Editora, 1994, pp. 213 e 214.

não por si só[18]) dos direitos e deveres de que é titular.[19] [20] Não poderá dispor de um direito quem dele não é titular.

Que dizer porém, dos entes que, embora desprovidos de personalidade jurídica, são titulares de direitos disponíveis? Assim acontece, por exemplo, com os entes constantes do art.º 6.º do C.P.C., beneficiários por extensão da susceptibilidade de ser partes em juízo, em dissonância propositada com a regra de coincidência entre personalidade jurídica e personalidade judiciária[21]. Sendo titulares deste direito por força de excepção fundamentadamente criada, deverá este assumir carácter indisponível por via negocial pelo facto de não serem titulares de personalidade jurídica? A especial natureza do direito impõe, diversamente, que as razões determinantes do alargamento da sua titularidade, abranjam, congruentemente, as possibilidades da sua disponibilidade, pelo que, permitindo a ordem jurídica que um ente desprovido de personalidade jurídica seja titular de um particular tipo de direitos, ou seja, concedendo a dessintonia, deverá permitir que tal titularidade seja consequente e não adulteradora do carácter disponível do direito gerando desigualdade entre os sujeitos cuja esfera jurídica o integre.

O titular do direito devê-lo-á ser em plenitude, exercendo-o ou renunciando, ainda que parcialmente, ao seu exercício. Nestes termos, o condomínio, titular autónomo do direito de acção porque dotado de personalidade judiciária, deverá poder convencionar, em termos juridicamente relevantes, a subordinação da derenção dos litígios que o oponham à contraparte a juízo de tribunal arbitral, ainda que desprovido de personalidade jurídica, em consequência da directa projecção da titularidade excepcional do direito objecto de convenção ao nível dos quadros gerais do Direito Civil.

---

[18] Caso não tenha capacidade jurídica de exercício.

[19] Personalidade jurídica e capacidade de gozo que, no que respeita às pessoas singulares, se adquire no momento do nascimento completo e com vida, conforme resulta do art.º 66.º do C. C..

[20] Relativamente às especialidades associadas à capacidade de gozo das pessoas colectivas vide Carlos Alberto da Mota PINTO, "Teoria Geral do Direito Civil", Coimbra Editora, 1994, pp.316 e ss..

[21] Vide o art.º 5.º do C.P.C..

Verificada a possibilidade de celebração de convenções de arbitragem por todos os entes dotados de personalidade judiciária, qual o exacto conteúdo da autonomia privada das partes outorgantes?

Traduzindo o princípio da liberdade contratual o direito de autónoma regulamentação de interesses pelos respectivos titulares, nele se consubstancia a possibilidade de, por via da celebração de negócios jurídicos, os entes que assumem os pólos activo e passivo das relações jurídicas as poderem livremente modelar. Às partes é assim reconhecida, em correspondência com a responsabilidade que se lhes faz corresponder, a susceptibilidade de constituição de direitos e de obrigações, de criação de vínculos juridicamente relevantes e, portanto, de Direito.[22]

Os princípios da autonomia privada e da liberdade contratual foram, contudo, concebidos no domínio do direito privado, pelo que a circunstância de a lei reconhecer às partes o direito de por via negocial estabelecerem a obrigação de recurso a tribunal arbitral para derenção de conflito que as oponha ou venha a opor constitui a permissão legal de regulamentação contratual de direitos de natureza adjectiva. A convenção respeitará, portanto, a matéria subtraída ao domínio do Direito Civil e antes subordinada às particulares características do Direito Processual Civil, ramo de Direito Público destinado a integrar o primeiro.

A natureza do conteúdo convencional, não deixará, por isso, de fazer repercutir a sua especial essência no espaço, que por regra lhe é estranho, da liberdade convencional, determinando a presença e articulação simultânea de duas distintas dimensões: contrato e processo.

A singularidade da conjugação revela-se desde logo no que respeita ao nível de projecção da liberdade contratual.

Distinguiremos, a este propósito, cinco distintos estratos:

a) – liberdade de contratar ou de não contratar

Aqui, tal como no domínio do direito civil, é reconhecido às partes o direito de contratar ou de não contratar. Ambas as partes

---

[22] "As partes são livres de contratar na medida em que podem seguir os impulsos da sua razão, sem estarem aprisionadas pela jaula ou pela gaiola das normas legais", JEMOLO, *Libertà (aspetti giuridici)*, ns. 1 e 2, na Enc. del dir., apud, João de Matos Antunes VARELA, *Das Obrigações em Geral*, Vol. I, p. 243.

deverão ser absolutamente livres no acto de tomada de decisão relativamente à celebração ou não da convenção.

Tanto pressupõe que se encontrem em posição de igualdade, beneficiando de idêntico grau de liberdade de outorga do negócio jurídico. A celebração, sob coacção, do negócio jurídico em causa, determina, por isso, as mesmas consequências associadas aos vícios negociais decorrentes de coacção física ou moral.[23] Não se afigura suficiente, contudo, que cada uma das partes formule a decisão de emitir a declaração de aceitação independentemente de qualquer acto exterior de imposição. Necessário é, ainda, que a declaração de vontade seja produzida num contexto de efectiva e material igualdade entre as partes, por forma a que a emissão da declaração de vontade corresponda ao exercício de uma opção lúcida, clara, informada e não ilegitimamente determinada pelo contexto negocial desigual. Nestes termos, a inclusão de cláusula compromissória num contrato de adesão ou em contrato de trabalho impõe o respeito de condições de compensação da desigualdade fáctica que separa os outorgantes. Em qualquer um dos tipos contratuais uma das partes – trabalhador e aderente – ocupa uma posição de clara inferioridade relativamente à contraparte.

A subordinação jurídica a que o trabalhador se encontra vinculado uma vez celebrado o contrato de trabalho constitui pura repercussão, juridicamente moldada, da desigualdade real que o separa da entidade empregadora e que de modo claro se patenteia na circunstância de o estabelecimento do vínculo jurídico constituir, na esmagadora maioria das hipóteses, condição de sobrevivência pessoal e do agregado familiar. Existe, portanto, uma relação desnivelada que marca o momento de celebração do contrato e impõe a adopção de medidas compensatórias, de molde a suprir a distância que o real impõe.

Similarmente, e cingindo-nos agora ao domínio do processo civil, o aderente encontra-se numa posição de aceitação global ou não aceitação da proposta contratual, sendo que, e embora aparentemente tal não configure limitação da liberdade contratual, uma vez que lhe é concedida a possibilidade de opção, se encontra numa situação de

---

[23] *Vide* art.ºs 246.º e 255.º do C.Civil.

constrangimento a aceitar, dada a tendencial inexistência de melhor alternativa no mercado e o desproporcionadamente maior poder económico do proponente.

A inclusão de cláusulas compromissórias num contrato deste tipo impõe, portanto, a adopção de particulares medidas de protecção do aderente. Partilhamos, por isso, da posição defendida por Pinto Monteiro quando sustenta que, além da tutela proporcionada relativamente à generalidade das cláusulas constantes destes contratos impor-se-ia, pela gravidade das consequências decorrentes da convenção arbitral, a subordinação da validade do acordo[24] da sua configuração como cláusula de opção, ou seja, como cláusula vinculativa para o proponente e como mera faculdade para a contraparte. A esta incumbiria, aquando do surgimento do conflito a manifestação de vontade, a realizar de modo expresso, no sentido da opção da subordinação da resolução do litígio mediante recurso à arbitragem, pelo que da convenção de arbitragem surgiriam obrigações para apenas uma das partes, configurando-se esta como um contrato unilateral.[25]

À liberdade contratual enquanto faculdade de constituição de relações jurídicas está intimamente associada a faculdade de extinção, por acordo, das mesmas. Uma vez concedida aos particulares a qualidade de construtores da ordem jurídica, igualmente se lhes reconhece o poder de pôr termo à fracção construída mediante o encon-

---

[24] Então conteúdo possível de convenção colectiva de trabalho, o que constituiria uma outra forma de concretização da previsão constante da al. c) do art.º 5.º da Lei dos Instrumentos de Regulamentação Colectiva.

[25] No sentido da defesa desta solução Maria José CAPELO quando: "Uma forma de compatibilizar, no âmbito das cláusulas contratuais gerais, a existência de uma cláusula compromissória com a possibilidade de recorrer, em alternativa, à tutela judicial, passaria por admitir uma cláusula de opçãp a favor de um dos contraentes. Na situação em apreço, seria uma cláusula de opção a favor do consumidor. Em caso de litígio, caberia a esta parte "favorecida" optar pela via judicial ou arbitral. Se a acção fosse intentada no tribunal judicial, a parte contrária não podia arguir a incompetência deste tribunal, invocando a convenção de arbitragem. Num estudo sobre a convenção de arbitragem Raul Ventura afirma que não vê razões para invalidar a admissibilidade deste tipo de cláusula no direito português. A existência de uma cláusula compromissória teria sentido enquanto vinculava a parte, que não beneficiava da cláusula de opção, à via arbitral.", "A lei de arbitragem voluntária e os centros de arbitragem de conflitos de consumo (breves considerações)", *Estudos de Direito do Consumidor, n.º 1, 1999*, pp.114 e 115.

tro de declarações de vontade de sentido unitário inverso ao que presidiu ao primeiro acordo. Os outorgantes da convenção de arbitragem gozam, portanto, da possibilidade de revogar a convenção de arbitragem durante um arco temporal de ampla dimensão, cujo termo coincide com a pronúncia da decisão arbitral.[26]

b) – liberdade de determinação do objecto do litígio

As partes devem fazer constar da convenção de arbitragem o objecto do litígio, no caso de compromisso arbitral, ou a relação jurídica em cujo contexto o litígio a submeter a juízo arbitral poderá surgir, na hipótese de cláusula compromissória.[27] Tal determinação deve ser feita de modo exacto e preciso, dado delimitar o âmbito de jurisdição do tribunal arbitral, a área de decisão em termos juridicamente vinculativos.

A circunstância, porém, de as partes não chegarem a acordo relativamente ao objecto do litígio até um mês depois da notificação, por uma das partes, da intenção de submeter a apreciação do litígio a decisão do tribunal arbitral, determina caber ao tribunal judicial decidir, sendo que de tal decisão cabe recurso de agravo, a subir de imediato.[28] A referida solução legal suscita-nos dúvidas de interpretação. Concebemos, a este nível, três possibilidades:

A – está em causa um compromisso arbitral em que foi definido o objecto do litígio e, notificada nos termos do art.º 11.º, n.º 1 a contraparte entende que os termos em que a relação é configurada extravaza o domínio do objecto definido, hipótese em que incumbirá ao tribunal arbitral avaliar da sua competência[29]. Tratar-se-á, então, de aferir da compatibilidade entre o convencionado pelas partes e os termos em que o recurso à arbitragem por uma das partes tem lugar e de retirar as consequências decorrentes de uma conclusão

---

[26] Art.º 2.º, n.º 4 L.A.V..
[27] Art.º 3.º, n.º 2 L.A.V..
[28] Art.ºs 12.º, n.º 4 e 11.º, n.º 1 do diploma citado nas duas notas antecedentes. Ressalte-se a imprecisão de redacção do art.º 11.º, n.º 1: "A parte que pretende *instaurar o litígio* no tribunal arbitral deve notificar desse facto a parte contrária.".
[29] Para fazer uso da expressão legal.

de sentido positivo ou negativo ao nível da susceptibilidade de prolação de decisão vinculativa pelo tribunal arbitral. Não se afigura aqui adequada, necessária ou consequente a intervenção do tribunal judicial. Qual deveria ser, então, o sentido da sua pronúncia? Dever-se-ia substituir à parte notificante rectificando oficiosamente os termos em que esta configurou o litígio a dirimir?[30]

B – está em causa um compromisso arbitral em que não foi definido o objecto de litígio a submeter a arbitragem e as partes não chegam a consenso a esse propósito até ao prazo assinalado. Nesta hipótese falha um dos pressupostos fundamentais da convenção de arbitragem, pelo que não determinada a área de intervenção da arbitragem a convenção deverá ser considerada nula por carecer de objecto. Se o litígio foi especificado mas não os seus exactos contornos então também não se vê em que medida a intervenção do tribunal judicial poderá suprir a vontade das partes dado que estas são soberanas, em termos únicos e exclusivos, no que a tal determinação respeita. Ainda se se suscitarem dúvidas relativamente ao preciso significado dos contornos delineados coloca-se um problema de interpretação da convenção de arbitragem, a resolver pelo tribunal arbitral de acordo com as regras gerais de interpretação das declarações negociais.

C – está em causa uma cláusula compromissória de que consta apenas a relação jurídica relativamente à qual possam vir a surgir litígios sem se restringir o tipo de litígios cuja resolução não poderá ter lugar mediante o exercício do direito de acção. Valem aqui as mesmas considerações tecidas a propósito da alínea anterior.

---

[30] Em sentido crítico, Américo Campos COSTA afirma: "Não será pois o autor a saber o que pretende do reú: o tribunal judicial dirá ao autor o que ele pretende, já que não pode dizer logo o que ele pode pretender!", "Sugestão de três alterações Arbitragem Voluntária", *Forum Iustitiae*, Ano II, n.º 17, Dezembro, 2000, p.42.

Não encontramos, por isso, justificação para a previsão de tal disposição, sendo que, além do mais, o seu sentido se revela desadequado com as exigências de celeridade e economia processual associadas à arbitragem, bem como à manifestação de autonomia privada que lhe subjaz.

Acresce que nos parece padecer de imprecisão a expressão "objecto do litígio". Dotada de maior propriedade se revelaria a noção de relação material controvertida. É esta, ou parte desta, o objecto da convenção de arbitragem, em função do qual se afere da competência do tribunal arbitral. Da relação jurídica em causa fará parte um determinado objecto que com a referida relação se não confunde. Distinta ainda será a noção de objecto da acção, a coincidir com os conceitos de pedido e causa de pedir em que o primeiro se suporta.

c) – liberdade de selecção dos árbitros

A constituição do tribunal arbitral pressupõe um duplo acordo de vontades. Para além da congregação de declarações que serve de base à convenção de arbitragem, impõe-se que os árbitros designados declarem aceitar a incumbência que lhes é atribuída. Distintamente do que acontece relativamente aos magistrados em exercício de funções na jurisdição estadual, sobre quem impende, a título permanente, independentemente de aceitação e à margem de qualquer selecção pelas partes, o dever de decidir, os árbitros gozam da faculdade de recusar o exercício da função para que foram designados.

Verifica-se, nesta outra faceta da dimensão contratual da arbitragem uma excepção à regra da irrelevância declarativa do silêncio[31] Designado o árbitro e não declarando este expressamente por escrito aceitar a designação no prazo de dez dias a contar da comunicação da notificação, considera-se aceite o encargo.[32]

O momento da aceitação – expressa ou tácita – da designação do primeiro árbitro constitui o limite temporal máximo de contratação entre as partes dos vários aspectos relativos à forma de derenção dos conflitos em causa[33], sob pena de prevalência de termos contra-

---

[31] Art.º 218.º C.C..

[32] Art.º 9.º, n.º 2 L. A. V..

[33] Art.º 15.º, n.º 1 L.A.V.. A ausência de disposição relativamente às regras processuais a observar ou ao local de funcionamento do tribunal é suprida por escolha dos árbitros. Vide o n.º 3 do mesmo artigo.

tuais distintos daqueles que haviam sido apresentados ao árbitro e em função dos quais este aceitou a designação. O árbitro é, portanto, a este nível concebido como um declaratário a quem é dirigida uma proposta e, simultaneamente, como um declarante que exprime a sua vontade de aceitação ou não aceitação da proposta atendendo ao conteúdo que a informa e relativamente ao qual guarda, por isso, legítimas expectativas de manutenção.

A inalterabilidade do conteúdo contratual impõe-se a cada uma das partes na medida em que lhes está vedada a modificação unilateral da convenção e a ambas as partes conjuntamente consideradas a partir do momento referido atendendo ao relevo de tal alteração em face da pessoa dos árbitros.

Sobre as partes impenderá, em clara manifestação da específica natureza desta forma alternativa de resolução de litígios, o dever de remuneração dos árbitros pela actividade exercida, sendo que a repartição do referido encargo entre as partes deverá constar da convenção de arbitragem ou de documento escrito posterior assinado por ambas as partes.[34]

d) – liberdade de determinação do direito aplicável

Incumbe, a este nível, distinguir dois níveis de análise. No que respeita à arbitragem interna é conferida às partes a possibilidade de selecção entre o julgamento de acordo com o direito constituído ou de acordo com critérios de equidade, sendo que a ausência de escolha pelas partes determina, em consonância com o sentido do C.civil[35], a obrigatoriedade para o tribunal de aplicação do direito constituído.[36]

Diferentemente, no que respeita à arbitragem internacional, as partes gozam de um mais amplo poder de selecção do critério de julgamento na medida em que, atendendo à conexão do litígio com mais do que uma ordem jurídica e ao carácter, por isso, multicultural do conflito, as partes podem autorizar o tribunal a decidir de acordo

---

[34] A previsão de regras específicas a esse propósito não se revelará necessária se as partes tiverem seleccionado um regulamento de arbitragem pré-existente, conforme resulta dos art.ºs 5.º e 15.º da L.A.V..

[35] Art.º 4.º C.C..

[36] Art.º 22.º L.A.V..

com o direito ou de acordo com critérios de equidade podendo, inclusivamente, na primeira das hipóteses, seleccionar o direito em concreto aplicável.

A ausência de estipulação veda ao tribunal a possibilidade de decisão de acordo com critérios de equidade. Não se vê, contudo, confrontado com a necessidade de decidir de acordo com um certo direito, antes devendo tomar por critério aquele que entenda mais adequado em face da natureza e particularidades do litígio.[37]

A liberdade contratual assume, assim, uma dimensão também substantiva.

e) – liberdade de conformação do iter processual

Relativamente a este último ponto cumpre indagar, num primeiro momento, da possibilidade de convenção neste domínio. A lei é clara a este propósito quando consagra a possibilidade de acordo *sobre as regras de processo a observar na arbitragem*.[38] O acordo pode revestir natureza mediata se se traduzir na selecção de um regulamento de arbitragem[39] [40], de um modelo pré-elaborado ou carácter imediato se resultar da determinação directas pelas partes das regras e princípios a observar.

Verificada a incursão do princípio da liberdade contratual no domínio de matéria nuclearmente processual, incumbe indagar dos termos de exercício do referido direito. Gozarão as partes da possibilidade de construção de um edifício de raíz, segundo um plano não vinculado que obedeça às exigências e peculiaridades desta forma alternativa de resolução de litígios, ou encontrar-se-á tal liberdade circunscrita por determinantes exteriores ao sentido próprio do ambiente de extinção conflitual seleccionado?

A liberdade convencional nesta matéria encontra-se desde logo determinada pelas limitações que envolvem a liberdade contratual no domínio do direito civil. Não poderá, nessa medida, a iniciativa das partes contender com os princípios gerais de direito, os limites legais.

---

[37] Art.º 33.º L.A.V.

[38] Art.º 15.º, n.º 1 L.A.V.

[39] Impor-se-á, nesse caso, que o referido regulamento tenha sido emanado de uma das entidades a que se refere o art.º 38.º da L.A.V..

[40] A selecção revestirá uma natureza duplamente mediata se resultar da selecção de uma das entidades referidas na nota antecedente para organização da arbitragem.

Um dos limites legais decorre do art.º 1.º da lei em análise, de que resulta ser condição ineliminável de validade da convenção de arbitragem que o litígio não esteja exclusivamente submetido a tribunal judicial ou a arbitragem necessária nem diga respeito a direitos indisponíveis.

Respeitados estes limites, poder-se-á, em face do exposto, concluir estar em causa um domínio de absoluta e radical liberdade de convenção?

Assim será se se sufragar posição de acordo com a qual a arbitragem reveste natureza puramente contratual.

Solução diametralmente oposta decorrerá da defesa de perspectiva de acordo com a qual o contrato celebrado constitui puro incidente marginal em face dos imperativos legais adjectivos de aplicação obrigatória.

A opção pressupõe a análise da natureza desta particular forma de resolução dos conflitos. Parece-nos ser de distinguir, a este propósito, dois distintos níveis de abordagem: um primeiro relativo à natureza da actividade neste contexto desenvolvida e um outro respeitante à natureza da fonte de legitimação de tal actividade.

De acordo com esta última perspectiva a arbitragem encontra fundamento em dois tipos de fontes: legal e contratual. Não está, portanto, em causa um domínio ou matéria que possa constituir objecto de convenção particular independentemente de qualquer autorização prévia de acordo, circunstância que, por sua vez, se prende com a natureza da actividade desenvolvida – actividade jurisdicional.

Importa, portanto, avaliar da relação entre as noções de actividade jurisdicional e função jurisdicional. Por actividade jurisdicional entende-se a actividade desenvolvida com o intuito de derenção de litígios mediante prolação, por terceiro imparcial, de decisão com carácter vinculativo e de efeitos circunscritos às partes. Insere-se, portanto, no conjunto de formas de solução de conflitos que comportam uma relação de triangularidade entre litigantes e decisor. Este conceito amplo inclui uma noção de âmbito mais restrito: a de função jurisdicional. Neste sentido, a actividade jurisdicional identificar-se-á com o poder de resolução de litígios[41] enquanto prerrogativa de

---

[41] Por não haver propriamente um conflito de pretensões questiona-se se a actividade de resolução dos litígios para que se encontram especialmente previstos os processos de jurisdição voluntária constitua actividade materialmente jurisdicional.

que o Estado é exclusivo titular e que exprime uma das dimensões do seu exercício de soberania. Atendendo à inorganicidade que o caracteriza enquanto pessoa colectiva de direito público, o Estado faz impender sobre órgãos para o efeito especialmente concebidos o dever de desenvolver tal função, mediante a aplicação, uma vez cumprido um conjunto de momentos formal e previamente determinados de acordo com princípios fundamentais, de estatuições às situações fácticas litigiosas juridicamente relevantes para o Direito[42.]

O início do referido conjunto de fases encontra-se, contudo, no que ao Processo Civil respeita, na dependência de impulso processual das partes, ou seja, da formulação de pedido nesse sentido. Por tribunal entender-se-á, portanto, nesta acepção restrita, um órgão de soberania incumbido da derenção de conflitos, o que faz no exercício de uma função que constitucionalmente incumbe ao Estado. Razão por que em tal órgão este é representado pela figura do magistrado, sujeito processual supra partes, inamovível e independente com legitimidade para administração da justiça.

No que respeita ao conceito de *função* jurisdicional cabe distinguir duas noções: a noção de jurisdição em sentido estrito e a noção de competência. A primeira corresponde ao poder de julgar genericamente atribuído ao conjunto dos tribunais portugueses.[43] A noção de competência reportar-se-á apenas ao segmento desse amplo poder atribuído a cada tribunal individualmente considerado.

O impulso processual enquanto acto detonador da actuação dos meios que o Estado disponibiliza como garantia da efectividade prática dos direitos[44] tem lugar através do exercício de um direito subjectivo com relevo adjectivo – o direito de acção. É este um direito de natureza pública incluído na esfera jurídica de todo o sujeito jurídico que beneficie da susceptibilidade de ser parte em juízo, o mesmo é

---

[42] Tanto não invalida, contudo, a possibilidade de decisão, em hipóteses excepcionais devidamente suportadas por expressa previsão legal ou convencional, de acordo com critérios de equidade. Vide, a este propósito, o art.º 4.º e, a título exemplificativo, o art.º 883.º, n.º 1, *in fine*, ambos do C.C..

[43] Num sentido ainda mais restrito este conceito reportar-se-á apenas à função jurisdicional exercida por cada categoria de tribunais, perspectiva que justifica a distinção entre as jurisdições administrativa, constitucional, judicial, etc.

[44] Onde vigore o princípio do pedido.

dizer que tenha personalidade judiciária. O seu exercício faz impender sobre o Tribunal o dever jurídico de decidir. Trata-se de um direito não confundível com o direito material que se pretende fazer valer e cujo relevo só tem sentido no contexto de um sistema de administração da justiça de natureza pública.[45]

O poder de decidir vinculativamente litígios constitui, portanto, um domínio monopolizado pelo Estado, contrapartida da abdicação privada do exercício da função. O controlo desta área integra ainda a faculdade de, em determinados espaços, conceder que particulares assumam o exercício de tal actividade através de um singular meio, por isso alternativo, de solução de conflitos. O Estado permite, assim, que a derenção de litígios, tenha lugar, com carácter obrigatório, fora do perímetro marcado pelo exercício da sua soberania, por sujeitos, em consequência, desprovidos de ius imperium – os árbitros.

A circunstância de estar em causa a permissão de exercício privado de uma actividade dominada pelo Estado pressupõe um acto autorizativo neste sentido, a realizar no domínio elementar e primeiro em que assenta a repartição de funções reveladoras do exercício da soberania: a Constituição. Verificada tal concessão a lei ordinária precisa com um mais desenvolvido grau de pormenor as exactas condições de validade de exercício da actividade em causa.

Além deste primeiro nível de legitimação, a configuração da arbitragem como um meio alternativo de resolução de litígios impõe uma segunda condição de validade do desenvolvimento privado desta actividade: a da opção dos litigantes por esta outra forma de derenção de conflitos, a manifestar mediante acordo expresso nesse sentido.

O exercício da actividade jurisdicional através da arbitragem pressupõe, portanto, uma dupla fonte de legitimação: legal em sentido amplo (constitucional e legal em sentido restrito) e voluntária (a celebração da convenção de arbitragem). Este sustentáculo bifronte em que a arbitragem assenta não colide com a natureza jurisdicional inequívoca da actividade exercida.

---

[45] "O direito de acção é, por isso, hoje pacificamente entendido como um direito público totalmente independente da existência da situação jurídica para a qual se pede a tutela judiciária, afirmando-se como existente: ainda que ela na realidade não exista, a afirmação basta à existência do processo, com o consequente direito à emissão da sentença.", José Lebre de FREITAS, *Introdução ao Processo Civil, Conceito e Princípios Gerais*, Coimbra Editora, p. 79.

Trata-se, portanto, do desenvolvimento por entes diferentes e em qualidades diferentes da mesma actividade, circunstância determinante e condicionadora de todo o regime da arbitragem.

Quando o Estado autoriza que terceiros ao exercício da soberania assumam o desempenho da actividade ora em análise reserva-se o direito de proibir que tal desempenho tenha lugar em certas áreas que circunscreve à sua competência absoluta – domínios de reserva de jurisdição – e estabelece como limiar mínimo inultrapassável de concessão a manutenção da identidade da forma de derenção de conflitos.

A liberdade de iniciativa regulamentadora não pode, portanto, afectar o núcleo do modo de resolução de litígios por forma a impedir a continuidade da opção única pela forma heterocompositiva ab initio seleccionada.

Acresce que não é desinteressada a concessão em causa.
Limitações decorrentes da especialidade da actividade:
– favor arbitralis
– redução do contrato
– tribunal conhece da sua própria incompetência
É factor de pacificação social.
Privilegiamento da concordância, embora circunscrita a este nível.

O Estado permite, assim, que as partes determinem o *modus operandi* da derenção, adaptem o círculo envolvente do núcleo definidor do modo de pacificação social que esteve na base da preterição do uso privado da força como via de resolução de conflitos. A liberdade contratual terá, portanto, como limites de conformação os espaços respeitantes às regras que não afectem o âmago da via seleccionada.

Às partes é legítimo definir o *como* do desenvolvimento da actividade jurisdicional, não o *se*. Gozam, nessa medida, da possibilidade de adaptar a dimensão formal às particulares exigências de celeridade, economia e tecnicidade que a singularidade da relação material controvertida e as circunstâncias que a envolvem impõem, sem, contudo, para esse efeito poderem atingir a substância determinadora da forma constitucionalmente seleccionada de extinção da litigiosidade.

É possível, portanto, aligeirar, suavizar ou reduzir o percurso, não adoptar um outro.

É esta base comum que, pesem embora as diferenças que separam a arbitragem da jurisdição estadual, impõe a observância, no primeiro domínio, de princípios vigentes no segundo – de todos aqueles que contendam com a natureza essencial da actividade desenvolvida e não com o concreto modo de exercício dessa actividade. O carácter alternativo respeita, portanto, à utensilagem mobilizada, não à estrutura fundamental de aplicação.

Se o princípio da legalidade processual, ora concebido numa dimensão puramente adjectiva[46], pode sofrer algumas derrogações[47], por força de acordo entre as partes, as características definidoras do espaço que se molda não podem ser adulteradas.

Neste ponto de fundamental convergência das dimensões contratual e processual o grau de pressão da primeira encontra por limite a secção da segunda consubstanciadora da fundamental identidade da actividade única que se exerce.

Ainda assim, trata-se de um espaço rendido à autonomia, juridicamente delimitada nos termos enunciados, da vontade? Deverá a autonomia contratual ser aqui concebida nos mesmos termos em que

---

[46] "Em sentido restrito, o princípio em causa proíbe tendencialmente a actividade jurisdicional discricionária, impondo uma legalidade estrita como padrão aferidor da conduta dos sujeitos processuais. É ao princípio da legalidade visto nesta segunda acepção que os jusprocessualistas civis reservam mais atenção, num esforço que tem conduzido à descoberta das duas importantes vertentes, substantiva uma e processual, a outra. No primeiro caso trata-se de um princípio processual essencial, enquanto que, no segundo, estamos perante um princípio processual instrumental, distinção que assenta no facto de o princípio corporizar ou não um valor processual fundamental. A verdade substantiva respeita obviamente ao conteúdo e fundamento da decisão processual, qualquer que ela seja – meramente interlocutória ou a sentença final – e requer que os critérios que presidem às decisões sejam normativos, ao decorrerem de regras jurídicas enquanto critérios materiais de decisão. A vertente processual incide sobre a tramitação do processo e sobre a forma de que os actos processuais do tribunal devem revestir-se. A tramitação do processo civil é normalmente rígida porque as respectivas fases estão legalmente definidas e os actos processuais devem possuir a forma exigida pela lei.", "Princípios constitucionais do acesso à justiça, da legalidade processual e o contraditório; junção de pareceres em processo civil; interpretação conforme à Constituição do artigo 525.º do Código de Processo Civil", José Manuel Sérvulo CORREIA e Jorge Bacelar GOUVEIA, *Revista da Ordem dos Advogados*, Ano 57, 1997.

[47] No domínio da jurisdição estadual este princípio sofre também (embora em menor grau) alguma atenuação na medida em que se concede ao magistrado, desde 1995, a possibilidade de adequar as formalidades processuais e ordenar a prática de novos actos em função do fim processual em causa. *Vide* o art.º 265.º – A C.P.C..

o é no domínio do direito privado? Em que medida a "soberania do querer"[48] se imporá neste domínio?

Existirão, além deste espaço de distância, laços de proximidade? Actividade jurisdicional – poderia obedecer a lógicas radicalmente distintas. Acresce a circunstância de monopólio. Réstias de justiça pública impregnam a relação entre contrato e processo.

Para que se possa concluir estar em causa o exercício da actividade jurisdicional impõe-se como padrão irredutível de aferição o cumprimento de dois princípios fundamentais:

e. 1) – princípio do contraditório[49]

Este princípio, que perpassa longitudinalmente toda a tramitação processual, constitui imperativo dirigido aos vários sujeitos processuais:

1.1) – às partes – no que a estas particularmente respeita, cumpre ressaltar o desmembramento do princípio em três principais vertentes:

- o direito a ser ouvido – a cada uma das partes assiste o direito de expor as razões de facto e de direito em que sustenta a sua pretensão, bem como de produzir prova susceptível de gerar no tribunal a convicção de veracidade da versão defendida.
- o direito a ouvir– às partes, individualmente consideradas, assiste também o direito de tomar conhecimento adequado e atempado do conteúdo das intervenções processuais realizadas pela contraparte.
- o direito a contradizer (contradição em sentido estrito) – a vertente referida no ponto imediatamente anterior constitui pressuposto fundamental de exercício desta última. Apenas detentora de elementos que tornem cognoscível a conduta processual da parte que ocupa o pólo oposto da relação processual cada um dos litigantes pode tomar posição e pronunciar-se de modo esclarecido.

---

[48] Carlos Alberto da Mota Pinto, *Teoria Geral do Direito Civil*, Coimbra Editora, 1994, p. 89.

[49] Sobre o relevo constitucional deste princípio vide "Princípios constitucionais do acesso à justiça, da legalidade processual e o contraditório; junção de pareceres em processo civil; interpretação conforme à Constituição do artigo 525.º do Código de Processo Civil", José Manuel Sérvulo Correia e Jorge Bacelar Gouveia, *Revista da Ordem dos Advogados*, Ano 57, 1997, pp. 321 e ss.

Dimensões que assentam num estatuto inerente à qualidade de parte e que se projectam em dois pólos:
- no direito de defesa – pelas vias referidas cada uma das partes controla o desenvolvimento da estratégia processual da contraparte, adoptando uma postura defensiva de supervisão, controlo e eventual pronúncia, se tanto se justificar, sobre a regularidade e sentido da mesma.
- no direito de contribuição para o sentido final da decisão a proferir – o princípio do contraditório comporta hoje uma acrescida dimensão activa, fruto da nova concepção de processo como comunidade de trabalho, mais do que como espaço de debate duelístico entre as partes em face de um terceiro passivo a quem incumbia decidir. Reservando-se ao terceiro a irredutível função decisória, potencia-se hoje, contudo, a capacidade interventiva e conformativa das partes mediante pronúncia relativamente a todos os argumentos factuais, jurídicos ou probatórios susceptíveis de assumir relevo para o conteúdo informativo da decisão a proferir.[50]

1.2) – ao terceiro decisor

O terceiro imparcial é, a este nível, concebido como destinatário do direito num duplo sentido:
- enquanto sujeito sobre quem impende o dever de observância do princípio

Ao juiz e ao árbitro incumbe, desde logo, respeitar o referido princípio na relação processual que mantem com as partes. Impõe-se-lhes, desde logo, o dever de assegurar o exercício

---

[50] Neste sentido, Lebre de FREITAS quando sustenta: "A esta concepção, válida mas restritiva, substitui-se hoje uma noção mais lata da contraditoriedade, com origem na garantia constitucional do rechtliches Gehör germânico, entendida como garantia da participação efectiva das partes no desenvolvimento de todo o litígio, mediante a possibilidade de, em plena igualdade, influirem em todos os elementos (factos, provas, questões de direito) que se encontrem em ligação com o objecto da causa e que em qualquer fase do processo apareçam como potencialmente relevantes para a decisão. O escopo principal do princípio do contraditório deixou assim de ser a defesa, no sentido negativo de oposição ou resistência à actuação alheia, para passar a ser a influência, no sentido positivo de direito de incidir activamente no desenvolvimento e no êxito do processo.", *Introdução ao Processo Civil Conceito e Princípios Gerais*, Coimbra Editora, 1996, pp. 96 e 97.

do contraditório relativamente aos factos cuja investigação lhe seja excepcionalmente permitida, às provas oficiosamente produzidas ou às questões de direito não invocadas pelas partes e em que pretenda sustentar a sua decisão. Trata-se, portanto, de evitar o efeito surpresa relativamente ao conteúdo da decisão resultante da não concessão às partes da faculdade de pronúncia relativamente a fundamentos ou elementos de decisão a que não tiveram acesso e com cujo efeito não podiam, por isso, contar.

– enquanto terceiro sobre quem impende o dever de impor e controlar a sua observância pelas partes na relação processual que entre si mantêm. Ao terceiro decisor incumbe também velar pelo respeito por cada uma das partes do princípio em apreço relativamente à parte contrária nos vários momentos que integram a tramitação processual.

Revestindo embora este princípio a natureza de bissectriz que permeia todo o conjunto de fases processuais, como atrás explicitámos, a lei faz-lhe uma tripla referência no artigo que reserva para a enunciação dos princípios fundamentais a observar no processo.[51] Explicitado, na alínea c), o carácter obrigatório da observância do princípio do contraditório ao longo do processo[52], a lei reporta-se, na alínea b) a um momento primário da instância, manifestação gritante do princípio em análise – a citação[53], e, na alínea d) ao momento último de intervenção processual das partes susceptível de influir no conteúdo da decisão – o da discussão, já em sede de audiência de discussão e julgamento, da matéria de facto e de direito[54].

A referência detida a dois extremos temporais e a reiteração do conteúdo geral e natureza omnipresente do princípio denunciam o seu carácter essencial como elemento integrante do núcleo definidor de actividade jurisdicional e, consequente-

---

[51] Art.º 16.º L.A.V..

[52] "Em todas as fases do processo será garantida a estreita observância do princípio do contraditório.".

[55] "O demandado será citado para se defender".

[54] "Ambas as partes devem ser ouvidas, oralmente ou por escrito, antes de ser proferida a decisão final."

mente, como condição de validade da tramitação a observar no quadro deste meio alternativo de resolução de conflitos a determinar, na hipótese de incumprimento que comporte repercussões decisivas ao nível da resolução do litígio, o surgimento de um fundamento de anulação da decisão proferida.[55]

Na alínea a) faz a lei referência ao princípio da igualdade. Embora intimamente relacionado com o princípio do contraditório, não estão em causa princípios de âmbito absolutamente coincide, pelo que a enunciação legal se não revela, a este nível, desprovida de sentido. Se o desrespeito do princípio do contraditório determina necessariamente violação do princípio da igualdade, o cumprimento do primeiro pode ter lugar em termos não condizentes com o segundo ou, ainda que assim não aconteça, em termos que não esgotam a plenitude do conteúdo a este associado.

A observância do contraditório pode ter lugar, nestes termos, em condições de desigualdade. Para tanto basta que a audição de cada uma das partes relativamente a uma determinado facto, argumento jurídico ou prova seja antecedida por prazos distintos de avaliação do objecto de pronúncia.

A circunstância, por outro lado, de o princípio do contraditório ter sido respeitado em termos de absoluta igualdade não exclui a possibilidade de tratamento desigualitário das partes, consideração que nos transporta para o princípio constante da alínea imediatamente seguinte.

e. 2) – princípio da imparcialidade dos árbitros

Constituindo embora um princípio (no que aos magistrados respeita), de prevalência indiscutível no domínio da jurisdição estadual, incumbe indagar da sua essencialidade à noção de actividade jurisdicional. A pertinência desta dimensão ao referido núcleo identitário determina, em função do exposto, que a inobservância de tal princípio no domínio da arbitragem impeça a qualificação da referida actividade como jurisdicional e, consequentemente, a ilegitimidade do seu exercício.

---

[55] Art.º 27.º, alínea c) L.A.V..

O seu relevo no contexto arbitral suscita particulares dúvidas pela verificação cumulativa de três circunstâncias:
- no que respeita à arbitragem de cariz internacional é muito frequente a designação pelas partes de árbitros a quem incumbirá a defesa, em sede decisória, dos interesses do sujeito designante. Os referidos árbitros constituem, nesta medida, mediadores das partes junto do terceiro árbitro a quem incumbe decidir de forma independente, justificando-se, assim, a distinção entre árbitros neutros e não neutros;[56]
- a designação dos árbitros incumbe às partes, sendo que o exercício do cargo pressupõe a aceitação destes e comporta a obrigação, para as primeiras da obrigação de pagamento das respectivas retribuições. Subjaz-lhe, portanto, uma relação de natureza contratual;
- da disposição normativa respeitante aos princípios fundamentais a observar em sede de arbitragem não consta o princípio da imparcialidade dos árbitros.

Detenhamo-nos, num primeiro momento, na análise deste terceiro argumento. Parece-nos que dele não resulta a exclusão do relevo do princípio da imparcialidade dos árbitros, na medida em que o seu conteúdo se inclui no domínio do princípio, mais amplo, da igualdade. A adopção, na verdade, pelo terceiro incumbido de decidir de uma posição parcial, isto é, de uma perspectiva favorecedora de uma das partes constitui a forma mais flagrante do princípio da igualdade[57][58].

---

[56] Reportando-se a situações reais disso reveladoras, Pierre BELLET refere: "MARTIN HUNTER et JAN PAULSON nous rappellent ainsi avec quelle candeur dans l'affaire fameuse de l'*Oasis Buraimi*, le CHEIKH YASIN passait en pleine audience des notes à l'agent du Gouvernement dont il était à la fois le ministre et l'arbitre, et comment il tentait peu après de se justifier en expliquant qu'étant ministre et arbitre il était aussi autorisé à donner toutes instructions utiles pour le bon déroulement de la procédure. M. MURRAY L. SMITH, de son côté, relate comment un arbitre du Moyen-Orient transmettait à son gouvernement les termes d'un projet de sentence, prête à être rendue, pour faciliter un arrangement de dernière minute plus favorable, et comment un autre arbitre pressait en secret le même gouvernement de fournir des éléments de preuve qui manquaient pour le délibéré final. », «Des arbitres neutres et non neutres», Études de droit international en l'honneur de Pierre Lalive, p. 400.

[57] "Outro tópico que impõe uma conclusão análoga tem a ver com a superação do entendimento, preconizado pelo positivismo, de que a igualdade das pessoas poderia ser apreciada em abstracto. Com efeito, o princípio da igualdade não se compreende mais hoje

Tanto não demonstra, contudo, de *"per si"* ser esta uma dimensão integrada no princípio da igualdade quando referido ao contexto arbitral. Outras facetas, que não a ora em análise, deste princípio poderiam, na verdade, justificar tal referência. A interpretação conjunta das várias normas constantes do diploma em causa indicia, porém, conclusão contrária. Resulta, na verdade, do art.º 10.º a aplicabilidade aos árbitros não nomeados por acordo das partes do regime de impedimentos e escusas estabelecido na lei de processo civil para os juízes. Nestes termos, como conceber a determinação legal de impedimento[59] do exercício da função de árbitro por todo aquele que se encontre em posição favorecedora de parcialidade mas não necessariamente consubstanciadora da mesma e a simultânea admissibilidade do desempenho da mesma actividade por quem efectivamente perfilhe uma posição de defesa dos interesses de uma das partes? Como admitir que, salvaguardando a tramitação da manifestação de posições parciais quando esta se revela como mera hipótese, a lei possibilite o seu desenvolvimento quando se afigure patente?

Só o temor e repúdio de tal eventualidade justificam que, num domínio em que vigora, em termos limitados embora, o princípio da liberdade contratual, se erija a fundamentos de anulação da decisão arbitral:

– a violação do princípio do pedido (enquanto dimensão do princípio do dispositivo) pelo tribunal arbitral pelo facto de

---

como o propunha aquele paradigma discursivo – que, aliás, o considerava, bem sabemos, uma sua estrutura basilar. Para o positivismo, a lei era o único critério de igualdade – pelo que, daquela perspectiva, este princípio seria respeitado se a lei (por definição geral, abstracta e formal) se aplicasse a todos e em termos abstracto-formais. Só que neste nosso tempo já não basta a igualdade perante a lei que assim acriticamente se convocava.[...]", Fernando José BRONZE, "Apontamentos Sumários de Introdução ao Direito", Coimbra, 1997, p. 426.

[58] "[...] a pessoa manifesta-se e especifica-se nos relacionais (que acabam por ser outros tantos modos da sua essencial intersubjectividade) da alteridade da *igualdade*, do reconhecimento (em sentido hegeliano) da *subjectividade ética*, da infungibilidade da *identidade* (identidade pessoal). E também aqui o que ao nosso caso vem, é menos a igualdade e a subjectividade ética do que a identidade. Já noutros pontos problemáticos é diferente: assim, nas exigências do princípio do contraditório (*audiatur et altera pars*) avultará sobretudo o valor da igualdade [...]", A. Castanheira NEVES, *Direito de resposta*, "Digesta", volume 2.º, p. 436, Coimbra Editora, 1995.

[59] Art.ºs 122.º e ss. C.P.C..

tomar conhecimento de questões de que não podia conhecer ou pelo facto de se pronunciar sobre questões que devia apreciar
– a violação do dever de fundamentação da decisão[60]
Note-se ainda que a lei faz corresponder a esta hipótese a mesma consequência que decorre da violação do princípio do contraditório.

A tal conclusão não obsta o facto de os árbitros serem designados pelas partes, que os remuneram, e de o exercício da função implicar a aceitação de desempenho do cargo por parte destes. A feição contratual que preside à constituição do tribunal arbitral e que encontra reflexo a níveis não contendentes com o cerne identificativo da actividade jurisdicional não se confunde com a natureza heterocompositiva de cariz constitucionalmente definido da forma de resolução de conflitos em causa. São estes planos distintos de cuja preservação depende a validade da derenção efectuada.

A imparcialidade dos entes decisores é, portanto, no nosso contexto jurídico, concebida como dimensão constitutiva da base mínima sustentadora da actividade jurisdicional, sendo que, e não obstante as particularidades associadas à arbitragem internacional e a ordens jurídicas pertencentes a distintos sistemas jurídicos, se verifica que, mesmo nestes domínios, se assiste a uma tendência de retracção[61], justificada pela própria necessidade de assegurar a credibilidade associada a este meio de resolução de conflitos.

---

[60] Art.º 27.º, n.º 1, alíneas d) e e) L.A.V..

[61] Neste sentido Pierre BELLET quando afirma:"C'est aux Etats-Unis, semble-t-il, qu'est né le premier Code de déontologie à l'usage des arbitres. De fait, l'American Bar Association et l'American Arbitration Association ont de pair établi en 1977 un Code of Ethics for Arbitrators in Commercial Disputes. L'originalité de celui-ci, aux yeux du moins d'un européen, est qu'il fait une place à part aux arbitres dits «non-neutral», tout en précisant, il est vrai, en son préambule, qu'il était préférable, lorsque le tribunal était composé de plus de deux arbitres, de soumettre tous les arbitres aux mêmes règles éthiques.[...] Dix ans plus tard, en mai 1987, de longues délibérations et de nombreuses consultations, l'International Bar Association adoptait un autre Code qualifié d' «Ethics for International Arbitration». Celui-ci refusait de faire toute distinction entre les arbitres, lesquels n'étaient autorisés à communiquer avec leur partie qu'avant leur désignation ou lors du choix du troisième arbitre. Il n'était pas question que les arbitres puissent être «prédisposés» en faveur d'une partie», *Des arbitres neutres et non neutres*, Études de Droit International en l'honneur de Pierre Lalive, p. 404.

Tudo o que evidencia a distância entre o ser e o dever-ser e a pertença do Direito a este último domínio.

O princípio da igualdade, concebido nas suas múltiplas dimensões, constitui assim o cânone cuja observância se afigura absolutamente fundamental à qualificação de uma determinada actividade como jurisdicional.

A este acresce, por maioria de razão, atendendo à particular natureza do meio em causa, a garantia de realização de justiça em tempo útil. Está, nesta medida, vedada às partes a possibilidade de utilização da tramitação associada à arbitragem em termos impeditivos da prolação de decisão justa, adequada e susceptível de efectivação na prática. No sentido de obviar à excessiva dilação do processo no tempo a lei estipula como prazo máximo supletivo o prazo de seis meses a contar da data de designação do último árbitro e limita a possibilidade de extensão de tal período de tempo (ou do período resultante de acordo das partes) à convenção das partes no sentido da prorrogação do prazo de decisão até ao dobro da sua duração inicial.[62] Dentro deste arco temporal as partes gozam de liberdade no sentido de distribuição do tempo pelas várias fases integrantes da tramitação processual, em conformidade com as particularidades do caso concreto e as especificidades do meio de resolução de conflitos. Esgotado tal período, porém, cessam os poderes conferidos pelas partes aos árbitros, por extinção ope legis da convenção de arbitragem.[63] O termo do exercício da actividade jurisdicional dos árbitros é, assim, feito coincidir, ainda que por força da lei, com a extinção do acordo celebrado e, portanto, com a cessação do efeito jurídico dimanado da força actuante que esteve na sua origem: a liberdade contratual das partes.

O espaço de garantia assim definido constitui a margem de salvaguarda irrebatível, a condição de legitimidade da livre conformação contratual da tramitação arbitral. Razão por que o carácter imperioso desta observância denuncia os *essentialia* da actividade jurisdicional e, consequentemente, a natureza fundamental do respeito das garantias elementares que associadas à noção de due process ou processo equitativo.

---

[62] Art.º 19.º, n.º 4 L.A.V..
[63] Art.º 4.º, n.º 1, c) L.A.V..

A manutenção destas sinergias imposta pela subordinação do Estado ao Direito é, portanto, a pedra de toque da determinação da natureza obrigatória deocumprimento das directrizes estruturantes, dos *principia ad principium* da essência da actividade jurisdicional.

Qual o grau de elasticidade?

Estas são as fronteiras que, uma vez quebradas em alguma medida, impossibilitam a classificação da actividade como jurisdicional, importando, por isso, a extrapolação do espaço de outorga, de concessão estadual e, revestindo, por isso, carácter ilegítimo. Daí as consequências: nulidade e manutenção do monopólio estadual, o mesmo é dizer, continuidade da competência dos tribunais estaduais e invalidade da renúncia ao direito de acção – improcedência da excepção dilatória de incompetência do tribunal judicial. Elementos conaturais à actividade de administração da justiça. Arbitragem, não arbítrio. Exterior ao perímetro delimitado. Seria permitir a extinção por uma via constitucionalmente excluída. Princípios com carácter fundamentante.

Ainda assim, trata-se de um espaço rendido à autonomia, juridicamente delimitada nos termos enunciados, da vontade? Deverá a autonomia contratual ser aqui concebida nos mesmos termos em que o é no domínio do direito privado? Em que medida a "soberania do querer"[64] se imporá neste domínio?

Existirão, além deste espaço de distância, laços de proximidade?

Actividade jurisdicional– poderia obedecer a lógicas radicalmente distintas. Acresce a circunstância de monopólio. Réstias de justiça pública impregnam a relação entre contrato e processo.

É possível discernir um eixo comum.

Embora concedendo liberdade de construção, esta há-de obedecer a um plano de engenharia liminar determinante de uma sincronia de energias que assegurem que o prédio a construir poderá cumprir o fim visado.

Distinção de dois estratos: Proibição genérica e proibição acrescida.

Princípio da legalidade processual e do Estado de Direito.

---

[64] Carlos Alberto da Mota Pinto, *Teoria Geral do Direito Civil*, Coimbra Editora, 1994, p. 89.

Ou seja, a liberdade de conformação das partes afere-se pelo limite de intangibilidade do núcleo identificador da natureza da actividade desenvolvida.

Espaço de liberdade:
Nada se diz:
– princípio do dispositivo / princípio do inquisitório – de carácter histórico (Gérard Cornu)
– princípio da aquisição processual
– convenções sobre o ónus da prova

Diz-se, mas a título supletivo – partes podem contrariar.
Devia dizer em sentido contrário, no que toca aos recursos. Mais condicente com o sentido geral da declaração.

BIBLIOGRAFIA

BELLET, Pierre – «Des arbitres neutres et non neutres», Études de droit international en l'honneur de Pierre Lalive

BRONZE, Fernando José– "Apontamentos Sumários de Introdução ao Direito", Coimbra, 1997

CAPELO, Maria José –

COSTA, Américo Campos – "Sugestão de três alterações Arbitragem Voluntária", *Forum Iustitiae*, Ano II, n.º 17, Dezembro, 2000

CORREIA, José Manuel Sérvulo e GOUVEIA, Jorge Bacelar – "Princípios constitucionais do acesso à justiça, da legalidade processual e o contraditório; junção de pareceres em processo civil; interpretação conforme à Constituição do artigo 525.º do Código de Processo Civil", *Revista da Ordem dos Advogados*, Ano 57, 1997.

COUTURE, Eduardo – "Interpretação das leis processuais", Editora Forense, 1993.

DIAS, João António Álvaro – Dano Corporal Procriação Assistida e Responsabilidade Civil Médica

FREITAS, José Lebre – Introdução ao Processo Civil Conceito e Princípios Gerais, Coimbra Editora, 1996

LEMES, Selma M. Ferreira – *"Os princípios jurídicos da Lei de Arbitragem"*, "Aspectos fundamentais da Lei de Arbitragem", Editora Forense, 1999 – "Princípios e origens da Lei de Arbitragem", *Revista do Advogado, n.º 51, Outubro, 1997*

NEVES, A. Castanheira – *Direito de resposta*, "Digesta", volume 2.º, Coimbra Editora, 1995

PINTO, Carlos Alberto da Mota – "Teoria Geral do Direito Civil", Coimbra Editora, 1994

REALE, Miguel – "Lições Preliminares de Direito", Almedina, 1982

VARELA, João de Matos Antunes – Das Obrigações em geral, vol. I, Almedina, 1996

VIENNOIS, Jean Pierre – "L'amiable", *Revue Générale des Procédures,* n.º 4, Octobre//Décembre, 1999

OS CENTROS DE ARBITRAGEM DE RESOLUÇÃO DE CONFLITOS DE CONSUMO

ISABEL MENDES CABEÇADAS
Directora do Centro de Arbitragem de Conflitos
de Consumo de Lisboa

1. Introdução

"*Sendo crescentes as dificuldades de funcionamento dos Tribunais, entorpecidos numa lentidão que torna injusta, em termos práticos, a mais certa das justiças*" – não é cumprido o desiderato constitucional do art.º 20.º ... a todos é assegurado o acesso ao direito e aos tribunais para defesa dos seus direitos ... todos têm direito a que uma causa em que intervenham seja objecto de decisão em prazo razoável...

Esta não é uma situação nacional mas uma situação que afecta os cidadãos de vários países e se nos reportarmos à Europa verificamos que são vários os Estados que impulsionaram a criação de sistemas alternativos com o objectivo de criar uma maior proximidade entre o Estado e o cidadão no que à realização da justiça se refere.

Já que a Justiça é uma dívida do Estado para com o cidadão.

Actualmente os sistemas alternativos de resolução de litígios são uma realidade, quer no plano de acção do Governo, quer no plano legislativo. Contudo há 12 anos quando se modelou o Projecto Piloto de Arbitragem de Conflitos de Consumo prevalecia o cepticismo sobre as virtualidades dos sistemas alternativos numa regulação efectiva dos litígios.

Recordo que em Maio de 1991 no Colóquio que organizámos subordinado ao tema: "Arbitragem de Conflitos de Consumo, que

Futuro?", as intervenções dos participantes – advogados, professores catedráticos e delegados de vários países – tiveram perspectivas distintas e até antagónicas no respeitante à modernização da administração da justiça. Já que embora reconhecidos os resultados da experiência piloto de Lisboa, o sistema era entendido como simples paliativo do mau funcionamento do sistema judicial.

Contudo no Colóquio promovido pelo Centro em Novembro de 1999 "Dos 10 anos de Arbitragem de Conflitos de Consumo à Participação no Mercado Único", as posições tomadas pelos participantes – Comissão Europeia, Governo, Ordem dos Advogados, Professores e Empresários – foram de total unanimidade quanto à necessidade de desenvolver estruturas que como o Centro de Arbitragem de Lisboa se vocacionaram na resolução, célere e eficaz dos conflitos.

Acessibilidade, proximidade, celeridade, equidade e reparação efectiva ou eficácia são características que hoje se anunciam como formulário para a realização de uma justiça modernizada, que não é mais que uma dívida do Estado para com os cidadãos.

De referir que a reforma judicial ora preconizada tem não só em conta as pessoas que por razões de natureza económica estão privadas de um conselho na análise dos seus direitos e no exercício dos mesmos (*a informação e a acção*), mas também os casos que pelo seu valor diminuto não têm acessibilidade à justiça.

No caso presente reportamo-nos ao acesso à informação e à justiça para os casos que pela sua natureza e valor, dificilmente chegam aos tribunais judiciais – são os conflitos na área do consumo.

2. O Acesso ao Direito e à Justiça na área do Consumo

2.1. *A informação*

Para que se fale de acesso ao direito há que promover uma informação adequada e neste caso uma informação que facilite o diálogo entre consumidores e empresários, prevenindo conflitos e melhorando o conhecimento dos seus direitos.

Neste âmbito têm as associações de consumidores e os Centros de Informação das Autarquias um papel fundamental no seu dever de veicular mensagens que previnam situações irregulares e de aconselhar à ponderação na tomada de decisões já que com um cidadão bem informado (*enquanto consumidor ou noutra acepção*) melhora-se o seu bem estar e diminui-se substancialmente a litigiosidade e os processos em justiça.

2.2. *A Acção Cível*

Quanto à conflitualidade existente entre consumidores e empresas também as organizações de consumidores podem intervir como mediadores e em casos de interesse colectivo ou difuso promover "acções colectivas" tendentes ao ressarcimento de prejuízos provocados aos consumidores (*embora a experiência desenvolvida neste campo não seja encorajante*), também pela morosidade da decisão judicial.

Contudo nos casos individuais a situação era (*há 12 anos*) de impasse dado que se as empresas não aceitassem uma resolução por acordo, não era viável às associações apoiar individualmente os consumidores em acções cíveis e mesmo que o fizessem os resultados não seriam atempados por forma a permitir uma adequada regularização da situação.

3. O Projecto Piloto de Arbitragem de Conflitos de Consumo

A **experiência de Lisboa surge em 1989** no âmbito de uma acção específica empreendida pela Comissão, com vista ao melhoramento das condições de acesso à justiça para os conflitos de consumo.

O Projecto Piloto foi assim viabilizado pela iniciativa e convergência de vontades entre a **Comissão Europeia,** a **Câmara Municipal de Lisboa**, a **Associação Portuguesa para a Defesa do Consumidor**, o **Instituto do Consumidor** e a **União das Associações de Comércio e Serviços de Lisboa** e consolidado em 1993 com o apoio do **Ministério da Justiça** e das **Secretarias de Estado do Comércio e da Defesa do Consumidor**.

Cumpre referir que ao assumirmos o desafio de desenvolver um projecto piloto de acesso simplificado à justiça, tínhamos consciência de que para que este viesse a ser um sistema alternativo (*à justiça judicial*) deveria estar fundado em princípios fundamentais do Acesso à Justiça – **Acessibilidade, Confiança das partes, Proximidade, Celeridade e Eficácia.**

Analisadas as várias experiências de resolução extrajudicial em curso na Europa – junto dos Julgados de Paz (*Bélgica e França*) e por Arbitragem (*Holanda e Espanha*) – entendemos optar pela Arbitragem consideradas as valências da Lei de Arbitragem Voluntária Institucionalizada, que dispensando parte das exigências formais impostas em sede de processo civil, permite a utilização de um procedimento simplificado (**acessibilidade** e **celeridade**) conferindo às decisões a mesma força executiva que a das decisões dos tribunais de primeira instância (**eficácia**).

4. O Centro de Arbitragem

4.1. *Modelo*

O modelo adoptado caracteriza-se pela coexistência e interacção de um **Serviço de Apoio Jurídico** e de um **Tribunal Arbitral** que garantem um acesso mais fácil do cidadão à necessária acção de esclarecimento prévio e a uma célere e imparcial composição dos litígios (**proximidade** e **confiança das partes**).
- **O Tribunal** é permanente e constituído por um único Árbitro, designado pelo Conselho Superior de Magistratura, que é simultaneamente Juiz de Direito.
- **Ao Serviço Jurídico** compete apoiar o **Tribunal Arbitral** e nomeadamente:
    - **prestar informação** quer aos consumidores, quer aos profissionais sobre qualquer questão inerente à relação de consumo;
    - receber directamente as **reclamações**;
    - proceder à **triagem** das mesmas e
    - **instruir os processos** com vista às fases conciliatória e de arbitragem.

4.2. *Do processo simplificado*

Competência

São requisitos necessários à **admissão de um conflito** pelo Centro:
- que o mesmo decorra do fornecimento de bens ou serviços

por profissionais a consumidores (*art.º 2 da Lei 24/96, de 31 de Julho*);
• que o valor da causa não ultrapasse os € 5.000 e,
• que o conflito tenha sido originado em aquisição de bens ou serviços efectuada em estabelecimentos sitos na Área Metropolitana de Lisboa (**a partir de Novembro de 2003**).

Mediação e Conciliação

Se o conflito apresentado não fôr resolvido pela intervenção dos Juristas Assistentes através de mediação (*entre o prestador de bens ou serviços e o consumidor/reclamante*), são as duas partes convidadas a deslocar-se ao Centro para uma Tentativa de Conciliação e eventual Julgamento.

A empresa reclamada ao ser convidada a estar no Centro em dia e hora determinados para a Tentativa de Conciliação e Julgamento, recebe uma cópia da reclamação e é informada de que **pode contestar por escrito ou oralmente** (*junto do Juiz-Árbitro*) e que, tal como o reclamante, **pode apresentar testemunhas para o Julgamento.**

Efectuada a Tentativa de Conciliação poderá, no decurso desta, ser logrado um acordo que, depois de lavrado em acta, vai ao Juiz-Árbitro para homologação.

Arbitragem

Convenção de Arbitragem (**Adesão**)
Logo após a Tentativa de Conciliação e caso não tenha sido obtido acordo, podem as partes, mediante convenção de arbitragem, submeter o conflito objecto de reclamação, à apreciação do Juiz--Árbitro.

A Convenção de Arbitragem resume-se à aceitação expressa, quer por parte do reclamante quer do prestador de bens ou serviços, da submissão do conflito à decisão do Tribunal Arbitral.

Esta aceitação quando formulada por parte do prestador de bens e serviços é designada por **Adesão,** podendo ter por objecto um conflito actual (**adesão pontual**) ou referir-se a um qualquer conflito presente ou futuro (**adesão plena**).

Vantagens da Adesão Plena

As empresas com adesão plena ao Centro de Arbitragem figuram numa lista amplamente difundida e têm o direito de afixar nos seus estabelecimentos o símbolo que identifica a sua adesão ao sistema.

A utilização deste símbolo e consequente disponibilidade para submeter eventuais conflitos à apreciação do Juiz-Árbitro, são em si reveladores da abertura das empresas ao diálogo com os consumidores, garantindo a sua confiança e prestigiando o produto que oferecem.

Julgamento Arbitral

O processo é submetido ao Juiz-Árbitro, já instruído com os elementos tidos por necessários (*n.º 5 do Art.º 10.º do Regulamento do Tribunal Arbitral*), nomeadamente:
- indicação sumária do objecto do conflito;
- factos alegados pelas partes;
- meios de prova oferecidos;
- fundamentos da pretensão;
- convenção de arbitragem.

De referir que as várias peças do processo são apresentadas através de formulários existentes no Centro, que facilitam a elaboração da reclamação e da contestação, bem como do processo de adesão, afastando-se, assim, algumas exigências formais impostas em sede de processo civil, sem prejuízo dos **princípios fundamentais** a **observar no processo:**
- as partes são tratadas com absoluta igualdade;
- o reclamado recebe atempadamente cópia da reclamação podendo contestar por escrito ou oralmente perante o Juiz;
- é garantida a estrita observância do princípio do contraditório;
- ambas as partes são ouvidas antes de proferida a decisão final.

No Tribunal Arbitral o depoimento de parte, resulta da própria natureza do processo, já que, em princípio, reclamante e reclamado se sentam, no decurso da audiência de julgamento no Tribunal, frente a frente, iniciando-se este com a apresentação das suas posições no litígio em apreço.

A sentença é oral, (*ditada para a acta*) e proferida desde logo na presença das partes, sendo sucintamente fundamentada, e depois de assinada pelo Juiz-Árbitro é enviada cópia a cada uma das partes, ficando o original arquivado no Centro (*contendo apenas, os elementos referidos no Art.º 23.º da Lei 31/86 de 20/08*).

Representação

As partes podem designar quem as represente junto do Tribunal, embora não seja obrigatória a constituição de advogado e o reclamante/consumidor, quando domiciliado fora de Lisboa, possa estar representado por uma associação de defesa dos consumidores ou por estagiários da Ordem dos Advogados.

Prova e Peritagem

O Juiz-Árbitro não se encontra limitado à matéria articulada pelas partes, assistindo-lhe a possibilidade de fazer uma apreciação livre dos factos e das provas apresentadas e, se entender necessário, suspender a audiência de Julgamento, para que possam ser efectuadas peritagens, recolha de elementos ou quaisquer outras diligências que permitam um melhor esclarecimento dos factos e uma mais adequada decisão.

Prova – pode ser produzida perante o Tribunal qualquer prova admitida em processo civil, embora predomine a prova documental, a confissão e o exame directo por apresentação do bem, objecto do conflito.

Peritagem – as peritagens são efectuadas por técnicos especializados designados pelo Juiz-Árbitro com o acordo das partes, sendo o relatório de peritagem junto ao processo para suporte da decisão final.

Decisão Arbitral

O Juiz-Árbitro julga segundo o direito constituído, mas pode, caso as partes o autorizem, julgar segundo a equidade, pelo que e em resultado, se pode dizer que neste Tribunal predomina não o princípio da verdade formal, mas o da verdade material.

Sem perder de vista ou preterir o direito estatuído é um facto que, dada a aproximação do Juiz-Árbitro das partes, a especificidade dos casos analisados no Tribunal Arbitral, as condicionantes socio--culturais que envolvem a relação de consumo e a inexistência de formalismos processuais que obstem à apreciação da causa, é permitido ao Juiz-Árbitro promover de forma eficaz a composição dos litígios.

E se outro mérito não tiverem as decisões do Tribunal Arbitral bastará, como vem acontecendo, que determinem uma adequação de comportamentos das partes em conflito e a consequente formação de consumidores e prestadores de bens e serviços.

Execução

Em caso de não cumprimento da Sentença do Tribunal Arbitral e uma vez que a mesma é um título executivo, poderá ser apresentada no Tribunal Judicial para execução imediata.

De referir que, após a publicação do Dec-Lei n.º 103/91 de 8 de Março os exequentes estão isentos de preparos e custas na execução para obter o cumprimento das sentenças do Tribunal Arbitral.

5. Resultados – Dados Estatísticos (Nov/89 a Jul/02):

O Centro vai completar treze anos de actividade no passado dia 20 de Novembro e, por análise dos dados estatísticos verifica-se terem sido beneficiados com a existência do serviço prestado até ao presente, um relevante número de destinatários, sem contar com o benefício indirecto dos profissionais com os quais se resolveram casos através de mediação.

- Informações prestadas – **29.428**
- Processos resolvidos – **6.942** (Sentenças – **2.392**) (mediação, conciliação e arbitragem)
- Processos Instruídos – **7.325**
- Adesões dos profissionais – **1.537**

6. Virtualidades do Sistema

Considera-se que os resultados obtidos se devem essencialmente aos seguintes factores:

1.º – Eficácia do Processo – quer as resoluções sejam tomadas pela via conciliatória quer pela via arbitral, possuem o mesmo valor das sentenças de tribunal de 1ª Instância, isto é, são títulos executivos respectivamente nos termos do art.º 48.º n.º 2 do C.P.C. e art.º 26.º da Lei de Arbitragem Voluntária:

"1 – (...).
2 – A decisão arbitral tem a mesma força executiva que a sentença do tribunal judicial de 1ª instância."

e,

2.º – Existência de um Grupo Jurídico – que permite uma efectiva triagem dos casos tramitados ao Tribunal Arbitral e respectiva instrução dos processos com um acompanhamento imparcial dos mesmos pela prestação dos esclarecimentos necessários, quer ao consumidor quer ao prestador de bens e serviços.

De referir que o Centro utiliza *formulários-tipo*, que estão incluídos na *base de dados referente a todas as peças do processo e que todos os postos* de trabalho funcionam em rede com acesso à informação respeitante a cada processo.

3.º – Tribunal presidido por um único árbitro que é magistrado judicial, já especializado em Direito do Consumo (*nacional e comunitário*).

4.º – Garantia de imparcialidade do procedimento em relação às partes quer na instrução do processo, quer na acção do Tribunal.

5.º – Utilização de um procedimento simplificado que, dispensando a utilização de quase todas as formalidades utilizadas nos tribunais comuns, permite a resolução de conflitos quer pela via consensual, quer pela via arbitral.

6.º – Rigorosa observância do princípio do contraditório, sendo o reclamado informado atempadamente sobre o objecto da reclamação e podendo contestar por escrito ou oralmente e apresentar todos os meios de prova admitidos em processo civil.

7.º – Possibilidade de serem proferidas, em sede de Tribunal Arbitral, **decisões de direito ou de equidade** (*nos casos em que as partes para tal autorizem o Juiz*).

8.º – **Celeridade do Processo** dado que entre a admissão da reclamação no Centro e a efectiva resolução do conflito decorre um prazo médio de 40 dias.

9.º – **Não existência de custas** para qualquer das partes, mesmo na execução devido à comparticipação financeira da Comissão Europeia (*até ao ano 1998*), Ministério da Justiça, Secretaria de Estado da Indústria, Comércio e Serviços, Secretaria de Estado para a Defesa do Consumidor e Câmara Municipal de Lisboa e à isenção estabelecida por decreto lei para a fase de execução.

10.º – **Convergência** neste projecto de entidades públicas e privadas representativas dos consumidores e dos profissionais, bem como dos interesses de uns e outros, como é o caso da Justiça e da Autarquia.

11.º – **Proximidade** – a aproximação do Juiz das partes permite que a decisão seja melhor compreendida e implicando um envolvimento directo das partes na decisão apela ao seu cumprimento (*"o Juiz que explica o direito às partes"*).

12.º – **Índice de Adesão dos comerciantes e prestadores de serviços** justificada por:
- a arbitragem ser promovida por um magistrado judicial;
- os Julgamentos serem efectuados segundo o direito constituído (*como no Tribunal Judicial*) a menos que as partes permitam a equidade;
- imparcialidade do procedimento e garantia dos meios de defesa previstos no processo civil;
- convergirem neste projecto, como foi dito, entidades representativas dos comerciantes e dos consumidores, bem como de uns e de outros como é o caso da Autarquia;
- a actividade do Centro se desenvolver num espaço autónomo ao das entidades que o integram;
- a possibilidade de ser anunciada publicamente ou nos contratos celebrados com o consumidor a sua adesão ao sistema arbitral, o que prestigia o produto que oferecem.

7. Cooperação do Centro com outros Organismos Europeus

Considerando que a **abertura de fronteiras e alargamento do Mercado** supõem para o consumidor um acesso tão mais fácil quanto sofisticado a uma diversificação de bens e serviços, torna-se necessário criar meios adequados de informação e resolução de eventuais conflitos com origem em aquisições efectuadas pelos consumidores fora do seu pais de residência (*quer directamente, quer por "venda à distância"*).

Entende-se assim que se torna necessário promover o desenvolvimento da cooperação entre várias entidades com competência e reconhecida capacidade para de uma forma **rápida e eficaz proporcionarem ao cidadão informação adequada sobre legislação nacional e comunitária**, bem como para **dirimir eventuais conflitos** transfronteiriços.

Para realização deste objectivo torna-se indispensável que os Estados-Membros promovam e garantam a validade dos acordos de cooperação entre os vários organismos e que seja assegurado o reconhecimento e execução das suas decisões.

Acordos de cooperação transfronteiras com o Centro:
1. Lisboa/Madrid
2. Portugal / Espanha
3. Fin Net

Entre os Estados Membros:
• EEJ-NET

8. O Centro de Arbitragem e a aplicação da Recomendação da Comissão de 30 de Março de 1998

Ao afastar-se das exigências formais impostas em sede de processo civil, o Centro caracteriza-se pela adopção de um procedimento simplificado, **sem prejuízo do cumprimento dos princípios aplicáveis aos organismos extrajudiciais, consignados na Recomendação da Comissão de 30 de Março de 1998, designadamente:**
Princípio da Igualdade das Partes :
  • na instrução do processo é assegurado às partes um estatuto de igualdade substancial (*e não meramente formal*);

- igualdade no exercício das suas faculdades, assim como no uso de meios de defesa (*meios de prova, apresentação de testemunhas, etc.*).

Princípio do Contraditório e da Oralidade:
- reclamado recebe atempadamente cópia da reclamação e documentos anexos;
- pode contestar por escrito ou oralmente perante o Juiz;
- o Juiz-Árbitro ouve ambas as partes antes de proferir a decisão final.

Princípio da Representação:
- as partes podem designar quem as represente junto do Tribunal;
- não é obrigatória a constituição de advogado.

Princípio da Independência e Imparcialidade:
- Juiz-Árbitro designado por tempo indeterminado pelo Conselho Superior da Magistratura, em função da sua competência e experiência enquanto magistrado;
- existência de um magistrado tem sido garantia de isenção e imparcialidade, merecendo assim a confiança de ambas as partes;
- o Centro é totalmente financiado pelo Governo e pelo Município de Lisboa, funcionando em espaço autónomo ao das entidades representativas dos consumidores e das empresas.

Princípio da Transparência:
- publicação regular de informações na imprensa;
- divulgação de relatórios anuais sobre a acção;
- divulgação dos critérios que regem a actividade do Centro na selecção e tratamento dos casos;
- divulgação do tipo de regras que fundamentam as decisões (*de direito ou de equidade*);
- publicação da jurisprudência (*sem revelar o nome das partes*).

Princípio da Eficácia:
- as decisões têm o mesmo valor das decisões de tribunal judicial de 1ª Instância, constituindo títulos executivos;
- as decisões não cumpridas podem ser executadas directa e imediatamente no tribunal judicial;
- o tempo médio de resolução de conflitos não excede os quarenta dias.

- a pedagogia das decisões arbitrais na adequação de comportamentos futuros por parte dos consumidores e das empresas (*também em consequência da submissão voluntária do diferendo a Julgamento*).

Princípio da Legalidade:
- as decisões do tribunal arbitral são fundamentadas na lei, designadamente na lei resultante da transposição das directivas comunitárias sobre direito do consumo;
- as decisões podem ser de equidade, desde que as partes o aceitem, não perdendo de vista os princípios do direito constituído.

Princípio da Liberdade:
- antes de aceitar submeter o conflito ao sistema arbitral, as partes são devidamente informadas sobre o procedimento utilizado e do facto de as decisões serem vinculativas para ambas as partes.

Princípio da Verdade Material:
- proximidade do Juiz-Árbitro das partes – maior sensibilidade para as questões a apreciar por conhecimento pessoal e directo;
- dispensa dos formalismos processuais que obstam por vezes à apreciação da matéria de facto.

Para além destes princípios, predominam o **Princípio da Livre Apreciação da Prova e da Celeridade Processual.**

A completar a questão acima suscitada sobre a confiança das empresas no sistema, entendemos que a mesma advém sobretudo da estricta aplicação dos princípios da independência, imparcialidade e do contraditório.

Há que referir que o sistema extrajudicial utilizado não pretende substituir o judicial, mas antes servir-lhe de complemento na resolução de litígios que, pela sua natureza e valor, não chegam aos tribunais judiciais. Considerando-se contudo fundamental que estes procedimentos sejam dotados da dinâmica e eficácia necessárias à formulação de decisões em tempo oportuno (*evitando a corrente denegação de justiça porque não atempada*).

É um novo impulso que se espera venha a melhorar a vida das pessoas!

EQUAÇÃO CUSTO-BENEFÍCIO NA ADMINISTRAÇÃO DA JUSTIÇA
– SISTEMA EXTRAJUDICIAL DE RESOLUÇÃO DE CONFLITOS –

Maria da Conceição Oliveira
Directora-Geral da Administração Extrajudicial

O tema que nos é proposto – **equacionar os custos-benefícios, na administração da justiça, no "sistema extrajudicial de resolução de conflitos"** – coloca-nos perante múltiplas dificuldades.

Em primeiro lugar, porque a expressão "sistema" pressupõe a existência de um conjunto de meios, institucionalizados ou não, de iniciativa pública ou privada, aos quais os cidadãos que procuram a justiça para um caso concreto, em matéria cível, administrativa ou mesmo criminal, possam aceder, em alternativa ao recurso ao" sistema judicial".

Ora, conforme é sabido, em Portugal não existe uma "rede" institucionalizada de meios alternativos de resolução de litígios e, por consequência, é manifestamente inadequada a referência a um "sistema" que possa constituir uma segunda via, por opção dos interessados, alternativa às formas tradicionais de administração da justiça.

De referir que, para efeitos da presente exposição, consideramos os referidos "meios alternativos" na sua acepção mais lata (os designados *Alternative Dispute Resolution – ADR*) que abrangem todas os meios que visam alcançar a composição de um litígio sem intervenção judicial, incluindo a arbitragem, muito embora sejamos sensíveis ao entendimento de que, à luz da Lei n.º 31/86, de 29 de Agosto, esta classificação não será, do ponto de vista jurídico, muito rigorosa.

Desconhecemos se alguma vez foram sido realizados em Portugal, estudos, ainda que sectoriais, no sentido de apurar o resultado da equação custos-benefícios em sede de meios alternativos de resolução de litígios.

Não dispomos, pois, de meios que nos permitam "medir" o grau de satisfação do cidadão que envereda, por exemplo, pela mediação, em lugar de propor uma acção em tribunal para dirimir um dado conflito.

Parece-nos, todavia, inequívoco que o que é relevante na presente temática não é "quanto custa uma mediação?" ou "quanto pode custar uma arbitragem?", pelo que nos centraremos nos aspectos essencialmente ligados à satisfação, ou seja, aos potenciais **benefícios**, para as partes envolvidas.

Limitar-nos-emos, pois, tendo em vista abrir alguns caminhos à análise e reflexão, abordar o tema a propósito dos meios extrajudiciais de resolução de litígios "institucionalizados", quer os que resultam da iniciativa pública, quer os de iniciativa privada, reconhecidos como tal, e que beneficiam do apoio financeiro do Ministério da Justiça e de outras entidades, ensaiando, na medida do possível, com base nos dados disponíveis, uma apreciação centrada nos custos-benefícios para o Estado e particulares de cada um deles.

Conforme dissemos atrás, não existe em Portugal um verdadeiro sistema ou rede de meios alternativos de resolução de litígios.

Donde, a possibilidade de opção entre um destes meios e a justiça tradicional ainda é muito reduzida e, bem assim, limitada no que respeita à competência em razão da matéria, do valor e do território aos:

– Conflitos de consumo, que podem ser resolvidos nos centros de arbitragem institucionalizados existentes em Lisboa, Porto, Faro, Braga, Coimbra e Guimarães;[1]
– Conflitos no sector automóvel, cuja competência está cometida ao Centro de Arbitragem do Sector Automóvel, sediado em Lisboa;

---

[1] Centro de Arbitragem de Conflitos de Consumo de Lisboa; CICAP – Centro de Informação de Consumo e Arbitragem do Porto; CIMAAL – Centro de Informação, Mediação e Arbitragem de Consumo do Algarve; CIAB – Centro de Informação e Arbitragem de Consumo do Vale do Cávado; Centro de Arbitragem de Conflitos de Consumo do Distrito de Coimbra; Centro de Arbitragem de Conflitos de Consumo do Vale do Ave.

– Conflitos no sector dos seguros automóveis, que podem ser submetidos ao CIMASA – Centro de Informação, Mediação e Arbitragem de Seguros Automóveis, igualmente sediado em Lisboa;
– Conflitos resultantes de separação ou divórcio, relativos à regulação do exercício do poder paternal, através dos serviços de mediação familiar prestados pelo Gabinete de Mediação Familiar, situado em Lisboa;
– Conflitos de natureza cível, no âmbito do direito das obrigações e dos direitos reais, previstos no art.º 9.º da Lei n.º 78/2001, de 13 de Julho, de valor não superior a € 3741.00, susceptíveis de serem resolvidos através dos serviços de mediação prestados nos Julgados de Paz.

Os Centros de Arbitragem de carácter institucionalizado especializados, de iniciativa privada, nas áreas do consumo, sector automóvel e de seguros automóveis, têm merecido, por parte do Ministério da Justiça e, bem assim, de outras entidades públicas, o necessário e adequado apoio financeiro e técnico.

Com efeito, os serviços prestados por estes Centros são, em regra, gratuitos para os consumidores, desdobrando-se, de acordo com o previsto nos regulamentos respectivos, na informação, conciliação e, quando esta ou outras formas não adversariais não logram o objectivo de superar o litígio, na arbitragem.

De salientar o amplo interesse que a Comissão Europeia tem devotado a estes meios, na perspectiva de defesa dos interesses dos consumidores e de dinamização e favorecimento, no âmbito do espaço europeu da resolução extrajudicial dos conflitos de consumo, através de entidades que ofereçam garantias de independência e de imparcialidade na sua actuação.

Por outro lado, resulta, por demais, evidente, a inadequação do sistema judicial para a resolução de conflitos desta natureza, especialmente quando estão em causa bens ou serviços de valores reduzidos.

Provavelmente, por esta razão, muitos dos litígios de consumo nunca seriam submetidos ao sistema judicial, dizendo-se que, por via disso, os referidos Centros não constituem um meio apto a desenvolver e potenciar políticas de redução da sobrecarga de serviço nos tribunais e inerente morosidade processual.

No entanto, o apoio, por parte do Ministério da Justiça e demais entidades públicas e privadas, prestado aos referidos Centros de Arbitragem, reflecte, sem qualquer margem de dúvida, o reconhecimento de que os litígios de consumo carecem de tutela adequada.

Já foi dito que podem ser resolvidos por mediação, num contexto institucional, os litígios que, em situação de separação ou divórcio, respeitem à regulação do exercício do poder paternal, através dos serviços prestados pelo Gabinete de Mediação Familiar.

Também os conflitos de natureza cível, no âmbito dos direitos das obrigações e reais, previstos no art.º 9.º da Lei n.º 78/2001, de 13 de Julho (diploma que regula a competência, organização e funcionamento dos Julgados de Paz e a tramitação dos processos da sua competência), de valor não superior a € 3741.00, são susceptíveis de serem resolvidos através do serviço de mediação dos Julgados de Paz

Saliente-se que a mediação tem acolhimento no nosso ordenamento jurídico, tanto na referida Lei, como na Organização Tutelar de Menores[2] **ou na Lei Tutelar Educativa**[3]**.**

A mediação de conflitos é um dos mais divulgados meios alternativos de resolução de litígios que consiste na intervenção num diferendo, de um terceiro, escolhido pelas partes, imparcial e neutro, sem poder decisório – o mediador – com o objectivo de as ajudar a encontrar as suas próprias soluções para a superação do mesmo.

O mediador desempenha um papel fundamental, facilitando o diálogo e promovendo uma atitude cooperativa das partes, permitindo a conversão das posições em interesses e, bem assim, que o acordo que venha a ser celebrado, possibilite que ambas obtenham mútuas vantagens, contrariamente ao que acontece nos sistemas adversariais, em que, por norma, um dos intervenientes vence e o outro perde.

O Ministério da Justiça, nos termos do Protocolo celebrado em 1997 com a Ordem dos Advogados, estabeleceu as bases normativas do Gabinete de Mediação Familiar, o qual veio a ser, efectivamente, criado em Lisboa, em 1999, mantendo-se em actividade desde então.

O referido Gabinete tem competência para intervir na celebração de acordos de regulação do poder paternal, relativamente

---

[2] Organização Tutelar de Menores, artº 147.º
[3] Lei Tutelar Educativa, artº 42.º

a filhos menores, abrangendo as comarcas de Lisboa, Amadora, Sintra, Cascais, Oeiras, Loures, Mafra, Seixal, Barreiro e Almada.[4]

A iniciativa de recorrer ao Gabinete de Mediação Familiar depende sempre da vontade dos interessados, podendo ocorrer em circunstâncias distintas:
– previamente ao processo de separação ou divórcio ou de regulação do exercício do poder paternal;
– no decurso de um processo judicial de regulação do exercício do poder paternal, em que, suspensa a instância, os interessados pretendam obter um acordo, por via da mediação;
– para alterar um acordo vigente.

No primeiro caso, o acordo instruirá, regra geral, o requerimento de divórcio ou de regulação do exercício do poder paternal.

Nas demais situações, o acordo é submetido, pelas partes, ao tribunal competente, para efeitos de homologação.

Os serviços prestados pelo Gabinete de Mediação Familiar são gratuitos, suportando o Ministério da Justiça os encargos com a remuneração do pessoal ao mesmo afecto e, bem assim, os honorários dos mediadores, os quais dispõem de formação específica em mediação familiar e ampla experiência nesta área.

O estudo realizado em Julho do corrente ano pela Direcção-Geral da Administração Extrajudicial, que incluiu a análise dos resultados de um questionário apresentado aos utentes, permite concluir que, entre Janeiro e Abril de 2002, em 67% dos processos de mediação familiar, com início e conclusão neste período, foi alcançado um acordo.

Ainda relativamente ao mesmo período, constata-se que 60% dos inquiridos ficaram "muito satisfeitos" e 40% declararam que ficaram "satisfeitos", sendo que nenhum referiu haver ficado "insatisfeito".

Sabemos, aliás (muitos dos presentes são advogados ou magistrados que, profissionalmente, tiveram contacto com processos judiciais de divórcio ou de regulação de poder paternal) que, para os

---
[4] Despacho n.º 12368/97 (2ª série), de 25 de Novembro de 1997
– DR II série, n.º 283, de 9 de Dezembro de 1997 e Despacho n.º 1091/2002 (2ª série), de 4 Janeiro de 2002
– DR II série, n.º 13, de 16 de Janeiro de 2002

intervenientes nestes processos "os custos" relevantes não são, seguramente, os suportados com as custas judiciais ou com os honorários dos advogados.

Ao invés, como afirma Monique Sassier, (*Construire la médiation familiale*, Dunod, Paris, 2002), no processo de separação ou divórcio os "custos" relevantes não são, em regra, os susceptíveis de ser contabilizados, mas sobretudo:
- os custos individuais, psicológicos, afectivos e familiares, pois nenhuma separação se faz sem sofrimento;
- os custos económicos e sociais para a família, traduzidos em alterações dos hábitos, em criação de situações precárias e, frequentemente, dificuldades financeiras;
- os custos judiciários, estimando-se que, em França entre 15% a 30% da actividade judicial seja consagrada a litígios familiares;
- os custos colectivos, pois as separações ou divórcios "mal resolvidas" podem gerar nas crianças e adolescentes comportamentos de risco como reacção às rupturas familiares – maus resultados escolares, depressões, distúrbios de personalidade.

Os benefícios aliados à mediação são, pois, evidentes, permitindo ultrapassar, de forma positiva, cooperativa e concertada, as naturais dificuldades destes processos, reduzindo os mencionados "custos", projectando para o futuro regras e normas de conduta mais ajustadas ao caso concreto e reduzindo os riscos de incumprimento.

Por último, ainda no que respeita à mediação, há que referir o projecto experimental de criação de Julgados de Paz nos concelhos de Lisboa, Oliveira do Bairro, Seixal e Vila Nova de Gaia, nos termos previstos na Lei n.º 78/2001, de 13 de Julho.

Ainda que sejam, em bom rigor, Tribunais, os Julgados de Paz introduziram um sistema de administração da justiça inovador – às partes é dada a possibilidade de optarem entre submeter o litígio que as opõe à mediação ou ao julgamento pelo juiz de paz.

Caso a mediação seja bem sucedida, concluída com um acordo celebrado entre as partes, com a intervenção do mediador de conflitos, este é homologado pelo juiz de paz, o que lhe confere o valor de sentença proferida por um tribunal de primeira instância.

Caso contrário, ou quando as partes recusem a mediação, o processo é submetido ao juiz de paz para julgamento realizado da forma e de acordo com as regras previstas na referida lei.

Assim, a escolha pode recair sobre um sistema não adversarial em que a resolução do litígio passa pela autocomposição, através da intervenção do mediador ou adversarial, em que é cometida ao juiz de paz a decisão, através de um sistema de heterocomposição, consubstanciado na sentença proferida.

A adequação da modalidade de resolução à natureza e especificidade do conflito e à vontade das partes em que assenta o modelo dos julgados de paz permite, do nosso ponto de vista, classificá-lo como uma forma, ainda que limitada, dos designados "Tribunais Multiportas", experiência que tem vindo a ser desenvolvida de forma muito satisfatória noutros países, designadamente, nos Estados Unidos da América.

A cada "porta" corresponderá, por assim dizer, um meio de resolução do litígio – mediação, conciliação, arbitragem, tribunal tradicional...

Às partes, e apenas a estas, compete decidir, por qual delas enveredar, o que pressupõe que sejam, previamente, habilitadas, através dos respectivos advogados ou dos serviços de apoio judiciário, com a informação jurídica pertinente, a fim de que a escolha seja livre e esclarecida.

Os Julgados de Paz, pela sua organização e funcionamento, propiciam aos cidadãos uma verdadeira "justiça de proximidade", assente numa maior participação cívica e responsabilização na resolução dos seus problemas.

A circunstância de se tratar de um projecto de carácter experimental muito recente, pois teve início em 21 de Janeiro do corrente ano, e de âmbito territorial reduzido – apenas no Julgado de Paz de Oliveira do Bairro a respectiva competência territorial coincide com a totalidade do concelho – não nos permite, ainda, apurar, com o devido rigor, os custos inerentes a esta nova forma de administração da justiça e, muito menos, entabular qualquer comparação com os custos suportados pelo Estado com o "sistema judicial" tradicional.

Importa, no entanto, referir que, assentando o modelo dos Julgados de Paz numa estreita colaboração entre o Ministério da Justiça e as autarquias locais, os encargos com a respectiva criação e funcionamento são repartidos entre ambas as entidades.

A Direcção-Geral da Administração Extrajudicial, nos termos de um Protocolo celebrado com o Instituto Superior de Ciências do Trabalho e da Empresa (ISCTE), cometeu a esta entidade, através do respectivo Departamento de Sociologia, a responsabilidade de elaborar um estudo sociológico deste projecto experimental, o qual decorre sob a orientação do Professor Pierre Henri Guibentif, cujas conclusões serão, decerto, um importante contributo para o esclarecimento destas e outras questões.

Podemos, de qualquer forma, adiantar que, do nosso ponto de vista os Julgados de Paz poderão conduzir a uma nova percepção da justiça em Portugal, mais próxima, mais simplificada, mais ágil e menos onerosa.

Particularmente, no que à mediação respeita, os cidadãos valorizam a escuta activa, a possibilidade de falarem dos seus problemas e a participação na resolução dos seus conflitos.

Para além dos assinalados benefícios, os Julgados de Paz constituem uma justiça acessível – está fixada em € 70.00 a taxa única devida por cada processo tramitado nos Julgados de Paz.

No entanto, esta taxa é reduzida para € 50.00 quando o processo se conclui por acordo alcançado por mediação.

Os dados estatísticos apurados desde o respectivo início de funcionamento até 31 de Agosto pretérito, demonstram que foram resolvidos por mediação 35% da totalidade dos processos entrados nos Julgados de Paz.

Sem querer, naturalmente, apressar conclusões, a mediação nos Julgados de Paz, atendendo às matérias da respectiva competência, constitui um meio particularmente apto a resolver, de entre outras questões, conflitos de vizinhança, incumprimentos contratuais, problemas de condomínio ou indemnizações decorrentes de difamação ou injúria.

A avaliação do custo-benefício da mediação nos julgados de paz, por comparação com a administração da justiça nas suas modalidades tradicionais, poderá, porventura, fornecer dados relevantes, tendo em vista uma reapreciação do "sistema judicial"

Consideramos, no entanto, que se deverá evitar cair na tentação de utilizar os meios alternativos e referimo-nos, particularmente, à mediação de conflitos, como um expediente eficaz na definição de políticas que visem minorar os custos com a administração da justiça.

A conversão da mediação de conflitos numa mera fase processual, adoptada em alguns sistemas judiciais, de que é exemplo o da Grã-Bretanha, sugerida ou recomendada pelo juiz da causa, reduz a sua eficácia e, por consequência, não produz os efeitos desejados de redução do peso e morosidade processuais.

A mediação de conflitos deve assentar no compromisso voluntário e livre dos intervenientes.

Apenas de acordo com este princípio as partes estarão em condições de assumir uma postura cooperativa e colaborante, essencial a uma mediação bem sucedida.

Um estudo levado a cabo, em 1995, por Stacey Keare no *Public Law Research Institute*, entidade dependente do *U.C. Hastings College of the Law*, (São Francisco, Califórnia, EUA) a que tivemos acesso, revela que a experiência de introdução dos meios alternativos de resolução de litígios em alguns tribunais federais, com o objectivo de reduzir os custos e a morosidade processual, não confirmou que esses efeitos hajam sido plenamente alcançados.

Tal circunstância ficou a dever-se a vários factores, designadamente, à diminuta adesão, das partes a meios alternativos impostos pelo sistema judicial.

Assim, o entendimento vertido no estudo em apreço aponta no sentido de que a avaliação dos meios alternativos deveria submeter-se a outros critérios – a redução dos custos e a satisfação dos litigantes.

Aliás, os benefícios para as partes decorrentes do recurso a estes meios, ainda que sem expressão relevante em termos das quantias despendidas, justifica, por si, o desenvolvimento e divulgação dos mesmos.

Preconiza-se, pois, que os meios alternativos de resolução de litígios acessíveis através de entidades privadas – centros de mediação e centros de arbitragem – serão, porventura, mais aptos a reduzir os custos com a administração da justiça pois, intervindo preventivamente, possibilitam que determinadas questões sejam resolvidas à margem do sistema judicial, reduzindo, por um lado, os custos a cargo do Estado e, por outro, beneficiando os interessados, desde logo porque economizam tempo e custos processuais, além de que usufruem das várias vantagens assinaladas aos meios alternativos.

Subscrevemos, pois, as conclusões, vertidas no estudo em análise, que sustenta que a iniciativa privada deve ser apoiada e incentivada, na medida do possível, pelos poderes públicos de modo a permitir a divulgação destes meios e a credibilização dos mesmos junto dos cidadãos e das empresas.

Em Portugal, a divulgação da mediação através dos Julgados de Paz constituiu um primeiro e decisivo passo nesse sentido, que será reforçado com a criação de outros Julgados e alargamento das competências em razão do território dos existentes.

Estamos certos, a avaliar pelo crescente interesse pelas formas alternativas de resolução de litígios, por parte dos meios académicos e a sociedade em geral, de que esta Conferência é uma clara e inequívoca manifestação, que, a breve trecho, se multiplicarão as iniciativas nesse sentido, a benefício de uma melhor cidadania, mais participada, interventiva, pacificadora e responsável.

Parte III

– Os Custos da Justiça –
– Economia e Justiça –

Célia Costa Cabral
Nuno Garoupa
José Albuquerque Tavares
Vitor Calvete
Ana Paula Vitorino

A JUSTIÇA E SEU IMPACTO SOBRE AS EMPRESAS PORTUGUESAS[1]

CÉLIA DA COSTA CABRAL
Universidade Nova de Lisboa

ARMANDO CASTELAR PINHEIRO
BNDES e Fundação Getúlio Vargas
(Rio de Janeiro)

1. Introdução

Porquê a preocupação em inquirir junto das empresas portuguesas a sua percepção do funcionamento da justiça em Portugal? Porquê tentar compreender especificamente quais as decisões das empresas que o actual funcionamento da justiça afecta? Qual o interesse deste tema? A resposta a essas questões passa pela constatação, cada vez mais generalizada, de que o bom funcionamento das empresas e dos mercados, e por conseguinte da economia, depende da existência de instituições sólidas e eficientes. Neste sentido, as questões que aqui tratamos inserem-se no âmbito de um leque de temas mais alargado e que têm começado a receber uma atenção crescente nos últimos anos: qual o papel que as instituições desempenham no desenho do desenvolvimento económico, e qual a sua importância quantitativa?

---

[1] O estudo aqui apresentado foi financiado pelo Ministério da Justiça – Gabinete de Plameamento e Politica Legislativa, tendo também beneficiado de uma bolsa do programa Praxis (FCT/ MCT). Quaisquer comentários poderão ser enviados aos autores através do endereço ccabral@fct.unl.pt

North (1990, p. 97) define as instituições como "restrições humanamente concebidas que estruturam as interacções políticas, económicas e sociais. Elas consistem em restrições informais (sanções, tabus, costumes, tradições e códigos de conduta) e regras formais (constituições, leis, direitos de propriedade). (...) Em conjunto com as restrições económicas padrão, elas definem o conjunto de escolha que determinam os custos de transacção e de produção e por sua vez a rendibilidade e a possibilidade de desenvolver a actividade económica". De entre os trabalhos que relacionam instituições e desenvolvimento, destacam-se os trabalhos de North (1981) e de Olson (1996).[2] Estes autores encaram as instituições como um dos principais determinantes do crescimento económico e argumentam que as diferenças institucionais explicam uma parte importante das diferenças de rendimento entre países. Olson (1996) vai mesmo ao ponto de defender que reformar a política económica e as instituições é suficiente para uma nação rapidamente conseguir alcançar uma trajectória de elevada taxa de crescimento. Estes argumentos são reforçados pelos resultados dos trabalhos de Barro e Lee (1994) e Scully (1988), entre outros, sendo que este mostra que os países onde as instituições funcionam correctamente são duas vezes mais eficientes e crescem três vezes mais rapidamente.[3]

De entre essas instituições, assume particular relevância o Sistema de Justiça (o conjunto do Sistema Legal e do Sistema Judicial) pois, como colocado por Olson, são "os sistemas legais que garantem os contratos e protegem os direitos de propriedade". De facto, um cor-

---

[2] Contribuições fundamentais a esse tema foram dadas também por R. Coase (1988), para quem é, de facto, a noção de custos de transacção que permite compreender o funcionamento do sistema económico, analisar a maioria dos seus problemas de forma útil e ter uma base para a determinação de políticas. Coase foi particularmente influente em mostrar a influência das leis na atividade económica. Coase (1988) apresenta uma coletânea dos principais trabalhos desse autor. O World Development Report 2002, produzido pelo Banco Mundial, e que tem como título "Building Institutions for Markets", traz ampla descrição do papel das instituições na promoção do desenvolvimento.

[3] Esta conclusão é retirada através do estudo do impacto das instituições sobre níveis e taxas de crescimento em 115 economias e conclui que países com boas instituições são duas vezes mais eficientes e crescem três vezes mais em termos per capita, enquanto que países com instituições precárias apresentam um declínio contínuo da eficiência. Ver Castelar (2000) e Aron (2000) para referências adicionais de estudos empíricos nesse tema.

recto funcionamento do sistema económico depende fundamentalmente do Sistema de Justiça instituído – quer da própria legislação existente em vigor, quer do sistema judicial que assegura o cumprimento dessa legislação.[4] É o funcionamento do conjunto destes dois elementos que determina a facilidade ou a dificuldade de obtenção de uma correcta afectação dos recursos de um País dados os próprios mecanismos de mercado: para que as trocas entre agentes económicos funcionem de forma correcta e eficiente, permitindo um aproveitamento eficaz da especialização e uma exploração eficiente das economias de escala, é essencial a existência de uma adequada protecção dos direitos de propriedade e dos direitos contratuais. Vale dizer, o mau funcionamento do Sistema de Justiça prejudica o desempenho económico estreitando a abrangência da actividade económica, desestimulando a especialização e dificultando a exploração de economias de escala; desencorajando investimentos e a correcta utilização do capital disponível; distorcendo o sistema de preços, ao introduzir fontes de risco adicionais nos negócios; e diminuindo a qualidade da política económica. A magnitude desses efeitos pode ser grande, dependendo do tamanho dos problemas encontrados no Sistema de Justiça de um país. Em termos históricos, North (1992) constata que "no mundo ocidental, a evolução dos tribunais, dos sistemas legais e dum sistema judicial relativamente imparcial tem desempenhado um papel preponderante no desenvolvimento de um complexo sistema de contratos capaz de se estender no tempo e no espaço, um requisito essencial para a especialização económica". Um trabalho que reforça e quantifica esta ideia é o de Castelar e Cabral (2001), que demonstra que a eficiência do sistema judicial tem um forte impacto no desenvolvimento dos mercados de crédito.

---

[4] A interdependência entre os dois sistemas é enfatizada por Castelar (2000), que defende que "a capacidade de os tribunais julgarem com presteza, justiça e previsibilidade depende de as leis terem sentido claro e serem bem escritas e consistentes com outras leis e com as práticas comerciais. Da mesma forma, para que os tribunais funcionem de forma eficiente, os contratos, quer se refiram a partes privadas, quer envolvam o Estado, devem estar correctamente elaborados, ser consistentes com a legislação e conter cláusulas passíveis tanto de verificação como de aplicação". O sistema judicial, por sua vez, pode desempenhar um papel importante de melhorar a qualidade das leis e dos contratos.

Este trabalho insere-se neste esforço de compreensão do papel das instituições no desempenho económico. Tendo o sistema jurídico-legal um papel fundamental como uma das instituições que mais influenciam o desempenho económico de uma nação, é sobre o impacto do sistema judicial que nos debruçamos. O nosso objectivo é o de determinar o impacto do actual funcionamento das instituições do sistema judicial no desempenho da economia portuguesa. Para o fazer, partimos da constatação de que era indispensável ter em conta os processos de decisão dos agentes que mais decisivamente contribuem para esse desempenho, os intervenientes no processo produtivo: as empresas. Assim, avalia-se o impacto do funcionamento do sistema judicial nas decisões das empresas portuguesas e, a partir dessa medida, procura-se obter uma medida desse impacto sobre o desempenho económico do país. Com esse objectivo, procedemos a um inquérito junto das empresas portuguesas dos diversos ramos de actividade, a nível nacional. A abordagem passa, assim, pela compreensão dos factores que mais afectam as decisões de produção, de investimento e de *pricing* das empresas portuguesas, dado o enquadramento institucional em que se inserem e que fornecem as relevantes restrições para o seu processo de escolha individual. A perspectiva assumida é aquela da teoria económica – partindo do pressuposto que cada agente económico defende o seu interesse próprio (maximiza a sua função objectivo) assumindo como dadas certas restrições que delimitam as suas possibilidades: as preferências da sociedade (a procura), a tecnologia da produção (a oferta) e as regras que lhes são impostas (as leis e a eficácia do cumprimento destas).[5]

Vale observar que os problemas do campo institucional são frequentemente reconhecidos pelas entidades do Sistema de Justiça dos

---

[5] As regras servem para criar e garantir as condições necessárias à manutenção de transacções entre agentes económicos; é preciso ter-se em conta que, na defesa do interesse próprio, alguns indivíduos ou agentes económicos pretenderão apropriar-se da riqueza criada por outros membros da sociedade – é a ideia da "metáfora criminosa" de Olson (2000). Assim, se as regras legais funcionam, por um lado, como uma restrição, elas têm também um papel de protecção. Porque a apropriação acaba por afectar negativamente tanto quem produz riqueza como quem dela se apropria (porque a própria riqueza diminui), é do interesse comum que as regras legais existam e que elas sejam cumpridas. Como ferramentas essenciais que são para uma correcta afectação dos recursos, elas têm um papel fundamental no crescimento económico de uma nação.

países em que este não funciona bem, e Portugal não é uma excepção. Esses problemas são de diversas naturezas: o perfil das instituições, o formato das estruturas institucionais existentes, problemas da esfera legislativa e dos rituais dos procedimentos instituídos (que muitas vezes acentuam os primeiros), instabilidade legislativa e um excessivo grau de formalidade (que contribuem ainda mais para retardar o trabalho da justiça ao tornar os processos demasiado burocratizados), entre outros.

Em Portugal, a insatisfação com o desempenho do sistema de justiça é elevada, e tem desaguado numa vontade de combater algumas das dificuldades do sistema, traduzida em numerosas medidas recentemente implementadas pelo Ministério da Justiça, que vão desde a desburocratização, a alteração dos códigos de processo e a simplificação de procedimentos, até a desjudicialização de certos procedimentos. Parece pois haver um elevado esforço e empenhamento em colmatar muitas das dificuldades que se têm vindo a sentir nesta área. Importa chamar a atenção para o facto que o conhecimento sobre os custos económicos que decorrem de um sistema judicial ineficiente poderá permitir uma mais clara definição das áreas prioritárias de intervenção, de forma a efectivamente se conseguir melhorar a administração da justiça, na prática. Uma quantificação destes custos económicos poderá, adicionalmente, indicar o grau de urgência deste tipo de intervenção. Assim, este trabalho pretende ser também uma contribuição para o avanço na solução dos problemas enfrentados pelo Sistema de Justiça português.

O artigo está estruturado em quatro secções. A secção 2 analisa o sistema judicial enquanto instituição económica, revendo conceitos e introduzindo o ferramental analítico que orientou a montagem do inquérito. A secção 3 discute os resultados do inquérito realizado junto às empresas. Uma última secção resume as principais conclusões do estudo.

2. O Sistema judicial como Instituição Económica[6]

2.1. *Como avaliar a qualidade do sistema judicial?*

Caracterizar o que é um bom sistema judicial, do ponto de vista do funcionamento da economia, é menos imediato do que pode parecer à primeira vista. Enquanto que, a nível das decisões individuais, é razoável pensar na existência de um critério ético que permita distinguir entre um comportamento produtivo e um de apropriação da produção alheia, a nível de decisões colectivas essa separação torna-se mais complexa – quer esse conjunto de indivíduos seja uma empresa ou seja uma instituição pública. O problema complica-se adicionalmente com relação à definição do objectivo da instituição em questão – a função de bem-estar que a instituição procura ou deveria procurar maximizar.

Assim, uma corrente de literatura tem-se debruçado sobre a questão da definição daquilo que, do ponto de vista da eficiente afectação dos recursos, um bom sistema judicial deveria ser e fazer. As abordagens são variadas: Hay, Shleifer, Vishny (1996) defendem que um bom sistema legal é um a que os indivíduos recorrem para estruturar as suas actividades económicas e solucionar as suas disputas; isto inclui uma aprendizagem das regras legais, a estruturação das transacções económicas de acordo com essas regras, procurando penalizar ou obter compensação de quem não as cumpre e recorrendo às entidades públicas para fazer cumprir as regras". Shihata (1995) defende que "um bom Sistema judicial é aquele que assegura que a justiça seja acessível e aplicada a todos, que direitos e deveres sejam respeitados, além de aplicados com um baixo custo para a sociedade." Há, é claro, um *trade-off* entre baixo custo, rapidez de decisões e amplo direito de defesa. Hay *et al.* (1996) acrescentam que "para ser aceite, o sistema legal tem que expulsar completamente outros mecanismos, tipicamente privados, de cumprimento de contratos e de resolução de disputas". Isto pressupõe mecanismos que consigam garantir o cumprimento da lei e das decisões dos tribunais em tempo útil. Castelar (2000) argumenta também que "um sistema judicial que

---

[6] Esta secção é baseada parcialmente em Castelar (2001).

leve a muitos litígios não está sendo eficiente por duas razões: uma porque consome muitos recursos (...). Outra porque litígios em excesso indicam que as leis e os direitos não se acham suficientemente bem definidos e/ou respeitados. (...) Um número escasso de litígios é também sinal de que o sistema judicial não está funcionando bem (...) indica que as firmas e os indivíduos não confiam que o sistema judicial vá proteger os seus direitos de maneira eficiente. Pode também indicar que os custos de se recorrer ao sistema judicial são muito altos, impedindo, na prática, o acesso universal à justiça pelas partes". Finalmente, Hay *et al.* (1996) argumentam que para que o sistema possa funcionar para mais pessoas seria necessário que "em primeiro lugar, as regras más – que impedem as pessoas de usar o sistema legal porque impedem ou falham na protecção de actividade económica legítima – devem ser eliminadas; em segundo lugar, as novas regras devem seguir, na medida do possível, as práticas comerciais (...). Em terceiro lugar, as novas regras deveriam ajudar os tribunais a solucionar disputas dizendo-lhes o que fazer nos casos em que leis existentes são mais claramente incompletas. Em particular, os tribunais, com os seus muito limitados recursos, deveriam ser capazes de verificar se violações das regras legais tiveram ou não lugar".[7]

Para se avaliar a importância quantitativa do sistema judicial enquanto instituição económica é preciso ir além dos conceitos gerais e definir indicadores que permitam "pensar" a qualidade do desempenho do sistema judicial em termos dos seus reflexos sobre o funcionamento da economia. Ou seja, é necessário ter critério objectivos e mensuráveis para avaliar o desempenho do sistema judicial. Definições genéricas, como a de Shihata (1995), acima, embora capturem a essência do problema, são de difícil utilização. Neste sentido, três alternativas são propostas na literatura. Sherwood *et al.* (1994, p.7) sugerem que o desempenho do sistema judicial seja avaliado considerando-se os serviços que ele produz, em particular, em termos de "garantia de acesso, previsibilidade e presteza dos resultados, além de remédios adequados". Ou seja, pensar a justiça enquanto

---

[7] Ver também Olson (1965), que fornece o instrumental analítico que permite compreender as condições sob as quais as Instituições Políticas e Judiciais administram as regras legais.

uma entidade que presta serviços à sociedade e considerar a qualidade dos serviços oferecidos. Isto permitiria não apenas estabelecer comparações entre diferentes jurisdições, como também avaliar o desempenho de um determinado sistema judicial, ou duma parte dele, ao longo do tempo. Além disso, associando-se indicadores de "produção" aos custos incorridos pela justiça podem-se derivar indicadores de eficiência, que também podem ser comparados com *benchmarks* internacionais ou em outras jurisdições no mesmo país, ou acompanhados no tempo. De facto, há países em que os tribunais já utilizam indicadores de produtividade para monitorizar o trabalho dos seus magistrados.[8] A dificuldade com esta metodologia é que a produção do sistema judicial depende tanto da quantidade de serviços como de sua qualidade, sendo a importância desta última maior do que em outros sectores, estando além disso sujeita a grande subjectividade. É isto que torna atraente a sugestão de Hay et al (1996), de que a qualidade do sistema judicial seja medida pela frequência com que os indivíduos recorrem ao sistema e não a mecanismos concorrentes de resolução de conflitos e de aplicação da lei. Ou seja, que se pode medir o desempenho do sistema judicial não pela sua produção, mas por sua competitividade frente a outras instituições que prestam os mesmos serviços. Também com esta medida há, porém, um problema: o pouco uso do sistema judicial pode reflectir não o seu mau desempenho, mas a qualidade superior de outros mecanismos de resolução de conflitos e fazer com que os contratos sejam respeitados. Ou, no extremo oposto, não apenas o sistema judicial mas também essas outras instituições podem ser percebidas como fornecendo serviços caros e de má qualidade, sendo a procura baixa para todas elas. Uma maneira de corrigir este efeito é utilizar um meio ainda mais indirecto de avaliar o desempenho da justiça, olhando para o perfil das transacções que efectivamente têm lugar na economia e, em particular, a frequência com que ocorrem transacções dependentes do bom funcionamento da justiça: transacções complexas, escalonadas no tempo, com elevado grau de especificidade, e envolvendo

---

[8] Esta é, em certo sentido, a visão adoptada pelo Banco Mundial no seu Relatório sobre o Desenvolvimento Mundial de 1997, em que o Banco enumera as três características que, a seu ver, caracterizariam um bom sistema judicial: independência; força (i.e. instrumentos para implementar suas decisões) e eficiência na sua gestão.

agentes económicos autónomos.[9] Castelar (2000) desenvolve um modelo que permite avaliar o impacto da qualidade dos serviços fornecidos pelo sistema judicial (ou outro mecanismo de solução de disputas) sobre a utilidade das partes e, portanto, sobre a sua propensão a litigar. Esta utilidade, por sua vez, funciona como um valor de reserva para os agentes económicos quando esses se envolvem em actividades produtivas, de investimento, concessão de crédito etc. Ou seja, o mínimo que se espera "salvar" se a outra parte no contrato o desrespeitar. Quanto maior for esse valor, maior a propensão dos agentes económicos a desempenhar essas actividades. Em Castelar (2000), a utilidade esperada de recorrer à justiça depende, positivamente, do valor líquido que se espera receber e, negativamente, da variância desse ganho, que reflecte a incerteza quanto a ganhar ou perder a disputa e ao tempo até que uma decisão seja tomada. Assim, a utilidade advinda da utilização de um mecanismo específico de resolução de conflitos, como o sistema judicial, é função do valor do direito em causa, dos custos envolvidos, da rapidez com que uma decisão é alcançada, da imparcialidade do árbitro, da taxa de juro e da previsibilidade das decisões e do tempo até que estas sejam alcançadas. Neste sentido, um sistema que funciona bem deve ostentar quatro propriedades: 1) baixo custo,[10] 2) decisões justas, 3) rápidas e 4) previsíveis (em termos de conteúdo e de prazo). Um sistema de resolução de conflitos caracteriza-se como justo quando a probabilidade de vitória é próxima a um para o lado que tem a razão e a zero para o lado que não a tem. Relativamente à previsibilidade, as decisões são previsíveis quando a variância *ex-ante* do ganho líquido de custos é pequena.[11] A previsibilidade é alta quando a probabilidade

---

[9] Conforme colocado por Williamson (1995, pp. 181-2): "O resultado é que se pode inferir a qualidade do sistema judicial de forma indirecta: uma economia com alto desempenho (expresso em termos de governance) irá permitir mais transacções numa faixa intermediária [i.e. contratos de longo prazo estabelecidos fora de organizações hierarquizadas] do que uma economia com um sistema judicial problemático"

[10] O custo esperado de recorrer ao sistema judicial não depende apenas das taxas pagas à justiça, mas também das despesas incorridas durante o processo de litígio, da probabilidade de se vencer (probabilidade que pode ela própria depender do quanto é gasto) e de como os custos do litígio são distribuídos entre quem ganha e quem perde a causa.

[11] Note-se que essa variância é formada tanto pela variância do resultado em si (i.e., perde ou ganha), como do tempo necessário para se alcançar uma decisão. Ambas representam factores indesejáveis e actuam como desincentivos ao recurso ao sistema judicial.

de se vencer se aproxima de zero ou um e a variância do tempo gasto para se tomar a decisão é pequena.[12] A parcialidade é claramente indesejável, e difere da imprevisibilidade porque distorce o sentido da justiça de uma forma intencional e determinística. Os tribunais podem ser tendenciosos devido à corrupção, por serem politizados (favorecendo certas classes de litigantes, como membros da elite, trabalhadores, devedores, residentes, etc.), ou por não gozarem de independência em relação ao Estado, curvando-se à sua vontade quando o governo é parte na disputa. O insucesso em se produzir decisões com presteza é frequentemente citado como um problema importante dos sistemas judiciais em todo o mundo. A morosidade reduz o valor presente do direito em disputa, significando que o sistema judicial só em parte protege os direitos de propriedade.

O nosso inquérito mostra que o principal problema do sistema judicial português, de acordo com as empresas, é a sua falta de agilidade: praticamente todos as empresas que responderam ao inquérito consideraram a justiça má ou muito má em relação a este atributo. A avaliação é também bastante negativa relativamente aos custos de acesso, ainda que menos do que no que respeita à agilidade – nove em cada dez empresas disseram que este custo é elevado ou muito elevado – negativa também em relação à previsibilidade das decisões judiciais, mas relativamente positiva em relação à imparcialidade das decisões judiciais. No conjunto, uma larga maioria das empresas (88,0%) apontou o desempenho do sistema judicial português como mau ou muito mau, uma proporção suficientemente elevada para não deixar margem para dúvida de que, do ponto de vista da classe empresarial portuguesa, há muito que precisa de ser feito para melhorar o funcionamento do sistema judicial.

---

[12] Os tribunais podem ser imprevisíveis porque as leis e/ou contratos são escritos precariamente, porque os juízes são incompetentes ou mal informados, porque a decisão sobre um mesmo caso varia muito de um juiz para outro, ou devido à incerteza quanto ao tempo que será necessário aguardar até que uma decisão seja tomada. Métodos alternativos de resolução de conflitos podem ser preferidos, consequentemente, não só porque são mais rápidos, mas também porque os árbitros podem estar mais bem preparados para interpretar a questão em disputa. Por exemplo, a arbitragem internacional, apesar de cara, é por vezes preferida para resolver conflitos em transacções internacionais pelo facto dos árbitros terem maior conhecimento técnico sobre a questão em disputa.

Com relação à imprevisibilidade das decisões judiciais, observa-se que a maioria dos entrevistados (53,1% das empresas, e quase dois terços das que emitiram opinião) apontou que constante ou frequentemente os tribunais emitem decisões diferentes para disputas semelhantes. Também por larga maioria (80% das entrevistadas e 90% das que emitiram opinião a esse respeito), as empresas afirmaram que a possibilidade de melhor prever o resultado de um caso em tribunal seria útil ou muito útil ao planeamento das suas actividades.

2.2. Sistema judicial e Crescimento

A ineficiência do sistema judicial não preocupa apenas pelas injustiças que causa, particularmente entre os mais pobres. A literatura mostra que dela também resultam custos económicos elevados, em especial para uma economia que, como a portuguesa, tem passado por transformações profundas em direção a uma maior liberalização e à diminuição da influência do Estado. Como é sabido, à medida que uma economia vai sendo liberalizada, muitas das transacções que se processavam no interior das grandes organizações estatais ou sob coordenação do sector público, passam a ter lugar no mercado. Neste, é do sistema legal e judicial de que dependem, em última instância, a protecção dos direitos e dos contratos assim celebrados. À medida que as transacções se viraram cada vez mais para o mercado (para o que contribuiu também largamente a entrada de Portugal na EU e as privatizações que vieram a ter lugar), estas alterações contribuíram para uma profunda alteração do ritmo da actividade económica e foi sendo acompanhada, por motivos diversos, de um crescente recurso ao sistema de justiça. No entanto, o sistema de justiça tem revelado grandes dificuldades em responder a este aumento crescente de solicitações e isso tem-se traduzido num crescente acumular de processos nos tribunais. O resultado, por todos conhecidos, é o de uma enorme morosidade processual que tem como consequência uma diluição temporal dos direitos reclamados em tribunal e que a lei deveria consagrar.

A morosidade dos processos desacredita o sistema judicial como mediador e solucionador dos conflitos inerentes à livre actuação dos agentes económicos nos mercados. Os efeitos da morosidade são bem conhecidos: os direitos e as garantias deixam de estar assegurados;

as partes lesadas aceitam frequentemente acordos menos do que "justos" (porque a alternativa, a de recurso ao sistema de justiça, não lhe garante uma solução melhor); quando a Justiça é lenta, o valor esperado do ganho ou da perda das partes reduz-se substancialmente; os custos de recorrer à justiça aumentam. O comportamento racional dos agentes incorpora o conhecimento destes resultados nas suas acções – torna-se possível rentabilizar comportamentos oportunistas; torna-se assim também importante a protecção de potenciais comportamentos oportunistas das partes com quem se contrata; há que calcular o risco acrescido de incumprimento quando os custos de recorrer a justiça são elevados e há que os compensar. É desta forma que as empresas, como agentes racionais, são afectadas pelo funcionamento da justiça e se vêm obrigadas a alterar os seus comportamentos. O resultado é, pois, um em que há uma distorção das decisões das empresas, que poderão reduzir os seus níveis de investimento, evitar certas áreas de negócio, cobrar preços mais altos[13]... Assim se criam obstáculos ao crescimento do investimento e se limita a competitividade internacional das empresas. Finalmente, o próprio crescimento e desenvolvimento económico do país pode ser posto em causa.

Talvez a melhor forma de pensar nos benefícios de uma melhoria da eficiência do sistema judicial seja recorrendo a um raciocínio contrafactual: se o sistema for ineficiente, os custos de transacção entre os indivíduos aumentam significativamente uma vez que os litígios terão mais difícil resolução, quanto mais não seja por esta ser mais prolongada, o que desencorajará os agentes económicos a aceitar contractos sem pesadas cláusulas penais em caso de incumprimento com o objectivo de desincentivar condutas fraudulentas de uma parte incumpridora. Este simples facto desincentiva o estabelecimento de contratos com agentes com os quais ainda não tenha havido negócio

---

[13] As empresas, de uma maneira ou de outra, calculam os seus preços de forma a incorporar o custo do tempo necessário a recuperar judicialmente as quantias que os seus devedores não pagam pontualmente. É caso dos spreads bancários – a visão das empresas portuguesas confirma esta percepção acerca funcionamento da justiça sobre os spreads bancários – mais de metade (52,2%) das empresas entrevistadas considera que entre "sempre" e frequentemente", as instituições financeiras incorporam um "prémio de risco judicial" na taxa de juro. Para uma discussão de como a forma de funcionamento do sistema judicial afecta o mercado de crédito ver Castelar e Cabral (2001).

e em quem não se tenha estabelecido uma relação de confiança, dada a impossibilidade de resolução rápida de possíveis conflitos emergentes, o que retardará receitas e aumentará custos.

O sistema judicial tem, assim, um forte impacto no desempenho económico, actuando por vários canais. Quatro desses canais são: o progresso tecnológico[14], a eficiência das empresas, o investimento e a qualidade da política económica.

Quando os contratos não são eficientemente garantidos, as empresas podem decidir não realizar determinados negócios, deixar de explorar economias de escala, combinar *inputs* ineficientemente, não afectar sua produção entre clientes e mercados da melhor forma, deixar recursos ociosos, etc. Além disso, tendem a verticalizar-se, trazendo para o seio da empresa actividades que poderiam ser melhor desenvolvidas em empresas especializadas – gerando perdas de eficiência nas empresas. Um sistema judicial eficiente é essencial também para que empresas e indivíduos se sintam seguros para fazer investimentos específicos, sejam eles físicos ou em capital humano.[15] O impacto da qualidade do sistema judicial sobre o investimento será tão maior quanto mais especializada e específica for a natureza desse investimento.[16] A produção especializada requer frequentemente activos específicos a uma transacção e os agentes privados só farão investimentos altamente especializados se estiverem seguros de que os contratos que garantem as suas actividades serão correctamente implementados. A ausência de um sistema judicial eficiente faz com

---

[14] Um bom sistema judicial contribui directamente para o crescimento económico estimulando o desenvolvimento e a difusão da tecnologia quando protege a propriedade intelectual e ao fomentar o investimento em I&D no país e facilitando a aquisição de tecnologia avançada de outros países. Contribui também indirectamente, ao contribuir para a redução dos custos de transacção, estimulando os agentes económicos a aumentar o número e a dispersão geográfica de seus negócios – o que aumenta a difusão do conhecimento (não apenas científico mas também de gestão, de marketing, financeiro, etc.)

[15] Entende-se por activo ou investimento específico uma aplicação de capital cujo aproveitamento em outra actividade é impossível ou, se realizada, implique grande perda de valor. Para uma discussão mais aprofundada sobre a especificidade de activos ver Williamson (1985).

[16] Isto porque, uma vez realizado um investimento específico, é natural que a outra parte num negócio tentar agir oportunisticamente e expropriar o proprietário do investimento, procurando pagar apenas o custo variável de provisão do serviço contratado.

que este tipo de investimento não ocorra ou que tenha que ser realizado pelo Estado. O sistema judicial também pode estimular o crescimento reduzindo a instabilidade e melhorando a qualidade da política económica. Políticas económicas voláteis e arbitrárias, ao desestabilizarem as "regras do jogo", desencorajam o investimento e a produção. Um bom sistema judicial contribui para reduzir a instabilidade das políticas ao garantir o cumprimento de compromissos legislativos e constitucionais e ao limitar o arbítrio governamental. A efectividade da política económica também depende do desempenho do sistema judicial. Quando definindo que restrições se devem impor à actuação do governo, os países têm de trabalhar com um *trade-off* básico. Por um lado, o estímulo ao investimento crescerá conforme se restrinja o poder discricionário do Estado. Por outro lado, porque as circunstâncias em que a economia opera mudam com o tempo, a política económica só pode ser eficiente se os governos tiverem alguma flexibilidade na aplicação da lei. Num ambiente em constante mutação, um sistema legal que permita a ampla adaptação permitirá uma eficiência da política económica que não será viável em quadros legais muito rígidos. A solução para este dilema é a presença de um sistema judicial que coíba o oportunismo do executivo, ao mesmo tempo que lhe dá maior flexibilidade na condução da sua política.

2.3. *Evidência Empírica de Estudos* Cross-Country

A maior parte da literatura sobre o impacto das instituições, em geral, e dos sistemas judiciais, em particular, sobre o crescimento baseia-se em regressões com *cross-sections* de países. O trabalho nesta área fundamenta-se usualmente em modelos de convergência condicionada, nos quais se toma por hipótese que quanto menor o capital institucional de um país – e, em particular, a eficiência de seu sistema judicial – menor o seu PIB *per capita* de equilíbrio e, como consequência, menores as taxas de crescimento económico (ver Barro, 1991, e Barro e Sala-i-Martin 1992, 1995).

Muitos dos estudos iniciais nesta área usaram como *proxies* da qualidade dos sistemas judiciais e legais medidas de instabilidade política, ou, com menor frequência, a natureza do sistema político. Esses trabalhos supõem, por um lado, que a instabilidade política reduz a segurança dos direitos de propriedade e, em particular, que os sistemas judiciais e legais de países envoltos em guerras, revoluções ou outras formas violentas de transição política estejam menos aptos a assegurar os direitos de propriedade do que aqueles de países não expostos a essa sorte de eventos. Por outro lado, supõem que os regimes democráticos sejam mais capazes de garantir os direitos de propriedade. Enquanto o efeito de rupturas políticas violentas sobre o crescimento é significativo, ainda que amplo demais para poder ser atribuído ao funcionamento da justiça, a evidência empírica a respeito da influência do sistema político sobre a economia é, na melhor das hipóteses, ambígua.[17]

Mais recentemente, diversos estudos tentaram avaliar o impacto de sistemas legais/judiciais sobre o crescimento económico focando variáveis mais proximamente relacionadas com a segurança dos direitos de propriedade, a estabilidade das políticas e o desempenho dos sistemas judiciais. Knack e Keefer (1995) e Mauro (1995) avaliam a qualidade do sistema judicial utilizando medidas de risco-país geradas por instituições privadas, obtendo um impacto sobre a taxa de investimento, o PIB per capita de *steady state* e a taxa de crescimento do PIB maior do que o estimado anteriormente utilizando medidas alternativas da qualidade do sistema judicial e das leis, como o grau de violência política ou índices de liberdades políticas e civis. Brunetti e Weder (1995) utilizam dados de 310 empresas, em 28 países em desenvolvimento, e concluem que a instabilidade das leis e das políticas reduz as taxas de crescimento económico. Clague *et al.* (1995) usam a proporção de "moeda contratualmente intensiva" (definida como um menos a razão entre o total de papel moeda fora dos bancos e M2) como uma medida da intensidade de transacções na economia potencialmente dependentes do sistema judicial, obtendo um efeito significativo desta medida sobre o crescimento.

Estes estudos indicam que o efeito do sistema judicial sobre o crescimento económico, seja através do investimento, seja através do crescimento da produtividade (isto é, do progresso tecnológico e da eficiência) é quantitativamente importante. Mas, como discutido em detalhe por Castelar (2000) e Aron (2000), eles sofrem de problemas econométricos potencialmente relevantes: endogeneidade das variá-

---

[17] Castelar (2000) apresenta e discute em mais detalhe esta literatura.

veis explicativas, sensibilidade à amostra utilizada e à especificação funcional, e má qualidade das *proxies* são alguns deles. Neste sentido, devem ser vistos mais como uma indicação da importância do sistema judicial para a economia do que como medidas precisas desse efeito.

Uma abordagem semelhante, mas que evita pelo menos parte destes problemas é o estudo de Castelar e Cabral (2001), que trabalha com uma *cross-section* de estados brasileiros para avaliar o impacto da qualidade do sistema judicial sobre o volume de crédito como proporção do PIB. O trabalho explora o facto de que a legislação que regula o mercado de crédito é única em todo o país (e portanto não explica diferenças interestaduais no funcionamento desse mercado) e utiliza como medida da qualidade do sistema judicial a avaliação da justiça feita directamente pelos empresários de cada estado brasileiro. Os autores consideram individual e conjuntamente três características do sistema judicial – morosidade, custos e parcialidade – concluindo que as três afectam negativamente o volume de crédito rural e não-rural concedido pelo sistema financeiro. Castelar e Cabral concluem que diferenças no desempenho da justiça são tão importantes como diferenças no rendimento *per capita* para explicar a variação interestadual no rácio volume de crédito/PIB.

3. A evolução do sector da Justiça em Portugal e descrição do estudo a efectuar

3.1. *O recurso a um inquérito às empresas Portuguesas*

Até ao trabalho de Castelar (2000) não exista uma metodologia que permitisse claramente compreender como certas restrições institucionais produzem um determinado resultado em termos do produto nacional, uma medida objectiva do desempenho económico. Assim, os trabalhos empíricos que pretenderam abordar este problema no passado reduziram-se a buscas de uma relação estatística entre crescimento económico e algum indicador representativo das variáveis económicas, institucionais e políticas. Castelar (2000) desenvolve pela primeira vez uma metodologia que permite medir os custos económicos de um deficiente funcionamento do sistema judicial, obtendo estimativas numéricas destes custos. O mesmo procedimento foi depois adoptado pelo *Instituto Apoyo*, pelo *Foro para la Administración de Justicia* e pelo *Fraser Institute* para estudar o impacto do sistema judicial nas economias do Perú, da Argentina e do Canadá, respectivamente. É esta metodologia que utilizamos neste trabalho.

Assim, de forma a conseguir quantificar os efeitos nas decisões das empresas do funcionamento do sistema judicial, elaborou-se um questionário com o objectivo de obter informação relativa aos vários aspectos que se prendem com a tomada de decisão e com o comportamento das empresas.

Os aspectos que se procuram captar no inquérito utilizado são diversos – se por um lado se pretende saber qual a visão geral das empresas acerca do funcionamento do sistema judicial, procura-se também saber em que medida o funcionamento do sistema judicial é ou não um factor fundamental nos processos de tomada de decisão das empresas. Pretende-se determinar quais os principais factores na determinação dos custos das empresas e, nestes, qual a posição relativa do factor "justiça". Além disso, procura-se saber se as decisões de produção, investimento e de *pricing* são afectadas pelo funcionamento do sistema judicial e, em caso afirmativo, tenta-se obter uma quantificação aproximada do efeito. Saber quais os tipos de processo em que as empresas se vêm mais frequentemente envolvidas é também um dos objectivos deste inquérito, bem como a duração média dos processos em que estas se vêm envolvidas e a percentagem de processos que acabam por ser negociados fora dos tribunais.

Mais detalhadamente, um conjunto de objectivos do questionário pretende captar a visão geral das empresas acerca do funcionamento do sistema judicial e a importância atribuída às recentes alterações legislativas introduzidas nos códigos de processo (perguntas 1 e 41). Relativamente à visão das empresas acerca do desempenho do Sistema judicial, procura-se obter uma avaliação individual das três vertentes que consideramos ser essenciais para o desempenho deste sistema: a celeridade, a imparcialidade da decisão final, bem como a previsibilidade da mesma, e o custo de recorrer à justiça (perguntas 2 e 3). A questão da previsibilidade da decisão final é ainda abordada no sentido de procurar saber até que ponto uma melhor previsibilidade poderia ter utilidade nas actividades de planeamento da empresa (perguntas 5 e 6). Com vista a perspectivar a importância do desempenho do sistema de justiça relativamente a outras restrições que a empresa enfrenta e que mais afectam os seus custos e as suas decisões, solicita-se que estas façam uma ordenação destes factores (pergunta 4). Finalmente, procura-se avaliar o grau de importância do impacto que o funcionamento do Sistema judicial tem no desempenho da empresa e qual a percepção da empresa do impacto do mesmo sobre o desempenho da economia nacional (pergunta 19).

Outro conjunto de objectivos do questionário prende-se com a compreensão da extensão do efeito da percepção acerca do funcionamento do sistema judicial sobre certos comportamentos-resposta por parte das empresas no que respeita às suas decisões de investimento, ao desenho de contratos elaborados com elevada protecção, e que acabem por influenciar o nível das taxas de juro. Pretende-se saber se a empresa adopta este tipo de comportamentos-resposta e se ela se sente afectada por estes comportamentos-resposta por parte de outras empresas (perguntas 7 a 11). Por outro lado, procuram-se avaliar os aspectos relacionados com a organização dos negócios das empresas (como as decisões de contratação de trabalhadores permanentes, a sub-contratação de actividades produtivas e a sub-contratação de actividades não essenciais são afectadas pelo desempenho do Sistema judicial) e com as oportunidades de negócio (fornecedores e clientes conhecidos têm preferência sobre outros que possam oferecer melhores condições? Existe uma necessidade acrescida de recurso a serviços de empresas de informações que permitam qualificar potenciais parceiros de negócios? Evitam as empresas trabalhar em países que tenham um Sistema judicial ineficiente? Receiam as empresas contratar com o sector público ou governamental ou apresentam esses contratos dificuldades acrescidas para as empresas?) (perguntas 12 a 18). A compreensão da profundidade dos efeitos do desempenho do Sistema judicial pode ainda ser obtida pedindo às empresas que tentem quantificar os efeitos que resultariam se o Sistema de Justiça melhorasse o seu desempenho e se tornasse comparável ao dos países mais avançados da EU – em termos de investimentos adicionais, recurso ao crédito, redução dos custos dos contratos, criação de novos postos de trabalho, variação no nível de sub-contratação de actividades produtivas e de actividades não essenciais, no nível dos preços dos seus produtos e na redução das actividades da chamada "economia informal" (perguntas 20 a 26). No âmbito destas questões, uma adicional foi introduzida no questionário depois de no pré-teste do mesmo se ter determinado existir um factor frequentemente referido pelas empresas como fundamental nas suas decisões – a questão da legislação laboral e do desempenho do tribunal de trabalho. Assim, e apesar de se afastar um pouco do âmbito do proposto neste estudo, pede-se às empresas que quantifiquem o impacto nos preços que podem atribuir a uma falta de flexibilidade da legislação laboral (perguntas 27 e 28a), não descurando a vertente mais directamente associada com o âmbito deste estudo: o desempenho do tribunal de trabalho (pergunta 28b).

Um terceiro conjunto de objectivos do questionário prende-se com a experiência da empresa com a Justiça. Assim, procura-se saber em quantos processos a empresa esteve envolvida nos últimos anos e quais os tipos de processos mais frequentes – quer iniciados pela empresa, quer dirigidos à empresa. Destes, pede-se que estimem a duração média de cada tipo de processo e quantos processos foram concluídos por acordo (perguntas 29 a 36). Finalmente, procura-se saber se a empresa também beneficia da própria morosidade dos processos e em que sentido (perguntas 39 e 40). Uma última questão, aberta, permite à empresa expressar-se acerca dos problemas relativos ao sistema de justiça que afectam a sua actividade, que carecem de resolução e que não foram abordados no questionário (pergunta 42).

Para todas as empresas inquiridas, é recolhida informação acerca do seu ramo de actividade (com o seu código CAE), se o capital é nacional ou estrangeiro, se a empresa é privada ou pública, qual o seu número de empregados, o seu volume de vendas e os seus resultados líquidos. Estes elementos da tipologia da empresa permitirão verificar até que ponto determinadas características da empresa, tais como a sua estrutura de capitais e a sua dimensão conduzem a determinado padrão de respostas – fundamentalmente, permitirá responder a questões tais como: serão as empresas mais fortes do ponto de vista económico as que mais recorrem ao sistema judicial (por eventualmente poderem suportar melhor os custos de uma eventual ineficiência do sistema)?

Sendo o questionário aplicado a empresas dos mais diferentes sectores de actividade, procurar-se-á observar se estes são afectados diferencialmente e como, em particular.

3.2. Aspectos Metodológicos

Os dados utilizados para a definição da amostra (as empresas a inquirir) baseiam-se no Universo das empresas registadas nos Quadros de Pessoal de Departamento de Estatística do Emprego e Formação Profissional do Ministério do Trabalho e da Solidariedade. Deste universo, foram eliminadas algumas CAE (Classificação de Actividade Económica) que considerámos representar actividades cuja relação com o sistema judicial é menor – nomeadamente os sectores primários e a administração pública. O Quadro 1 apresenta o Universo parcial das empresas assim definido.

Quadro 1
Universo parcial das Empresas Registadas nos Quadros de Pessoal
(n.º de trabalhadores)

CAE		Total	1 a 4	5 a 9	10 a 19	20 a 49	50 a 99	100 a 199	200 a 399	400 a 499	500 a 999	≥ 1000
C	Ind. Extractivas	1090	404	287	206	149	34	8	1	0	0	1
D	Ind. Transformadora	44678	18436	10525	7071	5360	1916	853	341	64	87	25
E	Prod. Dist. Electricidade	649	160	169	120	106	53	24	14	2	1	0
F	Construção	29523	16456	7191	3523	1689	436	150	67	3	7	1
G	Comércio por grosso	91164	63782	17600	6330	2610	596	186	41	9	10	0
H	Alojamento e restauração	29051	19936	5995	2008	787	225	73	25	2	0	0
I	Transportes e armazenagem	9365	5308	1827	1064	702	225	153	53	10	14	9
J	Actividades financeiras	6934	2616	2576	1164	378	106	58	24	1	6	5
K	Actividades imobiliárias, alugueres	20773	14470	3724	1405	668	231	161	63	15	21	15
	Total	233227	141568	49894	22891	12449	3822	1666	629	106	146	56

Fonte: Quadros de Pessoal, DETEFP – MTS, 1998.

Para a definição da amostra, utilizou-se a CAE e a dimensão de pessoal ao serviço. Optou-se por não se considerar a variável volume de vendas por não se julgar muito fiável. Dado o universo parcial a considerar, construíram-se duas amostras independentes (para um nível de confiança de 95%): (i) uma para as empresas com menos de 100 trabalhadores; (ii) uma segunda para as empresas com 100 e mais trabalhadores. Esta solução foi considerada necessária de forma a que se evitasse uma sub-representação das empresas de maior dimensão, tal como aconteceria se fosse utilizada uma amostra única para o universo parcial considerado.[18] Esta solução permite ultrapassar o problema da subrepresentividade das as empresas de maior dimensão (já que, dada a problemática em análise, consideramos pertinente a opinião das empresas de maior dimensão dado que o seu posicionamento face ao sistema judicial apresentará especificidades relativamente ao das empresas de menor dimensão) evitando-se, por outro lado, eliminar da amostra as empresas de menor dimensão (com 4 ou menos trabalhadores) – o que seria indesejável, já que estas são numerosas. A amostra, assim definida, está descrita no Quadro 2:

Quadro 2
Amostra tendo por base o Universo das Empresas Registadas nos Quadros de Pessoal

CAE		**ATÉ 100 TRABALHADORES**	100 e mais trabalhadores	Total
C	Ind. Extractivas	6	9	15
D	Ind. Transformadora	234	543	777
E	Prod. Dist. Electricidade	6	6	12
F	Construção	171	84	255
G	Comércio por grosso	432	138	570
H	Alojamento e restauração	156	42	198
I	Transportes e armazenagem	42	54	96
J	Actividades financeiras	9	30	39
K	Actividades imobiliárias, alugueres	108	102	210
	Total	1164	1008	2172

Fonte: Quadros de Pessoal, DETEFP – MTS, 1998.

Foi feito o envio postal do inquérito para 2172 empresas (o triplo da dimensão da amostra, tendo sido aleatoriamente seleccionadas entre as que constituem o Universo), às quais se acrescentam ainda as 500 maiores empresas do ano transacto – totalizando 2672 empresas.

Os pré-testes ao questionário foram realizados através de entrevistas presenciais. Durante estes contactos pessoais com os respon-

---

[18] O Anexo 1 descreve, em maior detalhe, as alternativas consideradas para o processo de amostragem e explica a escolha tomada.

sáveis das empresas contactadas, verificou-se que os entrevistados tinham alguma dificuldade na interpretação de duas perguntas e que, nalguns casos, certas perguntas não se aplicavam à empresa em análise – não sendo no entanto possível responder "não se aplica" mas apenas "não sabe/não responde". Por outro lado, muitos dos entrevistados, ao lhes ser perguntado se consideravam haver outras questões não abordadas no questionário mas que afectassem as decisões da empresa de forma importante, revelaram que a questão da legislação laboral e do funcionamento do tribunal do trabalho era uma questão que particularmente os afectava. Dados estes elementos, as duas perguntas em questão foram reformuladas, introduziu-se a possibilidade de responder "não se aplica" a várias das questões (já que de facto "não se aplica" e "não sabe" representam duas situações distintas) e introduziram-se no questionário duas perguntas relativas à questão da legislação laboral e ao funcionamento do tribunal de trabalho.

A metodologia a seguir é a seguinte: estima-se a participação de cada sector na economia (tendo em conta que o sector primário e da administração pública não foram incluídos na amostragem) a partir de dados sobre produção / valor acrescentado. Assim, no que respeita à estimação dos efeitos do funcionamento do sistema judicial sobre o nível de produto, sobre o investimento e sobre o nível de preços, é feita uma análise por sector (onde se determinará, através de uma média ponderada, os valores respeitantes ao sector). Uma vez obtidos os valores correspondentes a cada sector, estes valores são utilizados como peso do respectivo sector no total da economia, obtendo-se assim uma estimativa acerca do efeito sobre o desempenho da economia nacional.

A divisão da amostra em dois grupos, segundo o número de trabalhadores (como medida de aproximação à dimensão da empresa), permitirá ainda identificar se o grau de dificuldade das empresas devido ao funcionamento do sistema judicial difere de forma significativa ou não entre as maiores empresas e as pequenas empresas. Permite ainda, em caso afirmativo, localizar quais os pontos onde as divergências existentes são significativas e quais são aqueles que não apresentam diferenças segundo a dimensão.

Dependendo dos resultados entretanto observados, poderá ou não justificar-se a apresentação dos resultados não só agregados por

CAE mas também divididos segundo a dimensão da empresa (para as empresas com menos de 100 trabalhadores e para as empresas com mais de 100 trabalhadores) – procedendo-se à análise deste tipo de cruzamentos.

O peso relativo dos dois grupos de empresas dentro de cada classificação CAE terá que ser estimado para que seja possível a obtenção dos dados agregados. Para tal, recorreremos à contribuição dos dois grupos para o total da produção ou das vendas de cada CAE.

4. Resultados do Estudo para Portugal (Resultados Preliminares)

Apresentamos alguns dos resultados preliminares dos inquéritos conduzidos junto de empresas portuguesas, dos vários sectores de actividade. Os dados tratados, nesta fase, dizem respeito a 209 empresas – grupo que constitui apenas parte da amostra a ser utilizada no estudo que nos propomos conduzir mas que nos permitem já retirar algumas conclusões, ainda que preliminares, acerca do impacto do funcionamento do sistema judicial sobre as decisões das empresas portuguesas.

Observamos que a grande maioria das empresas portuguesas – 88% – classifica o funcionamento do sistema de justiça como "Mau" ou "Muito Mau".

P1 - Classificação do funcionamento do sistema judicial

	Frequência	%	Percentagem Acumulada
2 Bom	16	7,7	7,7
3 Mau	125	59,8	67,5
4 Muito	59	28,2	95,7
5 Não sabe/Não	9	4,3	100,0
Total	209	100,0	

Entendendo que a classificação do desempenho do sistema de justiça em geral depende da percepção do funcionamento de quatro componentes principais – a morosidade dos processos, a imparcialidade das decisões, a previsibilidade das decisões e o custo de recorrer aos tribunais – notamos que a morosidade parece ser o principal factor de descontentamento. 67% das empresas classificam esta vertente do funcionamento do sistema de justiça como "Muito Mau" e 32% como "Mau". O segundo factor de descontentamento é o custo de recorrer aos tribunais, com 23,9% das empresas a classificar este custo como "Muito Alto" e 60,8% como "Alto" – ou seja, a grande maioria das empresas portuguesas considera caro recorrer à justiça.

P2a - Morosidade dos processos

	Frequencia	%	Percentagem Acumulada
2 Bom	1	,5	,5
3 Mau	61	29,2	29,7
4 Muito	140	67,0	96,7
5 Não sabe/Não	7	3,3	100,0
Total	209	100,0	

Notamos, adicionalmente, que a percepção do custo de recorrer aos tribunais é mais pessimista nas empresas menores. De facto, procedemos à divisão das observações em três grupos de acordo com a dimensão da empresa: um grupo composto por empresas pertencentes ao universo das 500 maiores empresas portuguesas; um outro grupo composto por empresas com 100 ou mais trabalhadores e um terceiro grupo composto por empresas com menos de 100 trabalhadores. No grupo das 500 maiores empresas, 20% consideram este custo "Muito Elevado"; no grupo de empresas com mais de 100 trabalhadores esta percentagem aumenta para 23,8% e no grupo das empresas com menos de 100 trabalhadores para 29%. Estas diferenças acentuam-se mais ainda quando tomamos em consideração a percentagem depois de excluídas as empresas que respondem "Não sabe/Não responde". Neste caso, as percentagens alteram-se para 20,5%, 25% e 34%, respectivamente.

P3 - Avaliação do custo de recorrer aos tribunais

	Frequencia	%	Percentagem Acumulada
1 Muito elevado	50	23,9	23,9
2 Elevado	127	60,8	84,7
3 Baixo	18	8,6	93,3
5 Não sabe/Não responde	14	6,7	100,0
Total	209	100,0	

Classificação das empresas 2º o nº de trabalhadores ao serviço * P3 - Avaliação do custo de recorrer aos tribunais

			P3 - Avaliação do custo de recorrer aos				
			1 Muito elevado	2 Elevado	3 Baixo	5 Não sabe/Não responde	Total
Classificação das empresas 2º o nº de trabalhadores ao serviço	1 500 maiores	Count	9	31	4	1	45
		% within Classificação das empresas 2º o nº de trabalhadores ao serviço	20,0%	68,9%	8,9%	2,2%	100,0%
	2 100 e +	Count	25	63	12	5	105
		% within Classificação das empresas 2º o nº de trabalhadores ao serviço	23,8%	60,0%	11,4%	4,8%	100,0%
	3 - de 100	Count	16	29	2	8	55
		% within Classificação das empresas 2º o nº de trabalhadores ao serviço	29,1%	52,7%	3,6%	14,5%	100,0%
Total		Count	50	123	18	14	205
		% within Classificação das empresas 2º o nº de trabalhadores ao serviço	24,4%	60,0%	8,8%	6,8%	100,0%

A percepção relativa à imparcialidade é bastante positiva, com mais de metade das empresas a atribuir a esta dimensão classificações de "Bom" (47.4%) e "Muito Bom" (2,9%). São as maiores empresas aquelas que consideram o sistema relativamente mais imparcial – no grupo das 500 maiores empresas, 55,6% consideram o sistema como "Bom" ou "Muito Bom" no que respeita à imparcialidade; já nas do grupo das empresas com mais de 100 trabalhadores esta percentagem é de 51,4% e nas empresas com menos de 100 trabalhadores ela é de 43,6%.

P2b - Imparcialidade da decisão final

	Frequencia	%	Percentagem Acumulada
1 Muito	6	2,9	2,9
2 Bom	99	47,4	50,2
3 Mau	67	32,1	82,3
4 Muito	7	3,3	85,6
5 Não sabe/Não responde	30	14,4	100,0
Total	209	100,0	

Já no que respeita à previsibilidade da decisão final os resultados são menos optimistas, com 30,6% das empresas a atribuírem a esta componente uma classificação de "Bom" e 42,6% a atribuírem uma classificação de "Mau". Poucos consideram que seja quer "Muito Bom" (0,5%) quer "Muito Mau" (5,3%).

P2c - Previsibilidade da decisão final

	Frequencia	%	Percentagem Acumulada
1 Muito	1	,5	,5
2 Bom	64	30,6	31,1
3 Mau	89	42,6	73,7
4 Muito	11	5,3	78,9
5 Não sabe/Não	44	21,1	100,0
Total	209	100,0	

O facto da maioria das empresas considerar este aspecto relativamente negativo é ainda perceptível na resposta a uma outra pergunta do questionário: quando perguntado se é frequente os tribunais emitirem decisões diferentes para disputas semelhantes, mais de metade das empresas considera esta situação ocorre "Frequentemente" (46,0%) ou "Sempre ou quase sempre" (6,2%). Ainda nesta questão, observamos um pessimismo relativamente mais elevado por parte das maiores empresas: o grupo das 500 maiores esta percentagem é de 62,2%, no grupo com mais de 100 trabalhadores é de 55,2% e no grupo das empresas com menos de 100 trabalhadores e de apenas 40%. Em parte, estas diferenças são explicadas por um maior número de respostas "Não sabe/Não responde" nas empresas menores.

P5 - Os tribunais emitem decisões diferentes para disputas semelhantes

	Frequencia	%	Percentagem Acumulada
1 Constantemente	13	6,2	6,2
2 Frequentemente	98	46,9	53,1
3 Raramente	55	26,3	79,4
4 Muito raramente ou nunca	6	2,9	82,3
5 Não sabe/Não responde	37	17,7	100,0
Total	209	100,0	

Classificação das empresas 2º o nº de trabalhadores ao serviço * P2c - Previsibilidade da decisão final Crosstabulation

			P2c - Previsibilidade da decisão final					Total
			1 Muito bom	2 Bom	3 Mau	4 Muito mau	5 Não sabe/Não responde	
Classificação das empresas 2º o nº de trabalhadores ao serviço	1 500 maiores	Count		13	23	2	7	45
		% within Classificação das empresas 2º o nº de trabalhadores ao serviço		28,9%	51,1%	4,4%	15,6%	100,0%
	2 100 e +	Count	1	34	47	6	17	105
		% within Classificação das empresas 2º o nº de trabalhadores ao serviço	1,0%	32,4%	44,8%	5,7%	16,2%	100,0%
	3 - de 100	Count		16	16	3	20	55
		% within Classificação das empresas 2º o nº de trabalhadores ao serviço		29,1%	29,1%	5,5%	36,4%	100,0%
Total		Count	1	63	86	11	44	205
		% within Classificação das empresas 2º o nº de trabalhadores ao serviço	,5%	30,7%	42,0%	5,4%	21,5%	100,0%

A previsibilidade das decisões é importante para o planeamento e a tomada de decisão por parte das empresas, conforme manifesta a quase totalidade das empresas do grupo em análise, com 38,8% das empresas especificando este factor como "Muitíssimo importante" e 46,9% das empresas como "Muito Importante" (enquanto que apenas 7,2% o consideram pouco importante, 1,9% muito pouco importante e 10,5% não sabem ou não respondem à questão).

P6 - A possibilidade de melhor prever o resultado de um caso em tribunal seria útil ao planeamento das actividades da empresa

	Frequencia	%	Percentagem Acumulada
1 Muito útil	81	38,8	38,8
2 Útil	87	41,6	80,4
3 Pouco útil	15	7,2	87,6
4 Inútil	4	1,9	89,5
5 Não sabe/Não responde	22	10,5	100,0
Total	209	100,0	

Dado o desempenho da vertente *morosidade*, convém no entanto referir que existe algum optimismo no que respeita às simplificação dos processos decorrentes de alterações legislativas relativamente recentes (incluindo as alterações ao regime de notificações) quanto a uma resultante redução na demora na resolução dos processos em tribunal – ou seja, redução da morosidade. Embora 20% das empresas tenha respondido "Não Sabe/Não Responde", 13,9% das empresas classificam a importância destas alterações "Muito Importante", 30,1% "Importante", 25,8% classificam-na como "Pouco Importante" e apenas 11% a consideram "Irrelevante".

P41 - Que importância atribui às recentes alterações legislativas no sentido da simplificação dos processos em tribunal, incluindo as alterações ao regime de notificação, no efeito que terão na redução da demora na resolução dos processos em tribunal?

	Frequencia	%	Percentagem Acumulada
1 Muito	29	13,9	13,9
2 Importante	63	30,1	44,0
3 Pouco	54	25,8	69,9
4 Irrelevante	23	11,0	80,9
5 Não sabe/Não	40	19,1	100,0
Total	209	100,0	

Importa questionar qual a importância que o desempenho do sistema judicial tem sobre os custos e as decisões das empresas. Uma das perguntas do questionário pretende, precisamente, posicionar esta variável relativamente a outras que representam também restrições que afectam os custos e as decisões das empresas, procurando estimar a sua importância relativa entre estes outros factores – os outros factores referidos nesta questão são: Impostos; Infra-estruturas; Custos salariais; Acesso a mão-de-obra especializada; Custo de cumprir padrões de produção impostos pela legislação; Custo de cumprir a regulação industrial; e Outros.

Mais de metade das empresas do grupo sob análise consideraram ser os impostos um dos dois principais factores que afectam os seus custos e as suas decisões e mais de dois terços das empresas incluíram esta variável entre as três principais. O segundo e terceiros factores que surgem como os mais importantes nos seus efeitos sobre os custos e decisões das empresas são os custos salariais e o acesso a mão-de-obra especializada. 43% das empresas enumeram os custos salariais entre os dois principais e mais de metade o referem entre os três principais factores. 32,5% das empresas apontam o acesso a mão-de-obra especializada como um dos dois principais factores, e 60,7% referem este factor entre os três principais.

Surgem então a Justiça e as Infra-estruturas. As infra-estruturas são apontadas como o quarto factor mais importante, em média, seguido da Justiça – a Justiça não parece afectar de forma homogénea as empresas, aparecendo este factor apontado como o 4.º, 5.º, 6.º ou 7.º mais importante, com uma distribuição relativamente homogénea para cada uma destas posições.

O Custo de cumprir com padrões de produção impostos pela legislação parece ter também uma importância desigual com resultados dispersos quanto ao seu grau de importância, enquanto que o custo de cumprir a regulação industrial é, em geral, considerado pouco importante.

O desempenho do sistema de justiça não deixa de ter um impacto significativo nas decisões das empresas – em particular, nas suas decisões de investimento. Mais de metade das empresas indicam que, em função da sua experiência, as empresas rejeitam oportunidades de investimento que envolvem um alto risco de vir a Ter que lidar com os tribunais – 20,1% afirma que isto acontece sempre e 36,8% afirma que isto acontece frequentemente. Relativamente a esta questão da redução do investimento, são as menores empresas as que revelam que mais rejeitam oportunidades de investimento – de facto,

27,7% das empresas com menos de 100 trabalhadores que respondem a esta questão, afirmam que este fenómeno acontece "Sempre", e 34% "Frequentemente". Nas empresas com mais de 100 trabalhadores estes valores são de 20,4 e 40,8%, enquanto que no grupo das 500 maiores empresas esses valores são da ordem dos 16,6 e 31,1%, respectivamente.

Classificação das empresas 2º o nº de trabalhadores ao serviço * P7b - As empresas rejeitam oportunidades de investimento que envolvam risco de ter que lidar com os tribunais Crosstabulation

			P7b - As empresas rejeitam oportunidades de investimento que envolvam risco de ter que lidar com os tribunais							
			1 Sempre ou quase sempre	2 Frequentemente	3 Por vezes	4 Pouco frequente	5 Muito raro	6 Nunca	7 Não sabe/Não responde	Total
Classificação das empresas 2º o nº de trabalhadores ao serviço	1 500 maiores	Count	7	16	11	7	1		3	45
		% within Classificação das empresas 2º o nº de trabalhadores ao serviço	15,6%	35,6%	24,4%	15,6%	2,2%		6,7%	100,0%
	2 100 e +	Count	21	42	30	5	5		2	105
		% within Classificação das empresas 2º o nº de trabalhadores ao serviço	20,0%	40,0%	28,6%	4,8%	4,8%		1,9%	100,0%
	3 - de 100	Count	13	16	15		1	2	8	55
		% within Classificação das empresas 2º o nº de trabalhadores ao serviço	23,6%	29,1%	27,3%		1,8%	3,6%	14,5%	100,0%
Total		Count	41	74	56	12	7	2	13	205
		% within Classificação das empresas 2º o nº de trabalhadores ao serviço	20,0%	36,1%	27,3%	5,9%	3,4%	1,0%	6,3%	100,0%

Além disso, mais de metade dos inquiridos deste grupo entende que as empresas tomam demasiadas precauções (tais como exigir cauções elevadas, garantias de terceiros ou transferindo a responsabilidade legal para jurisdições *offshore*) para evitar quebras de contrato – 16,7% afirma que sempre e 45,5% que frequentemente. Cerca de metade das empresas inquiridas neste grupo reconhece seguir este tipo de comportamentos – cerca de metade rejeita oportunidades de investimento e cerca de um quarto toma demasiadas precauções para evitar quebras de contrato. Mais de metade das empresas revela ainda ser afectada por este tipo de comportamento por parte de outras empresas (cerca de um quarto das empresas no que respeita a cada uma destas vertentes). (depois de mais de metade seguem...)

As percentagens referidas, apesar de ultrapassarem, em média, os 50%, variam com a dimensão da empresa. Cerca de 2/3 das empresas no grupo das 500 maiores admitem seguir este tipo de comportamento e 60% das que integram o grupo com mais de 100 trabalhadores, mas apenas 40% das empresas que integram o grupo das empresas com menos de 100 trabalhadores admitem seguir estes comportamentos. Já no que respeita à questão "a empresa é afectada por este tipo de comportamento por parte de outras empresas", já a não se assiste a uma dispersão dos resultados segundo a dimensão da empresa, com todos os grupos a apresentar uma resposta afirmativa de cerca de 65%.

A incerteza acerca a capacidade de resolução justa e atempada de disputas por parte dos tribunais faz com que 27,8% negoceiem "Sempre ou Quase Sempre" com fornecedores ou clientes conhecidos ou com aqueles sobre os quais têm boas referências e 45,5% o façam "Frequentemente". Pelos mesmos motivos, as empresas sentem uma necessidade acrescida de recorrer a serviços de informações, tais como os fornecidos por empresas como a "Dunn & Bradstreet", com cerca de 60% das empresas a seguir este tipo de comportamento "Sempre ou Quase Sempre" ou "Frequentemente". Nas empresas do grupo das 500 maiores empresas, 25% recorre "Sempre ou Quase sempre" e 40% frequentemente, enquanto que nas empresas no grupo das que têm menos de 100 trabalhadores apenas 7,2% recorre "Sempre ou Quase Sempre" e 36,4% "Frequentemente".

Os factores mencionados nos dois últimos parágrafos revelam que existem factores que contribuem para um aumento significativo dos custos de transacção das empresas e que, adicionalmente, podem implicar ineficiência na afectação dos recursos – nomeadamente ao existir um peso importante no factor "conhecer com quem se vai negociar" que poderá dominar outros efeitos resultantes da saudável concorrência no preço ou na qualidade entre diferentes fornecedores/ clientes.

Desta forma, não é de estranhar que quase ¾ das empresas considerem que o impacto do actual funcionamento do sistema judicial tenha um impacto "Negativo" (53.6%) ou "Muito Negativo" (19.6%) no desempenho da economia nacional. (apenas cerca de 15% das empresas considera que esse impacto é positivo ou inexistente). Metade das empresas considera que o impacto na sua própria empresa é "Negativo" (42.1%) ou "Muito Negativo" (7,7%).

P19b - Impacto do funcionamento do sistema judicial no desempenho da economia nacional

	Frequencia	%	Percentagem Acumulada
1 Muito positivo	9	4,3	4,3
2 Positivo	15	7,2	11,5
3 Inexistente	9	4,3	15,8
4 Negativo	112	53,6	69,4
5 Muito negativo	41	19,6	89,0
6 Não sabe/Não responde	23	11,0	100,0
Total	209	100,0	

P19a - Impacto do funcionamento do sistema judicial no desempenho da sua empresa

	Frequencia	%	Percentagem Acumulada
1 Muito positivo	4	1,9	1,9
2 Positivo	18	8,6	10,5
3 Inexistente	66	31,6	42,1
4 Negativo	88	42,1	84,2
5 Muito negativo	16	7,7	91,9
6 Não sabe/Não responde	17	8,1	100,0
Total	209	100,0	

Adicionalmente, mais de metade das empresas consideram que a economia informal é consequência do funcionamento do sistema judicial: considerando este factor como tendo uma influência "Muito Grande" ou "Grande". Apenas cerca de 1/4 das empresas considera esta influência "Ligeira" e cerca de 5% considera que a relação entre as duas variáveis seja "Inexistente". As restantes empresas afirmam "Não saber / Não responder"

Em particular, procurou avaliar-se qual seria o resultado duma melhoria no desempenho do sistema judicial – pedindo às empresas que imaginassem os resultados de uma alteração neste desempenho que o colocasse ao nível do da maioria dos países da União Europeia (no que respeita a celeridade, justiça das decisões finais, custo e capacidade de fazer cumprir os contratos) e que tentassem estimar os efeitos que esta alteração produziria (1) no nível de novos investimentos da empresa, (2) em contratação de novos empregados, (3) no nível de preços cobrados pela empresa e (4) na evolução da sua facturação anual.

Observando as respostas a estas perguntas, podemos ver que os resultados estimados pelas empresas são duma magnitude importante:

(1) No que respeita a mais e novos investimentos, embora 26,8% das empresas afirmem que não haveria qualquer tipo de aumento decorrente da melhoria das condições do sistema judicial, 60% das empresas afirma que o investimento aumentaria. Embora exista alguma dispersão na quantificação do aumento esperado, em termos médios o aumento médio do investimento ronda os 8,33%. É interessante verificar que são as empresas de dimensão média as que estimam um maior aumento desta variável – no escalão de volume de vendas de 500.000 contos a 1.000.000 contos, o aumento estimado é de 20,7% e no escalão entre 100.000 contos e 200.000 contos é de 20,7%. Os aumentos estimados esbatem-se quer para volumes de venda superiores a um milhão de contos, quer para níveis inferiores a 100.000 contos – com uma excepção interessante: as menores empresas (com volumes de vendas inferiores a 10.000 contos) estimam, em média, que o investimento aumentaria 15,5%. Tomando a totalidade das empresas que responderam a esta questão, vemos que o aumento estimado com maior frequência de respostas (19% das respostas) é um de 5 a 10%, seguido de um aumento de 10 a 20%, indicado por 10,6% das empresas, enquanto que também 10,6% estimam que esse aumento fosse inferior a 2% e 7,8% estimam que estivesse compreendido entre 2 e 5%. Ainda assim, 6,7% das empresas acreditam que o investimento aumentaria entre 20 e 50% mas já apenas 2,8% acreditam que o seu aumento superasse os 50%.

(2) Em relação a novas contratações, 22% afirma que não haveria qualquer efeito mas 58% afirma que estas aumentariam. A dispersão das respostas é grande nos intervalos "menos de 2%", "2 a 5%", "5 a 10%" e "10 a 20%", dividindo-se as respostas de forma relativamente homogénea por estes quatro intervalos de aumento estimado, sendo a média de cerca de 5%.

(3) Os preços praticados sofreriam também algumas alterações com a melhoria do sistema de justiça sugerida. Mais de metade das

empresas afirmam que, se o sistema judicial melhorasse o seu desempenho (reduzindo os riscos associados com o incumprimento de contratos), os preços actualmente cobrados pelas empresas do sector seriam afectados. Das que respondem afirmativamente, a redução estimada média desses preços é de 4,75%. O valor mais frequentemente indicado (com maior frequência) é 5%.

(4) Relativamente à facturação, apenas 19% das empresas afirma que uma melhoria das condições do sistema de justiça não teria qualquer efeito. Na avaliação do aumento da facturação média estimada, os dois intervalos onde registamos maior número de respostas (correspondendo a cerca de 40% das respostas) são: "2 a 5%" e "5 a 10%". É interessante verificar que cerca de metade das empresas indica valores inferiores a 5% e cerca de metade aumentos superiores a 5%. O intervalo com maior frequência de resposta é o intervalo correspondente a um aumento da facturação anual de 5 a 10%. A média simples dos aumentos estimados pelas empresas que responderam a esta pergunta ronda os 9%. É ainda interessante observar que são as empresas com níveis de facturação mais baixos as que estimam maiores reduções de preços, tendendo sugerir valores de 5% e de 10%. Já as empresas com maior volume de facturação estimam aumentos ligeiramente inferiores – concentrando-se as respostas mais em torno dos 2%, 3% e 5% (poucas referem os 10%).

Os resultados aqui obtidos podem ser comparados com os de outros estudos semelhantes realizadas no Brasil, no Peru, no Canadá e na Argentina, utilizando uma metodologia semelhante:

Impacto Estimado do Aumento da Eficiência do Sistema judicial (%)*

Aumento médio em cada variável	Portugal	Brasil	Peru	Argentina	Canadá
Volume anual de investimento	8,33	13,7	9,5	28,0	2,0
Volume de negócios	7,7	18,5	20,5	19,0	2,0
Número de empregados	5	12,3	8,2	18,0	-
Investimento em outros estados	n.a.	6,2	n.a.	23,0	-
Volume de negócios em outros estados	n.a.	8,4	n.a.	-	-
Proporção de atividades terceirizadas		13,9	13,8	15,0	-
Volume de negócios com o sector público	-	13,7	17,5	23,0	1,4
Redução de preços	2,4	-	-	-	-

Fontes adicionais: Castelar (2000), Eyzaguirre, Andrade e Salhuana (1998), e *Foro para la Administración de Justicia* (2000), Lippert (2001).
(*) Resultados preliminares.

Observamos que as reacções das empresas portuguesas seriam na mesma direcção das empresas neste grupo de países mas menos significativas em termos quantitativos – com excepção do caso canadiano, onde o sistema judicial já é percebido como de boa qualidade.[19]

Um factor que parece ser importante na variável preços parece ser a Lei Laboral. A nível agregado, 2/3 das empresas afirmam que as actuais condições da legislação laboral tem um impacto importante nos preços praticados no sector. Cerca de 55% das empresas integradas quer no grupo das 500 maiores quer no grupo com menos de 100 trabalhadores, sendo no entanto esta percentagem de 76% nas empresas no grupo daquelas que têm mais de 100 trabalhadores. De facto, 2/3 das empresas afirmam que uma maior flexibilidade da Lei do trabalho permitiria uma redução de preços – 21,6% das empresas estimam que essa redução seria da ordem dos 5%, 26% da ordem dos 10% e 9,4% estimam essa redução em cerca de 20%. Já um melhor funcionamento do tribunal do trabalho (mantendo-se a Lei existente) teria um impacto menor sobre os preços, mas ainda importante: 11% das empresas estima que a redução seria de cerca de 2%, 16% das empresas aponta para os 5% e 12% das empresas para os 10%.

Finalmente, uma observação que retiramos dos resultados deste estudo é que são as maiores empresas as que mais recorrem aos tribunais. Quando se pergunta se já recorreram aos tribunais, 91,1% das empresas do grupo das 500 maiores responde afirmativamente, 84,4% das empresas do grupo com mais de 100 trabalhadores também, mas apenas 58,2% das empresas com menos de 100 trabalhadores afirmam tê-lo feito

4. Conclusões

Os resultados do inquérito conduzido indicam que a justiça tem um papel importante no desempenho económico português, indo ao encontro dos estudos que procuram relacionar a justiça com o papel

---

[19] De facto, a maior parte dos empresários canadianos que participaram no inquérito indicou que as suas decisões empresariais não seriam afectadas por melhorias no sistema judicial do país.

que esta desempenha sobre a actividade económica. O estudo sobre Portugal seguiu a linha de outros estudos anteriores e mostrou que o desempenho do sistema judicial tem uma avaliação bastante negativa por parte dos empresários portugueses. A morosidade dos processos em tribunal é, de longe, o factor que mereceu pior avaliação por parte das empresas. Mostrou ainda que estas encaram a justiça portuguesa como cara e como imprevisível, imprevisibilidade que consideram impor um pesado ónus às empresas portuguesas. Em termos quantitativos, permitiu avaliar que o desempenho do sistema judicial pode ser considerado uma causa importante para a contracção do Investimento em Portugal, servindo de obstáculo ao crescimento do País; resulta numa redução do emprego; em maiores *spreads* – que por sua vez resultam em mais altas taxas de juro; e em preços mais elevados. Em suma, mostra que o desempenho do sistema judicial provoca uma distorção nas decisões das empresas. Desta forma, o estudo realça a teoria acerca do papel das instituições no desempenho económico de um País. Permite ainda concluir que melhorias no desempenho do sistema judicial permitiriam uma melhor inserção concorrencial de Portugal no espaço europeu e beneficiariam a sua posição.

De maneira geral, as respostas indicaram que, com um melhor desempenho do sistema judicial, haveria uma mudança nas práticas empresariais, mas que essa mudança não seria dramática. A produção, medida como o volume de negócios cresceria cerca de 7,7%. Haveria também um aumento de 8,33% no volume de investimentos, sendo esta a variável mais significativamente afectada, o que sinaliza um impacto importante de uma melhoria do desempenho da justiça sobre o crescimento. O emprego também seria positivamente afectado, aumentando em cerca de 5%.

Estes resultados são semelhantes, qualitativamente, a resultados de estudos conduzidos para outros países, embora a sua ordem de grandeza seja inferior.

ANEXO 1
A definição da amostra para o inquérito às empresas:

Do universo de empresas registadas nos Quadros de Pessoal, determinou-se o número de empresas a inquirir (a amostra) para um nível de confiança de 95%, depois de eliminadas algumas CAE que considerámos representar actividades cuja relação com o sistema judicial é menor – nomeadamente os sectores primários e a administração pública. Dado o universo parcial a considerar, a amostra resultante do Universo das empresas apresentado no Quadro 1 (secção 3.2) está apresentada no Quadro A1:

Quadro A1
Amostra de empresas a inquirir

CAE		Total	1 a 4	5 a 9	10 a 19	20 a 49	50 a 99	100 a 199	200 a 399	400 a 499	500 a 999	>= 1000
C	Ind. Extractivas	4	2	1	1	0	0	0	0	0	0	0
D	Ind. Transformadora	125	52	30	20	15	5	2	1	0	0	0
E	Prod. Dist. Electricidade	0	0	0	0	0	0	0	0	0	0	0
F	Construção	82	46	20	10	5	1	0	0	0	0	0
G	Comércio por grosso	258	180	50	18	7	2	1	0	0	0	0
H	Alojamento e restauração	82	56	17	6	2	1	0	0	0	0	0
I	Transportes e armazenagem	26	15	5	3	2	1	0	0	0	0	0
J	Actividades financeiras	18	7	7	3	1	0	0	0	0	0	0
K	Actividades imobiliárias, aluguéres	58	41	10	4	2	1	0	0	0	0	0
	Total	653	399	140	65	34	11	3	1	0	0	0

Fonte: Quadros de Pessoal, DETEFP – MTS, 1998.

No entanto, notamos que quase 2/3 da amostra seria constituída por empresas com menos de 4 trabalhadores, mais de 80% da amostra seria constituída por empresas com menos de 10 trabalhadores enquanto que apenas um número muito diminuto de empresas situadas no maior escalão de dimensão de pessoal ao serviço seria abrangido.

Para tentar obviar a este inconveniente, pensámos em eliminar empresas com menos de 10 trabalhadores. O Quadro A2 representa a amostra obtida com base no universo parcial de empresas anterior, depois de eliminadas as empresas com menos de 10 trabalhadores. Ainda assim, constatamos que a representatividade das empresas de maior dimensão continuava a ser diminuta na amostra.

Quadro A2
Amostra de empresas a inquirir depois de retiradas as empresas < 10 trabalhadores

CAE		Total	10 a 19	20 a 49	50 a 99	100 a 199	200 a 399	400 a 499	500 a 999	>= 1000
C	Ind. Extractivas	6	3	2	1	0	0	0	0	0
D	Ind. Transformadora	243	110	83	30	13	5	1	1	0
E	Prod. Dist. Electricidade	5	2	2	1	0	0	0	0	0
F	Construção	91	55	26	7	2	1	0	0	0
G	Comércio por grosso	152	98	41	9	3	1	0	0	0
H	Alojamento e restauração	48	31	12	3	1	1	0	0	0
I	Transportes e armazenagem	34	17	11	3	2	1	0	0	0
J	Actividades financeiras	27	18	6	2	1	0	0	0	0
K	Actividades imobiliárias, alugueres	40	22	10	4	3	1	0	0	0
	Total	646	356	193	60	25	10	1	1	0

Fonte: Quadros de Pessoal, DETEFP – MTS, 1998.

A representatividade das maiores empresas mantém-se, no entanto, muito reduzida. O mesmo ocorre após a eliminação do escalão 10-20 trabalhadores. Assim, pensou-se numa solução alternativa: a construção de duas amostra independentes: (i) uma para as empresas com menos de 100 trabalhadores; (ii) uma segunda para as empresas com 100 e mais trabalhadores. Esta partição da amostra evita que as empresas de maior dimensão surjam sub-representadas já que, dada a problemática em análise, é de considerar pertinente a opinião das empresas de maior dimensão dado que o seu posicionamento face ao sistema judicial apresentará especificidades relativamente ao das empresas de menor dimensão. Por outro lado, evita-se eliminar da amostra as empresas de menor dimensão, o que seria indesejável, já que estas são numerosas. Foi esta a solução final escolhida, relativamente à amostra. O Quadro 2, na secção 2.3 descreve a amostra, assim definida.

5. Referências

Aron, J. (2000), *Growth and Institutions: A Review of the Evidence*, World Bank Research Observer (15);

Barro, Robert, J., "Economic Growth in a Cross Section of Countries," *Quarterly Journal of Economics*, Maio 1991, Vol. 106, No. 2, 407-43;

Barro, Robert, J., / Lee, J. (1994), *Loosers and Winners in Economic Growth*, Proceedings on the World Bank Conference on Development Economics 1993-1994;

Barro, Robert, J., / Sala-i-Martin, Xavier, "Convergence", *Journal of Political Economy*, Vol. 100, No. 2, Abril 1992, 223-51;

Barro, Robert, J., / Sala-i-Martin, Xavier, *Economic Growth*, Boston, MA: McGraw-Hill, 1995;

Castelar Pinheiro, A. / Cabral, C. (2001), *Credit Markets in Brazil: The Role of the Judiciary and Other Institutions*, in *Defusing Default: Incentives and Institutions*, Pagano M. (ed), Banco Inter-Americano de Desenvolvimento.

Castelar Pinheiro, A., (Org.) (2000), *Sistema judicial e Economia no Brasil*, Editora Sumaré, Brasil;

—, (2001), *Economia e Justiça: Conceitos e Evidência Empírica*, Estudos IFB (www.ifb.com.br);

Coase, R. (1988), *The Firm, the Market and the Law*, the University of Chicago Press;

Cooter, R., Rubinfeld, D. (1989), *Economic Analysis of Legal Disputes and Their Resolution*, Journal of Economic Literature (27) 1067-1097;

Haussman, R. (1996), *La Economia Política de la Reforma Judicial en América Latina*, fotocópia de documento de trabalho;

Hay, Shleifer, Vishny (1996), *Toward a Theory of Legal Reform*, European Economic Review (40), 559-567;

Lippert, Owen (2001), *Are There Economic Consequences of Judicial Performance?*, Fraser Institute, mimeo (www.fraserinstitute.ca);

North, D. (1981), *Structure and Change in Economic History*, New-York, W. W. Norton;

—, (1990), *Structure and Change in Economic History*, Cambridge University Press;

—, (1992), *Transaction Costs, Institutions and Economic Performance*, Economic Center for Economic Growth, Occasional Papers n.º 30;

Olson, M (1965), *The Logic of Collective Action. Public Goods and the Theory of Groups*, Harvard University Press;

—, (1996), *Distinguished Lecture of Economics in Government – Big Bills Left on the Sidewalk: Why Some Nations are Rich and Others Poor*, Journal of Economic Perspectives, 10(2);

—, (2000), *Power and Prosperity – Outgrowing Communism and Capitalist Dictatorships*, Basic Books, New Yok;

SCULLY, G. (1988), *The Institutional Framework and Economic Development*, Journal of Political Economy (96, 3) 652-662;

SHIHATA, I (1995), in *Legal Framework for Development: The World Bank's Role in Legal and Judicial Reform*, Rowat et al. (eds);

SHERWOOD, R. et al. (1994), *Judicial Systems and Economic Performance*, The Quarterly Review of Economics and Finance, 34;

STIGLER, G. (1992), *Law or Economics?*, The Journal of Law and Economics, 35(2).

WILLIAMSON, O. (1985), *The Economic Institutions of Capitalism*, Free Press.

—, (1995), *The Institutions and Governance of Economic Development and Reform*, Proceedings of the World Bank Annual Conference on Development Economics 1994.

WORLD BANK (1996), *From Plan to Market*, World Development Report.

— (1997), *The State in a Changing World*, World Development Report.

THE FUNDAMENTAL DIVERGENCE BETWEEN PRIVATE AND SOCIAL MOTIVE TO USE THE LEGAL SYSTEM

NUNO GAROUPA
Associate Professor
School of Economics
Universidade Nova de Lisboa

Main objective

- The legal system is expensive.
- There are fundamental differences between private and social incentives to use the legal system:
  – bringing suits
  – settlement versus trial
  – trial expenditure
- Need for corrective policy:
  – taxation (positive or negative)
  – fee-shifting
– promotion of settlement

What we mean by fundamental difference

1. Private cost of litigation IS NOT social cost of litigation.

When a party makes a litigation decision, s/he does not take into account legal costs that s/he induces others to incur (negative externality).

2. Private benefit of litigation IS NOT social benefit of litigation.

When a party makes a litigation decision, s/he does not recognize associated effects on deterrence and certain other social benefits (positive externality).

1. The privately determined level of litigation is inadequate (can be either more or less). Need of corrective policy to tackle externalities.

Private versus social benefit of litigation

1. Deterrence effect: reduction on the frequency of harm.
SOCIAL but not PRIVATE [Appropriate level of precaution]
2. Compensation of victim.
PRIVATE but not SOCIAL [Insurance is socially more efficient]

Private versus social cost of litigation

1. Litigation cost for the plaintiff
a). Costs with lawyers and legal counseling: PRIVATE but only partially SOCIAL
a) Costs with filing a lawsuit and going to trial: PRIVATE and usually SOCIAL
b) Opportunity costs: PRIVATE and SOCIAL
2. Litigation cost for the defendant: SOCIAL but ignored by plaintiff
3. Litigation cost for witnesses, judges and other parties: SOCIAL but ignored by plaintiff
4. Litigation costs for the government: SOCIAL if costs of filing lawsuit are less than expected litigation costs for the government. [Queuing]

Policy Problem

1. More litigation than socially optimal because
PRIVATE BENEFIT > SOCIAL BENEFIT
or
PRIVATE COST < SOCIAL COST
2. Less litigation than socially optimal because
PRIVATE BENEFIT < SOCIAL BENEFIT
or
PRIVATE COST > SOCIAL COST
3. Very different policy implications:
– Volume of Suit

– Quality of Suit
– Level of Precaution

Examples of "wrong" policies

1. Make the plaintiff pay for the state's litigation costs
– Increases private cost but not social cost.
– Reduces litigation directly.
– Reduces need for precaution.
– Increases frequency of accidents.
– Increases litigation indirectly.
2. Loser pays fee-shifting
– Encourages litigation since victims think they have good cases
3. Increase number of judges and legal system capacity
– Increases social cost while reducing opportunity costs
– Reduces private cost
– Increases litigation

Corrective policies

1. Align private and social benefits
– Value of compensations (multiplier principle, decoupling liability)
– Liability rules (strict liability, different negligence rules)
– Scope of liability (causation)
2. Align private and social costs
– Government should have a low burden and pay only for positive externality
– Fee-shifting and cost allocation rules (English vs. American)
– Lawyers

Settlement versus Trial

1. Why parties prefer trial?
– Differences in information and in beliefs about trial outcomes
– Marginal cost of trial is low (government pays)
– Signaling
– Third party influence (lawyers, judges)
2. Why are settlements more efficient?
– Saves costs
– Risk avoidance

3. Social problems with settlements:
- Dilutes deterrence (need higher compensations)
- Validation of social norms
- Secures privacy and maintains secrecy (some cases should go to trial) Increase marginal cost of going to trial)

Legal policies to foster settlement

1. Increase marginal cost of going to trial
2. Reduce asymmetry of information
- Reform civil procedure
- Better understanding of the law
- Publicize court proceedings and decisions
3. Align the interests of third parties with plaintiff and defendant's best interests
- Lawyers
- Judges

O ADVERSÁRIO INVISÍVEL: REFORMA DAS INSTITUIÇÕES E CRESCIMENTO ECONÓMICO EM PORTUGAL[*]

José Albuquerque Tavares
Faculdade de Economia Universidade Nova de Lisboa

As instituições, para que servem?

Na sua reflexão sobre o papel das instituições no crescimento das nações, o economista laureado Douglass North vaticinou a impossibilidade de "ver, sentir, tocar ou até mensurar" as instituições, "meras abstracções da mente humana"[1]. Esta síntese do que de imaterial está envolvido no conceito de instituição padece, apesar do mistério sedutor que aguça a nossa curiosidade sobre o funcionamento das instituições, de uma limitação importante. Está claramente equivocada. Há muito tempo que sentimos, como cidadãos, os efeitos do funcionamento das instituições, mesmo se apenas começamos a medi-los e a avaliá-los.

A importância das instituições sociais, políticas e económicas para o desenvolvimento tornou-se consensual entre os cientistas sociais. O cliché de que as "institutions matter" instalou-se entre o conjunto de ideias de base que são parte do acervo dos analistas e

---

[*] Este texto foi publicado no volume "Produtividade e Crescimento em Portugal", com coordenação editorial de Manuel Pinho e edição da Economia Pura. Baseia-se no artigo "Firms, Financial Markets and the Law: Institutions and Economic Growth in Portugal", apresentado à conferência do Banco de Portugal "Desenvolvimento Económico Português no Espaço Europeu: Determinantes e Políticas", em Maio de 2002.

[1] Ver Douglass North (1990).

observadores da realidade das economias. Muito mais difícil é chegar a acordo sobre o que são instituições, como e por quê são importantes. Num artigo seminal, Ronald Coase mostra como num mundo sem custos de transacção, sem custos de negociação ou de contratação, os mercados competitivos chegam à solução que maximiza o rendimento agregado[2]. Nesse mundo as instituições seriam inteiramente redundantes. Ao contrário, quando as interacções entre agentes económicos se tornam eventos irrepetidos envolvendo informação incompleta ou assimétrica, quando as transacções ocorrem num extenso período de tempo ou envolvem muitos e variados intervenientes, a troca e a cooperação dificultam-se. Por outras palavras, surgem custos de transacção associados à recolha de informação, à negociação e contratação e à verificação e cumprimento dos contratos, dos acordos entre agentes. Para os ultrapassar, as instituições tornam-se cruciais.

As instituições surgem assim como restrições, modificações à interacção atomista entre agentes económicos, concebidas com para estruturar os incentivos nas transacções e alcançar níveis mais altos de eficiência e equidade. Para isso as instituições desempenham várias tarefas específicas. Em primeiro lugar *a criação e a imposição de regras*. A restrição das escolhas disponíveis para os agentes é proveitosa quando o comportamento individualista deixa de estar associado à eficiência. Situações como as descritas pela presença de bens públicos, externalidades ou multiplicidade de equilíbrios requerem quase sempre a presença de instituições limitadoras das escolhas individuais. É assim quando os indivíduos se sujeitam a impostos que financiam bens públicos ou as empresas a redução compulsiva de emissões nocivas em casos de poluição ambiental.

Um segundo papel das instituições é a *agregação de informação e de preferências individuais*. Muitos bens têm características complexas – *vide* bens públicos, como acima – e o mercado só muito imperfeitamente agrega, "sumariza" as diferentes preferências dos indivíduos de forma a extrair escolhas eficientes. Nestes casos os indivíduos podem nem sequer ter incentivos para revelar as suas verdadeiras preferências, ao contrário do que acontece com a maior

---

[2] Coase (1960).

parte dos bens na maioria dos mercados. Criam-se assim instituições com o fim de extrair uma decisão ou escolha comum de um agregado complexo de preferências individuais. Um parlamento nacional ou uma assembleia geral de uma empresa não têm, fundamentalmente, outro papel.

Outra tarefa importante é a *partilha de riscos e a redução da incerteza*. Imbuídas de características de natureza colectiva, as instituições conseguem obter ganhos pela partilha de riscos. O seu papel na redução geral da incerteza associada às trocas económicas do dia-a-dia é particularmente relevante. As instituições são causa e efeito de um aumento geral da confiança, que resulta num aumento do número de trocas proveitosas ao dispor dos indivíduos e das empresas.

Não menos importante é a *optimização da utilização de recursos* através da agregação de esforços individuais. Para além da partilha de riscos, as instituições podem, tal como as firmas beneficiar da existência de economias de escala e desta maneira aumentar o produto para além do que a actuação individual conseguiria.

Para além dos seus efeitos directos na eficiência, estabelecem-se instituições com um propósito diferente, mesmo se intimamente relacionado àquele. A *redistribuição do produto económico* surge como tarefa importante quando a sociedade acredita que certos grupos – e.g., aposentados – ou certas situações – e.g., desemprego – merecem atenção e protecção especial para além do resultado do livre funcionamento do mercado. Instituições como a segurança social ou o seguro de desemprego têm um papel importante na estabilidade social e podem mesmo afectar o crescimento económico por via indirecta.

Por via de qualquer das cinco tarefas acima descritas as instituições influenciam o ritmo de crescimento das economias. Podemos pensar essa relação entre instituições e crescimento de duas maneiras. Primeiro, como uma alteração da contabilidade neoclássica do crescimento do produto, que desagrega o crescimento total numa soma ponderada do crescimento dos vários inputs – por exemplo, trabalho, terra e capital. Se sua conjugação eficiente desses inputs depende da ultrapassagem de custos de transacção, as instituições são importantes na medida em que diminuem esses custos e aumentam a fronteira de possibilidades de produção, para um mesmo volume de inputs utilizados. Neste caso as instituições seriam parte dos ganhos de produtividade total dos factores, ainda medida da nossa (dos economistas) ignorância.

Uma segunda possibilidade é ver as instituições como uma forma de encorajar a especialização. Quando os custos e as incertezas associadas às trocas económicas são elevados, a não especialização é uma forma de seguro, com um custo associado. A melhor qualidade das instituições necessita de acompanhar, *pari passu,* o aumento da especialização e do número e diversidade de atributos relevantes para as transacções. É impossível não recordar o ênfase que Adam Smith colocou na relação entre especialização e dimensão de mercado como motores do desenvolvimento. Quando o número de transacções possíveis aumenta, as instituições de qualidade permitem aumentar a dimensão efectiva do mercado e assim promovem a especialização e o crescimento.

O constitucional, o cultural e o desenho das instituições em Portugal

Podemos pensar três níveis distintos de análise institucional, o nível constitucional, o das culturas e mentalidades e o do desenho institucional. Todos se relacionam com o desempenho das economias e todos estão bastante correlacionados entre si. O nível constitucional preocupa-se com as regras fundamentais de funcionamento do sistema político e da sociedade. É caracterizado por uma grande estabilidade. Nenhuma sociedade pode achar benefício na alteração constante das regras fundamentais do seu funcionamento. Pode-se arriscar que Portugal é de facto favorecido por características constitucionais propícias a um bom desempenho económico. O abandono de um regime autoritário a favor de um regime político democrático está hoje consolidado, após quase três décadas desde a última experiência não-democrática. A opção por um elevado grau de abertura económica ao exterior também se consolidou e alargou desde o fim dos anos cinquenta e a adesão à European Free Trade Association (EFTA). Certamente essa abertura está patente enquanto nos referimos aos movimentos de bens, serviços e capitais, menos quanto aos movimentos de trabalhadores, em especial de fora da União Europeia. O papel do próprio Estado clarificou-se depois de períodos de nacionalização e subsequente re-privatização. Quanto à própria organização e unidade do estado, Portugal foi dotado pela história de uma unidade cultural, social e política forte, com poucas ou nenhumas nuances regionalistas fracturantes. Ao nível constitucional Portugal encontra-se assim apoiado numa dotação histórica invejável, acompanhando de perto a prescrição quase consensual de associar uma democracia pluralista a uma economia de mercado aberta à concorrência exterior. A influência externa, após as adesões à EFTA e, certamente, à União Europeia, foi determinante para esta evolução constitucional favorável, na área económica como na política. Mas a boa dotação constitucional de base não é menos importante, especialmente em contraste com uma Espanha vizinha que vive ainda forças de desagregação importantes e mantêm viva a indefinição da unidade política do Estado.

Quanto à cultura e mentalidades Portugal não é especialmente beneficiado, talvez o contrário. O baixo nível educacional mantém-se, depois da qualidade de ensino não conseguir acompanhar o aumento da cobertura da população em idade escolar das última décadas. Apontada há muito como chave do crescimento económico, em Portugal a educação constitui-se ainda em factor de atraso. A tradição organizacional, baseada entre nós no modelo napoleónico e no direito romano em lugar da "common law" anglo-saxónica, é caracterizada pelo excessivo centralismo, formalismo e hierarquização. O resultado é uma perda de flexibilidade e adaptabilidade que infiltra a vida das empresas, das universidades, do Estado, enfim das instituições. Se discutível, a tese Weberiana de que a matriz religiosa católica reforça essa tradição hierárquica de baixa adaptabilidade do modelo napoleónico, prejudicando a iniciativa privada. No entanto, a evolução das mentalidades, da educação aos modelos de funcionamento das instituições, requer uma actuação de sustentada, de âmbito alargado e politicamente consensual. Os seus efeitos, subtis e de muito longo prazo, não a tornam o campo de acção mais natural da acção governativa. A evolução das mentalidades, como mecanismo lento, exige reformas baseadas em pactos de regime, dificilmente levadas a cabo em uma ou duas legislaturas.

As duas áreas acima, a constitucional e a cultural, encontram-se em extremos opostos quanto à urgência de uma proposta de reforma. Se ao nível constitucional beneficiamos de um activo favorável ao crescimento português a cultura e mentalidades vigentes apresentam-se-nos como um custo. Enquanto a evolução a nível constitucional foi influenciada pelo exterior, as mentalidades mantêm a sua própria dinâmica e dependem de mudanças complexas e profundas. O que resta é o desenho das instituições, ou seja as reformas que afectam directamente a envolvente próxima das instituições. Ao contrário dessas duas áreas, é ao nível do desenho institucional que uma má posição relativa de Portugal pode ser afectada directamente pela acção do governos. Com ou sem acordos de regime, em tempo útil para afectar o crescimento económico. È sobre o desenho das instituições que nos debruçamos.

E que sabemos do desenho das instituições? Alguma coisa. No trabalho "Firms, Financial Markets and the Law: Institutions and Economic Growth in Portugal", foram analisados indicadores específicos de desenvolvimento de três áreas institucionais: a lei e o sistema legal, a organização das firmas e o sistema financeiro.[3] Esse trabalho adoptou uma perspectiva comparativa. Portugal é observado e avaliado em paralelo com a Grécia, a Espanha, os países da União Europeia e os chamados "Tigres Asiáticos".[4] A Espanha e a Grécia são, como Portugal, economias do sul da Europa com índices de desenvolvimento inferiores aos do resto da União Europeia, sociedades tornadas democráticas em meados dos anos 70 e que acederam ao projecto europeu em meados dos anos 80. A União Europeia e os países asiáticos representam comparações relevantes num contexto de grande internacionalização em que se constituem como economias concorrentes.

---

[3] Esta secção e todas as subsequentes usam dados e resultados apresentados no artigo "Firms, Financial Markets and the Law: Institutions and Economic Growth in Portugal", apresentado à conferência do Banco de Portugal "Desenvolvimento Económico Português no Espaço Europeu: Determinantes e Políticas". Nesse artigo se encontra a descrição detalhada dos dados, procedimentos e resultados relevantes.

[4] Coreia do Sul, Hong Kong, Singapura e Taiwan.

A lei

A relação entre a força da lei e o crescimento económico é há muito central no entendimento do crescimento económico. Adam Smith sublinhou como a "administração razoável da justiça", junto com paz e impostos reduzidos, poderia alçar um estado "ao mais alto grau de opulência".[5] O sistema afecta o desempenho económico através da garantia dos direitos de propriedade – em particular evitando abusos do poder governamental – e facilitando as trocas entre indivíduos e organizações. O papel do Estado na protecção e garantia da propriedade privada é reconhecido como um mínimo de intervenção necessário à prosperidade geral. A dificuldade reside no papel especial do Estado, que é um actor económico com poderes muito especiais. Como salienta Barry Weingast, "um Estado suficientemente poderoso para proteger os direitos de propriedade é também suficientemente poderoso para os desrespeitar."[6] Das várias tarefas do sistema legal, restringir o poder do Estado é uma das fundamentais.

Na análise das instituições legais é útil começar por uma série de indicadores gerais de desempenho. Entre os mais relevantes encontram-se a Força da Lei, Eficiência do Sistema Judicial e Corrupção, o Risco de Repudiação de Contratos e o Risco de Expropriação por parte do Estado e o Acesso do Cidadão à Justiça. A Tabela I apresenta dados para esses índices, em que um valor mais alto corresponde a um melhor desempenho. Pode-se verificar que o sistema legal em Portugal evidencia um pelo menos tão bom quanto o da Espanha e o da Grécia quanto a Força da Lei, Corrupção, Risco de Repudiação e Acesso do Cidadão à Justiça. A situação é diferente quanto ao Risco de Expropriação e à Eficiência do Sistema Judicial, onde Portugal fica aquém mesmo dos seus parceiros do sul. Mau mesmo é constatar que Portugal se encontra bastante abaixo da média europeia em todos os indicadores analisados, sendo a diferença muito marcante quanto à eficiência do sistema judicial.

Se olharmos índices mais específicos, que reflectem o funcionamento do sistema legal nas suas vertentes mais fundamentais, o quadro

---

[5] Ver Smith (1755).
[6] Ver Weingast (1993).

é semelhante. O sistema legal português demonstra uma excessiva propensão ao formalismo (legalismo), o uso de normas demasiado rígidas que resultam em atrasos e ineficiência do sistema legal. Um índice de Resolução de Disputas – que mede o número de procedimentos independentes necessários para resolver um conflito – mostra que conflitos simples e reveladores como o despejo de um inquilino em falta e a cobrança de um cheque sem cobertura são mais difíceis em Portugal que na União Europeia. O contraste é ainda maior se Portugal é posto em cotejo com os países asiáticos. Sofre a eficiência do processo legal.

TABELA I
Desempenho do Sistema Legal

	Força da Lei	Eficiência do Sistema Judicial	Corrupção	Risco de Expropriação	Risco de Repudiação	Acesso do Cidadão à Justiça
Portugal	8.68	5.5	7.38	8.9	8.57	7.5
Espanha	7.8	6.25	7.38	9.52	8.4	5
Grécia	6.18	7	7.27	7.12	6.62	5
União Europeia	8.97	8.63	8.74	9.44	9.07	7.86
Tigres Asiáticos	7.67	8.19	7.22	8.76	8.86	4.38

Nota: Os dados sobre Eficiência do Sistema Judicial até Risco de Repudiação de Contratos são de LaPorta, Lopez-de-Silanes, Shleifer and Vishny, (1998). União Europeia exclui o Luxemburgo. Os "Tigres Asiáticos" incluem a Coreai do Sul, Hong Kong, Singapura e Taiwan. Os dados sobre Acesso do Cidadão à Justiça são de Djankov et al. (2001). Todos os dados são descritos em "Firms, Financial Markets and the Law: Institutions and Economic Growth in Portugal"

As firmas

A visão neoclássica do funcionamento da firma vê os seus administradores como efectuando escolhas quase mecânica entre quantidades de inputs para produzir um output, com os preços de uns e outros resultado de um mercado impessoal. Coase notou precocemente como num mundo sem custos de transacção não há lugar nem razão para a existência de firmas.[7] Cada transacção é efectuada

---

[7] Coase (1937).

através do mercado, entre indivíduos. A firma não é pois mais que a retirada ao mercado de certas transacções, porque melhor conduzidas num ambiente controlado. Os preços e contratos disponíveis no mercado não transmitiriam toda a informação necessária. Por outras palavras, mesmo que a "(...) produção possa ser conduzida de uma forma completamente descentralizada através de contratos entre indivíduos, o facto de que existe um custo de engajamento nessas transacções significa que emergirão firmas (...) sempre que os seus custos [sejam] menores que os custos de empreender as transacções através do mercado."[8] A firma é, nesta perspectiva, um domínio no qual o mecanismo dos preços toma lugar secundário, mesmo se as trocas intra--firma têm se mantêm ligadas aos preços de mercado pelo que a firma compra e vende. O empreendedor é assim o "substituto" do sistema de preços na administração dos recursos da firma. Em resumo, as firmas surgem quando há ganhos em realizar transacções num ambiente controlado, por razões de monitorização, controlo, etc.[9] Uma infinidade de contratos complexos é substituído por um simples contrato estipulando que o factor empregado pela firma (trabalho ou capital ou outro) recebe uma remuneração determinada e actua segundo a direcção do administrador.

O estudo da situação portuguesa quanto à organização interna das empresas e em particular quanto aos direitos dos accionistas, mostra que o direito aplicado às empresas em Portugal não difere dramaticamente do aplicado na União Europeia. Um indicador sumário de Poder Anti-Director – a possibilidade de grupos de accionistas minoritários fazerem ouvir a sua voz – mostra que a situação em Portugal é formalmente mais favorável aos accionistas minoritários que na Grécia ou mesmo na União Europeia, mas menos que na Espanha ou nos países asiáticos. Mas a distribuição real dos direitos de propriedade começa a desvendar uma situação diferente: a fracção da propriedade detida, em média, pelos três principais accionistas das dez maiores empresas privadas não-financeiras situa-se à volta dos

---

[8] Ver Coase (1988, p. 7).

[9] Os custos relativos de um tipo de transacção versus o outro determinam o que a firma transacciona no mercado e o que produz intra-muros. De forma indirecta, determinam a dimensão da firma.

50 por cento em Portugal, Espanha e nos países asiáticos, é ainda maior na Grécia mas bastante menor na União Europeia, ao nível de 44 por cento. Os direitos dos credores são menos acautelados em Portugal que na Espanha, na União Europeia ou nos países asiáticos. Isto é importante para uma economia como a portuguesa que, apontaremos mais tarde, é enviesada para o uso de crédito bancário em lugar de financiamento directo das empresas no mercado de capitais.

Outra diferença marcante é a facilidade com que uma empresa é criada ou fechada em caso de insucesso. Os procedimentos de abertura de uma empresa são mais numerosos em Portugal e os custos associados acompanham. Só a Grécia impõe um maior número de requerimentos para iniciar actividade. Em termos de custos de tempo Portugal gasta em média duas vezes o tempo usado nos países europeus; um cálculo do custo em dólares mostra-o duas vezes e meia maior que numa economia asiática e cinquenta por cento mais elevado que na União Europeia. Quanto a falências, a probabilidade de uma empresa em Portugal fechar as portas é cerca de trinta vezes menor que na União Europeia. Esta improbabilidade de fechar associa-se à dificuldade de iniciar actividade para criar uma economia com menos inovação e experimentação. As firmas existentes usufruem de uma vantagem comparativa decisiva mas pouco lisonjeira, a de que existem. A visão Schumpeteriana de destruição criativa não podiam estar mais dissociada destas economias, em que a liquidação das empresas não pode acompanhar eventuais melhores oportunidades que surjam.[10]

Em termos de organização das empresas a situação de Portugal não diverge da União Europeia mas a dificuldade de abertura e encerramento de empresas denota o menor dinamismo da economia.

Os mercados financeiros

O capital é frequentemente considerado factor de produção essencial. A sua mobilidade e especialmente a natureza acumulável conferem-lhe um papel ímpar no crescimento da produção. A sua disponibilização para empresas e indivíduos depende de sistemas financeiros

---

[10] Schumpeter (1934).

sofisticados e equilibrados. A relação entre mercados financeiros e desenvolvimento também tem a sua história em argumentos como o de Gershenkron, que sublinhou a diferença entre uma Grã-bretanha que cresceu com base no mercado de capitais e uma Alemanha, de desenvolvimento posterior, mais dependente do sistema bancário.[11] Análises mais recentes sublinham e contrastam a importância de dois factores, a profundidade do mercado – a intensidade do uso de instrumentos financeiros para dirigir as poupanças para os investidores – e a intensidade relativa do uso de bancos versus o mercado de capitais.

A situação de Portugal mostra um elevado rácio de responsabilidades líquidas em percentagem do produto desde os anos sessenta. Mas, enquanto a Grécia mantém um sistema financeiro menos intenso que o português, o sistema espanhol sofisticou – e ganhou profundidade, ultrapassando os níveis portugueses. Quanto à capitalização do mercado de capitais, Portugal está apenas acima do nível grego e muito abaixo do das economias da União Europeia e do leste asiático. O valor das acções cotadas das firmas em percentagem do produto da economia é cerca de metade do da União Europeia e o mesmo se passa com as obrigações emitidas por empresas privadas. Quanto ao equilíbrio entre mercados de capitais e sistema bancário os mercados financeiros portugueses são claramente enviesados para o uso de crédito bancário. Mesmo a Grécia, com menor desenvolvimento do sistema financeiro em geral, apresenta melhor equilíbrio entre as suas duas componentes principais.

A vida financeira das empresas reflecte um sistema financeiro que carece de maior sofisticação e desenvolvimento: os rendimentos das empresas portuguesas são mais voláteis que nas outras economias e os níveis de endividamento – de curto ou longo praxo – em percentagem dos capitais próprios são mais altos.

Que reformas institucionais?

A experiência de crescimento dos países após a segunda guerra mundial permite-nos tirar conclusões acerca das reformas que poten-

---

[11] Gerschenkron (1962).

cialmente mais contribuirão para o crescimento das economias. Uma forma de avaliar esse benefício de reformas específicas é estimar qual o aumento em pontos percentuais de crescimento anual resultante de elevar a qualidade das instituições portuguesas para o nível médio da União Europeia.[12] Usando a estimativa estatística do impacto do indicador no crescimento para um conjunto alargado de países e conjugando-o com um indicador da "distância" institucional entre Portugal e a média dos países europeus para cada indicador podemos obter três critérios quantitativos para avaliar o benefício potencial de cada reforma: o seu impacto no crescimento, o esforço de reforma requerido – diferença entre Portugal e a média europeia em percentagem do valor português – e a eficiência do esforço de reforma – o rácio dos dois indicadores anteriores. Os dados indicam que em todas as áreas – legal, organização das empresas e sistema financeiro – a reforma das instituições para níveis médios europeus origina ganhos substanciais na taxa de crescimento económico, de 0.3 a 1.4 por cento ao ano, consoante a reforma específica.

A Tabela II abaixo mostra a média desses critérios indicativos para as cinco reformas mais promissoras em cada área institucional.[13] Essas cinco reformas do sistema legal levam em média a um aumento da taxa de crescimento anual de 0.59 ao ano, comparadas com um nível quase idêntico das reformas na organização das firmas e 0.39 para as cinco reformas do sistema financeiro. Quanto ao esforço requerido, nota-se uma diferença importante entre o sistema legal e as outras duas áreas: enquanto em média as reformas mais auspiciosas do sistema legal necessitam apenas de um aumento de 6 por cento para alcançar a média europeia, esse valor é de 20 por cento para as áreas financeira e de organização das empresas.

O critério de eficiência do esforço de reforma são bastante mais promissores para as reformas da área legal. Eles indicam que, em

---

[12] Naturalmente, aquelas poucas características institucionais em que Portugal apresenta índices mais favoráveis que a União Europeia são excluídas deste exercício. Por definição não serão areas de reforma institucional prioritária.

[13] As reformas mais promissoras são definidas indicador a indicador. Desta forma, as cinco reformas do sistema legal que levam a maior crescimento económico não coincidem necessariamente com as cinco reformas que âssociadas a uma maior eficincia do esforço de reforma. Por isso, na Tabela II abaixo, a terceira coluna não pode ser obtida da divisão da primeira pela segunda coluna.

média, por cada 10 por cento de avanço na reforma legal obtém-se 0.552 por cento de crescimento económico adicional. Este valor compara-se com 0.144 e 0.187 para as áreas de organização das empresas e sistema financeiro, respectivamente. A área legal revela-se assim particularmente interessante para iniciar uma reforma das instituições, associada que está a maiores ganhos de crescimento e menores diferenças em relação à média europeia.

TABELA II
Avaliação das Reformas Institucionais por Área

	Impacto no Crescimento	Esforço Requerido	Eficiência da Reforma
Sistema Legal	0.59	0.06	5.52
Organização das Firmas	0.58	0.21	1.44
Sistema Financeiro	0.39	0.21	1.87

A reforma do sistema legal mostra ser importante segundo uma outra metodologia. Se ordenarmos os índices institucionais por maior potencial de benefício, respectivamente quanto a maior impacto no crescimento, menor esforço requerido e maior eficiência, mais de metade das dez reformas mais promissoras segundo cada criterio estão na área legal. Mas entre essas dez reformas mais promissoras estão também sempre índices das duas outras areas, sugerindo o benefício de reformas simultâneas e sustentadas.

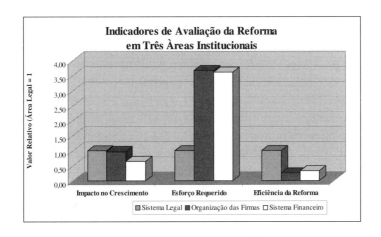

Resistências, reformas e crescimento

O critério de esforço de reforma utilizado é imperfeito, mesmo que sugestivo. Quais, então, as principais resistências à reforma que se podem antever? Antes de mais a dos grupos de interesse directamente afectados, que estão melhor organizados e são mais eficazes que os interesses dispersos que beneficiam das reformas. Em segundo lugar, a incerteza em relação à divisão dos "custos" da reforma que leva a uma maior rejeição *ex-ante*. A oposição virá também de potenciais beneficiados que desconhecem como serão afectados – o conhecido viés para o *status-quo*. Por fim, surgirão resistências do interior do próprio Estado, de grupos que têm interesses distintos dos do cidadão em geral e são capazes de afectar a direcção da reforma.

Quais as estratégias de reforma do desenho das instituições que podem ser recomendadas? O atraso geral dos índices institucionais e a impacto generalizado no crescimento recomendam uma reforma abrangente e não localizada. A inércia institucional e a urgência de aumentar a taxa de crescimento económico português recomendam reformas radicais em vez de graduais. Uma terceira opção que pode ainda estar aberta é deixar a crise fazer as reformas, isto é, deixar a degradação do desenho institucional levar, mais tarde ou mais cedo, à exigência de reformas por parte dos próprios cidadãos eleitores. A dificuldade é aproveitar esses momentos pró-reforma de forma expedita e evitar que essas reformas "espontâneas" venham demasiado tarde e de forma *ad-hoc*, respondendo mal a pressões de vária índole e não a um desígnio público pensado. A complexidade dos interesses afectados e a incerteza associada recomenda ainda mais um âmbito alargado e um ritmo sustentado de reforma, de maneira a poder equilibrar os vários interesses e conseguir estender os benefícios ao maior número possível de cidadãos e grupos.

Portugal tem experimentado taxas de crescimento económico que não permitem uma convergência rápida para níveis de rendimento *per capita* equivalentes à média europeia. O facto de que as instituições portuguesas apresentam um défice de qualidade em relação às instituições de outros países europeus, a constatação que as instituições mudam pouco e muito infrequentemente sugere que o desenvolvimento das instituições pode limita radicalmente o crescimento português. Uma reforma institucional abrangente e sustentada pode ser a condição necessária para elevar o crescimento económico português de forma continuada. E de uma vez reduzir o hiato de desenvolvimento em relação a uma Europa mais desenvolvida.

Referências

COASE, Ronald (1937), "The Nature of the Firm", Economica, November 1937, 4. Reprinted in Coase, Ronald, (1988) "The Firm, the Market and the Law", University of Chicago Press, Chicago.

—, (1960), "The Problem of Social Cost", The Journal of Law and Economics, Oct. 1960, 3, 1-44. Reprinted in Coase, Ronald, (1988) "The Firm, the Market and the Law", University of Chicago Press, Chicago.

—, (1988) "The Firm, the Market and the Law", University of Chicago Press, Chicago.

GERSCHENKRON, Alexander (1962), "Economic Backwardness in Historical Perspective," Belknap Press of Harvard University Press, Cambridge, Massachusetts.

NORTH, Douglass (1990) "Institutions, Institutional Change and Economic Performance", Cambridge, U.K.: Cambridge University Press.

SCHUMPETER, Joseph (1934) "The Theory of Economic Development," Cambridge, Massachusetts, Harvard University Press.

SMITH, Adam. (1755) "Unpublished manuscript quoted in Dugald Stewart, "Account of the Life and Writings of Adam Smith." In Adam Smith, Essays on Philosophical Subjects. Edited by W. P. D. Wightman and J. C. Bryce. Oxford: Clarendon Press, 1980.

TAVARES, José (2002), "Firms, Financial Markets and the Law: Institutions and Economic Growth in Portugal", apresentado à conferência do Banco de Portugal "Desenvolvimento Económico Português no Espaço Europeu: Determinantes e Políticas".

WEINGAST, Barry (1993), "Constitutions as Governance Structures: The Political Foundations of Secure Markets", Journal of Institutional and Theoretical Economics 149, 286-311.

EQUAÇÃO CUSTO-BENEFÍCIO NA ADMINISTRAÇÃO DA JUSTIÇA*

VICTOR CALVETE
Assistente da Faculdade de Direito de Coimbra
Assessor do Tribunal Constitucional

Conhecendo os oradores que me antecediam na sessão – e que, directa ou indirectamente, foram todos meus professores – antecipei (e ao ouvi-los confirmei) que o que quer que dissesse iria parecer trivial. Assim sendo, o melhor era preparar-me para dizer o óbvio[1]: *o óbvio é trivial, mas não por defeito.*

E o que é que é óbvio no tema da "equação custo-benefício na Administração da Justiça"? O que é óbvio, é que o que é óbvio não é óbvio para todos – pelo menos não da mesma maneira. Assim sendo, proponho-me dar conta de meia dúzia de evidências, não tanto para chamar a atenção para o que me parece óbvio, mas para que a atenção não chamada revele, por omissão, o que do óbvio me escapa. O que é dizer que, no caso, vale o não-dito pelo dito.

Em primeiro lugar, **é óbvio** que a resolução de litígios pelos tribunais está para a resolução extrajudicial de litígios tal como os medicamentos de marca estão para os genéricos: têm o mesmo prin-

---

* O presente texto é a reelaboração de uma exposição oral, com base nos apontamentos da sua preparação. A estrutura e o tom coloquial não reproduzem, por mera impossibilidade, a comunicação apresentada, mas imitam-na, a partir do seu modelo prévio. Parte das notas constitui ilustração dos argumentos apresentados e foi utilizada na exposição; outra parte constitui o sub-texto dos argumentos, e não foi.

[1] A mesma ideia que eu, tiveram, parece, vários dos participantes na obra organizada por António Barreto, *Justiça em crise? Crises da Justiça*, Dom Quixote, Lisboa, 2000. Mas nenhum confessou, provavelmente por modéstia: como dizia Ruben A., "em Portugal o óbvio é que é difícil".

cípio activo[2], obtêm os mesmos resultados[3], custam menos[4] – e representam uma parcela insignificante do respectivo mercado[5]. Há

---

[2] A presença de um terceiro activo no processo de resolução do conflito – que "implica, da parte do grupo ou sociedade que o usa, a mobilização da sua estrutura de autoridade." (Louis Assier-Andrieu, *O Direito nas Sociedades Humanas*, Martins Fontes, São Paulo, 2000, p. 179). "A passagem para o modo *triádico*, ou trilateral, de tratamento dos conflitos não significa uma mera mudança de elo técnico, ela produz um verdadeiro salto qualitativo. Caracteriza-se (...) pela intervenção mais ou menos activa e mais ou menos eficiente de uma *instância terceira*, capaz de favorecer a unificação intelectual das pretensões divergentes das partes confrontadas (conciliação), de sugerir uma aproximação de pontos de vista apta para oferecer uma solução (mediação), de sugerir directamente a solução (arbitragem), de, afinal, impor o desfecho da discórdia (julgamento)." (*idem, ibidem*, p. 178).

A analogia entre o foro judicial e os meios alternativos de resolução de litígios, por um lado, e os medicamentos de marca e genéricos, por outro, assenta numa outra metáfora: a do sistema de resolução de litígios como "terapêutica social". É claro que há outras: nos EUA, formas de arbitragem que envolviam juizes aposentados ficaram conhecidas como *rent-a-judge*.

[3] Essencialmente, a resolução do litígio. Como escrevem Boaventura de Sousa Santos et al., *Os Tribunais nas Sociedades Contemporâneas – O caso português*, 2ª ed., Afrontamento, 1996, pp. 47-48, "as resoluções sugeridas ou decididas pelas terceiras partes são geralmente aceites ainda que não disponham de nenhum meio formal para impor as suas decisões. O acatamento da decisão pode derivar de considerações de oportunidade e de cálculo dos custos do não acatamento mas deriva muitas vezes da própria autoridade de quem decide."

[4] Nos termos da Portaria n.º 1456/2001, de 28 de Dezembro, cada processo tramitado nos Julgados de Paz previstos no n.º 2 do artigo 209º da Constituição e regulados na Lei n.º 78/2001, de 13 de Julho, paga uma taxa única de 70 euros, sensivelmente *metade* da taxa de justiça de um caso de valor equivalente tramitado nos tribunais comuns. Para maior desenvolvimento, cfr. a intervenção do Presidente do Conselho de Acompanhamento da Criação, Instalação e Funcionamento dos Julgados de Paz, Conselheiro Cardona Ferreira.

Sobre os custos da arbitragem, cfr. o artigo 5º da Lei n.º 31/86, de 29 de Agosto, que remete para a convenção de arbitragem ou documento posterior subscrito pelas partes, ou para os que forem fixados nos regulamentos dos centros de arbitragem institucionalizados.

[5] Segundo as *Estatísticas da Justiça – 2000*, Ministério da Justiça, p. 215, em 2000 os centros de arbitragem registaram 6672 novos casos, menos de 1% (0,91%) do número de novos casos entrados nesse ano só nos tribunais judicias (727952) – *idem*, p. 33. A criação dos julgados de paz pelo Decreto-Lei n.º 329/2001, de 20 de Dezembro, a título experimental – como previsto no n.º 1 do artigo 64º da Lei n.º 78/2001, de 13 de Julho – nos municípios de Lisboa, Oliveira do Bairro, Seixal e Vila Nova de Gaia, com um quadro *de 12 lugares* (provido a partir de Janeiro de 2002 – Portaria n.º 1228/2001, de 25 de Outubro) permitiu movimentar, no seu primeiro ano de funcionamento, *340 processos* (123, 87, 55 e 75, respectivamente, em cada um daqueles municípios – ou melhor: nas freguesias

anos que se fazem tentativas para implantar os medicamentos genéricos, tal como há anos que se procura desviar a procura dos tribunais para outras instâncias de resolução de conflitos[6] – em ambos os casos, e até agora, com pouco sucesso.

Uma vez que isto leva, obviamente, a perguntar porquê, torna-se evidente outro paralelismo: num caso e noutro, para lá dos hábitos instituídos e da inércia do sistema, há resistências nas instâncias de selecção, aliás nem sempre claramente identificadas (e claramente tanto mais eficazes quanto menos claramente identificadas[7]). Mas há

---

abrangidas, uma vez que só o julgamento de paz de Oliveira do Bairro abrange todo o município) – *Público*, 21 de Janeiro de 2003.

A título de comparação, em 2002 os (477) medicamentos genéricos representavam cerca de 2% do mercado português de remédios.

[6] Desde a revisão constitucional de 1982, que, introduzindo uma nova redacção no artigo 212º, pôs termo às dúvidas sobre a conformidade constitucional dos tribunais arbitrais previstos nos artigos 1508º a 1524º do Código de Processo Civil de 1961. Seguiram-se-lhe o Decreto-Lei n.º 243/84, de 17 de Julho, a Lei n.º 31/86, de 29 de Agosto – que substitui este diploma e aquelas disposições do Código de Processo Civil – o Decreto-Lei n.º 425/86, de 27 de Dezembro (regime da outorga de competência para realização de arbitragens voluntárias institucionalizadas), o Decreto-Lei n.º 103/91 (isenção de custas para os exequentes de sentenças condenatórias proferidas por tribunais arbitrais dos centros de arbitragem de conflitos de consumo), o Decreto-Lei n.º 146/99, de 4 de Maio (regime de criação e funcionamento de entidades privadas de resolução extrajudicial de conflitos de consumo), em vigor desde a data de publicação da Portaria n.º 328/00, de 9 de Junho (regulamento do registo das entidades que pretendam instituir procedimentos de resolução extrajudicial de conflitos de consumo através de serviços de mediação, de comissões de resolução de conflitos ou de provedores de cliente), a já referida Lei n.º 78/01, de 13 de Julho (organização, competência e funcionamento dos julgados de paz – criados como projectos experimentais em quatro municípios pelo Decreto-Lei n.º 329/01, de 20 de Dezembro) e a Resolução do Conselho de Ministros n.º 175/01, de 28 de Dezembro (promove, determina e recomenda a resolução de litígios por meios alternativos, como a mediação e arbitragem). Para consultar estes e outros diplomas, cfr. João Álvaro Dias, *Resolução Extrajudicial de Litígios – Quadro Normativo*, Almedina, Coimbra, 2002.

[7] Só com as medidas adoptadas em 2002 pelo XV Governo Constitucional para promover a generalização dos genéricos se tornou claro, para a opinião pública, que entre os principais potenciais prejudicados pela medida se encontravam os produtores *nacionais* de medicamentos. A percepção de que os seus bem implantados medicamentos de marca seriam facilmente substituíveis por genéricos importados explica, porventura, a timidez de muitas anteriores tentativas de alargamento do mercado dos genéricos. Do mesmo modo, passando a uma análise dos interesses envolvidos na implantação de meios alternativos de resolução de litígios e a partir da determinação de quem é que mais tem a perder com a diminuição dos litígios em tribunal – de entre todos os intervenientes processuais, só um vê os seus ganhos

também razões *estruturais* para explicar essa resistência[8], num caso e noutro. No que nos importa – que é o facto de os meios alternativos de resolução de conflitos serem *actualmente* menos alternativos do que complementares[9] – tal decorre de uma outra evidente constatação:

É óbvio que uma pré-compreensão do que é a jurisdição – do que é a justiça enquanto forma de resolução de litígios – condiciona a lógica do pensamento sobre o *lugar* dos tribunais e dos meios alternativos de resolução de litígios no sistema de justiça. Prevalecendo uma pré-compreensão da jurisdição *como direito* (de acesso aos tribunais)[10], em detrimento da concepção da jurisdição *como bem* (como serviço sujeito às leis da oferta e da procura), a tendência foi (e é) para desvalorizar a "justiça genérica" (a assegurada por outros meios de composição de litígios que não os tribunais) em relação à "justiça de marca" (a dos tribunais), não obstante as proclamações e iniciativas em contrário. É claro que quando se assume (como o fez um orador noutra sessão), que "*as coisas*" que os tribunais produzem

---

aumentar com esse aumento de litigiosidade, enquanto que todos os outros são compelidos a uma maior actividade sem variação remuneratória – é possível concluir que (obviamente com outras e diversas razões) terão sido os Advogados e a sua Ordem o principal obstáculo a uma maior substituição da justiça *de marca* por justiças *genéricas*. Como, pela segunda vez, confessou o Presidente da República em entrevista recente (*Diário Económico*, 26 de Fevereiro de 2003), "em Portugal os interesses triunfam sempre".

[8] Para Paolo Prodi, *Uma História da Justiça – do pluralismo dos tribunais ao moderno dualismo entre a consciência e o direito*, Estampa, Lisboa, 2002, pp. 453-454, "A impressão é que nesta viragem de século, ou de milénio, aquilo que está a desaparecer é precisamente este pluralismo dos ordenamentos e dos foros: pela primeira vez no Ocidente encontramo-nos perante a norma "a uma dimensão" e, portanto, de um único foro, o do direito positivo, da norma escrita, tendo desaparecido todas as outras sedes de juízo que regeram até aos nossos tempos a quase totalidade da nossa vida quotidiana".

[9] Para a Directora Geral da Administração Extrajudicial, M. Conceição Oliveira (Preâmbulo a *O que é a mediação*, agorapublicações, Lisboa, 2003, p. 9) tais meiosos seriam "na sua essência", complementares. Segundo dados do Observatório Permanente da Justiça Portuguesa, cerca de 80% dos casos de conflito processados nos julgados de paz não entrariam no circuito dos tribunais. Nas condições actuais a *justiça genérica* tenderá a crescer à custa das *cifras negras* do sistema jurisdicional, antes de desviar parte substancial da procura que lhe é dirigida.

[10] B. Sousa Santos *et al.*, ob. cit., p. 486: "a consagração constitucional dos novos direitos económicos e sociais e a sua expressão paralela à do Estado-Providência transformou o direito ao acesso efectivo à justiça num direito charneira, um direito cujo denegação acarretaria a de todos os demais."

"*não são mercadorias*"[11], se é forçado, em coerência, a defender o estrito monopólio dos tribunais na composição de litígios, e a subordinação do acesso a eles aos princípios de igualdade[12], da universalidade[13], e da uniformização[14]. Tal como é igualmente claro que, pres-

---

[11] Se não errei na transcrição, do mesmo estava convencido outro participante no colóquio: "Justice is not an economic issue (...) does not have an economic function". Uma tal perspectiva (da justiça como *direito*) nem sequer é exclusiva de quem adopte uma abordagem puramente jurídica: citando R. Hofrichter, Louis Assier-Andrieu nota que as "justiças alternativas" substituem "a justiça pura e simples pela manutenção da ordem. Em suma, os modos alternativos constituiriam apenas uma forma de controlo estatal especificamente dirigida para os poderes e as pessoas desprotegidas" (*ob. cit.*, p. 204). Outros fazem a imputação inversa: a transferência das decisões sobre as relações económicas para *fora* não jurisdicionais subtrairia ao império da lei, já não o poder do príncipe, mas o do dinheiro.

[12] Como escreveu Gomes Canotilho em *Direito Constitucional e Teoria da Constituição*, Almedina, Coimbra, 2002, 6.ª ed., p. 456), "O acesso à justiça é um acesso materialmente informado pelo princípio da igualdade de oportunidades".

[13] No acórdão n.º 467/91, o Tribunal Constitucional, ao pronunciar-se sobre as alterações do Código das Custas Judiciárias introduzidas pelo Decreto-Lei n.º 387-D/87, de 29 de Dezembro, considerou-as "conformes à Constituição, designadamente aos artigos 20º e 13º e aos princípios que lhe subjazem, o do Estado de Direito, o da universalidade e o da igualdade." (*Diário da República*, II Série, de 2 de Abril de 1992 e Acórdãos do Tribunal Constitucional, 20º Vol., p. 309). Cfr. também p. 303, onde considera o legislador vinculado, em matéria de acesso aos tribunais, "aos princípios da universalidade e da igualdade".

[14] A uniformização da prestação jurisdicional não é um imperativo constitucional, como a igualdade e a universalidade no seu acesso, mas é um imperativo de funcionalidade do sistema, resultante daqueles princípios e da necessidade de obtenção de economias de escala – e daí que seja referida em praticamente todas as reformas processuais: no Preâmbulo do Decreto-Lei n.º 44129, de 28 de Dezembro de 1961 que aprovou o Código de Processo Civil, referindo-se os "rasgos essenciais do novo regime" introduzido pelo Decreto-Lei n.º 12353, de 22 de Setembro de 1926, indicava-se a "simplificação do formalismo processual". No Decreto-Lei n.º 329-A/95, de 12 de Dezembro, que operou a sua revisão, aludia--se, a propósito dos processos especiais, ao "esforço de sistematização e simplificação que preside à actual reforma". No preâmbulo do Código de Processo Penal de 1987, esclarecia--se que era "à ideia de aceleração que em boa medida deve imputar-se a redução substancial das formas de processo". No curtíssimo preâmbulo do Código de Processo do Trabalho, aprovado pelo Decreto-Lei n.º 272-A/81, de 30 de Setembro, a "diminuição das formas de processo comum era codificada à cabeça do conjunto de princípios acolhidos de novo pelo presente diploma" e no Preâmbulo do que o substituiu (Decreto-Lei n.º 480/99, de 9 de Novembro) refere-se a suspensão das "duas formas de processo até agora previstas, com distinção fundada exclusivamente no critério do valor da causa" fundindo-as "numa única forma". O actual Código de Procedimento e Processo Tributário, aprovado pelo Decreto-Lei n.º 433/99, de 26 de Outubro, aludindo no seu Preâmbulo a "objectivos gerais de simplicidade e eficácia" refere-se especialmente no "processo judicial tributário" à "simplificação do processo de decisão".

supondo-se que os serviços que os tribunais produzem "são serviços como outros quaisquer"[15], se aponta, em coerência, para a proliferação de alternativas aos tribunais, para a diversificação destes e para a diferenciação dos serviços de resolução de litígios que eles prestam[16].

Demais, é **óbvio** que mesmo quem tem da jurisdição uma concepção estritamente económica – quem a pensa, *só*, como *só um serviço* – tenderá a pensá-lo divergentemente consoante a encare *pelo lado da oferta*[17], ou *pelo lado da procura*[18], assim se poten-

---

[15] Veja-se o artigo – aliás interessante – de João Ramos de Sousa "Que Crise? Que Justiça? – Mercados judiciários: um estudo de economia normativa", *in* António Barreto, *ob. cit.*, pp. 229-244. Para Brian May/Alan Peacock, *What Price Civil Justice?*, Hobart Paper 139, Institute of Economic Affairs, London, 2000, p. 19, "civil justice is a service, and that service is dispute resolution." – embora não só: cfr. p. 39.

[16] Quem pense na resolução de litígios como serviço há-de querer afeiçoá-la às diferentes procuras: os consumidores não retiram utilidade apenas do uso/obtenção de um bem, tiram também utilidade da possibilidade de escolha daquele que melhor se ajusta às suas necessidades. O que quer dizer que a proliferação de diferentes tipos de serviços de resolução de conflitos (em termos de preço, regras, celeridade, proximidade, envolvimento das partes, etc.) vai de encontro à lógica económica – à lógica da justiça como bem (e leva à progressiva indiferenciação entre a *justiça de marca* e a *justiça genérica*) –, mas opõe-se à lógica constitucional – à lógica da justiça como direito (que tende a fechar-se nos tribunais e a uniformizar-se).

[17] Do lado da oferta importa combinar os factores indispensáveis ao serviço a prestar: *tribunais*, com a sua organização geográfica, material e hierárquica; *juízes*, com o seu recrutamento e formação específica; magistrados do *Ministério Público*, com intervenção eventual na prestação da justiça civil, mas essencial no domínio da justiça penal; *funcionários*, com a sua diferenciação de funções; *regras de funcionamento* (calendário judicial, tecnologias de apoio, códigos de processo, códigos de custas, etc). Importa *gerir o sistema* (Conselho Superior da Magistratura, Conselho dos Oficiais de Justiça, Conselho do Ministério Público, Ministério da Justiça e suas direcções-gerais, institutos e departamentos), e *fazê-lo evoluir* – idealmente, mas não na prática – ajustando-o antecipadamente às novas necessidades. De todas as componentes do sistema, a única que se ajusta automaticamente às condições de mercado é a que funciona em regime de profissão liberal: a advocacia. Para todas as outras – e serviços conexos: notários, conservatórias, reinserção social, prisões, etc. – é necessário recorrer a mecanismos de direcção central. Não é surpreendente que a oferta seja deficitária em todas as componente do sistema que requerem planeamento e previsão, e tenda a tornar-se excedentária na única componente que reage aos estímulos do mercado. Trazer mais segmentos do sistema para o mercado pode resolver o problema dos estrangulamentos da oferta *nesses segmentos* (execuções, notários, registos...), mas à custa de novos problemas para a procura: não é certo que o recurso aos serviços privatizados – seguramente mais abundantemente disponibilizados dessa forma – proporcione maior satisfação aos "consumidores". Não é certo, no fundo, que a privatização seja a melhor solução para ultrapassar cada *bottleneck* gerado pela ineficiente gestão pública.

ciando os equívocos e ambiguidades que já resultavam da falta de consciência da *dupla natureza* (digamos: "constitucional" e "económica") da *jurisdição*[19] e, em consequência, das divergentes exigên-

---

[18] Como escrevem Brian Main/Alan Peacock, *ob. cit.*, p. 54, "The nature of the product, justice, is elusive and is naturally defined by the client as judgement in his or her favour, an outcome which cannot be guaranteed whatever the cost incurred." Para além disso, como também notam (p. 20), a aquisição do bem é diferente para os adquirentes profissionais ou frequentes de serviços jurídicos ("a experience good") e para os adquirentes fortuitos ("a credence good"). E ainda para mais trata-se de um bem cujos custos não se conhecem à partida (*idem*, p. 32). Além de ter de lidar com estes problemas, focando-se o serviço de resolução de litígios pelo lado da procura remete-nos, antes de tudo, para esse mercado de aquisição de serviços jurídicos que é condição prévia de acesso ao sistema de *justiça de marca* – face à obrigação legal de patrocínio obrigatório – com as questões que lhe estão associadas: *formas de remuneração dos advogados (quota litis*, honorários fixos ou por hora aplicada ao caso, responsabilidade pelo pagamento dos honorários da parte vencedora, condições de acesso ao patrocínio judiciário), *assimetria de informação* entre estes e os seus clientes (ou "supplier-induced demand" na expressão dos AA., *ob. cit.*, p. 21, atendendo a que "the legal practitioner is in the position of both recomending the quantity and quality of product to be purchased and simultaneously suppliyng it"), *formas de distribuição de risco* (por exemplo seguros, incluindo seguros de protecção jurídica e seguros contra o pagamento de honorários da parte vencedora, *champerty* – financiamento do litígio por um terceiro, a troco de uma percentagem da indemnização a conseguir –, patrocínio judicial pago por sindicatos, organizações de consumidores ou de interesses específicos, ou, mesmo a substituição dos seus membros em juízo), *garantias de idoneidade* dos profissionais liberais (formas de organização e disciplina, modos de responsabilização por violação das *legis artis*, processos de formação), etc. E somos também confrontados com os factores que determinam a procura de prevenção ou resolução de litígios, que gera a procura de serviços jurídicos – o que situa a reflexão sobre o sistema jurisdicional num plano bem diverso do da sua oferta.

[19] Propositadamente, diferenciaram-se as dimensões apresentadas daquelas que são correntes na doutrina e jurisprudência constitucionais: "A garantia fundamental do acesso aos tribunais é uma concretização do princípio do Estado de Direito, apresentando, conforme refere Gomes Canotilho, uma dimensão de defesa ou garantística (defesa dos direitos através dos tribunais) e uma dimensão "prestacional", significando o dever de o Estado assegurar meios (como o apoio judiciário) tendentes a evitar a denegação da justiça por insuficiência de meios económicos." (Acórdão n.º 467/91 do Tribunal Constitucional, citado na nota 12, p. 300. É que, como também aí se explica recorrendo aos ensinamentos da doutrina, ambas essas dimensões – "a dimensão de defesa e a dimensão de prestação" – são decorrência do estatuto constitucional do "direito ao tribunal" ("nesta sua pluridimensionalidade, não significa para o Estado aquele dever de abstenção que, em regra, vai ligado aos direitos de defesa: significa antes a incumbência de o Estado realizar a tarefa qualificada de proporcionar aos cidadãos a tutela jurisdicional dos seus direitos.").

A dimensão *económica* a que aludimos em texto não é a dimensão prestacional inteligível no perímetro de uma reflexão juridicamente apurada: é sim a que é exterior a essa

cias decorrentes de cada uma dessas dimensões. E daí que seja frequente, no panorama das reformas da justiça, que medidas adoptadas dentro de uma certa lógica se revelem contraditórias com outras, adoptadas dentro de uma lógica diversa[20].

É óbvio, aliás, que pensar a justiça em termos de *equação custo--benefício* só faz sentido a partir de uma concepção da justiça como bem (como serviço), e mesmo aí, só quando ela se avalia *do lado da oferta*, uma vez que a análise custo-benefício é uma técnica que

---

reflexão jurídica e que aflorou em algumas intervenções no colóquio, motivando o seguinte desabafo de outro participante (que provavelmente poderá ser lido no texto da sua intervenção): "o discurso economicista contamina as discussões sobre a Justiça.".

[20] Por exemplo: aumentar o apoio judiciário, para alargar o acesso aos tribunais (dentro da lógica *constitucional*), e congelar os quadros do pessoal judiciário (dentro da lógica *económica*), fazendo aumentar o tempo de espera e, portanto, restringindo ainda mais, por essa via, o acesso aos tribunais. Ou pretender aumentar o recurso a formas alternativas de resolução de litígios (dentro da lógica *económica*) e alargar o apoio judiciário (dentro da lógica *constitucional*), sendo certo que, em qualquer das suas modalidades (dispensa de custas ou patrocínio judiciário), este desvia a procura de resolução de litígios da *justiça genérica* para a *justiça de marca*, diminuindo, portanto, o recurso aos meios alternativos de resolução de litígios.

Já só está ao alcance do "melhor Ministro da Justiça" que uma medida tenha o efeito oposto ao que ela própria pretendia obter. A Lei n.º 30-E/00, de 20 de Dezembro, que transferiu a decisão do apoio judiciário dos tribunais para o "dirigente máximo dos serviços de segurança social da área de residência do requerente", visava libertar os magistrados judiciais de uma formalidade processual, acelerando procedimentos. Afinal, face à incapacidade de resposta daqueles serviços, os deferimentos tácitos (passados 30 dias sobre a apresentação do requerimento) passaram a ser comuns, com um aumento vertiginoso de pedidos de apoio judiciário (mesmo em acções em que os altos rendimentos auferidos serviam de argumento para pedidos de elevadas indemnizações) e uma taxa de indeferimentos muito baixa (cerca de 13200 recusas em cerca de 104000 pedidos, durante o ano de 2001). Em resultado, aumentaram as acções intentadas, mesmo carecidas de viabilidade, e os incidentes suscitados, decorrentes da imunidade ao efeito moderador das custas, aumentando-se o trabalho dos magistrados.

Tendo em conta, entre o mais, a inconstitucionalidade do regime de citação introduzido pelo Decreto-Lei n.º 183/00, de 10 de Agosto, é provável que o juízo sobre tal lei tenha contribuído para a avaliação do Bastonário da Ordem dos Advogados sobre o Ministro que a propôs: enquanto os advogados receberam cerca de *9,8 milhões* de euros de pagamentos do Estado em 1999, ao abrigo do Decreto-Lei n.º 391/88, de 26 de Outubro (que regulamentava o sistema de apoio judiciário e o seu regime financeiro), em 2002 estimava-se que, ao abrigo da nova lei e da Portaria n.º 1200-C/00, de 20 de Dezembro, recebessem *45 milhões* de euros.

compara as consequências positivas e negativas de uma decisão de modo a determinar se o resultado final é do interesse público[21].

O que é **igualmente óbvio** é que, como instrumento de planeamento[22], uma tal técnica, que remonta a meados do século XIX[23] e

---

[21] A análise de custo-benefício supõe cinco momentos, três deles minados de dificuldades:
- em primeiro lugar, é preciso *identificar* todas as consequências da decisão, quer sejam positivas, quer sejam negativas, ponderando-se, por exemplo, uma reorganização judiciária, seria preciso considerar o aumento ou diminuição dos quadros necessários, o esperado impacto na duração dos processos, o incentivo ou desincentivo que tal alteração de duração implica na procura dirigida aos tribunais – e aos outros meios de resolução de litígios –, os custos de instalação dos novos tribunais se os houvesse, a variação nas custas cobradas e no apoio judiciário pago (em resultado do reajuste da procura de soluções jurisdicionais em face da nova organização judiciária), o aumento ou diminuição da segurança dos direitos e transacções (fruto das novas condições de resposta do aparelho judiciário), etc.
- em segundo lugar, é preciso *avaliar* todas essas consequências em termos monetários. Mesmo considerando que a anterior selecção de variáveis era totalmente objectiva e exaustiva (diferentes cabazes de variáveis implicarão diferentes resultados da análise), como é que se avalia em dinheiro o aumento do recurso aos tribunais, supondo que ele resultava efectivamente da nova reforma judiciária (através da diminuição dos custos de espera por uma decisão)? E quanto vale – para a totalidade dos intervenientes processuais – o ganho de tempo até à conclusão do processo? E qual o valor do acréscimo de certeza e segurança que isso introduz nas transacções em geral? E à reafirmação da separação dos poderes e das regras de funcionamento do Estado de Direito cabe que valor?
- em terceiro lugar, é preciso traduzir esses ganhos e custos estimados numa *base comum*, através da selecção de uma taxa de actualização. Porque um euro de custos (ganhos) hoje não é igual a um euro de ganhos (custos) amanhã, é preciso reconduzir custos e benefícios actuais e futuros a valores comparáveis. A determinação da taxa de actualização é crucial para o resultado: a uma taxa de 10%, é preciso 1 milhão de euros de benefícios (custos) daqui a 50 anos para compensar 8500 euros de custos (benefícios), hoje. Com diferentes taxas, os valores de equivalência alteram-se.
- em quarto lugar, é preciso *comparar* os valores actualizados dos custos com os valores actualizados dos benefícios, para
- em quinto lugar, *seleccionar* as decisões em que a razão custo/benefício é menor do que um e, no caso de não serem incompatíveis, hierarquizá-las, do menor valor absoluto até à unidade.

Sobre estes cinco passos de análise, cfr. vg. "cost-benefit analysis" (Frank Stilwell) em *Encyclopedia of Political Economy*, Vol. 1, ed. by Phillip A. O'Hara Routledge, London/ New York, 2001, pp. 157-162.

[22] As vantagens da utilização do método de análise custo-benefício como instrumento

que foi aplicada nos EUA para avaliar escolhas públicas na primeira metade do século XX[24], entre nós, nos inícios do século XXI, não serve para coisa alguma, uma vez que o processo de decisão política ainda não incorpora, sequer, análises de efectividade de custos[25]. E, o que é pior e mais significativo, que decisões como a da alteração, pela Assembleia de República, da regra da composição do tribunal na reforma do contencioso administrativo (de singular para colectivo, por mera preferência de uma das partes), continuem a ser tomadas **sem, sequer, uma noção dos encargos associados**[26].

Em todo o caso, **é óbvio** que o sistema de administração da Justiça, tal como existe, é insatisfatório para todos os nele envolvidos:

---

de planeamento traduzem-se em tornar explícitas as razões determinantes de uma decisão, tornando-a *simultaneamente mais transparente* e *mais consistente* (na medida em que o padrão de valorações incorporado na decisão deve ser compatível com o das anteriores e sucessivas decisões no mesmo sector). Em contrapartida, a sua suposta legitimidade "técnica" pode erodir os mecanismos de controlo das decisões sustentadas por esta análise, permitindo o mesmo grau de opacidade e inconsistência através da manipulação das variáveis incorporadas na análise. Cfr. Frank Stilwell, *ob. cit.*, pp. 158-161. Como escrevia Owen Lippert no FORUM do Fraser Institute, "some claim it is still smoke and mirrors – perhaps, but much improved smoke and mirrors" (*http://oldfraser.lexi.net*).

[23] A um artigo de 1844 de Arsine-Jules-Émile-Juvenal Dupuit. "Dupuit's general rule for the provision of public goods – highways, water distribution, transport, etc. – was that the government should provide these goods if a pricing scheme could be devised such that the total annual cost associated with the good could be covered while producing some "net utility"." – R. B. Ekelund Jr./R. F. Hébert, *A History of Economic Theory and Method*, McGraw Hill, Singapore, 1997, p. 279.

[24] A referência comum é ao *Flood Control Act* americano, de 1936. Em A. R. Prest/R. Turvey, "Análise de custos e benefícios: um retrospecto", incluído no 3º volume do *Panorama da Moderna Teoria Económica*, editado pela American Economic Association e pela Royal Economic Society, Atlas, S. Paulo, 1973, pp. 201-265, há outras referências, algumas anteriores.

[25] "A variant of cost-benefit analysis is "cost-effectiveness" analysis which is simpler to carry out. Here benefits are exogenously specified and the problem is to minimize the cost associated with a given profile of "benefits"." – Sukhamoi Chakravarty, "*cost-benefit analysis*" in *The New Palgrave – A Dictionary of Economics*, vol. 1, The Macmillan Press, London, 1987, pp. 687-688.

[26] Que se traduziram na necessidade de *mais 41 juizes*, segundo um dos intervenientes no Colóquio. António de Araújo, "A "crise" da Justiça (breves considerações)", *in* António Barreto *et al., ob. cit.* p. 65, já tinha notado que "a maior parte das reformas na área da Justiça são empreendidas sem uma avaliação do respectivo impacto económico-financeiro. (...) Temos leis iguais às da Alemanha para serem aplicadas em tribunais que, em muitos casos, funcionam como os do Terceiro Mundo."

os responsáveis políticos falam em "crise terrível da justiça"[27], os magistrados judiciais queixam-se do insuportável volume de processos[28], os magistrados do Ministério Público toleram a falta de meios para poderem cumprir cabalmente as suas funções[29], os funcionários judiciais debatem-se com insuficiente preenchimento de quadros, e condições de trabalho muitas vezes precárias[30], os advogados criti-

---

[27] As palavras são do Secretário de Estado Adjunto da Ministra da Justiça na sessão de abertura do Colóquio. Mário Raposo "Justiça em crise", in António Barreto et al., ob. cit., p. 378, situa o início da nossa crise da justiça "na 1ª metade dos anos 70", mas para António Pires de Lima, idem, ibidem, p. 127, "Sempre houve crise". Em "Revisão da Polícia Judiciária do Estado Novo", de 1956, já o Prof. Pessoa Vaz falava dos "sinais de crise".

[28] As Estatísticas da Justiça, a que adiante se farão referências, dão conta da progressão do número de processos e revelam, até, a sua capitação por juiz de 1ª instância (795 e 1975, 1440 em 1980, 1345 em 1985, 1254 em 1990, 1101 em 1995 e 1140 em 2000 – embora em alguns anos se desdobre o número médio de processos movimentados em dois valores: o dos pendentes por magistrado judicial – 868 em 2000 – e o dos entrados por magistrado judicial – 532 em 2000 – sendo certo que só a soma, ausente das últimas estatísticas, dá uma noção da sobrecarga média dos magistrados de 1ª instância – basta comparar tais números médios com os divulgados na intervenção do Prof. E. Blankenburg). Que números menos agregados são desconhecidos dos responsáveis revelou-o o Presidente do Supremo Tribunal de Justiça quando, em entrevista ao Público de 25 de Junho de 2002, afirmou haver "juízes com mais de três mil processos quando, no tempo em que [foi] juiz da 1ª instância, eles não excediam, em média, os 600". De facto, em muitos tribunais o número de processos pendentes excede os 5 e até os 6 mil como era o caso nos únicos três juízos criminais de Sintra, no início do ano judicial de 2001-2002. havia mais de 6000 processos pendentes e **nos únicos outros 2 juízos** os números eram de mais de 5000 no 2º e de mais de 4500 no 3º.

[29] Estão por preencher metade dos quadros técnicos da Polícia Judiciária, de que depende em grande medida a investigação nos inquéritos mais importantes dirigidos pelo Ministério Público. A polícia de investigação criminal tem 3% do Orçamento do Ministério da Justiça, enquanto na Alemanha tem 27%. O Departamento de Investigação e Acção Penal tem só um motorista – e seis automóveis ao todo. Estas informações chegam ao grande público pelo Bastonário da Ordem dos Advogados (entrevista ao Jornal de Notícias de 25 de Janeiro de 2003). E daí que, como notou o Dr. Proença de Carvalho na sua intervenção, a taxa de resolução de homicídios seja de 56% em Portugal e de 93% em Espanha.

[30] Não só o quadro de funcionários judiciais não acompanhou o brutal aumento processual como nem sequer está integralmente preenchido (faltam cerca de 800 funcionários). Quando, por qualquer razão, a comunicação social se interessa pelo funcionamento dos tribunais traz à luz situações em que "o papel é tanto que os funcionários não conseguem ver as pessoas que estão a atender." (Jornal de Notícias, 15 de Julho de 2002).

cam simultaneamente a redução de garantias e a lentidão da justiça[31], os utentes do sistema deploram o seu custo, a sua qualidade e a sua morosidade[32].

Perante este generalizado grau de insatisfação, **é óbvio** que o recurso ao actual sistema de administração da justiça deveria ser o *último recurso*. *Prima facie*, a progressão da procura parece apontar para outra conclusão: as acções declarativas intentadas[33] aumentaram continuamente entre 1988 e 1994[34], tendo oscilado desde então[35].

---

[31] De uma *"morosidade* intolerável" e do caminho "para a eliminação de direitos dos arguidos em processo penal" já falava Proença de Carvalho em "O Sistema de Justiça", *in* António Barreto *et al., ob. cit.,* pp. 133-146. Na mesma obra, significativamente no mesmo sentido, António Garcia Pereira, "A crise da justiça em Portugal", pp. 117-126: "perante o crescendo de legítimos protestos contra a morosidade da justiça e as mais escandalosas prescrições de procedimentos criminais, eis que (...) se vêem restringidos cada vez mais os direitos e garantias dos cidadãos" (p. 123).

[32] Sobre as percepções dos responsáveis pelas empresas portuguesas sobre o sistema judicial, cfr. a intervenção da Prof. Célia da Costa Cabral.

[33] Concentramo-nos nas acções declarativas intentadas nos tribunais comuns porque podem mais facilmente servir de índice da confiança no sistema.

[34] *110435* acções declarativas entradas em *1988*, 125455 em 1989, 127469 em 1990, 146833 em 1991, 168671 em 1992, 192375 em 1993 e 255845 em 1994. Não deixa de ser interessante notar o desfasamento de ciclo com as pendências: escreveram B. Sousa Santos *et al., ob. cit.,* p. 110: "A explosão de litigação cível no início da década de 80 conduziu a um crescimento exponencial do volume de *pendências* que atingiu o seu ponto mais elevado entre 1986 e 1988 (cerca de 327000 processos cíveis pendentes). A partir de 1989 e até 1992 os processos pendentes começaram a diminuir, voltando a aumentar em 1993."

Nas estatísticas da Justiça – 1985, p. 16, para se retomar a consistência da série é preciso **somar** aos valores aí apresentados com sendo o total das *Acções* entradas, a diferença entre o número *total de processos entrados* e o somatório das *Acções, Execuções, Inventários* e *Falências e Insolvências*. Ou seja, é preciso calcular uma categoria residual ("outros"?) e somá-la ao valor das *Acções*, pois de outra forma há disparidade nas sequências apresentadas nas *Estatísticas da Justiça – 1990,* p. 35, e nas dos anos seguintes. Feitas as correcções aos números apresentados nas Estatísticas de 1985 (o que monta a considerar como total das acções declarativas o total dos processos *menos* o número das acções executivas) a evolução foi a seguinte: *1974* – *58865* acções declarativa entradas; 1975 – 67360; 1976 - 85712; 1977 – 87899; 1978 – 94866; *1979 – 94861*; 1980 – *87421*; 1981 – 93775; 1982 – 104258; 1983 – 122702; 1984 – 142080 (142131); *1985 – 128045*; *1986 – 109719*; e 1987 – 120675. (Em itálico apresentam-se os números que representam uma diminuição face ao ano anterior).

[35] 240033 em 1995, 261778 em 1996, 314247 em 1997, *268446* em *1998,* 277907 em 1999, *247300* em 2000 e *205686* em 2001 segundo as *Estatísticas da Justiça – 2001, cit.,* p. 81.

Porém, tendo em conta o padrão de resultados das *acções cíveis*, parece confirmar-se que o recurso aos tribunais é em grande medida evitado: é que sendo este determinado por idênticas expectativas de ganho de causa para as partes em litígio[36], seria de esperar que os resultados do pleito judicial favorecessem autores e réus em medidas idênticas[37] – quando não é isso que acontece. Em 2000, das 216924

---

[36] Não só: segundo B. Sousa Santos *et al., ob. cit.*, p. 60, seguindo Santos Prieto Pastor, "a procura de tutela judicial é função de diferentes variáveis, podendo ser apresentada do seguinte modo:

$$D = f [Q, (Pd-Po), (C-A), (Id-Io), N, Z]$$

Sendo: *D* a procura de tutela judicial; *Q* a quantia que se espera ganhar, ou seja, o valor real da acção (ou o que efectivamente se recebe quando se ganha o pleito); *Pd* a probabilidade do autor ganhar a acção, do seu ponto de vista: *Po* a probabilidade do autor ganhar a acção, do ponto de vista do réu; *C* os custos de litigação; *A* os custos de chegar a um acordo, de recorrer à arbitragem ou a outro meio alternativo à litigação; *Id* a disponibilidade e produtividade dos recursos (*inputs*) utilizados pelo autor para litigar; *Io* a disponibilidade e produtividade dos recursos (*inputs*) utilizados pelo réu para se defender; *N* o número de conflitos de interesses que potencialmente se podem transformar em acções, ou seja, o volume da procura potencial; *Z* o efeito combinado dos restantes factores que influenciam a procura de serviços judiciais, tais como: o conhecimento e o conteúdo do direito substantivo; o direito processual (ser ou não possível fazer um acordo pré-judicial), etc." [nota suprimida].

Como os autores também notam (p.61), *ceteris paribus*, quanto menor for o valor real da acção e menor a diferença entre as expectativas de ganho do autor formuladas por este e as formuladas pelo demandado, "menor será a probabilidade de litigação": "Como Q>0, ou seja, visto que apenas se litiga por algo com valor maior que zero, o acordo é possível sempre que a percepção das partes sobre o resultado da acção coincide (Pd=Po) ou quando são "pessimistas", ou seja, quando o litigado acredita que a probabilidade do litigante ganhar a acção é maior do que o litigante julga (Pd>Po)."

[37] George L. Priest/Benjamin Klein, "The selection of disputes for litigation", Journal of Legal Studies, vol XIII (January 1984), pp. 1-55 [reimpresso em Jules Coleman/Jeffrey Lange, *Law and Economics*, vol. II, Darthmouth, Aldershot, 1992, pp. 43-97] demonstraram porquê dentro de um sistema de precedente. No nosso sistema, as intuições fundamentais mantêm-se válidas: por um lado há um enviesamento dos casos que são livremente levados a tribunal (quem não tem uma expectativa reforçada de ganhar um pleito não investe nele) – tal como, pela mesma razão, há um enviesamento dos casos que nele permanecem (porque não dão origem a acordo entre as partes, ou à satisfação da pretensão do autor, seguida de desistência da acção ou verificação da sua inutilidade superveniente). Os autores intentam as acções que pensam ganhar, os réus não aceitam ceder ou transaccionar nas acções que também eles esperam ganhar. Ora, mesmo considerando que os patronos respectivos têm interesse em inflacionar as expectativas de cada parte, não há razões para crer que esse processo de formação de previsões sobre um desenlace favorável seja sistematicamente distinto para autores e réus. O que é dizer que, pela selecção dos casos que *entram* e *permanecem* no foro, é de esperar percentagens equilibradas de decisões favoráveis e

acções cíveis findas, 30397 foram julgadas procedentes (pelo menos em parte) e 66702 levaram à condenação do réu no pedido (num total de 44,7% a favor dos autores: 14% no termo do julgamento, 30,7% liminarmente), ao passo que as acções julgadas improcedentes foram apenas 8321 (3,8% do total de julgamentos) e indeferidas liminarmente 46982 (21,6% – num total de 25,5% favorável aos réus). Em 2001as acções cíveis findas (excluindo agora não só os divórcios e separações judiciais de pessoas e bens, mas também os inventários e os processos especiais de recuperação da empresa e de falência) foram 195451, das quais 29568 foram julgadas procedentes, ao menos em parte, e 9436 improcedentes, num total de 39004 decisões pelo julgamento, ao passo que terminaram na "condenação do réu no pedido" 58623 acções, e na "absolvição da instância e outros motivos" 40725 acções, num total de 45,1% de decisões claramente favoráveis aos autores e de 25,6% claramente favoráveis aos réus. Ponderadas apenas as decisões dos tribunais subsequentes ao julgamento da causa (38718 em 2000, 39004 em 2001) as percentagens favoráveis aos autores (78,5% e 75,8%, respectivamente) e aos réus (21,5% e 24,2%, respectivamente) são ainda mais desequilibradas, o que indicia uma significativa sub-utilização do sistema formal de administração da Justiça Cível[38].

---

desfavoráveis – *na ausência de um critério de selecção pré-determinado* (como no caso das invulgarmente elevadas taxas de sucesso das acções intentadas pela *Federal Trade Commission* e pelo *Justice Department* americanos em acções *antitrust* – da mesma ordem de grandeza das decisões favoráveis aos autores cíveis na justiça portuguesa, como se verá a seguir – e que são explicados por uma intenção de maximizar as vitórias em juízo, ou por uma restrição orçamental que impede que todos os casos potencialmente ganhadores sejam encaminhados para os tribunais). Escusado será dizer que um tal critério de selecção pré-determinado só pode ser imputado a quem tenha poder de decisão sobre o todo, o que não é o caso da procura de tutela jurisdicional na área cível – que, a revelar (como revela) um comportamento de conjunto idêntico, só poderá depender de razões estruturais.

[38] Sub-utilização que contrasta com os últimos dados da justiça penal (103623 arguidos e 60553 condenações em 2001 – 58,4%; a percentagem de condenações foi de 50,3/ 2m 2000, 38,4% em 1999, 33,9% em 1998, 41,5% em 1997, 40,7% em 1996 e 40,6% em 1995), e que tem sido relativamente constante: a fazer fé nas *Estatísticas da Justiça – 1985*, Ministério da Justiça, p. 106, das 88606 acções cíveis concluídas – depreende-se que nos tribunais de 1ª instância – em 1985, 59587 foram decididas a favor dos autores (67,2%), 4029 ainda lhes foram parcialmente favoráveis (4,5%) – *num total de 71,7%*, portanto – e apenas 4692 foram julgadas improcedentes (5,2%).

O problema é que – como em muitos outros domínios em Portugal – as *Estatísticas*

Oficiais estão repletas de anomalias. No quadro dessa p. 106 o "total" de 88606 (*coluna 2*) corresponde, afinal, apenas aos casos em que "o pedido foi considerado" (*colunas 9 a 12*). Mesmo somando esse total *parcial* ao total das decisões antes do julgamento (*coluna 3*: 67774) e, até, ao número de decisões em julgamento (*coluna 8*: 20832), o número que se obtém para as acções cíveis findas (177212) não corresponde ao número de processos cíveis findos nesse mesmo ano constantes dos quadros das pp. 16 (183571) e 63 (191988) dessa mesma publicação, sem que seja patente qualquer explicação para tais disparidades.

Em 1990, das 93949 acções cíveis findas em 1ª instância (segundo o quadro da p. 224 das *Estatísticas da Justiça – 1990*, Ministério da Justiça), 21317 (22,6%) foram julgadas procedentes, 2434 (2,5%) foram julgadas procedentes só em parte, e 35260 (37,5%) originaram a condenação liminar do réu no pedido (*num total de 62,6% de decisões favoráveis ao autor*), contra 3528 (3,7%) decisões de fundo desfavoráveis ao autor, 633 (0,6%) indeferimentos liminares e 1741 (1,8%) absolvições do réu da instância, *num total de 6,1% de decisões desfavoráveis*, já que nem as *desistências* (3998 casos, 4,2%), nem as *transacções* (11084 casos, 11,7%), nem a *impossibilidade superveniente* (4668 casos, 4,9%), nem os *outros motivos* autonomizados (9286 casos, 9,8%), são inequívocos em termos de vantagem para os autores ou réus. Considerando apenas as decisões pós-julgamento que são as que mais importam para o argumento, a *percentagem favorável* (pelo menos em parte) *aos autores foi de 87%*.

Em 1995, atendendo só ao somatório das acções procedentes com as procedentes em parte (e excluindo acções de divórcio e de separação judicial, como em todos os dados subsequentes), teríamos *80,5%* (21468) *de decisões de fundo favoráveis aos autores*, contra apenas 19,5% (5190) favoráveis aos demandados. No total de 155775 acções cíveis findas, a soma das acções total e parcialmente procedentes em julgamento com as condenações liminares dos réus no pedido (71934), representou 60% (*Estatísticas da Justiça – 1995*, Ministério da Justiça, p. 144).

Em 1996 (segundo as *Estatísticas* desse ano, p. 148), as percentagens *favoráveis aos autores são de 79,9% das decisões em julgamento* (23201 em 29024 processos), e de 59,4% do total (174559) de acções cíveis findas (somando àqueles as 80595 condenações no pedido).

Em 1997 (idem, p. 150), *as vitórias, ao menos parciais, dos autores em julgamento subiram para 81,2%* (24300 em 29912 decisões), e a soma dessas decisões favoráveis com as condenações no pedido representaram 59,9% (107002) das 178625 acções findas.

Em 1998 (idem, p. 150), do total de 33045 julgamentos, *80,8% terminou com decisão favorável, ao menos em parte, aos autores* (26708), o que, somado às condenações no pedido (70159), representou 55,8% do total de acções findas (173398).

Em 1999 (idem, p. 150), das 36771 acções que chegaram a julgamento, *80,9%* (29766) *foram favoráveis aos autores*, pelo menos em parte, representando a soma destas decisões com as condenações no pedido antes da fase do julgamento (65190) 52,7% do total das acções cíveis findas (179936).

Em 2001 (idem, p. 145), atingiu-se a percentagem mais baixa de *decisões favoráveis aos autores*, ao menos em parte, *no final do julgamento: 78,5%* (29568 decisões a favor dos demandantes, em 39004 julgamentos).

Finalmente: **é óbvio** que com o tempo disponível eu não ia chegar ao fim da enumeração das evidências sobre a equação custo--benefício na administração da justiça. Para os psico-analistas – mesmo se não estavam a pensar nesta comunicação – o não-dito é mais interessante do que o dito. O que é dizer, para acabar ao invés do começar, que, reflectindo bem sobre isso, vale o dito pelo não-dito.

OS CUSTOS DA JUSTIÇA
– A ELOQUÊNCIA DOS NÚMEROS –

Ana Paula Vitorino
*Presidente do Instituto de Gestão Financeira
e Patrimonial da Justiça*

1. Caracterização das despesas com a Justiça

As despesas com a Justiça caracterizam-se essencialmente por um crescimento quase exponencial na última década, com taxas de crescimento anuais tendencialmente crescentes, tendo passado, em apenas 5 anos, de uma despesa global de cerca de 725 milhões de euros para aproximadamente 1,200 milhões de euros.

As despesas de funcionamento apresentam uma taxa de crescimento médio anual de cerca de 10%, passando de cerca de 635 milhões de euros em 1997 para aproximadamente 1,040 milhões de euros em 2002.

Verificou-se uma aposta forte no investimento, que quase triplicou em igual período, passando de 36 milhões de euros em 1997 para cerca de 105 milhões de euros em 2002.

O grau de cobertura das despesas por receitas próprias do Ministério da Justiça apresenta valores notáveis e invulgares a nível do sector público, situando-se tendencialmente acima dos 50% e atingindo 65% do investimento em 2002, valor ainda mais significativo se comparado com os cerca de 40% em 1997.

Tem-se verificado uma degradação do grau de cobertura das despesas pelo Orçamento de Estado, estimando-se que atinja em 2002, 42% das despesas globais, sendo 44% para as despesas de funcionamento e apenas cobrindo cerca de 31% do investimento.

Ano	1996	1997	1998	1999	2000	2001	2002
Funcionamento							
TOTAL	**602 858 147**	**634 278 803**	**690 047 809**	**741 434 653**	**863 751 324**	**1 030 077 798**	**1 040 503 740**
OE	280 030 477	303 552 174	332 580 900	368 321 974	388 344 171	423 208 837	458 913 997
O.Fontes	12 165 287	13 617 641	16 341 746	15 083 519	30 664 898	51 889 147	51 939 760
IGFPJ	310 662 384	317 108 987	341 125 163	358 029 160	444 742 256	554 979 814	529 649 983 (*)
%							
OE	46	48	48	50	45	41	44
O.Fontes	2	2	2	2	4	5	5
IGFPJ	52	50	50	49	48	51	54	51
PIDDAC							
TOTAL	**59 771 994**	**90 861 055**	**90 953 632**	**107 781 228**	**108 592 167**	**122 519 663**	**161 978 063**
OE	37 471 484	53 773 246	53 516 291	52 832 534	43 266 637	49 222 539	49 728 583
O.Fontes	813 330	729 208	1 221 581	968 471	0	1 895 402	7 481 968
IGFPJ	21 487 181	36 358 601	36 215 760	53 980 223	65 325 530	71 401 722	104 767 512
%							
OE	63	59	59	49	40	40	31
O.Fontes	1	1	1	1	0	2	5
IGFPJ	36	40	40	50	60	58	65
TOTAL							
TOTAL	**662630141**	**725 139 858**	**781 001 441**	**849 215 880**	**972 343 492**	**1 152 597 461**	**1 202 481 803**
OE	317 501 960	357 325 421	386 097 191	421 154 508	431 610 808	472 431 375	508 642 580
O.Fontes	12 978 617	14 346 849	17 563 327	16 051 990	30 664 898	53 784 549	59 421 728
IGFPJ	332 149 565	353 467 588	377 340 923	412 009 383	510 067 786	626 381 536	634 417 495
%							
OE	48	49	49	50	44	41	42
O.Fontes	2	2	2	2	3	5	5
IGFPJ	50	49	48	49	52	54	53

(*) Inclui transferência de 21,573,214 do CCNFJ para o CGT

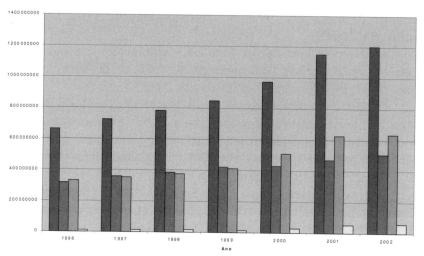

Evolução das despesas na Justiça (1996-2002)

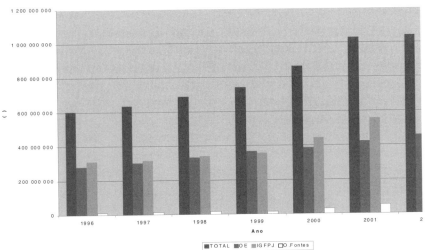

Evolução das Despesas de Funcionamento da Justiça (1996-2002)

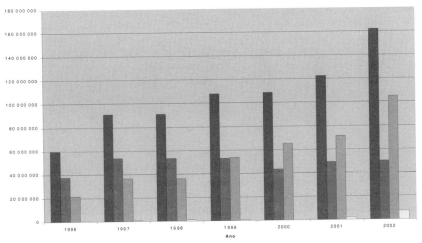

Evolução das despesas de investimento (PIDDAC) na Justiça (1996-2002)

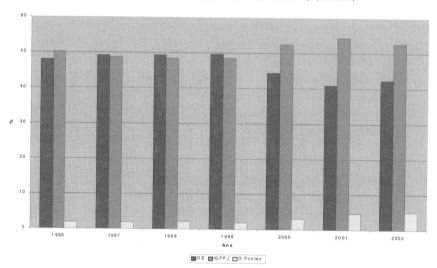

Relação receitas próprias / OE na cobertura das despesas da Justiça (1996-2002)

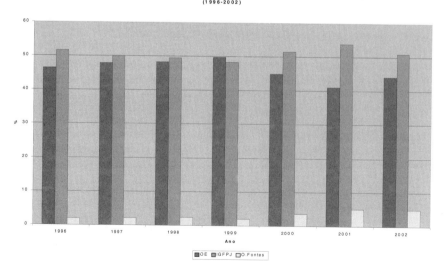

Relação receitas próprias / OE na cobertura das despesas de funcionamento da Justiça (1996-2002)

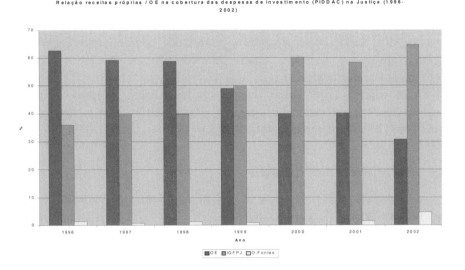

Relação receitas próprias / OE na cobertura das despesas de investimento (PIDDAC) na Justiça (1996-2002)

2. Receitas dos Cofres da Justiça

Cofre dos Conservadores, Notários e Funcionários de Justiça

A receita do CCNFJ caracteriza-se por um crescimento positivo ao longo da última década, que se acentuou substancialmente no período 1997-2001, com um abrandamento no último ano.

Em 1996 a receita, apesar de ter tido um acréscimo de 10% relativamente ao ano anterior, não foi suficiente para suportar os encargos do Cofre, tendo tido uma transferência do Orçamento de Estado.

A partir de 1997 registaram-se acréscimos significativos, relacionados essencialmente com o registo predial e com o notariado.

O registo predial tem um peso de cerca de 44% no total da receita, seguido do notariado com aproximadamente 38% e do registo automóvel com cerca de 12%.

Verifica-se uma grande assimetria na distribuição da receita pelos serviços de registo e notariado. Num total de aproximadamente 800 serviços, cerca de 215 (27%) são deficitários e 150 (19%) concentram perto de 70% da receita.

Em 2001, por força da necessidade de aplicação da Directiva Comunitária sobre reuniões de capitais, procedeu-se a uma análise de custos dos serviços de registos e notariado, com a colaboração de uma empresa de auditoria, tendo sido completamente reformulada a tabela de emolumentos.

Os valores acumulados, disponíveis até final de Agosto, indicam um decréscimo de receita de cerca de 3%, variação inferior à ocorrida em 2001 relativamente a 2000 (11%).

Cofre Geral dos Tribunais

Globalmente a receita do CGT tem registado uma taxa de crescimento positiva.

O CGT é deficitário, pois o volume dos encargos do Cofre é superior ao total da receita própria. Este facto justifica o volume de transferências do CCNFJ que é necessário efectuar.

As receitas do CGT são provenientes fundamentalmente do pagamento das custas judiciais e são insuficientes para efectuar o pagamento das despesas de funcionamento das secretarias judiciais, não correspondendo a qualquer análise de custo efectivo do serviço de Justiça prestado.

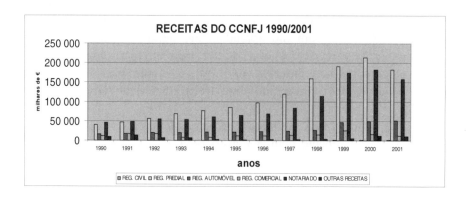

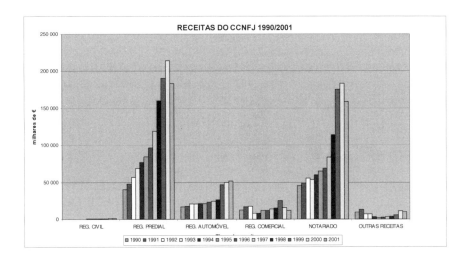

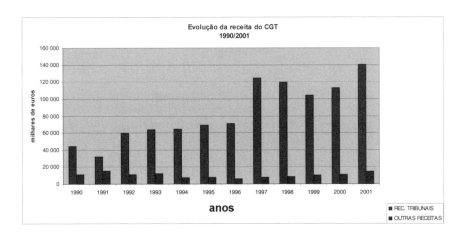

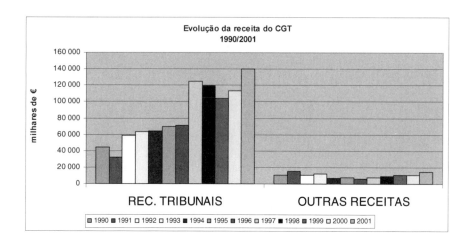

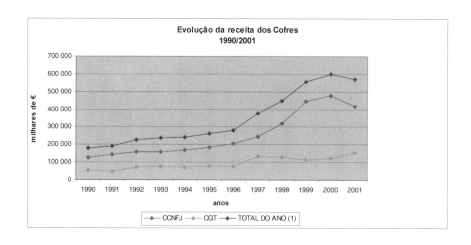

Receitas dos Cofres

uros

Cofre Geral dos Tribunais

Meses	2001		2002		Variação 2002/01	
	Mensal	Acumul	Mensal	Acumul	Mensal	Acumul
Jan	649 954	649 954	1 430 055	1 430 055	120.0%	120.0%
Fev	10 587 734	11 237 687	8 625 461	10 055 516	-18.5%	-10.5%
Mar	11 118 644	22 356 331	8 227 272	18 282 788	-26.0%	-18.2%
Abr	12 057 561	34 413 893	10 171 632	28 454 420	-15.6%	-17.3%
Mai	10 754 796	45 168 688	1 583 879	30 038 299	-85.3%	-33.5%
Jun	22 044 328	67 213 017	17 808 397	47 846 696	-19.2%	-28.8%
Jul	2 829 137	70 042 153	587 586	48 434 282	-79.2%	-30.8%
Ago	723 626	70 765 779	20 596 460	69 030 742	2746.3%	-2.5%
Set	10 070 026	80 835 806				
Out	1 610 583	82 446 389				
Nov	33 626 919	116 073 308				
Dez	38 734 021	154 807 329				

Cofre Conservadores, Notários e Func. Justiça

Meses	2001		2002		Variação 2002/01	
	Mensal	Acumul	Mensal	Acumul	Mensal	Acumul
Jan	1 327 032	1 327 032	446 890	446 890	-66.3%	-66.3%
Fev	36 512 964	37 839 996	29 329 357	29 776 247	-19.7%	-21.3%
Mar	32 897 886	70 737 882	35 436 356	65 212 603	7.7%	-7.8%
Abr	38 511 388	109 249 269	35 040 287	100 252 890	-9.0%	-8.2%
Mai	33 107 910	142 357 179	36 891 312	137 144 202	11.4%	-3.7%
Jun	30 398 485	172 755 664	27 879 606	165 023 808	-8.3%	-4.5%
Jul	35 380 852	208 136 516	33 433 160	198 456 968	-5.5%	-4.7%
Ago	39 521 787	247 658 303	41 222 618	239 679 586	4.3%	-3.2%
Set	34 485 365	282 143 669				
Out	34 283 636	316 427 305				
Nov	30 177 063	346 604 368				
Dez	70 279 661	416 884 029				

3. Evolução dos saldos dos Cofres da Justiça

O crescimento das receitas dos Cofres da Justiça permitiu, apesar do volume crescente de despesa suportado por recursos próprios, a acumulação de saldos que não só contribuíram positivamente para o saldo global do sector público administrativo, como possibilitaram a criação de uma reserva.

O saldo acumulado até 1997 era praticamente nulo e atingiu no final de 2001 cerca de 288 milhões de •uros.

A dimensão do saldo acumulado exige uma gestão profissional e prudência que evite que seja rapidamente consumido pela pressão permanente de todos os organismos do Ministério da Justiça para o aumento das despesas correntes.

Evolução das receitas e despesas dos Cofres no período 1997/2001
(incluindo as transferências do CCNFJ para o CGT)

(euros)

	Até 1997	1997	1998	1999	2000	2001	Total
Receita							
CGT	0	133 297 777	128 595 595	136 991 815	163 694 292	186 038 717	748 618 195
CCNFJ	0	254 856 486	319 719 292	443 413 733	475 826 079	420 585 160	1 914 400 749
		388 154 263	448 314 886	580 405 548	639 520 371	606 623 876	2 663 018 944
Despesa							
CGT	0	112 889 297	116 495 461	138 682 126	172 672 160	169 083 858	709 822 902
CCNFJ	0	242 296 780	260 934 159	295 773 132	377 375 465	488 528 112	1 664 907 648
		355 186 077	377 429 620	434 455 258	550 047 625	657 611 970	2 374 730 549
Saldo							
CGT	326 149	20 408 481	12 100 134	-1 690 311	-8 977 868	16 954 859	39 121 442
CCNFJ	15 348	12 559 706	58 785 133	147 640 601	98 450 614	-67 942 952	249 508 450
	341 497	32 968 187	70 885 267	145 950 290	89 472 746	-50 988 094	288 629 892

Saldo acum.							
CGT	326 149	20 734 630	32 834 763	31 144 452	22 166 584	39 121 442	
CCNFJ	15 348	12 575 054	71 360 187	219 000 788	317 451 402	249 508 450	
	341 497	33 309 684	104 194 950	250 145 240	339 617 986	288 629 892	

Notas:

(a) Receita de 1997 inclui uma transferência de 9.975.958 euros para o CCNFJ
(b) Valores de 1997, 1999, 2000 e 2001 incluem transferências do CCNFJ para o CGT de, respectivamente, 997.596 euros, 22.445.905 euros, 39.903.831 euros e 31.231.382 euros.
(c) Na despesa de 2001 do CCNFJ inclui-se o pagamento à Caixa Geral de Aposentações de 79.671.407 euros, em cumprimento do despacho de S. Exª o SEAMJ de 7Dez01

Taxas de crescimento

1998/97	1999/98	2000/99	2001/00
-3.5%	6.5%	19.5%	13.7%
25.5%	38.7%	7.3%	-11.6%
15.5%	29.5%	10.2%	-5.1%
3.2%	19.0%	24.5%	-2.1%
7.7%	13.4%	27.6%	29.5%
6.3%	15.1%	26.6%	19.6%
-40.7%	-114.0%	431.1%	-288.9%
368.0%	151.2%	-33.3%	-169.0%
115.0%	105.9%	-38.7%	-157.0%

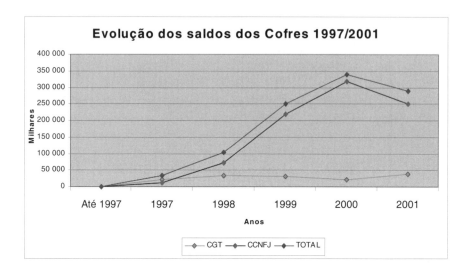

4. Instituto de Gestão Financeira e Patrimonial da Justiça (IGFPJ)

O quadro e âmbito estabelecidos para a acção do IGFPJ contemplam intervenções, a concretizar numa perspectiva global e operativa, em dois grandes domínios funcionais identificados respectivamente com a área que garante a gestão financeira e o sistema de informação e a área de coordenação e execução no sector patrimonial do Ministério da Justiça.

O IGFPJ é um instrumento fundamental para dotar o sector da Justiça dos meios necessários à edificação de um sistema judiciário capaz de responder com maior eficácia aos interesses legítimos dos cidadãos.

O IGFPJ centraliza a gestão das receitas próprias do Ministério da Justiça, isto é, dos recursos financeiros provenientes do Cofre Geral dos Tribunais (CGT), do Cofre dos Conservadores, Notários e Funcionários da Justiça (CCNFJ) e as consignadas ao próprio Instituto.

O IGFPJ permite uma gestão mais racional e flexível dos recursos financeiros e patrimoniais do Ministério da Justiça, visando uma mais rápida e adequada satisfação das necessidades operacionais da Administração da Justiça, melhorando as condições de acesso do cidadão à Justiça e a qualidade dos espaços físicos onde é prosseguida a sua actividade, nomeadamente mediante a criação de novas infra-estruturas judiciárias.

O IGFPJ viabiliza a integração e coordenação do planeamento financeiro e físico plurianual dos investimentos na Justiça.

O IGFPJ permite reforçar a estabilidade e solidez a longo prazo dos recursos financeiros por si administrados.

Atribuições e competências	– Gestão financeira das receitas próprias do Ministério da Justiça (do CGT, do CCNFJ e do IGFPJ); – Gestão de todo o património imobiliário afecto ao Ministério da Justiça.
Áreas de actividade	– Área Financeira; – Área do Património Imobiliário.
Área Financeira	– funções de planeamento, execução e controlo relativamente à arrecadação, afectação e utilização dos recursos financeiros provenientes do CGT, do CCNFJ e de outros recursos financeiros do IGFPJ, bem como a execução das operações contabilísticas nas ópticas orçamental, patrimonial e analítica. – rentabilização dos fundos gerados pelos saldos orçamentais dos Cofres, bem como a gestão dos saldos de tesouraria, visando a utilização das receitas geradas como forma de financiamento de investimentos por meios próprios.
Área Financeira Competências	No âmbito da gestão financeira a) Elaborar os planos financeiros da intervenção dos Cofres e do IGFPJ e acompanhar a sua execução; b) Formular propostas para as dotações globais a atribuir aos serviços financiados pelos Cofres; c) Efectuar estudos de apoio à gestão financeira na administração da Justiça e apoiar a mobilização e gestão dos respectivos recursos financeiros; d) Efectuar estudos de medidas de desenvolvimento na administração financeira da Justiça, visando a arrecadação e gestão optimizada das receitas, bem como a racionalização das despesas; e) Colaborar na preparação e no acompanhamento da execução dos planos financeiros anuais e plurianuais no âmbito do Ministério da Justiça e promover o exercício das funções de planeamento, organização, direcção e controlo na respectiva gestão financeira. f) Executar as operações no âmbito da gestão das receitas e das despesas relativas a custas dos processos judiciais e controlar o respectivo sistema.
Área Financeira Competências	No âmbito da gestão de fundos a) Acompanhar os mercados financeiros, identificando os instrumentos que se mostrem adequados à rendibilização dos activos do Fundo de Garantia Financeira da Justiça e de excedentes de tesouraria dos Cofres e do IGFPJ;

	b) Planear e concretizar investimentos do Fundo de Garantia Financeira da Justiça, de acordo com a política definida, e as utilizações dos seus fundos próprios; c) Acompanhar e avaliar a gestão da parte da carteira do Fundo de Garantia Financeira da Justiça que esteja confiada a entidades financeiras especializadas; d) Efectuar as aplicações dos excedentes de fundos identificados no âmbito da gestão de tesouraria.
Área do Património Imobiliário	– Funções de planeamento, execução e controlo dos procedimentos relativos a aquisições, alienações, arrendamentos, projectos, obras, afectações e utilizações, no domínio dos bens imobiliários de titularidade do Ministério das Justiças ou a ele afectos. – Operações imobiliárias destinadas a rentabilizar os activos patrimoniais afectos ao Ministério da Justiça desenvolvendo formas inovadoras de concepção, construção e gestão de equipamentos indispensáveis à prossecução das orientações de política, com eficácia financeira e redução/controlo de custos.
Área do Património Imobiliário Competências	*No âmbito do desenvolvimento imobiliário* a) Promover estudos relativos à gestão patrimonial e às necessidades a médio e longo prazo do Ministério da Justiça; b) Estudar e desenvolver sistemas inovadores de gestão patrimonial, envolvendo parceiros públicos e privados, de modo a flexibilizar os modelos de lançamento, concretização e exploração de empreendimentos destinados à realização das funções atribuídas ao Ministério da Justiça; c) Elaborar estudos destinados a aquisição, arrendamento e alienação de bens imóveis a afectar ou afectos ao Ministério da Justiça; d) Desenvolver e acompanhar a utilização de um sistema de informação de base territorial relativo ao património imobiliário, empreendimentos em curso e necessidades previsionais do Ministério da Justiça; e) Adequar a programação das intervenções imobiliárias com as fontes de financiamento à disposição do IGFPJ;
Área do Património Imobiliário Competências	*No âmbito da gestão de empreendimentos* a) Realizar ou promover estudos e projectos de concepção e empreitadas de construção de imóveis destinados à instalação de tribunais, estabelecimentos prisionais, centros educativos, serviços externos dos registos e notariado, casas de magistrados e outros serviços do Ministério da Justiça; *No âmbito da administração e controlo imobiliário* a) Conceber e organizar um sistema de monitorização das intervenções imobiliárias; b) Assegurar a gestão e controlo dos recursos financeiros afectos à concretização dos empreendimentos programados; c) Gerir o sistema de informação de base territorial relativo ao património imobiliário, empreendimentos em curso e necessidades previsionais do Ministério da Justiça.

5. Novo modelo de gestão – Projectos prioritários do IGFPJ

As atribuições cometidas ao IGFPJ evidenciam um amplo campo de intervenção a exige o equilíbrio de organização, a harmonização de procedimentos e o rigor de coordenação requeridos pela coerente gestão dos recursos financeiros e patrimoniais da Justiça, disponibilizados para acorrer ao conjunto das necessidades de investimento.

Nesta medida é objectivo assegurar ao IGFPJ as condições de flexibilidade e dinâmica organizacional pretendidas na modernização das instituições públicas e favoráveis a agilizar a pronta e sobretudo eficiente realização das finalidades que lhe cabe prosseguir.

São objectivos do IGFPJ:
Incrementar os recursos financeiros disponíveis para investimento na Justiça.
Reforçar a estabilidade e solidez a longo prazo dos recursos financeiros por si administrados.
Concretizar mecanismos efectivos de controlo de despesas.
Concretizar modelos eficientes de redução de custos sem diminuição da actividade.
Incrementar a qualidade das infraestruturas judiciárias.

Projectos prioritários na Área Financeira	– Concretização do Fundo de Garantia Financeira da Justiça – profissionalização e flexibilização da gestão e rentabilização de saldos. – Clarificação do relacionamento financeiro entre os Cofres e os serviços e organismos do Ministério da Justiça. – Desenvolvimento de metodologias de determinação e controlo de custos das actividades desenvolvidas no âmbito do Ministério. – Determinação de custos/preço no sector das custas judiciais. – Centralização da negociação das grandes despesas (por ex. CTT, PT).
Projectos prioritários na Área do Património Imobiliário	– Concretização do sistema de informação de base territorial relativo ao património imobiliário, empreendimentos em curso e necessidades previsionais do Ministério da Justiça. – Concretização de sistemas inovadores de gestão patrimonial, envolvendo parceiros públicos e privados, de modo a flexibilizar os modelos de lançamento, concretização e

	exploração de empreendimentos destinados à realização das funções atribuídas ao Ministério da Justiça. – Concretização de modelos de gestão profissional de empreendimentos.

Fundo de Garantia Financeira da Justiça

Objecto	– Reforçar a estabilidade e solidez a longo prazo dos recursos financeiros administrados pelo IGFPJ, constituindo um fundo de reserva de segurança susceptível de fazer face a situações adversas que ponham em causa o equilíbrio financeiro de longo prazo do Cofre Geral dos Tribunais e do Cofre dos Conservadores, Notários e Funcionários de Justiça.
Funcionamento e gestão	– Administração pelo IGFPJ por forma a garantir uma gestão coerente e harmoniosa entre os recursos financeiros provenientes dos Cofres e os do Fundo.

Fundo de Garantia Financeira da Justiça

Fundos próprios	– Dotação inicial constituída por uma % do saldo de execução orçamental do CGT e do CCNFJ; – Dotações anuais calculadas pela aplicação de taxa contributiva sobre o valor dos resultados positivos apurados em cada exercício económico dos Cofres; – Valores que lhe forem afectos através do IGFPJ e outras dotações determinadas pela Tutela; – Totalidade das receitas resultantes da alienação de património do Estado afecto ao Ministério da Justiça.
Utilização dos fundos próprios	– Reposição do equilíbrio financeiro dos Cofres; – Aquisições de imóveis necessários à modernização da Justiça.

Fundo de Garantia Financeira da Justiça

Aplicações	– Títulos representativos de dívida pública portuguesa ou outros garantidos pelo Estado Português. – Obrigações não garantidas pelo Estado Português ou outros títulos negociáveis de dívida, incluindo as emissões de papel comercial e as obrigações de caixa, ou, ainda, acções preferenciais; – Acções, *warrants*, títulos de participação, obrigações convertíveis em acções ou direitos análogos relativamente a sociedades anónimas cotadas em bolsas de valores ou outro mercado regulamentado de Estados membros da OCDE;

	– Unidades de participação de fundos de investimento; – Imóveis.

Fundo de Garantia Financeira da Justiça

Receitas	– Fundos próprios; – Rendimentos das aplicações que integram o seu activo; – O produto da alienação e do reembolso das aplicações que integram o seu activo ou de instrumentos financeiros derivados.
Despesas	– Dispêndios com a compra de aplicações que integram o seu activo ou de instrumentos financeiros derivados; – Encargos derivados da compra, venda e gestão dos elementos do seu activo; – Encargos imputáveis à sua gestão e funcionamento; – Remunerações suportadas pelo depósito de valores do seu activo; – Utilizações de fundos próprios.

Fundo de Garantia Financeira da Justiça

Isenção de formalidades	– As aquisições de imóveis e os arrendamentos sobre eles celebrados com entes públicos ficam isentos de quaisquer formalidades, não se subordinando às limitações legalmente aplicáveis à aquisição e arrendamento de imóveis por parte do Estado, de empresas públicas ou de institutos públicos. – As aquisições de imóveis necessários à prossecução da actividade da justiça que forem realizadas através dos fundos próprios do Fundo ficam igualmente abrangidas pela isenção de formalidades.
Política de investimentos	– Obter as melhores condições de estabilidade, rendibilidade e liquidez, em ordem a obter a maximização dos valores das participações e dos rendimentos a acumular; – Ter em consideração os objectivos das políticas macro-económica e financeira do Estado Português, nomeadamente os referentes ao financiamento de dívida pública.

Fundo de Garantia Financeira da Justiça

Composição dos activos do Fundo (proposta)	– Mínimo de 30% em títulos representativos de dívida pública portuguesa ou outros garantidos pelo Estado Português. – Máximo de 50% em obrigações não garantidas pelo Estado Português ou outros títulos negociáveis de dívida, incluindo as emissões de papel comercial e as obrigações de caixa, ou, ainda, em acções preferenciais;

	– Máximo de 20% em acções, *warrants*, títulos de participação, obrigações convertíveis em acções ou direitos análogos relativamente a sociedades anónimas cotadas em bolsas de valores ou outro mercado regulamentado de Estados membros da OCDE; – Máximo de 20% em unidades de participação de fundos de investimento; – Máximo de 30% em imóveis.

Parcerias com os sectores público e privado na Justiça

Concretizar sistemas inovadores de gestão patrimonial, envolvendo parceiros públicos e privados, de modo a flexibilizar os modelos de lançamento, concretização e exploração de empreendimentos destinados à realização das funções da Justiça, com diminuição e controlo de custos e acréscimo de qualidade.

Disponibilização de novas infraestruturas judiciárias	*Parcerias sector público / sector privado* – Procedimentos concursais para atribuição, em regime de concessão, da concepção, construção, fornecimento de equipamentos, manutenção e financiamento de novas instalações, podendo envolver a rentabilização de imóveis actualmente afectos ao Ministério da Justiça.
Programa de manutenção de infra-estruturas judiciárias	*Contratualização com entidades públicas (protocolos) e privadas (concursos)* *Objectivos:* – A melhoria da imagem do Ministério da Justiça; – A melhoria operacional de equipamentos e instalações dos tribunais; – O maior conforto e segurança para os trabalhadores e utilizadores das infra-estruturas judiciárias; – A uniformização do nível de qualidade dos serviços prestados; – Um melhor controlo de gestão, a nível da orçamentação e posterior acompanhamento das execuções física e financeira; – Um melhor planeamento dos investimentos de renovação.
Programa de manutenção de infra-estruturas judiciárias	*Contratualização com entidades públicas (protocolos) e privadas (concursos)* *Modelo:* – Manutenção entendida como um pilar fundamental da **Política de Conservação do Património**, com dois tipos de intervenção: preditiva e curativa; – Prestação dos serviços de exploração e manutenção contratualizada com entidades credenciadas e de acordo com especificações pré-definidas em função da respectiva instalação a manter.

- O IGFPJ passa a ser responsável pela gestão dos contratos de exploração e manutenção, de acordo com especificações de desempenho, bem como da organização dos respectivos processos de aprovisionamento e contratação de serviços.
- A organização e estratégia de contratação de serviços, passa a ser modelada em função da distribuição geográfica das infra-estruturas, organização judicial e especificidade e complexidade técnica das instalações, tendo em vista instituir-se um modelo de gestão custo-efectivo e operacionalmente flexível.

Parte IV

– Os Custos da Justiça –
– Outros Olhares –

Marcel Storme
Erhard Blankenburg
Adrian Zukerman
António Didone
Humberto Theodoro Jr.
Bertrand Lissarrague
Teresa Criado del Rio

COMMENT AND QUESTIONNAIRE FOR THE INTERNATIONAL CONGRESS ON PROCEDURAL LAW

MARCEL STORME
International Procedural Law Association
President

Do we have to limit the costs of civil justice?

1) Relative costs of justice and public safety

In a time when voters call for more public safety and better systems of justice, the question of limiting the costs of civil justice seems untimely. The question looks even more amazing as we do not have any valid data on what the costs of civil justice really are. Most countries organize civil as well as criminal justice under one roof, some countries also include labour law and administrative law in a unified court structure. In such cases the costs of the different judicial branches are difficult to separate, in other countries with specialized court systems and tribunals, budget terms differ so much that we cannot aggregate them.

Rough comparisons, filling the data gaps with estimates are the only way out. They teach us that the money spent on justice and safety differs enormously from one country to the next.

As a first step we compare some benchmarks are which the Dutch Department of Justice collected basing them on available budget data:

Table 1
Relative share of costs for justice and public safety

Share of civil justice costs among total judiciary	Other courts / tribunals (insofar as considered to be judicial)	Criminal justice incl. pro-secution	Prison system	Police	Total
Less than 10%	2 to 5%	Between 10% and 15	Between 20% an 35%	More than 50%	100%

Source: Legal Infrastructure NL in international perspective, Min. Justice Den Haag 2000
Civil/other courts according to own estimates.

First question:
Do you have any data about the costs of civil justice (preferably per head of the population, in order to compare countries of different size)?

2) Growth of the judicial budgets

Judicial budgets often increase less than other budgets for public safety. Some countries, however, are spending an increasing budget on the judiciary. This may be a sign if engaging in judicial reform, usually accompanied by attempts to limit the costs of courts and procedures.

Table 2
Yearly growth rates of the judicial budgets after 1995

	Netherlands	Germany	France	England/Wales	Italy	Spain
Average yearly growth rates since	15.1%	3.0%	3.6%	2.3%	0%	4.7%
In the years	95-99	95-99	97-99	94-98	195-99	95-98

Source: Computed on base of gross budget data: European Data Base on Judicial Systems, Bologna 2000.
Rates look slightly different if changed to Euro valuta, especially for Italy (inflation) and England (deflation)

Second question:
Which is the situation in your country, do the budgets of (civil) justice in your country grow? And is the limitation of (civil) judicial costs being discussed?

Which reasons are assumed to raise the necessity of limiting the costs of civil justice?

3) Expenditure and revenues of the justice system

While the costs of civil and criminal justice cannot adequately be separated, the revenues are better attributable. Considerable revenues are raised with court fees, but to the major part they are usually gained from fines imposed by courts.

Fines vary greatly by country, but also the degree to which they go to the judicial or other budgets.. (Great differences even within single countries such as between German states: Bavaria and Baden Württemberg cover almost 100 % of judicial costs, largely by fines, others like NRW or Saxony not more than 50%)

Fees: Some countries (like Spain according to art. 119 Constitution) consider civil justice as a *public service* that is to say no fees are raised for procedures.

Other countries follow a *cost covering principle of civil justice*. Our British correspondent Prof. J. Baldwin states: *It is not easy to determine how much the civil justice system costs. Total expenditure of the Court Service in 1996-97 was £590 million. However, as far as the civil courts are concerned, an attempt has been made in England and Wales for many years to ensure that the civil justice system is to a substantial degree self-financing, and it has been accepted that the fees imposed on users of the civil courts should largely, if not wholly, meet the costs of the civil justice system, howsoever defined. (There are, however, certain complications about what should be included in these costs, and comparisons between gross and net expenditure are somewhat hazardous as a result.) This requirement has been made more and more rigorous over the years, and it is current Government policy that it should approach 100 per cent. By 1996-97, over £243 million was recovered in court fees, a figure that represented 91.3 per cent of the Court Service's total costs of court business relating to the civil courts. (The figure includes charges for accommodation, judicial salaries, and the proportion of management costs attributable to the civil courts but it does not include capital costs).

Table 2
Budgets of the judiciary ECU per capita 1995

Dpt. of Justice budgets 1995 ECU per capita	Germany	France 1997	England/ Wales	Italy	Spain	Netherlands	Portugal 1999	Austria
Judiciary - expenditures	87,6 -57%			41.3 -6%		33.1 -60%		38.5 -62%
- revenues (fines, court fees)								
Net budget	37.4	19.0	17.2	38.8	29.3	23.5	36.4	14.6

Source: European Data Base on Judicial Systems, Bologna 2000.French figures do not show real expenditures/ revenues, Valuta: ECU exchange rates Dec, 1st, 1955, France and Portugal Euro rates

Third question:

Do you have a notion of the percentage of the costs of civil justice in your country which are covered by court fees?

Are there any other cost covering revenues?

In how far are fines in administrative/ criminal and traffic courts booked as revenues for the court system?

4) Legal aid as a cost factor

Wherever court fees are very high (p.e. considered to be cost covering), court fee waivers and possibly legal aid for lawyer costs must compensate the access barriers for poor parties. This can take the form of court fee waivers, but also of subsidies for representation by lawyers in court (and before court procedures start)..

This brings us to including legal aid in comparisons of judicial budgets. It is a major expenditure/ revenue item in UK, NL (also Scandinavian countries).

UK gives an extreme example (with legal aid cost amounting to more than the net costs of civil and criminal justice).

Table 3
Legal aid in the budgets of the judiciary ECU per capita 1995

Dpt. of Justice budgets 1995 ECU per capita	Germany	France 1997	England/ Wales	Italy	Spain	Netherlands	Portugal 1999	Austria
Legal aid* Expenditures minus revenues	included above ±4.50	included above 3.00	42.0 -11.3 31.7	Negligeable	Negligeable	12.00	Negligeable	partly included, partly different budget

* Legal aid subsidies (civil / social and administrative law) and duty solicitors (penal defence) in most countries remain within the judiciary budgets, while in England/Wales and The Netherlands they are taken out and listed separately. 25% of the English legal aid expenses are recovered by revenues, in NL contributions by clients are raised since 1995, not yet shown in the budget above.

All of the data given undergo rapid changes due to the increased attention of legal policy to justice and public safety issues. As a rule, such increase is spent more on police, prosecution and criminal justice. In many countries also the civil justice system receives modest increases.

Fourth question:
Does legal aid contribute considerably to the costs of civil justice in your country?
In how far are limitations of legal aid being discussed?

Fifth question:
Name any other measures / considerations of limiting the costs of civil justice in your country.
In how far are summary procedures, preliminary injunctions or other time saving procedures used with the aim of limiting the costs of civil justice?
Do you expect cost saving effects from encouraging settlements/ mediation by the courts?
Are there any limitations on appeal with the explicit aim of limiting the costs of civil justice?

COMMENT ON THE COSTS OF THE SYSTEMS OF JUSTICE

ERHARD BLANKENBURG,
Amsterdam University

Can we control the costs of civil justice?

This panel was asked to give answers to question whether the costs of civil justice could be controlled and limited. It seems to aim in the first place at managerial control of judicial organizations. The reports about such attempts invariably refer to court reform in terms of a given task of judicial services which can hardly be generalized across the boundaries of national legal systems. In international comparison, however, the concept of what the system of justice should provide varies greatly. The discussion of limiting judicial costs therefore has to get involved in questions about which tasks should be included under the umbrella of the *system of justice*.. Cost comparisons cannot be seen apart from
- the range of judicial services provided,
- the legal policy priorities which are made in the budgets of the judicial system,
- and the quality of the services provided.

The reporter chose to put the question of cost control into the context of comparing the budgets of the judiciary. It shows that the range and the priorities of judicial services vary greatly one country to the next, and that consequently the instruments of cost control should do that, too.

1) Management tools for controlling costs and performance of the courts of justice

In many countries the courts of justice use management instruments to control the costs and quality of their performance. **Without specifying the issue at stake** average procedural indicators (such as *average duration of procedure*) remain **pure nonsense**.

It should be obvious that time and costs differ widely between debt enforcement mostly default), tort cases (often adversary with evidence taking), landlord tenant disputes (with tenants playing for time), family courts (with quick divorce, but many follow-up procedures) or labour courts (frequently ending with settlement) ......

Separate accounts have to be given for different issues at stake taking into consideration their typical patterns of termination by either default, settlement or adversary decision. Particularly in mass procedures court performance differs considerably. Efficiency depends on a set of organization schemes, the streamlining of interactions between judges and clerks, the co-ordination with advocates, and the co-operation with bailiffs. Within one national system court managers can learn from the more efficient courts and devise instruments for improving the organization of the less efficient ones. But in international comparison the differences of task description and procedural rules render it impossible to easily imitate successful organization devices.

Costs can only be evaluated if held against indicators of quality of court performance. While for a long time **appeal** to a higher court was considered the exclusive avenue for clients to challenge a court decision, court managers nowadays try also to be responsive to other complaints about the handling of cases corrected. They include waiting times, information transparency and friendly treatment as elements of **performance quality**. Courts are seen as *public services* which have to meet the expectations of their clients – instruments such as complaint boards and justice ombudsmen can render court organizations responsive to their clients, quality measurements can make use of indicators of waiting times, information on the progress of a case is improved and the duration of procedures is controlled.

Some judges regularly protest getting involved in such management control of their working patterns as an invasion into their independence, but others (as well as court clerks) have chosen to participate in judicial reform, and thus contribute to cost control as well as quality improvement of judicial services.

(For ongoing projects in many countries see the reports of the respective departments of justice, a German report on the successful control of cost and performance can be consulted on the webpage of the ministry of Justice of Lower Saxony (**www.niedersachsen.de/file/ MJ_juskolei.pdf**)

2) Procedural tools of cost control

As long as court reform stays within a (national) regulatory system of justice, the possibilities of using procedural alternatives for court cases are limited. This holds particularly true for courts in Civil Law countries where the rules of procedures are given by codes of law, while Common Law courts have some leeway in changing their rules of court according to priorities of efficiency and management. But even in the more strictly regulated codified systems, procedural efficiency can be sought for by stimulating the use of efficient proceedings:

- local priorities can be implemented by using **summary procedures** extensively (cf. the use of preliminary injunctions (*référé*) by some Presidents of the court in the Netherlands and in some French districts, while other courts under the same national jurisdiction stick to the full adversary procedure).
- if parties agree, they can be given a choice of summary procedures (cf. the general trend towards **simplifying non-controversial** divorce procedures which in the past thirty years has alleviated the case load of civil courts in many countries).
- and finally, many countries enacted legislation to allow for (local) experiments with **mediation and settlement procedures**, which may be encouraged as a means of cost control, but more regularly are promoted for quality reasons. (Cf. the recent German § 15a EGZPO which opens such an experimentation clause).

Legal policy determines how much procedural scrutiny courts have to follow, which possibilities parties have for prolonging decision taking or asking for quick decisions. In this sense, procedural rules and regulations have an impact on the costs of judicial system of justice, and so do the litigation patterns by which parties and their attorneys make use of them. However, the variation of procedural alternatives also renders cost comparisons extremely difficult, as each judicial services offer a somewhat different "product" from one jurisdiction to the next.

With this reservation in mind we can try to compare the costs of justice by analyzing the budgets of the judiciary in different countries.

3) Budget comparisons of justice systems

Court reforms take the given set of judicial tasks when they try to minimize costs and optimize quality as granted. They look at the balance of costs and revenues, but do not control their budgets by allocating costs and revenues to specific tasks. The difficulty starts with splitting budgets of civil and criminal justice and those of other tasks which courts perform. It continues with specialized branches of administrative, social and labour courts which in some countries are budgeted within the judiciary, while in others they appear separately in the budgets of other ministries or even community services.

Problems of comparability are not restricted to the costs, they also have to account of revenues. Revenues may be gained by fees and by fines imposed by courts, but even these can be attributed to specific branches of the judiciary, they are usually accounted for in the overall budgets of the judiciary.

All of these factors together produce astounding differences of judicial budgets. Many countries try to cover their costs of civil and administrative courts by raising court fees for each procedure, others do not do that all. They also gain revenues by court imposed fines, but how much that is depends on fiscal rules which leave some fines to be levied by communities (parking) or police (traffic fines), and others (more or less) to the courts.

In both cases revenues are not directly related to the costs of judicial services:
   – Fees are not determined by costs and time spent, but rather by fixed schemes, so that they form a mixed calculation

where the mass of short routine procedures usually subsidizes the more elaborate long procedures (particularly if these are fought about small amounts at stake). The idea of public services does not allow for a strict price allocation by time and effort spent (as do hourly fees of lawyers), but rather by some kind of re-distributive scheme.

The degree to which such a scheme is considered to cover the costs of civil procedures varies. (In other branches of the judiciary, there is not even an attempt to reach such a goal.) Some countries (like Spain according to art. 119 Constitution) do not allow for fees to be raised for procedures as they consider civil justice as a *public service*. Other countries follow a *cost covering principle of civil justice*. Our British correspondent Prof. J. Baldwin states: *It is not easy to determine how much the civil justice system costs. Total expenditure of the Court Service in 1996-97 was £590 million. However, as far as the civil courts are concerned, an attempt has been made in England and Wales for many years to ensure that the civil justice system is to a substantial degree self-financing, and it has been accepted that the fees imposed on users of the civil courts should largely, if not wholly, meet the costs of the civil justice system, howsoever defined. There are, however, certain complications about what should be included in these costs, and comparisons between gross and net expenditure are somewhat hazardous as a result. This requirement has been made more and more rigorous over the years, and it is current Government policy that it should approach 100 per cent. By 1996-97, over £243 million was recovered in court fees, a figure that represented 91.3 per cent of the Court Service's total costs of court business relating to the civil courts. The figure includes charges for accommodation, judicial salaries, and the proportion of management costs attributable to the civil courts but it does not include capital costs.

The logic is different as far as the second, mostly bigger sort of revenues are concerned: fines imposed by courts. If the offenders are charged before court, or if they protest an administrative fine and thus have to appear in court, they will benefit their budgets. This also includes *transaction* fees by the prosecution which are used for the mass of petty crime by French, Belgian and Dutch prosecutors. the degree to which penal and administrative fines go to court varies, but usually, fines imposed by police and by communities (p.e. for parking and traffic offences) are budgeted with fiscal authorities. (A unique invention has been introduced in Germany with art. 153a StPO which allows to allocate settlement fees to charitable organizations.) But usually, fines imposed by courts as well as settlement fees are budgeted with the judicial services. They can cover a great deal of judicial costs. (Even within single countries coverage can vary: among the German states they vary from almost 100 % coverage in Bavaria and Baden-Württemberg, to 40% in others, with an average of 57%).

The table below shows the effect of revenues for three countries (Austria, Germany, and The Netherlands) where the judicial budgets receive considerable revenues for the judiciary, two countries (France, England/Wales) only publish net data, in Spain, Italy and – as far as we know – Portugal the judiciary does not gain significant revenues.

Table 1
National budgets of the judiciary, ECU per capita 1995

Dpt. of Justice budgets 1995 ECU per capita	Germany	France 1997	England/ Wales	Italy	Spain	Nether- lands	Portugal 1999	Austria
Judiciary - expenditures - revenues (fines, settlement fees, court fees)	87,6 - 57%			41.3 - 6%		33.1 - 60%		38.5 - 62%
Net budget	37.4	19.0	17.2	38.8	29.3	23.5	36.4	14.6

Source: European Data Base on Judicial Systems, Bologna 2000. Valuta: ECU exchange rates Dec, 1st, 1955, France and Portugal Euro rates

Not including budgets of juvenile protection, labour courts in Germany, local magistrate courts in UK, regional budgets (départemental) in France

Germany stands out with the most extensive court system in Europe, but it manages to cover more than half of its costs by revenues. This way the overall budget comes close to the Italian or Portuguese expenditures which are hardly compensated by revenues. Other countries like Austria, England/Wales and The Netherlands stay well below their expenditures, and as they receive considerable revenues, they remain with a relatively low net budget. In France and

England we did not receive budgetary data on revenues so that we can only compare the net budget.

4) Legal aid as a cost factor

Wherever court fees are very high, legal aid schemes compensate poor parties in order to facilitate their access to justice. In traditional legal policy this takes the form of court fee waivers (which might be seen as a reduction of revenues from fees). To the degree, however, that countries extend legal aid to also cover lawyer costs, they form part of the judicial budget. It might seem plausible that it is mainly in Common Law countries that lawyer costs are seen as essential part of access to law, as here most of the procedural work is left to the parties and much less a responsibility of the courts, but the idea of legal aid for lawyers also caught on in some of the more generous welfare states of the 1980s, such as the Scandinavian countries and the Netherlands.

No country in Europe, however, runs a legal aid scheme as comprehensive and as expensive as the UK with legal aid costs amounting to more than the net costs of civil and criminal justice.

Table 2
Legal aid in the national budgets of the judiciary ECU per capita 1995

Dpt. of Justice budgets 1995 ECU per capita	Germany	France 1997	England/ Wales	Italy	Spain	Netherlands	Portugal 1999	Austria
Legal aid* Expenditures minus revenues Net budget	included above ±4.50	included above 3.00	42.0 -11.3 31.7	Negligeable	Negligeable	12.00	Negligeable	partly included partly in different budget

*Legal aid subsidies (civil / social and administrative law) and duty solicitors (penal defence) in most countries remain within the judicial budgets, while in England/Wales and The Netherlands they are taken out and listed separately. 25% of the English legal aid expenses are recovered by revenues, in NL contributions by clients are raised since 1995, not yet shown in the budget above.

Mind: including legal aid in the budget of the departments of justice means including parts of the forensic activity of the lawyer profession in the concept of "public costs of justice". Countries with high legal aid provisions thus work according to official fee schemes. As far as a sector of the legal profession gets dependent on legal aid subsidy, it is included in the budget and the concept of the system of justice. Critiques therefore label them *a partly socialized legal profession*. On the other hand, it is obvious that countries with insignificant budgets for legal aid (for consultation out of court as well as representation in court) do not fulfil the qualitative minimum of granting equal access to justice.

5) Including prisons in the budget of the justice system

c) Net budget data

The decision to include legal aid costs in judicial budget comparisons highlights that the variations in costs which of the system of justice. can be taken as a blueprint of the priorities of national legal policy. If we add prison costs, the relative weight of expenditures becomes even more apparent.

Table 3
Share of judiciary and of the prison system in the (net) budgets of the national departments of justice 1999

	Netherlands	Germany	France	England/Wales	Italy	Spain 1995	Portugal	Austria
- judiciary	49%	64%	48%	17%	64%	69%	72%	28%
- legal aid	15%			38%				
- prisons	36%	36%	52%	45%	36%	31%	28%	72%

Source: Computed on base of net budget data: European Data Base on Judicial Systems, Bologna 2000
Data base like in table 1

b) Gross budget data for different country samples

The Dutch Department of Justice presents a similar budget study including some Common Law jurisdictions Prison data as well as legal aid are included in the comparison. The study shows the very high level of expenditure on both judiciary as well as prisons in the US, far higher also than Canada and other Common Law countries.

Table 4
Public expenditure (gross budgets) 1998 for the judiciary
— Euro per capita

	Netherlands	Germany	United Kingdom	France	Sweden	Canada	USA
Judicial expenditure	23	87	23	33	38	21	80
Legal aid (gross expenditures)	12	4	42	3	8	?	Incl. public defenders
Prosecution	11	10	9	6	9	6	13
Prison expenditures	54	25	51	19	49	44	151
	98	126	125	61	104	71	244

Source: Legal Infrastructure NL in International Perspective, Ministerie van Justitie, Den Haag 2000, German figures and legal aid UK corrected by us. Canada, Sweden, UK, and US valuta as of Oct. 1999 The study claims to rely on gross judicial budget data, but sometimes doubts may be raised as to the distinction of gross and net in comparative data sets. It omits labour courts in Germany as well as all costs which are not part of the national budget of justice such as local (magistrate) courts in UK and France, juvenile protection in France

c) A European comparison under French auspices

The most precise and well documented budget comparison of five European Union countries has been done by Douat et al (2001). It specifies personnel costs in detail and analyses their the growth rates in judicial budgets from 1990 to 1997 it is clearly French inspired by including institutions of probation and supervision of juveniles which in other countries mostly resort with communal social services. The results give somewhat higher budgets than our overview in table 4 (without always being able to trace the divergence to the data sources) which is mainly due to the inclusion of local budgets (British magistrates' courts being paid for by towns and communities,

French courts of first order (like first instance *prud'hommes* for labour conflicts as well as administrative and fiscal tribunals). Also 90% of juvenile protection in France is on budgets of the (regional) departments, only 10% in the national budget.

The French study might serve as another illustration how far priorities of judicial policy can determine what is included in the concept of *justice*. Local tribunals on the one hand, juvenile protection might in other countries be seen as *social services* and consequently be budgeted under different headings.

Table 5
Overall budgets and juvenile protection

EU per capita	Germany	United Kingdom	Belgium	France	Italy	Spain
Gross judicial expenditure Incl. prisons, legal aid, juvenile supervision	164.9	161.4	113.2	108.6	98.8	44.7
... of these Juvenile protection	10	0.5	29	53	2.3	*

Source: Douat et al, Paris 2001. Including local budgets of magistrates courts in UK/ regional budgets (departmental) for courts of 1st order as well as juvenile protection in France/
Figures for Germany include labour courts

The French study includes more expenses than the two studies above as it applies a broader concept of the *'system of justice'*. This is partly due to including a greater range of judicial tasks (such as juvenile protection) according to the French concept of the "justice system". Partly it is de to other studies restricting themselves to national judicial budgets, while the French study (rightly) includes local budgets of magistrates courts in UK, regional budgets (departmental) in France and labour courts in Germany

All three studies agree on the very great difference give different results for It allows comparison of three countries: France, Germany and UK. Differences illustrate a great uncertainty of all data caused by divergent inclusion of the range of services and the relevant budgets.

Sometimes a mix of gross and net data adds to the confusion. Nevertheless, in rough volume and in rank order of countries, all three studies agree.

d) Size and salaries of judicial personnel

Most of the costs of the justice system are paid for personnel. Thus, it should not surprise that **size of personnel** explains most of the differences in expenditure:

Table 6
Professional magistrates per 100.000 inhabitants (1997),
their average salaries and the ratio of staff /magistrate

	Germany	United Kingdom	Belgium	France	Italy	Spain
Professional magistrates (judges + prosecutors) per 100 000 inhabitants	32.0	5.5	17.2	13.3	13.5	17.2
Average yearly gross salary of prof. magistrates in ECU	71 881	128 213 (* not incl. social/health benefits/ pension rights	51 318	60 111	95 446 (*including high level of social insurance)	49 454
Court staff per magistrate	6.5	2.0	3.1	6.9	4.1	3.0

Source: Douat et al, Paris 2001. p. 34-38, 85-86

Mind: these are salary costs for the employer; net income in the perspective of the employed might compare quite differently; as can be seen from:
* German figures are based on salary costs, not taking account of implicit pension rights, social and health benefits– for employers' personnel cost add at least 20% on top of salary.
* Italian figures include social insurance – if deducted (estimate at least 33%) and after taxes, Italian magistrates rank at the lower end of the net salary scale

Not only the number of magistrates and staff personnel varies enormously between countries. Germany ranges high on all accounts, **not only employing** more magistrates and judicial staff than any other country, **but also paying** them very well.

Staff ratios shows that clerks are nowhere substitutive for professional personnel. On the contrary, Germany which counts **many judges and prosecutors, also employs a high number of court staff,** while Italy with a low number of judges also counts fewer than average court clerks. France, however, employs a more than average staff – however, this is due to the priority of juvenile protection which employs sizeable staff.

The British system (UK) builds on a great number of such (moderately paid) personnel with a small number of (highly paid) professional judges on top of the scale. It employs few (well paid) professional judges and a rather limited staff in the national court system. More personnel is (very moderately) paid by communities in local magistrates courts. The British device of achieving low personnel costs lies in *'non-professional magistrates'* fulfilling judicial tasks, these are partly salaried, often part-time without university degree but with practical expertise and some training.

But also in Latin countries considerable numbers of non-professional magistrates are fulfilling (part-time) judicial tasks, while the German judiciary (and other German language countries) stick to a strict privilege of professional judgeship. They do, however, employ court clerks who fulfil routine tasks (*Rechtspfleger Amtsanwälte*) with quasi– judicial authority. In the French budget study these are included among *'non-professional magistrates'*.

6. Puzzles of judicial cost control

With some of the difficulties of budget comparison in mind, we can finally show why the questions on cost control and limiting the costs of justice which are put before the panel can only b answered for each country separately.

- Table 7 presents some data of size, workload as well quality measures which allow to observe a number of comparative puzzles. It uses case **ratios** based on litigation volume of civil courts, all courts and appeal rates. (Mind that these are **not** the caseload per judge, as they include all judges but not the penal court cases). For quality measurement it has not much more to offer than appeal rates and data for the duration of procedures. (As we the reporter considers average duration data as useless, duration of comparably frequent routine cases such as debt enforcement (cashing a cheque) and tenant eviction are taken. Data have been collected by Lex Mundi advocates in the major city of each country.

Rank order coefficients in table 7 lead to a few puzzles which shall here be mentioned in order to stimulate further reading of table 7:
- Germany which employs the highest number of professional judges as well as other court personnel, also has the highest litigation rates of all countries compared. In spite of its sizeable personnel, however, the duration of cases is more than average. Appeal rates are high.
- Compare this to the performance of the Dutch judiciary which employs a low rate of judges, with a high ratio of cases, but low appeal rate and very short duration of procedures (at least for the routine cases compared here).
- And look further to the Italian case which combines more than average numbers of judges and personnel with low caseloads in first instance but an extremely high appeal rate, but nevertheless takes the longest duration for routine cases and battles with high appeal rates.
- France and Spain employ moderate/ low numbers of judges; compared to their first instance civil litigation they have to handle a rather high appeal rate.
- British figures contain a great number of petty cases which are dealt with by summary procedures. Other countries do not count them among their litigation figures.

Looking at the entire range of six countries we might conclude that additional personnel does not guarantee a better quality of services (measured in terms of appeal rates and duration of procedures). It is evident, that greater size of personnel regularly results in a **lower case ratio** per professional judge/ court clerk, but this does **not lead to better** performance in the terms measured.

Table 7
Personnel and caseload 1995: professional judges per 100000 inhabitants and the frequency of civil litigation*

	Professional Judges / Other court staff	Civil litigation/ Divorce*/ Appeals in civil courts	Administrative Labour/ Social ins. tribunals	Ratio of cases per prof. Judge Civil/ all others	Duration** of procedure incl. enforcement: cashing cheque/ tenant eviction in days*
Netherlands	9.8	1,662/38	450260/260	17098	5239
Germany	27.7 / between 690-1200	2,577 divorce 254 198	780280/275	10948	331154
France	10.2/414	2,032373	420260/160	240/84	226181
Italy	11.9/598	1,299/70	3,001,054170	222/ excl. social ins. 43	630654
Spain	8.5/833	1,897 300/255	446/3,170	125/90	183147
England/ Wales	4.5/33	4,779***	2,000**	1,062/*	160190

* Divorce is usually included, if not otherwise indicated. Post-divorce procedures (with frequencies as high or higher than divorce) are not included
** The British figures include routine cases which on other countries are done with by summary procedures
*** Duration in days as estimated by lex Mundi attorneys in middle sized law firms. NL: *kort geding* which in NL is widely used as main procedure
Sources: European Data Base on Judicial Systems, Bologna 2000 / **Worldbank, Lex Mundi Study 2001

It is evident, that more detailed in-depth study and additional indicators for performance quality would be needed before drawing conclusions from these puzzles. Litigation frequencies as they are used here refer to procedures filed, they may terminate by default, withdrawal, settlement or decision. Which kind of termination prevails depends on the issue of the cases. High frequencies of litigation (such as those for civil litigation in England/Wales or social insurance courts in Italy indicate that a large number of routine cases can be done with by summary procedures a stroke of the legislator suffices to eliminate them from the register of "litigation". Nevertheless, in depth studies which controlled for the different profiles of the kinds of issues (cf. our own study 1989) demonstrated that the puzzles remain:

It remains to be admitted that in judicial systems with more personnel do not necessarily terminate case quicker nor do not show lower appeal rates than those where personnel is scarce. The time which judges (and court personnel) spend varies enormously with no correlation to efficiency of their services. The explanation of the observed differences in productivity (defined as labour costs per unit produced) lies in more or less scrutiny spent on cases (determined by such working patterns as more time used for preparing a case, more procedural scrutiny with both parties, more extensive motivation of decisions). Judiciaries which rank low on the productivity indicator might argue that their efforts benefit the quality of handling cases. But it remains to show whether the clients of judicial services are interested in such additional quality – or whether these are nothing but the fulfilment of self-imposed professional standards.

The conclusion to be drawn is clear: judicial systems in the Civil Law world as well as the Common Law world work at highly diverse levels of cost and quality. In comparative perspective some systems might be seriously under-funded, others however spend more many money than any of their neighbours thin to be wise. Their problems of cost control can only be addressed in their respective national context.

Literature:

> Blankenburg (ed.) Prozessflut, Köln 1969
> European Database on Judicial Systems, ed. F. Contini, Bologna 2001
> Etienne Donat (dir), Les budgets de la justice en Europe, Documentation francaise, Coll. perspectives de la justice, Paris 2001
> Ministerie van Justitie, Judicial Infrastructure in International Perspective, by Frans van Dijk and Jaap de Waart, Den Haag 2000
> Worldbank, Legal Structure and Judicial Efficiency: the Lex Mundi Project, report by Andrei Shleifer et al., Washington
> Juskolei, Justizminister Niedersachsen, Hannover 2001
> Worldbank, Legal Structure and Judicial Efficiency: the Lex Mundi Project, report by Andrei Shleifer et al., Washington

Appendix:
Costs of parties seeking justice

Stage of the procedure	Models of regulation	Who pays? – parties behind parties
Pre-court legal advice	Hourly fees Fee scheme: by action by value at stake Contingency fees	Plaintiff investment Defendant investment Legal cost insurance Membership (trade unions,
Representation in court	Each party for themselves Looser pays all	Automobile clubs) Legal aid
Court fees	Court decision: split of costs	Liability insurance Collective interest environment associations

Issue at stake	Frequent constellations
Civil: debt enforcement	Plaintiff investment, defendant looser pays costs
consumer complaint	Plaintiff investment, settlement, costs are split
liability	Plaintiff investment covered, by insurance/ contingency fee defendant insured, split of costs
traffic tort	Both sides insurance covered
Divorce	Parties pay, split of costs Woman plaintiff legal aid covered
Labour dismissal	Plaintiff insurance covered/ legal aid settlement, split of costs
Administrative complaint	Plaintiff investment, looser pays (1/3 of losers public administration)

COSTS OF LITIGATION

ADRIAN A S ZUCKERMAN
University College, Oxford

In relation to any system of civil justice two central questions concerning resources have to be answered:
2. How is the court system funded?
3. How is litigation funded?

I – Funding the court system

Is the system funded by the state or by the user through court fees (ie the parties)?

Normally the there is a mixture of state funding and user funding. In which case the question of proportion arises. Ie, what proportion of the cost of the system is funded by central government and what proportion by party paid court fees?

How are court fees calculated? Is it a fixed fee system, or are fees calculated as a proportion of the value of the claim?

Is court funding, from whatever source, sufficient to provide adequate court facilities?

It would be interesting to learn the number of judges in different countries.

II – Funding litigation

Funding litigation means paying for the cost of legal representation and for other litigation related expenses. Litigation may be privately funded by the parties, or it may be publicly funded by the state. By and large civil litigation is funded by the state only for the benefit of the poor.

As far as private funding of litigation is concerned a number of questions arise about the way in which lawyers charge for their services.

1. Are lawyers' fees conditional on the outcome of litigation or unconditional?

2. If they are unconditional, how are they calculated? Are they calculated on an hourly basis or are they fixed in advance?

3. If fixed in advance, by reference to what criteria?

4. If they hourly fees are paid, what is the level of hourly fee in your system?

5. If lawyers' fees are dependent on the outcome, what is the system of pay? Is it a contingency fee system, as in the USA, whereby the lawyer obtains a share of the claimant's award? Or is it a percentage premium fee as in England, where there is a mixture of hourly fee and of a conditional premium?

6. What advantage and disadvantages emerge from experience in different countries with one of these systems?

7. Can you give an idea of the level of the usual legal fees in civil litigation in your country? Does the cost of legal representation vary greatly between different types of cases?

To the extent that there is publicly funded legal aid for the poor, the following questions arise.

1. Is there a publicly funded legal aid system in your country?

2. What is the eligibility to legal aid?

3. In what type of litigation is legal aid available?

4. What level of legal services does the system provide?

5. Are legally assisted poor litigants served as well as privately funded litigants?

III – Inter-partes costs recovery

Different systems adopt different approaches to the allocation of the cost of litigation as between the parties.

1. Is the winner in litigation entitled to recover his costs from the loser? This question is divided into two sub-questions: Is the winner entitled to recover lawyers' fees? Is the winner entitled to recover litigation expenses, such as expert fees, court fees, witness fees, cost of producing documentary evidence?

2. Is costs recovery automatic or is it discretionary? If discretionary, how is discretion exercised?

3. Is the court entitled to apportion the costs between the parties in proportion to their success in the litigation or by some other criteria?

4. If the winner is entitled to recover costs, how are recoverable lawyers' fees calculated? Is the winner entitled to recover all he has paid his lawyers? Normally there will be some criteria for assessing the amount of recoverable costs, and the question then is: What are the criteria?

5. What proportion of his real costs is a successful party likely to recover?

IV – Litigation costs insurance

In some countries, especially in high cost systems litigation costs insurance may be available.

1. Is litigation cost insurance available in your country?

2. If so, is it before the event insurance or after the event insurance? The latter is insurance that is taken out after a dispute has arisen.

3. How widespread is litigation costs insurance, what is the premium level?

4. Where litigation costs are covered by insurance, does the insurer take control of litigation?

LAS PRIORIDADES EN LA JUSTICIA CIVIL[*]

Antonio Didone
Consejero de la Corte de Apelación del Aquila

1. Premisa: crisis de la justicia civil y ADR

Es conocido que el Consejo de Ministros, en la sesión del 16 de junio del 2000, ha aprobado un d.d.l. dirigido a hacer frente a la "gran presión de la conflictualidad privada sobre la jurisdicción civil", como explica la Relación ilustrativa, y, por la persecución de tal resultado, la propuesta gubernativa se mueve en doble dirección.

De un lado, en efecto, con las disposiciones del primer capítulo (arts. 1-19) viene introducida una disciplina innovativa relativa a la creación de un servicio de acceso a la justicia civil y para la promoción de la solución consensual de las controversias. Del otro, con las disposiciones del segundo capítulo, el d.d.l. en examen prevé algunas modificaciones del código de procedimiento dirigidas a abreviar los tiempos del proceso civil, en línea con aquellas contenidas en la propuesta de ley n. 6052/C presentada a la Cámara el 20 de mayo de 1999 (Disposiciones para la definición del contencioso y para la abreviación de los tiempos del proceso civil).

Se ha tenido ya la oportunidad de evidenciar[1] que la propuesta gubernativa no tiene en cuenta la evolución de la ADR (Alternative

---

[*] El presente trabajo constituye parte de la relación presentada al Congreso Nacional sobre el tema "Las prioridades de la justicia – De la eficiencia a la efectividad" desarrollado en Palermo entre los días 28, 29 y 30 de junio del 2001, organizado por la Asociación Nacional de Magistrados y por el Organismo Unitario de la Abogacía. La relación ha sido publicada en la *Rivista di diritto processuale*, dirigida por el Prof. Tarzia, n. 4/2001 y viene aquí reproducida bajo la cortes autorización de la CEDAM, editorial de la *Rivista*.

[1] Didone. *Diritto & Giustizia*. 2000, n. 27.

Disput Resolution) en los Estados Unidos[2], donde las varias formas de resolución extrajudicial de las controversias no han tenido consecuencias apreciables en términos de reducción de los tiempos de la justicia, así como han emergido recientes investigaciones[3], las cuales han confirmado las previsiones nada entusiastas de las primeras indagaciones estadísticas[4].

Quien escribe es conciente que el proceso ante los órganos jurisdiccionales del Estado no constituye el único instrumento disponible para la resolución de las controversias, si bien representa el

---

[2] En argumento, y también para ulteriores indicaciones bibliográficas, v., por todos, CHIARLONI. *La giustizia stragiudiziale*. En: *Le fonti di autodisciplina: tutela del consumatore, del risparmiatore, dell'utente*. Padova: 1996, pp. 175 y ss.; id, *La crisi della giustizia civile e i rimedi possibili nella prospettiva comparata*. En: *Questione giustizia*. 1999, p. 1013; id., La conciliazione stragiudiziale come mezzo alternativo di risoluzione delle dispute. En: *Riv. Dir. Proc.* 1996, pp. 694 y ss. y, más reciente, id., Stato attuale e prospettive della conciliazione stragiudiziale. En: *Riv. Trim. dir. proc. civ.* 2000, pp. 447 ss; COMOGLIO. Mezzi alternativi di tutela e garanzie costituzionali. En: *Riv. Dir. proc.* 2000, 318 y ss.; CONVERSO. Note minime in tema di strumenti alternativi per la risoluzione delle controversie. En: *Giur. Merito.* 2000. IV, pp. 719 y ss.; TARUFFO. Adeguamenti delle tecniche di composizione dei conflitti di interesse. En: *Riv. Trim. dir. Proc. Civ.* 1999, p. 779; AULETTA. Le misure di Alternative Disput Resolution allo studio del Ministero di Grazia e Giustizia. En: *Contratto e impresa*. 1997. 3, pp. 1257 y ss.; CAPPONI. La camera di conciliazione: un interessante "nuovo modello" di risoluzione alternativa delle liti civili. En: *Corr. Giur.* 1996, pp. 452 y ss.; MASSA. ADR: dentro o fuori dal processo? En: *Quest. Giust.* 1994, pp. 504 y ss. V., además, el fascículo monográfico de *Documenti Giustizia*, n. 5/2000, con las contribuciones de V. ZAGREBELSKY. *Presentazione*, p. V; T. MASSA e G. BISOGNI. *L'accesso alla giustizia e i mezzi di risoluzione alternativa delle controversie*, p. 803; F. BADÒ – F. CORLEO. *La Camera di conciliazione di Roma. Costituzione, evoluzione, esperienze e riflessioni*, p. 817; S. AZZALI. *L'esperienza della Camera Arbitrale di Milano in materia di Alternative Dispute Resolution*, p. 829; C. MILIACCA – S. D'AMARIO. *La mediazione familiare: volti e risvolti*, p. 839; M. MARIANI. *L'esperienza dell'ADR negli Stati Uniti ed in Inghilterra*, p. 855; W. D. BRAZIL. *Le Corti degli U.S.A. e l'ADR: la situazione attuale e il futuro*, p. 877; J. LAFFINEUR. *I principi consacrati dalla Raccomandazione del 30 marzo 1998: prime osservazioni critiche*, p. 895; I. MENDES CABEÇADAS. *Il centro di arbitrato di Lisbona per le controversie in materia di consumi*, p. 911; B. AHNMÉ KAGERMAN. *La Commissione nazionale per le controversie in materia di consumi in Svezia*, p. 925; C.H.M. LAST E J. NIJGH. *Le Commissioni per le controversie in materia di consumi nei Paesi Bassi*, pp. 939.

[3] V. a propósito, DE PALO-GUIDI. *Risoluzione alternativa delle controversie*. Milano: 1999, pp. 115 y ss.

[4] CHIARLONI. *La giustizia stragiudiziale*. Op. cit., p. 186.

método institucional por excelencia delegado para aquello[5], en una feliz relación con la cual se promueve el surgimiento de institutos conciliativos se auspicia el florecer de los institutos conciliativos extrajudiciales[6], como forma de justicia coexistencial y no conflictual.

La misma comisión de procesalistas encargada por el Consejo Nacional Forense de predisponer un parecer sobre el esquema del d.d.l. presentado por el Gobierno en la pasada legislatura, ha empezado anteponiendo que "va expresado un positivo apreciamiento por la idea central del esquema de ley y, es decir, la valorización de la conciliación extrajudicial como método alternativo de solución de las litis, en la tentativa de concretar aquello que otros recientes proyectos se han propuesto (esquema de diseño de ley Menor, luego presentado por Folena, Proyecto Fazzalari y por otros)"[7]. De la misma forma, por otro lado, se señala que "es indispensable, para que tal idea pueda dar frutos, sea por el aligeramiento de la justicia, sea por la realización de los derechos del ciudadano, modificar una costumbre y una posición cultural, que parecen obstaculizar a que en nuestro País, a diferencia de los otros, se expanda la percepción de una forma de justicia coexistencial y no conflictual hasta el extremo". Pero, semejante cuadro idílico de justicia – si es justamente considerado – no puede ser referido a todas las controversias como, por ejemplo, a los árbitros comerciales, y ha sido señalado el riesgo de que emerjan implicancias decididamente cómicas por la transposición del concepto de justicia coexistencial, en contraposición a aquella conflictual, no sólo respecto de los arbitrajes comerciales, sino también respecto de los instrumentos de tutela de los consumidores[8].

---

[5] COMOGLIO. Op. cit., p. 318.
[6] Así, CHIARLONI. *Mezzi alternativi*. Op. cit., p. 464.
[7] V., a propósito, BALENA – CARPI – TARZIA. *Parere sullo schema di disegno di legge recante norme per l'accesso alla giustizia civile, per la risoluzione consensuale delle controversie e per l'abbreviazione dei tempi del processo civile*, expresado por petición del Consejo Nacional Forense, el 30 de marzo, 2000.
[8] CHIARLONI. *La giustizia stragiudiziale*. Op. cit., pp. 183 y ss.

2. ADR entre entusiasmos y críticas: una invitación a la prudencia

No se puede dejar de señalar, además, que un estudio aparecido recientemente[9] revela cómo la "moda" de las *Alternative Dispute Resolution*, a la cual parecen conquistados ilustres exponentes de nuestra magistratura y de la clase forense, debería encontrar una rémora en la especificidad del ordenamiento de proveniencia de llamados instrumentos alternativos, que dejan inoportuno, sino imposible, su transplante hacia nuestra legislación, más allá de los resultados negativos registrados en los Países en los cuales han sido introducidos.

Más bien, se trata de institutos ya "viejos" precisamente en los Estados Unidos, donde esta "saga americana de las alternativas al proceso" se ha iniciado y parece haberse registrado el fin de la parábola ascendente del fenómeno[10].

Aquello que aparece más preocupante en el análisis antes reclamado, además, es la hipótesis reconstructiva que identifica el origen del impulso hacia la difusión de las medidas alternativas en las "aspiraciones inconfesadas" de "frenar el activismo de los jueces sustrayendo su intervención, considerada frecuentemente demasiado progresista y desestabilizante, cuestiones de gran resonancia social y política, como aquellas relativas a los derechos civiles, a la tutela del consumidor, a la protección del ambiente" y en el intento de liberar a las Cortes del fastidio de causas de modesto valor económico, poco útiles para el progreso de la ciencia jurídica[11].

Para efecto de la introducción de los medios alternativos de resolución de controversias y con el estímulo de los ciudadanos en aceptar un acuerdo, cualquiera que éste sea o con la decisión de personas diferentes del juez, "en los Estados Unidos, como en otras partes, el Estado parece haber renunciado a detentar el monopolio de la administración de la justicia civil"[12]. En efecto, no se duda en

---

[9] SILVESTRI. Osservazioni in tema di strumenti alternativi per la risoluzione delle controversie. En: *Rivista Trimestrale di Diritto e Procedura Civile*. 1999, pp. 321 y ss.

[10] SILVESTRI. Op. cit., pp. 322 y ss.

[11] SILVESTRI. Op. cit., p. 324.

[12] SILVESTRI. Op. cit., p. 333.

discurrir abiertamente – en relación al sistema de ADR – sobre la privatización de la justicia civil [13].

Se ha considerado que "los instrumentos alternativos generan el riesgo de perpetuar aquellas desigualdades que, por años, han sido señaladas como la causa a la cual imputar el hecho que a muchos sea negada la posibilidad de hacer valer ante un juez los propios derechos". Ello representaría un repliegue, una justicia de segunda clase y se arriesga a que los gastos los asuman precisamente los "sujetos que, en la escala social, ocupan la no envidiable posición de *underdogs*"[14].

Es decir, precisamente aquellos sujetos en cuyas confrontaciones el Estado debería asegurar una tutela en condiciones de remover las situaciones de desigualdad de hecho (Art. 3, pár. II, Constitución). Sobre todo, porque luego será difícil asegurar los requisitos de terceriedad e independencia del "juzgador alternativo"[15].

Existe, por lo tanto, el riesgo concreto de un desarrollo de una justicia privada sometida a cualquier control público y que se introduzca un sistema que "exalte el valor de la libre iniciativa individual y resulte en perfecta coherencia con una percepción de la justicia que adopta los principios característicos de la teoría del libre mercado"[16]. Principios que no pueden gobernar – en un país democrático como el nuestro – la función jurisdiccional así como es diseñada en la Constitución.

Hay que compartir, por tanto, la llamada[17] de advertencia de Jeremy Bentham según la cual "Le devoir du législateur est de corriger la procédure, et non de chercher des expédients pour s'en passer".

Se podría preguntar por qué un gobierno declaradamente progresista y de centro-izquierda quisiera introducir un sistema de

---

[13] CHIARLONI. *Stato attuale*. Op. cit., p. 448 y nota 4, en referencia a CARRIZOSA. ADR Boosters: the Courts Have Become Big Fans of Alternative Dispute Resolution. En: *The Los Angeles Daily Journal*, 26 de abril de 1995, 1.

[14] SILVESTRI. Op. loc. cit.

[15] SILVESTRI. Op. loc. cit.

[16] SILVESTRI. Op. cit., p. 334, la cual señala el riesgo de un floreciente desarrollo de una industria de los instrumentos alternativos, con factura comparable al *business* estadounidense. Op. cit., p. 335.

[17] SILVESTRI. Op. cit., p. 337.

resolución de conflictos alternativo al servicio público esencial de la jurisdicción civil, con los riesgos señalados anteriormente para los sujetos más débiles involucrados en controversias civiles. Sistema que aparece congeniado, en cambio, con sistemas donde impera un desenfrenado liberismo.

En un estudio de sociología del derecho aparecido hace muchos años se ha recordado que una de las reformas procesales inspiradas ciertamente en la tutela del sujeto más débil de la relación laboral, o sea la reforma del proceso de trabajo, ha sido introducida mientras estaba en función el Gobierno Andreotti-Malagodi.

De aquello justamente trata la conclusión por la cual los desarrollos actuados en el subsistema político son relativamente irrelevantes "cuando de la sociedad provengan solicitudes perentorias"[18]. La conclusión parece aplicable también al instituto de las ADR puesto que el impulso a la introducción de tales medios alternativos se ha fortalecido en Italia – si mal no recuerdo – poco antes del llamado "vuelco" político que se produjo a fines de 1995.

También el fundamento constitucional de la propuesta gubernativa explicitado en la Relación ilustrativa, deja perplejidad. En esta, es cierto, se expresa la conciencia de que la explícita previsión en el nuevo art. 111 Const. del principio de la duración razonable del proceso "pone, en términos ya impostergables, la exigencia de una compleja redefinición de las estrategias de intervención que parta de la consideración de la necesidad de rediseñar la misma relación entre ciudadanos y jurisdicción, en la prespectiva de un servicio de justicia que sepa conjugar imprescindibles exigencias de mayor celeridad en la definición de los juicios con las también imprescindibles exigencias de garantía del derecho – también él de orden constitucional – de acceso a la justicia". Sobre todo, se subraya, es innegable que el art. 3, párrafo 2, Const. "presupone una intervención del ordenamiento republicano que deja efectivo y ejercitable, por la generalidad de los ciudadanos, el derecho a recurrir a las jurisdicciones sancionado por el artículo 24" (Rel. cit.).

---

[18] FERRARI. Sociologia del diritto e riforma del processo. En: *Riv. trim. dir. proc. civ.*, 1983, 1244.

Si bien es verdad, por otro lado, que la necesidad de introducir formas alternativas de resolución de controversias desciende del precepto del art. 3, párrafo 2, Const., con no menos razón debe ser compartido el auspicio de aquella parte de la doctrina según la cual el legislador debería operar en materia de conciliación extrajudicial con intervenciones "ligeras", "de marco", dirigiendo las varias iniciativas, en modo tal de garantizar la imparcialidad del órgano de conciliación y la paridad de las armas en las partes[19], no necesariamente previendo la institución de cámaras de conciliación en los tribunales.

Se ha también considerado, en doctrina, que la justicia coexistencial en cuestión, si no podrá tener efectos de deflación del contencioso civil, podrá, no obstante, permitir la emersión de aquel contencioso relativo a las controversias destinadas, de otro modo, a permanecer silentes "porque sus valores son tan modestos que no 'justifican' el recurso a una administración de justicia fuertemente formalizada y costosa"[20].

Sobre el efecto deflativo dudas son bien fundadas: en la Cámara arbitral de Milán, desde 1996 hasta 1999, han sido presentadas nada menos que 453 demandas de conciliación, 113 al año[21]; pero ante el Tribunal de Milán (que se encuentra entre los despachos más eficientes) estaban pendientes, en el 2000, 85,852 procesos ordinarios de conocimiento y ante la sección de liquidación 15,536.

Pero es también recordado que la "saga" de los sistemas de ADR en California tuvo origen, primero en los años '80 y, con renovado vigor, en los inicios de los años '90, gracias al voluntariado de la abogacía, que se prestó para realizar los programas de ADR gratui-

---

[19] CHIARLONI. *Stato attuale e prospettive*. Op. cit., p. 460.
[20] CHIARLONI. *Stato attuale e prospettive*. Op. cit., p. 464. Así, ahora, BADÒ, F. y CORLEO, F. *La Camera di conciliazione di Roma*. Op. cit., pp. 826 y s.: "La experiencia de cuantos han operado para el desarrollo de la Camera de Conciliación en Italia ha hecho emerger no sólo la existencia de una demanda de justicia que no encuentra más adecuada satisfacción mediante las formas judiciarias ordinarias, cuanto sobre todo a la existencia de una demanda sumergida, sin expresión que se refiere a aquellos derechos 'cotidianos' que el ciudadano encuentra cada día, que no hace noticia, pero que interesa a millones de personas en lo que respecta al desalojo, a la recuperación de pequeños créditos, a cuestiones condominales, lides familiares, controversias resarcitorias, diferencias con la administración pública, la tutela de la propia seguridad personal".
[21] AZZALI, S. *L'esperienza della Camera Arbitrale di Milano*. Op. cit., p. 835.

tamente[22], mientras ahora los lamentos más difundidos, al exterior, se refieren precisamente a los costos excesivos de estos procedimientos de medicación[23].

Luego, en cuanto a aquello que se refiere al principio constitucional de la razonable duración del proceso, contenido en la Relación al d.d.l., es suficiente recordar la relación publicada en el año 2000 sobre la reforma de la justicia civil, redactado por la A.L.R.C. (Australian Law Reform Commission)[24].

En el capítulo sobre a ADR, la Comisión, después de haber concluido que los Estados Unidos y Australia han ya experimentado por largo tiempo los sistemas de resolución alternativa de las controversias, suministra una apreciación moderada de los relativos beneficios. ADR – agrega – ha sido presentado como una estructura suplementaria que completa las jurisdicciones. Sin embargo, recordando el juicio expresado por la profesora Judith Resnik, observa que, dados los altos costos del juicio y de los reenvíos obligaotorios al ADR, ela creencia de que el ADR es un suplemento de la jurisdicción "puede ser fantasioso" y la previsión de muchos partidarios respecto de que el ADR aumentará las opciones disponibles a las partes en causa al interior del sistema públicamente financiado no puede ser confirmado. Se pone en práctica una interacción entre el abandono del viejo sistema del proceso y el redimensionamiento del sistema de ADR y se afirma que esta interacción comportará rápidamente "una más reducida, no una más rica, forma o gama de formas de resolución de disputas".

Sobre todo, además, se evidencia la inutilidad del sistema de ADR "cuando la materia interesa significativamente a las personas" o cuando están involucradas partes diferentes respecto de aquellas que

---

[22] W. D. Brazil, *Le Corti degli U.S.A. e l'ADR*, loc. cit.

[23] V., por ejemplo, Report No 89 on the law as at 31 December 1999 in Commonwealth of Australia. En: *MANAGING JUSTICE: A review of the federal civil justice system*, 2000, consultables en el sitio http://www.alrc.gov.au/. La Australian Law Reform Commission ha sido constituida por la Law Reform Commission Act 1973 y sucesivamente reconstituida por la Australian Law Reform Commission Act 1996. Los trabajos se iniciaron en 1975.

[24] Report No. 89 on the law as at 31 December 1999 in Commonwealth of Australia, cit.

recurren al procedimiento de ADR y, aún, en los casos en los cuales está involucrado un interés público.

El título de este capítulo de la Relación de la Comisión australiana, antes sintetizada al máximo, ha sido retomado por un juicio formulado en la más famosa Relación de la RAND Corporation del 1996 y dice así: "ADR is no panacea".

Con el conocimiento de tal juicio abogacía y magistratura deberán serenamente examinar las propuestas del Gobierno precedente. Ellos además deberán tener en cuenta las consideraciones autorizadamente desarrolladas en el seno, por parte de la magistratura más sensibile al problema de los sistemas de ADR, según la cual hay que apuntar a ellos "con una óptica puramente deflativa (eliminación del circuito de la justicia 'alta' de una serie de controversias, por ej. en materia de daños vehiculares, de condominio, de tutela de los consumidores; tentativas obligatorias de conciliación como filtro; remisión obligatoria de las partes ante conciliadores o arbitros que otorgan soluciones no vinculantes; formas de penalización del sujeto que rechaza la conciliación y quiere el proceso) sin afrontar los temas preliminares de la cultura de la conciliación, de la información, de la individualización de los conciliadores y de los mediadores (de su selección, formación, independencia), de las garantías procedimentales, de los costos y de los sujetos que deben sostenerlos, se corre el riesgo de introducir institutos completamente desvinculados de la sociedad civil y de sustraer preciosos recursos, en primer lugar financieros, a la justicia ordinaria. Sobre estos temas es necesario desarrollar entre los operadores jurídicos y sociales una amplia y profunda discusión para no decir dentro de algunos años, como con los ritos alternativos del CPP de 1988, que los ADR no sirven para nada. Habremos perdido una importante ocasión de crecimiento civil y democrático"[25].

Aún más me urge subrayar, en conclusión, que cuando se realiza una comparación entre elementos no integrados en un conjunto, los términos de la comparación, cualquiera que ellos sean, interactúan en modo tal que el término modelo termina por influenciar sobre el valor de los términos puestos en discusión con él y, además, la

---

[25] CIVININI, M.G. La crisi di effettività della giustizia civile in Europa. En: *Questione Giustizia*, 1999, II, p. 325.

comparación misma "puede acercar dos términos considerados antes inconmensurables"[26].

El continuo acercamiento, en estas discusiones sobre ADR, del adjetivo "privado" al concepto de "justicia", con la implícita comparación con la justicia pública, ha creado aquello que puede ser definido como un oxímoron[27]; ha terminado por hacer asimilar a ambos términos en la misma serie, al punto que, como es sabido, la privatización de la justicia civil se ha convertido en una prioridad para algunas fuerzas políticas, aún cuando este legislador *in pectore* es comparable a Leucippo, conocido por las cosas que ha dicho, pese a que su misma existencia sea discutida[28]. En cuanto al programa detallado, en el cual se habla de privatización del proceso civil, es posible, de momento, citar sólo fuentes periodísticas[29].

3. Perspectivas de reforma de la fase preparatoria de la causa

Utilizando una reciente síntesis formulada por la doctrina, se recuerda que los modelos históricos para el juzgamiento con cognición plena pueden, "con muchos márgenes de aproximación, reducirse a dos: – en un primer modelo, las partes proceden por sí solas a la preparación de la causa y comparecen ante el juez solamente para la decisión; la técnica se remonta al derecho común, al proceso del *common law*; al modelo abstracto del *adversary system*; era adoptada por el proceso formal previsto por el código de 1865; – en un segundoo modelo, el juez colabora en la individualización del *thema decidendum* y del *thema probandum* y participa en el tratamiento de la causa; la técnica es reconducible al proceso formulario romano, donde las partes, antes de comparecer ante el *judex*, debían proceder

---

[26] PERELMAN, Ch. y OLBRECHTS-TYTECA. *Trattato dell'argomentazione*. Torino: 1989, pp. 256 y ss.

[27] Es un concepto descubierto en la jurisprudencia de Casación que, en especial recientemente, pone el acento sobre la naturaleza del acto de autonomía privada también del laudo emitido en el arbitraje ritual y que encuentra justificación en la renuncia preventiva de los privados a la jurisdicción. Cfr. Cas., sec. un., 3 de agosto 2000, n. 527. En: *Giust. civ. Mass.*, 2000, p. 1460.

[28] RUSSELL, B. *Storia della filosofia occidentale*. Milano: rist. 1999, p. 84.

[29] V. el servicio de D. Stasio en *Il sole 24 ore* del 5 de junio del 2001, pp. 1 y 21.

a la *litiscontestatio*, que servía, precisamente, para individualizar el *thema decidendum*; es adoptado en Alemania y, recientemente, también en las cortes federales americanas; en Italia ha tenido diversas variantes, desde el «procedimiento sumario» de 1901, al código de 1940, a las Novelas de 1950, de 1973, de 1990 y de 1995"[30].

A tal exhaustivo cuadro sintético, por otro lado, puede ser agregado que en algunos ordenamientos son conocidos modelos por así decir "mixtos", no reconducibles en todo a uno o a otro de los esquemas generales antes indicados.

Por ejemplo en Austria[31] la demanda introductiva del proceso ordinario es depositada (o enviada por correo) al tribunal; la mesa de partes la inscribe en el registro y la trasmite al juez designado (con criterios automáticos) el cual controla la regularidad formal y verifica la subsistencia de los presupuestos procesales. Por tanto, si no considera necesario invitar a la parte a proveer respecto de la corrección de la demanda misma y si considera subsistentes los presupuestos procesales – pudiendo de otro modo rechazar la acción *in limine litis*, como por ejemplo por incompetencia – ordena a la mesa de partes notificar al demandado con el acto introductivo. Éste último es notificado junto con la resolución del juez que puede consistir en la fijación de la audiencia o bien en la orden de depositar el escrito de respuesta y esta segunda alternativa viene seguida en las hipótesis en las cuales el juez, de la simple lectura de la demanda, se convenza que el demandado presumiblemente se constituirá[32].

En Francia, además, en el procedimiento ante el tribunal la citación a comparecer a audiencia fija requiere la autorización del Presidente a instancia del actor que haya deducido la subsistencia de la urgencia en la correspondiente instancia motivada[33]. El ordenamiento francés, además, conoce una forma llamada "voluntaria" de introducción del juicio en virtud de la cual las partes pueden acordar

---

[30] COSTANTINO. *Il processo civile*. Op. cit.

[31] Cfr. ENA, MARLIS BAJON, CHIZZINI. Voz: *Processo civile* (Austria). En: *Digesto IV, disc. Priv., sec. civ.*, XV, Torino, 1996, pp. 37 y ss.

[32] Cfr. ENA, MARLIS BAJON, CHIZZINI. Voz: *Processo civile* (Austria). En: *Digesto IV, disc. Priv., sec. civ.*, XV, Torino, 1996, p. 60.

[33] V., a propósito, NORMAND. Voz *Processo civile* (Francia). En: *Digesto IV, disc. Priv., sec. civ.*, XV, Torino: 1996, pp. 100 y ss.

sobre la "cuestión litigiosa" y presentar al jefe de la mesa una solicitud conjunta en la cual deben ser individualizadass las cuestiones controvertidas y sólo sucesivamente, por obra de la mesa de partes, viene a ellos comunicada la fecha en la cual la causa será llamada[34].

En España, en el "juicio de menor valor", en el cual se derarrollan la mayoría de las controversias, la audiencia es fijada por el juez después de la presentación de la memoria de réplica de parte del demandado. En el juicio de mayor valor, además, está previsto, análogamente a cuanto ocurre en Austria, que el juez antes de ordenar la notificación de la demanda al demandado deba verificar la admisibilidad[35].

También en Italia ha sido recientemente planteada la posibilidad de acelerar el proceso civil, "confiando al juez la tarea de intervenir sólo si es pedido por las partes, a cuya disponibilidad quedarían confiadas todas las fases precedentes a la decisión y que actualmente se desarrollan ante el juez"[36].

Inclusive, en el programa de gobierno de la *Casa delle Libertà* relativo a la justicia civil se lee que "es necesario reestructurar el proceso en modo de hacer intervenir al juez sólo cuando haya necesidad de su obra jurisdiccional, previendo que la misma actividad instructoria pueda desarrollarse sin su participación".

Pero, tales propuestas chocan sea con el reciente reclamo a la esencialidad del proceso, que "precede el juicio y es el instrumento para que éste no sea un favor concedido por el juzgador sino, precisamente, la aplicación de reglas predeterminadas con la técnica del contradictorio y, por este punto de vista, constituye un esencial instrumento de democracia, en cuanto debería servir para hacer previsible la decisión, haciendo verificables y transparentes las reglas del 'juicio'"[37], sea con el *trend* reformador presente en los sistemas del *common law*.

---

[34] V., a propósito, NORMAND. Voz *Processo civile* (Francia). Loc. cit.

[35] MONTERO AROCA. Voz *Processo civile* (Spagna). En: *Digesto IV, disc. Priv., sec. civ.*, XV. Torino: 1996, pp. 198 y ss. y 202.

[36] V. Intervención del senador Russo en la Comisión de Justicia del Senado en la Sesión del 21 de abril de 1999.

[37] COSTANTINO. Il processo civile tra riforme ordinamentali, organizzazione e prassi degli uffici (una questione di metodo). En: *Riv. Trim. dir. Proc. Civ.*, 1999, 77 ss..

En estos, en efecto, ha sido emprendido el camino inverso respecto de aquel que se quisiera tomar en Italia. Aquél del potenciamiento de los poderes del juez en la fase de individualización del *thema decidendum* y del *thema probandum*.

Al sistema *adversary*, en efecto, ha sido sustituido aquél del *case management*.

A propósito, es útil recordar cuanto se ha referido en una recientísima relación del Departamento del *Lord Cancelliere* respecto a la valoración inicial de los resultados conseguidos con las reformas de la justicia civil actuada en abril de 1999[38].

La relación es de marzo pasado. En ella vienen, ante todo, resumidos los problemas individualizados en el viejo sistema y que habían conducido a la mencionada reforma. Ellos, sustancialmente, vienen indicados: a) en el costo excesivo de las controversias y en la desproporción respecto al valor de la causa; b) en la lentitud en la definición de las causas; d) en la falta de igualdad entre las partes en relación a sus condiciones económicas; e) en la excesiva incerteza respecto de la duración y costo de las controversias; f) y, sobre todo, en la circunstancia que la controversia era demasiado "*adversarial*" por ser gestionada "por las partes y no por las cortes", con reglas que estas últimas no siempre hacían respetar.

En síntesis, la conclusión era en el sentido que la "cultura adversarial" descontrolada ("*unrestrained*") del sistema inglés era "en larga medida responsable" de los problemas antes enumerados.

Y bien, las conclusiones de la relación publicada hace pocos meses consideran que la reforma ya ha permitido conseguir resultados meritorios, sea por la disminución de los juicios, "en particular en los tipos de controversias donde las nuevas reglas civiles de procedimiento han sido introducidas", sea por el aumento de las conciliaciones y del "número de casos en los cuales la resolución alternativa de disputa es usada". Aquí la relación considera que dicho último dato denota que, luego de la reforma de las reglas de procedimiento civil, las partes se dirigen mayormente a los sistemas de

---

[38] Departamento del Lord Cancelliere. *Risultati d'emersione. Una valutazione iniziale delle Riforme Della Giustizia Civile*. Marzo 2001, en el sitio internet www.lcd.gov.uk.

ADR. Sobre todo, además, el *case management* aparece como "un factor clave en dejar la controversia menos compleja y parece ser un éxito".

Esto sólo para señalar que las propuestas avanzadas en Italia se ponen ciertamente en contratendencia respecto al mundo anglosajón, casi como si, de manera masoquista, quisiéramos probar un poco los males que han afectado al sistema del *common law*.

Si, por otro lado, para el *trend* reformador en Inglaterra y en los Estados Unidos hacia una justicia civil menos *adversarial* es posible reenviar a otras recientes contribuciones de la doctrina italiana[39], en esta sede, en cambio, no se puede hacer menos que recordar que también en Australia se registra el mismo *trend* y, en la relación del año 2000 sobre la reforma redactada por el A.L.R.C. (Australian Law Reform Commission)[40], se afirma en modo perentorio que, con la introducción de la "justicia de 'Managing'", el "sistema de la justicia civil funciona bien cuando los despachos judiciales toman un rol activo *en los actos* de gestión de la fase inicial" de la controversia.

En la misma dirección[41], antes señalada, de dejar la fase preparatoria de la causa a las partes se mueve un proyecto de ley, esta vez de iniciativa parlamentaria[42], presentado en la pasada legislatura, la cual tiende a eliminar la fase preparatoria y de comparendo que actualmente se desarrolla ante el juez instructor utilizando "tres o cuatro aundiencias, por un tiempo que aproximadamente será de dos años" previendo que esta actividad, dirigida a la definición del *thema decidendum* y del *thema probandum*, "típicamente de parte", se desarrolla fuera de la no necesaria intervención del juez, mediante un intercambio de memorias dentro de términos prefijados por la ley, sin utilizar inútiles audiencias.

---

[39] Cfr., por todos, CIVININI, M. G. *Relazione svolta al Convegno organizzato dagli Osservatori della giustizia civile*, Vietri; COSTANTINO, G. Op. cit. Para referencias recientes, Cfr. CRIFÒ, C. *La riforma del processo civile in Inghilterra*. En: *Riv. Trim. Dir. e proc. Civ.*, 2000, pp. 511 y ss.

[40] *MANAGING JUSTICE: A review of the federal civil justice system*, Report No 89 on the law as at 31 December 1999 in Commonwealth of Australia, 2000, cit.

[41] Considerándose la "transversalidad" de la dirección reformadora en examen. CIVININI, M. G., *Relazione*, cit.

[42] Se trata del d.d.l. n. 4703 de iniciativa de los senadores Russo, Senese, Calvi, Smuraglia, De Luca Michele, Maritati y Fassone, comunicado a la Presidencia del Senado el 4 de julio del 2000 y asignado a la Comisión el sucesivo 18 de julio.

Como explica la relación ilustrativa, tal resultado – en extrema síntesis – viene perseguido con la eliminación de la forma de la introducción del juicio con citación a comparecer a audiencia fija y con la previsión que el demandado deba constituirse en juicio mediante el depósito del escrito de respuesta en la mesa de parte, dentro del término establecio por la ley. De la decadencia del término para la constitución en juicio del demandado transcurren ulteriores perenterios, también estos establecidos por la ley, para el desarrollo de la actividad ahora permitida a las partes *ex* arts. 180, 183 y 184 C.P.C.. Transcurridos tales términos cada parte constituida puede pedir, con recurso al juez instructor, la fijación de la audiencia de comparendo.

La disconformidad creada por algunos pronunciamientos da la Casación, inspirada – en contraste con la dirección rigurosa de la misma S.C. en orden al despacho de oficio de las preclusiones y a las preclusiones instructorias en particular – por un excesivo formalismo interpretativo, tanto como para alcanzar a afirmar el derecho del demandado contumaz al término *ex* art. 180 C.P.C. o para considerar un término judicial (porque es asignado por el juez) como término legal, de duración predeterminada[43], estaba sin duda sobre la base de primeras apreciaciones favorables de esta última propuesta de reforma[44].

Se ha considerado, ciertamente, que la eliminación de la fase preparatoria y de primer comparendo ante el juez, si es conjugada con un acercamiento al procedimiento francés en tema de instrucción probatoria, podría constituir un progreso notable en el proceso de racionalización del procedimiento civil y de actuación del principio constitucional de razonable duración, permitiendo un "discovery" anticipado en grado de facilitar la conciliación de la lid o la decisión de la controversia con resolución sumaria.

---

[43] Cfr. Cas., 9 de abril del 2001 n. 5262, inédita (CED, RV. 545774), según la cual "si como resultado de la audiencia desarrollada en virtud del art. 180 cod. proc. civ., el juez reenvía la causa pura y simplemente, sin fijar algún término para levantar las excepciones no proveidas de oficio, tal término dede considerarse implícitamente fijado de manera similar a aquella legal". Para refutar tal interpretación e indicaciones de la doctrina contraria nos permitimos el reenvío a DIDONE. *Processo di cognizione e giudice unico*. Milano: 1999, passim.

[44] DIDONE. *C'era una volta la contumacia: la Cassazione e il termine al contumace ex art. 180 c.p.c.* En: *Giur. it.*, 2001, I, pp. 718 y ss.

A este propósito ha sido evidenciado[45] que en Francia "la parte interesada produce espontáneamente los documentos de los cuales esté en posesión, que sean idóneos para probar las relativas alegaciones: contratos, facturas, reconocimiento de deudas, procesos verbales de policia, declaraciones efectuadas por los testigos...". En efecto, en la práctica, la prueba testimonial tiende a ser suplantada "por la producción de declaraciones escritas (art. 200 N.C.P.C.) que los testigos redactan sobre la demanda de las partes. Tales declaraciones presentan, respecto al instituto de la prueba por textos propiamente dicho, la ventaja de tener un costo mínimo y de ahorrar a todos un tiempo precioso"[46].

Recientemente se ha reconocido que "probablemente nuestro país está maduro para una reforma inspirada en el objetivo de 'desmitificar' la prueba testimonial" y que la introducción en nuestro ordenamiento de una disciplina de declaraciones hechas por terceros sobre el modelo de las "*attestations*" francesas podría tener ciertamente el efecto de abreviar los tiempos del proceso, con mínimos reflejos negativos debidos al probable aumento de los procedimientos penales por falsas declaraciones[47]. En todo caso, se ha autorizadamente considerado que los testimonios escritos desarrollarían ciertamente una útil "función *discovery* deflativa"[48].

Efectivamente, tomando como base para una previsión la duración del modelo "normal" de proceso civil elaborado en un estudio

---

[45] DIDONE. *C'era una volta la contumacia*. Op. cit.

[46] NORMAND. Op. cit., 129. V., a propósito, las agudas observaciones de CHIARLONI. Per la chiarezza delle idee in tema di analisi comparata della prova per testimoni. En: *Riv. Dir. proc.*, 1994, pp. 382 y ss., en particular pp. 391 y ss. y ya id., Riflessioni sui limiti del giudizio di fatto nel processo civile. En: *Riv. Trim. dir. proc. civ.*, 1986, pp. 819 y ss.

[47] FERRARA, MAZZAMUTO y VERDE. Alcune proposte in materia di giustizia civile. En: *Foro it.*, 2000, V, pp. 227 y s. y, antes aún, DIDONE. *Appunti sulla ragionevole durata del processo civile*. Op. cit., pp. 873, sobre la consideración de la plena eficacia probatoria reconocida a las declaraciones recogidas por la p.g. en el juicio abreviado disciplinado por el código de procedimiento penal. V., aún, las consideraciones desarrolladas por CHIARLONI. *Per la chiarezza delle idee...*, Op. cit., 391 e nota 28-bis, el cual evidencia cómo en los juicios arbitrales el art. 819-*ter* c.p.c. se permite a los árbitros asumir los testimonios "requiriendo al testigo que provea por escrito respuestas a preguntas en el término que ellos establezcan".

[48] CONSOLO, C. La trattazione nella fase introduttiva del processo: un primo bilancio nel (semi-) decennale, En: *Giur. it.*, 2001, 1069 ss.

reciente[49] – y con las necesarias moderaciones – se puede hipotizar una reducción de tiempos, por efecto de la eliminación de la instrucción probatoria referida a la asunción de testimonios de más de un tercero, es decir de 665 días a 415 días: una duración efectivamente razonable.

De este modo, con una más profunda reflexión, no escapa la consideración por la cual la nueva fase de comparendo de la causa que la propuesta en cuestión quisiera introducir, desarrollándose completamente más allá del contacto con el juez contendría numerosas complicaciones procedimentales, las cuales darían origen a incidentes cognitivos solamente sobre la regularidad del procedimiento[50].

Además – y la objeción aparece aún más seria – el proyecto Russo no permite una tempestiva consideración de las cuestiones despachables de oficio por parte del juez. Aquello se considera, ante todo, a la luz de nuevo texto del art. 111 Const., en virtud del cual, según la mejor doctrina, resultan reforzados los principios ya afirmados en el pasado también en orden no sólo al contradictorio sobre la valoración de los resultados instructorios, sino también para excluir la posibilidad de la formación del juicio según una "tercera vía" y sobre todo en orden a las cuestiones despachables de oficio. Sustituiría, ahora, no más un mero poder discrecional, sino el deber constitucional del juez de provocar el contradictorio de las partes en orden a cada cuestión, "de rito o de mérito, de hecho o de derecho, prejudicial o preliminar, que sea dotada de incidencia decisoria", en cada fase, con el fin de evitar la "sentencia sorpresa"[51], la cual viola la paridad de las armas[52].

---

[49] Lazzaro. La ragionevole durata del processo civile. En: *Giust. Civ.*, 2000, IV, 293 ss. Respecto al modelo hipotizado en este trabajo, por otro lado, he aportado el correctivo consistente en la exclusión del cómputo de los tiempos del proceso el número de días (75) calculados para el estudio de la controversia y la preparación del acto de citación, considerando como iniciado el procedimiento, análogamente a cuanto prevé la Corte Europea de derechos del hombre, desde el momento de la notificación del acto de citación.

[50] En este sentido, cfr. Civinini. *Relazione*. Op. cit.

[51] Comoglio, L. P. Le garanzie fondamentali del "giusto processo". En: *Nuova Giur. Civ. Comm.*, 2001, pp. 18 y ss.. En el mismo sentido, Montesano. La garanzia costituzionale del contraddittorio e i giudizi civili di "terza via". En: *Riv. dir. proc.* 2000, pp. 929 y ss.

[52] Tarzia, G. L'art. 111 Cost. e le garanzie europee del processo civile. En: *Riv. dir. proc.*, 2001, 13, el cual, sin embargo, justamente advierte del peligro de continuas

Este poder – como lo han entendido los ingleses al introducir el *case management* – va ejercitado desde los primeros trámites de proceso, mientras el proyecto Russo, después de haber previsto términos perentorios para el depósito de escritos defensivos, remite a la voluntad de la parte más diligente la fijación de la audiencia de comparendo[53]. Y sólo en el curso de ésta, tal vez, el juez indicará una cuestión despachable de oficio, se ella de competencia, de jurisdicción u otra, que podría frustrar los meses de trabajo abundante de los defensores en la fase preliminar, con una evidente violación del precepto constitucional de la razonable duración del proceso.

Es verdad, como he ya sostenido, que un modelo procesal que no renuncia a los principios de oralidad, concentración e inmediación no es incompatible con la búsqueda del contacto de las partes con el juez cuyos poderes de dirección no se perjudican (y quizá se potencian) por la circunstancia que vienen ejercitados cuando las partes han descubierto todas sus cartas. Pero, frente al inconveniente ahora señalado parece oportuno no modificar la actual estructura normativa relativa al comparendo.

Un ulterior motivo de adhesión al impulso reformador, en el sentido de permitir a las partes dirigirse al juez después de haber no sólo determinado el *thema decidendum* y el *thema probandum* sino además después de haber asumido las pruebas testimoniales, podría estar constituido por innovaciones legislativas efectuadas en el campo penal.

En efecto, no se puede dejar de considerar que la reciente entrada en vigor de la ley de indagaciones defensivas en el proceso penal[54], se ha acentuado aquella injustificada divergencia de la disciplina de

---

remisiones en instructoria si el principio viene extendido (como hacen Comoglio y Montesano) también al juicio de hecho.

[53] "Después de la decadencia de los términos... cada parte constituida puede... pedir al juez instructor que fije la primera audiencia de tratamiento" (art. 180 c.p.c. en la formulación prevista por el d.d.l. n. 4703).

[54] Entre las normas introducidas por la L. 7 de diciembre del 2000 n. 397, en G.U.n.2 del 3 de enero del 2001 v. el art.391 *bis* (Coloquio, recepción de declaraciones y asunción de informaciones de parte del defensor) y el art. 391 *ter* (Documentación de las declaraciones y de las informaciones).

las pruebas en el campo penal respecto de aquella civil ya en otra ocasión señalada[55] y que supera los límites de la padaroja.

En efecto, se ha ya remarcado que en el proceso penal las declaraciones hechas por un testigo a un agente de la policía judicial, en la hipótesis del juicio abreviado, asumen valor de prueba para todo efecto, justificando también sentencias de condena a varios años de reclusión, mientras en un juicio civil para el resarcimiento del daño el testigo de un accidente de tránsito deberá ser necesariamente escuhado por el juez en contradictorio con las partes.

O bien, ha sido introducida en el código de procedimiento penal una norma que autoriza a los defensores de la persona sometida a investigación a otorgar medios probatorios a través de las personas en posibilidad de referir circunstancias útiles a los fines de la actividad investigadora, pidiendo a ellas una declaración escrita o bien, dejar información documentada por el defensor mismo y, en ambos casos, el documento formado es destinado a ser utilizado como prueba, también en el debate, a los fines de las contestaciones, y de cualquier modo, como prueba plena en un eventual juicio abreviado o en sede de aplicación de la pena pedida por las partes.

Aquello confirma el acentuarse de la tendencia, antes señalada, a valorizar como prueba también las declaraciones hechas por terceros fuera del proceso y sin contradictorio con las otras partes y debería convencer de la validez de las propuestas de introducción en el código de procedimiento civil de normas análogas a aquellas dictadas recientemente para el proceso penal.

No parece posible, no obstante, desarrollar pura y simplemente en el proceso civil, la nueva disciplina de las indagaciones defensivas.

Hay, en efecto, una diferencia no colmable – en el actual estado – entre los dos sistemas.

En el proceso penal, si la persona informada de los hechos se vale de la facultad de no responder al defensor, éste último está obligado a dirigirse al ministerio público, ante el cual, además, realizará la audición, o bien, a pedir al g.i.p. un incidente probatorio.

Una complicación similar, en el proceso civil, terminaría por frustrar las finalidades de simplificación y aceleración que se quieren perseguir.

---

[55] DIDONE. *Appunti sulla ragionevole durata*. Loc. cit.

En el seno de la sub-comisión para la reforma del proceso civil de la Asociación Nacional de Magistrados, además, ha sido subrayada la particularidad del proceso contumacial, en el cual la parte contumaz debería ser condenada sobre la base de testimonios no sólo expuestos sin contradictorio, cosa normal en la hipótesis contumacial, pero ni siquiera recogida por el juez. Por no hablar, además, de las controversias que tienen por objeto derechos indisponibles.

La ley sobre la tutela de datos personales, finalmente, contempla solamente la derogación dirigida a las indagaciones defensivas en el proceso penal.

4. La doble vía en lo civil: el juicio abreviado

Es conocido, por otro lado, que también la tendencia más liberal en el tema de prueba documental atípica y, en particular, de declaraciones escritas provenientes de terceros[56], no va más allá de la atribución de valor de indicio a tales últimos elementos de prueba.

También en jurisprudencia, en verdad, se afirma que "sea el acto notorio sea, sobre todo, la declaración sustitutiva del mismo, convertida en norma por el art. 4 l. n. 15 de 1968, no constituyen fuentes legales de prueba, pero deben ser considerados al igual que documentos cuyo contenido puede ser libremente valorado por el juez; tal libre valoración debe ser en concreto admitida (y no negada *a priori*) en aquellos casos particulares en los cuales la declaración sustitutiva es puesta no ya por una de las partes, sino por un sujeto extraño al proceso que testifica un hecho relevante respecto de la decisión"[57].

De otro lado, consistiendo el acto notorio en la declaración, "hecha fuera del proceso, de estar al conocimiento de determinados hechos, no pueden surgir con rango de prueba y no valen, por tanto, para eludir la necesidad de probar, en las formas y en los modos

---

[56] Últimamente, también para datos bibiliográficos, GRAZIOSI, A. Atto notorio, dichiarazione sostitutiva dell'atto di notorietà e autocertificazione davanti al giudice civile. En: *Riv. trim. dir. proc. Civ.* 2000, pp. 303 y ss.

[57] V., entre muchas otras, Cas., 20 luglio 1998, n. 7107. En: *Foro it.*, 1999, I, 3350 con nota de Fabiani.

previstos por las normas procesales, aquellos mismos hechos que, de otro modo, permanecen sin demostrarse"[58].

Es necesario pensar, por tanto, en una norma análoga a aquella que, en el proceso penal, permite formular un juicio pleno, con igual importancia a aquél emitido como resultado del debate, sobre la base de los actos de las indagaciones preliminares y de aquellos desarrollados por el defensor, en el juicio abreviado disciplinado por los arts. 438 y ss. del C.P.P.

En verdad, a la luz de recientísimas propuestas dirigidas a anticipar el momento en el cual es permitida la emanación de la ordenanza *ex* art. 186 *quater* C.P.C. en una fase precedente a aquella de cierre de la instructoria[59], aparece evidente que no es inútil retomar aún una vez más la idea de preveer aquella suerte de "juicio civil abreviado", ya en otra ocasión hipotizado por quien escribe[60].

Se podría prever, entonces, que el sub-procedimiento del cual el art. 186 *quater* C.P.C. puede ser activado hasta la decadencia de los términos previstos por el art. 184 C.P.C., para las deducciones y

---

[58] Cas., 14 dicembre 1993, n. 12328, En: *Giust. civ. Mass.*, 1993, fasc. 12. Subraya, por otro lado, oportunamente GRAZIOSI, A. Op. cit., 307 ss., que falta una cogente definición legislativa del acto notorio que, en la doctrina, venga referido a la constancia de la notoriedad de un hecho jurídicamente relevante, puesta bajo juramente de más sujetos, ante un oficial público autorizado a recibirla, y a formar el documento, destinado a hacer prueba plena hasta la querella de falsedad de la sola proveniencia de las declaraciones dejadas por los deponentes. Sí que, teniendo aquello como objeto la notoriedad de un hecho en un determinado círculo de personas, del cual el declarante podría no tener conocimiento directo, otra cosa es la declaración escrita proveniente de un tercero, que "versa directamente sobre la verdad o falsedad de un hecho relevante". "Aquél que afirma la notoriedad de un hecho bien podría no estar en posibilidad de afirmar también la verdad (no habiéndolo conocido directamente), y viceversa, quien declara verdadero un hecho, podría en cambio no saber si aquel hecho es también notorio" (allí, 313).

[59] DIDONE. *Appunti sulla ragionevole durata*. Op. cit., donde escribí que se podía hipotizar la anticipación de la ordenanza ex art. 186 quater c.p.c. al término de la audiencia de comparendo (art. 183 c.p.c.) o bien, de aquella destinada a la admisión de las pruebas (art. 184 c.p.c.). V., ahora, en el mismo sentido, FERRARA, MAZZAMUTO, VERDE. *Alcune proposte*. Op. cit., p. 228.

[60] DIDONE. *Appunti sulla ragionevole durata*. Op. cit. Para una valoración positiva de la propuesta Cfr. VERARDI, C. M. *Articolo 111 della Costituzione e tempi del processo civile*. En: AA.VV. *Il nuovo articolo 111 della Costituzione e il giusto processo civile*, al cuidado de CIVININI, M. G. y VERARDI, C. M. Milano, 2001, 127 y LAZZARO, F. *La ragionevole durata*. Op. cit., 299.

producciones instructorias, comprendiéndose en estas "contratos, facturas, reconocimientos de deudas, procesos verbales de policía, declaraciones realizadas por los testigos", así como prevé el código de procedimiento francés.

La norma idónea para atribuir valor de prueba plena a las pruebas documentales atípicas[61] – así como sucede en el juicio abreviado penal – puede, por tanto, ser introducita en el art. 186 *quater* C.P.C. Ella podría permitir el pronunciamiento de la ordenanza (no necesariamente limitada a la condena al pago de sumas o a la consignación o entrega de bienes) sobre la sola base de pruebas documentales típicas y atípicas[62].

Estás últimas, en realidad, irían individualizadas en declaraciones escritas provenientes de terceros y recogidas en las formas del art. 4 de la ley n. 15/1968 en tema de declaraciones sustitutivas de actos de notoriedad. Va recordado, en verdad, que en los juicios arbitrales el art. 819 *ter* C.P.C. ya permite a los árbitros asumir los testimonios "pidiendo al testigo que provea por escrito respuestas a preguntas en el término que ellos establezcan".

Es obvio, por otro lado, que la parte contra la cual es pedida la ordenanza de pago o de entrega de bienes podrá, en el término del art. 184 c.p.c., producir las declaraciones escritas provenientes de terceros en impugnación de los hechos tomados como fundamentos de la demanda o en confirmación de los hechos impeditivos, modificativos o extintivos por ella alegados. Por tanto, con plena paridad de las partes "en las armas".

Sobre la base de tales elementos, si son considerados suficientes, el juez proveerá en la instancia de concesión de la ordenanza.

---

[61] "Cuando aquello que asume relevancia en el proceso es directa y solamente el hecho objeto de la declaración documentada, cuando, es decir, la declaración está en última instancia destinada al juez y, por tanto, es el hecho el que constituye el objeto que viene llevado a su conocimiento (y no la declaración misma como hecho del cual puede deducirse, eventualmente, la prueba de cuanto se ha declarado), no se trata más de una adquisición de un documento, sino de adquisición de una declaración, a la cual van aplicadas las normas sobre el testimonio, sobre la asistencia técnica, etc.": NAPPI, A. *Guida al codice di procedura penale*. Milano: 2000, 303.

[62] El texto de la norma podría ser formulado así: "A los fines del pronunciamiento de la ordenanza del art. 186 *quater*, la prueba de hechos relevantes para la decisión puede ser provista de declaraciones dadas por terceros en las formas del art. 4 de la ley n. 15 del 1968 y sucesivas modificaciones".

El criterio de decisión deberá ser aquel previsto por el juicio abreviado penal: la posibilidad de definir el proceso en el estado de los actos.

Si el juez considera requerir aclaraciones a terceros que han conferido declaraciones escritas sobre interrogantes a ellos dirigidos por los defensores; si las argumentaciones o concluiones de la eventual asesoría técnica extrajudicial producida no lo convencen; entonces rechazará la instancia del actor o del demandado actor en reconveción. Admitirá las pruebas requeridas y luego tendrá lugar el juicio ordinario.

En la hipótesis de emisión de la ordenanza, además, el intimado podrá elegir entre dos alternativas, cuando decidiese no conformarse frente a la resolución de acogimiento, tal vez sólo parcial, de la instancia[63].

En efecto, podrá renunciar al pronunciamiento de la sentencia y proponer apelación contra la ordenanza o bien podrá insistir en la elevación de las pruebas testimoniales en contradictorio. Pero en tal caso el éxito para él desfavorable de la causa deberá ser acompañado de una medida coercitiva del tipo "astreinte", ya prevista por el d.d.l gubernativo anteriormente reclamado y en el Proyecto Tarzia[64].

En una perspectiva de largo término[65], además, modificando las normas sobre el elevamiento de la prueba por textos y del interrogatorio formal, en el sentido de prever la *cross examination* en el proceso ordinario de cognición – así como previsto en el Proyecto Tarzia – habría reportado un poco de coherencia en el sistema procesal. En efecto, no parece corresponder a criterios de coherencia un sistema procesal que, en materia penal, esté inspirado en el principio acusatorio – con adecuadas alternativas inquisitorias – y, en materia civil, quede inspirado por el principio asimétrico de la inquisitoriedad en la búsqueda de la verdad.

---

[63] De otro lado, debería preverse – para inducir al demandado a no resistir injustamente en juicio pese a saber de que tiene la culpa – la exclusión de la duplicación de los intereses moratorios, también previsto en el d.d.l. gubernativo, en la hipótesis de acatamiento a la ordenanza o cualquier otro mecanismo que sea conveniente para el intimado (que sabe que tiene la culpa) al acatamiento.

[64] En: *Rivista di Diritto Processuale*. 1996, pp. 965 y ss.

[65] Largo o medio término, según de la disponibilidad del Gobierno para actuar, como para el proceso penal, proveyendo aulas y medios de registro fonográfico.

Si es verdad que el derecho procesal es "(...) el espejo en el cual con extrema fidelidad se reflejan los movimientos del pensamiento, de la filosofía y de la economía de un determinado período histórico"[66] y, por tanto, el proceso "es un microcosmos en el cual se refleja la cultura de la sociedad y la organización del sistema político"[67], no se ve por qué el proceso civil deba fungir de espejo deformante. En esto, en efecto, prevalecen derechos disponibles, sin embargo, está inspirado en el principio inquisitorio. En el proceso penal, donde la potestad punitiva del Estado es indisponible por precepto constitucional (art. 112 Const.), está vigente la regla del principio acusatorio, salvo la alternativa inquisitoria permitida por las partes.

Es verdad, por otra parte, que el proceso ordinario de cognición, con la introducción de la *cross examination*, se convertiría en un lujo. Así como, es fácil replicar que, si la elección de la alternativa inquisitoria en el proceso penal es estimulada con descuento de pena hasta la tercera parte para el juicio abreviado, también en materia civil es necesario pensar en un mecanismo desincentivante de la inútil prórroga del proceso.

Tal resultado puede ser alcanzado previendo como hipótesis específica de aplicación del artículo 96 C.P.C. aquella de la prueba por testigos que haya dado resultado conforme a la de la prueba documental atípica.

En términos más explícitos, la parte en cuyas confrontaciones ha sido pronunciada la ordenanza en el juicio abreviado tiene facultad de renunciar al pronunciamiento de la sentencia y de proponer impugnación inmediata contra dicho procedimiento. Pero se opta por la continuación del proceso en primer grado, en el cual la prueba por textos y el interrogatorio serán asumidos con la *cross examination* y el resultado de la prueba confirmará la fundabilidad de los hechos indiciariamente probados por las declaraciones sustitutivas de notoriedad, deberá necesariamente soportar el mayor costo del proceso en correspondencia al artículo 91 sino en fuerza del artículo 96 C.P.C.

En el juicio de razonabilidad de la duración previsto por la ley Pinto, por otra parte, es necesario tener en cuenta también el

---

[66] CAPPELLETTI, Mauro. *Processo e ideologie*. Bologna, 1969, p. 6 (Citado por CARPI. Op. loc., p. 106).

[67] NAPPI, A. *Guida*. Op. cit., p. 3.

comportamiento de las partes. Por lo tanto, el Estado no podría ser considerado responsable de la duración del proceso que fuese imputable al comportamiento de la parte que – conocedora de la correspondencia a la verdad del enunciado factual contenido en la declaración escrita producida por la contraparte – ha de cualquier manera insistido para la excusión oral del texto que tal declaración, asumiéndose la relativa responsabilidad, había conferido frente a un público oficial.

Desde el *Interim Report* haste el *Lord Cancelliere* se establece que las partes en causa que se comporten de manera irracional serán penalizadas por ordenes de pago inmediato de una indemnización por los mayores costos, así como "por *tasas con intereses altos*"[68].

Es destacado, por inciso, que también el artículo 54 de la carta de los derechos fundamentales de la Unión Europea contempla la prohibición del abuso del derecho.

5. La negociación: el camino italiano en el ADR

Hay muchísimas causas en las cuales no es posible alcanzar un acuerdo transactivo por el elevado costo de los gastos procesales en relación al objeto en disputa.

En una de las últimas por mi tratadas en Corte de Apelación la apelante ha logrado, con la impugnación, obtener la reducción de la suma debida a la contraparte de sólo dos millones de liras. La liquidación de los gastos procesales por el sólo grado de apelación ha sido más de cuatro millones. Pero los abogados eran dos por lo tanto cualquier tentativa de conciliación habría chocado con la desproporción entre la ventaja y el costo de los gastos procesales.

En la sístesis del *Interim Report* sobre la justicia inglesa[69] que ha llevado a la reforma de 1999, con sustitución del sistema *adversary*

---

[68] *Access to Justice. Interim Report to the Lord Chancellor on the civil justice system in England and Wales*. Extraído del sitio www.open.gov.uk, donde se encuentra también la relación integral.

[69] *Access to Justice. Interim Report to the Lord Chancellor on the civil justice system in England and Wales*, cit.

con el sistema del *case management*, se recomienda a los procuradores legales de informar a las partes y al juez del nivel de los costos alcanzados en las fases claves del procedimiento.

Hay que preguntarse, por lo tanto, qué efectos positivos se tendrían por la introducción en Italia de una especie de "consenso informado" sobre los costos legales en curso de causa.

Es cierto que el apelante, en el ejemplo anteriormente referido, ciertamente habría dado instrucciones al propio abogado para definir transactivamente la controversia.

Se repite como siempre que lamentablemente no existe en materia civil una resolución de clemencia, como la amnistía en sede penal, que pueda permitir la reducción de las causas pendientes.

El legislador, en verdad en los últimos tiempos se ha movido en la dirección de invidualizar un incentivo en la conciliación de las controversias. Y sobre este camino podría ser previsto una transacción exenta de impuestos (exclusión total del impuesto de registro y no sólo parcial como actualmente es previsto por las causas cuyo valor es superior a 50'000,000 de liras, por la ley sobre las secciones de liquidación; exención a extenderse, si fuera el caso, a todo tipo de impuesto).

Pero se ha visto, por el ejemplo señalado anteriormente, que muchas veces es el peso de los gastos procesales lo que impide una transacción.

Por lo tanto se podría prever una total exención de los impuestos por los honorarios correspondientes en la ejecución de un transacción de una causa pendiente a la fecha del 02 de julio de 1999 (fecha de entrada en vigor del Decreto Legislativo institutivo del juez único) en el caso que fuesen aplicados (porque liquidados por el juez) los mínimos costos reducidos a la mitad. Las partes, informadas por el juez de la posibilidad de aprovechar tales facilidades, deberían declarar en la primera audiencia sucesiva a la puesta en vigor de la ley el deseo de quererse servir.

El reenvío posterior requerido para perfeccionar el acuerdo en el caso de resultado negativo de las tratativas, no debería comportar un retraso relevante a los fines de la ley sobre la reparación por equivalente por la irrazonable duración del proceso.

Más en general, por otra parte, teniendo en cuenta también una reciente investigación comparada en remedios adoptados en otros países en materia de duración y de costos de proceso civil[70], es posible establecer como hipótesis una suerte de "acuerdo" también en el proceso civil.

En Alemania, por ejemplo, el legislador, para facilitar la definición transactiva de la controversia, ha previsto que "en caso de conciliación el abogado tiene derecho al entero monto de los honorarios previstos por la conclusión del proceso, así como no hacerle lamentar de no haberlo tenido en pie"[71].

A propósito, recuerdo la frase de un abogado que hace tiempo me confió que, para él, toda causa civil iniciada equivale a un "B.O.T. a cinco años".

Por tanto, se trata de ver cómo convencer a este amigo mio de vender el titulo antes del vencimiento sin que ello signifique para él demasiados sacrificios.

Una posterior contribución a la ideación de remedios viene siempre del análisis comparado y, en este caso, de Australia.

En efecto, en un informe publicado el año pasado por el A.L.R.C. (Australian Law Reform Comission)[72] se determina que la Comisión ha afrontado el problema de la deducibilidad de los gastos legales.

En síntesis, las conclusiones de la relación están en sentido de una recomendación a no modificar el sistema de deducibilidad de los impuestos de los gastos legales (procesales o no), pero en ello se da lugar a las varias propuestas avanzadas en el curso de los trabajos de la Comisión. Entre éstas, aquella de mantener el sistema de deducibilidad solamente para los gastos de ADR y no para las controversias judiciales. Tal solución ha sido excluida, pero en la actualidad se ha revelado que permitir a una sola de las partes la deducibilidad de los costos de un juicio puede influir en el comportamiento procesal de la misma y ser explotada como "ventaja táctica".

---

[70] CHIARLONI, Sergio. *La crisi della giustizia civile e i rimedi possibili nella prospettiva comparata*. Texto del *general report* para el XI World Conference on Procedural Law, desarrollado en Viena, 21-27 agosto 1999. En: *Questione Giustizia*. 1999, II, 999.

[71] CHIARLONI, Sergio. Op. ult. cit.

[72] *MANAGING JUSTICE: A review of the federal civil justice system*. Report N° 89 on the law as at 31 December 1999. Op. cit.

Ello hace pensar en la divergencia existente entre el interés de una compañía aseguradora o de un banco o, de cualquier modo, de una empresa que puede incluir los costos del proceso en la cuenta de ganancia y pérdidas y la persona física que, en cambio, no tiene ninguna posibilidad de deducir de los impuestos los gastos procesales.

Ahora bien, en el proceso penal el imputado que pide la aplicación de una pena, evitando la celebración de un debate costoso, se beneficia de una reducción de hasta un tercio de la pena edictal prevista para el delito que se le ha imputado.

Aquí el Estado renuncia parcialmente a la propia potestad punitiva: se trata de una posición jurídica no plenamente disponible, en vía general, sin embargo, renuncia a la aplicación de la pena considerada en abstracto justa por aquel delito en el interés general a la apremiante definición del procedimiento e, indirectamente, para facilitar la celebración de debates, allá donde las partes lo prefieran, en tiempo razonable, evitando gravar sobre los jueces en ellos empeñados y permitiendo la búsqueda de la verdad en el contradictorio de las partes con el método de conocimiento de los hechos considerado mejor: aquel dialéctico. Con el nuevo proceso penal, en efecto, ha sido sustituido el viejo método monologante con "un método dialéctico de verificación de los hechos, que exije una neta distinción de los roles entre juez y acusador, con paridad de "armas" entre acusación y defensa"[73].

En el proceso civil, teniendo en cuenta la finalidad de interés general de evitar condenas al Estado por irrazonable duración de los procesos, parece razonable prever que el erario renuncie al ingreso fiscal relativo a los honorarios fijados por las partes que hayan definido la controversia con una transacción.

Con la disminución de la carga fiscal, es obvio, el peso de la transacción se va a grabar sobre la colectividad.

Por otra parte, sin embargo, se busca poner a la magistratura en condición de afrontar las causas del nuevo rito y de evitar al Estado el desembolso de la indemnización por reparación por equivalente.

---

[73] V., para todo, Nappi, A. *Guida al codice di procedura penale*. Milano: 2000, p. 6.

La ley Pinto impone hoy valorar negativamente el pretendido derecho de defenderse ganando tiempo[74].

Va subrayado que es interés (y deber) del Estado impedir la excesiva duración del proceso con el fin de evitar una condena al pago de una indemnización por reparación por equivalente.

Se confronta con los más elementales cánones de coherencia lógica un sistema que, de un lado, permite y facilita la prolongación inútil de un proceso y, por otro lado, reconoce el derecho de quien padece aquella excesiva prolongación de obtener una reparación equivalente. Aquello equivale a afirmar que el Estado que prevé aquel último derecho, sin primeramente adoptar todos los posibles remedios para evitar la excesiva duración de los procesos, en realidad eroga inútilmente dinero de la colectividad, sin perseguir algún fin público. Siempre que no se tenga exclusiva confianza en la posibilidad de recuperar con el gasto público, a través de la acción de revancha, en las controversias de los magistrados.

Así como la responsabilidad por los retardos en las causas del viejo rito va ciertamente imputada casi totalmente a la inadecuación de las normas modificadas sólo vigentes desde 1995. Las otras carencias estructurales y organizativas (de la falta de revisión de las circunscripciones judiciales a la omitida provisión de adecuados medios a los magistrados, sobre todo la concreta actuación de la nueva figura del asistente del juez prevista por el C.C.L. del personal administrativo de la justicia[75]) no son imputables a los jueces civiles,

---

[74] En virtud del art. 2 de la l. 24 marzo 2001 n. 89 (llamada ley Pinto por el nombre del primer firmante de la propuesta de ley luego aprobada) "quien ha sufrido un daño patrimonial o no patrimonial producto de la violación de la Convención para la salvaguarda de los derechos del hombre y de las libertades fundamentales, ratificada en los términos de la ley del 4 agosto 1955, n. 848, bajo el perfil de la falta de respeto del término razonable del cual en artículo 6, parágrafo 1, de la Convención, tiene derecho a una reparación equivalente". La demanda se propone con recurso a la corte de apelación competente en los términos del art. 11 c.p.p., la cual decide con las formas del procedimiento cameral. En la verificación de la subsistencia de la denunciada violación del derecho al término razonable del proceso, la corte debe tener en cuenta la complejidad del caso y, en relación a la misma, el comportamiento de las partes y del juez del procedimiento, así como de aquello de toda otra autoridad llamada a concurrir o, de cualquier modo, a contribuir a su definición.

[75] Suscrito el 3 de febrero del 2000 y publicado en el B.U. n. 12 del 30 de junio del 2000, ya mencionado en Didone. *La ragionevole durata del processo civile*. Relación desarrollada en la Conferencia Nacional de febrero del 2000, organizada por la A.N.M., en *La Magistratura*, n. 1/2000.

puesto que se ha demostrado que sólo con un registro de causas no superior a 500-600 es posible asegurar una duración razonable del proceso[76].

---

[76] CIPRINANI, F. CIVININI, M. G. y PROTO PISANI, A. Una strategia per la giustizia civile nella XIV legislatura. En: *Foro it.*, 2001, V, 81, y allí interesantes propuestas de reforma. Para agudas reflexiones sobre la duración de los procesos también en relación a la entidad del rol del juez, Cfr. LAZZARO, F. Op. cit., p. 295: al registro de 150 causas corresponde un reenvío de 1 mes; a aquel de 300 causas el reenvío de 2 meses, a aquel de 450 causas el reenvío de 3 meses, a aquel de 600 causas el reenvío de 4 meses, a aquel de 750 causas el reenvío de cinco meses.

PENSANDO OS CUSTOS DA JUSTIÇA

HUMBERTO THEODORO JÚNIOR
*Professor Titular de Direito Processual Civil da Faculdade de Direito da UFMG.
Desembargador Aposentado do TJMG. Doutor em Direito. Advogado.*

1. Quais os custos da Justiça?

A Justiça como *serviço público*:

A) Representa uma prestação de serviço público *altamente especializado*.

B) Corresponde a uma das *funções* inerentes à *soberania nacional*, de sorte que a prestação jurisdicional interessa não apenas às partes que se envolvem em litígios e buscam no foro a intervenção necessária à respectiva composição.

C) Como *função essencial*, a Justiça não pode deixar de ser *organizada* e operada pelo Estado. Dela dependem a *paz social* e a manutenção do *império da ordem jurídica* instituída pelo Estado.

Nenhum Estado moderno que se pretenda *democrático* e *de direito* pode abdicar-se da *implantação* e *operação* de uma Justiça que possa cumprir suas tarefas básicas, perante a *sociedade* e *cada um dos cidadãos*.

D) Os custos de *organização* e *funcionamento* do aparelhamento material e humano da Justiça representam *gastos necessários* e *inevitáveis*, como acontece com todos os serviços públicos fundamentais que o Estado desempenha.

2. Quem os suporta

O fato de um serviço estatal ser visto como essencial não equivale a tê-lo como obrigatoriamente gratuito. Urge distinguir entre a implantação e a fruição do serviço:

A) Nessa ordem de idéias, a Justiça pode ser vista numa situação *estática* e numa situação *dinâmica*, antes de definir-se a quem atribuir os seus custos.

B) Na situação *estática*, encara-se o serviço judiciário quanto à manutenção permanente de seus prédios, instalações e equipamentos, assim como dos serventuários e magistrados.

C) Na situação *dinâmica*, encara-se o serviço concretamente desempenhado pela Justiça em favor do litigante que a ela recorre para obter solução do caso concreto que o aflige.

D) O custeio da estática judiciária obviamente cabe ao Estado, já que lhe cumpre implantar e manter todos os *serviços essenciais*.

E) Já quanto aos serviços prestados pela Justiça ao litigante *in concreto*, cabe ao usuário suportar o respectivo custo, no todo ou em parte, como contraprestação pelos benefícios que lhe são proporcionados por meio da prestação jurisdicional.

F) Não se pode deixar de lembrar que a maior verba de custeio da dinâmica da Justiça reside na assistência do advogado ao litigante, já que esta é, em princípio, obrigatória e prestada por profissionais liberais não remunerados pelo Estado. Para contornar certos inconvenientes gerados pela necessária intervenção dos advogados no processo judicial, o Estado Democrático de Direito toma medidas como:

1) Criação de órgãos administrativos de fiscalização da profissão e controle da ética no exercício da advocacia;

2) Submissão do contrato de honorários advocatícios ao controle judiciário, no que se relaciona com as práticas da lesão ou da usura;

3) A instituição de Defensorias Públicas para assistir os hipossuficientes econômicos.

No Brasil, além disso, há dispensa da intervenção obrigatória de advogado em demandas aforadas perante a Justiça Especializada do Trabalho e perante os Juizados Especiais destinados à solução de Pequenas Causas.

3. A repartição dos custos da Justiça

A repartição dos custos da dinâmica jurisdicional não devem, todavia, ser feitos de maneira arbitrária, nem muito menos de maneira excessivamente onerosa para os que têm direito à prestação jurisdicional.

O Supremo Tribunal Federal, que cumpre a função de Corte Constitucional no Brasil, tem enfrentado e solucionado interessantes questões ligadas ao problema das *custas judiciais* impostas aos litigantes:

A) No caso de tabelas progressivas sem limite máximo, o STF reiteradamente as tem considerado inconstitucionais. O argumento é que as *custas processuais* são espécies tributárias, devendo classificarem-se como *taxas*. Disso resulta que devem corresponder a uma prestação de serviço público *específico* e *divisível*, e que têm de ter como base de cálculo "o valor da atividade estatal referida diretamente ao contribuinte". Assim sendo, "deve ser proporcional ao custo da atividade do Estado a que está vinculada". *Tem de ter um limite*, não podendo crescer indefinidamente em função do valor da causa[1].

B) Mas não é só a tabela progressiva sem limite que o STF tem considerado inconstitucional. Também têm sido invalidadas custas exorbitantes, que por seus desarrazoados valores, perdem a qualidade de *taxa* e transformam-se em *imposto*, que, na prática, além de não guardar proporção ao custo do serviço prestado, tem a força de "criar obstáculo capaz de *impossibilitar a muitos a obtenção de prestação jurisdicional*". Nessas hipóteses, à luz do princípio da razoabilidade e da proporcionalidade, a declaração de inconstitucionalidade se dá por entender que o valor exorbitante e injustificável das custas viola a garantia fundamental de acesso à Justiça, consagrada pelo art. 5.º, XXXV, da Constituição Brasileira[2].

C) Não é outrossim, somente pelo valor excessivo das custas, que se obstrui o acesso à Justiça. Por isso, a Constituição Brasileira assegura a assistência judiciária gratuita a toda e qualquer pessoa que

---

[1] STF, ADIN n. 1.722/MG, ac. 15.04.1998, *RTJ* 175/35-36; STF, Repres. 1.077/RJ, ac. 28.03.1984, *RTJ* 112/35; STF, ADIN n. 1.926/PE, ac. 19.04.1999, *RTJ* 171/429; STF, Repres. n. 1.074/MT, ac. 15.08.1984.

[2] STF, ADIN n. 1.772/MG, ac. 15.04.1998, *RTJ* 175/36; STF, Repres. 1.077/RJ, ac. 28.03.1984, *RTJ* 112/34.

não disponha de meios para cobrir as despesas processuais, sem sacrifício das verbas necessárias à manutenção pessoal e da família (CF, art. 5.º, LXXIV)[3]. E o STF tem assegurado até mesmo às pessoas jurídicas em dificuldades financeiras o benefício da justiça gratuita[4]. Ou seja, ninguém pode ser privado da garantia de acesso à Justiça por não dispor de recursos para pagar as custas processuais. Em caso de hipossuficientes econômicos, os custos da Justiça devem ser suportados por inteiro pelo Estado.

D) No âmbito da jurisdição infraconstitucional, há precedentes nos Tribunais brasileiros acolhendo a rescisão de contratos de honorários advocatícios, com base na repressão de cláusulas iníquas e usurárias[5]. Essa repressão ampliar-se-á, seguramente, com a entrada em vigor, em janeiro próximo, do novo Código Civil, porquanto nele se acham consagradas, expressamente, a valorização da *boa-fé* e a repressão a todas as formas de *prática usurária*.

Belo Horizonte, Novembro de 2002.

---

[3] "A garantia do art. 5º, LXXIV (da CF) não revogou a de assistência judiciária gratuita da Lei n. 1.060, de 1950, aos necessitados, certo que, para obtenção desta, basta a declaração, feita pelo próprio interessado, de que a sua situação econômica não permite vir a juízo sem prejuízo da sua manutenção ou de sua família. Essa norma infraconstitucional põe-se, ademais, dentro do espírito da Constituição, que deseja seja facilitado o acesso de todos à Justiça (CF, art. 5º, XXXV)" (*RTJ* 163/415).

[4] "Ao contrário do que ocorre relativamente às pessoas naturais, não basta a pessoa jurídica asseverar a insuficiência de recursos, devendo comprovar, isto sim, o fato de se encontrar em situação inviabilizadora da assunção dos ônus decorrentes do ingresso em juízo" (STF, Pleno, AgRg. nos Emb. Decl. na Recl. 1.905/SP, Rel. Min. Marco Aurélio, aguardando publicação). STJ, Súmula 227: "A pessoa jurídica pode sofrer dano moral". Neste sentido: "Nada impede que a pessoa jurídica faça jus ao benefício da assistência judiciária gratuita, quando comprovar que não tem condições de suportar os encargos do processo. Precedentes" (STJ, 3ªT., REsp. 202.166/RJ, Rel. Min. Waldemar Zveiter, ac. 13.02.2001, *DJU* 02.04.2001, p. 287); *RSTJ* 98/239; *RSTJ* 102/493; TJMG, 4ªCC., AI 144.692-1, Rel. Des. Bady Curi, ac. 02.03.2000.

[5] "Honorários advocatícios. Contrato escrito. Taxa de 40% da condenação. Contrato leonino. Honorários advocatícios. Não pode o senso moral acolher uma taxa de honorários evidentemente desconforme com o serviço profissional a ser prestado. Honorários excessivos constituem infringentes à Lei de Economia Popular" (1ºTACivSP, Ap. 226.603, Rel. Juiz Bourroul Ribeiro, ac. 19.10.1976, *Jurisprudência Brasileira* 12/295). "Honorários advocatícios. Contrato escrito. Contrato leonino. Lesão. Teoria da Lesão. O acórdão que dá agasalho a teoria da lesão nos contratos não pratica ilegalidade" (1ºTACivSP, MS 230.324, Rel. Juiz Rodrigues Pôrto, ac. 24.03.1977, *Jurisprudência Brasileira*, 12/297).

FRAIS DE JUSTICE

BERTRAND LISSARRAGUE
Avoué près la Cour d'appel de Versailles
Ancien Président de la Chambre nationale des avoués
Ancien Président du Comité des postulants européens

I.- La Justice: Devoir régalien.

I.1.- Origine historique.
I.2.- La justice, composante de la sécurité des citoyens.
I.3.- La justice, fondement de la démocratie.
I.4.- La justice, contrepartie de l'impôt.

II.- L'accès à la Justice.
II.1.- Au plan national:
L'inflation de la réglementation.
La nécessité de l'accompagnement du justiciable.
Le problème de la rémunération des conseils.

II.2.- Au plan européen:
L'espace judiciaire européen, support du marché unique.
Les obstacles à franchir.

II.3.- Au plan mondial :
L'élargissement des rapports économiques et humains.
Le règlement des conflits.

III.- Les questions à régler.
III.1.- Aide juridique et judiciaire.
III.2.- Assistance et représentation en justice.

III.3.– La répétibilité des frais de justice.
III.4.– La tarification des honoraires.

IV.– La solution française.
IV.1.– L'aide juridique.
IV.2.– L'obligation de représentation.
IV.3.– La tarification, contrepartie du monopole.
IV.4.– La récupération des honoraires.

V.– L'action du Comité des postulants européens.
V.1.–La représentation, garantie du justiciable européen.
V.2.–La Charte des postulants européens.
Harmonisation des règles de déontologie.

V.3.– Harmonisation des garanties.
Formation.
Responsabilité professionnelle.
Assurance.

LOS COSTES DEL INFORME PERICIAL EN ESPAÑA

Mª TERESA CRIADO DEL RIO
Profesora Titular de Medicina Legal y Forense. Universidad de Zaragoza
Especialista en Medicina Legal y Forense

I.- Introducción: Importancia del Informe Pericial

Todo informe pericial tiene un objetivo que viene señalado en nuestro preámbulo del documento, que es plenamente desarrollado en su desarrollo y cuya la fórmula final dice "Es cuanto puedo manifestar en cumplimiento de la misión encomendada". En este caso la misión o el objeto del trabajo que se nos ha encomendado trata sobre los **"Costes del Informe Pericial a la Justicia"**, tema que inicialmente es **sorprendente para mí** porque el informe pericial siempre lo he estudiado desde un punto de vista médico legal doctrinal y práctico, pero nunca lo había estudiado ni me lo había planteado desde el punto de vista de sus costes y beneficios, y por ello mismo **atractivo** porque me ha hecho analizar el informe pericial desde una perspectiva nueva ajena mi mentalidad médica y médico legal que poseo y a la que estoy habituada. Por ello, partiendo de esta premisa, la primera pregunta que me formulé al analizar el tema fue **¿Qué entendemos por el coste del informe pericial?** Porque todo informe pericial conlleva un coste económico, pero además sabemos que el informe pericial puede beneficiar o puede perjudicar a la justicia, y en base a este prisma ¿qué supone? ¿un coste o un ahorro? cuando el informe pericial puede evitar la vía judicial al favorecer la vía de convenio cuando esta es posible según el tipo de procedimiento (más barata, más rápida, y más segura), puede evitar los recursos a tribunales superiores, o dicho de otro modo **aporta justicia**. Por ello creemos que ante informe pericial correcto y válido que reúna todos sus requisitos con unos honorarios adecuados (sean elevados o nó), no tiene tanto sentido hablar del precio o su coste si ha cumplido con su finalidad: colaborar con la administración de justicia. Ahondando en los términos barajados, podríamos filosofar sobre estas preguntas ¿cuál es el precio de la justicia? ¿cuál es el verdadero precio del informe pericial si colabora con la administración de justicia?. Pero nosotros en este trabajo vamos a dejar a un lado esta visión más abstracta, filosófica, ética, del ideal de justicia, para centrarnos en la visión concreta, objetiva, práctica y económica del precio del informe pericial, partiendo de **su importancia y verdadero valor** porque el **informe pericial es un elemento fundamental para todos los implicados en un asunto judicial cuya resolución descansa en los conocimiento médicos y médico legales** (pacientes, lesionados, presuntos inculpados, familiares de los anteriores, médicos y centros sanitarios, abogados, compañías aseguradoras y los jueces):

- En primer lugar porque el informe pericial es un **medio de prueba** calificado así en el Derecho procesal por la Ley de Enjuiciamiento Civil (arts. 299 y 335 al 359, LEC), Ley de Enjuiciamiento Criminal (art. 456 y ss., LECr) y Ley de Procedimiento Laboral (arts. 90 y ss., LPL) y por la Jurisprudencia, por ser un medio personal por el cual se asesora a la justicia, sin fuerza vinculante, ante hechos controvertidos cuya aclaración precisa de conocimientos científicos, técnicos, artísticos o prácticos que no posee.

- Y en segundo lugar porque para algunos no es sólo un medio de prueba, sino también un **medio auxiliar de la justicia** porque es indispensable para que el juez pueda decidir y elaborar la sentencia (Fernández Vara, G., 1992), teniendo un papel determinante para el buen o mal desenlace del proceso, sobre todo, en los procesos en donde se debaten cuestiones técnicas o científicas de elevada especialización (Arribas, A., 2001), como son por ejemplo los que debaten cuestiones de responsabilidad médica de alta dificultad técnica y problemática muy particular en donde la prueba pericial es imprescindible (Fernández de Aguirre, J. C., 2001; Lorenzo de Membiela, J.B., 2001; Seoane, J., 1999 y 2002) aunque por supuesto es el juez quién decide.

El **juez valora la prueba sin estar vinculado a ella y es el que decide en la sentencia** pero la relevancia del informe pericial es clara en los asuntos en los que *el juez no puede decidir sin informe pericial y su decisión depende del informe pericial* (Martínez Calcerrada, L., 1996; Seoane Prado, J., 1999 y 2002; STC 147/1987; STS de 19 de octubre de 1998; SAP de Ávila de 3-IV-1998). Tras estas palabras no es necesario recordar la importancia que tiene la *imparcialidad, objetividad, veracidad y el máximo rigor científico en nuestra labor pericial* (arts. 456 y 474 LECr; arts. 247, 335.1 y 2, 340,1 y 2 LEC).

II.– Ejercicio de la Medicina Legal en España: Su Evolución

El conocimiento de los costes y beneficios del informe pericial a la justicia debe comenzar por el *conocimiento de las personas que ejercen la función médico pericial en España y de esta manera quienes son los médicos peritos que van a causar un coste*. El ejercicio de la Medicina Legal en España se caracteriza fundamentalmente por su particular y especial situación en relación al ejercicio de las demás especialidades médicas porque su **faceta doctrinal, docente e investigadora, se encuentra ilógicamente separada de la función práctica o pericial,** cuando ambas se complementan y se precisan mutuamente: la **faceta doctrinal, docente e investigadora** se desempeña en las facultades de Medicina, a cargo de las unidades docentes de Medicina legal que pueden permanecer de por vida desvinculadas de la faceta práctica si ellas lo quieren. Y la **faceta pericial** la desempeña fundamentalmente el Cuerpo Nacional de Médicos Forenses, a continuación los Organismos Médicos Consultivos de la Administración de Justicia, los especialistas de Medicina legal, los Licenciados en Medicina y Cirugía, algunos de ellos con formación y titulación no oficial en valoración del daño a la persona obtenida a través de cursos de post-grado universitarios y, otros médicos vinculados con algunas facetas de la medicina legal como son: el cuerpo de médicos inspectores de la Seguridad Social (Insalud e Inss) y médicos evaluadores del Inserso y los médicos de las Mutuas de accidentes de trabajo y enfermedades profesionales.

Esta situación anómala y perjudicial, se pensó que iba a susbsanarse con la Ley Orgánica del Poder Judicial de 6 de Julio de 1985, de gran trascendencia en la organización de la Medicina legal, al crear en su artículo 504 los Institutos Regionales y Provinciales de Medicina Legal, en donde se fundía la teoría (cátedras de Medicina Legal, Ministerio de Educación) y la práctica médico-legal (médicos forenses, Ministerio de Justicia), además de establecer un sistema de especialidades. Durante años se esperó que se aplicara la ley para que se unificarán ambos cuerpos de la Medicina legal, porque faltaban para su aplicación un reglamento que regulara sus preceptos, por lo que la separación se mantenía. Sin embargo, el tan esperado reglamento, acabó manteniendo y consolidando esta difícil situación, e incluso deslindando aún más estas facetas, porque la Ley Orgánica 16/1994, de 8 de noviembre modificó el artículo 504 de la LO de 1 de julio de 1985 que mencionaba esta cuestión y, como consecuencia de la modificación, el **Real Decreto 386/1996, de 1 de marzo, por el que se aprueba el Reglamento de los Institutos de Medicina Legal**, mantuvo y consolidó la separación de ambos cuerpos, porque no da cabida a los profesionales universitarios en la labor asistencial médico-legal de los Institutos de Medicina Legal

II.1.– *Enseñanza e investigación:*

En las **cátedras de Medicina legal** (actuales **áreas de conocimiento de Medicina Legal y Forense**) integradas por los **profesores universitarios**, desde que fue fundada la primera en 1843, por el Profesor Pedro Mata, hasta la creación del Cuerpo Nacional de Médicos Forenses (CNMF) en 1915, se desempeñaban las funciones **docentes, investigadoras y asistenciales** propias de la materia. A partir de la instauración del CNMF, originado por la carencia de cátedras de Medicina legal en muchas facultades españolas, y por lo tanto de profesionales que pudieran ejercer esta materia, **se desligó casi por completo la función asistencial** de las cátedras que pasaron a formar parte de los **Organismos Consultivos de la Administración de Justicia**

La enseñanza e investigación de la Medicina legal, al igual que las demás disciplinas universitarias, estuvo regulada por la Ley de Reforma Universitaria 11/1983, de 25 de agosto (LRU) hasta que fue derogada por la **Ley Orgánica 6/2001, de 21 de diciembre, de Universidades (LOU)**. La LRU aportó una nueva estructura universitaria, con la creación de los **departamentos**, que mantiene la LOU, compuestos por áreas de conocimientos fueron definidas y estructuradas por el **RD 1888/1984**, de 26 de diciembre y en el que figuraba la disciplina de «Medicina legal y Toxicología», junto con otras disciplinas en el área denominada área de «Toxicología y Legislación Sanitaria». Posteriormente, **la Resolución de 28 de noviembre de 1996**, del Consejo de Universidades, por la que se crean nuevas áreas de conocimiento, suprimió el área de conocimiento de Toxicología y Legislación Sanitaria, y creó en su lugar dos nuevas áreas: Toxicología y Medicina legal y Forense, cuyos contenidos o disciplinas que las conformarán aún quedan por definir, pero lógicamente, esta separación de las áreas, supone en la práctica un desglose de los contenidos de la Medicina legal.

II.2.– *Ejercicio práctico de la Medicina Legal: función pericial*

II.2.1.– **Cuerpo nacional de médicos forenses** (CNMF): según la definición legal, los médicos forenses son **funcionarios públicos** que constituyen un cuerpo titulado superior de carácter técnico-facultativo **al servicio de la Administración de Justicia**, con la misión específica de prestar a los órganos de la Administración de Justicia, en el orden penal, civil y laboral, la colaboración y los servicios propios de su profesión en los casos y en las formas establecidas en las leyes (LO del Poder Judicial de 1 de julio de 1985). Su Reglamento de 1996 los define como: «un cuerpo nacional de titulados superiores al servicio de la Administración de Justicia, adscrito orgánicamente al Ministerio de Justicia e Interior. Son funcionarios de carrera que desempeñan funciones de asistencia técnica a los juzgados, tribunales, fiscalías y oficinas del Registro Civil en las materias de su disciplina profesional, independientemente de su dependencia orgánica de los Institutos de Medicina Legal». El **ingreso al CNMF** se consigue cuando el licenciado en Medicina y Cirugía supera el **concurso-oposición** de médicos forenses que convoca el Consejo General del Poder Judicial. No es necesario ser especialista en Medicina Legal y Forense para ser médico forense y ello contraviene lo dispuesto en el RD 127/1984 que regula la formación médica especializada y las directrices comunitarias homologadoras al respecto, por lo que debe diseñarse su especialización. El CMF se encuentra en un momento de transición porque en España nos encontramos en un momento de incorporación de la nueva normativa con la creación de los Institutos de Medicina Legal Autonómicos (IML), de tal modo que en los lugares en donde no han sido reados los IML los médicos forenses siguen trabajando adscritos a un **Juzgado de Instrucción** de la Jurisdicción Penal de acuerdo a la antigua normativa se encuentran y, en donde han sido creados los IML se encuentran ubicados en los **Institutos de Medicina Legal** que conllevan una nueva estructura organizativa de su ejercicio profesional.

Ellos en calidad de Funcionarios de la Administración de Justicia perciben sus **honorarios fijos** con independencia del número de actuaciones periciales que realicen a través de una **nómina**.

Normativa: El CNMF fue **creado** por Ley de Sanidad de 1855, RD de 13 de mayo de 1862 y el art. 344 de la LECr. Más tarde, el CNMF sufrió modificaciones hasta que se le dio forma con la LO del Cuerpo Nacional de Médicos Forenses de 17 de Julio de 1947 y el Decreto 2555/1968, de 10 de octubre, por el que se aprueba el Reglamento Orgánico del Cuerpo Nacional de Médicos Forenses. En la actualidad el CNMF **se encuentra regulado** por: la LECr; por la LO 6/1985, de 1 de julio del Poder Judicial y Ley orgánica 16/1994, de 8 de noviembre; el RD 386/1996, de 1 de marzo, por el que se aprueba el Reglamento de los Institutos de Medicina Legal; y, el RD 296/1996, de 23 de febrero que aprobó el Reglamento Orgánico del Cuerpo de Médicos Forenses.

II.2.2.– Organismos Médico-Consultivos de la Administración de Justicia: ante la complejidad de algunos de los problemas médico legales, en su momento fue necesaria la creación de los Organismos médico-consultivos de la Administración de Justicia, como órganos que, por su calidad científica y competencia especializada pueden realizar la labor auxiliadora de la justicia. Hoy, contamos con los siguientes:

A.– **Organismos dependientes del poder judicial** (integrados por funcionarios con honorarios fijos establecidos mediante nómina: médicos forenses).

– *Instituto Nacional de Toxicología (INT)* (RD 862/1998, de 8 de mayo, por el que se aprueba el Reglamento del Instituto de Toxicología) cuyas funciones están desempeñadas por el personal que los integra: facultativos del Instituto de Toxicología, médicos forenses, diplomados universitarios en enfermería, Técnicos especialistas y Auxiliares de Laboratorio (art. 12 R.D. 862/1998). En él, los médicos forenses realizan las periciales médicas que son solicitadas por la Administración de Justicia y las que son solicitadas de carácter privado, lo cual puede entrañar en algunas ocasiones problemas si la parte aporta un informe del INT como prueba y por otro lado el juez solicita un informe pericial al INT. La solicitud de informes al INT no es muy utilizada a título privado, lo cual sorprende porque desde el punto de vista de la profesionalidad sus informes ofrecen las máximas garantías y desde el punto de vista económico no cuestan dinero porque es una entidad oficial que no cobra por esta tarea. Creemos que si no se piden más informes privados al INT es por desconocimiento de esta tarea y falta de costumbre.

– *Institutos Anatómicos Forenses* o lugar en donde los médicos forenses realizan las actuaciones médico legales con el cadáver judicial. Ellas en un principio se realizaban en los depósitos de cadáveres con los que contaba cada partido judicial. Posteriormente, la LO del Cuerpo Nacional de Médicos Forenses de 1947 y su Reglamento de 1968, dispusieron que, los Depósitos Judiciales se transformaran en Instituto Anatómico Forense a nivel de las provincias españolas.

– *Clínicas Médico Forenses* o lugar en donde los médicos forenses realizan todas las actuaciones médico legales oportunas y necesarias en el sujeto vivo, lesionado o detenido, para la resolución de los problemas judiciales que ellos hayan planteado, fueron reguladas por la LO del Cuerpo Nacional de Médicos Forenses y su Reglamento de 1968.

– *Institutos de Medicina Legal* que son los «órganos técnicos, cuya misión es auxiliar a los juzgados, tribunales, fiscalías y oficinas del registro civil, que centralizan las funciones realizadas por los Institutos Anatómico forenses y Clínicas Anatómico forenses, mediante: la práctica de **pruebas periciales médicas tanto tanatológicas como clínicas y de laboratorio. No se podrá realizar ninguna actividad tanatológica ni pericial privada**; y la realización de actividades de docencia e investigación relacionadas con la medicina forense» (RD 386/1996, que aprobó el Reglamento de los Institutos de Medicina Legal). Son de carácter autonómico y se crean en las capitales de provincia en donde hay un Tribunal Superior de Justicia y centralizan todas las actuaciones médico periciales oficiales del Instituto Anatómico Forense y de la Clínica Médico Forense. Su estructura organizativa recae en los **médicos forenses** al margen de que también puedan estar integrados a nivel médico por funcionarios pertenecientes al cuerpo de facultativos del Instituto de Toxicología. En ellos puede existir una Comisión de docencia e investigación presidida por un catedrático o profesor universitario. Ellos están integrados por los siguientes servicios: patología forense, clínica médico-forense, laboratorio forense y, aquellos otros servicios que se consideren precisos.

B.- **Organismos independientes del poder judicial** (integrados en su mayor parte por funcionarios, profesores universitarios, que realizan informes privados a instancias del uez o de las partes). Los informes emitidos por estos organismos forman parte de los llamados "informes de academia", ellos eran emitidos generalmente de forma colectiva por la entidad hasta que fue vigente la LEC de 2000 que establece que cuando se solicita la intervención de una academia o institución científica, la institución a la que se haya encargado la pericia será la que designe la persona o personas que van a intervenir (art. 340. 2 y 3 LEC).

- *Las Cátedras (Áreas) de Medicina Legal y forense* de las Facultades de Medicina de las Universidades españolas cuyos respectivos Estatutos Universitarios disponen la fórmula para que el profesorado obtenga honorarios por las actividades privadas

- *Las Escuelas de Medicina Legal*, dependientes también del Ministerio de Educación, que son las encargadas de la formación de los especialistas en Medicina legal y forense. Uno de sus fines es ser un Organismo Consultivo de la Administración de Justicia.

- *Las Reales Academias de Medicina* dependientes del Ministerio de Educación y Cultura, aunque cada una de ellas sea autónoma en su funcionamiento. Ellas tienen entre sus funciones ser Organismos Consultivos de la Administración de Justicia, en temas relacionados con la Medicina y en especial con la Medicina Forense y Medicina del trabajo. Ellas realizan informes periciales oficiales a petición directa de la Administración de Justicia e informes periciales solicitados de forma privada por las partes.

– *Los Colegios Provinciales Oficiales de Médicos* porque la Ley de Colegios profesionales de 1974 dice que una de las funciones de estos organismos son la de «facilitar a los tribunales, conforme a las leyes, la relación de colegiados que pudieran ser requeridos para intervenir como peritos en los asuntos judiciales o designados por sí mismos según proceda» y así lo señalan también los Estatutos de la OMC (RD 1018/1980, modificado en el 2002) y la LEC.

A continuación, **los médicos peritos que ejercen la medicina legal privada**, de forma *independiente o individual* (profesionales liberales) *o contratados por una entidad privada* son:

II.2.3.– Especialistas en medicina legal y forense: el RD 127/1984 de 11 de enero, por el que se regula la formación médica especializada y la obtención del título de especialista establece que, para llamarse especialista y ocupar un puesto de trabajo como especialista, es necesaria la formación médica especializada y la obtención del correspondiente título de especialista. Considera la especialidad de Medicina legal y forense como una especialidad más dentro del grupo de especialidades que no requieren formación hospitalaria. La Orden de 9 de septiembre de 1988 en lo que se refiere a la especialidad de Medicina Legal y Forense define la Medicina legal y forense como: «aquella especialidad médica que tiene por objeto la aplicación de los conocimientos médicos y de sus ciencias auxiliares a la investigación, interpretación y perfeccionamiento de la Administración de Justicia en todas sus jurisdicciones» y señala que su campo de acción, centrado en el peritaje o peritación médico legal, «mediante el cual se informa de la significación de los hechos médicos y biológicos implicados en un punto del Derecho sometido a juicio por un tribunal de justicia», que exige todo tipo de examen clínico o técnico que puede recaer sobre la persona u objetos, indicios o vestigios, lo que implica una preparación especial y polifacética. La Orden continúa diciendo «la peritación médico legal tiene lugar, en la mayor parte de los casos, a requerimiento de las autoridades judiciales de conformidad con las normas procesales vigentes. Pero en ocasiones puede ser solicitada a petición de las partes implicadas en el contencioso judicial, así como por los organismos públicos o privados y, en general, por cualquiera que esté legítimamente afectado por el hecho judicial, en defensa de sus intereses particulares. Ello significa que una parte importante de las peritaciones médico legales son llevadas a cabo por médicos pertenecientes al Cuerpo Nacional de Médicos Forenses, en el desempeño de sus funciones corporativas. Otra parte, sin embargo pueden ser desarrolladas por médicos no integrados en dicho Cuerpo; a éstos les debe ser exigida la posesión del título de Especialista en Medicina Legal y Forense como garantía de su adecuada competencia y pericia para asumir tal función. Por lo que respecta a los médicos forenses, es un objetivo deseable a realizar gradualmente, que estuvieran a si mismos titulados como especialistas en Medicina legal y forense».

Expuesta la panorámica legal del ejercicio de los médicos forenses y de los especialistas en medicina legal y forense, cuyas normativas entran en confrontación, sobre todo desde la regulación legal del delito de intrusismo por el Código penal de 1995, y teniendo en cuenta la Directiva 89/48/CEE del Consejo de Europa que dio la definición del título académico y profesional que permite ejercer una profesión, fácilmente se puede comprender el grave problema existente en España respecto al ejercicio legal de la pericia médica.

II.2.4.– Especialistas en medicina del trabajo: especialidad regulada al igual que la Medicina Legal y Forense por el RD 127/1984 y la Orden de 9 de septiembre de 1988, que señala como uno de los objetivos el formar al especialista de Medicina del trabajo en la valoración del daño corporal y de la incapacidad laboral.

II.2.5.– Licenciados en Medicina y Cirugía: esta es la situación más difícil en la actualidad debido al problema existente entre la normativa del ejercicio de la medicina y especialidades médicas y regulación del delito de intrusismo y la normativa procesal (arts. 335.1 y 340 de la LEC y arts. 456 y 457 de la LECr), que no exige la formación especializada de los peritos, aunque la nueva LEC de 2000, vigente desde el 1-I-2001, ha dado pie a que se discuta si el perito médico debe poseer la título oficial de especialista o nó en la materia que se informa. Ella está pendiente aún de su interpretación definitiva pero la solución la está dando la práctica judicial diaria porque en los peritajes se sigue requiriendo únicamente la condición de médico.

La necesidad y la solicitud por parte de abogados, entidades aseguradoras,....de médicos peritos formados en medicina legal porque ofrecen más garantías para todos los implicado en la justicia hizo que en su momento se crearan en esta última década, cursos de formación específicos de postgrado Universitarios (Títulos propios y Master con los que se obtiene un título universitario, **no oficial**) en el ámbito de la Medicina Legal en donde nó trabaja el médico perito oficial o médico forense (pericia privada: individual o contratado por una entidad pública o privada) que es la valoración de daños personales. Existiendo en la actualidad en España, médicos licenciados que ejercen la medicina legal, con y sin formación de postgrado universitaria o de otras entidades oficiales.

Ante todo lo expuesto se puede comprender las **dificultades del ejercicio de la medicina legal española** porque **todos los médicos implicados en la pericia médica se encuentran en situaciones diferentes y muy comprometidas** que hacen que en la práctica **cada uno de los grupos de médicos peritos señalados vayan muchas veces por caminos divergentes**, cuando el *beneficio y ahorro a la justicia, y el buen funcionamiento de la justicia se conseguiría si todos actuaran por caminos convergentes*.

II.3.– *Evolución del ejercicio de la medicina legal en España:*

El conocimiento del coste del informe pericial a la justicia no solo precisa saber cual es la situación del ejercicio de la Medicina legal sino también cual ha sido la **evolución del ejercicio de la Medicina legal española**, para ver cual ha sido **la evolución de los costes del informe pericial a la justicia**, en la que podemos diferenciar dos etapas diferenciadas:

A) Una **primera etapa**, en donde la función pericial solamente se ejercía a nivel **judicial**, con **carácter oficial (público) en los juzgados** por el **Cuerpo Nacional de Médicos Forenses** y en algunas ocasiones con intervención también de los **Organismos Médico Consultivos de la Administración de justicia**. Durante esta etapa que podemos decir que perduró hasta mediados de los 80, en un inicio los médicos forenses actuaban en el ámbito penal, y en el resto de las jurisdicciones lo habitual era que no se requirieran informes periciales, y cuando ellos se solicitaban, las partes acudían a los médicos forenses, que cobraban sus honorarios por esta función. Posteriormente, a los médicos forenses en su calidad de funcionarios se les privó de la realización de los informes privados.

B) Una **segunda etapa**, caracterizada por el **gran desarrollo de la función médico pericial privada**, fomentada por la necesidad de informes periciales para solucionar problemas jurídicos de base médico biológica y las ventajas de resolver los asuntos extrajudicialmente (por la vía de convenio en el ámbito civil o bien en la vía administrativa en los asuntos de lo social) y, propulsada por la Ley 30/1995 de, 8 de noviembre, de ordenación y supervisión de los seguros privados que obliga a presentar informe médico para la reparación de daños personales por responsabilidad civil. En esta etapa la función médico pericial pasa a ser ejercida con **carácter oficial (público)** por los médicos forenses y organismos coonsultivos dependientes del poder judicial y, con **carácter privado,** por los organismos consultivos de la administración de justicia independientes del poder judicial, por los especialistas en Medicina legal y forense, especialistas en Medicina del Trabajo y por licenciados en Medicina y Cirugía (con o sin formación).

Esta visión del ejercicio de la medicina legal y, por lo tanto, de su coste a la justicia, la podemos completar considerando, los **ámbitos jurisdiccionales en donde actúan los diferentes profesionales citados**:

– Los *médicos forenses* (pericia pública) actúan casi de forma exclusiva en el **ámbito penal**, aunque los Reglamentos que regulan el CMF y los IML, señalan que pueden intervenir en **cualquier tribunal o juzgado**. Ello es debido a que nos encontramos en un momento de transición del ejercicio forense en donde aún predomina la visión clásica de su función en los juzgados de instrucción (penal) de acuerdo con la LECr. Son pocas las veces que intervienen en otros órdenes jurisdiccionales. Si ellos fueran solicitados en los otros ordenes jurisdiccionales a instancias del juez o a instancias del juez a petición de parte, disminuiría con mucho la pericia privada en España.

– Por el contrario, *la pericia privada*, es ejercida fundamentalmente en los **órdenes civil y laboral**, y con **mucha menos frecuencia en el penal y administrativo.**

III.– Formas de Ejercicio Pericial en España: Sus Honorarios

Tras lo expuesto es fácil deducir que en España la Medicina Legal es ejercida bajo estas formas de ejercicio:

1.º– De forma **pública**, por los **médicos forenses** que actúan como funcionarios de la Administración de Justicia. Ellos se encuentran Régimen especial de la Seguridad Social de funcionarios, en concreto, en el **Régimen especial de la Seguridad Social del personal al servicio de la Administración de Justicia.**

2.º– De forma **privada**, en cuyo caso pueden trabajar para una **entidad privada** (entidad aseguradora, MATEP,...) contratados o en calidad de personal colaborador externo, o trabajar de forma liberal (profesionales liberales) como **autónomos** para todos aquellos que puedan requerir sus servicios (abogados, justicia, entidades aseguradoras,....).

III.1.– *Médicos forenses (funcionarios):*

El Cuerpo de Médicos Forenses de acuerdo con las fuentes de datos suministradas por el Área de Médicos Forenses del Ministerio de Justicia en el 2002, está integrado por un total de 1004 médicos forenses en plantilla, de los cuales:

a).– 462 están transferidos a las Comunidades Autónomas, y de ellos: 353 son titulares y 109 interinos (licenciados en medicina).

b).– 542 no están transferidos y dependen directamente del Ministerio de Justicia a nivel central. De ellos 284 son titulares y 258 interinos.

CMF	N.º Total	Titulares	Interinos
Transferidos CCAA	462 (46'01%)	353 (35'15%)	109 (10'85%)
No transferidos CCAA	542 (53'98%)	284 (28'28%)	258 (25'69%)
Total	1004 (100%)	637 (63'43%)	367 (36'54%)

Una vez que contamos con el número de médicos que conforman el Cuerpo de Médicos Forenses en España, se puede estimar es el coste que suponen al Ministerio de Justicia, como funcionarios del mismo. Los datos económicos exactos de su coste implicaría conocer las cantidades económicas que corresponden a cada uno de los conceptos que conforman sus nóminas, en las que hay que *diferenciar las nóminas de los médicos forenses no transferidos* y que dependen del Ministerio de Justicia a nivel central, de las *nóminas de los médicos forenses no transferidos* que dependen de lo que determine cada Comunidad Autónoma. Como referencia nosotros aportamos los datos proporcionados por la Dirección General de Recursos Económicos de la Administración de Justicia, Servicio de Retribuciones y Control Presupuestario del año 2002 que reproducen el **Cuadro de retribuciones de los Médicos Forenses (no transferidos) y de los técnicos facultativos del Instituto Nacional de Toxicología** regulados por: el RD 1616 /1989 (arts. 4.º, 5.º, 6.º, 7.º, 8.º, 11.º y 12); la disposición transitoria 1ª del RD 1919/2000 por la que sigue vigente el RD 1616/89 en los arts. antes citados; y RD 1909/2000 y RD 1267 que modifica el RD 1909/2000, y en donde hay que distinguir:

A.– **Los conceptos de sueldo, trienios y descuentos por derechos pasivos y Mugeju de los médicos forenses y de los técnicos facultativos del Instituto Nacional de Toxicología**

	Retribuciones ejercicio 2002: Importes Mensuales en Euros			
	Sueldo	Trienios	Dto. Pasivos	Dto. Mugeju
Médicos Forenses	1.234,38	61,72	84,66	37,06
Técnicos facultativos INT	1.234,38	61,72	84,66	37,06

* Base del haber regulador: 411,46 euros
* El concepto de sueldo será acreditado en 12 mensualidades y en las 2 pagas extras.
* El concepto de trienios será acreditado en 12 mensualidades y en 2 pagas extras.
* Los descuentos por derechos pasivos y los de Mugeju, se efectuarán en 12 mensualidades, siendo el doble en los meses de junio y diciembre

B.– **Los complementos de destino de los médicos forenses y de los técnicos facultativos del Instituto Nacional de Toxicología y por guardias**: que adjuntamos en los cuadros anexos, expresados en puntos (valor del punto igual a 24,024738 euros), teniendo en cuenta la diferenciación de los órganos existentes en el momento actual de transición de la organización de la medicina legal española en la actualidad:

    – Actualmente: – Instituto Anatómico Forense (IAF)
                     – Clínica Médico Forense (CMF)
                     – Instituto Nacional de Toxicología (INT)

    – Futuro: – Instituto de Medicina Legal
                     – Instituto Nacional de Toxicología (INT)

III.2.– *Médicos peritos y las entidades privadas (contratados y colaboradores):*

Los **peritos médicos pueden tener diversos tipos de relaciones con las entidades privadas** vinculadas con el mundo médico legal. Por ello, mostramos a continuación como **ejemplo las relaciones que mantienen los médicos peritos vinculados con Mapfre** (entidad aseguradora) que es una de las entidades privadas (o la entidad privada) que más ha colaborado en el desarrollo de la función médico pericial privada en España.

La estructura de los **servicios médicos de Mapfre** que a continuación vamos a describir a partir de los datos proporcionados por el Dr. Javier Alonso, responsable de los servicios médicos Mapfre, es la que a esta entidad aseguradora le ha permitido **disminuir la judicialización** de los casos porque los lesionados se sienten tratados desde el punto de vista médico quirúrgico, estos les reduce las posibles secuelas, los días de baja (si el tratamiento se hace en el tiempo preciso la incapacidad temporal disminuye) y, sobre todo, se reducen las quejas de los propios lesionados. Y que, en definitiva, ha permitido **disminuir los gastos indemnizatorios** a costa de aumentar los asistenciales, que son siempre menores (si se quiere pagar menos en indemnizaciones, la única forma ética y justa es invertir en el tratamiento).

    – **Un Servicio Médico Central en Madrid** formado por tres médicos, desde donde se organiza el resto de la organización territorial tanto desde el punto de vista pericial como médico estricto y, a donde llegan los casos más complicados se estudian y analizan e incluso se confeccionan informes periciales, junto con el Servicio Jurídico.

– **48 Servicios Médicos en el resto de la geografía española**, en donde trabajan 70 médicos (empleados, contratados en exclusiva), que desempeñan funciones médicas asistenciales y periciales. En 10 de estos Servicios médicos se han creado **Centros Médicos** que cuentan con área de consultas, área de rehabilitación y área de radiodiagnóstico. En estos centros se desarrollan funciones de terapéuticas y sobre todo funciones de seguimiento de lesionados y valoración del daño corporal. El personal asistencial se complementa con 17 fisioterapeútas que en algunos casos han testificado en casos judiciales.

– El **Médico colaborador externo** es la figura que se emplea en las zonas donde no hay suficiente número de lesionados (con contrato de arrendamiento de servicios) que hace las mismas funciones que el médico empleado, principalmente de seguimiento y pericial.

– **500 especialistas colaboradores** en todo el territorio nacional, sin ningún vínculo contractual que ayudan a mejorar la asistencia médico quirúrgica y la pericial, cuando se les solicita.

La **tabla de honorarios para médicos colaboradores del año 2002** tiene unas tarifas no demasiado elevadas que se compensan por el volumen de lesionados y ella queda reflejada en el contrato que firma el médico colaborador con la entidad:

HONORARIOS PARA MÉDICOS COLABORADORES
DE MAPFRE
APLICACIÓN EN EL AÑO 2002

A) *Consulta e informe*:	1ª consulta y posteriores	2ª consulta
– En consulta propia	36'5 euros	24'5 euros
– En consulta de Mapfre	21'5	15'5
– Si se realiza asistencia médica (vendajes, suturas,..)	9	9
– Con desplazamiento a domicilio o centro		
– En ciudad de residencia	34	22
– Fuera de la ciudad de residencia	36'5	24'5
– Sin desplazamiento	6'5	6'5
(obtención de información por Tfno. u otro medio)		

Todas las gestiones realizadas deberán ir acompañadas del correspondiente informe médico de lesionados actualizado (cuyo modelo se adjunta) que será preceptivo para la tramitación del expediente.

Dicho informe deberá ir debidamente cumplimentado de acuerdo con el sistema de valoración de daños personales destacando los siguientes aspectos: el tratamiento que afecte a la valoración de gastos médicos, días de baja con hospitalización o sin ella, secuelas y su puntuación y la incapacidad para la ocupación o actividad habitual.

B) *Comparecencia en juzgados*:
- Por informe médico pericial (para presentación en juzgado)   49 euros
- Ratificación de informe médico   31 euros
- Asistencia a juicio:
- Juicio Penal   155 euros
- Juicio Civil   125 euros

C) *Gastos de desplazamiento*:
- Vehículo propio (fuera del término municipal de residencia)   0'24 euros/Km.
- Otro medio de transporte: gastos debidamente justificados   según importe
- Alojamiento y comida: gastos debidamente justificados

   según importe

D) *Otras actividades médicas*:
Consultar previamente con el servicio médico central para cualquier actuación médica que no esté descrita y se valorará según su complejidad.

* Los honorarios se abonarán a través de las facturas que deberán llevar incorporado el NIF del profesional
* Los honorarios no se determinarán por cada consulta sino por todas las realizadas al lesionado cuando se haya producido su alta por sanidad y dentro del mes en curso en el que ésta se haya producido.
* Las cantidades resultantes de la aplicación de estos honorarios estarán sujetos a la retención del 18% en concepto de IRPF

* En caso de renovación del contrato las partes acordarán expresamente si se fija un nuevo baremo de honorarios. En caso de que no se fije un nuevo Baremo, se entenderá prorrogado el del año anterior.

                          Fecha (firma contrato)
Fdo.:   Fdo.:
Dr.:   Director regional de Automóviles

Asimismo mostramos la situación de la entidad aseguradora **AMA**: ella no posee médicos contratados en nómina, únicamente cuenta con médicos no contratados, **asesores médicos** (los médicos colaboradores externos de Mapfre), con los que establecen este baremo de honorarios en función de las actuaciones médico periciales que en el 2002 esta establecido de la siguiente manera (datos aportados por el Dr. Laborda Calvo, responsable de los Servicios Médicos de AMA:

BAREMO DE HONORARIOS DE LOS ASESORES MÉDICOS
DE AMA

A.– *Informe médico inicial*:
– Visita médica inicial con reconocimiento físico y emisión de informe, realizada a domicilio y/o centro hospitalario o asistencial   60.10 euros
– Informe de consignación y/o informe emitido sobre documentación clínica, sin reconocimiento o visita del lesionado
                                                    30.05 euros

B.– *Seguimiento de lesionados*.
– Consulta de seguimiento y control evolutivo del lesionado, con emisión de informe médico   60.10 euros
– Informe de seguimiento del lesionado emitido sobre documentación clínica, sin reconocimiento o visita del lesionado
                                                    30.05 euros

C.– *Informe de alta*.
– Valoración final de secuelas, con reconocimiento físico del lesionado y emisión de informe médico   60.10 euros
– Valoración final de secuelas, sin reconocimiento físico, efectuado sobre documentación clínica   30.05 euros

D.– *Asistencia a juicio*:
   – Ratificación de informe médico, Juicio Civil.   210.35 euros
   – Asistencia A Juicio Penal:
      a.– celebrado   210.35 euros
      b.– no celebrado   90.15 euros

E.– *Solicitud de informe pericial*:
   Se acordará personalmente en cada caso entre el perito médico y el Jefe de Asesoría Médica.

F.– *Gestiones*:
   (Entendiendo que son gestiones realizadas en los juzgados o centros asistenciales, ajenas a los informes médicos o asistencias a juicios).
   – Visita a centro asistencial para entrevista con facultativos, recabar información médica o datos de la historia clínica
                                                     30.05 euros
   – Visita a médico forense a fin de facilitarle información o recabar información del mismo   30.05 euros

G.– *Otros*:
   – Visita infructuosa: 8.03 euros
   – Desplazamiento fuera del casco urbano:
      a.– kilometraje   0.22 euros
      b.– Si se superase en el desplazamiento los 60 kilómetros (origen destino) se añadirán   9.02 euros
      c.– Peaje, siempre y cuando sean necesarios y se aporten los correspondientes justificantes (originales).

Tiempos estimados orientativos:
Estos tiempos reseñados, son a título orientativo, al igual que los días de estancias Hospitalarias medias. En la mayoría de los casos no se incluye el periodo de rehabilitación.

III.3.– *Médicos peritos liberales (autónomos)*

Los honorarios médico periciales se encuentran regulados fundamentalmente por la **LEC** y la **LECr**. La LEC que dice en su art. 4 «en defecto de disposiciones en las leyes los procesos penales, contencioso-administrativos, laborales y militares, serán de aplicación, a todos ellos, los preceptos de la presente Ley» convirtiéndose en una norma supletoria para todo lo que no esté previsto en las restantes normas procesales (Fernández de Aguirre, J. C., 2001; Romero Polanco, J.L., 2002), y también por los **Estatutos de la Organización Médica Colegial** aprobados por RD de 1980 y el **Código Penal** que tipifica el delito de cohecho en el que pueden incurrir los peritos. Y deontológicamente, por el **Código deontológico** que de forma unitaria afecta a todo médico con independencia del cargo o modalidad de ejercicio profesional tal y como lo señala el art. 41.1 del C. Deontológico: «Los médicos funcionarios y los que actúan en calidad de peritos deberán también acomodar sus actividades profesionales a las exigencias de este Código».

Las **características y requisitos de los honorarios médico periciales**, en base a la normativa expuesta son las siguientes:

1.– Derecho a honorarios de los médicos peritos:
Los peritos médicos que no tienen una retribución fija por el estado para tal fin como es el caso del Cuerpo de Médicos Forenses, tienen **derecho a solicitar honorarios por los servicios prestados** (Gisbert, J.. A., 1998), como así lo establecen los arts. 456 y 358 de la LECr y el art. 241.1.4.º de la LEC que los incluye dentro de las costas.

En el caso haber obtenido el **derecho de la Justicia gratuita**, **en el proceso civil**, a diferencia de lo que ocurre en el penal, no se exime de pagar los honorarios al perito (López-Muñiz, M., 1995), aunque no puede solicitar provisión de fondos.

2.– Criterio para establecer los honorarios: actuaciones médico periciales y complejidad de las mismas
Los honorarios se establecen por las **actuaciones médico periciales realizadas,** sin tener en cuenta los resultados obtenidos de su

colaboración. Nunca los honorarios deben guardar relación con los beneficios que pueda obtener de la causa una de las partes, porque ante todo un perito debe ser imparcial, y es dudoso el perito que funda su minuta en los beneficios del caso en cuestión. Para evitar posibles problemas es aconsejable que los honorarios se soliciten **antes de conocerse la resolución judicial**. También apunta esta observación Jouvencel, M. R. (2002) que insiste en la importancia de que los honorarios deben ser independientes de cualquier resultado y nada más claro para dejar constancia de ello que se soliciten con anterioridad a la resolución judicial.

Asimismo hay que tener muy presente la **preparación del perito, su formación y experiencia**, además de la **complejidad y responsabilidad que pueden entrañar los informes periciales**: nunca un informe es igual a otro, y muchas veces no se pueden tasar los informes en función de las horas invertidas (como tantos otros profesionales) porque entonces se dispararían las cifras en algunos casos. Cuando los honorarios son elevados no solo hay que pensar que se ha cobrado mucho, hay que analizar muy bien todos los parámetros expuestos.

Nunca el médico perito debe cobrar en función del porcentaje de la indemnización final o beneficio económico que pueda conseguir para el solicitante del informe. Aquí citamos la Sentencia de la Audiencia Provincial de Alicante de marzo de 2000, en donde se subraya que los honorarios deben de realizarse en función de las actuaciones médico periciales, que no deben ser excesivos, ni basarse en la cuantía de la indemnización (Revuelta, P., 2000): Un perito médico que actuó en juicio pactó el pago de los honorarios sobre un porcentaje del 4% sobre la cuantía de la indemnización que fuera concedida. La cantidad que pretendía cobrar era de 2.573.300 pesetas, y ante ello el tribunal señaló en su fallo «es indudable el deber de colaboración que recaía sobre el demandante a la hora de aportar ante el órgano jurisdiccional sus conocimientos científicos en la pericia objeto de debate», «sin olvidar que con ello se trata de alcanzar la búsqueda de la verdad material, lo cual puede entrar en colisión con la existencia de un pacto retributivo de porcentaje difícilmente conciliable con lo que representa un dictamen imparcial y ajeno a cualquier interés del pleito», la sentencia concluyó declarando ilícita y nula la retribución pactada en estos términos, y entiende tras valorar el contenido del informe practicado sobre valoración de daños personales derivados de un accidente de tráfico que el trabajo practicado debe cuantificarse en 500.000 pesetas.

3.– Criterio para establecer el importe de los honorarios: libertad honorarios

La LEC en el art. 242.5 dice que «Los abogados, peritos y demás profesionales y funcionarios que **no estén sujetos a arancel** fijarán sus honorarios con sujeción, en su caso, a las normas reguladoras de su estatuto profesional». En el caso de los médicos único parámetro de referencia sobre honorarios por actuaciones médicas existente es el **baremo de honorarios mínimos de uso no obligatorio que poseen todos los Colegios de Médicos, en los cuales no aparece el concepto de informe pericial**.

Del Campo, C. (1995), Abogado del Gabinete Jurídico Asesor del Colegio Oficial de Médicos de Zaragoza, expuso su parecer sobre cuáles debían ser los honorarios para distintos tipos de actuaciones médico periciales haciendo un análisis comparativo con las normas de honorarios del Colegio de Abogados de Zaragoza:

1.– Consultas usuales a razón de 10.000 pts/hora

2.– Consultas complejas que exijan análisis de historiales y antecedentes, o una especial preparación del profesional, se minutarán discrecionalmente en atención a la realidad del trabajo efectuado, con un mínimo de 10.000 pts

3.– Material empleado: Se incrementará al coste de las consultas el importe del material empleado para su práctica.

4.– Informes: Breve informe por escrito (De los emitidos en certificado médico oficial, a título de ejemplo). se graduaran discrecionalmente atendiendo a su mayor o menor complejidad, con un mínimo de 12.000 pts.

Informe extenso por escrito o dictamen con exposición de antecedentes y consideraciones médicas. Se regularan discrecionalmente en atención a su complejidad, con un mínimo de 25.000 pts.

5.– Salidas del gabinete médico:

Dentro de la población o de su término municipal: Por las mañanas, desde las 9 hasta las 15 horas, por hora o fracción mínimo 4000 pts;

Por la tarde y hasta las 22 horas. Por hora o fracción 6000 pts; A partir de las 22 horas, o en sábados o festivos. Por hora o fracción mínimo 10.000 pts.

Fuera del término municipal de la localidad donde el perito médico tenga su gabinete: Por la mañana o tarde, mínimo 15.000 pts; Mañana y tarde, mínimo 20.000 pts. Con pernocta, por día o fracción 25.000 pts; Si la salida lo fuere en sábado o festivo, se incrementarán los honorarios en un 50%

Salidas al extranjero: Por día o fracción 40.000 pts.

Serán de cuenta del periciado los gastos que se produzcan por hospedaje y alimentación en establecimientos de cuatro estrellas y de locomoción en primera clase. Y si el perito médico utilizase su propio vehículo será reintegrado de los gastos de peaje, si los hubiere, y facturará el transporte con arreglo a los precios oficiales que rijan para los taxímetros.

La factura deberá emitirse con cargo a la parte que la pidió, o si fuera pedida por ambas partes fraccionada. Deberá constar en ella el nombre, apellidos, dirección y NIF del perito médico, el nombre, apellidos, dirección y NIF del obligado al pago, concepto e importe de los honorarios incrementados con el 16% de IVA (aunque los actos médicos no llevan aparejado el IVA, este jurista entiende que la emisión de informes judiciales, si que debe llevarlo).

La inexistencia de parámetros de referencia para poner los honorarios médicos periciales tiene como **consecuencias** en España:

– Muchos médicos "**no saben cobrar**" y ellos no tienen criterios para establecer su mínimo y máximo en sus actuaciones.

– Existencia de **fuertes discrepancias** sobre honorarios de unos peritos a otros y de unas localidades a otras. Hoy podemos decir que el **abanico u horquilla de los honorarios** por informe pericial se encuentra desde 60-90 euros hasta un limite que desconocemos, destacando un caso que fue noticia dentro del sector en el 2001 de reclamación por exceso de honorarios que estableció en 30.000 euros. Los honorarios **no pueden ser ni escasos ni abusivos** y menos con porcentaje.

– Competencia desleal y menosprecio a la importancia y esfuerzo que supone la función pericial cuando los **honorarios mínimos se bajan a límites impensables** que no comprenden por mucho las actuaciones realizadas por el médico.

4.– Deber de realizar una minuta de honorarios detallada:
La minuta de honorarios debe ser detallada e **incluir todas las partidas que justifican el valor total** como así dice el art. 423 de la Ley procesal sobre las minutas de peritos y el art. 242 LEC

5.– Provisión de fondos: solución del problema del impago
El médico una vez aceptado el cargo de perito, salvo en el caso de la justicia gratuita, puede reclamar una cantidad en concepto de provisión de fondos. Provisión de fondos que no es un anticipo de la minuta, sino una **cobertura de los gastos que previsiblemente** se van a producir para poder llegar a emitir el informe pericial, cuyo montante debe ser proporcional a la envergadura del informe pericial, no es lo mismo peritar sobre una fractura, que sobre un politraumatizado, que sobre un caso de responsabilidad profesional complejo,.... (López-Muñiz, M., 1995; Torgal, J.A., 1998).

La **LEC de 2000** fue novedosa también al incluir el **derecho del perito a la provisión de fondos** en su art. 342.3, dice:
«El perito designado podrá solicitar, en los tres días siguientes a su nombramiento, la provisión de fondos que considere necesaria, que será a cuenta de la liquidación final. El tribunal mediante providencia, decidirá sobre la provisión solicitada y ordenará a la parte o partes que hubiesen propuesto la prueba pericial y no tuvieren derecho a asistencia jurídica gratuita, que procedan a abonar la cantidad fijada en la Cuenta de depósitos y Consignaciones del Tribunal, en el plazo de **cinco días**.
Transcurrido dicho plazo, sino se hubiere depositado la cantidad establecida, el perito quedará **eximido de emitir el dictamen, sin que pueda proveerse a una nueva designación**.
Cuando el perito designado lo hubiese sido de común acuerdo, y **uno de los litigantes no realizare la parte de la consignación que le correspondiere, se ofrecerá al otro litigante la posibilidad de completar la cantidad que faltare, indicando en tal caso los puntos sobre los que deba pronunciarse el dictamen, o de recuperar la cantidad depositada**, en cuyo caso se aplicará lo dispuesto en el párrafo anterior».
De esta forma las partes quedan obligadas a realizar la provisión

de fondos si precisan un dictamen pericial porque de no hacerlo se quedan sin la posibilidad de solicitar una nueva designación judicial y por lo tanto sin la aportación del informe pericial como medio de prueba. Lledó Yagüe, F. (2000) señala que **la Ley es coherente con las reglas de la iniciativa de la actividad probatoria, porque si las partes no abonan la cantidad establecida es que no precisan la prueba**. Así cuando es una parte la que solicita la prueba y no abona no se realiza el dictamen, si son las dos partes las que la solicitan cada una debe pagar la mitad de la provisión y si una no paga la otra parte podrá abonar la otra mitad indicando los puntos sobre los que quiere que se emita el dictamen lo que permite limitar las cuestiones de la pericial o podrá recuperar la parte depositada (Oliver Barceló, S., 2001).

Sin embargo, las consecuencias que tiene el no abonar la provisión de fondos ha dado lugar a que se levanten fuertes **críticas** en contra de ellas: hay quien opina que esta situación puede ocasionar una **desigualdad entre las partes** en función de cual sea su **situación económica** (Lorenzo de Membiela, J.B., 2001). Consideramos que la ley no crea tanta desigualdad entre las partes (o no crea más desigualdad que la LEC anterior por motivos económicos de las partes) porque siempre pueden acogerse a la Asistencia Jurídica gratuita y solicitar acceder a la designación judicial de perito, el cual puede ser un Funcionario de la administración de justicia (médico forense) o utilizarse el procedimiento de designación judicial del perito por el tribunal, el cual no podrá pedir provisión de fondos, pero si tiene derecho a honorarios periciales; por otra parte, se ha señalado que la exención del deber de emitir el informe pericial por parte del perito y la imposibilidad de la parte para designar un nuevo perito, va **en contra** la jurisprudencia del Tribunal constitucional sobre la consideración **del derecho fundamental a utilizar los medios de prueba que se consideren necesarios para la defensa** encardinado en el art. 24.2 de la CE, cuando además el derecho a la actividad probatoria está amparado por el derecho a la tutela judicial efectiva porque se priva al tribunal de la valoración de la prueba una vez admitida ésta (Domínguez, G., 2002).

Con esta medida la LEC **se soluciona el problema del impago y de la tardanza en el cobro de honorarios de los peritos** que incluso condujo a que algunos Colegios de médicos adoptaran vías alternativas u organismos dentro del seno de los colegios para agilizar el pago de los informes periciales. Por ejemplo: el Colegio de Médicos de Valencia, consiguió la realización de un Convenio entre la Unión de Profesionales de Valencia con la Dirección General de Justicia del Gobierno Autonómico, en el cual el perito cobraba un tarifa mínima a los 3 meses de haber realizado el peritaje, aunque la minuta completa del mismo la percibirá cuando exista sentencia (Muñoz, P., 1997).

El **Colegio Oficial de Médicos de Zaragoza**, en relación a este punto del informe pericial, emitió a todos sus colegiados la siguiente circular en mayo de **1997**, y que reproducimos textualmente, debido a lo llamativo de la misma en relación a la cuantía de la provisión de fondos que señalaba teniendo en cuenta la localidad y año en que se produjo:

«El Colegio Oficial de Médicos, según acuerdo de la Junta de 25 de febrero de 1997, acordó recomendar a sus colegiados que cuando un médico sea designado para elaborar una pericia, la parte que lo proponga deberá proveerle de fondos al tiempo de la aceptación, **en la cantidad de 100.000 pts** (600 euros), sin perjuicio de ulterior liquidación, requisito sin el cual muy probablemente rehusarán el hacerse cargo de la pericia.

Por ello este colegio se ha dirigido a los Colegios de Abogados y Procuradores comunicándoles esta problemática y adjunto les copio textualmente la contestación del Colegio de procuradores a dicho problema

Esta Junta es totalmente coincidente con el espíritu de la misma y apoya la decisión de solicitar una provisión de fondos previa a la práctica de dichas peritaciones. En este mismo sentido se ha informado a otros Colegios profesionales cuyos miembros colaboran con la Administración de Justicia.

Asimismo, se ha rogado que, previamente a la aceptación del trabajo a realizar, se emita y envié al procurador de la parte instante, un presupuesto aproximado del coste del mismo.

Espera esta Junta que mediante estos mecanismos, pueda normalizarse el tema de las retribuciones a peritos, si bien en casos de especial contumacia, que los hay, deba procederse a la reclamación por la vía que corresponda. En este aspecto también esta Junta proporcionará todo el apoyo que sea necesario para la satisfacción de los intereses afectados».

Asimismo, de forma invariable cuando un médico es designado como perito por el Colegio de Médicos de Zaragoza a solicitud del juzgado, el Colegio comunica la designación al médico adjuntando una nota respecto a los pasos a seguir en la práctica por el médico cuando se le solicita la emisión de u dictamen pericial por el juzgado en la que se dice lo siguiente respecto al proceder a seguir antes de aceptar el cargo para asegurar el pago de honorarios:

«– Ponernos en contacto con el Abogado o en su caso el procurador en cuestión a fin de que nos hagan llegar un texto exacto de la pericia que se solicita y una vez leído, hacer un cálculo de lo que puede costar, atendiendo al trabajo a realizar y la dificultad del mismo. Téngase en cuenta que una pericial como mínimo va a suponer dos viajes al Juzgado (a aceptar el cargo y en un segundo momento a emitir el informe y contestar las preguntas que las partes puedan hacer), estudiar la historia clínica, examinar al paciente a veces y redactar propiamente el informe.

– Si el médico en cuestión decide aceptar la pericia, se señalará un día en el que tendrá que acudir al juzgado a aceptar y jurar el cargo. Con carácter previo a ese día y para asegurar el pago de los honorarios el médico instará al letrado o al procurador de la parte proponente o si son ambas partes al 50%, a que le hagan una provisión de fondos en cuantía razonable atendiendo el trabajo que se va a realizar, indicándole que dicha provisión deberá ser hecha efectiva como máximo en el momento inmediatamente anterior a aceptar el cargo, sin cuyo requisito no se aceptará (el médico tiene derecho a no aceptar sin dar más explicaciones cuando es causa civil, laboral o administrativo y en algunos supuestos penales).

– Recibida la provisión y aceptado el cargo, el médico realizará el dictamen según su leal y saber y entender y lo remitirá al Juzgado en el plazo que le señalen, donde generalmente le indicarán el día que tiene que acudir a emitir el informe.

– Tras la emisión y si la provisión de fondos no ha cubierto el total de los honorarios, se reclamará la diferencia al procurador o letrado de la parte proponente si bien es muy conveniente que la provisión se acerque lo más posible a los honorarios finales por la dificultad en cobrar una vez terminado el pleito»

6.– Persona o entidad a quien se dirigen los honorarios periciales médicos:

Los peritos médicos que actúan de forma privada remiten sus honorarios a **la persona o entidad solicitante del informe** que varía según como se haya propuesto la prueba pericial:

– Lógicamente en la *vía extrajudicial* son requeridos por las **partes** interesadas y los honorarios serán dirigidos y abonados por la parte que nos ha solicitado la prueba pericial.

– En la *vía judicial* el perito que actúa **a instancia de parte con carácter oficial por designación judicial** (LEC) o solicitado **directamente por la parte con carácter oficial** y con la autorización judicial (LECr) es la parte la que abona los honorarios. Cuando es a instancia de parte con carácter oficial por designación judicial cada parte abonará los honorarios periciales de la actuación pericial solicitada, si ambas partes de común acuerdo han requerido la intervención de un único perito, abonarán los honorarios ambas a partes iguales. Ello con independencia de lo que pueda acordarse en materia de costas (art. 339.2, LEC).

Cuando es la **autoridad judicial la que solicita la pericia** (bien durante la fase de prueba en el proceso penal y laboral el juez puede solicitar cualquier tipo de informe y, en el civil solo los informes sobre filiación, paternidad, maternidad y capacidad civil; o bien en las diligencias finales después del juicio en el proceso penal, civil, administrativo y laboral), los honorarios son abonados por el **Ministerio de Justicia a través de su Gerencia**. La minuta debe se presentarse en los autos, para que el juzgado realice las gestiones oportunas (Torgal, J.A., 1998). Además el Ministerio de Justicia se hace cargo en el **proceso civil** del abono de los informes periciales solicitados por las partes alegando el **derecho de asistencia jurídica gratuita** y que así han sido aceptados por la autoridad judicial (cuando no son realizados por los médicos forenses). En el proceso penal son elaborados por los médicos forenses.

Las normas procesales que regulan la solicitud de un informe pericial y su procedimiento son: arts. 343, 348, 350, 356 y 471 de la LECr; arts. 216, 217, 282, 335.1, 339.5, 340.2, 435.2 de la LEC; arts. 90, 93 y 95.1 LPL; y art. 60 de la Ley 29/1998, de 13 de julio, reguladora de la Jurisdicción contencioso administrativo que remite a la LEC.

En el caso de que haya **condena a costas** y ella sea firme, la parte condenada abonara los honorarios periciales y reembolsará las cantidades a satisfechas por la otra parte (art. 242.1 y 2, LEC)

7.– Impugnación de honorarios excesivos o indebidos:

El perito aunque sea un profesional liberal, tiene **limitados sus honorarios** en aras de salvaguardar su **imparcialidad**, como lo demuestra el hecho de la posibilidad de la impugnación de los honorarios por considerarse **excesivos o por conceptos indebidos**:

En el procedimiento **civil** (arts. 243, 244, 245, 246, LEC):

1.– Se impugna la **tasación de honorarios por considerarlos excesivos** en un plazo de 10 días, en el plazo de 5 días se oirá al perito de que se trate, pidiéndose en este caso un dictamen del Colegio, Asociación o Corporación profesional a la que pertenezcan.

El Secretario Judicial a la vista de los actuado y de los dictámenes, mantendrá la tasación realizada o, en su caso, las modificaciones que deban hacerse, remitiéndola al tribunal para que este resuelva, mediante auto, lo que proceda sin ulterior recurso.

Si la impugnación fuera totalmente desestimada, se impondrán las costas del incidente al impugnante. Si fuere total o parcialmente estimada se impondrán al abogado o perito cuyos honorarios se hubieran considerado excesivos.

2.– La impugnación de tasación de honorarios **por haberse incluido en ella partidas u honorarios indebidos o por no haberse incluido gastos debidamente justificados** se convoca a las partes a una vista continuando la tramitación del incidente con lo arreglo a lo dispuesto en el juicio verbal.

Cuando se alegue una partida indebida y en caso de no serlo se considere excesiva, se tramitarán ambas impugnaciones simultáneamente, y la apreciación de honorarios excesivos quedará en suspenso hasta que se decida sobre si la partida es indebida o no.

Las impugnaciones de tasaciones de costas en el caso de que una de las partes sea titular de derecho a la **Justicia gratuita** se reclamarán por aplicación de la Ley de Asistencia Jurídica Gratuita.

En el procedimiento **penal**, en el caso de los **profesores requeridos como peritos para realizar análisis químicos** los arts. 359 y 360 de la LECr señalan:

1.– Se verificará si el tiempo y honorarios son los adecuados consultando a otros Coprofesores. Si se cree necesario se pedirá informe.

2.– Según el informe anterior, el tribunal modificará o nó los honorarios

Los honorarios se estipulan de acuerdo con las actuaciones médicas dispuestas, y el perito nunca puede aprovecharse de su misión para obtener beneficios, **de los bienes económicos que pueda estar manejando en el asunto que trate**. De ser así además incurrirá en **delito de cohecho** (arts. 439 y 440, Código Penal).

Los **Estatutos de la OMC** consideran infracción disciplinaria con sus correspondientes sanciones corporativas las siguientes conductas (arts. 44, 64 y 65 Estatutos OMC):

a.– Falta disciplinaria **menos grave**: el abuso manifiesto en la nota de honorarios o que estos sean inferiores a los establecidos como mínimos.

b.– Falta disciplinaria **grave**: la reiteración de la conducta anterior.

c.– Falta disciplinaria **muy grave**:

– Reincidencia de una falta grave

– Desviar a los enfermos de las consultas públicas de cualquier índole hacia la consulta particular, con fines interesados.

– Ponerse de acuerdo con cualquier otra persona o entidad para lograr fines utilitarios que sean ilícitos o atentatorios a la dignidad profesional.

– Vender o administrar a los clientes, utilizando la condición de médico, drogas, hierbas medicinales, productos farmacéuticos o especialidades propias. Y aceptar remuneraciones o beneficios directos o indirectos en cualquier forma, de las casas de medicamentos, utensilios de cura, balnearios, sociedades de aguas minerales o medicinales, ópticas,... en concepto de comisión, como propagandista o proveedor de clientes, o por otros motivos que no sean trabajos encomendados de conformidad con las normas vigentes.

8.– Criterios deontológicos sobre honorarios médicos en el ejercicio privado:

El Código de Deontología y Ética Médica de 1999 trata el derecho del médico a recibir una compensación económica por sus actuaciones en su Capítulo XVI <De los Honorarios> (art. 40) en el que aporta los criterios en los que deben de estar basados los honorarios médicos en el ejercicio privado de la medicina:

Art. 40. C. Deontológico:

1.– El acto médico nunca podrá tener como fin el lucro.

2.– El ejercicio de la medicina es el medio de vida del médico, y este tiene derecho a ser remunerado de acuerdo con la importancia y las circunstancias del servicio que ha prestado y la propia competencia y cualificación profesional.

3.– Los honorarios médicos serán dignos pero no abusivos. Se prohiben las prácticas dicotómicas, la percepción de honorarios por actos no realizados y la derivación de pacientes con fines lucrativos entre instituciones y centros.

4.– Las reclamaciones y litigios sobre honorarios se someterán al arbitraje de los colegios.

5.– El médico no percibirá comisión alguna por sus prescripciones ni podrá exigir o aceptar retribuciones de intermediarios.

Finalizamos así nuestra exposición sobre los **beneficios y costes del informe pericial a la justicia** esperando haber trasmitido: *el verdadero sentido del coste, ahorro, beneficio y perjuicio del informe pericial; la importancia del informe pericial; el ejercicio de la función médico pericial en España y su evolución; y las formas de ejercicio pericial (público y privado) con sus correspondientes honorarios.*

BIBLIOGRAFIA:

- ARRIBAS HERNÁNDEZ, A. (2001). La pericia médica en la nueva Ley de enjuiciamiento civil. VIII Congreso Nacional de Derecho Sanitario. Madrid, 17, 18 y 19 de octubre de 2001.
- DEL CAMPO ARDID, C. (1.995). La prueba pericial en juicio civil. Aragón Médico, mayo, 1995.

- DOMINGUEZ, G. (2002). La provisión de fondos del perito (art. 342.3 LEC) o la vulneración del derecho a la tutela judicial efectiva. Noticias Jurídicas, julio de 2002.
- FERNÁNDEZ DE AGUIRRE, J. C. (2001). Especialistas forenses y otros titulados: campos de actuación en la pericia médica (en particular en el proceso contencioso administrativo). VIII Congreso nacional de derecho Sanitario. Madrid, 18, 19 y 20 de octubre de 2001.
- FERNANDEZ VARA, G. (1.992). El médico forense en el procedimiento laboral. **La Valoración del daño corporal.** Publicaciones del Consejo General de los Colegios de Agentes y corredores de seguros de España. I Jornadas Andaluzas sobre Valoración del daño Corporal. Sevilla, 21-22 de febrero de 1.992.
- GISBERT CALABUIG, J.A. (1.998). La peritación médico legal. Introducción jurídica. EN: GISBERT CALABUIG, J.A. **Medicina Legal y Toxicología.** Ed. Masson, 5ª ed.
- JOUVENCEL, M. R. (2002). Manual del perito médico. Fundamentos técnicos y jurídicos. Ed. Díaz de Santos, 351 págs.
- LORENZO DE MEMBIELA; J.B. (2001). El dictamen de peritos en la ley de procedimiento laboral de 1995 y las modificaciones introducidas por la LEC 2000. La Ley, 2 de mayo de 2001.
- LOPEZ-MUÑIZ GOÑI, M. (1.995). La prueba pericial. Guía práctica y jurisprudencia. Ed. Colex.
- LLEDÓ YAGÜE, F. (2000). Comentarios a la nueva ley de enjuiciamiento civil. Ed. Dykinson.
- MARTÍNEZ-CALCERRADA, L. (1.996). **La Responsabilidad Civil Profesional.** Ed. Colex, 298 págs.
- MUÑOZ, P. (1.997). Alapont: "Los médicos cobrarán parte de sus peritajes en 3 meses". Diario Médico, 17-XI-1.997.
- OLIVER BARCELÓ, S. (2001). Nuevas orientaciones de la prueba pericial en la nueva ley de enjuiciamiento civil. VI Congreso nacional de valoración del Daño Corporal. I Congreso CEREDOC. Palma de Mallorca, 3 al 5 de mayo de 2001.
- REVUELTA, P. (2000). Los honorarios del perito médico no pueden ser porcentuales. Diario Médico, 15-III-2000.
- ROMERO PALANCO, J.L. (2002). La pericia médico legal en los casos de responsabilidad médica. IV Jornadas Andaluzas sobre valoración del daño corporal. Cuadernos de Medicina Forense, n.º 27, enero de 2002.
- SEOANE PRADO, J. (1999). La pericial médica en el proceso civil. Revista del poder judicial, n.º 56, 4.º trimestre 1999, 143-166 págs.
- SEOANE PRADO, J. (2002). La prueba pericial en la nueva ley de enjuiciamiento civil. Conferencia de formación continuada del Master de valo-

ración médico legal del daño a la Persona. Universidad de Zaragoza, Facultad de Medicina. Zaragoza a 18-I-2002.
– TORGAL, J.A. (1.998). Las pruebas periciales médicas en los procesos civiles y penales: La percepción de honorarios. **Aragón Médico**, junio, 1.998.

COMPLEMENTOS DE DESTINO DE LOS MÉDICOS FORENSES EN IAF Y CMF

DESTINOS QUE COMPRENDE:	Art. 4: Jerarquía y representación	Art. 5: carácter función Régimen de dedicación		Arts. 6 y 7: lugar destino, especial cualificación y volumen trabajo Régimen dedicación					
	IAF	T. Completo	D. Normal	Tiempo Completo			Dedicación Normal		
	CMF			Grupo I	Grupo II	Grupo III	Grupo I	Grupo II	Grupo III
a) Director (IAF y CMF regional)	10								
b) Director Provincial (IAF y CMF)	8								
c) Jefes de servicio (IAF y CMF)	6								
d) Jefes de sección (IAF y CMF)	4								
– En agrupaciones de juzgados alguno servido por magistrado o que conjuntamente con juzgado sean titulares de especialidad o cargo		25,08	11,60	7,50	6,50	5,50	4,50	3,50	3,08
– En agrupaciones no incluidas en el apart. anterior		24,08							
– Además de las funciones del puesto, estén adscritos como especialista en el IAF o CMF – En juzgados de instrucción – Resto de destinos diferentes al apartado anterior – En Juzgados centrales de instrucción									

* Valor del Punto: 24,024738 euros
* Grupo I: Juzgados servidos por Magistrados en Madrid, Barcelona y localidades de las respectivas provincias.
  Grupo II: Juzgados servidos por Magistrados en Bilbao, Las palmas, Málaga, P. Mallorca, Santa Cruz de Tenerife, Sevilla, Valencia, Zaragoza y localidades de las provincias
  Grupo III: restantes capitales de provincia y respectivas localidades no comprendidas en los grupos anteriores

COMPLEMENTOS DE DESTINO DE LOS MÉDICOS FORENSES EN IAF Y CMF

DESTINOS QUE COMPRENDE:	Art. 8: especial responsabilidad Régimen de dedicación		Art. 11: Ejercicio Conjunto Régimen de dedicación		Art. 12: Sustitución con ejercicio conjunto
	T. completo	D. Normal	T. completo	D. Normal	
a) Director (IAF y CMF regional)					
b) Director Provincial (IAF y CMF)					
c) Jefes de servicio (IAF y CMF)					
d) Jefes de sección (IAF y CMF)					
– En agrupaciones de juzgados alguno servido por magistrado o que conjuntamente con juzgado sean titulares de especialidad o cargo	17,00		8,00		
– En agrupaciones no incluidas en el apart. anterior	12,00		3,00		
– Además de las funciones del puesto, estén adscritos como especialista en el IAF o CMF					
– En juzgados de instrucción	6,80	4,00			
– Resto de destinos diferentes al apartado anterior	4,00				
– En Juzgados centrales de instrucción		2,00			

* Valor del Punto: 24,024738 euros

COMPLEMENTOS DE DESTINO DE LOS MÉDICOS FORENSES EN EL INT

Por el carácter de la función (art. 5º):   25,1301
Especial responsabilidad, penosidad o dificultad del destino de servicio (art. 6 y 7):
  Grupo I: 7'5
  Grupo II: 6'5
  Grupo III: 5'5
Dirección central del INT o de uno de sus departamentos (art. 8):   23'00
Puestos en el INT en sede distinta a la anterior (art. 8):   21'00

CÁLCULO DE LAS GUARDIAS

– Juzgados de instrucción (> 10): diarias de 24 h: 8 puntos
– Capitales de provincia, juzgados menores, diarias de 24 h: 8 puntos
– Jurisdicción separada Juzgados 1ª > 3, semanales permanencia (tipo 1): 9 puntos
– Audiencia Nacional, para Juzgados centrales de instrucción, semanales permanencia (tipo 1): 9 puntos
– Juzgados 1ª = 3, semanales - disponibilidad (tipo 1): 4 puntos
– Poblaciones juzgados menores > 4, semanales – disponibilidad: 4 puntos
– Juzgados 1ª <3, semanales – disponibilidad (tipo 2): 2 puntos

COMPLEMENTOS DE DESTINO DE LOS MÉDICOS FORENSES EN IML Y INT

	Art. 4. Jerarquía y representación	Art. 5: Carácter función	Art. 6 y 7: Lugar destino, especial responsabilidad y volumen trabajo		
			Grupo I	Grupo II	Grupo III
a) Director IT y IML, Mad., Bcna., y pluriprov.	12'00				
b) Director Dpto. IT y Director IML uniprov. o menos	10'00				
b) SubDº IML Mad., Bcna.,y pluriprov.	10'00				
c) SubDº IML uniprov. o menos	8'00				
c) Jefes de Servicio IML, IT y Dptos del IT	8'00				
d) Jefes de sección IML y IT	6'00				
En todos los casos		25'1301	7'50	6'50	5'50

	Art. 8: especial responsabilidad	Art. 9: ejercicio conjunto
Direcciones y subdirecciones del IML		
Dirección general del INT	23	
Direcciones de Dptos. Con sede en localidad jurisdicción separada		
Puestos en RPT Dirección y Subdirección del IML	21	
Puestos en INT en sede de localidad distinta al anterior		
Si ocupan puestos directivo en IML o IT, sin liberación de trabajo		4
Además de funciones propias del cuerpo, las de una especialidad médica		3

OS CUSTOS DA JUSTIÇA

— CONCLUSÕES —

João Álvaro Dias
Professor da Faculdade de Direito da Universidade de Coimbra
Organizador do Colóquio Internacional "Os Custos da Justiça"

1. Foram três dias longos mas surpreendentemente curtos. Foi um tempo de falar claro. Fizemos a festa da justiça. Não desfalecemos, não desistimos, não matámos o tempo. As épocas de crise são, como é sabido, momentos de raras oportunidades.

2. Pensámos "radicalmente" os problemas para propor acções "moderadas".

3. Exorcizámos medos e fantasmas, partilhámos angústias, delineámos os caminhos do futuro. Sem bodes expiatórios, sem glorificações nem mortificações, sem diletantismos fáceis, sem cientifismos presumidos.

4. Um povo, uma corporação, um conjunto de corporações, em pânico são mau ponto de partida para qualquer construção serena. Fizemos a catarse, trocámos experiências, reconhecemos insuficiências recíprocas. Estamos em condições de dar as mãos.

5. Percebemos e concluímos que, em matéria de administração de justiça, mais recursos financeiros e humanos não são garantia segura de um melhor produto judiciário. Evitámos a tentação, seguramente maniqueísta, de defender um qualquer princípio de proporcionalidade inversa segundo o qual a mais recursos corresponde uma maior ineficiência.

6. Concluímos que é preciso, e é possível, com os mesmos recursos materiais e humanos fazer mais e, seguramente, fazer melhor.

7. Demo-nos conta de que a secura exegética do Direito tem necessariamente que dar lugar à integração harmoniosa de outros saberes, outros sentires, outras sensibilidades, outras formas de ver e olhar (psicologia, sociologia, matemática, econometria, psicanálise ... porque não?).

8. Detectámos insuficiências num modelo de características autofágicas, que parece alimentar-se do próprio sangue dos entes, alguns severamente mutilados, que vai gerando. Percebemos que a justiça terá muito a ganhar, evitando erros já gastos, de tão velhos, se souber olhar com limpidez de alma e grandeza de espírito para modelos organizativos outros, que demandam preocupações de racionalidade e eficácia e onde os bens essenciais em disputa (vida, saúde, integridade física) têm dignidade constitucional e humana, no mínimo, idênticas às que na justiça se discutem.

9. Ainda é tempo de evitar que os órgãos de administração de justiça se tornem uma espécie de "serviço nacional de saúde" – susceptíveis de resolver colisões de interesses e dirimir conflitos - que muitos defendem mas em cuja credibilidade e eficácia poucos parecem, convictamente, acreditar. Ainda é tempo de evitar que a ineficiência, o desnorte e o laxismo, em matéria de serviços públicos, incluindo o serviço público de justiça, se tornem o legitimador acrítico de um qualquer serviço privado de justiça.

10. Ainda é tempo de evitar que os órgãos judiciais se tornem um sistema dual onde a par de um contingente de serviços de saúde sofrível, perdão de justiça sofrível, de proximidade, coexista uma qualquer espécie de serviço cárdio-toráxico (para intervenções de especial melindre) onde só a competência e a invulgar dedicação de uns quantos apóstolos da causa da justiça evitam, por enquanto, resultados letais em números assustadores.

11. É tempo de encontrar soluções que permitam que a vida judiciária flua sem encargos significativos para os cidadãos e os povos.

12. A arbitragem a realizar, em especial, por entidades públicas ou privadas sem fins lucrativos de matriz associativa, fundacional ou

corporativa; a reformulação decidida da lei da arbitragem de forma a atribuir às entidades devidamente credenciadas competências em matéria cautelar e bem assim no âmbito da acção executiva (permitindo dessa forma atenuar o peso percentual que as execuções representam no sistema de justiça estadual cível, com cerca de 600 a 700.000 processos pendentes);

13. A criação e o incentivo ao "voluntariado" (tecnicamente qualificado e sensatamente dirigido – a que alguns preferem chamar "juízes não profissionais", ao que deveria acrescentar-se "não remunerados") na tarefa da administração da justiça;

14. A aposta decidida em meios outros de resolução extra-judicial de conflitos que não se pautem por critérios de experimentalismo sócio culturalmente desfasado, e antes por desígnios colectivos; e

15. A criação de um organismo regulador dos centros de arbitragem com funções inspectivas e normativas (*v.g.* Conselho Superior dos Tribunais Arbitrais) são apenas alguns exemplos do muito que há por fazer de forma a descongestionar o saturado edifício a que chamamos "justiça".

16. Urge responsabilizar os grandes utilizadores do sistema judicial pela resolução dos conflitos por eles próprios gerados, na sua dinâmica natural (e legítima) de produção/distribuição/consumo. A tais utilizadores poderia sensatamente ser imposta a obrigação de resolverem os seus conflitos em centros de arbitragem institucionalizados livremente escolhidos, de entre a lista dos legalmente autorizados, incorporando por alguma forma o custo da patologia negocial (leia-se o incumprimento total ou parcial do devedor) no custo dos serviços ou produtos colocados no mercado.

17. Numa época de múltiplos vasos comunicantes entre o público e o privado, também a justiça (leia-se a administração da justiça) não se poderá quedar alheada das eufemisticamente designadas "parcerias público privadas". Não significa isto uma defesa aqui e agora de um qualquer "sistema convencionado", nos termos do qual deva o Estado assumir uma qualquer responsabilidade financeira pelos actos jurídico decisórios levados a cabo por entidades privadas legitimadas para o efeito. Cremos estar ainda longe, mas não sabemos quanto nem por quanto tempo, um qualquer sistema de custos por "grupos de diagnóstico homogéneo", nos termos que o sistema de saúde há

muito tempo conhece, e que tão bons resultados tem dado para os "empresários da saúde". Havendo discernimento, ainda poderá evitar-se tal caminho...

18. E porque não paga o Estado, leia-se todos e cada um dos serviços com autonomia administrativa e financeira, os custos ou as "custas" da utilização que faz da actividade judicial? Com tal medida ficar-se-ia a saber, como questão de elementar bom senso, para quem trabalha o "amolador de tesouras", a quem se dirigem e sobretudo quem responde aos seus assobios.

19. Os operadores judiciários tradicionais (magistrados judiciais e do ministério público, advogados, funcionários judiciais) têm que abrir alas para outros saberes e outras competências. A valorização do papel funcional dos peritos e a dignidade de tratamento que forçosamente terá de lhes ser concedida são o prenúncio do reconhecimento de que novos operadores judiciários emergiram, se sentaram à mesa da decisão, e tomaram já, em boa parte, conta dos dados com que se joga o jogo da justiça. Ainda bem que assim é!

20. A criação e sistematização de um figurino institucional que congregue o todo da actividade pericial, bem como a harmonização das diferentes perícias no âmbito de cada Estado, e desejavelmente no espaço comunitário alargado, são medidas de racionalidade organizativa e financeira indiscutível.

21. Assumamos em definitivo que o princípio da livre apreciação da prova pericial ("*peritus peritorum*") deverá ser um poder parcimoniosamente utilizado e não uma arma de arremesso risivelmente exibida.

22. Urge reconhecer que a geometria da relação jurídica material ou processual, do acto administrativo, e afins, não podem substituir-se às sinuosidades geométricas e estéticas da vida.

23. É tempo de afirmar alto e bom som que o grande e eloquente princípio da legalidade na administração da justiça não tem prestado à comunidade o serviço que os arquitectos do sistema dele esperavam, defraudando, não raro a confiança nele depositada. A lei e a aplicação que dela se faça é ou pode ser, em muitos casos, tão ou mais arbitrária que o recurso a sadios princípios de equidade, socialmente sufragados, axiologicamente ancorados e organizacionalmente sedimentados.

24. Urge solicitar aos operadores judiciários, designadamente às diversas magistraturas, que tenham a coragem de assumir que decidem com risco, que sofrem com as decisões que proferem (não deixando apesar disso de as proferir), que trabalham e vivem para que o Direito vingue e não para que vingue o que "pessoalissimamente" julgam ser o Direito.

25. Urge uniformizar, de forma planeada e estruturada a formação de todos os magistrados judiciais, sem dualidades de critérios e de afectação de recursos que não abonam nada nem a favor de ninguém.

26. Urge profissionalizar e racionalizar a gestão dos tribunais, efectuando auditorias rigorosas aos diferentes operadores públicos do sistema de administração de justiça, abandonando o discurso de uma qualquer esotérica metafísica, para se perceber que, em matéria de dinheiros públicos, tudo tem um custo que não pode ser subestimado.

27. É necessário decididamente perceber que a justiça é um bem escasso, que é um bem dispendioso, que é um bem pago por todos e que, em consequência, terão que ser evitados comportamentos e práticas que façam do recurso à justiça um jogo de caprichos, impedindo a sua utilização indiscriminada por litigantes temerários, militantes ou maníacos.

28. A responsabilização pelo pagamento dos honorários do patrono da contraparte e o pagamento antecipado, não apenas do chamado preparo inicial mas, porventura, de um preparo global e único ou, no mínimo, de um preparo subsequente que cubra a totalidade dos encargos, vulgarmente custas, em que é susceptível de incorrer a parte perdedora, na parte em que o for, são medidas que, salvo tacticismos de diversa ordem ou falta de coragem na decisão e na acção, não poderão deixar de ser imediatamente postas em prática. Quantas execuções, de esterilidade certificada, poderia o Estado evitar? Quantas horas de trabalho seria possível alocar a tarefas jurisdicionais estritas de produtividade provável?

29. Urge, sem ambiguidades, assumir a consagração normativa do "interesse processual" como critério regulativo, de matriz indubitavelmente restritiva, de forma a evitar que todos os caudais inquinados dos interesses societários ou individuais, de todas as enxurradas

de conflitualidade não suficientemente sedimentadas, ou estruturadas, acabem por desaguar nas malhas da justiça, largas e não selectivas no acesso mas estreitas e enviesadas na saída.

30. É imperiosa a consagração de um limite pecuniário mínimo (*v.g.* 500 Euros) aquém do qual a pretensão não poderia ser directamente apresentada perante os tribunais judiciais, devendo antes ser submetida ao crivo prévio da mediação, da conciliação, dos julgados de paz ou da arbitragem, de acordo com a disponibilidade dos meios extrajudiciais ao alcance das partes e a respectiva vontade.

31. Urge institucionalizar o voluntariado na mediação e conciliação, como antecâmara, que não é desejável transpor, do acesso à jurisdição contenciosa pura e dura.

32. Urge perceber que a boa justiça (célere, equitativa, eficaz, tecnicamente qualificada) é seguramente uma vantagem competitiva no jogo das interacções jurídico-empresariais e societárias (onde a agilidade, o custo e a previsibilidade das decisões assumem um papel decisivo), hoje que os sistemas fiscais, financeiros e tributários, se tornaram reféns de decisões heterónomas, festivamente assumidas de forma quantas vezes acrítica.

33. Preocupa-nos que o discurso da falência do sistema empresarial, desgraçadamente de tão incontornável actualidade, possa contagiar a própria organização judiciária.

34. Urge repensar, questionando, a verdadeira inversão da pirâmide judiciária. Inversão de pirâmide judiciária em que decide da vida (isto é, conhece da matéria de facto) quem, no comum dos casos, sabe precipuamente de matéria de direito e conhece da matéria de direito (Tribunais da Relação e Supremos Tribunais) quem sabe sobretudo da vida, fruto de uma aprendizagem de experiência feita. Enquanto tal radicalidade serena, aliás cristalina, não for assumida, o registo de prova, o duplo grau de jurisdição em matéria de facto, e tantas e tão interessantes construções geometricamente concebidas, fazem lembrar o célebre "cubo mágico" que, nos anos da nossa adolescência, fazia exasperar de impaciência os menos dotados e regozijar de alegria pueril os poucos que conseguiam, em curto lapso de tempo, tornar monocromático o que, por natureza, surgiu como um "cocktail" de cores. Tal repensar das coisas é, aliás, do nosso

ponto de vista, o único que permite tornar credível a proposta, que na prática vai sendo uma realidade, de se instituir e generalizar o juiz singular, em primeira instância, em todas as matérias. É que, nos termos em que se tem processado, a substituição de juízes (o colectivo) por gravadores é uma "mais-valia" que está por provar. Pode ser mesmo uma "menos-valia" significativa ...

35. Havendo vontade, engenho e arte é possível (e imperioso) mudar a face da Justiça Cível em Portugal. Urge assumir, sem ambiguidades nem hipocrisias, que o problema da Justiça Cível não se resolve com mais magistrados, mais advogados, mais funcionários, edifícios, equipamentos e meios financeiros (que aliás não há) de proveniência pública.Tal modelo está, definitivamente, esgotado e não vale a pena perseverar no erro.

Com o mesmo número de magistrados, advogados e demais meios materiais e humanos, é possível fazer significativamente mais e substancialmente melhor. Basta que o legislador faça o seu trabalho.

36. Os valores das alçadas têm que ser rápida e drasticamente alterados. Admitir que um juiz de primeira instância não é "capaz" de decidir soberanamente – sem susceptibilidade de recurso ordinário – causas de valor superior a ± 3750 euros é desdignificar a função judicial, incluindo a credibilidade, o prestígio e a fé pública de que uma decisão judicial deve ser credora. É transformar titulares de "órgãos de soberania" em "decisores", sem autonomia visível. E como explicar que os juízes desembargadores, isto é homens e mulheres com vinte ou mais anos de judicatura distintamente classificada, não possam decidir soberanamente (e sem possibilidade de recurso ordinário) causas de valor superior a 14.964,00 euros? Qual a empresa ou estrutura racionalmente organizada que se permitiria um tal desperdício de recursos? Quais os directores gerais ou adjuntos que aceitariam, com razões de satisfação e auto-estima pessoal e profissional, uma tal amputação de autonomia?

Donde se conclui que o valor das alçadas terá que ser rápida e drasticamente actualizado. Razoavelmente, os valores das alçadas em vigor poderiam ser aumentados para o quintuplo, de uma só penada. A bem do crédito e do prestígio dos magistrados de instância (*v.g.*

Tribunais de Comarca, Varas e Tribunais da Relação) e da própria dignidade dos magistrados do Supremo Tribunal e respectivas funções.

37. Tal alteração – com a diminuição drástica dos recursos admissíveis e efectivamente interpostos – teria como consequência que muitos dos desembargadores actuais ou futuros pudessem fazer trabalho efectivo de campo, isto é de julgamento (em sala de audiência ou gabinete) da decisiva e sempre melindrosa matéria de facto e não apenas da "hermeticamente fechada" matéria de direito.

Nem os actuais juízes desembargadores perderiam estatuto funcional ou remuneratório se decidissem fazer tal "trabalho de campo" (apaixonante para a maioria deles) nem os candidatos a tal grau hierárquico dentro da magistratura deixariam de o adquirir, de acordo com as regras estabelecidas, uma vez cumpridos e observados os requisitos legalmente exigidos.

38. O que quer dizer que seria, razoavelmente, possível pensar num sistema de recursos ("*per saltum*"?) do Tribunal de primeira instância para o Supremo quando a decisão, de facto e de direito, tivesse sido proferida por magistrado com o grau de "desembargador", a exercer funções de julgamento em contacto com a dura e interessante realidade da vida e não apenas em regime de clausura (o trabalho em casa) interrompido uma vez por semana (a famosa "sessão").A função de desembargador ficaria por essa forma reforçada no seu estatuto funcional e de serviço à comunidade. Ao mesmo tempo evitar-se-ia a possível guerra de estatutos (rigorosamente idênticos) entre desembargadores com diferente assento.

39. Só assim faria, aliás, decisivo sentido que o recurso de apelação – e no limite também o de revista – pudesse ter, como regra, efeito meramente devolutivo. Doutra forma, subvertem-se regras de sempre (*v.g.* efeito suspensivo do recurso de apelação, em processo cível) para pôr termo aos possíveis efeitos dilatórios dos recursos interpostos mas mantêm-se as inércias e ineficiências tradicionais.

40. Tais reformas só poderão ser correctamente postas em prática – com a sensatez, o equilíbrio e a eficácia desejáveis – se previamente houver uma carta geo-judiciária com indicações fiáveis e actualizadas da litigância em cada parcela do território nacional, litigância

analiticamente decomposta. Só dessa forma a alocação de recursos humanos a certo tipo de tribunal ou actividade judicante passará a ser uma actividade racionalmente escrutinada e não um jogo intuitiva ou arbitrariamente jogado.

41. Com juízes mais experimentados na primeira instância, com um número de recursos drasticamente diminuído, com menor necessidade de um contingente alargado nos tribunais superiores, é bom de ver que os magistrados em início de carreira (*v.g.* com menos de cinco anos) ou com menor número de anos de actividade (*v.g.* com menos de dez anos) terão oportunidade de fazer assessoria (os primeiros) ou de receber o conselho e o apoio permanente (os segundos) daqueles que pelo número de anos de actividade (*v.g.* pelo menos quinze anos) e/ou pelas classificações de mérito obtidas se encontrem em posição especialmente qualificada para o fazerem.

42. Urge colocar no mesmo plano de igualdade os operadores judiciários que dão pelo nome de cartórios notariais e conservatórias, face aos seus congéneres que dão pelo nome de tribunais. Ou não é verdade que a prevenção, a segurança e a certeza do tráfico jurídico se jogam a montante do sistema judicial, da mesma forma que a saúde, a vida e a segurança se jogam muito mais nas ruas, nos locais de trabalho e nas estradas do que nos centros de urgência ou nas unidades especializadas dos hospitais?

43. E porque trata o Estado tão mal os mesmos cartórios e conservatórias que, na verdade, lhe facultam, em matéria de justiça, o pão para a boca, contribuindo com mais de 40% das receitas que o sistema judicial dispende no exercício das suas funções? E, já agora, sendo os operadores judiciários referidos uma espécie de maná quase inesgotável, porque não deixa o Estado que tal "alimento" corra abundante, colocando ao serviço dos cidadãos cartórios em número e qualidade adequados à celeridade e massificação da vida económica, em vez de encarar a ida ao notário ou à conservatória como um acto único e irrepetível na vida dos cidadãos e das empresas, onde o tempo, a racionalidade e a própria tensão existencial criadora parecem não existir?

44. Urge recolher informação, informatizar os dados e optimizar os recursos, colocando ao serviço dos decisores e investigadores a informação disponível que permita delinear estratégias, tomar opções

e assumir responsabilidades. Sem tal "trabalho de casa", os decisores ineptos invocarão em seu favor a falta de informação disponível, os perversos utilizá-la-ão, a seu belo prazer, os investigadores queimarão os seus inestimáveis neurónios em trabalhos de investigação fundados em premissas falaciosas ou voláteis, à semelhança de construções arquitectónicas em terreno lodoso ou não sedimentado

45. Urge a simplificação das leis processuais, a sua aproximação a uma matriz de base de tronco comum, com recurso a métodos de análise prévia a cargo de comissões de redacção final de diplomas e urge, seguramente, encarar decisivamente o ensino das técnicas de redacção legislativa (antes de tudo o ensino de técnicas de redacção) de forma a evitar diplomas coxos, cegos, surdos (alguns) ou mudos (muitos) em suma diplomas com muitideficiências profundas. Como urge também que uma vez conseguido tal desiderato, ainda que por aproximação, o legislador se abstenha de mexer no que não sabe, falando do que não conhece, apontando para destinos desconhecidos que regra geral desembocam em impasses ou no abismo.

46. A própria revisão do código das custas, não para saber se se paga mais ou se se paga menos, mas, sobretudo, para se saber, em início de viagem, quanto se paga é um desígnio de elementar bom senso, até mesmo de senso comum, que até agora parece não se ter cruzado com a pena do legislador. A tarefa de cálculo das custas, elemento importante no cômputo dos custos da justiça, é até hoje tarefa iniciática que só os "contadores" parecem poder levar a cabo. Contado, ninguém acredita! Tal transparência e previsibilidade poderiam ser elemento decisivo na ponderação custo/benefício que o candidato a litigante não pode deixar de fazer com os seus botões, mesmo que esteja por enquanto a distância considerável o princípio do poluidor/pagador, perdão do utilizador/pagador, ou sequer uma aproximação tendencial da taxa paga ao custo efectivo. Urge relembrar que o sistema judicial é pago, em cerca de metade, pelo produto das taxas pagas nos cartórios notariais e conservatórias, sendo de exigir uma adequada contraprestação do serviço judicialmente prestado.

47. O reordenamento geojudiciário, face aos fluxos migratórios de diversas proveniências, é seguramente uma preocupação que qualquer sistema de planificação judiciária não poderá deixar de ponderar em cada momento, sob pena de os chamados custos estáti-

cos (leia-se os pesos mortos da justiça) se sobreporem aos chamados custos dinâmicos.

48. Fizemos um colóquio de razões e não de emoções. Daí que o apelo ao sentimento e às emoções incontidas não devam figurar nos registos dos nossos trabalhos. O futuro dirá se valeu a pena ...

Coimbra, 27 de Setembro de 2002.

ÍNDICE DE AUTORES

Ataíde, João
Blankenburg, Erhard
Cabeçadas, Isabel Mendes
Cabral, Célia Costa
Calvete, Victor
Campos, Diogo Leite
Cluny, António
Coimbra, Arménia
Criado del Rio, Teresa
Cruz, Paula Teixeira da
Dantas, Leones
Dias, Marta João
Didone, António
Fernandes, Fernando
Ferreira, Cardona
Figueiredo, João
Garoupa, Nuno
Girão, António Nunes Ferreira
Gonçalves, Francisco Corte-Real
Júnior, Humberto Theodoro
Linhares, Aroso
Lissarrague, Bertrand
Machado, Diogo Lacerda
Magalhães, Teresa
Mendes, Mário Tavares
Monteiro, Pereira
Oliveira, Conceição
Rodrigues, Benjamim
Silva, Lucinda Dias da
Silveira, João Tiago

Sousa, Alfredo José de
Storme, Marcel
Tavares, José
Tavares, José Albuquerque
Vidigal, Santana
Vitorino, Ana Paula
Zukerman, Adrian

LISTA DE PARTICIPANTES
E MODERADORES DAS SESSÕES

Alfredo de Sousa
Alvar Nelson
Álvaro Dias
Ana Batista
Ana Costa Alves
Ana Manuela A. P. Campos Correia
Ana Paula Vitorino
Anabela Branco
Ângela Prestes
António Cluny
António Dias Silva
António Leones Dantas
António Manuel Agostinho
António Mendes
António Taveira
Arménia Coimbra
Azmy Abdel-Fattah Ateia
Barbosa de Melo
Barros Queirós
Beatrijs Deconinck
Bengt Lindell
Benjamim Silva Rodrigues
Bertrand Lissarrague
Bosch Boesjes Um Jenneke E
Bruno Lencastre
Cardoso da Costa
Carla Susana R. Costa Morgado
Carlos Pedro Seco Lopes
Carlos Santana Vidigal
Carlos Sousa
Carmen Vidal
Celeste Cardona

Celia Costa Cabral
Christian Jassogne
Conceição Oliveira
Cristina do Carmo Marques
Daniel Proença de Carvalho
Diogo Lacerda Machado
Diogo Leite de Campos
Diogo Monteiro Brás
Dora Isabel Duarte
Duarte Nuno Vieira
E. Blankenburg
Elsa Maria M. da Silva Henriques
Eurico Sérgio Gomes
Fátima Duro
Fernanda Catarina Abreu
Fernando Araújo
Fernando Jorge Fernandes
Fernando Manuel Passos
Fernando Rebelo
Ferreira Girão
Francisco Corte-Real
Giorgio Di Carlo
Gm Kakuli
Guilherme de Oliveira
Hans Van Loo
Humberto Theodoro Junior
Ingeborg Van Der Laan
Isabel Álvaro Dias
Isabel Bessone
Isabel Murta
Istvan Somogyvari
Jacques Van Malleqmem

Joana Andrade
João Ataíde das Neves
João Calvão da Silva
João Figueiredo
João Pedroso
João Ricardo da Costa Menezes
João Tiago Silveira
Joaquim Duarte Inácio
Joaquim Sousa Dinis
Jorge de Figueiredo Dias
Jorge Tavares Lopes
José Albuquerque Tavares
José Carlos Resende
José de Castro Mendes
José Dinis Lucas
José Luís Mota de Campos
José Manuel Aroso Linhares
Jose Manuel Oliveira
José Souto de Moura
José Tavares
Lajos Cserba
Lara Gonçalves Duarte Ramos
Laura Ervo
Leena Vannia
Loic Cadiet
Lorenzo Zolezzi
Lucinda Dias da Silva
Mafalda Maria Patricio Gomes
Manuel Carlos Lopes Porto
Marcel Storme
Márcia Estrela
Maria de Fátima Pereira Simões
Maria do Socorro Macedo Reis
Maria José Gonçalves Maximino
Maria José Guedes
Maria Luísa Ferreira
Maria Manuel Casal Ribeiro Silva
Maria Noélia Ornelas
Maria Raquel M.R. Bravo Cardoso
Marian Blazejczyk
Mário Mendes
Nadine Dias Domingues

Nuno Brito Mendes
Nuno Garoupa
Nuno Guerra Santos
Nuno José
Octávio Cardona Ferreira
Olga Ferreira
Pablo Carneiro Arija
Paula Teixeira da Cruz
Paulo Mota Pinto
Pedro Carvalho Sousa
Pena dos Reis
Pereira Monteiro
Pessoa Vaz
Piet Tealman
Pinto Monteiro
Ricardo Figueiredo
Rolf A Schutze
Romualdo Silva
Rosa Maria Silva
Roshana Alice Kelbrick
Rui de Alarcão
Sakari Laukkanen
Sandra Ferreira de Jesus
Sandra Monteiro Brás
Shimon Shetreet
Silvina Veiga
Simões Pereira
Soreto de Barros
Sousa Ribeiro
Stephane Boittianse
Susana Jesus
Tania Moreira
Tania Patricia Rendeiro
Teixeira de Sousa
Teresa Criado del Rio
Teresa Magalhães
Tiago Taron
Tomé Soares Gomes
Vera Lúcia Barreira Xavier
Victor Babiuc
Victor Calvete
Vitor Fonseca
Zanos Nemeth

ÍNDICE GERAL

Nota de Apresentação 5

Parte I
– Os Custos da Justiça –
– Novo Enfoque sobre uma Velha Questão –

Os Custos Financeiros da Justiça – *Alfredo José de Sousa* 9
Necessidades e Custos de Formação dos Operadores Judiciários – *Benjamim Silva Rodrigues* 19
Os Custos da Justiça – Necessidades e Custos de Formação dos Operadores Judiciários – *Mário Tavares Mendes* 31
Formação de Magistrados e Advogados: Custos Financeiros Baixos, Custos Económicos Elevados – *A. Cluny* 35
É Necessária a Contenção dos Custos da Justiça? – Necessidades e Custos de Formação dos Operadores Judiciários – *José Tavares* 47
Os Custos da Justiça. Os Custos do Sistema Judicial – *Paula Teixeira da Cruz* 55
Os Custos da Justiça. Quem os Suporta ou Deve Suportar? – *Arménia Coimbra* 61
Os Custos da Justiça – *Pereira Monteiro* 67
Os Custos da Justiça – *António Nunes Ferreira Girão* 71
Os Custos da Justiça – *Carlos Santana Vidigal* 79
Os Custos da Investigação Criminal – *A. Leones Dantas* 87
Os Custos da Justiça – Reclusão e Inserção – *João Figueiredo* 109
Os Custos da Justiça – Actividade Pericial e Justiça – *Francisco Corte-Real Gonçalves* 121
Brevíssimas Notas Sobre os Custos das Perícias Médico-Legais – *Teresa Magalhães* 127
Os Custos da Justiça – *Fernando Jorge A. Fernandes* 133
Os Custos da Justiça Suportados pelas Partes, o Acesso à Justiça e o "Custo da Verdade" – *Marta João Dias* 143
O Planeamento e os Custos da Justiça – *João Tiago V. A. da Silveira* 149

Parte II
– Os Custos da Justiça –
– Novos Problemas, Novas Soluções –

O Regresso da Sociedade Civil: A Arbitragem – *Diogo Leite de Campos* 165

Um Novo Paradigma da Justiça – *Diogo Lacerda Machado* 169

A Unidade dos Problemas da Jurisdição ou as Exigências e Limites de uma Pragmática Custo/Benefício – *José Manuel Aroso Linhares* 185

Os Custos da Justiça – Sistema Extrajudicial de Resolução de Conflitos – *J. O. Cardona Ferreira* 285

Os Custos da Justiça à luz dos Princípios Processuais – *Lucinda Dias da Silva* 303

Os Centros de Arbitragem de Resolução de Conflitos de Consumo – *Isabel Mendes Cabeçadas* 335

Equação Custo-Benefício na Administração da Justiça – Sistema Extrajudicial de Resolução de Conflitos – *Maria da Conceição Oliveira* 349

Parte III
– Os Custos da Justiça –
– Economia e Justiça –

A Justiça e seu Impacto Sobre as Empresas Portuguesas – *Célia da Costa Cabral* e *Armando Castelar Pinheiro* 361

The Fundamental Divergence Between Private and Social Motive to Use the Legal System – *Nuno Garoupa* 401

O Adversário Invisível: Reforma das Instituições e Crescimento Económico em Portugal – *José Albuquerque Tavares* 405

Equação Custo-Benefício na Administração da Justiça – *Victor Calvete* 421

Os Custos da Justiça – A Eloquência dos Números – *Ana Paula Vitorino* 437

Parte IV
– Os Custos da Justiça –
– Outros Olhares –

Comment and Questionnaire for the International Congress on Procedural Law – *Marcel Storme* 459

Comment on the Costs of the Systems of Justice – *Erhard Blankenburg* 465

Costs of Litigation – *Adrian A S Zuckerman* 481

Las Prioridades en la Justicia Civil – *Antonio Didone* 485
Pensando os Custos da Justiça – *Humberto Theodoro Júnior* 515
Frais de Justice – *Bertrand Lissarrague* 519
Los Costes del Informe Pericial en España – *Mª Teresa Criado del Rio* 521

Os Custos da Justiça — Conclusões — *João Álvaro Dias* 557

Índice de Autores 569